ISBN 978-1-5280-6656-3
PIBN 10929706

# 1 MONTH OF
# FREE
# READING

## at
## www.ForgottenBooks.com

By purchasing this book you are eligible for one month membership to ForgottenBooks.com, giving you unlimited access to our entire collection of over 1,000,000 titles via our web site and mobile apps.

To claim your free month visit: www.forgottenbooks.com/free929706

English
Français
Deutsche
Italiano
Español
Português

# www.forgottenbooks.com

**Mythology** Photography **Fiction**
Fishing Christianity **Art** Cooking
Essays Buddhism Freemasonry
Medicine **Biology** Music **Ancient
Egypt** Evolution Carpentry Physics
Dance Geology **Mathematics** Fitness
Shakespeare **Folklore** Yoga Marketing
**Confidence** Immortality Biographies
Poetry **Psychology** Witchcraft
Electronics Chemistry History **Law**
Accounting **Philosophy** Anthropology
Alchemy Drama Quantum Mechanics
Atheism Sexual Health **Ancient History**
**Entrepreneurship** Languages Sport
Paleontology Needlework Islam
**Metaphysics** Investment Archaeology
Parenting Statistics Criminology
**Motivational**

# REVUE

# NATIONALE

## ET ÉTRANGÈRE

### POLITIQUE, SCIENTIFIQUE ET LITTÉRAIRE

———

TOME TREIZIÈME

PARIS

AU BUREAU DE LA REVUE NATIONALE

28, QUAI DE L'ÉCOLE, 28

—

1863

# LA
# RÉFORME EN ANGLETERRE

## AU XVI° SIÈCLE [1].

## IV

Deux branches distinctes reçoivent la séve commune, l'une en
haut, l'autre en bas, l'une respectée, florissante, étalée dans l'air
libre, l'autre méprisée, à demi enfouie sous terre, foulée sous les
pieds qui veulent l'écraser, toutes deux vivantes, l'anglicane comme
la puritaine, l'une malgré l'effort qu'on fait pour la détruire, l'autre
malgré les soins qu'on prend pour la développer.

La cour a sa religion comme la campagne, religion sincère et qui
gagne; parmi les poésies païennes qui jusqu'à la Révolution occupent
toujours la scène du monde, insensiblement on voit percer et monter le grave et grand sentiment qui a plongé ses racines jusqu'au fond
de l'esprit public. Plusieurs poëtes, Drayton, Davies, Cowley, Giles
Fletcher, Quarles, Crashaw, écrivent des récits sacrés, des vers pieux
ou moraux, de nobles stances sur la mort et l'immortalité de l'âme,
sur la fragilité des choses humaines et sur la suprême providence en
qui seule l'homme trouve le soutien de sa faiblesse et la consolation
de ses maux. Chez les plus grands prosateurs, Bacon, Burton, sir Thomas Brown, Raleigh, on voit affleurer la vénération, la préoccupation
de l'obscur *au delà*, bref, la foi et la prière. Plusieurs de celles qu'é-
crivit Bacon sont entre les plus belles que l'on sache, et le courtisan
Raleigh, contant la chute des empires, et comment « une populace
de nations barbares avait abattu enfin ce grand et magnifique arbre
de la domination romaine, » achevait son livre avec les idées et l'accent d'un Bossuet [2]. Qu'on se représente l'église de Saint-Paul à

1. Voir la 48° livraison.
2. « O éloquente, juste et puissante mort! Celui que personne n'osait
avertir, tu l'as persuadé. Ce que personne n'osait faire, tu l'as fait. Celui

Londres, et le beau monde qui s'y donne rendez-vous, les gentilshommes qui traînent bruyamment sur le parvis leurs éperons à
mollettes, qui lorgnent et causent pendant le service, qui jurent par
les yeux de Dieu, par les paupières de Dieu, qui entre les arceaux et
les chapelles étalent leurs souliers garnis de rubans, leurs chaînes,
leurs'écharpes, leurs pourpoints de satin, leurs manteaux de velours, leurs façons de bravaches et leurs gestes d'acteurs. Tout cela
est fort libre, débraillé même, bien éloigné de la décence moderne.
Mais laissez passer la fougue juvénile, prenez l'homme aux grands
moments, dans la prison, dans le danger, ou même seulement quand
l'âge vient, quand il arrive à juger la vie; prenez-le surtout à la campagne, sur son domaine écarté, dans l'église du village dont il est
le patron, ou bien seul le soir, à sa table, écoutant la prière que son
chapelain récite, et n'ayant d'autres livres que quelque gros in-folio
de drames graissé par les doigts de ses pages, son *Prayer Book* et
sa Bible; vous comprendrez alors comment la religion nouvelle
trouve prise sur ces esprits imaginatifs et sérieux. Elle ne les choque
point par un rigorisme étroit; elle n'entrave point l'essor de leur esprit; elle n'essaye point d'éteindre la flamme voltigeante de leur
fantaisie; elle ne proscrit pas le beau ; elle conserve plus qu'aucune
église réformée les nobles pompes de l'ancien culte, et fait rouler sous
les voûtes de ses cathédrales les riches modulations, les majestueuses
harmonies d'un chant grave que l'orgue soutient. C'est son caractère
propre de n'être point en opposition avec le monde, mais au contraire
de le rattacher à soi en se rattachant à lui. Par sa condition civile
comme par son culte extérieur, elle en est embrassée et l'embrasse,
car elle a pour chef la reine, elle est un membre de la constitution,
elle envoie ses dignitaires sur les bancs de la chambre haute; elle
marie ses prêtres; ses bénéfices sont à la nomination des grands, ses
principaux membres sont les cadets des grandes familles : par tous
ces canaux, elle reçoit l'esprit du siècle. Aussi entre ses mains, la
réforme ne peut pas devenir hostile à la science, à la poésie, aux
larges idées de la Renaissance. Au contraire, chez les nobles d'Élisabeth et de Jacques Ier, comme chez les cavaliers de Charles Ier, elle
tolère les goûts d'artistes, les curiosités de philosophes, les façons

que tout le monde a flatté, toi seule tu l'as jeté hors du monde et méprisé.
Tu as ramassé ensemble toute la grandeur si fort tendue, tout l'orgueil, la
cruauté, l'ambition de l'homme, et couvert tout ensemble de ces deux
mots étroits : *Hic jacet.* »

mondaines et le sentiment du beau. L'alliance est si forte que, sous Cromwell, les ecclésiastiques en masse se firent destituer pour le prince, et que les cavaliers par bandes se firent tuer pour l'Église. Des deux parts, les deux mondes se touchent et se confondent. Si plusieurs poëtes sont pieux, plusieurs ecclésiastiques sont poëtes; l'évêque Hall, l'évêque Corbet, le recteur G. Wither, le prédicateur Donne. Si plusieurs laïques s'élèvent aux contemplations religieuses, plusieurs théologiens, Hooker, John Bales, Taylor, Chillingworth, font entrer dans le dogme la philosophie et la raison.

On voit alors se former une littérature nouvelle, élevée et originale, éloquente et mesurée, armée à la fois contre les puritains qui sacrifient à la tyrannie du texte la liberté de l'intelligence, et contre les catholiques qui sacrifient à la tyrannie de la tradition l'indépendance de l'examen, également opposée à la servilité de l'interprétation littérale, et à la servilité de l'interprétation imposée. En face des premiers paraît le savant et excellent Hooker, un des plus doux et des plus conciliants des hommes [1], un des plus solides et des plus persuasifs entre les logiciens, esprit compréhensif, qui en toute question remonte aux principes, fait entrer dans la controverse les conceptions générales et la connaissance de la nature humaine; outre cela, écrivain méthodique, correct et toujours ample, digne d'être regardé non-seulement comme un des pères de l'Église anglaise, mais comme un des fondateurs de la prose anglaise. Avec une gravité et une simplicité soutenues, il montre aux puritains que les lois de la nature, de la raison et de la société sont, comme la loi de l'Écriture, d'institution divine, que toutes également sont dignes de respect et d'obéissance, qu'il ne faut pas sacrifier la parole intérieure, par laquelle Dieu touche notre intelligence, à la parole extérieure par laquelle Dieu touche nos sens; qu'ainsi la constitution civile de l'Église et l'ordonnance visible des cérémonies peuvent être conformes à la volonté de Dieu, même lorsqu'elles ne sont point justifiées par un texte palpable de la Bible, et que l'autorité des magistrats comme le raisonnement des hommes ne dépasse pas ses droits en établissant certaines uniformités et certaines disciplines sur lesquelles l'Écriture s'est tue pour laisser décider la raison. « Car si la force naturelle de « l'esprit de l'homme peut par l'expérience et l'étude atteindre à une « telle maturité, que dans les choses humaines les hommes puissent

1. *The ecclesiastical policy*, 1594.

« faire quelque fonds sur leur jugement, n'avons-nous pas raison de
« penser que, même dans les choses divines, le même esprit muni
« des aides nécessaires, exercé dans l'Écriture avec une diligence égale,
« et assisté par la grâce du Dieu tout-puissant, pourra acquérir une
« telle perfection de savoir que les hommes auront une juste cause,
« toutes les fois qu'une chose appartenant à la foi et à la religion sera
« mise en doute, pour incliner volontiers leur esprit vers l'opinion que
« des hommes si graves, si sages, si instruits en ces matières, déclare-
« ront la plus solide? » Qu'on ne dédaigne donc pas « cette lumière
naturelle, » mais plutôt servons-nous-en pour accroître l'autre [1],
comme on apporte un flambeau à côté d'un flambeau; surtout servons-nous-en pour vivre en harmonie les uns avec les autres. « Car,
« dit-il, ce serait un bien plus grand contentement pour nous (si petit
« est le plaisir que nous prenons à ces querelles) de travailler sous le
« même joug en hommes qui aspirent à la même récompense éternelle
« de leur labeur, d'être unis à vous par les liens d'un amour et d'une
« amitié indissolubles, de vivre comme si nos personnes étant plu-
« sieurs, nos âmes n'en faisaient qu'un, que de demeurer démembrés
« comme nous le sommes, et de dépenser nos courts et misérables
« jours dans la poursuite insipide de ces fatigantes contentions. »
— En effet, c'est à l'accord que les plus grands théologiens
concluent; par-dessus la pratique oppressive ils saisissent l'esprit
libéral. Si par sa structure politique l'Église anglicane est persécu-
trice, par sa structure doctrinale elle est tolérante. Elle a trop besoin
de la raison laïque pour tout refuser à la raison laïque. Elle vit dans
un monde trop cultivé et trop pensant pour proscrire la pensée et la
culture. Son plus éminent docteur, John Hales [2], « déclare souvent
qu'il renoncerait demain à la religion de l'Église d'Angleterre, si elle
l'obligeait à penser que d'autres chrétiens seront damnés, et qu'on ne
croit les autres damnés que lorsqu'on désire qu'ils le soient [3]. » C'est
encore lui, un théologien, un prébendiste, qui conseille aux hommes
de ne se fier qu'à eux-mêmes en matière religieuse, de ne s'en remettre
ni à l'autorité, ni à l'antiquité, ni à la majorité, de se servir de leur
propre raison pour croire « comme de leurs propres jambes pour marcher, » d'agir et d'être hommes par l'esprit comme par le reste, et de

1. Voyez les *Dialogues de Galilée*; c'est la même idée qui, en même temps,
est poursuivie à Rome par l'Église et défendue en Angleterre par l'Église.
2. Clarendon.
3. Voyez dans J. Taylor (*Liberty of prophesying*) les mêmes doctrines, 1647.

considérer comme lâches et impies les paresses de l'examen et l'emprunt des doctrines. A côté de lui, Chillingworth, esprit militant et loyal par excellence, le plus exact, le plus pénétrant, le plus convaincant des controversistes, protestant d'abord, puis catholique, puis de nouveau et pour toujours protestant, ose bien déclarer que ces grands changements opérés en lui-même et par lui-même à force d'études et de recherches « sont de toutes ses actions celles qui le satisfont le plus, » et soutient que la raison appliquée à l'Écriture doit seule persuader les hommes; que l'autorité n'y peut rien prétendre; «que rien n'est plus contre la religion que de violenter la religion; » que le grand principe de la réforme est la liberté de conscience, et que si les doctrines des diverses sectes protestantes « ne sont point absolument vraies, du moins elles sont libres de toute impiété et de toute erreur damnable en soi ou destructive du salut. » Ainsi se développe une polémique, une théologie, une apologétique solide et sensée, rigoureuse dans ses raisonnements, capable de progrès, munie de science et qui autorisant l'indépendance du jugement personnel en même temps que l'intervention de la raison naturelle laisse la religion à portée du monde, et les établissements du passé sous les prises de l'avenir.

Au milieu d'eux s'élève un écrivain de génie, poëte en prose, doué d'imagination comme Spenser et comme Shakspeare, Jérémy Taylor, qui, par la pente d'esprit comme par les événements de sa vie était destiné à présenter aux yeux l'alliance de la Renaissance et de la réforme, et à transporter dans la chaire le style orné de la cour. Prédicateur à Saint-Paul, goûté et admiré des gens du monde « pour sa beauté juvénile et florissante, pour son air gracieux, » pour sa diction splendide, protégé, placé par l'archevêque Laud, il écrivit pour le roi une défense de l'épiscopat, devint chapelain de l'armée royale, fut pris, ruiné, emprisonné deux fois par les parlementaires, épousa une fille naturelle de Charles Ier, puis, après la Restauration, fut comblé d'honneurs, devint évêque, membre du conseil privé, et chancelier de l'université d'Irlande. Par toutes les parties de sa vie, heureuse et malheureuse, privée et publique, on voit qu'il est anglican, royaliste, imbu de l'esprit des cavaliers et des courtisans; non qu'il ait leurs vices ; au contraire, il n'y eut point d'homme meilleur ni plus honnête, plus zélé dans ses devoirs, ou plus tolérant dans les principes, en sorte que, gardant la gravité et le pureté chrétiennes, il n'a pris à la Renaissance que sa riche imagination, son érudition

classique et son libre esprit. Mais pour ce qui est de ces dons, il les a
tout entiers, tels qu'ils sont chez les plus brillants et les plus inventifs
entre les gentilshommes du monde, chez sir Philip Sidney, chez lord
Bacon, chez sir Thomas Brown, avec les grâces, les magnificences, les
délicatesses qui sont le propre de ces génies si sensitifs et si créateurs,
et en même temps avec les redondances, les singularités, les disparates inévitables dans un âge où l'excès de la verve empêchait la sûreté
du goût. Comme tous ces écrivains, comme Montaigne, il est imbu
de l'antiquité classique; il cite en chaire des anecdotes grecques et
latines, des passages de Sénèque, des vers de Lucrèce et d'Euripide,
et cela à côté des textes de la Bible, de l'Évangile et des Pères. Le
*cant* n'était point encore établi; les deux grandes sources d'enseignement, la païenne et la chrétienne coulaient côte à côte, et on les
recueillait dans le même vase, sans croire que la sagesse de la raison
et de la nature pût gâter la sagesse de la foi et de la révélation.
Figurez-vous donc ces étranges sermons, où les deux éruditions, l'hellénique et l'évangélique, affluent ensemble avec les textes, et chaque
texte cité dans la langue; où pour prouver que les pères sont souvent
malheureux dans leurs enfants, l'auteur allègue coup sur coup Cha-
brias, Germanicus, Marc-Aurèle, Hortensius, Quintus Fabius,
Maximus, Scipion l'Africain, Moïse et Samuel; où s'entassent en
guise de comparaisons et d'illustrations le fouillis des historiettes et
des documents botaniques, astronomiques, zoologiques que les ency-
clopédies et les rêveries scientifiques déversent en ce moment dans
les esprits. Taylor vous contera l'histoire des ours de Pannonie,
qui, blessés, s'enferrent plus avant; celle des pommes de Sodome qui
sont belles d'apparence, mais au dedans pleines de pourriture et de
vers, et bien d'autres encore : car c'est le trait marquant des hommes
de cet âge et de cette école, de n'avoir point l'esprit nettoyé, aplani,
cadastré, muni d'allées rectilignes comme les écrivains de notre dix-
septième siècle, et comme les jardins de Versailles, mais plein et
comblé de faits circonstanciés, de scènes complètes et dramatiques,
de petits tableaux colorés, tous pêle-mêle et mal époussetés, en sorte
que perdu dans l'encombrement et la poussière, le spectateur moderne crie à la pédanterie et à la grossièreté. Les métaphores pullulent
les unes par-dessus les autres, s'embarrassent l'une dans l'autre,
et se bouchent l'issue les unes aux autres comme dans Shakspeare. On croyait en suivre une, en voilà une seconde qui commence,
puis une troisième qui coupe la seconde, et ainsi de suite, fleur sur

fleur, girandole sur girandole, si bien, que sous les scintillements, la clarté se brouille, et que la vue finit par l'éblouissement. En revanche, et justement en vertu de cette même structure d'esprit, Taylor imagine les objets, non pas vaguement et faiblement par quelque indistincte conception générale, mais précisément, tout entiers, tels qu'ils sont, avec leur couleur sensible, avec leur forme propre, avec la multitude de détails *vrais* et particuliers qui les distinguent dans leur espèce. Il ne les connaît pas par ouï dire; il les a vus. Bien mieux, il les voit en ce moment, et les fait voir. Lisez ce morceau, et dites s'il n'a pas l'air copié dans un hôpital ou sur un champ de bataille : « Comment pouvons-nous nous plaindre « de la faiblesse de notre force ou de la pesanteur des maladies, quand « nous voyons un pauvre soldat debout sur une bâche, presque ex- « ténué de froid et de faim, sans pouvoir être soulagé de son froid que « par une chaleur de colère, par une fièvre ou par un coup de mous- « quet, ni allégé de sa faim que par une souffrance plus grande ou par « quelque crainte énorme? Cet homme se tiendra debout, sous les « armes et sous les blessures, sous la chaleur et le soleil, pâle et épuisé, « accablé, et néanmoins vigilant. La nuit, on lui extraira une balle de « la chair, ou des éclats enfoncés dans ses os; il tendra sa bouche vio- « lemment fendue pour qu'on la lui recouse : tout cela pour un homme « qu'il n'a jamais vu, ou qui ne l'a pas regardé s'il l'a vu, un homme « qui l'enverra à la potence s'il essaye de fuir toutes ces misères. » Voilà l'avantage de l'imagination complète sur la raison ordinaire. Elle produit d'un bloc vingt ou trente idées et autant d'images, épuisant l'objet que l'autre ne fait que désigner et effleurer. Il y a un millier de circonstances et de nuances dans chaque événement; et ils sont tous enfermés dans des mots vivants comme ceux que voici : « J'ai « vu les gouttelettes d'une source suinter à travers le fond d'une « digue, et amollir la lourde maçonnerie, jusqu'à la rendre assez « ployante pour garder l'empreinte d'un pied d'enfant; on dédai- « gnait cette petite source, on ne s'en inquiétait pas plus que des « perles déposées par une matinée brumeuse, jusqu'au moment où « elle eut frayé sa route et fait un courant assez fort pour entraîner les « ruines de sa rive minée, et envahir les jardins voisins; mais alors les « gouttes dédaignées s'étaient enflées jusqu'à devenir une rivière fac- « tice et une calamité intolérable. Telles sont les premières entrées du « péché; elles peuvent trouver leur barrière dans une sincère prière du « cœur, et leur frein dans le regard d'un homme respectable ou dans

« les avis d'un seul sermon; mais quand de tels commencements sont
« négligés... ils se changent en ulcères et en maladies pestilentielles;
« ils détruisent l'âme par leur séjour, tandis qu'à leur première entrée
« ils auraient pu être tués par la pression du petit doigt. » Tous les
extrêmes se rencontrent dans cette imagination-là. Les cavaliers qui
l'écoutent y trouvent comme chez Ford, Beaumont et Flechter, la
copie crue de la vérité la plus brutale et la plus immonde, et la
musique légère des songes les plus gracieux et les plus aériens. Les
puanteurs et les horreurs médicales [1], et tout d'un coup les fraîcheurs
et les allégresses du plus riant matin; l'exécrable détail de la lèpre,
de ses boutons blancs, de sa pourriture intérieure, et cette aimable
peinture de l'alouette, éveillée parmi les premières senteurs des
champs. « Je l'ai vue s'élevant de son lit de gazon, et, prenant son
« essor, monter en chantant, tâcher de gagner le ciel et gravir jus-
« qu'au-dessus des nuages; mais le pauvre oiseau était repoussé par
« le bruyant souffle d'un vent d'est, et son vol devenait irrégulier et
« inconstant, rabattu comme il l'était par chaque nouveau coup de la
« tempête, sans qu'il pût regagner le chemin perdu avec tous les
« balancements et tous les battements de ses ailes, tant qu'enfin la
« petite créature fut contrainte de se poser, haletante, et d'attendre
« que l'orage fût passé; alors elle prit un essor heureux, et se mit à
« monter, à chanter, comme si elle eût appris sa musique et son essor
« d'un de ces anges qui traversent quelquefois l'air pour venir exer-
« cer leur ministère ici-bas. Telle est la prière d'un homme de bien [2]. »
Et il continue, avec la grâce, quelquefois avec les propres mots de
Shakspeare. Chez le prédicateur comme chez le poëte, comme chez
tous les cavaliers et tous les artistes de l'époque, l'imagination est si
complète qu'elle atteint le réel jusque dans sa fange, et l'idéal jusque
dans son ciel.

Comment le vrai sentiment religieux a-t-il pu s'accommoder d'allures si mondaines et si franches? Il s'en est accommodé pourtant;
bien mieux, elles l'ont fait naître : chez Taylor, comme chez les autres,
la poésie libre conduit à la foi profonde. Si cette alliance aujourd'hui
nous étonne, c'est qu'à cet endroit nous sommes devenus pédants.
Nous prenons un homme compassé pour un homme religieux. Nous

1. Apples of Sodom. We have already opened this dung-hill covered with
snow, which was indeed on the outside white as the spots of leprosy, but it
was not better, etc.
2. Paroles à Carolstad.

sommes contents de le voir roide dans un habit noir, serré dans une cravate blanche et un formulaire à la main. Nous mettons la piété dans la décence, dans la correction, dans la régularité permanente et parfaite. Nous interdisons à la foi tout langage franc, tout geste hardi, toute fougue et tout élan d'action ou de parole; nous sommes scandalisés des gros mots de Luther, des éclats de rire qui secouent sa puissante bedaine, de ses colères d'ouvrier, de ses nudités et de ses ordures, de la familiarité audacieuse avec laquelle il manie son Christ et son Dieu[1]. Nous ne voyons pas que ces libertés et ces abandons sont justement les signes de la croyance entière, que la conviction chaleureuse et immodérée est trop sûre d'elle-même pour s'astreindre à un style irréprochable, que la religion primesautière consiste non en bienséances, mais en émotions. Elle est un poëme, le plus grand de tous, un poëme auquel on croit, voilà pourquoi ces gens la trouvent au bout de leur poésie; la façon dont Shakspeare et tous les tragiques considèrent le monde y conduit; encore un pas, et Jacques, Hamlet y vont entrer. Cette énorme obscurité, cette noire mer inexplorée[2] qu'ils aperçoivent au terme de notre triste vie, qui sait si elle n'est pas bordée par un autre rivage? L'anxieuse idée du ténébreux *au delà* est nationale, et c'est pour cela qu'ici la renaissance nationale en ce moment devient chrétienne. Quand Taylor parle de la mort, il ne fait que reprendre et achever une pensée que Shakspeare ébauchait déjà[3]. « Toutes les successions de la durée, tous les « changements de la nature, les milliers de milliers d'accidents de ce « monde, et tous les événements qui arrivent à chaque homme et à « chaque créature nous prêchent notre sermon funèbre, et nous aver- « tissent de regarder et de voir comment le Temps, ce vieux fos- « soyeur, jette les pelletées de terre et nous creuse la fosse où nous « irons enfouir nos joies et nos peines, et déposer nos corps comme « une semence qui lèvera au jour magnifique ou intolérable de l'é- « ternité. » Car entre cette mort finale qui nous engloutit tout entiers, il y a les morts partielles qui nous dévorent pièce à pièce. « Nous « sommes morts à tous les mois que nous avons déjà vécus, et nous « ne les revivons jamais une seconde fois. » Et voilà comme nous laissons derrière nous, lambeau par lambeau, toute notre vie, d'abord notre vie engourdie et obscure « quand nous sortons du ventre de

1. Paroles sur Jésus.
2. « The unknown country. »
3. *Holy dying.*, ch. I, sect. 1.

« notre mère pour sentir la chaleur du soleil. Après cela nous dor-
« mons et nous entrons dans une sorte de mort, où nous gisons insou-
« ciants de tous les changements de l'univers…, aussi indifférents que
« si nos yeux étaient clos avec l'argile humide qui pleure dans les
« entrailles de la terre. Au bout de sept ans, nos dents tombent et
« meurent avant nous : c'est le prologue de la tragédie; et à chaque
« fois sept ans, on peut bien parier que nous jouerons notre dernière
« scène. Peu à peu la nature, la chance ou le vice viennent nous
« prendre notre corps par morceaux, affaiblissant une portion, en
« relàchant une autre, en sorte que nous goùtons d'avance le tombeau
« et les solennités de nos propres funérailles, d'abord dans les organes
« qui ont été les ministres du vice, puis dans ceux qui nous servaient
« pour l'ornement; et au bout d'un peu de temps, même ceux qui
« ne servaient qu'à nos nécessités se trouvent hors d'usage et s'em-
« barrassent comme les roues d'une horloge détraquée. Nos cheveux
« tombent; toilette funèbre qui annonce un homme entré bien avant
« dans la région et les domaines de la mort. Puis bien d'autres signes :
« les cheveux gris, les dents gâtées, les yeux troubles, les articula-
« tions tremblantes, l'haleine courte, les membres roides, la peau
« ridée, la mémoire défaillante, l'appétit moindre; même la faim et
« la soif de chaque journée crient pour que nous remplacions cette
« portion de notre substance que la mort a dévorée pendant la longue
« nuit, lorsque nous gisions dans son giron et que nous dormions
« dans son vestibule. Ainsi chaque repas nous sauve d'une mort et
« prépare à une autre mort la pâture. Bien plus, pendant que nous
« pensons une pensée, nous mourons, et nous avons moins à vivre à
« chaque mot qui sort de notre bouche. » Par-dessus toutes ces destructions, d'autres destructions travaillent; le hasard nous fauche
aussi bien que la nature, et nous sommes la proie de l'accident
comme de la nécessité. « La nature ne nous a donné qu'une mois-
« son chaque année, mais la mort en a deux; l'automne et le prin-
« temps envoient aux charniers des troupes serrées d'hommes et de
« femmes… Combien de mères enceintes se sont réjouies de la fécon-
« dité de leurs entrailles et se sont complu dans la pensée qu'elles
« allaient devenir un canal de bénédictions pour une famille! Et voilà
« que la sage-femme promptement a cousu dans le suaire leurs
« têtes et leurs pieds, et les a emportées dehors pour la sépulture.
« La mort règne dans toutes les parties de notre année, et vous ne
« pouvez aller nulle part sans fouler les os d'un mort. »

Ainsi roulent ces puissantes paroles, sublimes comme le motet d'un orgue; cet universel écrasement des vanités humaines a la grandeur funéraire d'une tragédie; la piété ici sort de l'éloquence, et le génie conduit à la foi. Toutes les forces et aussi toutes les tendresses de l'âme sont remuées. Ce n'est pas un froid rigoriste qui parle, c'est un homme, un homme ému qui a des sens, un cœur, qui est devenu chrétien non par la mortification, mais par le développement de tout son être. « Considérez la vivacité de la jeunesse, les belles joues et « les yeux pleins de l'enfance, la force et la vigoureuse flexibilité des « membres de vingt-cinq ans, puis en regard le visage creux, la pâleur « de mort, le dégoût et l'horreur d'une sépulture de trois jours. J'ai « vu de la même façon une rose sortir des fentes de son chaperon de « feuilles; d'abord elle était belle comme le matin et pleine de la « rosée du ciel; mais quand un souffle rude eut brutalement livré au « jour sa modestie virginale et démantelé sa trop fraîche et trop frêle « retraite, elle commença à se ternir, puis à décliner vers l'abatte- « ment et la vieillesse maladive; elle pencha la tête, sa tige se rompit, « et le soir ayant perdu quelques-unes de ses feuilles et toute sa « beauté, elle tomba dans le sort des mauvaises herbes et des visages « flétris. Tel est le sort de tout homme et de toute femme : devenir « l'héritage des vers et des serpents dans la froide terre immonde, « avec notre beauté si changée que bientôt nos amis ne nous recon- « naîtraient plus; et ce changement mêlé de tant d'horreur... que « ceux qui six heures auparavant nous comblaient de leurs chari- « tables ou ambitieux services, ne peuvent sans quelque regret rester « seuls dans la chambre où gît le corps dépouillé de la vie et de ses « honneurs. »

Amené là, comme Hamlet au cimetière, parmi les crânes qu'il reconnaît et sous l'oppression de la mort qu'il touche, l'homme n'a plus qu'un effort à faire pour voir se lever dans son cœur un nouveau monde. Il cherche le remède de ses tristesses dans l'idée de la justice éternelle, et l'implore avec une ampleur de paroles qui font de la prière un hymne en prose aussi beau qu'une œuvre d'art.

« Éternel Dieu [1], tout-puissant père des hommes et des anges, par « le soin et la providence de qui je suis conservé et gardé, soutenu et « assisté, je te demande humblement de pardonner les péchés et les « folies de cette journée, la faiblesse de mon service et la force de mes

1. *Golden grove.*

« passions, la témérité de mes paroles, la vanité et le mal de mes ac-
« tions. O juste et bien-aimé Dieu, combien de temps encore viendrai-je
« ainsi confesser mes péchés, prier contre leur séduction, et pourtant
« retomber sous leur prise ! Oh ! qu'il n'en soit plus ainsi, et que je ne
« retourne jamais aux folies dont je suis humilié, qui amènent le cha-
« grin et la mort et ton déplaisir pire que la mort ! Donne-moi l'em-
« pire sur mes mauvais penchants, et une parfaite haine du péché, et
« un amour de toi au-dessus de tous les désirs de ce monde. Qu'il te
« plaise de me préserver et de me défendre cette nuit de tout péché,
« de toute violence du hasard, de la malice des esprits des ténèbres.
« Garde-moi dans mon sommeil, et endormi ou éveillé que je sois
« ton serviteur. Sois le premier et le dernier dans mes pensées, et le
« guide et l'assistance continuelle de toutes mes actions. Préserve mon
« corps, pardonne le péché de mon âme et sanctifie mon cœur. Que
« je vive toujours saintement, justement, sagement; et quand je
« mourrai, reçois mon âme... »

## V

Ce n'était là pourtant qu'une demi-réforme, et la religion officielle
était trop liée au monde pour entreprendre de le nettoyer jusqu'au
fond; elle en réprimait les débordements, elle n'en attaquait pas la
source, et le paganisme de la Renaissance suivant sa pente, aboutissait déjà, sous Jacques Ier, à la corruption, à l'orgie, aux mœurs de
mignons et d'ivrognes, à la sensualité provocante et grossière [1] qui,
plus tard, sous la Restauration, étala son égout au soleil. Mais sous
le protestantisme établi s'étendait le protestantisme interdit; les
yeomen se faisaient leur foi comme les gentilshommes, et déjà les
puritains perçaient sous les anglicans. Nulle culture ici, nulle philosophie, nul sentiment de la beauté harmonieuse et païenne. La
conscience parlait seule, et son inquiétude était devenue une terreur.
Le fils du boutiquier, du fermier qui lisait la Bible dans la grange

1. Voir le théâtre de Beaumont et Flechter, personnages de Bawder, Pro-
talyce et Brunehaut dans *Thierry et Théodoret*. — Dans *The custom of the
country*, plusieurs scènes représentent l'intérieur d'une maison de prostitu-
tion, chose fréquente, du reste, dans ce théâtre (*Massinger, Shakspeare*). Mais
ici les pensionnaires de la maison sont des hommes. — Voir aussi *Rule a wife
and have a wife*.

ou le comptoir, parmi les tonnes ou les sacs de laine, ne prenait pas les choses avec le même tour que le beau cavalier nourri dans la mythologie antique et raffiné par l'élégante éducation italienne. Il les prenait tragiquement, il s'examinait à la rigueur, il s'enfonçait dans le cœur toutes les pointes du scrupule, il s'emplissait l'imagination des vengeances de Dieu et des terreurs bibliques. Une sombre épopée, terrible et grande comme l'Edda, fermentait dans ces imaginations mélancoliques. Ils se pénétraient des textes de saint Paul, des menaces tonnantes des prophètes; ils s'appesantissaient en esprit sur les impitoyables doctrines de Calvin; ils reconnaissaient que la masse des hommes est prédestinée à la damnation éternelle [1]; plusieurs croyaient que cette multitude est criminelle avant de naître, que Dieu a voulu, prévu, ménagé leur perte, que de toute éternité il a médité leur supplice, et qu'ils les a créés pour les y livrer [2]. Rien ne peut sauver la misérable créature que la grâce, la grâce gratuite, pure faveur de Dieu, que Dieu n'accorde qu'à un petit nombre et qu'il distribue non d'après les efforts et les œuvres des hommes, mais d'après le choix arbitraire de son absolue et seule volonté. Nous sommes « les fils de la colère, » pestiférés et condamnés de naissance, et quelque part que nous regardons dans le ciel immense, nous n'y trouvons que des foudres qui grondent pour nous écraser. Qu'on se figure, si on peut, les ravages d'une pareille idée dans un esprit solitaire et morose, tel que cette race et ce climat en produisent. Plusieurs se croyaient damnés et allaient gémissant dans les rues; d'autres ne dormaient plus. Ils étaient hors d'eux-mêmes, croyant toujours sentir sur eux la main de Dieu ou la griffe du diable. Une puissance extraordinaire, un gigantesque ressort d'action s'était tout d'un coup tendu dans l'âme, et il n'y avait aucune barrière dans la vie morale, ni aucun établissement dans la société civile que son effort ne pût renverser.

Dès l'abord, la vie privée est transformée. Comment les sentiments ordinaires, les jugements journaliers et naturels sur le bonheur et le plaisir subsisteraient-ils devant une conception pareille? Supposez des hommes condamnés à mort, non pas à la mort simple, mais à la roue, aux tortures, à un supplice infini en horreur, infini en durée, qui attendent la sentence et savent pourtant que sur mille, cent mille chances, ils en ont une de pardon; est-ce qu'ils peuvent encore s'a-

1. Calvin, cité par Haag., II, 216.
2. Ce sont les supralapsaires.

muser, prendre intérêt aux affaires ou aux plaisirs du siècle ? L'azur
du ciel ne luit plus pour eux, le soleil ne les réchauffe pas, la beauté
et la suavité des choses les laissent insensibles; ils ont désappris le
rire, ils s'acharnent intérieurement, tout pâles et silencieux, sur leur
angoisse et sur leur attente; ils n'ont plus qu'une pensée : « Le juge
va-t-il me faire grâce? » Ils sondent anxieusement les mouvements
involontaires de leur cœur qui seul peut leur répondre et la révélation intérieure qui les rend certains de leur pardon ou de leur perte.
Ils jugent que tout autre état d'esprit est impie, que l'insouciance et
la joie sont monstrueuses, que chaque distraction ou préoccupation
mondaine est un acte de paganisme, et que la véritable marque du
chrétien est le tremblement dans l'idée du salut. Dès lors la rigidité
et le rigorisme entrent dans les mœurs. Le puritain condamne le
théâtre, les assemblées et les pompes du monde, la galanterie et l'élégance de la cour, les fêtes poétiques et symboliques des campagnes,
les *mai*, les joyeuses bombances, les sonneries de cloches, toutes les
issues par lesquelles la nature sensuelle ou instinctive avait cherché
à s'échapper. Il s'en retire, il abandonne les divertissements, les ornements, il coupe de près ses cheveux, ne porte plus qu'un habit
sombre et uni, parle en nasillant, marche roide, les yeux en l'air,
absorbé, indifférent aux choses visibles. Tout l'homme extérieur et
naturel est aboli; seul l'homme intérieur et spirituel subsiste; de
toute l'âme il ne reste que l'idée de Dieu et la conscience, la conscience alarmée et malade, mais stricte sur chaque devoir, attentive aux
moindres manquements, rebelle aux ménagements de la morale mondaine, inépuisable en patience, en courage, en sacrifices, installant la
chasteté au foyer conjugal, la véracité devant les tribunaux, la probité au comptoir, le travail à l'atelier, partout la volonté fixe de tout
supporter et de tout faire plutôt que manquer à la plus petite prescription de la justice morale et de la loi biblique. L'énergie stoïque,
l'honnêteté foncière de la race se sont éveillées sous l'appel de l'imagination enthousiaste; et ces caractères tout d'une pièce se lancent sans
réserve du côté du renoncement et de la vertu.

Encore un pas, et ce grand mouvement va passer de dedans au
dehors, des mœurs privées aux institutions publiques. Considérez-les
à leur lecture; ils prennent pour eux les prescriptions imposées aux
Juifs, et les préfaces les y invitent. En tête de la Bible, le traducteur[1]

1. Trad. de Tyndal, 1549.

a mis une table des principaux termes de l'Écriture, chacun avec sa définition et les textes à l'appui. Ils lisent et pèsent chacune de ces paroles. « *Abomination.* L'abomination devant Dieu, ce sont les « idoles et les images devant qui le peuple s'incline. » Le précepte est-il observé? Sans doute, on a ôté les images, mais la reine garde encore un crucifix dans sa chapelle, et n'est-ce pas un reste d'idolâtrie que de s'agenouiller devant le sacrement? « *Abrogation.* Abroger, c'est « abolir ou réduire à néant; et ainsi la loi des commandements qui « consistaient dans les décrets et les cérémonies est abolie; les sacri- « fices, repas, fêtes et toutes les cérémonies extérieures sont abrogés; « tout ordre de clergé est abrogé. » L'est-il, et comment se fait-il que les évêques s'arrogent encore le droit de prescrire la foi, le culte et de tyranniser les consciences chrétiennes? Et n'a-t-on pas conservé dans le chant des orgues, dans le surplis des prêtres, dans le signe de la croix, dans cent autres pratiques tous ces rites sensibles que Dieu a déclarés profanes? « *Abus.* Les abus qui sont dans l'Église doi- « vent être corrigés par le prince; les ministres doivent prêcher contre « les abus, et beaucoup de traditions humaines sont de purs abus. » Que fait donc le prince, et pourquoi laisse-t-il des abus dans l'Église? Il faut que le chrétien se lève et proteste; nous devons purger l'Église de la croûte païenne dont la tradition l'a recouverte[1]. Voilà les idées qui se lèvent dans ces esprits incultes. Représentons-nous ces hommes simples et d'autant plus capables de croyances fortes, ces franc-tenan- ciers, ces gros marchands qui ont siégé au jury, voté aux élections, délibéré, discuté en commun sur les affaires privées et publiques, qui sont habitués à l'examen de la loi, à la confrontation des précé- dents, à toute la minutie de la procédure juridique et légale; qui portent ces habitudes de légistes et de plaideurs dans l'interprétation de l'Écriture, et qui, une fois leur conviction faite, mettent à son ser- vice la passion froide, l'obstination intraitable, la roideur héroïque du

---

1. Interrogatoire de M. Axton, 1570. « Je ne puis consentir à porter ce surplis; c'est contre ma conscience. J'espère qu'avec l'aide de Dieu je ne mettrai jamais cette manche, qui est une marque de la bête. » — Interroga- toire de White, gros bourgeois de Londres, accusé de ne pas aller à son église paroissiale (1572) : « Toutes les Écritures sont pour détruire l'idolâ- trie et chaque chose qui s'y rapporte. — Quel est l'endroit où est cette dé- fense? — Le Deutéronome et d'autres endroits; et Dieu par Isaïe nous commande de ne point nous souiller avec les vêtements de l'image, mais de la rejeter comme une impureté de femme. »

caractère anglais. L'esprit exact et militant va se mettre à l'œuvre. Chacun se croit « tenu d'être prêt, fort et bien muni pour répondre à tous ceux qui lui demanderont raison de sa foi [1]. Chacun a ses troubles et remords de conscience [2] à propos de quelque portion de la liturgie ou de la hiérarchie officielle; à propos des dignités de chanoine ou d'archidiacre, ou de certains passages à l'office des morts; à propos du pain de la communion ou de la lecture des livres apocryphes dans l'église; à propos de la pluralité des bénéfices ou du bonnet carré des ecclésiastiques. Ils se buttent chacun contre quelque article, tous en masse contre l'établissement épiscopal et la conservation des cérémonies romaines [3]. Et là-dessus on les emprisonne, on les taxe, on les met au pilori, on leur coupe les oreilles, leurs ministres sont destitués, chassés, poursuivis [4]. La loi déclare que « toute personne au-dessus de seize ans qui, pendant un mois, refusera d'assister à l'office établi, sera enfermée jusqu'à ce qu'elle se soumette; que si elle ne se soumet pas au bout de trois mois, elle sera bannie du royaume, et si elle revient, mise à mort. » Ils se laissent faire et montrent autant de fermeté pour souffrir que de scrupule pour croire; sur un iota, pour recevoir la communion assis plutôt qu'à genoux, ou debout plutôt qu'assis, ils abandonnent leurs places, leur bien, leur liberté, leur patrie. Un docteur, Leighton, est emprisonné quinze semaines dans une niche à chien, sans feu, sans toit, sans lit, aux fers; ses cheveux et sa peau tombent, il est attaché au pilori parmi les frimas de novembre, puis fouetté, marqué au front, les oreilles coupées, le nez fendu, enfermé huit ans à la flotte, et de là jeté dans la prison commune. Plusieurs se font brûler, et avec joie. La religion pour eux est un *covenant*, c'est-à-dire un traité fait avec Dieu qu'il faut observer en dépit de tout, comme un engagement écrit, à la lettre et jusqu'à la dernière syllabe. Admirable et déplorable rigidité de la conscience méticuleuse, qui fait des ergoteurs en même temps que des fidèles, et qui fera des tyrans après avoir fait des martyrs.

Entre les deux, elle fait des combattants. Ils se sont enrichis et accrus extraordinairement en quatre-vingts ans, comme il arrive toujours aux gens qui travaillent, vivent honnêtement et se tiennent debout à

---

1. Préface de Tyndal.
2. Un mot revient sans cesse : Tenderness of conscience. A squeamish stomach... Our weaker brethern, etc.
3. La séparation des anglicans et des dissidents peut être datée de 1564.
4. 1592.

travers la vie soutenus par un grand ressort intérieur. Ils peuvent résister dorénavant, et, poussés à bout, ils résistent; ils aiment mieux prendre les armes que de se laisser acculer à l'idolâtrie et au péché. Le Long Parlement s'assemble, défait le roi, épure la religion; l'écluse est lâchée, les indépendants par-dessus les presbytériens, les exaltés par-dessus les fervents, tous se précipitent; la foi irrésistible et envahissante, l'enthousiasme font un torrent, noyant ou troublant les cerveaux les plus sains, les politiques, les juristes, les capitaines. La Chambre emploie un jour entier par semaine à délibérer sur l'avancement de la religion. Sitôt qu'on touche à ses dogmes, elle entre en fureur. Un pauvre homme, Paul Best, étant accusé de nier la Trinité, elle ordonne qu'on dresse une ordonnance pour le punir de mort; James Naylor, ayant cru qu'il était Dieu, elle s'acharne onze jours durant son procès avec une animosité et une férocité hébraïques : « Je pense qu'il n'y a personne plus possédé du diable que cet homme. — C'est notre Dieu qui est ici supplanté. — Mes oreilles ont tressailli, mon cœur a frémi en entendant ce rapport. — Je ne parlerai pas davantage. Bouchons nos oreilles et lapidons-le [1]. » Devant la Chambre, publiquement, des hommes officiels avaient des extases. Après l'expulsion des presbytériens, le prédicateur Hugh Peters s'écriait au milieu d'un sermon : « Voici, voici maintenant la révélation; je vais vous en faire part. Cette armée extirpera la monarchie, non-seulement ici, mais en France et dans les autres royaumes qui nous entourent. On dit que nous entrons dans une route jusqu'ici sans exemple; que pensez-vous de la vierge Marie? Y avait-il auparavant quelque exemple qu'une femme pût concevoir sans la société d'un homme? Ceci est un temps qui servira d'exemple aux temps à venir. » Cromwell trouve dans la Bible des prédictions, des conseils pour le temps présent, des justifications positives de sa politique. « Je crois vraiment [2] que le Seigneur a dessein de délivrer son peuple de tout fardeau, et qu'il est près d'accomplir tout ce qui a été prédit au psaume 113. C'est ce psaume qui m'encourage. » Et il récite et commente pendant une heure le psaume 113. Il a beau être calculateur, ambitieux par excellence, il est néanmoins vraiment fanatique et sincère. Son médecin contait qu'il avait été fort mélan-

---

1. *Burton's Diary*, I, 54, etc.
2. Guizot, *Portraits politiques*, 63. Voyez Carlyle, *Cromwell's speeches and letters*.

colique pendant des années entières, avec des imaginations bizarres, souvent persuadé qu'il allait mourir. Deux ans avant la révolution, il écrivait à son cousin : « Véritablement, aucune pauvre créature n'a plus de causes que moi de se mettre en avant pour la cause de son Dieu. Que le Seigneur m'accepte dans son Fils, et me donne de marcher dans la lumière, et nous donne de marcher dans la lumière, comme il est la lumière. Béni soit son nom pour avoir brillé sur un cœur aussi obscur que le mien! » Certainement il songeait à devenir saint autant qu'à devenir roi, et aspirait au salut comme au trône. Au moment d'entrer en Irlande et d'y massacrer les catholiques, il écrivait à sa belle-fille une lettre de direction que Baxter ou Taylor eussent volontiers signée. Du milieu des affaires, en 1651, il exhortait ainsi sa femme : « Ma très-chère, je ne puis me décider à manquer cette poste, quoique j'aie beaucoup à écrire. Je me réjouis d'apprendre que ton âme prospère. Que le Seigneur augmente encore et encore ses faveurs envers toi. Le plus grand bien que ton âme puisse désirer est que le Seigneur tourne vers toi la lumière de son visage, qui est meilleure que la vie. Que le Seigneur bénisse tous les bons conseils et exemples que tu donnes à ceux qui sont autour de toi, et entende toutes tes prières, et t'accepte toujours. » Il demanda en mourant si la grâce, une fois reçue, pouvait se perdre, et fut rassuré quand il apprit que non, étant certain, dit-il, d'avoir été une fois en état de grâce. Il expira sur cette prière : « Seigneur, quoique je sois une pauvre et misérable créature, je suis en alliance avec toi par la grâce, et je puis, je dois venir à toi pour ton peuple. Tu as fait de moi, quoique très-indigne, un humble instrument pour ton service... Seigneur, de quelque façon que tu disposes de moi, continue et achève de leur faire du bien. Et achève l'œuvre de réforme, et rends le nom du Christ glorieux dans le monde [1]. » Sous cet esprit pratique, prudent, propre au monde, il y avait un fonds anglais d'imagination trouble et puissante [2], capable d'engendrer le calvinisme passionné et les craintes mystiques, et les mêmes contrastes se heurtaient et se conciliaient chez les autres indépendants. En 1648, après de fausses manœuvres, ils se trouvèrent en danger, placés entre le roi et le Parlement; là-dessus ils s'assemblèrent plusieurs jours de suite à

---

1. *Cromwell's speeches and letters, by Carlyle.*

2. Voir ses discours. Le style est décousu, obscur, passionné, extraordinaire, comme d'un homme qui n'est pas maître de son cerveau, et qui, malgré cela, voit juste par une sorte d'intuition.

Windsor pour se confesser devant Dieu et lui demander son aide, et découvrirent que tout le mal venait des conférences qu'ils avaient eu la faiblesse de proposer au roi. « Et dans ce sentier, dit l'adjudant général Allen, le Seigneur nous mena pour nous montrer non-seulement notre péché, mais notre devoir. Et cela s'appesantit si unanimement sur chaque cœur, qu'il y eut à peine un de nous qui fût capable de dire un mot aux autres, à cause des larmes amères qu'il versait, en partie par le sentiment et la honte de nos iniquités, de notre peu de foi, de notre lâche crainte des hommes, des conseils charnels que nous avions tenus avec notre sagesse, et non avec la parole du Seigneur [1]. » Là-dessus, ils résolurent de mettre le roi en jugement et à mort, et firent comme ils avaient résolu.

Autour d'eux, l'exaltation, la folie gagnent : indépendants, millenariens, antinomiens, anabaptistes, libertins, familistes, quakers, enthousiastes, chercheurs, perfectistes, sociniens, ariens, antitrinitairiens, antiscripturistes, sceptiques, la liste des sectes ne finit pas. Des femmes, des troupiers, montaient subitement en chaire et prêchaient. Les cérémonies les plus étranges s'étalaient en public. En 1644, dit le docteur Featly, « les anabaptistes rebaptisèrent cent hommes et femmes ensemble au crépuscule, dans des ruisseaux, dans des bras de la Tamise et ailleurs, les plongeant dans l'eau par-dessus la tête et les oreilles. » Un M. Oates, dans le comté d'Essex, « fut traduit devant le jury pour le meurtre d'Anne Martin qui était morte, quelques jours après son baptême, d'un froid qui l'avait saisie. » Fox conversait avec le Seigneur, et témoignait à haute voix, dans les rues et dans les marchés, contre les péchés du siècle. « William Simpson [2] (un de ses disciples) reçut l'ordre du Seigneur d'aller à plusieurs reprises, pendant trois ans, nu et sans chaussures devant eux, comme un signe pour eux, dans les marchés, dans les cours, dans les villes, dans les cités, dans les maisons des prêtres, dans les maisons des hommes puissants, leur disant : Vous serez tous dépouillés et mis à nu, comme je suis dépouillé et mis à nu. — Et d'autres fois il reçut l'ordre de mettre un sac sur sa tête, et de barbouiller sa figure, et de leur dire : Le Seigneur barbouillera votre religion, tout comme je suis barbouillé moi-même. » Une femme entra dans la chapelle de White-Hall complétement nue, au milieu

1. Carlyle, *ib.*, I, 254.
2. *Fox's Journal*, 511, 543.

du service, le lord Protecteur étant présent. Un quaker vint à la porte du Parlement avec une épée tirée, et blessa plusieurs personnes présentes, disant que le Saint-Esprit lui avait inspiré de tuer tous ceux qui siégeaient à la Chambre. Les hommes de la cinquième monarchie croyaient que le Christ allait descendre pour régner en personne sur la terre, pendant mille ans, avec les saints pour ministres. Les ranters reconnaissaient comme signe principal de la foi les vociférations furieuses et les contorsions. Les chercheurs pensaient que la vérité religieuse ne doit être saisie que dans une sorte de brouillard mystique, avec doute et appréhension. Les muggletoniens déclaraient que « John Reeve et Ludovick Muggleton étaient les deux derniers prophètes et messagers de Dieu, » déclaraient les quakers possédés du diable, exorcisaient ce diable et prophétisaient que William Penn serait damné. J'ai cité tout à l'heure James Naylor, ancien quartier-maître du général Lambert, adoré comme un Dieu par ses sectateurs. Plusieurs femmes conduisaient son cheval, d'autres jetaient devant lui des mouchoirs et des écharpes, chantant : Saint, Saint, Seigneur Dieu. Elles l'appelaient le plus beau des dix mille, le Fils unique de Dieu, le prophète du Dieu très-haut, le Roi d'Israël, le Fils éternel de la justice, le Prince de la paix, Jésus, celui en qui l'espoir d'Israël réside. L'une d'elles, Dorcas Erbury, déclara qu'elle était restée morte deux jours entiers dans sa prison d'Exeter, et que Naylor l'avait ressuscitée en lui imposant les mains. Sarah Blakbury le trouvant prisonnier, le prit par la main, et lui dit : Lève-toi, mon amour, ma colombe, ma beauté, et viens-t'en. Pourquoi restes-tu assis parmi les pots ? — Puis elle lui baisa la main et se prosterna devant lui. Lorsqu'on le mit au pilori, quelques-uns de ses disciples se mirent à chanter, à pleurer, à frapper leur poitrine; d'autres baisaient ses mains, se couchaient sur son sein et baisaient ses blessures [1]. Bedlam déchaîné n'aurait pas fait mieux.

Au-dessous de ces bouillonnements désordonnés de la surface, les couches saines et profondes de la nation s'étaient prises, et la foi nouvelle y faisait son œuvre, œuvre pratique et positive, politique et morale. Tandis que la réforme allemande, selon l'usage allemand, aboutissait aux gros livres et à une scolastique, la réforme anglaise, selon l'usage anglais, aboutissait à des actions et à des établissements.

1. *Burton's Diary*, I, 54. — Neal, *History of the Puritans* (supplément, t. III). — *Pict. History*, III, 813.

« Comment sera gouvernée l'Église de Christ? » Voilà la grande question qui s'agite entre les sectes. La Chambre des communes demande à l'assemblée des théologiens « si les assemblées départementales [1], provinciales et nationales sont de droit divin et instituées par la volonté et le commandement de J.-C.? Si elles le sont toutes? S'il n'y en a que quelques-unes, et lesquelles? Si les appels portés des anciens d'une congrégation aux assemblées provinciales, départementales et nationales, sont de droit divin et par la volonté et le commandement de J.-C.? Si quelques-unes seulement sont de droit divin? Lesquelles? Si le pouvoir des assemblées en de tels appels est de droit divin et par la volonté et le commandement de J.-C.? » et cent autres questions du même genre. Le Parlement déclare que [2], d'après l'Écriture, les dignités de prêtre et d'évêque sont égales; règle les ordinations, les convocations, les excommunications, les juridictions, les élections; dépense la moitié de son temps et use toute sa force à fonder l'Église presbytérienne. Pareillement chez les indépendants, la ferveur engendre le courage et la discipline. Les *côtes de fer* de Cromwell « sont pour la plupart [3] des fils de francs-tenanciers qui s'engagent dans la guerre par un principe de conscience, et qui étant bien armés au-dedans par la satisfaction de leur conscience et au dehors par de bonnes armes de fer, font fermes ou chargent en désespérés comme un seul homme. » Cette armée où des caporaux inspirés prêchent des colonels tièdes, opère avec la solidité et la précision d'un régiment russe; c'est un devoir, un devoir envers Dieu que de tirer juste et de marcher en ligne, et le parfait chrétien produit le parfait soldat. Nulle séparation ici entre la spéculation et la pratique, entre la vie privée et la vie publique, entre le spirituel et le temporel. Ils veulent appliquer l'Écriture, établir « le royaume de Dieu sur la terre, » instituer non-seulement une Église chrétienne, mais encore une société chrétienne, changer la loi en gardienne des mœurs, imposer la piété et la vertu; et pour un temps ils y réussissent. « Quoique la discipline de l'Église fût renversée [4], dit Neal, il y avait un esprit extraordinaire de dévotion parmi le peuple dans le parti du Parlement. Le jour du Seigneur était gardé avec une exactitude remarquable, les églises étant remplies d'auditeurs attentifs et nombreux;

1. En anglais : classical.
2. Neal, II, 359.
3. *Withelocke's memorial*, I, 68.
4. Neal, II, 155.

trois et quatre fois par jour les officiers de paix faisaient des patrouilles dans les rues, et fermaient toutes les maisons publiques. Personne ne voyageait sur les routes ou ne se promenait dans les champs, excepté en cas de nécessité absolue. Des exercices religieux étaient établis dans les familles privées, comme lire l'Écriture, prier en famille, répéter des sermons, chanter des psaumes; et cela était si universel que vous auriez pu parcourir toute la ville de Londres, le dimanche soir, sans voir une personne oisive ou sans entendre autre chose que le son des prières ou des cantiques qui sortait des églises et des maisons publiques [1]. Les gens n'hésitaient pas à se lever avant le jour et à franchir une grande distance pour avoir le bonheur d'entendre la parole de Dieu. — Il n'y avait point de maisons de jeu, ni de maisons de filles. On ne voyait ni on n'entendait dans les rues des jurons profanes, ni ivrognerie, ni aucune sorte de débauche... Les soldats du Parlement accouraient en foule aux sermons, parlaient de religion, et priaient et chantaient des psaumes ensemble en montant la garde. » En 1644, le Parlement défendit de vendre des denrées le dimanche, « de voyager, de transporter des fardeaux, de faire aucun travail mondain, sous peine de dix schillings d'amende pour le voyageur, et de cinq schillings pour chaque charge, » de « prendre part ou d'assister à aucune lutte, sonnerie de cloches, tir, marché, buvette, danse, jeu, sous peine d'une amende de cinq schillings pour chaque personne au-dessous de quatorze ans. Si des enfants sont trouvés coupables d'une de ces fautes, les parents ou tuteurs payeront douze pence pour chaque faute. Si les diverses amendes ci-dessus mentionnées ne peuvent être payées, les coupables seront mis dans les *stocks* pendant l'espace de trois heures. » Quand les indépendants furent au pouvoir, la sévérité fut plus âpre encore. Les officiers de l'armée ayant convaincu de blasphème un de leurs quartiers-maîtres, « le condamnèrent à avoir la langue percée d'un fer rouge, son épée brisée au-dessus de sa tête, et à être chassé de l'armée. » Pendant l'expédition de Cromwell en Irlande, « on n'entendait pas un blasphème dans tout le camp, les soldats employant leurs heures de loisir à lire leurs Bibles, à chanter des psaumes et à tenir des conférences religieuses [2]. » En 1650, les peines infligées aux profanateurs du dimanche

---

1. Comparer à notre Révolution : la Bastille démolie, on y mit l'écriteau suivant : Ici l'on danse. Dans ce contraste on voit en abrégé l'opposition des deux doctrines et des deux nations.

2. Neal, II, 552, 562, 571.

furent doublées. Des lois violentes furent portées contre les paris, la galanterie taxée de crime, les théâtres démolis, les spectateurs mis à l'amende, les acteurs fouettés à la queue de la charrette, l'adultère puni de mort. Pour mieux frapper le vice, ils persécutaient le plaisir. Mais s'ils étaient austères envers autrui, ils l'étaient envers eux-mêmes, et pratiquaient les vertus qu'ils imposaient. Après la Restauration, deux mille ministres, pour ne pas se conformer à la nouvelle liturgie, renoncèrent à leurs cures, sauf à mourir de faim avec leurs familles. « Beaucoup d'entre eux ne croyant pas avoir le droit de quitter leur ministère après y avoir été destinés par l'ordination, prêchèrent à ceux qui voulaient les entendre dans les champs et dans les maisons particulières, jusqu'à ce qu'ils fussent saisis et jetés dans des prisons où un grand nombre d'entre eux périrent [1]. » Les cinquante mille vétérans de Cromwell, licenciés tout d'un coup et sans ressources, ne fournirent pas une seule recrue aux vagabonds et aux bandits. « Les royalistes eux-mêmes confessèrent que dans toutes les branches d'industries honnêtes, ils prospéraient au delà des autres hommes, que nul d'entre eux n'était accusé de larcin ou de brigandage, qu'on n'en voyait pas un demander l'aumône, et que si un boulanger, un maçon ou un charretier se faisait remarquer par sa sobriété et son activité, il était très-probablement un des vieux soldats d'Olivier [2]. » Purifiés par la persécution et ennoblis par la patience, ils finiront par conquérir la tolérance de la loi comme le respect du public, et relèveront la morale nationale comme ils ont sauvé la liberté nationale. Cependant les autres, fugitifs en Amérique, poussent jusqu'au bout ce grand esprit religieux et stoïque, avec ses faiblesses et ses forces, avec ses vices et ses vertus. Leur volonté, bandée par une foi fervente, tout employée à la vie politique et pratique, invente et supporte l'exil, repousse les Indiens, fertilise le désert, érige la morale rigide en loi civile, institue et arme l'Église, et sur la Bible fonde l'État [3].

Ce n'est pas d'une pareille conception de la vie qu'une véritable littérature peut sortir. L'idée du beau y manque, et qu'est-ce qu'une

1. Baxter, 101.
2. Macaulay, *History of England*, I, 152.
3. « Le nommé John Dennis est fouetté en public pour avoir chanté une chanson profane. La petite Mathias ayant donné des marrons rôtis à Jérémie Boosy, et lui ayant dit avec ironie qu'il les lui rendra en paradis, criera trois fois *grâce* à l'église, et sera trois jours au pain et à l'eau en prison. » Massachussets, 1660-1670.

littérature sans l'idée du beau? L'expression naturelle des mouvements du cœur y est proscrite, et qu'est-ce qu'une littérature sans
l'expression naturelle des mouvements du cœur? Ils ont aboli comme
impies le libre drame et la riche poésie que la Renaissance avait
portés jusqu'à eux. Ils rejettent comme profanes le style orné et
l'ample éloquence que l'imitation de l'antiquité et de l'Italie avait
établis autour d'eux. Ils se défient de la raison et sont incapables de
philosophie. Ils ignorent les divines langueurs de l'Imitation et les
tendresses touchantes de l'Évangile. On ne trouve dans leur caractère
que virilité, dans leur conduite qu'austérité, dans leur esprit qu'exactitude. On ne voit parmi eux que des théologiens échauffés, controversistes minutieux, et des hommes d'action énergiques, cerveaux
bornés et patients, tous préoccupés de preuves positives et d'œuvres
effectives, dépourvus d'idées générales et de goûts délicats, appesantis
sur les textes, raisonneurs secs et obstinés qui tourmentent l'Écriture pour en extraire une forme de gouvernement ou de doctrine.
Rien de plus étroit et de plus laid que ces recherches et ces disputes. Un pamphlet du temps demande la liberté de conscience, et
tire ses arguments : « 1° De la parabole du blé et de l'ivraie qui
poussent ensemble jusqu'à la moisson; 2° de cette prescription des
apôtres : Que chaque homme soit persuadé dans son propre entendement; 3° de ce texte : Partout où manque la foi est le péché; 4° de
cette règle divine de notre Sauveur : Faites à autrui ce que vous voudriez qu'on vous fît à vous-même [1]. » Plus tard, quand la Chambre
en fureur veut juger James Naylor, son procès s'enfonce dans une
interminable discussion juridique et théologique. Les uns prétendant
que le crime commis est une idolatrie, d'autres qu'il est un blasphème, d'autres qu'il est une séduction, chacun vidant devant l'assemblée son arsenal de commentaires et de textes [2]. Rarement une génération s'est trouvée plus mutilée de toutes les facultés qui produisent
la contemplation et l'ornement, plus réduites aux facultés qui nourrissent la discussion et la morale. Comme un splendide insecte qui
s'est transformé et qui a perdu ses ailes, on voit la poétique généra

1. Neal, II, 384.
2. « Selon le sens ordinaire de l'Écriture, dit le major Disbrowne, presque
tous commettent des blasphèmes, selon ce mot de notre Sauveur dans saint
Marc : « Péché, blasphème; — si cela est, il n'y a personne sans blasphème.
Ainsi furent accusés David et le fils d'Éli, selon le texte : Tu as blasphémé
et fait blasphémer les autres. »

tion d'Élisabeth disparaître et ne laisser à sa place qu'une lourde chenille, fileuse opiniâtre et utile, armée de pattes industrieuses et de mâchoires redoutables, occupée à ronger de vieilles feuilles et à dévorer ses ennemis. Point de style ; ils parlent en hommes d'affaires ; tout au plus, çà et là, un pamphlet de Prynne a de la vigueur. Les histoires, celle de May, par exemple, sont plates et lourdes. Les mémoires, même ceux de Ludlow, de mistress Hutchinson, sont longs, ennuyeux, véritables factums dépourvus d'accent personnel, vides d'effusion et d'agrément ; tous, « ils semblent s'oublier et ne s'occupent que des destinées générales de leur cause [1]. » De bons ouvrages de piété, des sermons solides et convaincants, des livres sincères, édifiants, exacts, méthodiques, comme ceux de Baxter, de Barclay, de Calamy, de John Owen, des récits personnels comme celui de Barclay, comme le journal de Fox, comme la vie de Bunyan, une grande provision consciencieusement rangée de documents et de raisonnements, voilà tout ce qu'ils offrent ; le puritain détruit l'artiste, roidit l'homme, entrave l'écrivain, et ne laisse subsister de l'artiste, de l'homme, de l'écrivain, qu'une sorte d'être abstrait, serviteur d'une consigne. S'il se rencontre parmi eux un Milton, c'est que par ses vastes curiosités, ses voyages, son éducation encyclopédique, surtout par son adolescence trempée dans la grande poésie de l'âge précédent, et par son indépendance d'esprit hautement défendue même contre les sectaires, Milton dépasse la secte. A proprement parler, ils ne pouvaient avoir qu'un poëte, poëte sans le vouloir, un fou, un martyr, héros et victime de la grâce, véritable prédicateur, qui atteint le beau par rencontre en cherchant l'utile par principe, pauvre chaudronnier qui, employant les images pour être compris des manouvriers, des matelots, des servantes, est parvenu, sans y prétendre, à l'éloquence et au grand art.

# VI

Après la Bible, le livre le plus répandu en Angleterre est le *Voyage du Pèlerin* par le chaudronnier Bunyan. C'est que le fond du protestantisme est la doctrine du salut opéré par la grâce, et que, pour rendre cette doctrine sensible, nul artiste n'a égalé Bunyan.

Pour bien parler des impressions surnaturelles, il faut être sujet

1. Guizot, *Portraits politiques.*

aux impressions surnaturelles. Bunyan eut le genre d'imagination qui les produit. Cette imagination, puissante comme celle des artistes, plus violente que celle des artistes, agit dans l'homme sans le concours de l'homme, et l'assiége de spectacles qu'il n'a ni voulus ni prévus. Dès ce moment, il y a en lui comme un second être, souverain du premier, grandiose et terrible, dont les apparitions sont soudaines, dont les démarches sont inconnues, qui double ou brise ses facultés, qui le prosterne ou l'exalte, qui l'inonde de sueurs d'angoisse, qui le ravit de transports de joie, et qui par sa force, sa bizarrerie, son indépendance, lui atteste la présence et l'action d'un maître étranger et supérieur. Dès l'enfance, comme sainte Thérèse, Bunyan eut des visions, « étant grandement troublé par la pensée des tourments horribles du feu de l'enfer, » triste au milieu de ses jeux, se croyant damné, et si désespéré « qu'il souhaitait d'être un démon, supposant que les démons sont seulement bourreaux, et qu'il vaut mieux encore être tourmenteur que tourmenté. » C'était déjà l'obsession des images précises et corporelles. Sous leur effort la réflexion cesse, et l'homme est tout d'un coup précipité dans l'action. Le premier mouvement l'emportait les yeux fermés, lancé comme sur une pente roide dans les déterminations folles. Un jour, voyant un serpent passer sur la grand'route, il le frappa de son bâton sur le dos et l'étourdit. « Puis de mon bâton, je le forçai à ouvrir sa gueule, et lui arrachai son aiguillon avec mes doigts, action désespérée qui, si Dieu n'avait pas eu pitié de moi, m'aurait mené à ma fin. » Dès ses premiers essais de conversion, il fut extrême dans ses émotions, et maîtrisé jusqu'au cœur par la vue des objets physiques, « adorant » le prêtre, l'office, l'autel, les vêtements. « Cette pensée était devenue si forte dans mon esprit, qu'à la seule vue d'un prêtre (si sale et débauchée que fût sa vie) je sentais mon cœur défaillir sous lui, et le vénérer, et se lier à lui; oui, et pour l'amour que je leur portais, il me semblait que je me serais couché sous leurs pieds pour être foulé par eux, tant leur nom, leur habit, leur office m'enivraient et m'ensorcelaient. » Déjà les idées s'attachaient à lui de cette prise invincible qui fait la monomanie; absurdes ou non, il n'importait; elles régnaient en lui, non par leur vérité, mais par leur présence. La pensée d'un danger impossible l'effrayait autant que la vue d'un péril imminent. Comme un homme suspendu au-dessus d'un gouffre par une corde solide, il oubliait que la corde était solide et le vertige l'étreignait. Selon l'usage des ouvriers anglais, il aimait à sonner les cloches; devenu puritain, il trouva l'amusement profane et s'abstint; pourtant, traîné par son désir, il montait encore au clocher et regardait sonner. « Mais bientôt après je me mis à penser : Et si une des cloches tombait? — Alors je choisis, pour me tenir, une place sous une grosse poutre qui était en travers du clocher, pensant que je serais là en sûreté. — Mais bientôt je me remis à penser que si la cloche tombait dans son balancement, elle pourrait frapper d'abord le mur, puis rebondir sur moi et me tuer malgré la poutre. — Cela fit que je me tins à la porte du clocher. — Et maintenant, pensé-je, je suis en sûreté; car si une cloche tombait, je m'esquiverais derrière ces gros murs, et je serais sauvé malgré tout. — En sorte qu'après cela j'allais encore voir sonner, sans vouloir entrer plus avant que la porte du clocher. Mais alors il me vint dans la tête : Et si le clocher aussi tombait? Et cette pensée continuellement ébranla si fort mon esprit, que je n'osai pas rester plus longtemps à la porte du clocher, que *je fus forcé* de fuir, par crainte que le clocher ne tombât sur ma tête. » Souvent la simple conception d'un péché devenait pour lui une tentation si involontaire et si forte, qu'il y sentait la griffe aiguë du diable. L'idée fixe grossissait dans sa tête comme un abcès douloureux, chargé de toute la sensibilité et de tout le sang vital. « Si ce péché consistait à prononcer un tel mot, j'ai été comme si ma bouche allait prononcer ce mot, que je le voulusse ou non. Et si puissante était la tentation sur moi, que souvent j'ai été prêt à claquer des mains contre mon menton, pour empêcher ma bouche de s'ouvrir; en d'autres fois, de sauter la tête en bas dans quelque trou à fumier, pour empêcher ma bouche de parler. » Plus tard, au milieu d'un sermon qu'il prêchait, il était assailli par des pensées de blasphème; le mot arrivait à ses lèvres, et toute sa résistance parvenait à peine à tenir en place le muscle bandé par le cerveau dominateur.

Un jour que le ministre de sa paroisse prêchait contre la danse, les jurons et les jeux, il se frappa de cette idée que le sermon était pour lui, et rentra dans sa maison plein d'angoisse. Mais il mangea; son estomac chargé déchargea son cerveau, et ses remords se dissipèrent. En véritable enfant, uniquement touché de la sensation présente, il fut ravi, sauta dehors et courut au jeu. Il avait lancé sa balle et allait recommencer, quand une voix dardée du ciel entra soudainement dans son âme : « Veux-tu quitter tes péchés et aller au ciel, ou garder tes péchés et aller en enfer? » Éperdu, « je regardai le ciel, et je fus comme si, avec les yeux de mon intelligence, j'avais aperçu le Seigneur Jésus, me regardant d'un air très-fâché contre moi, et comme s'il m'avait sévèrement menacé de quelque griève punition pour ces pratiques impies et les autres semblables. » Tout d'un coup, réfléchissant que ses péchés étaient très-grands, et qu'il serait certainement damné quoi qu'il fît, il résolut de se contenter en attendant, et pendant cette vie de pécher tant qu'il pourrait. Il reprit sa balle, se remit à jouer avec fureur, et jura plus haut et plus souvent que jamais. Un mois après, réprimandé par une femme, tout d'un coup « à ce reproche je me tus, et, baissant la tête, je souhaitai d'être de nouveau un petit enfant pour que mon père m'apprît à parler sans cette méchante habitude de jurer. Car, pensai–je, j'y suis si accoutumé qu'il serait inutile de penser à me corriger; je ne pourrais jamais le faire. — Mais je ne sais comment cela arriva, à partir de ce temps je quittai mes jurons, tellement que c'était un grand étonnement pour moi de me voir ainsi; et tandis qu'auparavant je ne savais parler sans mettre un juron devant et un derrière pour donner crédit à mes paroles, maintenant sans juron je parlais mieux et plus aisément que je n'avais fait auparavant. » Ces brusques alternatives, ces résolutions violentes, ce renouvellement imprévu du cœur sont des œuvres de l'imagination passionnée et involontaire; par ses hallucinations, par sa souveraineté, par ses idées fixes, par ses idées folles, elle prépare un poëte et annonce un inspiré.

Les circonstances en lui développèrent le naturel; son genre de vie aidait son genre d'esprit. Il était né « dans le rang le plus bas et le plus méprisé, » fils d'un chaudronnier, lui-même chaudronnier ambulant, avec une femme aussi pauvre que lui, « tellement qu'entre eux deux ils n'avaient pas une cuiller ni un plat de mobilier; » on lui avait enseigné dans son enfance à lire et à écrire, mais depuis « il avait perdu presque entièrement ce qu'il avait appris. » L'éducation distrait et discipline l'homme; elle le remplit d'idées diverses et raisonnables; elle l'empêche de s'enfoncer dans la monomanie ou de s'échauffer par l'exaltation; elle substitue les pensées approuvées aux inventions originales, les opinions mobiles aux convictions roides; elle remplace les images impétueuses par les raisonnements calmes, les volontés improvisées par les décisions réfléchies; elle nous donne la sagesse et les idées d'autrui, la conscience et l'empire de nous-mêmes. Supprimez cette raison et cette discipline, et considérez le pauvre ouvrier ignorant à son ouvrage; la tête travaille pendant que les mains travaillent, non pas sagement, avec des habitudes acquises

de logique apprise, mais par de sourdes émotions, sous un flot déré‑
glé d'images confuses. Soir et matin, le marteau machinal berce de ses
notes assourdissantes la même pensée incessamment ramenée et re‑
ployée sur elle-même. Une vision trouble, obstinée, ondoie devant
lui aux lueurs de l'étain froissé qui tressaille. Dans la fournaise rouge
où bout le fer, dans le cri du cuivre meurtri, dans les noirs recoins
où rampe l'ombre humide, il aperçoit la flamme et les ténèbres d'en
bas, et le grincement des chaînes éternelles. Demain il revoit la
même image, et après-demain, et toute la semaine, et tout le mois,
et toute l'année. Son front se plisse, ses yeux deviennent mornes, et
sa femme, la nuit, l'entend gémir. Elle se souvient qu'elle a deux
volumes dans un vieux sac : le *Chemin de l'homme simple au ciel*,
et la *Pratique de la piété ;* pour se consoler il les épelle, et la pensée
imprimée, déjà auguste par elle-même, devenue plus auguste par la
lenteur de la lecture, s'enfonce comme un oracle dans sa croyance
subjuguée. Les brasiers des diables, — les harpes d'or du ciel, — le
Christ nu sur la croix sanglante, — chacune de ces idées enracinées
végète vénéneuse ou salutaire dans son cerveau malade, s'étend,
plonge plus avant et fleurit plus haut par une ramification de visions
nouvelles, si épaisses, que dans cet esprit obstrué il n'y a plus de
place ni d'air pour d'autres conceptions. — Se reposera-t-il quand,
l'hiver venu, il partira pour sa tournée? Dans ses longues marches
solitaires, sur les landes désertes, dans les fondrières maudites et
hantées, toujours livré à lui-même, l'inévitable idée le poursuit. Ces
routes défoncées où il s'embourbe, ces lourdes rivières troublées qu'il
traverse sur un bac pourri, ces chuchottements menaçants des bois
nocturnes, quand, dans les endroits meurtriers, la lune livide dessine
des formes embusquées, tout ce qu'il voit et tout ce qu'il entend s'as‑
semble en un poëme involontaire autour de l'idée qui l'absorbe. Elle
se change en un vaste corps de légendes sensibles, et multiplie sa
force en multipliant ses détails. — Devenu sectaire, on l'enferme
pendant douze ans, n'ayant d'autre entretien que le livre des *Martyrs*
et la Bible, dans une de ces prisons infectes où sous la Restauration
pourrissaient les puritains. Le voilà seul encore, replié sur lui-même
par la monotonie du cachot, assiégé par les terreurs de l'Ancien Tes‑
tament, par le délire vengeur des prophètes, par les dogmes fulmi‑
nants de saint Paul, par le spectacle des ravissements et des mar‑
tyres, face à face avec Dieu, tantôt désespéré, tantôt consolé, troublé
d'images involontaires et d'émotions inattendues, apercevant tour à

tour le démon et les anges, acteur et témoin d'un drame intérieur dont il peut raconter les vicissitudes. Il les écrit : c'est là son livre. Vous voyez désormais l'état de ce cerveau enflammé. Appauvri d'idées, rempli d'images, livré à une pensée fixe et unique, plongé dans cette pensée par son métier machinal, sa prison, ses lectures, sa science, son ignorance, les circonstances, comme la nature, le font visionnaire et artiste, lui fournissent les impressions surnaturelles et les images sensibles, lui enseignent l'histoire de la grâce et les moyens de l'exprimer.

Le *Voyage du Pèlerin* est le récit allégorique des épreuves et des efforts d'une âme chrétienne qui, à travers une multitude de tentations et de peines, arrive au salut. Du haut du ciel, une voix a crié vengeance contre la cité de la Destruction où vit un pécheur nommé Chrétien. Effrayé, il se lève parmi les railleries de ses voisins et part pour n'être point dévoré par le feu qui consumera les criminels. Un homme secourable, Évangéliste, lui montre le droit chemin. Un homme perfide, Sagesse-Mondaine, essaye de l'en détourner. Son camarade Maniable, qui l'avait d'abord suivi, s'embourbe dans le marais du Découragement et le quitte. Pour lui, il avance bravement à travers l'eau trouble et la boue glissante, et parvient à la porte étroite, où un sage interprète l'instruit par des spectacles sensibles et lui indique la voie de la cité céleste. Il passe devant une croix et le lourd fardeau des péchés qu'il portait collé à ses épaules se détache et tombe. Il grimpe péniblement la colline escarpée de la Difficulté, et parvient dans un superbe château, où Vigilant, le gardien, le remet aux mains de ses sages filles, Piété, Prudence, qui l'avertissent et l'arment contre les monstres d'enfer. Il trouve la route barrée par un de ces démons, Apollyon, qui lui ordonne d'abjurer l'obéissance du roi Céleste. Après un long combat, il le tue. Cependant la route se rétrécit, les ombres tombent plus épaisses, les flammes sulfureuses montent le long du chemin : c'est la vallée de l'Ombre de la Mort. Il la franchit, et arrive dans la ville de la Vanité, foire immense de trafics, de dissimulations et de comédies, où il passe les yeux baissés sans vouloir prendre part aux fêtes ni aux mensonges. Les gens du lieu le chargent de coups, le jettent en prison, le condamnent comme traître et révolté, brûlent son compagnon Fidèle. Échappé de leurs mains, il tombe dans celles d'un géant, Désespoir, qui le meurtrit, le laisse sans pain dans un cachot infect, et, lui présentant des poignards et des cordes, l'exhorte à se délivrer de tant de malheurs. Il parvient enfin sur les montagnes Heureuses, d'où il aperçoit la divine cité. Pour y entrer, il ne reste à franchir qu'un courant profond où l'on perd pied, où l'eau trouble la vue, et qu'on appelle la rivière de la Mort.

Vous reconnaissez à l'instant sous ces voiles l'inspiration calviniste. Le poëme est l'épopée de la grâce. Selon Bunyan, nous sommes « les fils de la colère », damnés de naissance, criminels par nature, prédestinés justement à la destruction. Sous cette pensée formidable le cœur fléchit. Le malheureux homme raconte qu'il tremblait de tous ses membres, et que dans ses convulsions il lui semblait que les os de sa poitrine allaient se briser. « Un jour assis dans la rue, je tombai dans une profonde réflexion sur l'état effroyable où mon péché m'avait mis; et après une longue rêverie, je levai la tête; mais il me sembla voir comme si le soleil qui brille dans le ciel répugnait à me donner sa lumière, et comme si les pierres mêmes des rues et les tuiles des toits se conjuraient contre moi. Il me sembla qu'ils se liguaient tous ensemble pour me bannir du monde. J'étais abhorré par eux et indigne d'habiter parmi eux, parce que j'avais péché contre le Sauveur. Oh! combien chaque créature était plus heureuse que moi! Car elles étaient fermes et se tenaient en place; mais moi, j'étais emporté et perdu. » Contre le pécheur qui se repent, les démons se bandent. Ils obscurcissent sa vue, ils l'asssiégent de fantômes, ils hurlent à côté de lui pour l'entraîner dans leurs précipices, et la noire vallée où le pèlerin se plonge égale à peine par l'horreur de ses symboles l'angoisse de ses propres terreurs et de ses propres tourments. « Aussi loin que cette vallée s'étendait, il y avait à main droite une fosse très-profonde, qui est celle où les aveugles ont conduit les aveugles dans tous les âges, et où les uns et les autres ont misérablement péri. Et, voyez, de l'autre côté, il y avait une très-dangereuse fondrière dans laquelle celui qui tombe, fût-il homme de bien, ne trouve point de fond pour y poser le pied. — Ce sentier-là était extrêmement étroit, et pour cela le pauvre chrétien avait encore plus à se garer; car lorsqu'il tâchait dans l'obscurité d'éviter la fosse de droite, il était près de rouler dans la fondrière de l'autre côté; et aussi, quand il voulait s'écarter sans grande précaution de la fondrière, il était près de tomber dans la fosse. Ainsi il allait, et je l'entendis ici soupirer amèrement; car, outre le danger qu'on a dit, le sentier était si obscur que quand il levait le pied pour le mettre en avant, il ne savait pas où ni sur quoi il le mettrait ensuite.—Vers le

milieu de la vallée j'aperçus la gueule de l'enfer; et elle était tout
près de la route. A présent, pensa Chrétien, que ferai-je? — Et de
moment en moment, la flamme et la fumée sortaient en si grande
abondance avec des étincelles et des bruits hideux, qu'il était forcé
de relever son épée et de recourir à une autre arme appelée *prière*.
— Il alla ainsi longtemps; et toujours cependant la flamme arrivait
jusqu'à lui; et il entendait aussi des voix lamentables et comme des
frôlements et des froissements de çà et de là, tellement qu'il pensait
parfois qu'il serait déchiré en pièces ou foulé comme la boue des
rues. » — Contre ces angoisses, ni ses bonnes œuvres, ni ses prières,
ni sa justice, ni toute la justice et toutes les prières de toutes les autres créatures ne pourront le défendre. Seule la grâce justifie. Il faut
que Dieu lui impute la pureté du Christ et le sauve par un choix
gratuit. Rien de plus passionné que la scène où, sous le nom de son
pauvre pèlerin, il raconte ses doutes, sa conversion, sa joie et la soudaine transformation de son cœur. « Seigneur, dis-je, un si grand
pécheur que moi peut-il être reçu par toi et sauvé par toi? Ici je l'entendis qui disait: Celui qui vient à moi, je ne le rejetterai jamais.
— Et alors mon cœur fut plein de joie, mes yeux furent pleins de
larmes, et toute mon âme déborda d'amour pour le nom, le peuple
et les voies de Jésus-Christ. Cela me fit voir que tout le monde, malgré toute la justice qui est en lui, est dans un état de condamnation.
Cela me fit voir que Dieu le père, quoiqu'il soit juste, peut justement justifier le pécheur qui revient. Cela me fit grandement rougir
de l'infamie de ma première vie. Cela me confondit par le sentiment
de mon ignorance, parce que jamais pensée n'était venue auparavant
dans mon cœur qui me montrât si bien la beauté de Jésus-Christ.
Cela me rendit désireux d'une sainte vie et passionné pour faire quelque chose en l'honneur et à la gloire du nom du Seigneur Jésus.
Oui, et je pensai que si j'avais maintenant mille pintes de sang
dans mon corps, je le répandrais tout pour l'amour du Seigneur
Jésus. »

Une pareille émotion ne calcule point des combinaisons littéraires. L'allégorie, le plus artificiel des genres, est naturelle à Bunyan.
S'il l'emploie ici, c'est qu'il l'emploie partout; et s'il l'emploie partout, c'est par nécessité, non par choix. Comme les enfants, les
paysans et tous les esprits incultes, il change les raisonnements en
paraboles; il ne saisit les vérités qu'habillées d'images; les termes
abstraits lui échappent; il veut palper des formes et contempler des

couleurs. C'est que les sèches vérités générales sont une sorte d'algèbre, acquise par notre esprit fort tard et après beaucoup de peine, contre notre inclination primitive, qui est de considérer des événements détaillés et des objets sensibles, l'homme n'étant capable de contempler les formules pures qu'après s'être transformé par dix ans de lecture et de réflexion. Nous comprenons du premier coup le mot *purification du cœur;* Bunyan ne l'entend pleinement qu'après l'avoir traduit par cet apologue. « L'interprète prit Chrétien par la main et le conduisit dans une très-grande chambre qui était pleine de poussière, parce qu'elle n'avait jamais été balayée. Après qu'il l'eut considérée un peu de temps, il appela un homme pour la balayer. Mais quand cet homme eut commencé à la balayer, la poussière se mit à voler si abondamment que Chrétien en fut presque étouffé. Alors l'interprète dit à une demoiselle qui était là : Apportez ici de l'eau et arrosez la chambre. Après qu'elle l'eut fait, on la balaya et on la nettoya avec plaisir. — Alors Chrétien dit : Que veut dire ceci ? — L'interprète répondit : Cette chambre est le cœur de l'homme qui jamais n'a été sanctifié par la douce grâce de l'Évangile. La poussière est son péché originel et la corruption intérieure qui a sali tout l'homme. Le premier qui s'est mis à balayer est la Loi; mais celle qui a apporté l'eau et qui a arrosé la chambre est l'Évangile. Maintenant tu as vu que lorsque le premier s'est mis à balayer, la poussière a volé tellement que la chambre n'a pu être nettoyée et que tu as été presque étouffé; c'était pour te montrer que la loi, au lieu de balayer par son opération le péché du cœur, le ranime, lui donne de la force, l'accroît dans l'âme, en même temps qu'elle le découvre et l'interdit, car elle ne donne pas le pouvoir de le vaincre. — Au contraire, quand tu as vu la demoiselle arroser d'eau la chambre, en sorte qu'on a pu la nettoyer avec plaisir, c'était pour te montrer que lorsque l'Évangile vient dans ce cœur avec ses douces et précieuses rosées, comme tu as vu la demoiselle abattre la poussière en arrosant d'eau le plancher, de même le péché est vaincu et subjugué, et l'âme nettoyée par la foi, et par conséquent propre à recevoir le roi de gloire. » Ces répétitions, ces phrases embarrassées, ces comparaisons familières, ce style naïf dont la maladresse rappelle ces périodes enfantines d'Hérodote, et dont la bonhomie rappelle les contes de madame Bonne, prouvent que si l'ouvrage est allégorique, c'est pour être intelligible, et que Bunyan est poëte parce qu'il est enfant.

Regardez bien cependant. Sous la simplicité, vous apercevez la puissance, et dans la puérilité la vision. Ces allégories sont des hallucinations aussi nettes, aussi complètes et aussi saines que les perceptions ordinaires. Personne, sauf Spencer, n'a été si lucide. D'eux-mêmes les objets imaginaires surgissent devant lui. Il n'a point de peine à les appeler ou à les former. Ils s'accommodent dans tous leurs détails à tous les détails du précepte qu'ils représentent, comme un voile souple se modèle sur le corps qu'il revêt. Il distingue et place toutes les parties du paysage, ici la rivière, le château sur la droite, un drapeau sur la tourelle gauche, le soleil couchant trois pieds plus bas, un nuage ovale dans le premier tiers du ciel, avec une précision d'arpenteur. Je crois revoir, en le lisant, les vieilles cartes géographiques du siècle ou les profils saillants de cités anguleuses enfoncés dans le cuivre par un burin aussi sûr qu'un compas[1]. Les dialogues coulent de sa plume comme en un rêve. Il n'a pas l'air d'y penser; on dirait même qu'il n'est pas là. Les événements et les discours semblent naître et s'ordonner en lui sans son concours. Rien de plus froid ordinairement que les personnages allégoriques ; les siens sont vivants. Au spectacle de ces détails si petits et si familiers, l'illusion vous prend. Le géant Désespoir, simple abstraction, devient aussi réel entre ses mains qu'un geôlier ou un fermier d'Angleterre. On l'entend causer la nuit, dans son lit, avec sa femme mistress Défiance, qui lui donne de bons conseils, parce que, dans ce ménage' comme dans les autres, l'animal fort et brutal est le moins avisé des deux : « Elle lui conseilla de prendre les prisonniers, quand il se lèverait le matin, et de les battre sans merci. En sorte que lorsqu'il se leva, il prit un bâton pesant de pommier sauvage, et descendit vers eux dans le cachot, et là se mit d'abord à les injurier comme s'ils étaient des chiens, quoiqu'ils ne lui eussent jamais dit un mot déplaisant; puis il tombe sur eux et il les bat terriblement, de façon qu'ils n'avaient plus la force de s'assister ni de se retourner par terre. » Ce bâton choisi avec l'expérience d'un forestier, cet instinct d'injurier d'abord et de tempêter pour se mettre en train d'assommer, voilà des traits de mœurs qui attestent la sincérité du conteur et font la persuasion du lecteur. Bunyan a l'abondance, le naturel, l'aisance, la netteté d'Homère; il est aussi proche d'Homère qu'un chaudronnier anabaptiste peut l'être d'un chantre héroïque, créateur de dieux.

1. Par exemple, l'œuvre de Hollar, *Cités d'Allemagne.*

Je me trompe, il en est plus proche. Devant le sentiment du sublime, les inégalités se nivellent. La grandeur des émotions élève aux mêmes sommets le paysan et le poëte. Et ici l'allégorie sert encore le paysan. Elle seule, au défaut de l'extase, peut peindre le ciel ; car elle ne prétend pas le peindre. En l'exprimant par une figure, elle le déclare invisible, comme un soleil ardent que nous ne pouvons contempler en face et dont nous regardons l'image dans un miroir ou dans un ruisseau. Le monde ineffable garde ainsi tout son mystère ; avertis par l'allégorie, nous supposons au delà de toutes les splendeurs qu'on nous offre ; nous sentons derrière les beautés qu'on nous ouvre l'infini qu'on nous cache, et la cité idéale, évanouie aussitôt qu'apparue, cesse de ressembler au White-Hall grossier, maçonné pour Dieu par Milton. Lisez cette arrivée des pèlerins dans la terre céleste ; sainte Thérèse n'a rien de plus beau : « Ils entendaient continuellement le chant des oiseaux, et voyaient chaque jour les fleurs paraître sur le sol, et ils entendaient la voix de la tourterelle dans les champs. En cette terre le soleil brille nuit et jour. Et déjà ils étaient en vue de la cité où ils allaient, et aussi quelques-uns des habitants venaient à leur rencontre. Car les bienheureux resplendissants se promenaient souvent en cette contrée, parce qu'elle était sur la frontière du ciel. Ils entendaient des voix de la cité, des voix éclatantes qui disaient : *Dites à la fille de Sion : Regarde, ton salut vient ; regarde, sa récompense est avec lui.* Et tous les habitants de la cité les appelaient les saints, les rachetés du Seigneur. —Et s'approchant de la cité, ils en eurent une vue encore plus parfaite. Elle était bâtie de perles et de pierres précieuses, et aussi les rues étaient pavées d'or, tellement que par l'éclat naturel de la cité, et à cause de la splendeur que les rayons du soleil y faisaient en se réfléchissant, Chrétien tomba malade de désir. Plein-d'Espoir eut aussi un accès ou deux du même mal. C'est pourquoi ils demeurèrent couchés pendant un temps, criant à cause de leurs angoisses : *Si vous voyez mon bien-aimé, dites-lui que je suis malade d'amour !*

« Ils traversèrent enfin la rivière de la Mort, et commencèrent à monter ayant quitté leurs vêtements mortels. Et je vis, comme ils avançaient, que deux hommes vinrent à leur rencontre avec des vêtements qui brillaient comme de l'or ; leurs visages aussi brillaient comme la lumière. Alors ils avancèrent avec beaucoup d'agilité et de vitesse, quoique la base sur laquelle la cité était bâtie fût plus haute que les nuages. Ils montèrent donc à travers les régions de l'air, se parlant doucement à mesure qu'ils allaient, étant réconfortés parce qu'ils avaient traversé sans accident la rivière et parce qu'ils avaient de si glorieux compagnons pour les conduire.

« L'entretien qu'ils avaient avec les bienheureux resplendissants était sur la gloire de la cité. Et ceux-ci leur disaient que sa gloire et sa beauté étaient inexprimables. Là, disaient-ils, est le mont Sion, la Jérusalem céleste et l'innombrable assemblée des anges et des esprits des hommes justes devenus parfaits. Vous allez entrer dans le paradis de Dieu, où vous verrez l'arbre de la vie, et vous mangerez ses fruits, qui ne se flétrissent jamais. Et quand vous y serez, vous aurez des robes blanches qu'on vous donnera, et vous irez et vous parlerez tous les jours avec le roi, .cui, tous les jours de l'éternité.

« Puis ils vinrent à rencontrer plusieurs des trompettes du roi habillés de vêtements blancs et resplendissants, qui de leurs sons hauts et mélodieux faisaient retentir jusqu'au ciel. Ceux-ci les entourèrent de chaque côté ; quelques-uns allaient devant, quelques-uns derrière, quelques-uns à main droite, quelques-uns à main gauche, continuellement sonnant, à mesure qu'ils montaient, avec de hautes notes mélodieuses, en sorte que la vue, pour ceux qui pouvaient l'avoir, était comme si le ciel lui-même fût descendu à leur rencontre... Et à ce moment ces deux hommes étaient, pour ainsi dire, déjà dans le ciel avant d'y être entrés, étant comme engloutis par la contemplation des anges et par le ravissement de leurs notes mélodieuses. Là aussi ils avaient devant les yeux la cité elle-même, et pensaient que toutes les cloches se fussent mises à sonner pour leur donner la bienvenue. Mais au-dessus de tout étaient les ardentes et joyeuses pensées qui leur venaient, sachant qu'ils allaient habiter là en telle compagnie, et cela pour toujours. O quelle langue ou quelle plume peut exprimer leur glorieuse joie ! — Et je vis dans mon rêve que ces deux hommes arrivaient à la porte. Et voici, comme ils entraient, ils furent transfigurés ; et on leur mit un vêtement qui brillait comme l'or. Et plusieurs vinrent à leur rencontre avec des harpes et des couronnes, et leur donnèrent les harpes pour chanter les louanges et les couronnes en signe d'honneur. Et j'entendis dans mon rêve qu'il leur fut dit : Entrez dans la joie de votre Seigneur. — A ce moment, comme les portes s'ouvraient pour laisser entrer ces hommes, je regardai après eux et je vis la cité briller comme le soleil. Les rues aussi étaient pavées d'or, et beaucoup d'hommes y marchaient avec des couronnes sur leurs têtes, des palmes dans les mains, des harpes d'or pour chanter des louanges. Il y en avait aussi qui avaient des ailes et se répondaient l'un à l'autre sans interruption, disant : Saint, saint, saint est le Seigneur. Et ensuite ils fermèrent les portes. Quand j'eus vu cela, je souhaitai d'être avec eux. »

Il fut emprisonné douze ans et demi; dans son cachot, il fabriquait des lacets ferrés, pour se nourrir lui et sa famille; il mourut à soixante ans, en 1688. A côté de lui Milton durait obscur et aveugle. Les deux derniers poëtes de la Réforme survivaient ainsi, au milieu de la froideur classique qui séchait alors la littérature anglaise, et de la débauche mondaine qui corrompait alors la morale anglaise. « Hypocrites tondus, chanteurs de psaumes, bigots moroses, » voilà les noms dont on outrageait les hommes qui avaient réformé les mœurs et réformé la Constitution de l'Angleterre. Mais tout opprimés et insultés qu'ils étaient, leur œuvre se continuait d'elle-même et sans bruit sous terre; car le modèle idéal qu'ils avaient érigé, était après tout celui que suggérait le climat et que réclamait la race. Par degrés, le puritanisme allait se rapprocher du monde, et le monde se rapprocher du puritanisme. La Restauration allait se discréditer et la Révolution allait se faire, et sous le progrès insensible de la sympathie nationale, comme sous l'essor incessant de la réflexion publique, les partis et les doctrines allaient se rallier autour du protestantisme libre et moral.

H. TAINE.

# LE
# CAPITAINE FRACASSE[1]

## XVIII

### EN FAMILLE.

Le chirurgien avait répondu jusqu'au lendemain de la vie de
Vallombreuse. Sa promesse s'était réalisée. Le jour, en pénétrant
dans la chambre en désordre, où traînaient sur les tables des linges
ensanglantés, avait trouvé le jeune malade respirant encore. Ses
paupières même s'entr'ouvraient, laissant errer un regard atone et
vitreux chargé des vagues épouvantes de l'anéantissement. A travers le brouillard des pâmoisons, le masque décharné de la mort lui
était apparu, et, par instant, ses yeux, s'arrêtant sur un point fixe,
semblaient discerner un objet effrayant invisible pour d'autres. Pour
échapper à cette hallucination, il abaissait ses longs cils dont les
franges noires faisaient ressortir la pâleur de ses joues envahies par
des tons de cire, et il les tenait obstinément fermés ; puis la vision
s'évanouissait. Son visage reprenait alors une expression moins alarmée, et sa vue de nouveau se mettait à flotter autour de lui. Lentement
son âme revenait des limbes, et son cœur, à petit bruit, sous l'oreille
appliquée du médecin, recommençait à battre : faibles pulsations,
témoignages sourds de la vie, que la science seule pouvait entendre.
Les lèvres entr'ouvertes découvraient la blancheur des dents et simu-
laient un languissant sourire, plus triste que les contractions de la
souffrance; car c'était celui que dessine sur les bouches humaines
l'approche du repos éternel : cependant quelques légères nuances
vermeilles se mêlaient aux teintes violettes et montraient que le sang
reprenait peu à peu son cours.

1. Voir les 28ᵉ, 29ᵉ, 30ᵉ, 31ᵉ, 34ᵉ, 39ᵉ, 40ᵉ, 41ᵉ, 42ᵉ, 43ᵉ, 44ᵉ, 45ᵉ 46ᵉ, 47ᵉ
et 48ᵉ livraisons.

Debout au chevet du blessé, maître Laurent le chirurgien observait ces symptômes, si malaisément appréciables, avec une attention profonde et perspicace. C'était un homme instruit que maître Laurent, et à qui, pour être connu comme il méritait de l'être, il n'avait manqué jusque-là que des occasions illustres. Son talent ne s'était exercé encore que *in animâ vili*, et il avait guéri obscurément des manants, de petits bourgeois, des soldats, des greffiers, des procureurs et autres bas officiers de justice, dont la vie ou la mort ne signifiait rien. Il attachait donc à la cure du jeune duc une importance énorme. Son amour-propre et son ambition étaient en jeu également dans ce duel qu'il soutenait contre la Mort. Pour se garder entière la gloire du triomphe, il avait dit au prince, qui voulait faire venir de Paris les plus célèbres médecins, que lui seul suffirait à cette besogne, et que rien n'était plus grave qu'un changement de méthode dans le traitement d'une telle blessure.

« Non, il ne mourra point, se disait-il, tout en examinant le jeune duc; il n'a pas la face hippocratique, ses membres gardent de la souplesse, et il a bien supporté cette angoisse du matin qui redouble les maladies et détermine les crises funestes. D'ailleurs, il faut qu'il vive. Son salut est ma fortune; je l'arracherai des pattes osseuses de la camarde, ce beau jeune homme héritier d'une noble race! Les sculpteurs attendront encore longtemps pour tailler son marbre. C'est lui qui me tirera de ce village où je végète. Tâchons d'abord, au risque de déterminer la fièvre, de lui rendre un peu de force par quelque cordial énergique. »

Ouvrant lui-même sa boîte de médicaments, car son famulus, qui avait veillé une partie de la nuit, dormait sur le lit de camp improvisé, il en tira plusieurs petits flacons contenant des essences teintes diversement, les unes rouges comme le rubis, les autres vertes comme l'émeraude, celles-ci d'un jaune d'or, celles-là d'une transparence diamantée. Des étiquettes latines abréviées et semblables, pour l'ignorant, à des formules cabalistiques, étaient collées sur le cristal des flacons. Maître Laurent, bien qu'il fût sûr de lui-même, lut à plusieurs reprises les titres des fioles qu'il avait mises à part, en mira le contenu à la lumière, profitant d'un rayon du soleil levant qui filtrait à travers les rideaux, pesa les quantités qu'il empruntait à chaque bouteille dans une éprouvette d'argent dont il connaissait le poids, et composa du tout une potion d'après une recette dont il faisait mystère.

Le mélange préparé, il réveilla son famulus et lui ordonna de hausser un peu la tête de Vallombreuse, puis il desserra, au moyen d'une mince spatule, les dents du blessé, et parvint à introduire entre leur double rangée de perles le mince goulot du flacon. Quelques gouttes du liquide pénétrèrent dans le palais du jeune duc, et leur saveur âcre et puissante fit se contracter légèrement ses traits immobiles. Une gorgée descendit dans la poitrine, bientôt suivie d'une autre, et la dose entière, au grand contentement du médecin, fut absorbée sans trop de peine. A mesure que Vallombreuse buvait, une imperceptible rougeur montait à ses pommettes; une lueur chaude brillantait ses yeux, et sa main inerte, allongée sur le drap, cherchait à se déplacer. Il poussa un soupir et promena autour de lui, comme quelqu'un qui se réveille d'un rêve, un regard où revenait l'intelligence.

« Je jouais gros jeu, fit maître Laurent en lui-même, ce médicament est un philtre. Il peut tuer ou ressusciter. Il a ressuscité. Esculape, Hygie et Hippocrate soient bénis ! »

En ce moment, une main écarta avec précaution la tapisserie de la portière, et sous le pli relevé apparut la tête vénérable du prince, fatiguée et plus vieillie par l'angoisse de cette nuit terrible, que par dix années. « Eh bien! maître Laurent ? » murmura-t-il d'une voix anxieuse. Le chirurgien posa son doigt sur sa bouche, et de l'autre main lui montra Vallombreuse, un peu soulevé sur l'oreiller, et n'ayant plus l'aspect cadavérique; car la potion le brûlait et le ranimait en sa flamme.

Maître Laurent, de ce pas léger habituel aux personnes qui soignent les malades, vint trouver le prince sur le seuil de la porte, et, le tirant un peu à part, il lui dit : « Vous voyez, monseigneur, que l'état de monsieur votre fils, loin d'avoir empiré, s'améliore sensiblement. Sans doute, il n'est point sauvé encore; mais, à moins d'une complication imprévue que je fais tous mes efforts pour prévenir, je pense qu'il s'en tirera et pourra continuer ses destinées glorieuses comme s'il n'eût point été blessé. »

Un vif sentiment de joie paternelle illumina la figure du prince; et comme il s'avançait vers la chambre pour embrasser son fils, maître Laurent lui posa respectueusement la main sur la manche et l'arrêta : « Permettez-moi, prince, de m'opposer à l'accomplissement de ce désir si naturel; les docteurs sont fâcheux souvent, et la médecine a des rigueurs à nulle autre pareilles. De grâce, n'entrez pas chez le duc. Votre présence chérie et redoutée pourrait, en l'affaiblissement où il se trouve, provoquer une crise dangereuse. Toute émotion lui serait fatale, et capable de briser le fil bien frêle dont je l'ai rattaché à la vie. Dans quelques jours sa plaie, étant en voie de cicatrisation, et ses forces revenues peu à peu, vous aurez tout à votre aise, et sans péril, cette douceur de le voir. »

Le prince, rassuré, et se rendant aux justes raisons du chirurgien, se retira dans son appartement, où il s'occupa de lectures pieuses jusqu'au coup de midi, heure à laquelle le majordome le vint avertir « que le dîner de monseigneur était servi sur table. »

« Qu'on prévienne la comtesse Isabelle de Lineuil ma fille, — tel est le titre qu'elle portera désormais, — de vouloir bien descendre dîner, » dit le prince au majordome qui s'empressa d'obéir à cet ordre.

Isabelle traversa cette antichambre aux armures, cause de ses terreurs nocturnes, et ne la trouva du tout si lugubre aux vives clartés du jour. Une lumière pure tombait des hautes fenêtres que n'aveuglaient plus les volets fermés. L'air avait été renouvelé. Des fagots de genévrier et de bois odorant, brûlés à grande flamme dans les cheminées, avaient chassé l'odeur de relent et de moisissure. Par la présence du maître, la vie était revenue à ce logis mort.

La salle à manger ne se ressemblait plus, et cette table, qui la veille paraissait dressée pour un festin de spectres, recouverte d'une riche nappe où la cassure des plis dessinait des carrés symétriques, prenait tout à fait bon air avec sa vieille vaisselle plate chargée de ciselures et blasonnée d'armoiries, ses flacons en cristal de Bohême mouchetés d'or, ses verres de Venise aux pieds en spirale, ses drageoirs à épices et ses mets d'où montaient des fumées odorantes.

D'énormes bûches jetées sur des chenets formés de grosses boules de métal poli superposées, envoyaient le long d'une plaque au blason du prince de larges tourbillons de flamme mêlés de joyeuses crépitations d'étincelles, et répandaient une douce chaleur dans la vaste pièce. Les orfévreries des dressoirs, les vernis d'or et d'argent de la tenture en cuir de Cordoue prenaient à ce foyer, malgré la clarté du jour, des reflets et des paillettes rouges.

Quand Isabelle entra, le prince était déjà en sa chaise dont le haut dossier figurait une sorte de dais. Derrière lui se tenaient deux laquais en grande livrée. La jeune fille adressa à son père une révérence modeste qui ne sentait pas son théâtre, et que toute grande dame eût approuvée. Un domestique lui avança un siége, et, sans trop d'embarras, elle prit place en face du prince à l'endroit qu'il lui désignait de la main.

Les potages servis, l'écuyer-tranchant découpa sur une crédence les viandes que lui portait de la table un officier de bouche, et que les valets y reportaient disséquées.

Un laquais versait à boire à Isabelle, qui n'usait de vin que fort trempé, en personne réservée et sobre qu'elle était. Tout émue des événements de la journée et de la nuit précédentes, tout éblouie et troublée par le brusque changement de sa fortune, inquiète de son frère si grièvement navré, perplexe sur le sort de son bien-aimé Sigognac, elle ne touchait non plus aux mets placés devant elle que du bout des dents.

« Vous ne mangez ni ne buvez, comtesse, lui dit le prince; acceptez donc cette aile de perdrix. »

A ce titre de comtesse prononcé d'une voix amicale et pourtant sérieuse, Isabelle tourna vers le prince ses beaux yeux bleus étonnés avec un regard timidement interrogatif.

« Oui, comtesse de Lineuil; c'est le titre d'une terre que je vous donne, car ce nom d'Isabelle, tout charmant qu'il soit, ne saurait convenir à ma fille, sans être quelque peu accompagné. »

Isabelle, cédant à un impétueux mouvement de cœur, se leva, passa de l'autre côté de la table, et s'agenouillant près du prince, lui prit la main et la baisa en reconnaissance de cette délicatesse.

« Relevez-vous, ma fille, reprit le prince d'un air attendri, et reprenez votre place. Ce que je fais est juste. La destinée seule m'empêcha de le faire plus tôt, et cette terrible rencontre qui nous a tous réunis a quelque chose où je vois le doigt du ciel. Votre vertu a empêché qu'un grand crime fût commis, et je vous aime pour cette honnêteté, dût-elle me coûter la vie de mon fils. Mais Dieu le sauvera, pour qu'il se repente d'avoir outragé la plus pure innocence. Maître Laurent m'a donné bon espoir, et du seuil d'où je le contemplais en son lit, Vallombreuse ne m'a point paru avoir sur le front ce cachet de la mort que nous autres gens de guerre savons bien reconnaître. »

On donna à laver dans une magnifique aiguière de vermeil, et le prince, jetant sa serviette, se dirigea vers le salon, où, sur un signe, Isabelle le suivit. Le vieux seigneur s'assit près de la cheminée, monument sculptural qui s'élevait jusqu'au plafond, et sa fille prit place à côté de lui sur un pliant. Comme les laquais s'étaient retirés, le prince prit tendrement la main d'Isabelle entre les siennes, et contempla quelque temps en silence cette fille si étrangement retrouvée. Ses yeux exprimaient une joie mêlée de tristesse. Car, malgré les assurances du médecin, la vie de Vallombreuse pendait encore à un fil. Heureux d'une part, il était malheureux de l'autre; mais le charmant visage d'Isabelle dissipa bientôt cette impression pénible, et le prince tint ce discours à la nouvelle comtesse :

« Sans doute, ma chère fille, en cet événement qui nous réunit d'une façon bizarre, romanesque et surnaturelle, la pensée doit vous être venue que, pendant tout ce temps écoulé depuis votre enfance jusqu'à ce jour, je ne vous ai point cherchée, et que le hasard seul a remis l'enfant perdu au père oublieux. Ce serait mal connaître mes sentiments, et vous avez l'âme si bonne, que cette idée a dû être bientôt abandonnée par vous. Votre mère Cornélia, vous ne l'ignorez pas, était d'humeur arrogante et fière; elle prenait tout avec une violence extraordinaire, et, lorsque de hautes convenances, je dirais presque des raisons d'État, me forcèrent à me séparer d'elle, bien malgré moi, pour un mariage ordonné par un de ces désirs suprêmes qui sont des ordres auxquels nul ne résiste, outrée de dépit et de colère, elle refusa obstinément tout ce qui pouvait adoucir sa situation et assurer la vôtre à l'avenir. Terres, châteaux, contrats de rente, argent, bijoux, elle me renvoya tout avec un outrageux dédain. Ce désintéressement que j'admirais ne me trouva pas moins entêté, et je laissai chez une personne de confiance les sommes et les titres renvoyés pour qu'elle les pût reprendre... au cas où son caprice changerait. Mais elle persista dans ses refus, et, changeant de nom, passa à une autre troupe avec laquelle elle se mit à courir la province, évitant Paris et les endroits où je me trouvais. Je perdis bientôt sa trace, d'autant plus que le roi mon maître me chargea d'ambassades et missions délicates qui me tinrent longtemps à l'étranger. Quand je revins, par des affidés aussi sûrs qu'intelligents, lesquels avaient questionné et fait jaser des comédiens de divers théâtres, j'appris que Cornélia était morte depuis quelques mois déjà. Quant à l'enfant, on n'en avait point entendu parler, et l'on ne savait pas ce qu'il était devenu. Le voyage perpétuel de ces compagnies comiques, les noms de guerre qu'adoptent les acteurs qui les composent, et dont ils changent souvent par nécessité ou caprice, rendent fort difficiles ces recherches à qui ne peut les faire lui-même.

Le frêle indice qui guiderait l'intéressé ne suffit pas à l'agent qu'anime seulement un motif cupide. On me signala bien quelques petites filles parmi ces troupes; mais le détail de leur naissance ne se rapportait point à la vôtre. Même quelquefois des suppositions furent hasardées par des mères peu soucieuses de conserver leur fruit, et je dus me tenir en garde contre ces ruses. On n'avait point touché aux sommes déposées. Évidemment la rancunière Cornélia avait voulu me dérober sa fille et se venger ainsi. Je dus croire à votre mort, et cependant un instinct secret me disait que vous existiez. Je me rappelais combien vous étiez gentille et mignonne en votre berceau, et comme de vos petits doigts roses vous tiriez ma moustache, noire alors, quand je me penchais pour vous baiser. La naissance de mon fils avait ravivé ce souvenir au lieu de l'éteindre. Je pensais, en le voyant grandir au sein du luxe, couvert de rubans et de dentelles comme un enfant royal, ayant pour hochets des joyaux qui eussent été la fortune d'honnêtes familles, que peut-être, en ce moment, vêtue à peine de quelque oripeau fané de théâtre, vous souffriez du froid et de la faim sur un charrette ou dans une grange ouverte à tous les vents. Si elle vit, me disais-je, quelque directeur de troupe la malmène et la bat. Suspendue à un fil d'archal, elle fait, à demi morte de peur, les amours et les petits génies dans les vols des pièces à machines. Ses larmes mal contenues coulent sillonnant le fard grossier dont on a barbouillé ses joues pâles, ou bien, tremblante d'émotion, elle balbutie à la fumée des chandelles un petit bout de rôle enfantin qui lui a valu déjà bien des soufflets. Et je me repentais de n'avoir pas, dès le jour de sa naissance, enlevé l'enfant à la mère; mais alors je croyais ces amours éternelles. Plus tard, ce furent d'autres tourments. En cette vie errante et dissolue, belle comme elle promettait de l'être, que d'attaques sa pudicité n'a-t-elle point à souffrir de la part de ces libertins qui volent aux comédiennes comme papillons aux lumières, et le rouge me montait à la figure à l'idée que mon sang qui coule dans vos veines subissait ces outrages. Bien des fois, affectant plus de goût que je n'en avais pour la comédie, je me rendais aux théâtres, cherchant à découvrir parmi les ingénues quelque jeune personne de l'âge que vous eussiez dû avoir et de la beauté que je vous supposais. Mais je ne vis que mines affétées et fardées, et qu'effronterie de courtisane sous des grimaces d'innocente. Aucune de ces péronnelles ne pouvait être vous.

« J'avais donc tristement renoncé à l'espoir de retrouver cette fille dont la présence eût égayé ma vieillesse; la princesse ma femme, morte après trois ans d'union, ne m'avait donné d'autre enfant que Vallombreuse, qui, par son caractère effréné, me causait bien des peines. Il y a quelques jours, étant à Saint-Germain auprès du roi, pour devoirs de ma charge, j'entendis des courtisans parler avec faveur de la troupe d'Hérode, et ce qu'ils en dirent me fit naître l'envie d'assister à une représentation de ces comédiens, les meilleurs qui fussent venus depuis longtemps de province à Paris. On louait surtout une certaine Isabelle pour son jeu correct, décent, naturel et tout plein d'une grâce naïve. Ce rôle d'ingénue qu'elle rendait si bien au théâtre, elle le soutenait, assurait-on, à la ville, et les plus méchantes langues se taisaient devant sa vertu. Agité d'un secret pressentiment, je me rendis à la salle où récitaient ces acteurs, et je vous vis jouer à l'applaudissement général. Votre air de jeune personne honnête, vos façons timides et modestes, le son de votre voix si frais et si argentin, tout cela me troublait l'âme d'étrange sorte. Il est impossible même à l'œil d'un père de reconnaître dans la belle fille de vingt ans l'enfant qu'il n'a pas vue depuis le berceau, et surtout à la lueur des chandelles, à travers l'éblouissement du théâtre; mais il me semblait que si un caprice de la fortune poussait sur les planches une fille de qualité, elle aurait cette mine réservée et discrète tenant à distance les autres comédiens, cette distinction qui fait dire à tout le monde : « Comment se trouve-t-elle là ? » Dans la même pièce figurait un pédant dont la trogne avinée ne m'était point inconnue. Les années n'avaient altéré en rien sa laideur grotesque, et je me souvins que déjà il faisait les Pantalons et les vieillards ridicules dans la compagnie où jouait Cornélia. Je ne sais pourquoi mon imagination établissait un rapport entre vous et ce pédant jadis camarade de votre mère. La raison avait beau alléguer que cet acteur pouvait bien avoir pris de l'emploi en cette troupe, sans que pour cela vous y fussiez; il me semblait qu'il tenait entre ses mains le bout du fil mystérieux à l'aide duquel je me guiderais dans ce dédale d'événements obscurs. Aussi formai-je la résolution de l'interroger, et l'aurai-je fait si, quand j'envoyai à l'auberge de la rue Dauphine, on ne m'eût dit que les comédiens d'Hérode étaient partis pour donner une représentation dans un château aux environs de Paris. Je me serais tenu tranquille jusqu'au retour des acteurs, si un brave serviteur ne me fût venu prévenir, craignant quelque rencontre fâcheuse, que le duc de Vallombreuse, amoureux à la folie d'une comédienne nommée Isabelle qui lui résistait avec la plus ferme vertu, avait fait le projet de l'enlever pendant cette expédition supposée, au moyen d'une escouade de spadassins à gages, action par trop énorme et violente, capable de mal tourner, la jeune fille étant accompagnée d'amis qui n'allaient pas sans armes. Le soupçon que j'avais de votre naissance me jeta, à cet avertissement, dans une perturbation d'âme étrange à concevoir. Je frémis à l'idée de cet amour criminel qui se changeait en amour monstrueux, si mes pressentiments ne me trompaient point, puisque vous étiez, au cas qu'ils fussent vrais, la propre sœur de Vallombreuse. J'appris que les ravisseurs devaient vous transporter en ce château, et je m'y rendis en toute diligence. Vous étiez déjà délivrée sans que votre honneur eût souffert, et la bague d'améthyste a confirmé ce que me disait à votre vue la voix du sang.

— Croyez, monseigneur et père, répondit Isabelle, que je ne vous ai jamais accusé. Habituée d'enfance à cette vie ambulante de comédienne, j'avais facilement accepté mon sort, n'en connaissant et n'en rêvant pas d'autre. Le peu que je savais du monde me faisait comprendre que j'aurais mauvaise grâce à vouloir entrer dans une famille illustre, que des raisons puissantes forçaient sans doute à me laisser dans l'obscurité et l'oubli. Le souvenir confus de ma naissance m'inspirait parfois de l'orgueil, et je me disais, en voyant l'air dédaigneux que prennent les grandes dames à l'endroit des comédiennes : « Moi aussi je suis de noble race ! » Mais ces légères fumées se dissipaient bientôt, et je ne gardais que l'invincible respect de moi-même. Pour rien au monde je n'aurais souillé le pur sang qui coulait dans mes veines. Les licences des coulisses, et les poursuites dont sont l'objet les actrices, même lorsqu'elles manquent de beauté, ne m'inspiraient que du dégoût. J'ai vécu au théâtre presque comme en un couvent, car on peut être sage partout, quand on le veut. Le pédant était pour moi comme un père, et certes Hérode eût brisé les os à quiconque eût osé me toucher du doigt, ou seulement me dire une parole libre. Quoique comédiens, ce sont de très-braves gens, et je vous les recommande s'ils se trouvent jamais en quelque nécessité. Je leur dois en grande partie de pouvoir présenter sans rougir mon front à vos lèvres, et me dire hautement votre fille. Mon seul regret est d'avoir été la cause bien innocente du malheur arrivé à M. le duc votre fils, et j'aurais souhaité entrer dans votre famille sous de meilleurs auspices.

— Vous n'avez rien à vous reprocher, ma chère fille, vous ne pouviez deviner ces mystères qui ont éclaté tout à coup par un concours de circonstances qu'on trouverait romanesques si on les rencontrait en un livre, et ma joie de vous revoir aussi digne de moi que si vous n'eussiez pas vécu à travers les hasards d'une vie errante, et d'une profession peu rigoureuse d'ordinaire, efface bien la douleur où m'a jeté la fâcheuse blessure de mon fils. Qu'il survive ou succombe, je ne saurais vous en vouloir. En tous cas, votre vertu l'a sauvé d'un grand crime. Ainsi, ne parlons plus de cela. Mais, parmi vos libérateurs, quel était ce jeune homme qui semblait diriger l'attaque, et qui a blessé Vallombreuse ? Un comédien, sans doute, quoiqu'il m'ait paru de bien grand air et de hardi courage.

— Oui, mon père, répondit Isabelle dont les joues se couvrirent d'une faible et pudique rougeur, un comédien. Mais s'il m'est permis de trahir un secret, qui n'en est plus un déjà pour monsieur le duc, je vous dirai que ce prétendu capitaine Fracasse (tel est son emploi dans la troupe) cache sous son masque un noble visage, et sous son nom de théâtre un nom de race illustre.

— En effet, répondit le prince, je crois avoir entendu parler de cela. Il eût été étonnant qu'un comédien se risquât à cet acte téméraire de contrecarrer un duc de Vallombreuse, et d'entrer en lutte avec lui. Il faut un sang généreux pour de telles audaces. Un gentilhomme seul peut vaincre un gentilhomme, de même qu'un diamant n'est rayé que par un autre diamant. »

L'orgueil nobiliaire du prince éprouvait quelque consolation à penser que son fils n'avait point été navré par quelqu'un de bas lieu. Les choses reprenaient ainsi une situation régulière. Ce combat devenait une sorte de duel entre gens de condition égale, et le motif en était avouable : l'élégance n'avait rien à souffrir de cette rencontre.

« Et comment se nomme ce valeureux champion, reprit le prince, ce preux chevalier défenseur de l'innocence ?

— Le baron de Sigognac, répondit Isabelle d'une voix légèrement tremblante, je livre son nom sans crainte à votre générosité. Vous êtes trop juste pour poursuivre en lui le malheur d'une victoire qu'il déplore.

— Sigognac, dit le prince, je pensais cette race éteinte. N'est-ce pas une famille de Gascogne ?

— Oui, mon père, son castel se trouve aux environs de Dax.

— C'est bien cela. Les Sigognac ont des armes parlantes; ils portent de gueules à trois cigognes d'or, deux et une. Leur noblesse est fort ancienne. Palamède de Sigognac figurait glorieusement à la première croisade. Un Raimbaud de Sigognac, le père de celui-ci, sans doute, était fort ami et compagnon de Henri IV en sa jeunesse, mais il ne le suivit point à la cour; car ses affaires, dit-on, étaient fort dérangées, et l'on ne gagnait guère que des coups sur les talons du Béarnais.

— Si dérangées, que notre troupe, forcée par une nuit pluvieuse à chercher un asile, trouva le fils dans une tourelle à hiboux tout en ruines, où se consumait sa jeunesse, et que nous l'arrachâmes à ce château de la misère, craignant qu'il n'y mourût de faim par fierté et mélancolie; je n'ai jamais vu infortune plus vaillamment supportée.

— Pauvreté n'est pas forfaiture, dit le prince, et toute noble maison qui n'a point failli à l'honneur peut se relever. Pourquoi, en son désastre, le baron de Sigognac ne s'est-il pas adressé à quelqu'un des anciens compagnons d'armes de son père, ou même au roi, le protecteur né de tous les gentilshommes?

— Le malheur rend timide, quelque brave qu'on soit, répondit Isabelle, et l'amour-propre retient le courage. En venant avec nous, le baron comptait rencontrer à Paris une occasion favorable qui ne s'est point présentée; pour n'être point à notre charge, il a voulu remplacer un de nos camarades mort en route, et comme cet emploi se joue sous le masque, il n'y pensait pas compromettre sa dignité.

— Sous ce déguisement comique, sans être sorcier, je devine bien un petit brin d'amourette, dit le prince en souriant avec une maligne bonté; mais ce ne sont point là mes affaires; je connais assez votre vertu, et je ne m'alarme point de quelques soupirs discrets poussés à votre intention. Il n'y a pas assez longtemps d'ailleurs que je suis votre père, pour me permettre de vous sermonner. »

Pendant qu'il s'exprimait ainsi, Isabelle fixait sur le prince ses grands yeux bleus, où brillaient la plus pure innocence et la plus parfaite loyauté. La nuance rose dont le nom de Sigognac avait coloré son beau visage s'était dissipée; sa physionomie n'offrait aucun signe de honte ou d'embarras. Dans son cœur le regard d'un père, le regard de Dieu même, n'eût rien trouvé de répréhensible.

L'entretien en était là quand l'élève de maître Laurent se fit annoncer; il apportait un bulletin favorable de la santé de Vallombreuse. L'état du blessé était aussi satisfaisant que possible; après la potion, une crise heureuse avait eu lieu, et le médecin répondait désormais de la vie du jeune duc. Sa guérison n'était plus qu'une affaire de temps.

A quelques jours de là, Vallombreuse, soutenu par deux ou trois oreillers, paré d'une chemise à collet en point de Venise, les cheveux séparés et remis en ordre, recevait dans son lit la visite de son fidèle ami le chevalier de Vidalinc, qu'on ne lui avait pas encore permis de voir. Le prince était assis dans la ruelle, regardant avec une profonde joie paternelle le visage pâle et amaigri de son fils, mais qui n'offrait plus aucun symptôme alarmant. La couleur était revenue aux lèvres, et l'étincelle de la vie brillait dans les yeux. Isabelle était debout près du chevet. Le jeune duc lui tenait la main entre ses doigts fluets, et d'un blanc bleuâtre comme ceux des malades abrités du grand air et du soleil depuis quelque temps. Comme il lui était défendu de parler encore autrement que par monosyllabes, il témoignait ainsi sa sympathie à celle qui était la cause involontaire de sa blessure, et lui faisait comprendre combien il lui pardonnait de grand cœur. Le frère avait chez lui remplacé l'amant, et la maladie, en calmant sa fougue, n'avait pas peu contribué à cette transition difficile. Isabelle était bien réellement pour lui la comtesse de Lineuil, et non plus la comédienne de la troupe d'Hérode. Il fit un signe de tête amical à Vidalinc, et dégagea un moment sa main de celle de sa sœur pour la lui tendre. C'était tout ce que le médecin autorisait pour cette fois.

Au bout de deux ou trois semaines, Vallombreuse, fortifié par de légers aliments, put passer quelques heures sur une chaise longue et supporter l'air d'une fenêtre ouverte, par où entraient les souffles balsamiques du printemps. Isabelle souvent lui tenait compagnie et lui faisait la lecture, fonction à laquelle son ancien métier de comédienne la rendait merveilleusement propre, par l'habitude de soutenir la voix et de varier à propos les intonations.

Un jour qu'ayant achevé un chapitre, elle allait en recommencer un autre dont elle avait déjà lu l'argument, le duc de Vallombreuse lui fit signe de poser le livre, et lui dit :

« Chère sœur, ces aventures sont les plus divertissantes du monde, et l'auteur peut se compter parmi les plus gens d'esprit de la cour et de la ville; il n'est bruit que de son livre dans les ruelles, mais j'avoue que je préfère à cette lecture votre conversation charmante. Je n'aurais pas cru tant gagner en perdant tout espoir. Le frère est auprès de vous en meilleure posture que l'amant; autant vous étiez rigoureuse à l'un, autant vous êtes douce à l'autre. Je trouve à ce sentiment paisible des charmes dont je ne me doutais point. Vous me révélez tout un côté inconnu de la femme. Emporté par des passions ardentes, poursuivant le plaisir que me promettait la beauté, m'exaltant et m'irritant aux obstacles, j'étais comme ce féroce chasseur de la légende que rien n'arrête; je ne voyais qu'une proie dans l'objet aimé. L'idée d'une résistance me semblait impossible. Le mot de vertu me faisait hausser les épaules, et je puis dire sans fatuité à la seule qui ne m'ait point cédé, que j'avais bien des raisons de n'y pas croire. Ma mère était morte quand je ne comptais encore que trois ans; vous n'étiez pas retrouvée, et j'ignorais tout ce qu'il y a de pur, de tendre, de délicat dans l'âme féminine. Je vous vis; une irrésistible sympathie, où la voix secrète du sang était sans doute pour quelque chose, m'entraîna vers vous, et pour la première fois un sentiment d'estime se mêla dans mon cœur à l'amour. Votre caractère, tout en me désespérant, me plaisait. J'approuvais cette fermeté modeste et polie avec laquelle vous repoussiez mes hommages. Plus vous me rejetiez, plus je vous trouvais digne de moi. La colère et l'admiration se succédaient en moi, et quelquefois y régnaient ensemble. Même en mes plus violentes fureurs, je vous ai toujours respectée. Je pressentais l'ange à travers la femme, et je subissais l'ascendant d'une pureté céleste. Maintenant je suis heureux, car j'ai de vous précisément ce que je désirais de vous sans le savoir, cette affection dégagée de tout alliage terrestre, inaltérable, éternelle; je possède enfin une âme.

— Oui, cher frère, répondit Isabelle, vous la possédez, et ce m'est un bien grand bonheur que de pouvoir vous le dire. Vous avez en moi une sœur dévouée qui vous aimera double pour le temps perdu, surtout si, comme vous l'avez promis, vous modérez ces fougues dont s'alarme notre père, et ne laissez paraître que ce qu'il y a d'excellent en vous.

— Voyez la jolie prêcheuse, dit Vallombreuse en souriant; il est vrai que je suis un bien grand monstre, mais je m'amenderai sinon par amour de la vertu, du moins pour ne pas voir ma grande sœur prendre son air sévère à quelque nouvelle escapade.

Pourtant je crains d'être toujours la folie, comme vous serez toujours la raison.

— Si vous me complimentez ainsi, fit Isabelle avec un petit air de menace, je vais reprendre mon livre, et il vous faudra ouïr tout au long l'histoire qu'allait raconter, dans la cabine de sa galère, le corsaire barbaresque à l'incomparable princesse Aménaïde, sa captive, assise sur des carreaux de brocart d'or.

— Je n'ai pas mérité une si dure punition. Dussé-je paraître bavard, j'ai envie de parler. Ce damné médecin m'a posé si longtemps sur les lèvres le cachet du silence et fait ressembler à une statue d'Harpocrate !

— Mais ne craignez-vous pas de vous fatiguer? Votre blessure est cicatrisée à peine. Maître Laurent m'a tant recommandé de vous faire la lecture, afin qu'en écoutant vous ménagiez votre poitrine.

— Maître Laurent ne sait ce qu'il dit, et veut prolonger son importance. Mes poumons aspirent et rendent l'air avec la même facilité qu'auparavant. Je me sens tout à fait bien, et j'ai des envies de monter à cheval pour faire une promenade dans la forêt.

— Mieux vaut encore faire la conversation; le danger, certes, sera moindre.

— D'ici à peu je serai remis sur pied, ma sœur, et je vous présenterai dans le monde où votre rang vous appelle, et où votre beauté si parfaite ne manquera pas d'amener à vos pieds nombre d'adorateurs, parmi lesquels la comtesse de Lineuil pourra se choisir un époux.

— Je n'ai aucune envie de me marier, et croyez que ce ne sont point là propos de jeune fille qui serait bien fâchée d'être prise au mot. J'ai assez donné ma main à la fin des pièces où je jouais, pour n'être pas si pressée de le faire dans la vie réelle. Je ne rêve pas d'existence plus douce que de rester près du prince et de vous.

— Un père et un frère ne suffisent pas toujours, même à la personne la plus détachée du monde. Ces tendresses-là ne remplissent pas tout le cœur.

— Elles rempliront tout le mien, cependant; et si elles me manquaient un jour, j'entrerais en religion.

— Ce serait vraiment pousser l'austérité trop loin. Est-ce que le chevalier de Vidalinc ne vous paraît pas avoir tout ce qu'il faut pour faire un mari parfait?

— Sans doute. La femme qu'il épousera pourra se dire heureuse;

mais, quelque charmant que soit votre ami, mon cher Vallombreuse, je ne serai jamais cette femme.

— Le chevalier de Vidalinc est un peu rousseau, et peut-être êtes-vous comme notre roi Louis XIII qui n'aime pas cette couleur, fort prisée des peintres cependant. Mais ne parlons plus de Vidalinc. Que vous semble du marquis de l'Estang, qui vint l'autre jour savoir de mes nouvelles et ne vous quitta pas des yeux tant que dura sa visite? Il était si émerveillé de votre grâce, si ébloui de votre beauté nompareille, qu'il s'empêtrait en ses compliments et ne faisait que balbutier. Cette timidité à part, qui doit trouver excuse à vos yeux puisque vous en étiez cause, c'est un cavalier accompli. Il est beau, jeune, d'une grande naissance et d'une grande fortune. Il vous conviendrait fort.

— Depuis que j'ai l'honneur d'appartenir à votre illustre famille, répondit Isabelle un peu impatientée de ce badinage, trop d'humilité ne me siérait pas. Je ne dirai donc point que je me regarde comme indigne d'une pareille union; mais le marquis de l'Estang demanderait ma main à mon père, que je refuserais. Je vous l'ai déjà dit, mon frère, je ne veux point me marier, et vous le savez bien, vous qui me tourmentez de la sorte.

— Oh! quelle humeur virginale et farouche vous avez, ma sœur! Diane n'est pas plus sauvage en ses forêts et vallées de l'Hémus. Encore s'il faut en croire les mauvaises langues mythologiques, le seigneur Endymion trouva-t-il grâce à ses yeux. Vous vous fâchez parce que je vous propose, en causant, quelques partis sortables; si ceux-là vous déplaisent, nous vous en découvrirons d'autres.

— Je ne me fâche pas, mon frère; mais décidément vous parlez trop pour un malade, et je vous ferai gronder par maître Laurent. Vous n'aurez pas, à souper, votre aile de poulet.

— S'il en est ainsi, je me tais, fit Vallombreuse avec un air de soumission, mais croyez que vous ne serez mariée que de ma main. »

Pour se venger de la moquerie opiniâtre de son frère, Isabelle commença l'histoire du corsaire barbaresque d'une voix haute et vibrante qui couvrait celle de Vallombreuse.

« Mon père, le duc de Fossombrone, se promenait avec ma mère, « l'une des plus belles femmes, sinon la plus belle du duché de « Gênes, sur le rivage de la Méditerranée où descendait l'escalier « d'une superbe villa qu'il habitait l'été, quand les pirates d'Alger, « cachés derrière des roches, s'élancèrent sur lui, triomphèrent par

« le nombre de sa résistance désespérée, le laissèrent pour mort sur
« la place et emportèrent la duchesse, alors enceinte de moi, malgré
« ses cris, jusqu'à leur barque, qui s'éloigna rapidement en faisant
« force de rames, et rejoignit la galère capitane abritée dans une
« crique. Présentée au dey, ma mère lui plut et devint sa favorite....»

Vallombreuse, pour déjouer la malice d'Isabelle, ferma les yeux
et sur ce passage plein d'intérêt feignit de s'endormir.

Le sommeil que Vallombreuse avait d'abord feint devint bientôt
véritable, et la jeune fille, voyant son frère endormi, se retira sur la
pointe du pied.

Cette conversation, où le duc semblait avoir voulu mettre une
intention malicieuse, troublait Isabelle quoi qu'elle en eût. Vallombreuse, conservant une rancune secrète à l'endroit de Sigognac, bien
qu'il n'en eût pas encore prononcé le nom depuis l'attaque du château,
cherchait-il à élever par un mariage un obstacle insurmontable entre
le baron et sa sœur? ou désirait-il simplement savoir si la comédienne
transformée en comtesse n'avait pas changé de sentiment comme de
fortune? Isabelle ne pouvait répondre à ces deux points d'interrogation que se posait alternativement sa rêverie. Puisqu'elle était la sœur
de Vallombreuse, la rivalité de Sigognac et du jeune duc tombait
d'elle-même; mais, d'un autre côté, il était difficile de supposer
qu'un caractère si altier, si orgueilleux et si vindicatif, eût oublié la
honte d'une première défaite, et surtout celle d'une seconde. Quoique
les positions fussent changées, Vallombreuse, en son cœur, devait
toujours haïr Sigognac. Eût-il assez de grandeur d'âme pour lui
pardonner, la générosité n'exigeait pas qu'il l'aimât et l'admît dans
sa famille. Il fallait renoncer à l'espoir d'une réconciliation. Le
prince, d'ailleurs, ne verrait jamais avec plaisir celui qui avait mis
en péril les jours de son fils. Ces réflexions jetaient Isabelle en une
mélancolie qu'elle essayait vainement de secouer. Tant qu'elle s'était
considérée dans son état de comédienne comme un obstacle à la fortune de Sigognac, elle avait repoussé toute idée d'union avec lui;
mais maintenant qu'un coup inopiné du sort la comblait de tous les
biens qu'on souhaite, elle eût aimé à récompenser par le don de sa
main celui qui la lui avait demandée quand elle était méprisée et
pauvre. Elle trouvait une sorte de bassesse à ne point faire partager
sa prospérité au compagnon de sa misère. Mais tout ce qu'elle pouvait faire, c'était de lui garder une inaltérable fidélité, car elle n'osait
parler en sa faveur ni au prince ni à Vallombreuse.

Bientôt le jeune Duc fut assez bien pour pouvoir dîner à table avec son père et sa sœur; il déployait à ces repas une déférence respectueuse envers le prince, une tendresse ingénieúse et délicate à l'endroit d'Isabelle, et montrait qu'il avait, malgré sa frivolité apparente, l'esprit orné plus qu'on n'eût pu le supposer chez un jeune homme adonné aux femmes, aux duels et à toutes sortes de dissipations. Isabelle se mêlait modestement à ces conversations, et le peu qu'elle disait était si juste, si fin et si à propos, que le prince en était émerveillé, d'autant plus que la jeune fille, avec un tact parfait, évitait toute préciosité et pédanterie.

Vallombreuse tout à fait rétabli proposa à sa sœur une promenade à cheval dans le parc, et les deux jeunes gens suivirent au pas une longue allée, dont les arbres centenaires se rejoignaient en voûte et formaient un couvert impénétrable aux rayons du soleil; le duc avait repris toute sa beauté, Isabelle était charmante, et jamais couple plus gracieux ne chevaucha côte à côte. Seulement la physionomie du jeune homme exprimait la gaieté et celle de la jeune fille la mélancolie. Parfois les saillies de Vallombreuse lui arrachaient un vague et faible sourire, puis elle retombait dans sa languissante rêverie; mais son frère ne paraissait pas s'apercevoir de cette tristesse, et il redoublait de verve. « Oh! la bonne chose que de vivre, disait-il; on ne se doute pas du plaisir qu'il y a dans cet acte si simple : respirer! Jamais les arbres ne m'ont semblé si verts, le ciel si bleu, les fleurs si parfumées! C'est comme si j'étais né d'hier et que je visse la création pour la première fois. Quand je songe que je pourrais être allongé sous un marbre et que je me promène avec ma chère sœur, je ne me sens pas d'aise! ma blessure ne me fait plus souffrir du tout, et je crois que nous pouvons risquer un petit temps de galop pour retourner au château où le prince s'ennuie à nous attendre. »

Malgré les observations d'Isabelle toujours craintive, Vallombreuse chercha les flancs de sa monture, et les deux chevaux partirent d'un train assez vif. Au bas du perron, en enlevant sa sœur de dessus la selle, le jeune duc lui dit : « Maintenant me voilà un grand garçon, et j'obtiendrai la permission de sortir seul.

— Eh quoi! vous voulez donc nous quitter à peine guéri, méchant que vous êtes?

— Oui, j'ai besoin de faire un voyage de quelques jours, répondit négligemment Vallombreuse. »

En effet, le lendemain il partit après avoir pris congé du prince, qui ne s'opposa point à son départ, et dit à Isabelle d'un ton énigmatique et bizarre : « Au revoir, petite sœur, vous serez contente de moi! »

## XIX

### ORTIES ET TOILES D'ARAIGNÉE.

Le conseil d'Hérode était sage, et Sigognac se résolut à le suivre; aucun attrait d'ailleurs, Isabelle devenue de comédienne grande dame, ne le rattachait plus à la troupe. Il fallait disparaître quelque temps, se plonger dans l'oubli, jusqu'à ce que le ressentiment causé par la mort probable de Vallombreuse se fût apaisé. Aussi après avoir fait, non sans émotion, ses adieux à ces braves acteurs qui s'étaient montrés si bons camarades pour lui, Sigognac s'éloigna de Paris, monté sur un vigoureux bidet, les poches assez convenablement garnies de pistoles, produit de sa part sur les recettes. A petites journées, il se dirigeait vers sa gentilhommière délabrée; car, après l'orage, l'oiseau retourne toujours à son nid, ne fût-il que de bûchettes et de vieille paille. C'était le seul gîte où il pût se réfugier, et dans ses désespérances, il éprouvait une sorte de plaisir à retourner au pauvre manoir de ses pères, qu'il eût peut-être mieux fait de ne pas quitter. En effet, sa fortune ne s'était guère améliorée, et cette dernière aventure ne pouvait que lui nuire. « Allons, se disait-il tout en cheminant, j'étais prédestiné à mourir de faim et d'ennui entre ces murailles lézardées, sous ce toit qui laisse passer la pluie comme un crible. Nul n'évite son sort et j'accomplirai le mien : je serai le dernier des Sigognac. »

Il est inutile de décrire tout au long ce voyage qui dura une vingtaine de jours et ne fut égayé d'aucune rencontre curieuse. Il suffira de dire qu'un beau soir Sigognac aperçut de loin les deux tourelles de son château, illuminées par le couchant et se détachant en clair du fond violet de l'horizon. Un caprice de la lumière les faisait paraître plus rapprochées qu'elles ne l'étaient réellement, et dans un des rares carreaux de la façade, le soleil encadrait une scintillation rouge du plus vif éclat. On eût dit une monstrueuse escarboucle.

Cette vue causa au baron un attendrissement bizarre; certes, il avait bien souffert dans ce castel en ruines, et cependant il éprouvait à le retrouver l'émotion que procure au retour un ancien ami dont l'absence a fait oublier les défauts. Sa vie s'était écoulée là pauvre, obscure, solitaire, mais non sans quelques secrètes douceurs; car la jeunesse ne peut être tout à fait malheureuse. La plus découragée a encore ses rêves et ses espérances. L'habitude d'une peine finit par avoir son charme, et l'on regrette certaines tristesses plus que certaines joies.

Sigognac donna de l'éperon à son cheval pour lui faire hâter l'allure et arriver avant la nuit. Le soleil ayant baissé et ne laissant plus voir au-dessus de la ligne brune tracée par la lande sur le ciel qu'un mince segment de son disque échancré, la lueur rouge de la vitre s'était éteinte, et le manoir ne formait plus qu'une tache grise se confondant presque avec l'ombre; mais Sigognac connaissait bien la route, et bientôt il s'engagea dans le chemin fréquenté jadis, désert maintenant, qui conduisait au château. Les branches gourmandes de la haie lui fouettaient les bottes, et devant les pas de son cheval, les reinettes peureuses sautelaient à travers l'herbe humide de rosée; un faible et lointain aboi de chien, quêtant tout seul comme pour se désennuyer, se faisait entendre dans le silence profond de la campagne. Sigognac arrêta sa monture pour mieux écouter. Il avait cru reconnaître la voix enrouée de Miraut. Bientôt l'aboi se rapprocha et se changea en un jappement réitéré et joyeux, entrecoupé par une course haletante; Miraut avait éventé son maître, et il accourait de toute la vitesse de ses vieilles pattes. Le baron siffla d'une certaine façon, et au bout de quelques minutes, le bon et brave chien déboucha impétueusement par une brèche de la haie, hurlant, sanglotant, poussant des cris presque humains. Quoique essoufflé et pantelant, il sautait au nez du cheval, tâchait d'escalader la selle pour parvenir jusqu'à son maître, et donnait les plus extravagants témoignages de joie canine que jamais animal de son espèce ait manifestés. Argus lui-même reconnaissant Ulysse chez Eumée n'était pas si content que Miraut. Sigognac se baissa et lui flatta la tête de la main pour calmer cette furie sympathique.

Satisfait de cet accueil, et voulant porter la bonne nouvelle aux habitants du château, c'est-à-dire à Pierre, à Bayard et à Béelzébuth, Miraut partit comme un trait et se mit à aboyer de telle sorte devant le vieux serviteur assis dans la cuisine, que celui-ci comprit qu'il se passait quelque chose d'extraordinaire.

« Est-ce que le jeune maître reviendrait ? » se dit Pierre en se levant et en marchant à la suite de Miraut, qui le tirait par le pan de son sayon. Comme la nuit s'était faite, Pierre avait allumé au foyer où cuisait son frugal souper un éclat de bois résineux, dont, à l'entrée du chemin, la fumée rougeâtre illumina tout à coup Sigognac et son cheval.

« C'est vous, monsieur le baron, s'écria joyeusement le brave Pierre à la vue de son maître; Miraut me l'avait déjà dit en son honnête langage de chien ; car nous sommes si seuls ici que, bêtes et gens ne parlant qu'entre eux, finissent par se comprendre. Cependant n'ayant point été averti de votre retour, je craignais de me tromper. Attendu ou non, soyez le bienvenu dans votre domaine; on tâchera de vous fêter le mieux possible.

— Oui, c'est bien moi, mon bon Pierre, Miraut ne t'a pas menti; moi, sinon plus riche, du moins sain et sauf; allons, marche devant avec ta torche et rentrons au logis. »

Pierre, non sans effort, ouvrit les battants de la vieille porte, et le baron de Sigognac passa sous le portail éclairé d'une manière fantastique par les reflets de la torche. A cette lueur les trois cigognes sculptées sur le blason à la voûte parurent s'animer et palpiter des ailes comme si elles eussent voulu saluer le retour du dernier rejeton de la famille qu'elles avaient symbolisée pendant tant de siècles. Un hennissement prolongé semblable à un appel de clairon se fit entendre. C'était Bayard qui du fond de son écurie sentait son maître et tirait de ses vieux poumons asthmatiques cette fanfare éclatante !

« Bien, bien, je t'entends, mon pauvre Bayard, dit Sigognac en descendant de cheval et en jetant les rênes à Pierre; je vais t'aller dire bonjour. » Et il se dirigeait du côté de l'écurie lorsqu'il faillit choir : une masse noirâtre s'enchevêtrait dans ses jambes miaulant, ronronnant, faisant le gros dos. C'était Béelzébuth qui exprimait sa joie avec tous les moyens que la nature a donnés à la race féline; Sigognac le prit entre ses bras et l'éleva à la hauteur de son visage. Le matou était au comble du bonheur; ses yeux ronds s'illuminaient de lueurs phosphoriques ; des frémissements nerveux lui faisaient ouvrir et fermer ses pattes aux ongles rétractiles. Il s'étranglait à force de filer vite son rouet et poussait avec une passion éperdue son nez noir et grenu comme une truffe contre la moustache de Sigognac. Après l'avoir bien caressé, car il ne dédaignait pas ces témoignages d'affection d'humbles amis, le baron remit délicatement Béelzébuth à terre, et ce fut le tour de Bayard qu'il flatta, à plusieurs reprises, en lui frappant du plat de la main le col et la croupe. Le bon animal mettait sa tête sur l'épaule de son maître, grattait le sol de son pied et de l'arrière-train essayait une courbette fringante. Il accueillit poliment le bidet qu'on installa près de lui, se sentant sûr de l'affection de Sigognac et peut-être satisfait d'entrer en relation avec un animal de son espèce, ce qui ne lui était pas arrivé depuis longtemps.

« Maintenant que j'ai répondu aux civilités de mes bêtes, dit Sigognac à Pierre, il ne serait peut-être pas mal à propos d'aller voir à la cuisine ce que contient ton garde-manger; j'ai mal déjeuné ce matin, mais je n'ai pas dîné du tout, car je voulais arriver au but de mon voyage devant qu'il fît nuit. A Paris, j'ai un peu perdu mes habitudes de sobriété, et je ne serai pas fâché de souper, ne fût-ce que d'un rogaton.

— Maître, il y a un reste de miasson, un peu de lard et du fromage de chèvre. Ce sont des mets sauvages et rustiques que vous ne trouverez peut-être plus mangeables depuis que vous avez tâté de la grande cuisine. S'ils ne flattent pas le palais, ils empêchent du moins de mourir de faim.

— C'est tout ce qu'un homme peut demander à la nourriture, répondit Sigognac, et je ne suis point ingrat, comme tu sembles le penser, envers les aliments simples qui ont soutenu ma jeunesse et m'ont fait sain, alerte et vigoureux; sers ton miasson, ton lard et ton fromage avec la fierté d'un maître d'hôtel qui apporterait sur un plat d'or un paon faisant la roue. »

Rassuré sur sa cuisine, Pierre couvrit en hâte la table où d'habitude Sigognac prenait son maigre repas, d'une nappe bise mais propre; il plaça d'un côté le gobelet, de l'autre le pot de grès plein d'une piquette acide pour faire symétrie au bloc de miasson et se tint debout derrière son maître comme un majordome servant un prince. Selon l'antique cérémonial, Miraut, assis à droite sur son derrière, et Béelzébuth, accroupi à gauche, regardaient avec extase le baron de Sigognac et suivaient les voyages que sa main faisait du plat à sa bouche et de sa bouche au plat dans l'attente de quelque morceau qu'il leur jetait impartialement.

Ce tableau bizarre était éclairé par l'éclat de bois résineux que Pierre avait planté sur une fiche en fer, à l'intérieur de la cheminée, pour que la fumée ne se répandît pas dans la chambre. Il répétait si exactement la scène décrite au commencement de cette histoire, que, le baron, frappé de cette ressemblance, s'imaginait avoir fait un rêve et n'être jamais sorti de son château.

Le temps qui, à Paris, avait coulé si vite et si chargé d'événements, semblait s'être arrêté au château de Sigognac. Les heures endormies ne s'étaient pas donné la peine de retourner leur sablier plein de poussière. Tout était à la même place. Les araignées sommeillaient toujours aux encoignures dans leur hamac grisâtre, attendant la venue de quelque mouche improbable. Quelques-unes même s'étaient découragées et n'avaient point raccommodé leurs toiles, n'ayant plus assez de substance pour tirer du fil de leur ventre; sur la cendre blanche de l'âtre un charbon qui paraissait ne pas avoir brûlé depuis le départ du baron dégageait une petite fumée grêle comme celle d'une pipe près de s'éteindre; seulement les orties et les ciguës avaient grandi dans la cour, l'herbe qui encadrait les pavés était plus haute; une branche d'arbre, n'arrivant jadis qu'à la fenêtre de la cuisine, y poussait maintenant un jet feuillu par la maille d'un carreau cassé. C'était tout ce qu'il y avait de nouveau.

Malgré lui, Sigognac se sentait repris par ce milieu. Ses anciennes pensées lui revenaient en foule; et il se perdait en des rêveries silencieuses que respectait Pierre et que n'osaient troubler Miraut et Béelzébuth par des caresses intempestives. Tout ce qui s'était passé ne lui faisait plus l'effet que d'aventures qu'il aurait lues dans un livre et dont le souvenir lui serait vaguement resté. Le capitaine Fracasse, déjà effacé à demi, ne lui apparaissait plus dans le lointain que comme un pâle spectre émané et détaché à tout jamais de lui-même. Son combat avec Vallombreuse ne se dessinait en sa mémoire que sous forme d'une gesticulation bizarre à laquelle sa volonté était demeurée étrangère. Aucune des actions accomplies pendant cette période ne lui semblait tenir à lui, et son retour au château avait rompu les fils qui les rattachaient à sa vie. Seul son amour pour Isabelle ne s'était pas envolé, et il le retrouvait toujours vivace en son cœur, mais plutôt encore comme une aspiration de l'âme que comme une passion réelle, puisque celle qui en était l'objet ne pouvait plus lui appartenir. Il comprenait que la roue de son char un moment lancé sur une autre route était retombée dans son ornière fatale, et il s'y résignait avec un accablement tranquille. Seulement il se blâmait d'avoir eu quelques minutes d'espérance et d'illusion. Pourquoi diable aussi les malheureux veulent-ils être heureux? Quelle sottise!

Cependant il parvint à secouer cette torpeur, et comme il voyait dans les yeux de Pierre pointer de timides interrogations, il narra brièvement à ce digne serviteur les faits principaux qui pouvaient l'intéresser dans cette histoire; au récit des deux duels de son élève avec Vallombreuse, le bonhomme, fier d'avoir formé un tel disciple, rayonnait d'aise et simulait contre la muraille, au moyen d'un bâton, les coups que lui décrivait Sigognac.

« Hélas! mon brave Pierre, dit le baron en soupirant, tu m'as trop bien montré tous ces secrets d'escrime que personne ne possède comme toi. Cette victoire m'a perdu et renvoyé pour longtemps, sinon pour toujours, en ce pauvre et triste manoir. J'ai cette chance particulière que le triomphe m'abat et ruine mes affaires au lieu de les accommoder. Il eût mieux valu que je fusse blessé ou même tué en cette rencontre fâcheuse.

— Les Sigognac, fit sentencieusement le vieux serviteur, ne sauraient être battus. Quoi qu'il arrive, maître, je suis content que vous ayez tué ce Vallombreuse. La chose a dû être faite dans les règles, j'en suis sûr, et c'est tout ce qu'il faut. Que peut objecter un homme qui meurt d'un beau coup d'épée, étant en garde? »

— Rien, certainement, répondit Sigognac, que la philosophie prévôtale du vieux maître d'armes faisait sourire; mais je me sens un peu fatigué. Allume la lampe et conduis-moi à ma chambre. »

Pierre obéit. Le baron, précédé de son domestique et suivi de son chien et de son chat, monta lentement le vieil escalier aux fresques éteintes et passées de ton. Les Hercules à gaines de plus en plus pâles faisaient des efforts pour soutenir la feinte corniche dont le poids semblait les écraser. Ils gonflaient désespérément leurs muscles appauvris, et cependant n'avaient pu empêcher que quelques plaques de crépi ne se détachassent du mur. Les empereurs romains ne valaient guère mieux, et quoiqu'ils affectassent en leurs niches des mines de rodomonts et de triomphateurs, ils avaient perdu qui leur couronne, qui leur sceptre, qui leur pourpre. Le treillage peint de la voûte s'était défoncé en maint endroit, et les pluies d'hiver, filtrant par les lézardes, avaient géographié des Amériques nouvelles à côté des vieux continents et des îles déjà tracées.

Ce délabrement auquel Sigognac, avant d'être sorti de sa gentilhommière, n'était pas autrement sensible, le frappa et le jeta, tandis qu'il montait, en des mélancolies profondes. Il y voyait l'inévitable et fatale décadence de sa race et se disait : « Si cette voûte avait quelque sentiment de pitié pour la famille qu'elle a jusqu'ici abritée, elle devrait bien s'écrouler et m'écraser sur place!» Arrivé à la porte des appartements, il prit la lampe des mains de Pierre, qu'il remercia et renvoya, ne voulant pas lui laisser voir son émotion.

Sigognac traversa lentement la première salle où avait eu lieu, il y a quelques mois, le souper des comédiens. Le souvenir de ce joyeux tableau la rendait plus lugubre encore. Troublé un instant, le silence semblait s'y être réinstallé à tout jamais plus morne, plus profond, plus formidable. Dans ce tombeau, un grignotement de rat usant ses incisives prenait des résonnances étranges. Éclairés par le faible jour de la lampe, les portraits, accoudés sur leurs cadres d'or fané comme à des balcons, devenaient inquiétants. On eût dit qu'ils voulaient s'arracher de leur fond d'ombre et venir saluer leur malheureux rejeton. Une vie spectrale animait ces antiques effigies : leurs lèvres peintes remuaient, murmurant des paroles que l'âme entendait à défaut de l'oreille; leurs yeux se levaient tristement au plafond, et, sur leurs joues vernies, la sueur de l'humidité se condensait en grosses gouttes que la lumière faisait briller comme des larmes. Les esprits des aïeux erraient, certes, autour de ces images qui représentaient la forme terrestre qu'ils avaient animée autrefois, et Sigognac sentait leur présence invisible dans l'horreur secrète de cette demi-obscurité. Toutes ces figures à cuirasses ou à vertugadins avaient l'air lamentable et désolé. Seul, le dernier portrait, celui de la mère de Sigognac, semblait sourire. La lumière tombait précisément dessus et, soit que la peinture plus récente et d'une meilleure main fît illusion, soit qu'en effet l'âme vînt un instant vivifier cette apparence, le portrait avait un air de tendresse confiante et gaie dont Sigognac s'étonna et qu'il prit pour un favorable présage, car l'expression de cette tête lui avait toujours paru mélancolique.

Enfin Sigognac entra dans sa chambre et posa la lampe sur la petite table où gisait encore le volume de Ronsard, qu'il lisait lorsque les comédiens vinrent frapper nuitamment à la porte du manoir. Le papier, criblé de ratures, brouillon d'un sonnet inachevé, était toujours à la même place. Le lit, qu'on n'avait pas refait, gardait moulée l'empreinte des dernières personnes qui s'y étaient reposées. Isabelle avait dormi là. Sa jolie tête s'était appuyée à cet oreiller, confident de bien des rêves !

A cette pensée, Sigognac se sentit le cœur voluptueusement tor-

turé par une agréable douleur, si l'on peut joindre ensemble ces
mots ennemis de nature. Son imagination se représentait avec vivacité les appas de cette adorable fille; sa raison, d'une voix impor-
tune et chagrine, lui disait qu'Isabelle était à jamais perdue pour
lui, et pourtant il lui semblait voir par l'effet d'une fantasmagorie
amoureuse ce pur et charmant visage entre les plis des rideaux
entr'ouverts comme celui d'une chaste épouse qui attend le retour
de l'époux.

Pour en finir avec ces visions qui lui amollissaient le courage,
il se déshabilla et se coucha, baisant la place autrefois occupée
par Isabelle; mais, malgré la fatigue, le sommeil fut long à lui
venir, et ses yeux errèrent plus d'une heure autour de la chambre
délabrée, tantôt suivant quelque bizarre reflet de lune sur les vitres
dépolies, tantôt regardant avec une fixité inconsciente le chasseur de
halbrans dans la forêt d'arbres bleus et jaunes, sujet de la vieille
tapisserie.

Si le maître veillait, l'animal dormait. Béelzébuth, roulé en boule
aux pieds de Sigognac, ronflait comme le chat de Mahomet sur la
manche du prophète. La profonde quiétude de la bête finit par gagner l'homme, et le jeune baron partit pour le pays des rêves.

Quand vint l'aurore, Sigognac fut plus frappé qu'il ne l'avait été
la veille de l'état de dévastation où se trouvait son manoir. Le jour
n'a point de compassion pour les ruines et les vieilleries; il en montre
cruellement les pauvretés, les rides, les taches, les décolorations, les
poussières, les moisissures; la nuit, plus miséricordieuse, adoucit
tout de ses ombres amies, et du pan de son voile essuie les larmes
des choses. Les chambres, si vastes jadis, lui paraissaient petites, et
il s'étonnait de les avoir gardées tellement grandes en son souvenir;
mais bientôt il reprit la mesure de son manoir et rentra dans sa vie
ancienne comme dans un vieil habit qu'on a quelque temps quitté
pour en mettre un neuf; il se sentait à l'aise dans ce vêtement usé
dont ses habitudes avaient formé les plis. Sa journée s'arrangeait
ainsi. Il allait faire une courte prière dans la chapelle en ruine où
reposaient ses aïeux, arrachait quelque ronce d'une tombe brisée, dé-
pêchait son frugal repas, tirait des armes avec Pierre, montait Bayard
ou le bidet qu'il avait conservé et, après une longue excursion, revenait au logis, silencieux et morne comme autrefois, puis il soupait
entre Béelzébuth et Miraut et se couchait en feuilletant, pour s'endormir, un des volumes dépareillés et déjà cent fois lus de sa biblio-

thèque dévastée par les rats faméliques. Comme on voit, il ne survivait rien du brillant capitaine Fracasse, du hardi rival de Vallombreuse ; Sigognac était bien redevenu le châtelain du château de la Misère.

Un jour, il descendit au jardin où il avait conduit les deux jeunes comédiennes. Le jardin était plus inculte, plus désordonné et plus touffu en mauvaises herbes que jamais ; cependant, l'églantier, qui avait fourni une rose pour Isabelle et un bouton pour Sérafine, afin qu'il ne fût pas dit que deux dames sortissent d'un parterre sans être quelque peu fleuries, semblait cette fois, comme l'autre, s'être piqué d'honneur. Sur la même branche s'épanouissaient deux charmantes petites roses, aux frêles pétales, ouvertes le matin et gardant encore dans leur cœur deux ou trois perles de rosée.

Cette vue attendrit singulièrement Sigognac par le souvenir qu'elle éveillait en lui. Il se rappela cette phrase d'Isabelle : « Dans cette promenade au jardin où vous écartiez les ronces devant moi, vous m'avez cueilli une petite rose sauvage, seul cadeau que vous pussiez me faire ; j'y ai laissé tomber une larme avant de la mettre dans mon sein, et silencieusement je vous ai donné mon âme en échange. »

Il prit la rose, en aspira passionnément l'odeur et mit ses lèvres sur les feuilles, croyant que ce fussent les lèvres de son amie non moins douces, vermeilles et parfumées. Depuis qu'il était séparé d'Isabelle, il ne faisait qu'y penser, et il comprenait combien elle était indispensable à sa vie. Pendant les premiers jours, l'étourdissement de toutes ces aventures accumulées, la stupeur de ces revirements de fortune, la distraction forcée du voyage l'avaient empêché de se rendre compte du véritable état de son âme. Mais, rentré dans la solitude, le calme et le silence, il retrouvait Isabelle au bout de toutes ses rêveries. Elle remplissait sa tête et son cœur. L'image même d'Yolande s'était effacée comme une vapeur légère. Il ne se demandait même pas s'il l'avait jamais aimée, cette beauté orgueilleuse : il n'y songeait plus. « Et pourtant Isabelle m'aime, » se disait-il, après avoir récapitulé pour la centième fois tous les obstacles qui s'opposaient à son bonheur.

Deux ou trois mois se passèrent ainsi, et Sigognac était en sa chambre cherchant la pointe finale d'un sonnet à la louange de son aimée, lorsque Pierre vint annoncer à son maître qu'un gentilhomme était là qui demandait à lui parler.

« Un gentilhomme qui veut me parler, fit Sigognac, tu rêves ou il se trompe ! Personne au monde n'a rien à me dire; cependant, pour la rareté du fait, introduis ce mortel singulier. Quel est son nom, du moins ?

— Il n'a pas voulu le décliner, prétendant que ce nom ne vous apprendrait rien, » répondit Pierre en ouvrant la porte à deux battants.

Sur le seuil apparut un beau jeune homme, vêtu d'un élégant costume de cheval en drap couleur noisette, agrémenté de vert, chaussé de bottes en feutre gris aux éperons d'argent, et tenant en main un chapeau à larges bords orné d'une longue plume verte, ce qui permettait de voir en pleine lumière sa tête fière, délicate et charmante dont plus d'une femme eût jalousé les traits corrects dignes d'une statue antique.

Ce cavalier accompli ne parut pas faire sur Sigognac une impression agréable, car il pâlit légèrement, et d'un bond courut à son épée suspendue au chevet du lit, la tira du fourreau et se mit en garde.

« Pardieu ! monsieur le duc, je croyais vous avoir bien tué ! Est-ce vous ou votre ombre qui m'apparaissez ainsi ?

— C'est moi-même, Hannibal de Vallombreuse, répondit le jeune duc, moi-même en chair et en os, aussi peu décédé que possible; mais rengainez au plus tôt cette rapière. Nous nous sommes déjà battus deux fois. C'est assez. Le proverbe dit que les choses répétées plaisent, mais qu'à la troisième redite elles deviennent fastidieuses. Je ne viens pas en ennemi. Si j'ai quelques petites peccadilles à me reprocher à votre endroit, vous avez bien pris votre revanche. Partant nous sommes quittes. Pour vous prouver mes bonnes intentions, voilà un brevet signé du roi qui vous donne un régiment. Mon père et moi avons fait souvenir Sa Majesté de l'attachement des Sigognac aux rois ses aïeux. J'ai voulu vous apporter en personne cette nouvelle favorable; et maintenant, car je suis votre hôte, faites tordre le col à n'importe quoi, mettez à la broche qui vous voudrez; mais, pour Dieu, donnez-moi à manger. Les auberges de cette route sont désastreuses et mes fourgons, ensablés à quelque distance d'ici, contiennent mes provisions de bouche.

— J'ai bien peur, monsieur le Duc, que mon dîner ne vous paraisse une vengeance, répondit Sigognac avec une courtoisie enjouée; mais n'attribuez pas à la rancune la pauvre chère que vous ferez.

Vos procédés francs et cordiaux me touchent au plus tendre de l'âme et vous n'aurez pas désormais d'ami plus dévoué que moi. Bien que vous n'ayez guère besoin de mes services, ils vous sont tout acquis. Holà ! Pierre, trouve des poulets, des œufs, de la viande, et tâche à régaler de ton mieux ce seigneur qui meurt de faim et n'en a pas l'habitude comme nous. »

Pierre mit en poche quelques-unes des pistoles envoyées par son maître et qu'il n'avait pas touchées encore, enfourcha le bidet et courut bride abattue au village le plus proche, en quête de provisions. Il trouva quelques poulets, un jambon, une fiasque de vin vieux, et chez le curé de l'endroit, qu'il détermina non sans peine à le lui céder, un pâté de foies de canard, friandise digne de figurer sur la table d'un évêque ou d'un prince.

Au bout d'une heure il fut de retour, confia le soin de tourner la broche à une grande fille hâve et déguenillée qu'il avait rencontrée sur la route et envoyée au château, et mit le couvert dans la salle aux portraits, en choisissant parmi les faïences des dressoirs celles qui n'avaient qu'une écornure ou qu'une étoile, car il ne fallait point penser à l'argenterie, la dernière pièce ayant été depuis longtemps fondue. Cela fait, il vint annoncer à son maître « que ces messieurs étaient servis. »

Vallombreuse et Sigognac s'assirent en face l'un de l'autre sur les moins boiteuses des six chaises, et le jeune duc, que cette situation nouvelle pour lui égayait, attaqua les mets réunis à grand'peine par Pierre, avec une amusante férocité d'appétit. Ses belles dents blanches, après avoir dévoré un poulet tout entier, lequel, il est vrai, semblait mort d'étisie, s'enfonçaient joyeusement dans la tranche rose d'un jambon de Bayonne, et faisaient, comme on dit, sauter les miettes au plafond. Il proclama les foies de canard une nourriture délicate, exquise, ambroisienne, et trouva que ce petit fromage de chèvre, jaspé et persillé de vert, était un excellent éperon à boire. Il loua aussi le vin, lequel était vieux et de bon cru, et dont la belle couleur rougissait comme pourpre dans les anciens verres de Venise. Une fois même, tant il était de bonne humeur, il faillit éclater de rire, à l'air effaré de Pierre, surpris d'avoir entendu son maître appeler « M. le duc de Vallombreuse » ce vivant réputé pour mort. Tout en tenant tête du mieux qu'il pouvait au jeune duc, Sigognac s'étonnait de voir chez lui, familièrement accoudé à sa table, cet élégant et fier seigneur, jadis son rival d'amour, qu'il avait tenu deux fois au bout de son épée, et qui avait essayé à plusieurs reprises de le faire dépêcher par des spadassins.

Le duc de Vallombreuse comprit la pensée du baron sans que celui-ci l'exprimât, et quand le vieux serviteur se fut retiré, posant sur la table un flacon de vin généreux et deux verres plus petits que les autres, pour humer la précieuse liqueur, il fila entre ses doigts le bout de sa fine moustache, et dit au baron avec une amicale franchise :

« Je vois bien, mon cher Sigognac, malgré toute votre politesse, que ma démarche vous semble un peu étrange et subite. Vous vous dites : « Comment se fait-il que ce Vallombreuse, si hautain, si arrogant, si impérieux, soit devenu, de tigre qu'il était, un agneau qu'une bergerette conduirait au bout d'un ruban? » Pendant les six semaines que je suis resté cloué au lit, j'ai fait quelques réflexions comme le plus brave en peut se permettre en face de l'éternité ; car la mort n'est rien pour nous autres, gentilshommes, qui prodiguons notre vie avec une élégance que les bourgeois n'imiteront jamais. J'ai senti la frivolité de bien des choses, et me suis promis, si j'en revenais, de me conduire autrement. L'amour que m'inspirait Isabelle changé en pure et sainte amitié, je n'avais plus de raisons de vous haïr. Vous n'étiez plus mon rival. Un frère ne saurait être jaloux de sa sœur ; je vous sus gré de la tendresse respectueuse que vous n'aviez cessé de lui témoigner quand elle se trouvait encore dans une condition qui autorise les licences. Vous avez le premier deviné cette âme charmante sous son déguisement de comédienne. Pauvre, vous avez offert à la femme méprisée la plus grande richesse que puisse posséder un noble, le nom de ses aïeux. Elle vous appartient donc, maintenant qu'elle est illustre et riche. L'amant d'Isabelle doit être le mari de la comtesse de Lineuil.

— Mais répondit Sigognac, elle m'a toujours obstinément refusé lorsqu'elle pouvait croire à mon absolu désintéressement.

— Délicatesse suprême, susceptibilité angélique, pur esprit de sacrifice, elle craignait d'entraver votre sort et de nuire à votre fortune ; mais cette reconnaissance a renversé la situation.

— Oui, c'est moi qui maintenant serais un obstacle à sa haute position. Ai-je le droit d'être moins dévoué qu'elle ?

—Aimez-vous toujours ma sœur? dit le duc de Vallombreuse d'un ton grave ; j'ai, comme frère, le droit de vous adresser cette question.

— De toute mon âme, de tout mon cœur, de tout mon sang, répondit Sigognac; autant et plus que jamais homme ait aimé une femme sur cette terre, où rien n'est parfait, sinon Isabelle.

— En ce cas, monsieur le capitaine de mousquetaires, bientôt gouverneur de province, faites seller votre cheval et venez avec moi à Vallombreuse pour que je vous présente dans les formes au prince mon père et à la comtesse de Lineuil ma sœur. Isabelle a refusé pour époux le chevalier de Vidalinc, le marquis de l'Estang, deux fort beaux jeunes gens, ma foi; mais je crois que, sans se faire trop prier, elle acceptera le baron de Sigognac. »

Le lendemain, le duc et le baron cheminaient botte à botte sur la route de Paris.

THÉOPHILE GAUTIER.

(La fin à la prochaine livraison.)

# LE ROMAN MODERNE

ET

## M. GUSTAVE FLAUBERT

Qu'est-ce que M. Gustave Flaubert? Un poëte héroïque, chantre passionné de combats gigantesques?.. un orfévre du Ponte-Vecchio, usurier et artiste, dédaigneux observateur des douleurs humaines, aimant à faire ruisseler des perles dans un plat de vermeil? un patricien blasé des derniers jours de la république romaine, se reposant des émotions du cirque dans les magnificences d'une villa ornée à la manière de Verrès? ou bien un médecin philosophe de notre temps, qui a vu l'âme à travers le corps, et observé scientifiquement le développement des habitudes morales? M. Gustave Flaubert ressemble à tous ces personnages. Au premier abord il n'y a pas de génie plus complexe : il y a de tout en lui, de l'érudit et de l'aliéniste, du chirurgien et du psychologue, du poëte et du commissaire-priseur, de l'Homère, du Balzac et du Théophile Gautier.

Cette variété d'aptitudes est tout d'abord significative. Les inventeurs, les fondateurs d'école, ont tous des vues aussi étroites que profondes; une puissance extraordinaire, mais en un seul genre. C'est la vivacité extrême de la passion qui fait le génie et toute passion vive pour un objet, exclut, affaiblit ou pervertit le goût des autres choses. Si les esprits inventeurs avaient le salutaire équilibre de la sensibilité, la vaste impartialité, la clairvoyance générale, ils seraient d'excellents critiques; ils pourraient faire des chefs-d'œuvre dans un genre traditionnel quelconque; ils ne seraient pas des esprits inventeurs. Puissants avec le risque d'être incomplets; enthousiastes, mais à la condition d'être aveugles pour une moitié des choses, voilà les compensations que la nature de l'esprit humain leur impose. M. Gustave Flaubert n'a rien éprouvé de semblable. Il voit tout, il sent tout, il n'ignore rien; il joue dédaigneusement avec les artifices du style et de la pensée; il est incapable d'une naïveté. On sent qu'il a passé par les coulisses de tous les théâtres et par les sacristies de tous les temples, qu'il n'a plus d'illusions et qu'il ne lui reste plus de dieux. Aussi pouvons-nous devancer sur lui le jugement de la postérité. Il pourra passer pour un Balzac perfectionné par Stendhal, revu par Théophile Gautier; il ne sera point un chef d'école. On le citera comme l'auteur d'une merveilleuse fantaisie (*Salammbô*); il n'est point le créateur d'un genre; il ne commence pas une période, il marque admirablement sa place dans une période commencée.

## I

Quelle est donc cette période; où commence-t-elle, quels événements l'ont précédée et préparée? En quoi consiste le caractère qui la distingue?

Au dix-septième siècle, il n'y a qu'une seule science qui soit faite, les mathématiques, et les mathématiques vivent d'axiomes. Quoi d'étonnant qu'on ne fasse attention qu'à ce qui est général, à ce qui ne change pas? Aux yeux de Bossuet, l'Égyptien, l'Hébreu, le Grec, le Romain, ne sont pas des races ayant un type moral distinct; c'est la même créature plus ou moins perfectionnée selon les desseins de la Providence et les progrès de la pédagogie politique. Il n'y a pas des sociétés qui se développent et dépérissent comme les êtres vivants; il y a des empires que la main de Dieu élève ou abaisse à son gré et pour un certain but. Quelque chose d'identique à soi-même pour le fond, quoique sujet aux accidents, voilà ce qu'est l'homme. En quelque temps ou quelque lieu qu'on le prenne, on ne cherche point les différences, mais les ressemblances. On veut savoir ce qu'il a fait de *raisonnable*, ce qui appartient en lui à l'homme *abstrait*.

Le point de vue est le même au dix-huitième siècle. A la vérité, il y a une science de plus; Voltaire commence sa gloire en enseignant la physique à ses contemporains. De là le goût des faits, une grande curiosité. On lit des voyages, des compilations. Chardin et Bayle sont dans toutes les mains. Mais au fond tout ce grand travail n'est entrepris que pour se former une notion plus juste de l'homme en général, pour en revenir à des abstractions d'où l'on tirera des articles de législation universelle, à la nature, à l'humanité, à la raison, divinités du temps. On parle bien des Chinois et des Juifs, mais comme d'exemples à suivre ou à rejeter au nom du bon sens, point du tout comme de races distinctes, avec lesquelles il est oiseux de nous comparer dans un but pratique.

De là le caractère des héros de roman jusque vers 1800. Raisonneurs ou sensibles, ils ne représentent presque jamais que l'homme
en général. Ils vérifient des aphorismes abstraits comme ceux de la
Bruyère et de la Rochefoucauld, rien de plus. D'ailleurs comme ils
appartiennent à des siècles de foi et de raison, ils ont toujours une
valeur morale, c'est-à-dire qu'ils se dirigent suivant un certain principe rationnel ; ici le goût de l'ordre, le triomphe du devoir sur les
passions ; là le retour aux enseignements de la raison naturelle, la
révolte du cœur contre les préjugés. Voilà ce qui fait l'intérêt et la vie
de ces figures abstraites. Chacun des deux siècles y retrouve ses inclinations et ses croyances, sa manière de concevoir la vertu et l'intérêt
social. De vagues personnages, avec quelque belle ou touchante doctrine qui les soutient, les relève, leur donne une voix vivante et leur
fait un écho dans les âmes, voilà ce que nous trouvons presque sans
exception dans les romans antérieurs à 1800.

Au dix-neuvième siècle, tout change. Voici l'histoire naturelle et,
avec elle, l'anthropologie, l'ethnographie, la physiologie. Les idées
de type, d'espèce, de fonction apparaissent. Des analogies tirées de
ces notions s'imposent à quiconque veut méditer sur l'homme, le
comprendre et le peindre.

On passe bien vite sur le végétal pur, pour étudier les grandes
divisions botaniques, familles, genres et espèces. De même l'homme
abstrait cesse d'exciter l'intérêt. On s'attache aux espèces d'une
moyenne étendue. Voilà ce qui est « riche et substantiel, » comme
disait Hégel. On ne peint plus le cœur humain, mais le cœur de la
Parisienne ; on ne nous parle plus de nos faiblesses ; on décrit les
ridicules de la province. Ainsi il n'est plus question de l'humanité
et de la société en général, mais des subdivisions que chacune contient. Il s'agit d'en figurer les types. De là une nouvelle sorte de
beauté, celle qui résulte de la justesse de la classification, de la vrai-
semblance du type, du relief du caractère. Le lecteur se plaît à reconnaître le genre du personnage, comme un botaniste à reconnaître
une fleur.

L'âme ne tombe plus du ciel toute faite dans un corps quelconque ;
elle se développe par degrés et subit l'action des circonstances. La
plante succède à l'aérolithe. L'homme cesse donc d'être séparé de la
nature et élevé au-dessus d'elle ; il apparaît comme une portion
d'un ensemble vivant. Tout ce qui l'entoure immédiatement, climat,
société, conversation, luxe, costume, mobilier, que sais-je ? agit sur

son esprit ou en reçoit l'empreinte. L'âme prend de toutes mains, se peint dans tous les objets. De là ce précepte littéraire que rien de ce qu'on voit à l'entour de l'homme n'est indifférent et à négliger. Les descriptions deviennent donc plus précises; les détails prennent de l'importance; l'accessoire d'autrefois devient quelque chose de principal et le cadre est désormais une partie du tableau.

De la même cause dérive un sentiment tout nouveau de la nature animée. Avant le dix-neuvième siècle, l'union de l'homme et de la nature ne paraît point. Les choses vivantes ne sont autour de l'homme que comme un accompagnement habituel, tout à fait inanimé et insignifiant. L'utilité est le point auquel tout se ramène. Si l'on admire la vigne, c'est en pensant au pressoir d'où coule un vin généreux ou aux branches ramenées en berceau d'où pendent des grappes agréables au goût. On sait gré au chêne, non de sa force, mais de ses frais ombrages, et la campagne, avec ses horizons au bout de la plaine, ses prairies remplies de bœufs couchés, ses bêlements de brebis dans le lointain, n'est que le théâtre inévitable d'une pastorale ornée de rubans. Les progrès de l'histoire naturelle changent ces dispositions. On commence à trouver aux choses une physionomie propre; elles plaisent non plus seulement parce qu'elles sont utiles, mais parce qu'elles vivent ou reçoivent l'empreinte de la vie, parce qu'elles expriment le libre développement de la force. On aime le bouleau avec son feuillage qui pleure autour de lui; la simple pâquerette dans sa collerette blanche; le coquelicot avec sa tête de nègre, bouffon dans son capuchon de velours rouge; le grand œil bleu de la pervenche, plein des larmes de la rosée. Chaque plante a son caractère; tout animal a son âme; et les bœufs semblent poursuivre «un rêve intérieur.» Enfin les objets inanimés eux-mêmes s'animent et vivent pour l'imagination. La nature tout entière apparaît comme le miroir de l'esprit, comme un assemblage d'êtres sensibles, dont les impressions réelles ou présumées ressemblent aux nôtres et peuvent en devenir l'écho.

Mais voici une conséquence bien autrement grave. L'homme n'est plus un cristal immuable : ce qui nous frappe maintenant en lui, c'est ce qui vit, c'est-à-dire ce qui se développe et change. Grand péril pour la raison absolue. On la néglige d'abord comme trop connue, comme fastidieuse; puis on la soupçonne. Ne voyez-vous pas qu'elle change comme le reste? N'est-elle pas le plus souvent l'imagination ou la sensibilité sous un masque? Que de principes absolus d'autrefois, qui nous apparaissent aujourd'hui comme les consé-

quences d'un tour d'esprit national ou provincial, comme des suggestions obscures de l'intérêt social du moment, comme des illusions
produites par la poussée du tempérament physique! Le résultat
extrême du point de vue moderne est donc de faire rentrer la raison
tout entière dans le mouvement général de l'âme humaine. Elle n'est
pas; comme tout le reste, elle *devient*. Nos principes de tout genre
sont de purs accidents historiques, des produits du sang et du climat.
Êtes-vous sémite ou indo-européen ; je vais vous dire comment vous
concevez l'Être suprême.

Les anciens moyens d'exciter l'intérêt ne conviennent plus à un
siècle aussi sceptique. Les principes étaient déjà dépourvus d'intérêt, parce qu'on les savait par cœur; ils perdent maintenant ce qui
leur restait d'autorité. D'une manière très-générale, les caractères
qui n'ont de grandeur que celle de croire à une grande vérité morale
paraissent étroits et invraisemblables. Ce qui plaît, ce qui attire, ce
n'est pas la vérité et la vertu, car on ne sait plus à quoi appliquer
précisément ces vieux noms ; c'est l'intensité de la vie, l'énergie de
l'action, l'indépendance du caractère. Un mot dit tout : ce n'est pas
le bien qui est le beau, c'est la force.

La force : ajoutons la vivacité saisissante de la peinture. C'est ainsi
qu'on remplace l'idéal qui s'en va. Puisque le lecteur ne doit plus
aimer et admirer, il faut au moins qu'il voie et entende, qu'il croie
être le personnage lui-même, que la vivacité de l'impression lui
tienne lieu du reste. Nous ne voulons pas moins pour lui que de
vraies sensations, présentes, vives, complètes. De là l'importance nouvelle de la poésie descriptive. Cette poésie acquiert une beauté propre, indépendante du sujet qu'elle traite. On ne décrit pas seulement
parce que l'homme se peint dans tout ce qui l'entoure; on décrit sans
choisir, à l'aventure, pour faire voir et pour faire sentir, pour produire l'illusion, pour donner au lecteur le plaisir curieux d'une
hallucination saine, d'un mirage qui séduit et qui ne trompe pas.


## II


Tels sont les grands principes d'intérêt littéraire au dix-neuvième
siècle. Toute beauté qui a été sincèrement et profondément sentie
depuis vingt-cinq ans vient de l'une de ces sources. M. Gustave
Flaubert a accepté cette poétique; mais les esprits puissants ont tou-

jours une certaine indépendance dans leur manière de céder aux idées de leur temps. Ils mettent leur marque aux idées communes et même aux traditions qu'ils se décident à suivre.

Ce qui nous frappe tout d'abord, c'est la puissance extraordinaire de l'imagination représentative. Cette puissance apparaît surtout dans les descriptions de la nature sensible. M. Flaubert ne voit pas seulement l'ensemble, les contours extrêmes : tous les détails lui apparaissent avec un relief extraordinaire. C'est la précision de Gerard Dow ou la minutie de Denner. Rappelez-vous dans madame Bovary les balafres en diagonale sur le nez des convives de la noce ; les deux renflements parallèles des bottes de Binet, à cause de la saillie des orteils ; la soutane du curé « pâlissant » à la lueur du soleil couchant, « luisante sous les coudes, effiloquée par le bas ; des taches de graisse et de tabac suivaient sur sa poitrine large la ligne des petits boutons, et elles devenaient plus nombreuses en s'écartant de son rabat, où reposaient les plis abondants de sa peau rouge ; elle était semée de macules jaunes qui disparaissaient dans les poils raides de sa barbe grisonnante. » Voilà la faculté dominante de M. Gustave Flaubert. La puissance de son imagination décide à peu près de tout le reste : c'est elle qui fait l'unité intérieure de ce génie complexe.

Vous prévoyez le défaut ; vous sentez l'abus imminent. Au fond, cette faculté de tout voir distinctement n'est pas absolument naturelle. Je sens ici non pas précisément un effort, mais un acte de volonté réfléchie. Une si parfaite exactitude indique plus qu'une aptitude native de l'esprit ; elle indique, voici le vrai mot, un système. Dès lors le charme est détruit, la critique devient exigeante. Cette précision est-elle bien nécessaire ? demande-t-on d'abord ; ce n'est pas l'objet, c'est notre sensation que vous devez nous représenter. Or, dans ce que nous voyons réellement, n'y a-t-il pas bien des traits mous, bien des contours effacés ? Rien de semblable en vos images ; tout y est net, découpé comme par la clarté dure d'un réflecteur ; le regard ne flotte jamais, et parfois n'embrasse pas ; je ne regrette pas l'ombre, mais je voudrais un peu de lumière diffuse. Je quitte volontiers le terne et théâtral Poussin, mais non pour qu'on me ramène aux paysages sans perspective des préraphaélistes. A force de vouloir être réel, vous avez cessé d'être vrai.

D'ailleurs, la plupart de ces détails ne sont-ils pas insignifiants ? Comment de cette série de menues sensations physiques sortira-t-il

une impression morale simple et efficace? Comment tous ces petits
coups secs se confondront-ils en une seule note vibrante, grave ou
légère, comme celles qu'on croit entendre en lisant les descriptions
de la nature de madame Sand? Vous ne vous en inquiétez pas.
Croyez-vous donc que le plaisir de voir dans le détail remplace tous
les autres? Pensez-vous qu'on le goûte indistinctement et sans choix?
N'allez-vous pas enfin être entraîné à oublier que l'artiste n'est pas
un photographe, que les traits visibles ne sont pas tous égaux devant
le goût, qu'il n'y a de sérieusement intéressant que ce qui exprime
un caractère humain, un sentiment, quelque chose de moral, que le
reste est une vaine et froide fantasmagorie.

M. Flaubert l'oublie, en effet, quelquefois. C'est là le sort des
hommes qui ont une aptitude dominante exagérée par l'esprit de
système. Cette aptitude leur apparaît d'abord comme un talisman
qui transforme et embellit tout ce qu'il touche. Ils en viennent bien
vite à croire qu'elle est la beauté même, la beauté tout entière. Ce
n'est pas l'objet qui nous touche, dirait volontiers M. Flaubert, c'est
le don extraordinaire de le faire paraître devant les yeux. C'est cette
puissance de l'esprit qu'on admire, et on la mesure à la vivacité de
sa propre sensation. Les objets sont donc à peu près indifférents.
M. Flaubert ne choisit pas : un coucher de soleil, une casquette de
collégien; les magnificences de l'idole carthaginoise, et les gales blanches de l'humidité sur une statue de jardin ; le vaste désordre d'un
camp et la plaie hideuse d'un aveugle, ou le jet de salive brune d'un
joueur d'orgue. Pourquoi rejeter aucune de ces choses? Faire voir
avec vivacité est le but suprême, non faire voir ceci ou cela.

ſ Il n'y a point de choix; il y a cependant des prédilections instinc-
tives. Tout esprit puissant est naturellement porté vers les sujets
qui lui font le plus vivement sentir sa puissance. Il lui faut des difficultés dont il se joue. M. Flaubert aime à peindre les grandes
masses vivantes dans leur infinie diversité. C'est le Meyerbeer de la
littérature. Rappelez-vous le repas des mercenaires dans le jardin
d'Amilcar, leur révolte devant Giscon, le siége de Carthage, l'agonie de ces quarante mille hommes dans le défilé de la hache. Jamais personne n'avait essayé de montrer, dans de telles proportions,
le fourmillement des grandes agglomérations humaines. On faisait
des fragments de bataille, de Wouvermans et des Salvator Rosa.
M. Gustave Flaubert est le premier qui ait accompli en poésie ce
qu'Horace Vernet a tenté vainement en peinture. Son dernier livre

est une suite de Smalas gigantesques qui ont de l'unité. On y sent une armée, on y sent un peuple.

A côté des hommes, il y a les choses. Visiblement M. Flaubert aime les entassements prodigieux, il a le goût de la surabondance. Voyez-le se promener infatigablement parmi les trésors accumulés d'Amilcar, dans ces salles et ces temples pavés de pierreries, semés de stèles d'émeraude. En y regardant davantage, j'aperçois ici autre chose encore qu'un esprit puissant et systématique qui cherche des difficultés à vaincre. Plus profondément, je crois sentir je ne sais quel besoin de grandeur qui est inquiet, qui s'agite, qui veut qu'on le satisfasse. Mais la grandeur morale est lettre close pour M. Flaubert. Il faut donc qu'il se réfugie dans le nombre, dans la quantité, dans l'éclat. Il aligne, il amoncelle comme les poëtes hindous. Est-ce assez, demande la main fatiguée d'entasser pierre sur pierre? Pas encore, répond l'imagination insatiable. A qui n'a plus de Dieu il faut une Babel qui touche aux étoiles.

## III

A côté du peintre de la nature visible il y a le peintre des caractères. M. Flaubert entend ne les représenter que par le dehors, par les paroles, les gestes, le costume, par ce qui tombe sous les sens. Il a horreur des explications données par l'auteur; les plus vives tirades, celles de Balzac, ne trouvent point grâce devant lui. Tout cela à ses yeux est froid, arrête court la sympathie, interrompt la continuité de la sensation. Il faut que le lecteur comprenne à force de voir et d'entendre. La légende explicative est comme le murmure confus du bedeau ou du cicerone à l'oreille du voyageur. Cela gâte l'impression du tableau. Laissez parler le tableau lui-même.

Mais ici quelles difficultés j'entrevois? Comment saisir cette sorte d'harmonie préétablie du dehors et du dedans? Il ne suffit pas que ce geste soit vraisemblable, il faut qu'il soit caractéristique. Voilà une simple phrase, une note isolée; il faut que j'y reconnaisse le ton général de l'âme d'où elle est sortie. Car vous ne me préparez point à comprendre, vous ne m'aidez point; vos personnages se présentent à mes yeux comme une société étrangère à un voyageur sans guide.

Voilà précisément la partie la plus originale du talent de M. Flaubert et ce qui fait de lui un des premiers romanciers de notre temps. Sans aucun prologue, sans aucune scène entre héros et confidents,

sans aucun couplet final donnant la morale et le mot de l'intrigue, ses
personnages n'ont qu'à se laisser voir. Leurs paroles, leurs actions,
leurs pensées, nous font, sans qu'on nous aide, pénétrer dans leur
âme. Tout d'abord on sait ce qu'ils sont, ce qui ne veut pas dire qu'il
ne faille pas un goût d'artiste et une expérience de psychologue pour
jouir de la finesse de certains traits, pour admirer la vérité délicate
de certaines correspondances entre le caractère et le costume, la
pensée et les tours de phrases. En ce genre, le roman de madame
Bovary est semé de traits profonds. Vous souvenez-vous de M. Bovary père arrivant à la noce avec une redingote d'une coupe militaire
à un seul rang de boutons, débitant des galanteries d'estaminet à une
jeune paysanne blonde, et le soir buvant des grogs au kirch, mélange inconnu à l'assemblée qui s'en émerveille. Quelques mois plus
tard, dans une visite à son fils, il prend la taille d'Emma en descendant l'escalier : « Prends garde à toi, Charles, crie-t-il à son fils,
prends garde à toi. » La vieille mère s'inquiète et emmène ce libertin.
Cette figure, esquissée en quelques traits, n'est-elle pas aussi vivante
que le Philippe Bridau de Balzac? Que dire de Binet, de M. L'heureux,
de Homais? Il y a une scène qui est dans toutes les mémoires, c'est
celle du curé causant avec madame Bovary devant la porte de l'église.
L'auteur ne nous prend pas à part pour nous confier que ce pauvre
prêtre est une bonne âme, dont le bon sens est sans finesse, dont la
charité toute pratique n'est que pour les douleurs qui se voient avec les
yeux. Le personnage nous apparaît, voilà tout. Il nous apparaît avec
son teint coloré, sa respiration bruyante, indices du tempérament
sanguin, du tempérament de l'action vulgaire. Il nous apparaît avec
ses conseils de banale hygiène débités presque au hasard, avec ses
axiomes sans accent, comme : « Tout le monde a ses malheurs; »
« Nous sommes nés pour souffrir; » « Le devoir avant tout; » avec ses
plaisanteries niaises et inoffensives de séminaire, avec cette grosse
vue des choses, avec cette impossibilité de sortir, ne fût-ce qu'un
instant, de ses préoccupations d'habitude, conséquences de sa vie
active et machinale.

Mais que fais-je ici moi-même? ce qu'aurait fait Balzac, ce que ne
fait pas M. Gustave Flaubert. J'interprète, j'analyse, je complète,
comme s'il restait quelque chose à nous apprendre après que tant de
notes justes ont donné l'accord parfait de cette âme vulgaire, comme
si par l'imagination nous ne vivions pas déjà dans ce personnage
comme dans nous-mêmes !

Voilà les mérites du système ; en voici les défauts :

Que se passe-t-il dans les âmes des personnages? C'est au romancier de nous le dire. J'attends de lui le fidèle portrait de la méditation intérieure. Qui ne se rappelle en ce genre la manière de Stendhal? Des idées qui se succèdent dans la tête avec une infinie variété, qui brusquement s'arrêtent, deviennent fixes, créent une passion agissante, puis s'effacent, laissent la place à d'autres, et alors le mouvement recommence. Tout s'y trouve, depuis le syllogisme jusqu'à l'hallucination; depuis l'image qu'on voit jusqu'au mot qu'on entend retentir à ses oreilles; depuis l'impression confuse ou vite obscurcie jusqu'à l'idée claire. Je ne vois rien dans les personnages de M. Gustave Flaubert qui ressemble à cette diversité, à cette discontinuité, à ces soubresauts naturels de la méditation. En eux, tout s'enchaîne. Ce n'est plus le désordre animé de la vie, c'est un tableau exquis dans son cadre.

Ici, en effet, nous retrouvons les conséquence de ce don merveilleux de voir et de décrire dans le détail. Toute faculté dominante tend à s'exercer le plus possible, sur tous les sujets, et même hors de propos. En faisant penser ses personnages, M. Flaubert sent encore le besoin de peindre, de faire un tableau, de donner aux yeux un spectacle. Aussi ses personnages ne réfléchissent-ils guère, ils songent; ils ne raisonnent pas, ils ont des visions que l'auteur s'empresse de nous représenter. Il ne souffre qu'avec peine en eux des idées abstraites, il n'y veut que des sensations, et quelles sensations! Non pas ces impressions vagues, générales, souvent interrompues et reprises qu'on rencontre chez la plupart des hommes, mais les hallucinations les plus vives, les plus complètes, les plus continues, les plus invraisemblablement minutieuses. Qu'est-ce que madame Bovary? Une visionnaire; elle rêve à tout propos. Un porte-cigare brodé l'introduit dans un boudoir, devant un métier en palissandre. Elle voit « *les boucles molles de la travailleuse pensive.* » Elle admire les cheminées au large chambranle avec leurs vases de fleurs et leurs pendules Pompadour. Un soir, elle songe à sa fuite avec Rodolphe. Elle se voit avec lui emportée au galop de quatre chevaux. «Souvent, du haut d'une montagne, ils apercevaient tout à coup quelque cité splendide avec des dômes, des ponts, des navires, des forêts de citronniers et des cathédrales de marbre blanc, dont les clochers aigus portaient des nids de cigogne. On marchait au pas, à cause des grandes dalles, et il y avait par terre des bouquets de fleurs

que vous offraient des femmes habillées en corset rouge. On entendait sonner les cloches, hennir les mulets, avec le murmure des
guitares et le bruit des fontaines, dont la vapeur s'envolant rafraî-
chissait des tas de fruits disposés en pyramides au pied des statues
pâles qui souriaient sous les jets d'eau. Et puis ils arrivaient un
soir dans un village de pêcheurs où des filets bruns séchaient au
vent, le long de la falaise et des cabanes. C'est là qu'ils s'arrêteraient
pour vivre; ils habiteraient une maison basse, à toit plat, ombragée
d'un palmier, au fond d'un golfe, au bord de la mer. » Que ces
images sont nettes, précises, brutalement découpées! Madame Bovary n'en a point d'autres. Mais peut-être cela même est-il un trait
particulier de son caractère? Point du tout. Les personnages ont tous
ce même genre d'imagination. Ce pauvre homme d'époux, regardant
sa fille toute petite en son berceau, ne la voit-il pas quelques années
plus tard « revenant de l'école à la tombée du jour, toute rieuse avec
sa *brassière tachée d'encre?* » Comme sa mère, elle porterait l'été de
grands chapeaux de paille, etc... Il n'est pas jusqu'au bonhomme
Rouault, ce fin Normand, qui, revenant à la ferme après avoir marié
sa fille, ne se représente la journée d'hiver où lui aussi avait emmené
sa femme. Il la portait en croupe : « elle le tenait par le bras, à l'autre
était accroché son panier. Le vent agitait les longues dentelles de sa
coiffure cauchoise qui lui passaient quelquefois sur la bouche, et
lorsqu'il tournait la tête, il voyait près de lui, sur son épaule, sa
petite mine rosée qui souriait silencieusement sous la plaque d'or de
son bonnet. » Quels poëtes que ces pauvres gens, si l'on pouvait
croire que vraiment le passé leur revint avec cette continuité de sensation, cette netteté, cette lumière dans les détails! Quelle fantaisie à
de tels artistes de rester paysans ou médecins de campagne? Ici, en
effet, le roman n'est plus le récit exact qu'on entend d'une bouche
indifférente. Il cesse d'être ce qu'il est partout ailleurs, froidement
impersonnel. Cette fois le système l'emporte sur la science, la tendance dominante de l'auteur, le besoin de peindre l'entraîne à trahir
la psychologie en faisant une place à l'imagination dans tous les caractères, en leur imposant une fausse et invraisemblable uniformité.

## IV

L'auteur de *Salammbô* n'est pas seulement un poëte visionnaire,
c'est un sceptique. Le scepticisme était une maladie au commence-

ment du siècle. On s'en plaignait. Aujourd'hui c'est une fonction régulière; c'est une partie noble de la constitution de l'homme. On s'en glorifie. Cet orgueil du doute se sent à chaque ligne dans les ouvrages de M. Flaubert; à la froideur dédaigneuse qui en est le ton général, à l'amertume de certains mots, parfois à la brutalité furieuse de la peinture. Comme nous avons essayé de le faire voir, ce sont les *principes* qui donnent un intérêt sérieux aux caractères; le reste est artificiel, passager, insuffisant. Il peut y avoir de la force, et la force est toujours belle à voir en un certain sens; mais lorsqu'elle se développe ainsi au hasard, lorsqu'elle se dépense en pure perte et sans un noble but, elle ne cause qu'un plaisir mêlé et presque douloureux. Stendhal, George Sand connaissent cette loi de l'esprit; Balzac lui-même l'a admirablement sentie. Il y a toujours dans ses romans de grandes âmes maîtresses d'elles-mêmes, capables de généreux efforts, de délicats sacrifices. Le père Goriot, Eugénie Grandet, Paz, madame Hulot, madame Firmiani. En ce sens, il est bien moins réaliste qu'on ne le dit. Les personnages de M. Flaubert, au contraire, n'ont aucune consistance morale. Ils apparaissent poussés ou tirés çà et là par leurs passions, n'essayant point de lutter, sans énergie personnelle, sans conscience et sans liberté. A vrai dire, la plupart de ses héros, ceux qui sont sur le premier plan, sont tous de vrais malades, maniaques, fous ou idiots, que sais-je? Enfouis dans les illusions de leur esprit borné ou se débattant contre des appétits maladifs et sans objet sérieux, ils peuvent plaire à la curiosité savante; ils n'excitent point la sympathie. Salammbô, comme on l'a très-bien dit, n'a pas d'autre caractère que d'être hystérique. Mathô semble avoir pris un philtre. Quant à madame Bovary, on la mépriserait si on ne la plaignait pas. Mais on la plaint, car la beauté de l'exécution fait qu'on s'intéresse à cette démence si bien observée, à cette sorte d'hypertrophie de l'imagination. On la regarde ensuite dans sa mémoire, comme on revoit le visage d'une personne qu'on a vue mourir après une longue maladie. On se rappelle les changements successifs de la physionomie, les derniers changements aux approches de la mort, la mort même dans son horreur; tout cela est net, présent, vivement éclairé. On est ému, on est même attaché; mais une réaction se fait. On a hâte d'interrompre ces méditations douloureuses, de chasser ces images et de revenir à celles que l'âme contemple avec quiétude, avec une sereine sympathie. M. Flaubert pourra nous dire que c'est un goût bourgeois de chercher dans un roman quelque chose à aimer et à estimer. Cela est bourgeois, parce que cela est humain. Tous les hommes sont faits ainsi, et si, en lisant madame Bovary, on éprouve je ne sais quelle inquiétude; si, en posant le livre, on ne se sent qu'à demi satisfait, c'est au fond parce que le scepticisme n'y a rien laissé debout, si ce n'est le génie puissant de l'écrivain; et qu'en contemplant la statue de la force, nous apercevons autour d'elle les débris de toutes les vieilles idoles qui nous tenaient au cœur et qu'elle a renversées.

## V

L'idéal s'en va; que nous reste-t-il donc? La vérité historique, ethnologique, psychologique, etc... L'art, il faut bien l'avouer, a perdu son heureuse liberté d'autrefois. La science, insensiblement, l'a entouré, resserré, enchaîné enfin dans sa cristallisation immuable. De là une certaine raideur. Plus d'abandon, plus de hardiesse, plus de fantaisie : mais aussi une vérité plus haute, exposée comme tout le reste à perdre son intérêt poétique au bout d'un demi-siècle, mais non à devenir jamais fausse et ridicule. M. Flaubert est l'homme le plus avancé de cette révolution intellectuelle. Il n'y a pas un seul caprice psychologique dans son livre. Tout y est prévu, tout y est conséquent, tout y est de la logique et de la science. De là l'attachement tout particulier de cette lecture. Sans doute on regrette l'idéal ; sans doute ces muses, qui ont pris leurs licences devant l'érudition, la philosophie et la physiologie, ne sont pas celles qu'on avait rêvées ; sans doute on souffre de voir l'intérêt du document alternant avec l'attrait de la fantaisie; mais n'est-ce rien d'être délivrés des Amilcar, des Coclès, des Malek-Adel, de se sentir en pleine réalité, de ne rien voir que ne reconnaisse notre expérience accrue, éclairée par l'histoire, aiguisée par l'étude plus fine de la nature? Le roman est devenu une psychologie qui s'enseigne par des exemples sensibles. Si M. Flaubert, ayant à peindre des caractères, a dédaigné de nous montrer les nobles exceptions de ce monde, il nous reste une compensation. Grâce à lui, nous avons vu avec le plus étonnant relief, et dans des types qui resteront, le barbare du monde romain et le Français du dix-huitième siècle.

Le barbare Mathô d'abord, avec ses passions vite allumées, ses idées rares dont l'une aisément devient fixe et remplit l'âme tout entière; ses courtes méditations qu'interrompt un flot de sang jeune au cerveau... Le Grec Spendius remuant, avide, disert, corrompu par cette civilisation même dont il est le personnage sacrifié; mais surtout cette étonnante figure d'Amilcar, navigateur et guerrier, patriarche et homme d'État apparaissant au milieu de cette vie orientale transformée par le commerce, avec son avidité de négociant, sa volonté d'airain, son génie inventif et facile comme celui des hommes du Midi, ses froides et patientes ruses de tigre, son prestige enfin si vraisemblable, et qui fait dire à un barbare, lorsqu'on parle de le frapper : A quoi bon ! Rappelez-vous encore Annibal, Narr'havas, Giscon et aussi ce vieil esclave dont on enlève le fils pour le sacrifier. Il court sur les pas de l'enfant, il se désespère. Le suffète lui fait jeter quelques légumes. L'esclave se précipite sur cette nourriture, et un peu après, en rentrant, Amilcar le trouve endormi sur la terre : triomphe de la vie physique et des sensations dans ces natures encore jeunes, non encore déformées par l'abus chronique de la pensée.

Le roman de madame Bovary est une peinture de la France au dix-neuvième siècle. La France a entièrement changé depuis deux cents ans. Vers 1670, c'est une aristocratie qui s'offre aux yeux des écrivains et qui les lit. Le loisir, le bien-être, la culture intellectuelle abondent, et, par hasard, il y a du sérieux dans les esprits. Quoi d'étonnant que les sentiments les plus délicats, les plus atténués, soient en honneur ; que l'idée d'ordre et de règle s'exagère et se raffine au delà de toute raison. On met de l'ordre dans toute chose : dans le drame et dans l'étiquette, dans l'armée et dans les jardins, dans les finances et dans l'amour. Je cherche en vain à cette époque le cri du cœur, le « je ne veux pas mourir encore, » de mademoiselle de Coigny. Qui sait si un tel mot n'aurait point semblé grossier.

« Peut-être, » dit l'Iphigénie de Racine,

> Peut-être assez d'honneurs environnaient ma vie
> Pour ne pas souhaiter qu'elle me fût ravie.

Voilà le langage qu'une jeune fille élevée à Saint-Cyr tient à son père barbare : voilà comment la Maisonfort sacrifiée a dû parler à madame de Maintenon. Goût de l'ordre et de la règle, délicatesse infinie, atténuation extrême du sentiment, voilà les caractères que crée la société aristocratique du dix-septième siècle.

Cette société dure peu. La sécheresse fiévreuse de la régence est le symptôme de son déclin rapide. Bientôt elle n'intéresse plus; elle est morte. Les parties hautes du peuple apparaissent à l'horizon; les philosophes parlent de lui, le défendent. Diderot commence à sentir les joies et les vertus bourgeoises, et les fait peindre à Greuze. Rousseau parle de sa Thérèse à tout le monde. Ce n'est pas seulement la raison qui s'attaque aux erreurs; du même mouvement le cœur repousse les préjugés et parle de ses droits. Une sorte de grosse sensibilité raisonneuse et sans nuances forme, avec la critique des abus et des préjugés, la matière presque invariable de toute la littérature romanesque.

Au dix-neuvième siècle la révolution est faite, la démocratie « coule à pleins bords. » Il ne s'agit plus ici de philanthropie, de pitié pour les opprimés. Tous les hommes sont égaux. Les désirs sont infinis comme les espérances; toutes les convoitises sont déchaînées. Les imaginations ont la fièvre. On sent cela dans tous les grands livres du temps. Quelle distance de Figaro et de Gilblas à Lucien de Rubempré! Ces trois figures donnent la mesure du changement de 1750 à 1820. Personne, en effet, n'a eu mieux que Balzac le sentiment héroïque de la bataille de la vie. Si moral que l'on soit, quand on n'a pas cent mille livres de rente et des honneurs, on ne peut le lire sans éprouver je ne sais quelle ardeur d'entrer, soi aussi, dans la mêlée. On secoue ses principes; on fait bruire autour de soi son armure.

L'influence de cette révolution démocratique sur la vie de province, voilà ce qu'a peint M. Gustave Flaubert. Nous reconnaissons d'abord les effets d'une centralisation exagérée, l'ennui qui s'abat sur les villes de province. Quelques jeunes ambitions coupées en herbe, dont les restes remuent encore dans les âmes, et puis l'uniformité des pensées et des sensations, l'influence pénétrante de l'habitude, la vie machinale qui finit par tout apaiser. Au milieu de ces circonstances, deux caractères qui portent la marque de l'époque.

Homais d'abord. Nous revoyons en lui le bourgeois lecteur du *Siècle*, délayant jusqu'à l'affadissement quelques gouttes de l'enthousiasme de Rousseau et de la malice de Voltaire. Qui de nous n'a connu ce personnage? Comme il aime le soir à grommeler contre la religion, entre sa femme et sa fille dévotes? Qu'est-ce donc s'il a lu ses auteurs, s'il connaît *Athalie*, « chef-d'œuvre de la scène française, » s'il est légèrement poudré de science? Bonhomme, d'ailleurs, et devenu le défenseur de l'ordre après quelques fredaines qu'il aime à se rappeler. Plein de respect pour l'administration, et ne trouvant rien de mieux à dire de madame Bovary que ces mots caractéristiques : « Elle ne serait pas déplacée dans une sous-préfecture. » Ce mélange de légèreté et de suffisance, ce manque de sérieux, ce penchant à se payer de mots, cet amour de la petite guerre où la vanité trouve son compte, ce culte de la grande machine gouvernementale, n'est-ce pas là le Français tel qu'il est encore.

Puis la Française; qu'y a-t-il de plus délicat? Un tel portrait n'est-ce pas toute l'histoire de nos mœurs et de notre vie de société? Il y a dans le monde européen deux grands types féminins : celui des races néo-latines et celui des races germaniques. Raphaël et Holbein les ont représentés dans deux œuvres immortelles que le hasard a réunies et comme opposées l'une à l'autre au musée de Dresde. C'est là qu'il faut d'abord étudier la femme. De tels tableaux sont plus significatifs que toutes les phrases du monde. Quand on arrive, le cicerone vous mène d'abord voir la Vierge allemande, la Vierge d'Holbein. Quelle maternité dans cette robe lâche, dans cette cordelière négligemment dénouée, dans ce visage plein d'une expression tendre et penché sur l'enfant malade qu'elle tient dans ses bras! Tout autour les bourgeoises de Nuremberg adorent, la tête rentrée dans leurs coiffes, avec une touchante expression de foi et de bonté. La jeune fille est là, un peu gauche dans sa toilette allemande. Ses yeux ne savent encore rien dire; sa robe tombe roide avec ses mille plis; un faible bourrelet horizontal tient la place des seins. Rien encore pour le désir. Comme on sent bien cependant, à cette bonne foi répandue sur les visages, à cette union de tous dans la même pensée, dans la même prière pour l'enfant malade, qu'on a devant soi la famille idéale, tout un rêve de vie simple, calme et fortunée. Comme on transporte volontiers cette jeune fille dans une maison de campagne en briques, entre une brasserie et une *nursery* pour en faire l'image allégorique du bonheur conjugal, pour mêler autour d'elle, dans une même vision, un époux, des enfants, des serviteurs fidèles, pour la chanter dans une prose à demi poétique, où trouvent place à la fois l'amour et les occupations du ménage, le dévouement et les petits soins tendres, les hymnes à la lune, les bas raccommodés et les confitures à l'automne.

Si vous passez de l'autre bout du musée, vous vous trouvez devant la Madone de Saint-Sixte. C'est le chef-d'œuvre de Raphaël et une de ses dernières œuvres. Sans revenir à la gracilité des Vierges ombriennes, il semble que le peintre ait perdu un peu de l'ampleur de ses premières Vierges romaines. Il est devenu fin, gracieux, presque français. Marie ici n'est point une mère : c'est une jeune fille. Voyez comme elle est naïve avec ses grands yeux étonnés ; elle n'a jamais vu ces magnificences célestes ; elle est surprise, effrayée peut-être, un peu curieuse sans doute. On jouit de cette innocence ; on jouit de se sentir protecteur. Puis les yeux descendent sur sainte Barbe ; comme ces voiles mats ou transparents, si harmonieusement mêlés, enveloppent gracieusement ce beau corps ! Est-ce une sainte ? Mais non. Ces cheveux tressés et relevés avec art, ce doux sourire, ces yeux baissés dont les regards se sentent sous la paupière, tout cela est plein de promesses attirantes. Elle sait trop bien qu'elle est belle. Cette attitude n'est point celle de la chasteté, mais celle de la pudeur ; c'est quelque chose qui appelle, retarde, aiguise la volupté. Innocence ou coquetterie, ce n'est pas là ce qui importe ; mais comme ces deux figures sont idéales et éloignées de la vie de tous les jours ! Comme on songe peu à les faire descendre de la toile où les a mises l'artiste, de l'autel où l'amour passionné les voit en rêve ! Leur beauté n'est point celle de l'épouse : leur charme est de vous arracher à cette pauvre terre, aux sentiments tendres et vulgaires de la vie domestique, à ce qui est réel et pratique, et de vous transporter dans un monde où ces choses sont inconnues, où l'on vit pour le plaisir, pour l'art, pour la beauté, où les femmes ne sont que de merveilleuses statues qu'on admire, et peut être, aux jours de décadence, des babioles d'étagère dont le regard s'amuse et auxquelles on ne touche pas.

Le maître italien et le maître allemand n'ont donné que l'esquisse des deux types les plus généraux ; mais n'admirez-vous point comme ils ont pénétré jusqu'aux caractères les plus intimes et les plus persistants, jusqu'à l'âme commune de toute la race ? Ces deux merveilleuses figures de Raphaël contiennent déjà tous les grands traits que nous allons retrouver dans le type plus particulier de la française. Celle-ci n'a aucune des vertus pratiques ; nulle tendresse de cœur, nul besoin de vénération. Quelque chose de « sec et de remuant » ( mot de M. Guizot sur Madame ) ; et puis encore cette disposition d'âme qu'a produite la passion raisonneuse de l'égalité. Le mari n'est point le maître vénéré, le patriarche ; c'est le compagnon choisi librement, avec réserve du droit de comparaison, de critique, voire même de changement et de déposition. Ajoutez à cela les facilités créées par l'industrie, le luxe accessible à peu près à tous, le mélange des castes et leur politesse mutuelle, l'exemple de ceux qui arrivent et la chance d'arriver à son tour, toute une armée d'espérances envieuses, toutes les convoitises de la vanité et des sens..., voilà madame Bovary. M. Flaubert a peint admirablement la tension extraordinaire de ces petites machines nerveuses, la délicatesse exquise de leurs sensations, les exigences infinies de leur imagination inquiète. Au delà du Rhin, on aime jusqu'aux ridicules, jusqu'aux infirmités de l'époux; à celle-ci il faut, sur l'objet aimé, le reflet de l'admiration publique. Charles raconte naïvement qu'il a été malmené par un confrère: « Tais-toi, lui dit-elle, » et en elle-même, « le pauvre homme! » Le pauvre homme! c'est le mot qui lui échappe encore, lorsqu'il a manqué son opération chirurgicale. Dès lors il est indigne d'elle, il est déchu de ses droits. Un peu après, sur la route, elle aperçoit la tête charmante de Léon, et à côté celle de son mari, dont on ne voit que les grosses lèvres sous la visière baissée de sa casquette. Ne pourrait-elle pas avoir raison, se dit-elle, de le détester, de chercher ailleurs. Ne croyez pas au moins que ce soit là une femme entraînée par son cœur? il y aurait une excuse: mais non, c'est une duchesse déclassée par la métempsycose et à la recherche de son boudoir, de ses éventails, de ses amants titrés. Tout ce que la sensibilité perd, l'imagination le gagne; elle n'aime rien naïvement; à chaque chose elle se demande: « Est-ce bien là ce que j'ai rêvé? Rappelez-vous l'Emmeline d'Alfred de Musset, lorsqu'elle s'est donnée à Gilbert. Elle ne peut plus se taire, elle cherche une confidente. « Je suis à *lui!* je suis à *lui!* » dit-elle. Voilà le cri du cœur. « J'ai *un amant!* J'ai donc *un amant!* » dit madame Bovary après avoir cédé à Rodolphe: ici c'est l'imagination qui parle; ce n'est pas Rodolphe qu'elle aime, c'est cette chose longtemps convoitée qu'on appelle un amant. Avec quelle foi fiévreuse elle attend de ce triste personnage des jouissances inconnues! Déçue, elle cherchera encore; elle cherchera toujours; quelquefois découragée, puis revenant ardente, vite consolée, plus vive que jamais en ses naïves espérances; tombant souvent très-bas à ses heures de lassitude, mais capable de s'élever, si elle trouvait un guide digne d'elle, jusqu'aux plus sublimes hauteurs du mysticisme; nature de courtisane et de carmélite, faite de toute manière pour chercher le bonheur hors de la maison conjugale; une Marion Delorme, mais qui sait? une madame de Chantal peut-être, s'il y

avait encore des saint François au dix-neuvième siècle et s'ils dai-
gnaient s'occuper de la bourgeoisie de province.

Ce personnage de femme ne vous fait-il pas penser un peu à la
France cherchant un gouvernement idéal et se jetant dans une suite
de révolutions sur la foi de quelques mots abstraits; chercheuse
d'aventures dont la grandeur et la faiblesse sont de ne pas savoir
renoncer « au long espoir et aux vastes pensées. » C'est, en effet, le
même sentiment appliqué à d'autres objets; c'est la note éternelle
qui donne le ton à toute notre histoire nationale. M. Flaubert a peint
un type plus général qu'il ne semblait d'abord. Nous retrouvons ici
tous les instincts qui ont fait la démocratie française. L'esprit critique, les convoitises, le besoin d'égalité dans la vie conjugale comme
dans la vie publique, la nullité de l'esprit pratique et l'inquiétude
de l'imagination, l'espérance que rien ne décourage de trouver mieux,
d'arriver à la perfection, à un état social où les hommes soient bons
et heureux, à un amant plus beau et plus noble que Bayard ou que
Grandisson. Madame Bovary, si vivante et si vraie, pourrait passer
pour une allégorie de la France au dix-neuvième siècle.

C'est cette profondeur de vues qui nous a fait dire, et qui nous
fait répéter encore, quoique le sentiment de l'idéal en murmure un
peu en nous-même, que M. Flaubert est un des premiers romanciers
du siècle.

ÉMILE BOUTMY.

# ONÉGUINE[1]

ROMAN EN VERS

## PAR ALEXANDRE POUCHKINE.

---

## CHAPITRE III.

« Où vas-tu ? Oh ! les poëtes ! — Adieu, Onéguine, il est temps. —
Je ne te retiens pas. Mais où passes-tu toutes tes soirées? — Chez les
Larine.—Voilà qui est étrange ! Eh quoi ! tu n'as pas conscience de tuer
ainsi ton temps? — Pas le moins du monde. — C'est incompréhensible ! Je vois d'ici ce que c'est. Écoute, et tu me diras si je n'ai pas
touché juste : une simple famille russe; un empressement obséquieux
pour les visiteurs; des confitures; l'éternel sujet de conversation : la
pluie, le chanvre, le bétail. »

### II

— « Je ne vois pas grand mal à cela. — Mais l'ennui, voilà le grand
mal. — Je déteste votre monde élégant, et je préfère un cercle intime où je puis... — Une autre églogue! Finis donc. Mais puisque
tu es décidé à partir, ne pourrais-je pas aussi voir cette Philis, objet
de tes pensées, de tes larmes, de tes rimes, etc. Présente-moi. —
Tu te moques? — Nullement. Dis-moi quand il faut nous mettre en
route. — Tout de suite; ils nous recevront avec plaisir. »

### III

Les amis partent; ils arrivent, ils se présentent. On étale devant
eux le lourd attirail de la vieille hospitalité. Les cérémonies de ces
réceptions sont connues. On apporte des confitures sur de petites

[1]. Voir la 48ᵉ Livraison.

assiettes; on pose une large carafe d'eau de cassis sur une table recouverte de toile cirée. . . . . . . . . . . . . . . . .

. . . . . . . . . . . . . . . . . . . . . . . . . . .

### IV

Pendant qu'ils reviennent au galop de leur attelage, écoutons la
causerie des deux amis. « Eh bien, Onéguine, tu bâilles ? — C'est une
habitude, Lenski. — Tu parais plus ennuyé qu'auparavant ? — Non,
ni plus ni moins; mais il fait déjà sombre. Allons, fouette tes chevaux, Androuchka. Quel stupide pays nous traversons ! A propos, la
vieille Larine est bien simple; mais c'est une gentille petite vieille.
J'ai peur que son eau de cassis m'ait fait mal. »

### V

« Laquelle des deux est Tatiana ? — Celle qui, mélancolique et
silencieuse comme Swetlana[1], est assise près de la fenêtre en entrant.
— Est-il possible que tu sois amoureux de l'autre ? — Pourquoi non ?
— J'aurais choisi la Tatiana, si j'étais comme toi un poëte. Il n'y a
pas de vie dans les traits d'Olga, pas plus que dans ceux de la madone de Van-Dyck. Elle est ronde et rouge de visage comme cette
sotte lune sur ce sot horizon. » Vladimir répondit séchement et n'ouvrit plus la bouche jusqu'au logis.

### VI

Cependant l'apparition d'Onéguine chez les Larine produisit à la
ronde une grande impression, et mit le trouble chez tous les voisins.
Les conjectures se suivirent à la file; tous s'empressèrent de juger le
fait avec force chuchotements et plaisanteries. Tatiana avait trouvé
son fiancé. Il y en avait qui allaient jusqu'à affirmer que le mariage
était complétement arrangé, et que, s'il ne s'était pas fait encore,
c'est parce qu'on n'avait pas pu se procurer des anneaux assez élégants. Quant au mariage de Lenski, c'était pour eux, et dès longtemps,
chose convenue.

### VII

Tatiana écoutait ces caquets avec dépit. Mais la pensée qu'ils éveillaient en elle et qui revenait involontairement lui causait une épouvante mêlée de charme. Son temps était venu, et l'amour était né.
C'est ainsi que les feux du printemps font soudainement germer une

1. Héroïne d'une ballade de Joukovski.

graine qui sommeillait inerte. Dès longtemps son imagination se consumait dans l'approche de cette crise fatale; dès longtemps son jeune cœur, sans attendre personne, attendait quelqu'un.

## VIII

L'attente s'accomplit. Ses yeux s'ouvrirent; elle se dit : c'est lui! Hélas! maintenant, les jours, les nuits, les veilles, le sommeil solitaire, tout est plein de lui. Tout ce qu'elle aperçoit semble lui répéter constamment et avec mystère le nom aimé. Le son des paroles caressantes de ses parents et le regard attentif des serviteurs lui sont également importuns. Elle n'écoute point les visiteurs; elle se borne à maudire leurs loisirs éternels, leur présence contrariante et leur séjour sans fin.

## IX

Quelle attention elle met maintenant dans la lecture des romans qui l'abreuvent de leurs séduisantes fictions! Tous ces fils de l'imagination, l'amant de Julie, et Malek-Adel, et De Lynar, et Werther, ce martyr de lui-même, et l'incomparable Grandisson, qui nous fait aujourd'hui si bien dormir, tous se fondirent en une seule image aux yeux de la jeune rêveuse, celle d'Onéguine.

## X

S'imaginant être l'héroïne de ses histoires favorites, Clarisse, Julie ou Delphine, Tatiana erre seule, le livre dangereux à la main, dans le silence des forêts. Elle y cherche, elle y trouve le feu secret qui la consume et ses propres rêveries; s'appropriant les transports et les infortunes d'autrui, elle murmure, parmi ses soupirs, une lettre destinée à son héros chéri... Mais le nôtre n'était certainement pas un Grandisson.

## XI

Il fut un temps, jadis, où les poëtes, montant leur lyre au plus haut diapason, nous montraient dans leur héros le modèle de toutes les perfections humaines. A cet objet aimable, toujours injustement persécuté, ils prêtaient une âme sensible, un esprit brillant, une figure angélique. Nourrissant le feu de la passion la plus chaste, toujours en proie à l'extase, ce héros était perpétuellement prêt au sacrifice de lui-même, et à la fin de la dernière partie le crime était toujours puni, tandis qu'une couronne digne d'elle venait toujours ceindre le front de la vertu.

## XII

Maintenant, au contraire, un brouillard s'étend sur tous les esprits. La morale nous endort, et le péché, partout aimable, triomphe jusque dans le roman. Les fantômes de la muse britannique troublent le sommeil de la jeune vierge; son idole est le Vampire mélancolique, ou Melmoth, ce sinistre vagabond, ou le Juif-Errant, ou le Corsaire, ou le mystérieux Sbogar. Byron, par un caprice qui a fait fortune, a vêtu l'égoïsme effréné des atours d'un langoureux romantisme.

## XIII

Mais moi, mes amis, je ne parle pas de la sorte. Si jamais, par la volonté des cieux, je cesse d'être poëte; si un nouveau démon s'empare de moi, et si, bravant les menaces d'Apollon, je m'abaisse jusqu'à l'humble prose, alors un roman à la vieille mode occupera mon paisible couchant. Je n'y représenterai pas sous des formes effrayantes les secrets tourments du crime; mais je vous raconterai simplement les anciennes traditions des familles du pays, les tranquilles agitations d'un amour légitime et les mœurs de nos ancêtres.

## XIV

Je répéterai les simples discours d'un père ou d'un oncle; je dirai les rencontres arrangées d'avance des enfants près d'un ruisseau ou sous de vieux tilleuls; je dirai les tourments imaginaires d'une jalousie sans objet, la séparation, l'absence, les larmes de la réconciliation; je les ferai se quereller encore une fois, et enfin je les conduirai à l'église. Alors je me rappellerai les paroles de l'amour anxieux qui, aux jours envolés, me venaient sur les lèvres aux pieds d'une charmante maîtresse, ces paroles dont je suis depuis longtemps déshabitué.

## XV

Tatiana, ma chère Tatiana, je pleure maintenant avec toi et sur toi, car je vois que tu as remis ton cœur aux mains d'un conquérant à la mode. Tu périras, pauvre enfant; mais auparavant, éblouie par un mirage d'espérance, tu te consumeras à appeler un bonheur ignoré. Tu t'imagineras jouir de la vie en buvant à longs traits un breuvage empoisonné qui ne saurait seulement étancher ta soif. Et cependant tu vois à chaque pas l'endroit d'une heureuse rencontre; partout, devant toi, apparaît l'image de ton vainqueur.

## XVI

L'angoisse de l'amour poursuit Tatiana. Elle la chasse au jardin; et tout à coup, fixant ses yeux immobiles, Tatiana se sent hors d'état de faire un pas de plus. Son sein s'élève, ses joues se couvrent d'un incarnat subit, la respiration s'arrête sur ses lèvres ; elle éprouve des tintements dans les oreilles, elle voit des lueurs devant ses yeux... La nuit vient ; la lune fait la ronde au plus haut des cieux et le rossignol prélude sous l'ombre des arbres. Tatiana ne dort point et cause à voix basse avec sa nourrice.

## XVII

« Je ne puis dormir, nourrice. On étouffe ici. Ouvre la fenêtre et assieds-toi près de moi. — Qu'as-tu, Tania ? — Je m'ennuie. Conte-moi quelque chose. — Que puis-je te conter, Tania ? Il fut un temps où je gardais dans ma mémoire toutes sortes de vieilles histoires, de contes sur les méchants esprits ou sur les jeunes filles. Mais maintenant en moi tout est devenu sombre, Tania ; j'ai oublié ce que j'ai su. Ah ! oui ; le mauvais temps est venu. Vois-tu, quand on devient vieux... — Parle-moi, nourrice, de tes jeunes années. As-tu été amoureuse ? »

## XVIII

« —Y penses-tu, Tania ? Dans ce temps-là, nous n'avions jamais ouï parler de l'amour. Sinon, feu ma belle-mère m'aurait envoyée dans l'autre monde. — Alors, comment t'es-tu mariée, nourrice ? — Sans doute que Dieu l'a voulu ainsi. Mon Vania[1] était plus jeune que moi, mon cœur ; et pourtant je n'avais que treize ans. La svakhâ[2] vint chez nous deux semaines durant, et enfin mon père me donna sa bénédiction. Je pleurais amèrement de frayeur. On me défit ma tresse pendant que je pleurais[3] et l'on me conduisit à l'église en chantant. »

## XIX

« Et puis je fus introduite dans une famille étrangère... Mais tu ne m'écoutes point. — Ah ! nourrice, nourrice, je me sens mal, je souffre, je suis prête à pleurer, à sangloter. — Tu es malade, mon enfant ? Que Dieu te prenne en pitié ! Demande ce que tu veux. Laisse-moi t'asperger d'eau bénite. Tu es toute brûlante. — Non, je ne suis pas malade. Sais-tu, nourrice ? je suis amoureuse. — Oh ! mon enfant, que Dieu soit avec toi ! » Et de sa vieille main, la nour-

1. Diminutif d'Ivan.
2. Vieille femme, entremetteuse des mariages.
3. La tresse de cheveux que portent les jeunes filles est cachée au mariage et ne se montre plus désormais.

rice se mit à faire des signes de croix sur la jeune fille en marmottant
des prières. »

## XX

« Je suis amoureuse, répétait Tatiana à voix basse, avec désolation.
— Mon cher cœur, tu es malade. — Laisse-moi, je suis amoureuse. »
Et cependant la lune brillait; elle éclairait de sa faible lueur la pâle
beauté de Tatiana, et ses cheveux épars, et les gouttes de ses larmes,
et sur un petit banc, aux pieds de notre héroïne, la vieille enveloppée
d'une longue casaque, un mouchoir roulé sur sa tête grise; tandis
qu'autour d'elles tout sommeillait dans le calme sous les rayons de
l'astre de paix.

## XXI

Tatiana y fixait ses regards, et son cœur s'élançait dans l'espace
lorsqu'une idée subite vint frapper son esprit. « Va, nourrice, laisse-
moi seule. Donne-moi une plume, de l'encre; approche-moi la table.
Je me coucherai bientôt. Adieu. » Et la voilà seule. Le silence l'entoure. Le coude appuyé sur la table, elle écrit. Onéguine ne quitte
point ses pensées, et l'amour de la jeune innocente respire à chaque
ligne de cette lettre irréfléchie. Elle est écrite, pliée. Tatiana que
viens-tu de faire?

## XXII

J'ai connu des beautés inabordables, froides et pures comme la
neige de l'hiver, impossibles à toucher, à séduire, incompréhensibles
même à l'esprit. J'admirais leur morgue de grand ton, leur vertu de
naissance. Mais j'avoue que je fuyais à leur approche, car je croyais
lire avec terreur, au-dessus de leurs sourcils, l'inscription de la porte
de l'Enfer : « Laissez toute espérance [1]. » Inspirer de l'amour, c'est un
malheur pour elles; effrayer les hommes, c'est leur unique jouissance.
Vous avez pu, cher lecteur, en rencontrer de semblables sur les
bords de la Néva.

## XXIII

Entourées d'adorateurs obéissants, j'ai vu d'autres capricieuses,
vaniteusement indifférentes aux soupirs et aux louanges de la passion. Que découvrais-je avec étonnement? effrayant l'amour timide
par une conduite farouche, elles semblaient pourtant l'attirer par
une feinte pitié. Tout au moins le son de leur voix paraissait plus

---

1. *Lasciate ogni speranza voi ch' entrate.* La modestie de l'auteur ne lui a
naturellement permis de traduire que la première partie du vers célèbre.

(*Note de Pouchkine.*)

tendre, et, dans son aveuglement crédule, le novice soupirant courait
de nouveau après ce séduisant mensonge.

## XXIV

En quoi donc Tatiana serait-elle plus coupable que celles-là? Est-ce
parce que, dans sa simplicité naïve, elle ne connaît point la ruse, et
se fie à ses impressions? Est-ce parce qu'elle aime sans artifice, qu'elle
est confiante, que le Ciel lui a donné une imagination ardente, une
volonté rapide, et un caractère opiniâtre avec un cœur tendre, facile à
enflammer? Ne sauriez-vous lui pardonner l'étourderie de la passion?

## XXV

Une coquette agit de sang-froid; mais ce n'est pas en plaisantant
qu'aime Tatiana; elle s'abandonne sans conditions à son sentiment.
Elle ne se dit pas : « Ajournons; nous doublerons ainsi le prix de nos
faveurs; nous attirerons plus sûrement dans nos filets. Aiguillonnons
la vanité par l'espérance, tourmentons le cœur par l'incertitude, puis
réchauffons-le aux feux de la jalousie. Sinon, ennuyé de sa facile victoire, l'esclave rusé est toujours prêt à briser sa chaîne. »

## XXVI

Je prévois une autre difficulté. Pour l'honneur de notre idiome
national, je me vois obligé sans nul doute à traduire la lettre de
Tatiana. Elle savait assez mal le russe, ne lisait point nos gazettes,
et avait de la peine à s'exprimer par écrit dans sa langue maternelle.
De sorte qu'elle écrivit sa lettre en français. Qu'y faire? je le répète,
jusqu'à présent l'amour de nos dames n'a pu s'exprimer en russe;
jusqu'à présent notre fière langue n'a pu se plier à la petite prose des
petits billets doux.

## XXVII

Je sais qu'on veut maintenant forcer nos dames à lire le russe; j'en
frémis, sur ma parole. Puis-je me les représenter le *Bien intentionné*
à la main [1]? j'en appelle à vous, ô poëtes mes collègues : n'est-il pas
vrai que tous ces charmants objets auxquels vous avez consacré vos
rimes discrètes, n'est-il pas vrai que tous, sans exception, possédant
imparfaitement la langue russe, la défiguraient avec gentillesse, et
que, dans leur bouche, une langue étrangère était devenue leur langue
maternelle?

---

1. Revue publiée par un certain Ismaïloff. On peut juger de la valeur de
ce recueil par l'excuse que donnait son rédacteur pour expliquer le retard
d'une livraison : il avait, imprimait-il, trop bu pendant les fêtes.

## XXVIII

Pour moi, je prie Dieu de me faire la grâce de ne jamais rencontrer·
au bal, ou sur le perron où se font les adieux, un séminariste en châle
jaune ou un académicien en bonnet de dentelle. Pas plus qu'une
bouche rose sans sourire, je n'aime une phrase russe sans faute de
grammaire. Il est possible que, pour mon malheur, la nouvelle géné-·
ration des jeunes beautés, cédant aux supplications gémissantes de·
nos gazettes, s'habituent à respecter la grammaire. Mais moi..... que·
m'importe? je resterai fidèle au vieil ordre de choses.

## XXIX

Le murmure incorrect d'une jolie voix, une prononciation fautive,
exciteront comme·autrefois un frémissement de cœur dans ma poitrine. Jamais je ne m'en repentirai, et les gallicismes auront toujours
pour moi la douceur des péchés de ma jeunesse et des vers de Bog-
danovitch[1]. Mais c'est assez; il est temps que je revienne à la lettre de
Tatiana. J'ai donné ma parole, et pourtant, devant Dieu, je suis prêt
à y manquer. Il faudrait la plume de Parny; mais elle n'est plus·à la
mode.

## XXX

Ah! si tu étais encore avec moi, ô chantre des Festins et de la Mélancolie[2], je t'aurais fatigué de ma demande indiscrète jusqu'à ce
que tu eusses consenti à prêter tes rimes enchanteresses aux paroles
étrangères de la jeune amoureuse. Où es-tu? viens; je t'abandonne
tous mes droits avec un profond salut. Mais au milieu de rochers
sombres et farouches, le cœur déshabitué de toutes louanges, tu erres
seul sous le ciel rigoureux de la Finlande, et ton âme n'entend point
ma requête.

## XXXI

J'ai là, devant mes yeux, la lettre de Tatiana; je la conserve avec
un saint respect; je la lis avec une sainte angoisse, et je ne puis la lire
assez[3]. Qui lui a donné·cette tendresse et cette charmante négligence
des mots? Qui lui a inspiré ces folies touchantes, cette conversation du cœur avec lui·même, entraînante et périlleuse? je n'en
sais rien. Mais voici une traduction incomplète et faible, comme une·

1. Auteur d'un poëme de *Psyché*, publié sous le règne de Catherine II, et
qu'on l.sait encore au temps de la jeunesse de Pouchkine.
2. Baratinsky, poëte élégiaque, d'abord connu pour un poëme *des Festins*,
bientôt exilé en Finlande.
3. On croit qu'en effet Pouchkine avait reçu cette lettre dans une circonstance analogue.

pâle copie d'un tableau plein d'éclat, ou bien comme l'ouverture du
*Freyschutz* sous les doigts timides d'une pensionnaire.

### Lettre de Tatiana.

« Je vous écris. Que puis-je ajouter à cela? Maintenant, je le sais,
« il est en votre pouvoir de me punir par votre mépris; mais si vous
« conservez une goutte de pitié pour mon triste sort, vous ne me
« repousserez point. J'avais commencé par vouloir me taire. Croyez-
« moi, vous n'auriez jamais connu la honte de mon aveu, si j'avais
« eu l'espérance de vous voir dans notre maison de village, ne fût-ce
« que rarement, ne fût-ce qu'une fois par semaine, seulement pour
« vous entendre parler, vous dire un seul mot, et puis penser, tou-
« jours penser la même pensée, nuit et jour, jusqu'à une nouvelle
« rencontre; mais on dit que vous vivez retiré. Dans cet obscur vil-
« lage rien ne peut vous plaire, et nous, nous ne brillons par rien,
« bien que nous soyons naïvement heureux de vous voir. Pourquoi
« êtes-vous venu? Au fond de ma retraite ignorée, je ne vous aurais
« jamais connu; je n'aurais jamais connu ces amers tourments. Ayant
« calmé avec le temps (en suis-je bien sûre?) les agitations d'une
« âme inexpérimentée, j'aurais pu trouver un ami selon mon cœur,
« et je serais devenue une épouse fidèle, une mère vertueuse.
« Un autre! non, à nul autre au monde je n'aurais donné mon
« cœur. C'est décidé dans les conseils d'en haut; c'est la volonté du
« ciel : je suis à toi. Toute ma vie est une preuve certaine que je
« devais te rencontrer. Je le sais, c'est Dieu qui t'a envoyé à moi;
« c'est toi qui seras mon gardien jusqu'au tombeau; c'est toi qui
« m'apparaissais dans mes rêves; inconnu, tu m'étais déjà cher; ton
« regard me suivait; ta voix résonnait dès longtemps dans mon âme.
« Non, ce n'était pas un rêve. A peine entré, je t'ai reconnu. Je me
« sentis frémir, je me sentis consumer. N'est-ce pas, je t'avais déjà
« entendu? C'est toi qui me parlais dans le silence quand j'allais
« secourir des pauvres, ou calmer par la prière les angoisses d'une
« âme agitée. Et, dans cet instant même, n'est-ce pas toi, chère vision,
« qui as passé dans l'obscurité transparente, et qui est penchée len-
« tement sur mon chevet? N'est-ce pas toi qui me murmures d'une
« voix caressante des paroles d'espoir? Qui es-tu? Mon ange gardien
« ou un perfide tentateur? Résous mes doutes. Peut-être que tout
« ceci n'est qu'une vaine illusion, l'erreur d'une âme qui ne se con-
« naît plus. Peut-être qu'une tout autre destinée m'attend; mais
« c'en est fait. Dès à présent je te remets ma vie; je verse mes larmes
« devant toi; j'implore ton secours..... Imagine-toi : je suis seule,
« personne ne me comprend; ma raison succombe dans la lutte, et

« je suis condamnée à périr en silence. Je t'attends. Par un seul re-
« gard ranime les espérances de mon cœur, ou bien interromps ce
« rêve d'un lourd sommeil par un reproche, hélas! trop mérité.

« J'ai fini..... Je n'ose relire. Je me meurs de honte et d'effroi;
« mais votre honneur est ma garantie. Je m'y confie hardiment. »

## XXXII

Tatiana laisse échapper tantôt un soupir, tantôt un faible gémissement. La lettre tremble dans sa main : un pain à cacheter se dessèche
sur ses lèvres brûlantes; sa tête se penche languissamment sur son
épaule, d'où est descendue sa légère chemise. Mais voilà que le scintillement des rayons de la lune s'éteint déjà; la vallée apparaît à travers le brouillard; le ruisseau laisse voir ses reflets d'argent; la cor-
nemuse du vacher réveille le village; c'est le matin. On se lève; Tatiana ne remarque rien.

## XXXIII

Elle ne voit pas l'aurore qui vient l'éclairer. Elle se tient la tête
basse, et n'appuie pas sur la lettre son cachet ciselé. Cependant, ouvrant doucement la porte, voilà que la vieille Filipièvna lui apporte
une tasse de thé sur un plateau. « Il est temps, mon enfant, lève-toi...
Mais tu es déjà toute prête, ma belle. O mon petit oiseau matinal,
hier j'eus bien peur pour toi; mais grâce à Dieu, tu te portes bien
aujourd'hui. Il ne reste plus trace de l'angoisse de la nuit; ta figure
est comme une fleur de pavot.

## XXXIV

« — Ah! nourrice, fais-moi la grâce... — Daigne seulement ordonner, ma petite mère. — Ne t'imagine point, je t'en prie... un
soupçon... mais tu vois bien... Ah! ne me refuse pas. — Ma petite,
Dieu m'est témoin... — Envoie seulement en secret ton petit-fils avec
ce billet chez Oné... chez lui, chez ce voisin, et surtout qu'il ne dise
pas un seul mot, qu'il ne me nomme pas. — Mais chez qui envoyer,
ma petite? je suis devenue bien bête. Il y a tant de voisins dans les
environs. Je ne saurais pas seulement les compter. »

## XXXV

« — Que tu es lente à deviner, nourrice! — Ah! mon cher cœur,
je suis vieille. Je suis vieille, Tania; mon esprit s'engourdit. Il fut un
temps où j'étais une fine mouche. Un seul signe de la volonté des
maîtres... — Ah! nourrice, nourrice, que dis-tu là? qu'ai-je à faire
de ton esprit? tu vois bien qu'il s'agit d'une lettre pour Onéguine.
— Ah! j'entends, j'entends. Ne te fâche pas, mon âme. Tu sais bien

que j'ai l'entendement dur. Mais pourquoi as-tu pâli de nouveau ? — Ce n'est rien, nourrice. Seulement n'oublie pas d'envoyer ton petit-fils. »

## XXXVI

Le jour se passe, point de réponse. Un autre jour commence ; rien encore. Pâle comme une ombre, habillée dès le matin, Tatiana attend, attend toujours. Arrive l'adorateur d'Olga : « Dites-donc, où est votre ami ? lui demande la maîtresse de la maison ; il nous a tout à fait oubliés. » Tatiana rougit soudain. « Il avait promis de venir aujourd'hui, répond Lenski à la bonne dame. La poste l'aura sans doute retenu. » Tatiana baissa les yeux comme à une cruelle moquerie.

## XXXVII

Il se faisait tard. Sur la table sifflait le brillant samovar du soir, échauffant une théière de la Chine. Une légère vapeur se déroulait au-dessus. Déjà versé par la main d'Olga, le thé parfumé coulait en jets sombres dans les tasses ; un petit domestique présentait la crème. Tatiana se tenait devant la fenêtre. Elle avait soufflé sur les vitres froides, et, rêveuse, elle avait tracé du bout d'un doigt, sur la glace ternie, les deux lettres chères, *E, O.*

## XXXVIII

Mais son âme était pleine d'angoisses, et des larmes voilaient son regard éteint. Tout à coup, des pas de chevaux... son sang se fige. Plus près... un galop... et, dans la cour, Onéguine. « Ah !... » et plus légère qu'une biche, Tatiana s'élance dans la première antichambre, puis du perron dans le jardin. Elle court, elle vole, elle n'ose pas regarder en arrière. Elle traverse en un clin d'œil le parterre, le petit pont, la prairie, l'allée qui mène au lac, le bois de bouleaux, brise un buisson de seringat, franchit les plates-bandes, et, haletante, sur un escabeau,

## XXXIX

Tombe...

« Il est ici... Onéguine est ici... Oh ! grand Dieu, qu'a-t-il pensé ? » Son cœur, plein d'angoisses, conserve pourtant je ne sais quelle vague espérance, Elle frémit, elle écoute : « N'est-ce pas lui qui vient ? » Personne. En ce moment, dans le potager, les servantes cueillaient des framboises sur les tiges, et, suivant l'ordre, chantaient en chœur. Cet ordre était donné pour que, occupées de leur chant, ces bouches rosées ne pussent manger les fruits du Seigneur : notable invention de la finesse villageoise !

*Chanson des servantes*[1].

« Belles jeunes filles, compagnes bien-aimées, jouez à cœur joie,
« divertissez-vous, petites âmes. Entonnez une chanson, votre meil-
« leure chanson, attirez un beau garçon vers notre ronde! Quand
« nous aurons attiré le beau garçon, dès que nous le verrons de loin,
« éparpillons-nous de tous côtés, et lapidons-le avec des cerises, des
« framboises et des groseilles rouges : Ne viens pas écouter nos
« jolies chansonnettes; ne viens pas épier nos jeux de jeunes filles. »

### XL

Elles chantent, et, prêtant une oreille distraite à leurs voix sonores,
Tatiana attend avec impatience que la palpitation de son cœur se
calme; que la rougeur de sa joue s'efface. Mais son cœur palpite toujours, et sa joue rougit davantage. Ainsi un pauvre papillon, fait prisonnier par un étourdi de collège, agite en vain son aile diaprée.
Ainsi, dans le jeune blé qu'il broutait, un pauvre lièvre frémit à la
vue d'un chasseur qui le met en joue derrière un buisson.

### XLI

Elle poussa enfin un long soupir, se leva de son escabeau, et se
mit en marche. Mais, à peine a-t-elle tourné l'allée, que, droit devant
elle, le regard étincelant, et pareil à une apparition menaçante, se
dresse Onéguine. Elle s'arrête comme frappée de la foudre... Mais,
amis, je ne me sens pas d'humeur à vous raconter aujourd'hui les
résultats de cette rencontre inattendue. Il faut que je me repose
après le long discours que j'ai tenu. Je finirai plus tard comme je
pourrai.

_____

## CHAPITRE IV.

. . . . . . . . . . . . . . . . . . . . . .

### VII

« Moins nous aimons une femme, plus nous avons chance de lui
plaire ; et plus sûrement nous la faisons tomber dans nos filets. »
Ainsi parlait jadis le froid libertinage, qui, se glorifiant d'avoir réduit
l'amour en science, sonnait sa propre fanfare, et croyait pouvoir être
heureux sans aimer. Mais ce grave amusement est digne des vieux

1. Cette chanson est écrite dans un rhythme populaire, très-différent de
celui des strophes.

singes imitateurs de ce bon vieux temps trop vanté. La gloire des Lovelaces est tombée en décrépitude, avec celle des talons rouges et des solennelles perruques.

## VIII

Qui ne s'ennuierait de feindre toujours? de répéter différemment la même chose? de prouver gravement ce que tout le monde sait? d'entendre les mêmes répliques ? de détruire des scrupules qui n'existent plus, et qu'il faut faire naître dans une âme de quinze ans? qui ne se fatiguerait des menaces, supplications, feintes terreurs; des petits billets de six pages, des ruses, des caquets, des bagues, des larmes; de la surveillance des tantes et des mères, et de la pressante amitié des maris?

## IX

Ainsi pensait Onéguine. Dans la première jeunesse, il avait été victime de passions effrénées et d'erreurs irrésistibles. Gâté par les facilités de sa vie, enchanté sans raison, désenchanté sans motif, tourmenté à petit feu par le désir, tourmenté bien plus cruellement par le succès éphémère, poursuivi, dans le monde et dans la solitude, par l'éternel murmure des reproches de son âme, s'efforçant d'étouffer le bâillement par un rire, voilà comment il avait tué huit années, voilà comment il avait flétri la fleur de sa vie.

## X

Il ne s'éprenait plus des beautés du monde; il courtisait ce qui lui tombait sous la main. On lui refusait; il s'en consolait sur-le-champ; on le trahissait, il était enchanté de reprendre haleine. Il recherchait la société des femmes, sans entraînement, et les quittait sans regret, se souvenant à peine de leur tendresse ou de leur cruauté. C'est ainsi qu'un visiteur indifférent vient faire sa partie de whist. Il se met à la table; le jeu fini, il quitte la maison, s'endort tranquillement dans son lit, et, le lendemain matin, ne sait pas lui-même qui fera sa partie le soir.

## XI

Mais, à la réception de l'épître de Tania, Onéguine fut vivement touché. Le langage de ces jeunes rêveries remua toutes ses fibres comme on remue un essaim d'abeilles. Il se souvint de la pâleur et de l'expression triste de la jeune fille; son âme se plongea un instant dans un songe doux et sans souillure. Son ancienne fougue se réveilla aussi; mais il ne voulut pas tromper la confiance de ce cœur innocent. Et maintenant suivons-le au jardin où Tatiana vient de le rencontrer.

## XII

Ils restèrent silencieux pendant quelques minutes. Puis Onéguine s'approcha d'elle, et dit : « C'est vous qui m'avez écrit, ne le niez pas. J'ai lu ces aveux charmants, ces épanchements candides. Votre franchise me touche. Elle a fait parler dans mon âme une voix qui s'y taisait depuis longtemps. Mais je ne veux pas faire votre éloge ; je veux payer votre sincérité d'un aveu non moins sincère. Recevez ma confession ; je me soumets à votre sentence.

## XIII

« Si j'avais voulu borner ma vie au cercle de la famille ; si un destin bienveillant m'avait ordonné d'être mari et père ; si, ne fût-ce que pour un instant, j'avais pu être charmé par le tableau du bonheur domestique, croyez-moi, je n'aurais pas cherché d'autre compagne que vous. Je vous dirais, sans fadeur sentimentale, qu'ayant trouvé en vous l'idéal de mes premières années, je vous aurais certainement offert de vous associer à mes tristes jours. Je vous aurais acceptée comme un garant de tout ce qui est beau, et j'aurais été heureux... comme j'aurais pu.

## XIV

« Mais, je ne suis pas créé pour le bonheur. Mon âme et lui sont étrangers l'un à l'autre. Toutes vos perfections sont vaines ; j'en suis indigne. Croyez-moi, c'est la voix de ma conscience qui parle en ce moment : un mariage entre nous n'eût été qu'un supplice. J'aurais eu beau vous aimer ; en m'habituant à vous, j'aurais cessé de vous aimer. Vous pleureriez ; vos larmes ne toucheraient pas mon cœur ; elles ne feraient que l'aigrir. Jugez vous-même quelles roses vous aurait préparées l'hymen, et pour bien des jours, peut-être !

## XV

« Que peut-il y avoir de plus triste au monde qu'un ménage où la pauvre femme se désespère de l'indignité de son mari, passant seule tous ses jours et toutes ses soirées ? Où le mari ennuyé, tout en reconnaissant le mérite de sa femme, et maudissant pourtant le sort, est toujours maussade, silencieux, colère et froidement jaloux ? Tel je suis. Est-ce là l'homme que cherchait votre âme aussi pure qu'ardente, lorsque vous m'écriviez avec tant de naïveté et de grâce ? Je ne veux pas croire qu'un pareil sort vous soit réservé par la sévère destinée.

## XVI

« Il n'y a pas plus de retour aux illusions qu'aux années. Je ne rajeunirai plus mon âme. Je vous aime d'une affection de frère, et peut-être plus tendrement encore. Écoutez-moi donc sans colère : Une jeune fille remplace plus d'une fois ses rêveries par d'autres rêveries. Ainsi un jeune arbre change ses feuilles à chaque printemps. Le Ciel l'a voulu, et vous aimerez de nouveau. Mais... apprenez à vous dominer. Ce n'est pas chacun qui vous comprendra comme moi. Une irréflexion conduit aux catastrophes. »

## XVII

Ainsi prêchait Onéguine. N'apercevant rien à travers ses larmes, respirant à peine, ne répondant rien, Tatiana l'écoutait. Il lui offrit son bras. Elle s'y appuya avec une résignation triste, et, comme on dit, *machinalement*. Elle baissa la tête, et ils retournèrent à la maison sans mot dire, en faisant un détour par le potager. Ils revinrent ensemble au salon, et personne ne sembla prendre garde à leur absence. La liberté du village a ses heureux droits tout aussi bien que la pédantesque pruderie de Moscou.

## XVIII

Vous avouerez, mon lecteur, que notre ami s'était conduit d'une façon fort chevaleresque avec la pauvre Tania. Et ce n'était pas pour la première fois qu'il montrait une véritable noblesse d'âme, quoique la malveillance humaine ne l'eût guère épargné. Ses ennemis, ses amis (c'est peut-être la même chose), l'avaient accommodé de toutes les façons. Chacun a ses ennemis dans ce monde ; mais Dieu nous garde de nos amis ! Oh ! les amis, les amis ! ce n'est pas sans raison que je me souviens d'eux !

## XIX

— Alors, pourquoi...? — Oh ! rien, rien. Je tâche de laisser dormir en moi des pensées sombres et malsaines. Je me borne à remarquer, entre parenthèses, qu'il n'y a point de calomnie méprisable, mise au monde par un coquin dans son grenier, et choyée par la canaille du grand monde ; qu'il n'y a point de sotte ineptie, point d'épigramme de carrefour, que votre ami, le sourire sur les lèvres, dans un cercle de gens bien élevés, sans le moindre sentiment de malignité, ne répète cent fois par hasard. Du reste, il se fait votre champion. Il vous aime tant !... comme s'il était de votre famille [1].

## XX

Hum, hum ! respectable lecteur, toute votre famille se porte-t-elle

---

1. En écrivant cette strophe, Pouchkine semblait prédire les causes de sa mort.

bien? Permettez : vous désirez peut-être savoir de moi quelle espèce de gens sont les parents? Ce sont des gens que nous sommes contraints de caresser, d'aimer, d'estimer de toute notre âme ; à qui, d'après la coutume populaire, nous devons rendre visite le jour de Noël [1], ou bien écrire par la poste des lettres de félicitation, pour que, tout le reste de l'année, ils ne songent point à nous. Que Dieu leur donne donc de longs jours !

## XXI

Vous me direz que l'affection des femmes est plus sûre que l'amitié et que la parenté; et que vous conservez certains droits sur cette affection, même après que les désastres vous ont frappé. C'est possible. Mais le tourbillon de la mode, le caprice inhérent à leur nature, le torrent de l'opinion du monde... Comment leur résister quand on est léger comme une plume? En outre, l'opinion d'un époux doit être toujours respectable aux yeux d'une femme vertueuse. De sorte que votre fidèle amie peut être détournée de vous en un clin d'œil. Quant à l'amour proprement dit... c'est la plaisanterie du diable.

## XXII

Qui donc faut-il aimer? A qui croire? De qui n'attendre aucune trahison? Qui mesure obséquieusement toutes les choses et toutes les paroles de ce monde sur notre mètre? Qui ne répand point de calomnies contre nous? Qui se préoccupe constamment de nos intérêts? Pour qui nos défauts ne sont-ils pas désagréables? Qui ne nous ennuie jamais? Sans chercher un vain idéal, sans perdre votre peine à cette recherche, aimez-vous vous-même, cher lecteur.

## XXIII

Quel fut le résultat de l'entrevue? Hélas ! il n'est pas difficile de le deviner. Les souffrances insensées de l'amour ne cessèrent point de déchirer cette jeune âme avide d'affliction. La pauvre Tatiana ne brûle que plus fort d'une passion sans espoir. Le sommeil fuit sa couche; santé, fleur et douceur de la vie, sourire, calme virginal, tout a disparu comme un vain songe. C'est ainsi que les ténèbres d'un orage obscurcissent quelquefois le jour qui vient à peine de naître.

## XXIV

Hélas ! Tatiana se flétrit, pâlit, s'éteint, et doit se taire. Rien ne

---

1. En Russie comme en Allemagne, le jour de Noël est celui des visites annuelles et des cadeaux que nous faisons au jour de l'an.

l'occupe, rien ne la touche. En hochant gravement la tête, tous les voisins chuchotent entre eux : « Il est temps, il est bien temps que cette fille se marie. » Mais c'est assez, je veux sans délai me réjouir l'imagination par le tableau d'un amour heureux. Et vous, amis, si je me suis trop laissé aller à la compassion que m'inspire ma pauvre enfant, excusez-moi, je l'aime tant !

### XXV

D'heure en heure captivé davantage par les charmes de la jeune Olga, Vladimir s'abandonnait pleinement à son doux servage. Il est perpétuellement avec elle. Quand vient le crépuscule, ils sont assis dans sa chambrette ; aux premières lueurs matinales, ils se promènent au jardin, la main dans la main. Et pourtant, ivre d'amour ; c'est à peine si, dans le trouble d'une tendre pudeur, Vladimir ose parfois, encouragé par le sourire d'Olga, jouer avec une boucle de cheveux déroulée, ou déposer un baiser sur le pan de sa robe.

### XXVI

Quelquefois il lit à Olga un roman moral, où l'auteur se pique de dépeindre la nature mieux que Chateaubriand, et cependant il saute en rougissant deux ou trois pages de vaines divagations dangereuses pour le cœur des jeunes filles. D'autres fois, dans quelque recoin bien éloigné, ils se tiennent, les coudes appuyés sur la table, devant un jeu d'échecs, et Lenski, plongé dans ses rêveries, prend sa tour avec un de ses pions.

### XXVII

Il rentre à la maison, et là aussi son Olga l'occupe ; pour elle il orne assidûment les pages volantes d'un album. En traits à la plume, légèrement coloriés, il y dessine tantôt des vues champêtres, tantôt une pierre sépulcrale, le temple de Cypris, une tourterelle perchée sur une lyre. Ou bien encore, au-dessous des autres inscriptions, il dépose un tendre vers, monument silencieux d'une rêverie soudaine, trace rapide d'une pensée fugitive qu'on retrouve ensuite, après de longues années, immobile et figée.

### XXVIII

Sans doute vous avez vu plus d'une fois l'album d'une demoiselle de province, que ses compagnes ont barbouillé sur toutes les pages, du commencement à la fin. C'est là que, sans respect de l'orthographe, des vers sans mesure, raccourcis, rallongés, venus par tradition, sont inscrits en témoignage d'inaltérable amitié. Sur la première page, on lit ces mots : *Qu'écrirez-vous sur ces tablettes ?* Puis l'inscription : *Tout à vous :* ANNETTE. Et au bas de la dernière page : « *Qui plus que moi aime toi, qu'il écrive plus loin que moi.* »

## XXIX

Sur ces pages vous êtes sûr de trouver deux cœurs, une torche et des guirlandes; vous êtes sûr de lire des serments d'amour jusqu'au delà des portes du tombeau. Quelque enfant de Mars, poete dans un régiment de ligne, y a paraphé un petit vers scélérat. Eh bien, amis, j'aurais été fort aise d'écrire, moi, dans cet album, persuadé que chacun de mes enfantillages, offerts de bon cœur, aurait mérité un regard indulgent, et qu'on ne s'aviserait pas ensuite, avec un visage grave et un sourire narquois, d'examiner si j'ai su mettre ou non de l'esprit dans mes bêtises.

## XXX

Mais vous, tomes dépareillés de la bibliothèque de Satan ; vous, magnifiques albums, tourments des versificateurs en renom ; vous, rapidement embellis par le pinceau magique de Tolstoï[1] ou par la plume de Baratinski[2], que la foudre de Dieu vous écrase ! Quand une belle dame me présente son in-4°, un tremblement de colère me saisit, et je sens une épigramme sourdre au fond de mon âme. Eh bien non, misérable ; tu vas lui écrire un madrigal !

## XXXI

Ce ne sont pas des madrigaux que trace Lenski dans l'album de la jeune Olga. Sa plume est guidée par l'amour, et ne sait pas briller par de froids jeux d'esprit. Dans la simplicité de son cœur, il va jusqu'à répéter ce qu'il entend dire ou ce qu'il remarque d'Olga ; quant à ses élégies, elles coulent à flots. C'est ainsi que toi, Lézikof l'inspiré, dans les élans de ton cœur, tu chantes Dieu sait qui, tellement qu'un jour le recueil précieux de tes élégies te dévoilera ta propre histoire.

## XXXII

Mais silence ! qu'entendons-nous ? Un sévère critique[3] nous ordonne de fouler aux pieds la maigre couronne de l'élégie. A nous autres faiseurs de vers, il crie comme un général à la parade : « Assez pleuré, assez gémi sur l'irréparable passé ! *basta !* chantez autre

1. Peintre amateur.
2. Voir la note 2 de la page 98.
3. Pouchkine avait en vue un critique nommé Nadejdine, qui, sous le règne de l'empereur Nicolas, commettait l'anachronisme de conseiller à la poésie russe d'être nationale.

chose. » — Tu as raison, ami ; et sans doute tu vas nous montrer du
doigt le masque et le poignard tragiques, en nous ordonnant d'y renouveler le capital épuisé de nos pensées. N'est-ce pas ? — Point du
tout ! point du tout ! écrivez des odes, messieurs.

## XXXIII

Écrivez comme au temps de notre grande époque [1], comme le pres-
crivent les anciennes règles. — Quoi ! rien que des odes pour les
occasions solennelles ! Rappelle-toi, critique, ce qu'a dit à ce propos
l'ingénieux auteur des *Commérages* [2] ; et, avoue-le, ce même auteur
t'est-il plus supportable que ces rimeurs mélancoliques par toi si
décriés ? — J'en conviens ; mais votre romantisme est vide, vain,
pitoyable ; tandis que le but de la poésie doit être noble et élevé. —
Je pourrais réfuter cet argument ; mais je me tais. Ne brouillons pas
deux siècles.

## XXXIV

Épris de la liberté autant que de la gloire, agité d'inspirations
incessantes, Vladimir aurait fort bien pu écrire des odes. Mais Olga
ne les aurait pas lues. Il tenait encore plus à lui lire ses œuvres qu'à
les faire, car on dit qu'il n'est pas dans le monde de jouissance plus
grande que celle d'un auteur modeste et amoureux qui peut lire les
produits de ses rêveries à celle qui en est l'objet, une beauté que ses
chants jettent dans une agréable mélancolie. Il est heureux, le
poéte... mais peut-être pense-t-elle à autre chose.

## XXXV

Pour moi, je ne lis les productions de ma lyre harmonieuse qu'à ma
vieille nourrice, la fidèle compagne de ma jeunesse. Ou bien, après un
maussade dîner, si j'attrape par le pan de l'habit quelque voisin que
m'a livré son sort malencontreux, je l'emprisonne dans un coin, et je
l'y étouffe de ma tragédie. Ou bien encore... et croyez que je ne plaisante pas, tout gonflé de rimes, errant le long de mon étang, j'effraye
des éclats de ma voix une bande de canards sauvages. A peine ont-ils
entendu le doux son de mes strophes, qu'ils s'empressent de quitter
ces rivages.

## XXXVI

•   .   •   •   •   •   •   •   •   •   •   •   •   •   •   •   •   •

1. Cela signifie l'époque de Catherine II.
2. Un certain Dmitrief, qui tranchait du Boileau, et qui, pendant un
temps, a tenu dans la poésie russe la place de l'historien Karamsine dans
la prose.

## XXXVII

Et Onéguine·! — A ce propos, frères, je vous demande un peu de patience, et je vais décrire en détail ses occupations de chaque jour : Vous savez qu'il vit en anachorète; en été, il se lève à six heures du matin, et s'en va, en toilette légère, à la rivière qui coule au bas du tertre de sa maison. Il traverse à la nage cet Hellespont, ni plus ni moins que le chantre de *Gulnare*. Puis il boit son café, en parcourant avec négligence un journal aussi mal informé qu'attardé dans sa publication '...

## XXXVIII

. . . . . . . . . . . . . . . . . . . . .

## XXXIX

La promenade, la lecture, un sommeil profond et salutaire, l'ombre des bois, le babil des eaux, quelquefois le jeune et frais baiser d'une blanche fille aux yeux noirs, le galop d'un cheval fougueux et docile au frein, un dîner assez délicat, une bouteille de vin limpide, et surtout la solitude, le silence : Voilà la vie d'Onéguine. Et petit à petit, il y prit goût, laissant, dans son bien-être insouciant, couler les belles journées de soleil, oubliant et la ville, et les amis qu'il y avait laissés, et l'ennui de ses fêtes.

## XL

Mais notre été septentrional, cette caricature de l'hiver du Midi, passe en un moment. Chez nous personne n'en doute, et personne ne l'avoue. Déjà le ciel annonçait l'automne. Le soleil brillait moins fréquemment; le jour s'accourcissait; la mystérieuse toiture des bois se dépouillait avec un bruit lugubre ; des brouillards se roulaient sur les champs ; les caravanes d'oies criardes se dirigeaient vers le sud·; la plus triste époque·de l'année s'approchait·:·novembre était sur le seuil de la porte.

## XLI

L'aurore se lève au milieu d'une froide brume. Le bruit du travail a cessé dans les champs. Avec sa louve affamée, le loup sort sur les chemins de traverse; les flairant de loin, le cheval renacle, et le voyageur prudent se lance au galop quand il faut monter la colline. Le berger ne fait plus sortir les vaches de l'étable, et, vers midi, sa trompe ne les appelle plus en rond autour de lui. En chantant dans

1. Par exemple,·grâce à la censure, le numéro de juillet du *Télégraphe*, la seule revue du temps, paraissait au mois de février de l'année suivante.

son humble *isba*, la jeune fille file son lin, et l'amie des longues nuits d'hiver, la *loutchina*[1], pétille devant elle.

### XLII

Et voici que, étendant au loin sur les campagnes un glacis d'argent, les premières gelées sont écloses...; je parie que mon lecteur attend la rime : *roses*. En bien ! qu'il la prenne, et que tout soit dit. Plus coquette que le parquet ciré d'un salon élégant, brille la petite rivière couverte d'une récente couche de glace. La bruyante population des jeunes gars y trace des raies avec les patins sonores. Une lourde oie, aux pattes rouges, s'étant proposé une promenade sur l'eau, glisse et tombe. Les premiers flocons de neige papillonnent gaiement dans l'air et se déposent sur le rivage en étoiles légères.

### XLIII

Que faire à cette époque au village ? Se promener ? Les champs fatiguent la vue par leur nudité monotone. Traverser au galop les mornes steppes ? Le cheval, s'accrochant à la neige traîtresse par son fer émoussé, menace de broncher à chaque pas. Reste sous ton toit solitaire ; lis ; voici De Pradt, voici Walter Scott. Tu ne veux pas lire ? Eh bien, vérifie tes comptes ; gourmande ton intendant, ou prends ton verre ; et la longue soirée finira par s'écouler. Demain sera la même chose, et de la sorte tu passeras un fameux hiver.

### XLIV

En digne imitateur de Childe-Harold, Onéguine s'enferma dans une paresse mélancolique. Dès son réveil, il se plonge dans un bain glacé ; puis, s'armant d'une queue émoussée, tout le long du jour il joue avec lui-même une partie de billard à deux billes. Mais la nuit arrive, le billard est abandonné ; une table couverte se dresse devant la cheminée. Onéguine attend ; et voilà que Lenski arrive avec sa *troïka* de chevaux fleur-de-pêcher. Vite, qu'on serve le dîner !

### XLV

Aussitôt, pour le poëte, le vin béni de Moet ou de la veuve Cliquot est apporté dans une bouteille hérissée de frimas. C'est la source d'Hippocrène ; son jet pétillant et son écume brillante, si semblables à l'amour et à la jeunesse, m'ont toujours séduit. Vous souvenez-vous, amis, comment je le payais jadis de mon pauvre denier ? Hélas ! son flot magique a fait commettre bien des folies. Mais aussi, com-

---

1. Planchette de sapin qui sert de chandelle.

sions plus gaies encore !

## XLVI

Mais aujourd'hui sa bruyante écume trompe mon estomac, et je lui préfère le sage bordeaux. J'ai abandonné l'Aï; il est semblable à une maîtresse, vive, séduisante, pleine d'éclat, mais capricieuse et futile. Tandis que toi, bordeaux, tu es pareil à un ami qui, toujours et partout bon camarade, même dans la tristesse et le malheur, est prêt, soit à nous rendre service, soit à partager nos tranquilles plaisirs. Donc, vive le bordeaux, notre véritable ami !

## XLVII

Le feu s'est éteint; le charbon doré est à peine recouvert d'une poudre de cendre. Une imperceptible vapeur se balance au-dessus, et de la cheminée vient à peine un souffle de chaleur. La fumée de deux pipes s'en va par l'ouverture, et une dernière coupe bruit encore au milieu de la table. Doucement se glisse l'obscurité. — Que j'aime les bavardages intimes et l'amical verre de vin à ce moment qu'on a nommé, je ne sais pourquoi, entre chien et loup ! — Les amis causent en ce moment.

## XLVIII

« Eh bien, que font les voisines ? Que fait Tatiana et la mutine Olga ? — Verse encore un demi-verre. Assez, ami. Toute la famille se porte bien; elle te salue. Ah ! mon cher, que les épaules d'Olga sont devenues belles ! quelle taille ! et quelle âme ! Il faut que nous allions chez eux un jour; tu leur feras grand plaisir...; sans cela... juge toi-même. Tu t'y es montré une couple de fois; et puis l'on ne voit plus le bout de ton nez. Mais à propos... quel imbécile je suis ! tu es invité pour samedi prochain. »

## XLIX

« — Moi ! — Oui, toi. C'est le jour de la fête de Tatiana. C'est Olga et la maman qui te font cette invitation. Tu n'as pas de raison pour ne pas t'y rendre. — Mais il y aura là un tas de monde, un ramassis de toutes sortes de figures ? — Personne, je t'assure. Nous serons en famille. Viens, fais-moi cette grâce. — Allons, je veux bien. — Tu es charmant. » En disant ce mot, il vida son verre en l'honneur de la voisine et se remit à parler d'Olga. C'était un vrai amoureux.

## L

Il était heureux et gai : le terme fortuné avait été fixé à deux semaines. La couronne de myrte, les charmes discrets du ménage

attendaient ses transports; les soucis et les ennuis de l'hymen ne lui apparaissaient pas, même en rêve. Tandis que nous autres ennemis de cette divinité nous ne voyons dans la vie domestique autre chose qu'une série de tableaux monotones, un roman dans le genre d'Auguste Lafontaine, mon pauvre Lenski... Son cœur était créé pour cette vie.

## LI

Il était aimé; il le croyait au moins, et il était heureux. Fortuné, cent fois fortuné celui qui sait croire; qui, domptant son esprit sceptique, se repose dans la voluptueuse insouciance de son cœur, comme un voyageur aviné dans une auberge, ou bien, si vous voulez une plus gracieuse comparaison, comme un papillon qui s'est plongé dans une fleur de printemps. Mais digne de pitié est celui qui prévoit toujours, à qui la tête ne tourne jamais, qui finit par détester chaque parole, chaque geste dans la traduction qu'il s'en fait à lui-même, celui dont le cœur paralysé par l'expérience a perdu la force de s'oublier.

Traduit par Ivan Tourguénef et Louis Viardot.

(La suite prochainement.)

# LA RÉFORME

## DE

# L'ENSEIGNEMENT SECONDAIRE

Depuis douze ans, tandis que les discours et comptes rendus officiels nous donnent régulièrement l'assurance que « le niveau des études scolaires tend à s'élever, » les professeurs des Facultés des lettres, chargés des examens du baccalauréat, ont constaté chaque année, en gémissant avec une régularité égale, que ce même niveau baissait d'une façon inquiétante. Il n'y a pas longtemps, à Paris, sur 455 jeunes gens qui se présentaient pour atteindre « le couronnement de leurs études secondaires, » trois seulement obtinrent la note *bien;* 179 devinrent bacheliers avec la note *passablement.* Ce n'est pas très-brillant, comme on voit.

Le ministre s'est ému de ces doléances annuelles; après un examen approfondi, il a reconnu la « nécessité » d'une réforme que, dès les premiers jours de 1862, il annonçait comme possible, opportune et prochaine. Il a pris la résolution, aux termes de l'*Exposé de la situation de l'Empire* (janvier 1862), de « fortifier tout ce qui constitue les humanités proprement dites, tout ce qui forme le goût, le jugement et l'imagination, tout ce qui révèle l'excellence des langues anciennes et les mérites de notre littérature nationale; » comment?

Il va sans dire que les inspecteurs généraux ont protesté que tout est pour le mieux dans la meilleure des Universités possibles, et que ce serait une profanation de toucher à l'arche sainte. Il va sans dire aussi que le ministère a rédigé une série de questions officielles et nommé des commissions pour y répondre, faire des rapports et noircir du papier. Voici quelques-unes des questions posées :

« Le système actuel donne-t-il de suffisants résultats? — Quelles sont les parties de l'enseignement en souffrance? — Quelles sont les notions, les connaissances que les élèves auraient dû acquérir dans le cours de l'année et auxquelles notre système d'études les a laissés étrangers? — Les méthodes et procédés actuels d'enseignement sont-ils convenablement appropriés à la classe, à l'âge des élèves, à leur développement intellectuel? — Les récitations actuelles sont-elles bien appropriées? produisent-elles de vrais résultats pour la culture de l'esprit ? — Les devoirs écrits sont-ils bien en rapport avec le degré d'avancement des élèves et les besoins de leur esprit? Sont-ils bien ou mal ordonnés? etc. »

Les rapports des six commissions ont été déposés le 15 mars. Les professeurs consultés ont procédé, si l'on s'en rapporte aux *on dit*, par élimination, en se résignant à appauvrir cet enseignement dont la plupart des élèves tirent déjà un si mince profit. Ils auraient, dit-on, proposé l'abolition du thème grec, des vers latins; ils voudraient renfermer le thème latin, qui s'est fait une si large part, dans des limites plus étroites. C'est rester à la surface, *circum præcordia*, suivant l'usage passé, présent et futur, de toutes les commissions officielles. Avant. de décider quelles branches il conviendrait de couper, ne faudrait-il pas d'abord examiner pourquoi l'arbre ne peut pas leur fournir une séve suffisante? C'est le système entier qu'il s'agit de juger à fond, comme l'a fait M. Dübner dans quelques brochures pleines de vues. aussi ingénieuses que solides, et qui méritent une sérieuse attention [1]. Et par ce mot de système, nous n'entendons pas seulement l'ensemble des procédés pédagogiques, mais l'esprit même qui anime l'administration universitaire, cette habitude gouvernementale de ne faire une part légitime ni à l'intelligence des professeurs ni aux aptitudes naturelles des élèves, et de ne pas s'aviser qu'en instruction publique surtout, l'abus et la multiplicité des règlements, imposant aux professeurs l'obéissance passive, stérilisent tout et suppriment la vie.

C'est il y a dix ou douze ans que le déclin des études littéraires a subitement commencé. On en a accusé la *bifurcation*, le partage de. chaque classe en deux divisions réunies le soir, séparées le matin; et rencontrant un gros fait bien visible qui pouvait servir d'explication, on s'est contenté de celle-là. A la même époque cependant, un vice plus grave que cet inconvénient nouveau, un vice dont l'Université était atteinte depuis sa fondation, y prenait des proportions désolantes. Machines devinrent les professeurs et machines les élèves.

Sous M. Fortoul, une succession rapide de règlements minutieux enjoignit à chaque professeur de faire ceci pendant dix minutes, de.

1. *Quelques mots sur la prochaine réforme de l'enseignement des humanités dans nos lycées et colléges.* — *Les humanites et l'enseignement secondaire français.* — *Quatre années d'études classiques,* programme proposé pour l'enseignement des humanités. — *Réforme nécessaire dans l'enseignement public des humanités;* note soumise au Conseil impérial de l'instruction publique, dans sa session de décembre 1862. — *Urgence d'une réforme sérieuse dans notre enseignement public des humanités.* Paris, Paul Dupont.

faire cela pendant un quart d'heure, d'expliquer cet auteur lentement
et cet autre à fond de train, etc. L'avant-dernier ministre de l'instruction publique était tout fier de pouvoir dire en tirant sa montre : « A
cette minute, dans tous les lycées et collèges de l'empire, dans tel
petit collège caché au pied des Pyrénées ou sur les limites extrêmes
de la Bretagne comme dans les grands lycées de Paris, tous les professeurs de la même classe corrigent un thème d'une difficulté égale,
et le corrigent de telle façon ; dans quelques instants, quand l'aiguille
de ma montre se posera sur ce point du cadran, tous ces professeurs
termineront la correction de ce thème et passeront, avec un accord
merveilleux, à celle d'une version, qu'ils feront de cette manière et
jusqu'à telle minute. » Ce ne fut plus le professeur, ce fut le règlement qui fit la classe ; voilà pourquoi les élèves restent ignorants.

Un professeur m'a raconté qu'allant prendre possession d'une
chaire de rhétorique dans un lycée de province, il trouva des élèves
intelligents, mais fort inexpérimentés dans l'application des règles
les plus élémentaires de la grammaire latine. Les fautes d'une administration précédente avaient fait régner dans le lycée des habitudes de
paresse au milieu desquelles Lhomond était tombé dans un profond
discrédit. Le nouveau professeur résolut de faire repasser la grammaire latine à ces futurs candidats au baccalauréat, qui étaient
obligés de la savoir pour obtenir le diplôme. Ce fut une grosse affaire.
« Tant pis ! disait le proviseur, fonctionnaire consciencieux ; la grammaire latine ne figure pas dans les livres prescrits pour la rhétorique ;
le règlement, qui est le maître des maîtres, suppose que vos élèves
la savent ; faites comme le règlement. Ne vous imaginez pas que vous
êtes plus capable que lui de juger de l'instruction de vos élèves. »
Bien que rappelé à ses devoirs, le professeur tint bon, mais il était
en contravention, et faisait preuve d'une coupable indiscipline. La
plupart de ses élèves devinrent bacheliers ; mais il fut mal noté, ce
qui était juste ; le règlement n'a jamais tort.

Dans les choses de l'esprit, et il s'agit ici d'humanités, tout règlement rigoureusement imposé, en tous cas, toujours et partout, prétendant pourvoir à tout d'un trait de plume, et refusant de s'accommoder à chaque particularité, est inepte. Que dire de tous ces procédés méticuleux que trace le ministère omniscient de la rue de
Grenelle? Aucune méthode n'est absolument bonne en soi ; la valeur
de chacune dépend de celui qui s'en sert et de ceux à qui elle s'applique. Selon l'ouvrier et la matière, c'est-à-dire selon le professeur
et selon les élèves, l'instrument doit varier. Tel professeur et tels
élèves, telle méthode. En un mot, il faut laisser aux professeurs
une plus grande liberté, voilà tout le secret pour que leur ensei-

gnement soit fécond. Songez que sous le règne de Louis-Philippe,
surtout dans les dernières années, et sous la république, ce qu'il
y avait de meilleur dans chaque génération annuelle allait, pour
une bonne part, aux écoles du gouvernement. L'école normale a recueilli pendant quinze ans les élèves les plus distingués des lycées de
France, presque tous ceux qui se passionnaient pour l'étude des
lettres en y réussissant; les fonctionnaires de l'enseignement ne le
cèdent à aucun autre corps pour la capacité éprouvée, le savoir,
l'intelligence; et l'on ne se résout pas à leur laisser quelque latitude
dans l'emploi des méthodes, on leur met lisières sur lisières, on ne
ne leur permet pas de diriger leurs élèves par les procédés qui leur
conviennent le mieux, de conduire différemment les imaginations
méridionales et les esprits plus lents, mais plus sûrs, du Nord; on ne
tolère pas qu'ils s'attribuent la moindre compétence dans l'art nécessairement variable d'exercer les facultés nécessairement diverses de
jeunes gens qu'ils voient et apprécient tous les jours! J'aime à
croire qu'ils ont tous une trempe d'esprit assez vigoureuse, dans cet
asservissement systématique d'un corps si remarquable, pour dé-
mentir le mot profond de Cavour, que « le règlement fait de l'employé un imbécile. » Quant aux élèves, ce que fait d'eux le règlement, nous le voyons par les plaintes fréquentes et déjà monotones de ceux qui les jugent, à leur sortie du collége, dans les
épreuves du baccalauréat.

La réforme principale, ce n'est donc pas tant de changer les règlements et les méthodes une fois de plus, que de les élargir de façon
que les professeurs, s'y mouvant plus à l'aise, y déploient plus librement leur expérience propre et leurs capacités personnelles, qu'en
un mot ils aient le droit d'être des hommes, et non des règlements
en chair et en os. La seconde réforme, c'est incontestablement de ne
pas exiger des élèves plus qu'ils ne peuvent donner. Remarquez cependant qu'au bout de dix années d'études ils savent généralement
peu de chose, à la grande surprise des parents. On ne saurait guère,
selon nous, leur demander beaucoup moins; mais on a tort de tout
leur demander d'un seul coup.

« Il y a quelques mois, nous disait récemment M. Dübner, je vis
dans une imprimerie le programme officiel d'un examen pour je ne
sais plus quelle place dans l'administration publique. L'aspirant devait déposer, entre autres pièces, le diplôme de bachelier ès-lettres.
Or, le premier objet de l'examen qu'il allait passer portait sur la
*grammaire et l'orthographe françaises*. A mon étonnement on répondit
par un soupire : « Vous trouverez, me dit-on, nombre de bacheliers
« très-peu ferrés sur la grammaire et l'orthographe. » Notez que c'é-

tait l'État qui demandait cette épreuve à celui qu'il avait lui-même promu au grade de bachelier ! »

D'où cela vient-il ? C'est qu'au même jour, à la même heure, le candidat doit savoir à la fois tant de choses qu'il les sait mal et néglige parfois les connaissances les plus élémentaires pour courir après les autres. Il n'a pas toujours le loisir de perfectionner son orthographe quand il doit, en même temps, apprendre la définition de la synecdoche et les subtilités du syllogisme. Tout cela se bourre dans sa mémoire pêle-mêle, en quelques mois, et s'en écoule dès que l'examen est franchi. J'ai connu un candidat doué d'une fort belle mémoire qui avait appris par cœur, huit jours avant l'examen, la géométrie, n'ayant pas le temps de la comprendre.

Le baccalauréat en droit se divise en deux examens, séparés par un intervalle d'une année; cependant les matières du baccalauréat en droit sont incomparablement moins abondantes et moins diverses que celles du baccalauréat ès-lettres, et les candidats sont plus âgés. Pourquoi n'adopterait-on, pour le baccalauréat ès-lettres, une mesure analogue ? On a créé des examens pour les élèves qui passent de quatrième en troisième, des classes de grammaire dans celles d'humanités; entourez-les de garanties sérieuses, attachez-y un certificat, et par là vous pourrez déjà éliminer de l'examen final certaines matières, par exemple l'histoire ancienne, grecque et romaine, et les éléments d'arithmétique. De même, faites passer aux élèves qui sortent de rhétorique la moitié du baccalauréat; qu'ils répondent alors devant les Facultés sur le grec, le latin, la littérature française, l'histoire du moyen âge et moderne, la physique. Cette épreuve passée, le dernier examen, purement oral, ne portera plus, un an après, que sur la logique, la géométrie, l'histoire de France. — Il va sans dire que la liberté d'enseignement n'en sera point gênée, qu'on ne ressuscitera pas, sous une autre forme, le *certificat d'études*, que ceux qui seront pourvus du premier certificat pourront se présenter quand ils voudront au second examen, et ceux qui auront le diplôme du second au troisième et dernier, que tel diplôme ne sera pas nécessaire à l'élève pour entrer dans telle classe, mais seulement pour se présenter à l'examen supérieur, etc. — Échelonnez trois examens gradués au lieu d'un; vos élèves sauront mieux et sauront davantage, avec moins de fatigue. On ne verra plus les parents, d'une part, estimer que leurs fils n'apprennent pas, en dix ans, beaucoup de choses, et des commissions de professeurs, d'autre part, déclarer qu'ils en apprennent trop.

Quant aux questions mêmes posées par le ministère, nous répondrons par le conseil d'Horace :

*Ætatis cujusque notandi sunt tibi mores.*

Les règlements et méthodes universitaires se sont-ils inspirés de ce précepte autant qu'ils l'auraient dû? Entre le thème d'un élève de seconde et celui d'un élève de sixième, il y a quatre ans d'études; qui s'en douterait en les comparant? Dans le thème de seconde, le régime est placé avant le verbe, quelquefois, bien rarement, une quasi-élégance est placée avec plus ou moins d'à-propos; les plus forts consultent le dictionnaire avec un peu plus de discernement, la différence ne va guère au delà. De même pour les versions. Les bons élèves font des progrès tres-rapides dans leur seule année de rhétorique; pendant les quatre années qui précèdent, leurs progrès ont été peu apparents et presque stationnaires, pourquoi? C'est que l'étude d'une langue se divise en deux parts : en apprendre la grammaire, puis en comprendre le génie. L'enfance est propre à la première de ces deux tâches, la jeunesse à la seconde; dans l'âge intermédiaire, de douze à seize ans, l'esprit n'est pas assez mûr pour celle-ci; le temps n'est pas venu; c'est en vain qu'on prétend le devancer; les professeurs imposent alors à leurs élèves et s'imposent à eux-mêmes une fatigue superflue. Ne serait-il pas opportun, pendant cette période, d'accabler moins les élèves d'une masse stérile de thèmes et de versions, et de détourner une partie de leur travail vers d'autres études dont ils sont alors plus capables, les langues vivantes, par exemple, la géographie, l'histoire surtout? Le latin céderait provisoirement une place plus large aux autres parties de l'enseignement secondaire, quitte à reprendre le premier rang dans les hautes classes, c'est-à-dire au moment où le progrès naturel de l'âge met les élèves en état de s'y perfectionner.

Nous aurions encore bien d'autres choses à dire, si nous avions quelque chance d'être écouté; mais sans doute, au ministère de l'instruction publique comme ailleurs, l'officiel seul est sensé, judicieux, il a seul des idées justes et utiles;

Nul n'aura du bon sens, s'il ne porte la robe.

En résumé, chaque âge a ses aptitudes spéciales, une ouverture d'esprit qui lui est propre, et qu'on peut découvrir aisément sans être un psychologue bien profond. Les programmes et les examens doivent s'y accommoder. Vous imposez à des jeunes gens de dix-huit ans l'obligation de savoir d'un seul coup, au même moment, ce qu'ils ont appris en dix années; vous leur demandez tout à la fois dans une épreuve suprême où s'entasse un amas confus de connaissances diverses, et qu'un homme de trente ans, si instruit qu'on le suppose, ne se déciderait pas à affronter. Les examinateurs n'osent sonder à fond les candidats de peur de rencontrer bien vite l'ignorance sous une réponse superficielle, trop heureux dès qu'ils peuvent supposer, sur les moindres apparences, que les candidats savent quelque chose; sans quoi, s'ils insistaient quelque peu, il leur faudrait en écarter un trop grand nombre. C'est ce qui explique pourquoi on rencontre de par le monde des bacheliers fort ignorants. Mais si les élèves de nos lycées devenaient bacheliers comme nos étudiants deviennent avocats ou médecins, par étapes successives, en trois épreuves convenablement distancées, ils pourraient, à chaque fois, acquérir sérieusement les connaissances moins nombreuses exigées par un examen plus circonscrit, par un programme plus limité. On n'en verrait plus qui, se réservant de travailler pendant la dernière année, à la veille même du baccalauréat, font peu de chose jusque-là; pendant tout le cours de leurs études, l'approche d'un examen stimulerait sans cesse leurs efforts et les répartirait en allégeant ceux de la dernière heure. Le ministre actuel de l'instruction publique, M. Rouland, entreprend avec fermeté l'œuvre de réparation qu'a nécessitée celle de son prédécesseur. Il est résolu à ne point se dissimuler, à découvrir et proclamer les réformes que réclame l'instruction publique, et même à en agrandir la sphère pour répondre à tous les besoins de la jeunesse française. Une des plus grandes erreurs de M. Fortoul a été de ne point témoigner au corps universitaire tous les égards qu'il mérite, au point d'avoir détourné beaucoup de jeunes professeurs d'une carrière pénible où ils ne rencontraient même pas la considération de leurs chefs. Après de longs travaux et des titres laborieusement acquis, dépendre d'un caprice de la direction du personnel ou de la prétendue infaillibilité des inspecteurs grands et petits qui mettent le nez dans une classe, pendant une heure, une fois par an; voir son sort se décider d'après des rapports qu'on ne connaît point, c'est triste. Faites du moins aux professeurs dont le mérite est éprouvé l'honneur de présumer qu'ils peuvent marcher sans toutes ces lisières, sans tous ces règlements qu'on leur passe sous les bras et les pieds, et qu'en donnant à leur enseignement la direction qu'ils jugent utile, ils sont capables de savoir ce qu'ils font.

Eug. Yung

# PÈRES ET ENFANTS

Sous ce titre, M. Ivan Tourguénef va publier, dans la *Bibliothèque Charpentier*, un ouvrage dans lequel il s'est proposé de reproduire, sous la forme d'un roman, l'opposition d'esprit et de caractère qui s'est opérée en Russie entre les hommes de la génération qui s'éteint et leurs enfants Cette opposition, qui se produit en même temps dans tous les États de l'Europe, par l'effet d'une civilisation excessive, mais avec les différences résultant nécessairement de conditions diverses, frappe aussi en France les moins clairvoyants. Quelles en seront les conséquences dans l'avenir? C'est ce qu'il est difficile de déterminer, mais ce qu'on peut déjà préjuger d'après le régime politique des sociétés, et surtout d'après la condition faite partout aux individus.

Dans les pays libres, le trop grand développement des jouissances matérielles, les excès du luxe et de la sensualité, les égarements de l'esprit et des passions, tous les abus, toutes les convoitises, qui s'élèvent avec une civilisation et tendent à la corrompre, trouvent dans chaque homme ferme et loyal, dans chaque honnête femme, des adversaires dont l'action arrête et paralyse la contagion. Le contraire se produit dans les pays où le despotisme règne; là chacun, gêné dans son propre développement, fléchit et se détourne, perd de vue le noble idéal qu'il avait entrevu, et ne s'attache qu'à la grossière satisfaction des appétits matériels, aux sottes prétentions de la vanité, aux frivolités d'une âme vide et abaissée.

Pour en revenir aux PÈRES ET ENFANTS de M. Tourguénef, l'écrit qu'on va lire est un extrait de cette œuvre. Le lecteur sera, nous n'en doutons point, frappé de la netteté et de la sûreté d'observation avec lesquelles ces peintures du cœur humain sont reproduites.           *(Note de la Direction.)*

---

Le petit village qu'habitaient les parents de Bazarof s'étalait sur le versant d'un coteau peu élevé. Près de là, au milieu d'un bouquet de jeunes bouleaux, s'élevait la maison seigneuriale, couverte d'un toit de chaume. A l'entrée du village se tenaient, le bonnet sur la tête, deux paysans qui se disputaient. « Tu es un gros cochon, disait l'un d'eux. — Et toi, tu n'es qu'un petit cochon, et ta femme est une sorcière, » lui répondait l'autre.

« — Cette gracieuse familiarité, dit Bazarof à Arcade, et le tour

enjoué de cette altercation doivent te convaincre que les paysans de
mon père ne sont pas menés trop sévèrement. Mais le voilà lui-même
qui montre le nez hors du logis. Il a sans doute entendu la clochette !
c'est bien lui; je reconnais sa balle. Eh! eh! comme il a blanchi, le
pauvre diable ! »

Bazarof s'était penché hors du tarantass [1], Arcade éleva la tête par-
dessus les épaules de son ami, et aperçut, sur le perron de la maison
seigneuriale, un grand homme maigre, aux cheveux hérissés, au
nez mince et recourbé, vêtu d'une vieille capote militaire. Il se tenait
les jambes écartées, une longue pipe à la main, et clignait des yeux
comme pour se préserver du soleil.

Les chevaux s'arrêtèrent.

« Enfin, te voilà, dit le père de Bazarof tout en continuant à fumer, quoique le tuyau de sa pipe parût danser entre ses doigts.
—Allons! descends! descends! que nous nous donnions une bonne
accolade. »

Il se mit à embrasser son fils.

« Enioucha! Enioucha [1]! » cria dans la maison une voix tremblante.
La porte du vestibule s'ouvrit et laissa paraître une petite vieille en
bonnet blanc et en camisole courte à grands ramages. Elle jeta un
cri, chancela, et serait certainement tombée si Bazarof ne l'eût retenue. Ses petites mains potelées se croisèrent aussitôt autour du cou
de ce dernier, et elle posa sa figure sur sa poitrine. Il se fit un grand
silence. On n'entendait plus que des soupirs étouffés, des sanglots
haletants... Le père de Bazarof clignait des yeux encore plus qu'auparavant.

—Allons! Aricha! en voilà assez, finis donc, dit-il enfin à sa
femme, tout en échangeant un regard avec Arcade, qui se tenait
immobile près du tarantass, tandis que le paysan assis sur le siége
s'était détourné tout ému lui-même; c'est tout à fait inutile ! finis
donc, je t'en prie.

—Ah! Vassili Ivanovitch, répondit la vieille au milieu de ses sanglots. Dire que le voilà, notre Eniouchenka, notre pigeon chéri! et
tout en continuant à le tenir embrassé, elle éloigna de Bazarof sa
figure mouillée de larmes, le regarda d'un air comiquement heureux,
puis elle se serra de nouveau contre lui.

1. Calèche de voyage.
2. Enioucha, Eniouchenka, diminutifs d'Ievguéni, Eugène.

— Oui, sans doute, tout cela est dans la nature des choses, reprit Vassili Ivanovitch, seulement il vau lra t mieux entrer dans la maison. Eugène nous a amené un visiteur. Excusez-nous, ajouta-t-il, en s'adressant à Arcade avec un léger salut. Vous comprenez, faiblesse de femme... d'ailleurs, le cœur d'une mère... »

Tandis qu'il parlait ainsi, il était tellement ému lui-même que ses lèvres, ses sourcils et son menton en tremblaient..., mais il s'efforçait visiblement de garder son sang-froid et même de se donner un air indifférent.

Arcade s'inclina.

« Allons, ma mère, lui dit Bazarof, entrons. Et il conduisit la bonne vieille tout éplorée dans le salon. L'ayant assise dans un fauteuil commode, il embrassa encore une fois rapidement son père, et lui présenta Arcade.

— Enchanté de faire votre connaissance, répondit Vassili Ivanovitch, mais ne soyez pas difficile; tout est ici sans aucune prétention, sur le pied militaire. Arina Vlassievna, calmez-vous au nom du ciel, faites-moi ce plaisir; quel manque de courage! notre honorable hôte aura de vous une pauvre idée.

— Mon petit père, dit la vieille d'une voix larmoyante, je n'ai pas l'honneur de savoir votre nom de baptême, ni celui de votre père ..

— Arcade Nikolaïtch, répondit Vassili Ivanovitch à demi-voix, d'un air digne.

— Pardonnez-moi, bête que je suis. La vieille se moucha, et, penchant sa tête tantôt à droite, tantôt à gauche, elle essuya avec soin ses yeux l'un après l'autre. — Pardonnez-moi. C'est que je croyais bien que je mourrais sans avoir revu mon... mon pauvre fils !

— Et voilà que vous l'avez revu, madame, reprit vivement Vassili Ivanovitch. Tanioucha, ajouta-t-il en s'adressant à une fille de douze à treize ans, qui, pieds nus, en robe d'indienne d'un rouge vif, se tenait à la porte d'un air craintif, apporte à ta maîtresse un verre d'eau sur un plateau, tu m'entends? Et vous, messieurs, continua-t-il avec un certain enjouement qui sentait l'ancienne mode, permettez-moi de vous inviter à passer dans le cabinet du vétéran.

— Laisse-moi t'embrasser une dernière petite fois, Eniouchenka, dit Arina Vlassievna d'une voix gémissante. Bazarof se pencha vers elle. — Comme tu es devenu beau garçon !

— Quant à ça, non, répondit Vassili Ivanovitch, mais il est devenu, comme on dit en français, un *ommefé*. Mais à cette heure, Arina Vlassievna, j'espère qu'ayant rassasié ton cœur maternel, tu vas t'occuper de la nourriture de nos chers hôtes ; car tu dois savoir qu'un rossignol ne se nourrit pas de chansons [1]. »

La vieille mère se leva.

« La table va être servie à l'instant, Vassili Ivanovitch ; je vais courir moi-même à la cuisine pour faire mettre les couverts. Tout sera prêt à l'instant, tout. Voilà trois ans que je ne l'ai vu, que je ne lui ai donné ni à boire ni à manger. C'est quelque chose !

— Allons, la ménagère, mets-toi en quatre, tâche de t'en tirer à ton honneur. Et vous, messieurs, veuillez me suivre. Voilà Timoféitch qui vient te saluer, Eugène. Lui aussi il doit être content, le vieux barbet. N'est-ce pas, vieux barbet ? ayez la bonté de me suivre. Et Vassili Ivanovitch ouvrit la marche d'un air affairé, en traînant sur le plancher ses vieilles pantoufles. »

Toute sa maison se composait de six petites chambres. Celle où Vassili Ivanovitch conduisit nos jeunes amis se nommait le cabinet. Une table à pied massif, couverte de papiers noirs de poussière jusqu'à en paraître enfumés, occupait l'espace que laissaient entre elles deux fenêtres ; aux murs pendaient des fusils turcs, des naguaïka [2], un sabre, deux grandes cartes, des dessins anatomiques, le portrait de Hufeland, une couronne faite de cheveux placée dans un cadre noir, et un diplôme également sous verre ; entre deux énormes armoires-bibliothèques en racine de bouleau se trouvait un divan de cuir tout bosselé et déchiré en plusieurs endroits ; des livres, des petites boîtes, des oiseaux empaillés, des fioles, des cornues étaient placés pêle-mêle sur les rayons ; enfin, dans un des coins de la chambre, se voyait une machine électrique hors de service.

« Je vous ai prévenus, mes chers visiteurs, dit Vassili Ivanovitch, que nous sommes logés ici pour ainsi dire comme au bivouac...

— Cesse donc tes excuses ! répondit Bazarof, Kirsanof sait fort bien que nous ne sommes point des Crésus, et que notre maison n'est pas un palais. Où allons-nous le loger ? Voilà la question.

— Sois tranquille, Eugène, j'ai dans l'aile une chambre excellente : ton ami y sera fort bien.

— Tu as donc bâti une aile en mon absence ?

1. Proverbe russe.
2. Fouets cosaques.

— Comment donc! là où est le bain, dit Timoféitch.

— C'est-à-dire à côté du bain, s'empressa d'ajouter Vassili Ivano-vitch; d'ailleurs, en été... Je vais y courir, et je donnerai mes ordres; Timoféitch, tu ferais bien, en attendant, d'aller chercher les effets de ces messieurs. Quant à toi, Eugène, il est bien entendu que je te caserai dans mon cabinet : *suum cuique.*

— Tiens! le drôle de corps! dit Bazarof, lorsque son père se fut éloigné. Il est aussi curieux que le tien, seulement dans un autre genre. Il bavarde un peu trop.

— Ta mère me paraît aussi une excellente femme, lui répondit Arcade.

— Oui, elle n'est pas maligne. Tu verras quel dîner elle nous servira.

— On ne vous attendait pas aujourd'hui, petit père : nous n'avons pas de viande, dit Timoféitch, qui venait d'apporter la valise de Bazarof.

— On se passera de viande; où il n'y a rien le roi ne peut rien. Pauvreté n'est pas vice, dit-on.

— Combien ton père a-t-il de paysans? demanda Arcade.

— Le bien n'est pas à lui, il appartient à ma mère, et je crois qu'il compte une quinzaine d'âmes au plus.

— Vingt-deux, s'il vous plaît, dit Timoféitch d'un air blessé. »

Un bruit de pantoufles se fit de nouveau entendre, et Vassili Ivanovitch reparut dans le cabinet.

« Encore quelques minutes, s'écria-t-il d'un air de triomphe, et la chambre sera prête à vous recevoir, Arcade... Nikolaïtch?... c'est bien votre honorable nom, si je ne me trompe? Et voici qui vous servira, ajouta-t-il en montrant un domestique qui venait d'entrer avec lui, jeune garçon aux cheveux coupés court, vêtu d'une tunique bleue percée aux coudes et portant des bottes qui n'étaient point à lui. — On le nomme Fedka. Montrez-vous indulgent à notre égard, je crois devoir vous en prier de nouveau, quoique mon fils me l'ait défendu. Au reste, ce garçon sait fort bien bourrer une pipe. Vous devez fumer?

— Je fume surtout des cigares, répondit Arcade.

— Et vous faites très-sagement. Je donne aussi la préférence aux cigares, mais il est extraordinairement difficile de s'en procurer de bons dans ce pays éloigné de la capitale.

— Finis donc de chanter misère, lui dit Bazarof; assieds-toi plutôt sur ce divan, et laisse-moi te regarder. »

Vassili Ivanovitch s'assit en riant. Il ressemblait beaucoup à son
fils; seulement son front était plus bas et plus étroit, sa bouche un
peu plus large, et il avait l'habitude de remuer continuellement les
épaules, comme si les entournures de sa redingote le blessaient; il
clignait les yeux, toussait et agitait les doigts; son fils, au contraire,
se distinguait par une sorte d'immobilité insouciante.

« Chanter misère! répéta Vassili Ivanovitch. Ne te figure pas,
Eugène, que je veuille apitoyer notre hôte. Je ne veux pas surtout
lui faire entendre que nous sommes réduits à vivre dans un désert.
Je pense même, tout au contraire, que, pour l'homme qui réfléchit,
il n'y a point de désert. En tout cas, je fais mon possible pour ne pas
me laisser gagner par la mousse, comme on dit; pour ne pas rester
en arrière du siècle. »

Vassili Ivanovitch tira de sa poche un foulard jaune, tout neuf,
qu'il avait trouvé moyen de prendre en se rendant dans la chambre
d'Arcade, et il continua en l'agitant en l'air.

« Je ne me vanterai pas, par exemple, d'avoir mis mes paysans à
la redevance en leur abandonnant la moitié de mes terres, quoique
cela me cause des pertes très-considérables. Je le considérais comme
un devoir; le simple bon sens commande d'en agir ainsi; je m'étonne
que tous les propriétaires terriens ne le comprennent pas. C'est des
sciences, de l'instruction en général que j'entends parler.

— En effet, je vois que tu as l'*Ami de la santé* [1], pour l'année
1855, lui dit Bazarof.

— Un de mes vieux amis me l'envoie en marque de souvenir,
répondit Vassili Ivanovitch avec précipitation. Mais nous avons aussi
quelques idées de phrénologie, par exemple, ajouta-t-il en s'adressant
du reste principalement à Arcade et en montrant sur l'armoire une
petite tête en plâtre dont le haut était divisé en une foule de compar-
timents; les noms de Schönlein, de Rademacher ne nous sont point
inconnus.

— On croit donc encore à Rademacher dans le gouvernement de
X...? demanda Bazarof. »

Vassili Ivanovitch se mit à tousser.

« Dans le gouvernement de X..., reprit-il. Sans doute, messieurs,

1. Mauvais petit journal de médecine.

vous devez en savoir plus long que nous; il ne faut pas que nous songions à vous rattraper. Vous êtes destinés à nous remplacer. De mon temps, je me souviens que l'*humoraliste* Hoffmann, ou Brown, avec son *vitalisme*, nous paraissaient très-plaisants, et pourtant ils avaient fait du bruit dans leur temps. Quelque nouveau savant aura remplacé Rademacher, et vous l'adoptez, mais il est possible que dans vingt ans on se moque de lui à son tour.

— Je te dirai pour te consoler, ajouta Bazarof, que nous nous moquons maintenant de toute la médecine en général et ne reconnaissons aucun maître.

— Comment cela? Tu te destines pourtant à la médecine?

— Oui, mais l'un n'empêche pas l'autre. »

Vassili Ivanovitch poussa son doigt dans sa pipe, qui contenait encore un peu de cendres chaudes.

« Peut-être, peut-être, dit-il, je ne veux pas disputer. Après tout, que suis-je? Un aide-major en retraite, *volatou*. Maintenant me voilà devenu agronome. J'ai servi dans la brigade de votre grand-père, ajouta-t-il en s'adressant de nouveau à Arcade. Oui, oui, j'ai vu bien bien des choses dans ma vie. Quelles sociétés n'ai-je pas fréquentées, avec qui ne me suis-je pas rencontré! Moi-même, moi, l'individu qui est maintenant devant vous, j'ai tâté le pouls au prince Wittgenstein et à Joukovski! J'ai connu également, dans l'armée du Sud, les hommes du Quatorze [1], vous me comprenez. »

Vassili Ivanovitch prononça ces derniers mots en pinçant ses lèvres d'une manière très-significative.

« Je les connaissais tous sur le bout du doigt. Du reste, je ne me mêlais pas de ce qui ne me regardait pas; on connaît sa lancette et rien de plus. Je dois vous dire que votre grand-père était un bien digne homme, un véritable militaire.

— C'était une vraie bûche, avoue-le, dit négligemment Bazarof.

— Ah! Eugène, comment peux-tu employer de pareils termes! c'est impardonnable... Sans doute le général Kirsanof n'était pas du nombre...

— Allons! laisse-le en repos! reprit Bazarof. En arrivant, j'ai remarqué avec plaisir que ton bois de bouleau a joliment poussé. »

Vassili Ivanovitch s'anima subitement.

« Ce n'est encore rien; il faut voir le jardin. Je l'ai planté de ma

1. Allusion à la conspiration du 14 décembre 1825.

main ! Nous avons là des arbres fruitiers, toutes sortes d'arbrisseaux et des plantes médicinales. Vous aurez beau dire, jeunes gens, mais le vieux Paracelse n'en a pas moins proclamé une grande vérité : *In herbis, verbis et lapidibus....* Quant à moi, tu sais bien que j'ai renoncé à la pratique; cependant il m'arrive encore deux ou trois fois par semaine de reprendre mon vieux métier. On vient me demander conseil; impossible de mettre les gens à la porte. Souvent des pauvres se présentent; d'ailleurs il n'y a pas de médecin dans le pays. J'ai pour voisin un ancien major qui se mêle aussi de guérir les malades. Je demande un jour s'il a étudié la médecine. On me répond : « Non, il n'a pas étudié la médecine, mais c'est par philanthropie... » Ha! ha! ha! par philanthropie! Ha! ha! ha! comment trouves-tu ça? Ha! ha! ha!

— Fedka ! bourre-moi une pipe, cria Bazarof d'un ton rude.

— Nous avons encore un autre docteur, reprit Vassili Ivanovitch d'une voix qui exprimait une sorte d'angoisse. Figure-toi qu'il arrive chez un malade, lorsque celui-ci était déjà *ad patres.* Le domestique ne veut pas le laisser entrer et lui dit : « On n'a plus besoin de vous maintenant. » Le docteur, qui ne s'attendait pas à cette réponse, se trouble et demande au domestique : « Est-ce que le malade a eu le hoquet avant de mourir? — Oui. — Et très-fort? — Oui. — Ah! c'est très-bien! » et il repart, ha! ha! ha!

Le vieillard fut seul à rire ; Arcade sourit par complaisance, Bazarof se contenta d'aspirer une bouffée de tabac. La conversation dura ainsi près d'une heure; Arcade s'était rendu dans sa chambre, qui se trouvait servir d'antichambre au bain, mais n'en était pas moins très-convenable. On vit enfin paraître Tanioucha, qui annonça que le dîner était prêt.

Vassili Ivanovitch se leva le premier.

« Allons, messieurs, pardonnez-moi généreusement, si je vous ai ennuyés. J'espère que ma ménagère vous contentera plus que moi. »

Le dîner, quoique préparé à la hâte, fut très-bon, même abondant; le vin seul laissait un peu à désirer : le xérès, de couleur presque noire, que Timoféitch avait acheté à la ville chez un marchand de sa connaissance, avait un arrière-goût de colophane et de cuivre. On était aussi fort incommodé par les mouches; ordinairement un petit domestique les chassait avec une branche d'arbre; mais Vassili Ivanovitch l'avait dispensé de ce soin pour ne pas s'exposer aux criti-

ques des jeunes progressistes. Arina Vlassievna avait trouvé le temps
de faire toilette ; elle portait un grand bonnet à rubans et un châle
bleu à ramages. Elle se mit de nouveau à pleurer, dès qu'elle eut
aperçu son Enioucha ; mais il ne fut pas nécessaire que son mari
intervînt pour la calmer ; elle essuya elle-même ses yeux au plus
vite de peur d'abîmer son châle. Les jeunes gens firent honneur au
repas ; les hôtes, ayant déjà dîné, s'abstinrent de manger. Le service
était fait par Fedka, que ses bottes incommodaient beaucoup, et par
une femme borgne, aux traits masculins, nommée Anfisouchka,
cumulant les fonctions de sommelier, de blanchisseuse et de femme
de basse-cour. Durant tout le dîner, Vassili Ivanovitch se promena
dans la chambre d'un air heureux et même extatique, tout en expo-
sant les cruelles inquiétudes que lui donnait la politique de l'Empereur Napoléon, et l'obscurité de la question italienne. Arina Vlassievna semblait ne point voir Arcade ; le menton appuyé sur le poi-
gnet, elle montrait en plein sa figure ronde, à laquelle de petites
lèvres gonflées, rouges comme des cerises, et des grains de beauté
répandus sur les joues et au-dessus des sourcils, donnaient une
expression toute particulière de bonté naïve. Les yeux fixés sur son
fils, elle soupirait continuellement ; elle se mourait d'envie de savoir
pour combien de temps il était venu, mais n'osait le lui demander.
« S'il allait me répondre pour deux jours seulement ? » se disait-elle,
et son cœur battait de peur. Après le rôti, Vassili Ivanovitch disparut
pour un moment et revint bientôt tenant une demi-bouteille de vin
de Champagne qu'il avait débouchée.

— Quoique nous habitions un pays sauvage, dit-il, nous avons de
quoi nous égayer dans les grandes occasions.

Il remplit trois grands verres et un petit, déclara qu'il buvait à la
santé des « chers visiteurs, » avala son verre d'un trait, à la façon
des militaires, et obligea Arina Vlassievna à boire le petit verre jusqu'à la dernière goutte. Lorsqu'on en vint aux confitures, Arcade,
qui ne pouvait souffrir les mets sucrés, se crut pourtant obligé de
goûter trois sortes de confitures différentes, nouvellement préparées,
d'autant mieux que Bazarof s'y refusa nettement, et se mit à fumer
un cigare. Après le dessert vint le thé à la crème, avec des cra-
quelins et du beurre ; puis Vassili Ivanovitch conduisit son monde
dans le jardin, pour jouir de la soirée, qui était magnifique. En passant devant un banc il glissa dans l'oreille d'Arcade :

— C'est en ces lieux que j'aime à venir philosopher, tout en con-

templant le coucher du soleil ; cela convient au solitaire. Un peu.
plus loin, j'ai planté des arbres chers à Horace.

— Quels arbres ? demanda brusquement Bazarof.

— Mais... des acacias, je pense...

Bazarof se mit à bâiller.

— Je crois que les voyageurs feraient bien de s'abandonner aux
bras de Morphée, dit Vassili Ivanovitch.

— Ce qui veut dire qu'il serait temps de nous coucher, reprit Bazarof. J'approuve la proposition. Allons !

Et disant adieu à sa mère, il la baisa au front ; tout en l'embras-
sant elle lui fit trois fois le signe de la croix derrière le dos. Vassili
Ivanovitch conduisit Arcade dans sa chambre, et le quitta après lui
avoir souhaité « le doux repos dont il jouissait lui-même à cet âge
heureux. » Effectivement Arcade dormit fort bien dans sa petite
chambre ; elle exhalait une odeur de copeaux frais, et deux grillons
cachés derrière le poêle y criaient d'une façon qui disposait au sommeil. Vassili Ivanovitch passa de la chambre d'Arcade dans son
propre cabinet ; et, s'étant assis sur le pied du lit de son fils, c'est-
à-dire sur le divan, il se disposait à bavarder un peu ; mais Bazarof
le renvoya immédiatement en lui disant qu'il avait sommeil ; pourtant il ne ferma pas l'œil de la nuit. Il promenait son regard hargneux au milieu de l'obscurité ; les souvenirs de l'enfance n'avaient
aucun empire sur lui, et les tristes impressions de la veille agitaient
encore son esprit. Arina Vlassievna pria dévotement devant ses
images ; puis elle resta longtemps avec Anfisouchka, qui, plantée
comme une statue devant sa maîtresse et la regardant de son œil
unique, lui confiait mystérieusement, à voix basse, une foule de remarques et de suppositions relativement à Eugène Vassilievitch. La
joie, le vin et la fumée du tabac avaient tellement ébranlé le cerveau
d'Arina Vlassievna, que la tête lui tournait ; son mari s'était mis à
causer avec elle, mais il y renonça bientôt, et s'éloigna en faisant un
geste résigné de la main.

Arina Vlassievna était un vrai type de la petite noblesse russe de
l'ancien régime ; elle eût dû venir au monde deux cents ans plus tôt,
au temps des grands-ducs de Moscou. Très-impressionnable et d'une
grande piété, elle croyait à tous les présages possibles, aux divina-
tions, aux sortiléges, aux songes ; elle croyait aux «*Iourodivi* [1],» aux

1. Les *Iourodivi* russes ressemblent aux « Innocents » du moyen age.

esprits familiers, à ceux des bois, aux mauvaises rencontres, au
mauvais œil, aux remèdes populaires, aux vertus du sel déposé sur
l'autel le jeudi saint, à la fin prochaine du monde ; elle croyait que
si les cierges de la messe de minuit de Pâques ne s'éteignent pas, la
récolte du sarrazin sera bonne, et que les champignons ne poussent
plus dès qu'un regard humain s'est arrêté sur eux ; elle croyait que le
diable aime les lieux où il y a de l'eau, et que tous les juifs ont une
tache de sang sur la poitrine ; elle craignait les souris, les couleuvres,
les grenouilles, les moineaux, les sangsues, le tonnerre, l'eau froide,
les vents coulis, les chevaux, les boucs, les hommes roux et les chats
noirs, et considérait les grillons et les chiens comme des créatures
impures ; elle ne mangeait ni veau, ni pigeons, ni écrevisses, ni
fromage, ni asperges, ni topinambours, ni lièvre, ni melon d'eau
(parce qu'un melon entamé rappelle la tête coupée de saint Jean-
Baptiste), et la seule idée des huîtres, qu'elle ne connaissait même
pas de vue, la faisait frémir ; elle aimait à bien manger, et jeûnait
rigoureusement ; elle dormait dix heures par jour, et ne se couchait
pas du tout, si Vassili Ivanovitch se plaignait d'un mal de tête.
L'unique livre qu'elle avait lu, était intitulé : *Alexis ou la chaumière dans la forêt ;* elle n'écrivait qu'une lettre ou deux tout au plus
par an, et se connaissait admirablement en confitures et conserves,
quoiqu'elle ne mît elle-même la main à rien et n'aimât pas en général
à bouger de place.

Arina Vlassievna était du reste fort bonne, et ne manquait point
d'un certain bon sens. Elle savait qu'il existait au monde des maîtres
pour commander, et des hommes du peuple pour obéir, c'est pourquoi elle n'avait rien à redire à l'obséquiosité des inférieurs, à leurs
salutations jusqu'à terre ; mais elle les traitait avec une grande douceur, ne laissait point passer un mendiant sans lui donner l'aumône,
et ne critiquait personne, quoiqu'elle ne fût pas ennemie des commérages. Elle avait eu dans sa jeunesse une figure agréable ; elle
jouait du clavecin et parlait un peu le français. Mais pendant les
longs voyages de son mari, qu'elle avait pourtant épousé contre son
gré, elle avait engraissé et oublié la musique et le français. Tout en
adorant son fils, elle le craignait beaucoup ; c'était Vassili Ivanovitch
qui administrait son bien, et elle lui laissait à cet égard pleine liberté ;
elle soupirait, s'éventait avec son mouchoir, et levait les sourcils de
peur, lorsque son vieux mari commençait à lui parler des réformes
en voie d'exécution et de ses propres plans. Elle était méfiante, s'at-

tendait perpétuellement à quelque grand malheur et se mettait à pleurer, sitôt qu'elle se souvenait de quelque chose de triste... Les femmes de cette espèce commencent à devenir rares ; Dieu sait s'il faut s'en réjouir !

Aussitôt levé, Arcade ouvrit la fenêtre, et le premier objet qui frappa ses yeux fut Vassili Ivanovitch vêtu d'une robe de chambre tartare, avec un mouchoir de poche en guise de ceinture, qui travaillait dans le potager. Ayant remarqué son jeune hôte, il s'appuya sur sa bêche et lui cria :

— Salut ! comment avez-vous passé la nuit ?

— Fort bien ; répondit Arcade.

— Vous voyez devant vous une sorte de Cincinnatus, reprit le vieillard ; je prépare une couche pour les raves d'automne. Nous vivons dans un temps (et je suis bien loin de m'en plaindre) où chacun est obligé de se soutenir de ses propres mains ; il n'y a pas à compter sur les autres ; il faut travailler soi-même. On a beau dire le contraire, Jean-Jacques Rousseau avait raison. Il y a une demi-heure, mon cher monsieur, vous m'auriez surpris dans une tout autre position que celle où vous me voyez. Une paysanne était venue me consulter pour une dyssenterie ; je lui ai... comment dirai-je cela ?... je lui ai introduit une dose d'opium ; à une autre j'ai arraché une dent. J'avais proposé à cette dernière de se faire éthériser, mais elle n'y a pas consenti. Il est bien entendu que je fais tout cela gratuitement, — *an amater*. Au reste, je n'ai pas à en rougir ; je suis un plébéien, *homo novus ;* je n'ai pas d'écusson, comme mon épouse bien-aimée... Mais ne vous serait-il pas agréable de venir ici à l'ombre, respirer avant le déjeuner la fraîcheur matinale ?

Arcade alla le rejoindre.

— Soyez le bienvenu, continua Vassili Ivanovitch, en portant sa main, comme font les militaires, à la calotte grasse qui lui couvrait la tête ; — je sais que vous êtes habitué à tous les raffinements du luxe, mais les grands de ce monde eux-mêmes ne dédaignent pas de passer quelque temps sous le toit d'une chaumière.

— Comment pouvez-vous m'appeler un grand de ce monde ? s'écria Arcade ; et puis je vous prie de croire que je ne suis pas du tout habitué au luxe.

— Permettez, permettez, reprit Vassili Ivanovitch d'un air gracieux ; quoique je me trouve placé à cette heure sous la remise, je me suis frotté au monde jadis, et je reconnais un oiseau à son vol. Je suis aussi un peu psychologue et physionomiste. Aussi, si je n'avais point ce don, comme je me permettrai de l'appeler, je serais perdu depuis longtemps ; on m'aurait écrasé, pauvre petit ver de terre que je suis. Je vous le dirai sans compliment : l'amitié qui règne, à ce que je vois, entre vous et mon fils me réjouit extrêmement. Je le quitte à l'instant ; il s'est levé de très-bonne heure, suivant son habitude, que vous devez connaître, et court les environs. Permettez-moi une question Y a-t-il longtemps que vous êtes lié avec mon fils ?

— Nous avons fait connaissance cet hiver.

— Vraiment ? Permettez-moi encore une question... Mais nous pourrions nous asseoir. Permettez-moi de vous demander, avec la franchise d'un père, ce que vous pensez de mon Eugène ?

— Votre fils est un des hommes les plus remarquables que j'aie rencontrés, répondit vivement Arcade.

Les yeux de Vassili Ivanovitch s'ouvrirent subitement et une rougeur légère colora ses joues. Il laissa tomber sa bêche qu'il tenait à la main.

— Ainsi, vous pensez ?... reprit-il.

— Je suis certain, continua Arcade, qu'un grand avenir attend votre fils ; il illustrera votre nom. J'en suis demeuré convaincu à notre première rencontre.

— Comment... comment cela ?... dit avec effort Vassili Ivanovitch. Un sourire extatique s'épanouit sur ses larges lèvres et ne le quitta plus.

— Vous voudriez savoir comment nous avons fait connaissance ?

— Oui... et en général...

Arcade se mit à parler de Bazarof avec encore plus d'animation que le soir où il dansa une mazourke avec madame Odintsof. Vassili Ivanovitch l'écoutait, se mouchait, pelotonnait son mouchoir à deux mains, toussait, relevait ses cheveux, et enfin, n'y tenant plus, il se pencha vers Arcade et lui baisa l'épaule.

— Vous m'avez rendu le plus heureux des hommes, dit-il, sans cesser de sourire ; il faut vous confier que je... que j'idolâtre mon fils ! Je ne parle pas de ma pauvre femme, c'est une mère, et elle en a les sentiments. Mais moi, je n'ose pas exprimer à mon fils combien je l'aime, cela lui déplairait. Il ne peut pas supporter les effusions de ce genre ; bien des gens lui reprochent même cette fermeté de caractère, et l'attribuent à un sentiment de fierté ou à de l'insensibilité ; mais les hommes comme lui ne doivent pas être mesurés à la même

aune que le commun des mortels, n'est-il pas vrai? Tenez, par
exemple, un autre à sa place aurait fait de continuelles saignées à la
bourse parternelle. Eh bien, lui, il ne nous a jamais demandé un
kopek de trop, je peux vous l'assurer.

— C'est un homme désintéressé, intègre, dit Arcade.

— Comme vous le dites, monsieur, un modèle de désintéressement. Quant à moi, Arcade Nikolaïtch, je ne me contente pas de l'i-
dolâtrer, j'en suis fier, et ce qui flatte le plus mon orgueil, c'est de
penser qu'on lira un jour dans sa biographie les lignes suivantes :
« Fils d'un simple aide-major de régiment, qui sut pourtant le deviner de bonne heure, et ne n'égligea rien pour son instruction... » La
voix du vieillard s'éteignit.

Arcade lui pressa la main.

— Qu'en pensez-vous? demanda Vissili Ivanovitch, après un moment de silence ; ce n'est pas dans la carrière médicale qu'il arrivera
à la célébrité que vous lui prédisez ?

— Non, sans doute, quoique même dans cette partie, il soit destiné
à être parmi les plus savants.

— Quelle est donc la carrière où...

— Je ne saurais vous le dire dès à présent, mais il sera célèbre.

— Il sera célèbre ! répéta le vieillard, et il tomba dans une profonde rêverie.

— Arina Vlassievna vous fait prier de venir prendre le thé, lui dit
Anfisouchka qui passait avec un énorme plat de framboises.

Vassili Ivanovitch tressaillit et se redressa.

— Aura-t-on de la crème pour les framboises? dit-il.

— Oui, il y en aura.

— Qu'elle soit bien froide surtout ; tu m'entends ! Ne faites pas
de façons, Arcade Nikolaïtch, prenez-en davantage. Pourquoi Eugène ne rentre-t-il pas?

— Je suis ici, répondit Bazarof de la chambre d'Arcade.

Vassili Ivanovitch se retourna vivement.

— Ah ! tu voulais surprendre notre hôte ; mais tu es en retard,
*amice*, car nous causons ensemble depuis une heure. Maintenant
allons prendre le thé, ta mère nous attend. A propos, j'ai quelque
chose à te demander.

— Quoi?

— Il y a ici un paysan qui souffre d'un ictère.

— C'est-à-dire qu'il a la jaunisse.

— Oui, il est atteint d'un ictère chronique et opiniâtre. Je lui ai prescrit de la centaurée et du chiendent; je lui ai dit aussi de manger des carottes et de prendre de l'eau de soude. Mais ce ne sont là que des *polliatifs ;* il faudrait lui administrer quelque chose de plus énergique. Quoique tu te moques de la médecine, je suis certain que tu peux me donner un bon conseil.

— Nous en parlerons plus tard. Allons prendre le thé.

Vassili Ivanovitch sauta lestement du banc et entonna ces vers de *Robert le Diable :*

> Le vin, le vin, le vin, le jeu, les belles,
> Voilà, voilà, voilà mes seuls amours.

— Quelle vitalité! dit Bazarof en quittant la fenêtre.

On était au milieu de la journée. Il faisait une chaleur étouffante, malgré le fin rideau de nuages blanchâtres qui voilaient le soleil. Tout se taisait; les coqs seuls chantaient dans le village, et leurs voix traînantes causaient à tous ceux qui les entendaient une singulière sensation de paresse et d'ennui. De temps en temps, partant de la cime d'un arbre, s'élevait comme un appel plaintif le cri perçant d'un jeune épervier. Arcade et Bazarof étaient couchés à l'ombre d'une petite meule de foin, sur quelques brassées d'une herbe qui rendait un bruit sec au moindre frottement, quoiqu'elle fût encore verte et odorante.

— Ce tremble-là, dit Bazarof, me rappelle mon enfance; il s'élève au bord d'un creux, qui s'est formé sur l'emplacement d'une briqueterie. J'étais alors persuadé que cet arbre et ce creux avaient la puissance d'un talisman : jamais je ne m'ennuyai dans leur voisinage. Je ne comprenais pas encore à cette époque que je ne m'ennuyais pas, c'était parce que j'étais un enfant. Maintenant que j'ai grandi, le talisman a perdu son pouvoir.

— Combien d'années as-tu passées ici en tout ? demanda Arcade.

— Deux années de suite ; puis nous y venions de temps en temps. Nous menions une vie nomade, nous rôdions presque toujours d'une ville à l'autre.

— Cette maison est-elle bâtie depuis longtemps ?

— Oui... c'est mon grand-père qui l'a construite, le père de ma mère.

— Qui était-il, ton grand-père ?

— Le diable m'emporte si je le sais! Un major en second, à ce que je crois. Il avait servi sous Souvarof et racontait perpétuellement comment ils avaient franchi les Alpes. Il blaguait probablement.

— C'est donc pour cela que vous avez dans le salon un portrait de Souvarof? Moi, j'aime beaucoup les maisonnettes comme la vôtre, vieilles et chaudes; elles ont aussi une odeur toute particulière.

— On y sent l'huile[1] et la lessive, répliqua Bazarof. Et que de mouches dans ces gentilles demeures! Pouah!

— Dans ton enfance, reprit Arcade après un moment de silence, on ne t'a pas mené sévèrement?

— Tu connais mes parents : ce ne sont pas des croquemitaines.

— Tu les aimes beaucoup, Eugène?

— Oh oui, Arcade!

— Ils ont tant d'affection pour toi!

Bazarof ne répondit pas.

— Sais-tu bien à quoi je pense? dit-il enfin en mettant ses bras sous sa tête.

— Non; parle.

— Je pense que la vie est très-douce pour mes parents! Mon père s'intéresse à tout, quoiqu'il ait soixante ans; il parle de moyens *polliatifs*, traite des malades, fait de la générosité avec les paysans; il s'en donne à cœur joie. Ma mère ne peut pas se plaindre non plus; sa journée est tellement remplie de toutes sortes d'occupations, de « oh! » et de « ah! » qu'elle n'a pas le temps de revenir à elle; et moi...

— Et toi?

— Et moi je me dis : Voici que je suis couché près de cette meule... L'emplacement que j'occupe est si infiniment petit comparativement au reste de l'espace où je ne suis pas, et où l'on n'a que faire de moi, et la durée de temps qu'il me sera donné de vivre est si peu de chose à côté de l'éternité où je n'ai pas existé et où je n'existerai jamais... Et pourtant, dans cet atome, dans ce point mathématique, le sang circule, le cerveau travaille, et voudrait aussi quelque chose... Quel non-sens! quelle niaiserie!

— Permets-moi de te faire une observation : ce que tu dis s'applique généralement à tous les hommes...

---

1. Employée pour les lampes qui brûlent devant les images.

.. — C'est vrai, reprit Bazarof; je voulais dire que ces braves gens, j'entends parler de mes parents, s'occupent et ne songent pas à leur néant, il ne les dégoûte pas, il ne leur pue pas au nez, tandis que moi, je ne peux ressentir que de l'ennui et de la haine!

— La haine! pourquoi cela?

— Pourquoi? Quelle question! tu as donc oublié...?

— Je me souviens de tout, mais je ne pense pas que cela te donne le droit de haïr... Tu es malheureux, j'en conviens; mais...

— Eh! eh! Arcade Nicolaïtch, je vois que tu comprends l'amour comme tous les jeunes gens du jour. Tu dis : Petit, petit, petit! à la poule, et sitôt que la poule s'approche, on prend ses jambes à son cou! Ce n'est pas ma façon d'agir à moi. Mais laissons ce sujet. Lorsqu'on ne peut remédier à une chose, il est honteux de s'en occuper. — Il se tourna sur le côté et reprit : — Ah! voilà une fourmi qui traîne gaillardement une mouche à demi morte. Traîne-la, ma vieille, traîne! Ne t'embarrasse pas de sa résistance; tu peux, en ta qualité d'animal, dédaigner tout sentiment de commisération. Ce n'est pas comme nous autres qui nous sommes annulés et brisés volontairement.

— Tu ne devrais point parler de la sorte, Eugène! quand t'es-tu brisé, comme tu dis?

Bazarof leva la tête.

— Je crois avoir le droit d'en être fier. Je ne me suis pas brisé moi-même, et ce n'est pas une femmelette qui y parviendra jamais. Amen! c'est fini! Tu n'entendras plus un seul mot de ma part sur ce sujet.

Les deux amis restèrent quelques instants couchés sans se parler.

— Oui, reprit Bazarof, l'homme est une étrange créature. Lorsqu'on jette les yeux de côté et de loin sur l'existence obscure que mènent ici les *pères*, il semble que tout y soit parfait. Mange, bois, et sache que tu te conduis de la façon la plus régulière et la plus sage. Eh bien, non; l'ennui vous gagne bientôt. On éprouve le désir de se mêler aux autres hommes, ne fût-ce que pour se disputer avec eux, mais enfin il faut se mêler à eux.

— Il faudrait arranger la vie de façon à ce que chacun de ses instants eût une signification, dit Arcade d'un ton pensif.

— Sans doute! il est toujours doux de signifier quelque chose, même quand on serait dans le faux. On s'accommoderait même à la rigueur de choses insignifiantes... mais les petitesses, les misères... voilà le mal!

— Il n'existe point de petitesses pour celui qui ne veut point les reconnaître.

— Hum! tu viens de dire là le rebours d'un lieu commun.

— Comment? Qu'entends-tu par là?

— Le voici. Affirmer par exemple que la civilisation est utile, c'est émettre un lieu commun; mais déclarer que la civilisation est nuisible, c'est émettre le rebours d'un lieu commun. Cela semble un peu plus distingué, mais au fond, c'est absolument la même chose.

— Mais la vérité, où faut-il donc la chercher?

— Où? Je te répondrai comme l'écho : où?

— Tu es aujourd'hui disposé à la mélancolie, Eugène.

— Vraiment? Il faut que le soleil m'ait tapé sur la tête; et puis, nous avons mangé trop de framboises.

— Alors, il serait bon de faire un somme, dit Arcade.

— Soit; seulement ne me regarde pas... on a toujours l'air bête quand on dort.

— Ce que l'on pense de toi ne t'est donc pas indifférent?

— Je ne sais trop comment te répondre. Un homme vraiment digne de ce nom, ne devrait pas s'occuper de ce que l'on pense de lui; l'homme véritable est celui dont il n'y a rien à penser, mais qui se fait obéir ou détester.

— C'est étrange! je ne déteste personne, dit Arcade après un moment de réflexion.

— Et moi je déteste bien des gens! Tu as l'âme douce, une vraie compote de pruneaux, comment pourrais-tu détester?... Tu es timide, tu manques de confiance en toi...

— Et toi, reprit Arcade, tu as donc beaucoup de confiance en toi-même? Tu t'estimes beaucoup?

Bazarof ne lui répondit pas sur-le-champ.

— Lorsque j'aurai rencontré un homme qui ne baisse pas l'oreille en ma présence, reprit-il avec lenteur, alors je changerai d'opinion sur mon propre compte.

— Détester? Mais, tiens, par exemple, tu as dit tout à l'heure en passant devant l'isba grande et propre de votre starosta Philippe : La Russie n'aura atteint son point de perfection que lorsque le dernier des paysans aura une demeure pareille, et chacun de nous doit y contribuer... Eh bien, moi, je me suis mis aussitôt à détester ce paysan, que ce soit Philippe ou Jacques, pour le bien-être duquel je serais obligé de trimer, et qui ne m'en saurait pas le moindre gré; pourtant, qu'ai-je à faire de sa gratitude? Quand il habitera une bonne isba, moi je servirai à faire pousser des orties. Eh bien, après?

— Tais-toi, Eugène... en t'écoutant parler aujourd'hui, on serait presque tenté de donner raison à ceux qui nous accusent de manquer de principes.

— Tu parles comme ton digne oncle. Il n'existe point de principes. Tu ne t'en es pas douté jusqu'à présent? il n'y a que des sensations. Tout dépend des sensations.

— Comment cela?

— Oui. Tiens, moi, par exemple. Si j'ai l'esprit négatif, contrariant, cela dépend de mes sensations. Il m'est agréable de nier, ma cervelle est ainsi construite, et voilà tout! Pourquoi la chimie me plaît-elle? Pourquoi aimes-tu les pommes? toujours en vertu des sensations. La vérité est là, et jamais les hommes ne creuseront plus loin. On ne se l'avoue pas volontiers, et moi-même, je ne te le répéterai plus.

— Mais, à ce compte, l'honnêteté même ne serait qu'une sensation.

— Sans aucun doute!

— Eugène! reprit Arcade d'un ton affligé.

— Ah! vraiment? le morceau n'est pas de ton goût? dit Bazarof. Non, mon cher, quand on est décidé à tout faucher, il ne faut pas épargner ses propres jambes. Mais nous avons assez philosophé comme cela. La nature inspire le silence du sommeil, a dit Pouchkine.

— Jamais il n'a rien dit de semblable, reprit Arcade.

— S'il ne l'a pas dit, il aurait pu et dû le faire en sa qualité de poëte. A·propos, il a donc été militaire?

— Pouchkine n'a jamais été militaire.

— Allons donc! il n'y a pas de page où il ne s'écrie : « Aux armes! aux armes! pour l'honneur de la Russie! »

— Où vas-tu prendre toutes ces inventions? J'appelle cela calomnier.

— Calomnier! la belle affaire! Crois-tu m'effrayer par ce mot-là? Quelle que soit la calomnie que l'on répande sur le compte d'un individu, il en mérite encore vingt fois davantage.

— Tâchons plutôt de dormir, dit Arcade d'un air piqué.

— Avec le plus grand plaisir, répondit Bazarof.

Mais ils ne purent s'endormir ni l'un ni l'autre. Un sentiment
qui ressemblait à de l'hostilité se glissait dans leurs cœurs. Au bout
de quelques minutes, ils ouvrirent les yeux, et se regardèrent en
silence.

— Vois', dit tout à coup Arcade, vois cette feuille desséchée qui
vient de se détacher d'un platane et qui tombe à terre; elle voltige
dans l'air absolument comme le ferait un papillon. N'est-ce pas
étrange? Ce qu'il y a de plus triste et de plus mort, est semblable à
ce qu'il y a de plus gai et de plus vivant!

— O mon cher Arcade Nicolaïevitch! s'écria Bazarof, je te le demande en grâce : ne parle pas poétiquement.

— Je parle comme je sais... Mais en vérité cela tourne au despotisme. Une pensée me vient, pourquoi ne l'exprimerais-je pas?

— C'est juste; mais pourquoi ne dirais-je pas également ce que je
pense? Je trouve qu'il est indécent de parler poétiquement.

— Il est sans doute plus convenable, à ton avis, de dire des gros-
sièretés?

— Hé! hé! je vois que tu es bien décidé à marcher sur les
traces de ton oncle. Comme cet idiot serait heureux s'il pouvait
t'entendre !

— Comment as-tu appelé Paul Petrovitch?

— Comme il le mérite : un idiot.

— Cela devient insoutenable! s'écria Arcade.

— Ah! le sentiment de la famille s'est réveillé, dit tranquillement
Bazarof. J'ai remarqué qu'il est fortement enraciné chez tous les
hommes. Ils sont capables de renoncer à tout, de se dépouiller de
tous les préjugés; mais reconnaître, par exemple, qu'un frère qui a
volé des mouchoirs de poche est un voleur, c'est au-dessus de leurs
forces. Effectivement, une personne qui me tient de si près, *mon*
frère, peut-il ne pas être un génie?

— C'est uniquement à un sentiment de justice que j'ai obéi et nullement à celui de la famille, répondit Arcade avec vivacité. Mais
comme tu ne comprends pas ce sentiment, comme cette *sensation* te
fait défaut, tu ne devrais pas en parler.

— Ce qui revient à dire que Arcade Kirsanof m'est trop supérieur
pour que je puisse le comprendre; je m'incline et me condamne au
silence.

— Cesse donc, Eugène, je t'en prie; nous finirions par nous quereller.

— Ah! je t'en supplie, Arcade, querellons-nous, battons-nous bien, jusqu'à extinction de chaleur animale!

— Cela pourrait effectivement finir par...

— Par des coups de poing? reprit Bazarof; pourquoi pas? ici, sur ce foin, avec tout cet entourage idyllique, loin du monde et des regards humains; rien de mieux. Mais tu n'es pas de force à te mesurer avec moi. Je te saisirai à la gorge...

Bazarof ouvrit ses doigts osseux... Arcade se retourna en riant, et fit mine de vouloir se défendre... Mais la figure de son ami, le ricanement qui contractait ses lèvres, et le feu sombre dont brillaient ses yeux lui parurent exprimer une menace si réelle, qu'il en éprouva un sentiment de crainte involontaire...

— Ah! je vous trouve enfin, s'écria en ce moment Vassili Ivanovitch, qui parut devant les jeunes gens en veste de toile blanche tissée à la maison, et coiffé d'un chapeau de paille de la même fabrique.

— Je vous ai cherchés, cherchés... mais vous avez choisi une place admirable, et vous vous livrez à un bien doux passe-temps. « Couché sur la terre, regarder le ciel... » Savez-vous que cette attitude a une signification toute particulière?

— Je ne regarde le ciel que lorsque je veux éternuer, dit Bazarof d'un ton bourru, et s'approchant d'Arcade, il ajouta à voix basse : Je regrette qu'il nous ait empêchés.

— Allons, en voilà assez, répondit Arcade, et il lui serra furtivement la main.

— Je vous regarde, mes jeunes amis, continua Vassili Ivanovitch en hochant la tête et en appuyant ses mains jointes sur un bâton qu'il avait lui-même artistement tordu en spirale, et dont l'extrémité supérieure était surmontée d'une tête de Turc; je vous regarde et ne puis m'en lasser. Combien il y a en vous de force, de jeunesse, de facultés, de talents!... Castor et Pollux!

— Bon! s'écria Bazarof, voilà qu'il se lance dans la mythologie! On voit tout de suite qu'il a été fort en latin dans son temps. N'as-tu pas été honoré d'une médaille d'argent pour tes thèmes?

— Des Dioscures! des Dioscures! répéta Vassili Ivanovitch.

— Allons, père, sois raisonnable; un peu moins de tendresse.

— Une fois de temps en temps ne fait pas coutume, balbutia le vieillard. Au reste, je ne suis pas venu vous trouver, messieurs, pour vous adresser des compliments, mais premièrement pour vous annoncer que nous allons bientôt dîner, et secondement pour te prévenir, Eugène... Tu es un garçon d'esprit, tu connais les hommes et les femmes, et par conséquent tu pardonneras... Ta mère tenait à faire dire des prières en action de grâces, à l'occasion de ton arrivée. Ne va pas te figurer que je veuille t'engager à y assister, la cérémonie est déjà terminée. Mais le père Alexis...

— Le pope?

— Oui, le prêtre est à la maison... et il restera pour dîner... Je ne m'y attendais pas, et le déconseillai même... mais je ne sais comment ça c'est fait... il ne m'a pas compris... d'ailleurs, Arina Vlassievna... de plus, c'est un homme très-sensé et très-bien sous tous les rapports.

— Je suppose qu'il ne mangera pas ma portion à table? demanda Bazarof.

Vassili Ivanovitch se mit à rire.

— Non certainement! répondit-il.

— C'est tout ce que je demande. Je suis prêt à prendre place à table avec n'importe qui.

Vassili Ivanovitch redressa son chapeau.

— Je savais bien, reprit-il, que tu es au-dessus de tous les préjugés. Cela serait un peu fort; moi, qui viens d'entrer dans ma soixante-troisième année, je n'en ai pas non plus. (Vassili Ivanovitch n'osait point avouer qu'il avait désiré les prières tout autant que sa femme, car il n'était pas moins religieux qu'elle.) Mais le père Alexis souhaitait beaucoup de faire ta connaissance. Il te plaira, j'en suis sûr. Il aime assez à faire sa partie de cartes, et même... mais c'est entre nous... il fume sa pipe tout comme un autre.

— Eh! bien, nous ferons après le dîner une partie de *iéralache*[1], et je vous gagnerai.

— Hé! hé! hé! nous verrons ça.

— Comment? Est-ce que tu mettrais en œuvre certains talents? dit Bazarof avec une intonation toute particulière.

Une légère rougeur colora les joues bronzées de Vassili Ivanovitch.

— N'as-tu pas de honte, Eugène... Ce qui est passé est passé. Eh bien, oui, je suis prêt à avouer devant notre jeune ami que j'ai eu

1. Espèce de whist.

cette passion dans ma jeunesse, mais je l'ai bien payée! Comme il fait chaud aujourd'hui! permettez-moi de prendre place à côté de vous, à moins que je ne vous dérange?

— Nullement, répondit Arcade.

Vassili Ivanovitch s'assit sur le foin en geignant.

— Cette couche-là, dit-il, me rappelle, mes chers messieurs, ma vie militaire, les bivouacs, les ambulances; ça se passait aussi comme cela à côté de quelque meule, lorsqu'il y en avait encore! Il soupira. « Ah! j'en ai vu de cruelles dans ma vie! Tenez, si vous voulez bien me le permettre, je vais vous conter un épisode de la peste qui nous a décimés dans la Bessarabie.

— Et qui t'a valu la croix de Saint-Vladimir, dit Bazarof; connu, connu... A propos, pourquoi ne la portes-tu pas?

— Je viens de te dire que je n'ai pas de préjugés, répondit Vassili Ivanovitch avec embarras ( Il avait fait découdre la veille seulement le ruban rouge de sa boutonnière. ). Et il se mit à raconter l'épisode en question.

— Voyez-le, il s'est endormi! dit-il tout à coup à l'oreille d'Arcade, en montrant Bazarof et en clignant amicalement les yeux.

— Eugène, lève-toi! ajouta-t-il à haute voix. Allons dîner!

Le père Alexis, homme robuste et de haute taille, à la chevelure épaisse et peignée avec soin, portant sur sa robe de soie lilas une large ceinture brodée, se conduisit avec beaucoup d'esprit et de tact. Il fut le premier à serrer la main aux jeunes gens, comme s'il eût compris d'avance qu'ils ne se souciaient nullement de recevoir sa bénédiction, et tout en demeurant fidèle à son caractère, il sut fort bien ne blesser personne. Il ne craignit point de placer à propos quelques plaisanteries sur le latin qu'on enseigne dans les séminaires, et prit à une autre occasion la défense de son archevêque; après avoir bu deux verres de vin, il en refusa un troisième; il accepta le cigare que lui donna Arcade, mais ne le fuma point, disant qu'il l'emporterait chez lui. Il avait pourtant une habitude peu agréable, c'était d'approcher à tout moment la main avec lenteur et prudence de son visage, pour attraper les mouches qui s'y posaient, et il lui arrivait de les y écraser. Il prit place à la table de jeu sans en montrer trop de satisfaction, et finit par gagner à Bazarof deux roubles cinquante kopeks assignats (on n'avait aucune idée du *rouble argent* dans la maison d'Arina Vlassievna). Celle-ci, assise à côté de son fils (elle ne jouait jamais), le menton appuyé sur sa main suivant son habitude, ne se levait que pour donner l'ordre d'apporter quelque nouvelle friandise. Elle craignait d'avoir trop d'attentions pour Bazarof, et il ne l'y encourageait nullement; d'ailleurs Vassili Ivanovitch lui avait bien recommandé de ne pas le tourmenter : « Les jeunes gens n'aiment pas cela, » lui répétait-il. (N'oublions pas de dire que rien ne fut épargné pour le dîner. Timoféitch en personne s'était rendu dès l'aube du jour à la ville afin d'y acheter de la viande de première qualité; le *starosta* se transporta sur un autre point à la recherche de *nalimes*[1], de perches et d'écrevisses; on donna jusqu'à quarante kopeks aux paysannes pour les champignons.) Mais les yeux d'Arina Vlassievna, constamment fixés sur Bazarof, n'exprimaient pas uniquement le dévouement et la tendresse; on y lisait aussi une tristesse mélangée de curiosité et de peur, et aussi de je ne sais quels humbles reproches. Au reste, Bazarof s'occupait fort peu de ce que pouvaient exprimer les yeux de sa mère, il ne lui parlait presque pas et se bornait à lui adresser des questions très-brèves. Cependant il lui demanda sa main dans l'espoir que cela lui porterait bonheur. Arina Vlassievna mit sa petite main douce et molle dans la large et rude main de son fils.

— Eh bien? lui demanda-t-elle au bout d'un instant, cela a-t-il fait son effet?

— Cela va encore plus mal, lui répondit-il avec un sourire insouciant.

— Monsieur joue beaucoup trop hardiment, dit le père Alexis d'un ton de compassion et en caressant sa belle barbe.

— C'est à la manière de Napoléon, répondit Vassili Ivanovitch, et il joua un as.

— Et c'est à cette manière que Napoléon doit d'être mort à l'île de Sainte-Hélène, reprit le père Alexis en coupant l'as avec un atout.

— Eniouchenka, veux-tu un verre d'eau de groseilles? demanda Anna Vlassievna à son fils.

Bazarof se contenta de hausser les épaules.

— Non, dit-il le lendemain à Arcade, je partirai d'ici. Je m'ennuie ici, j'ai envie de travailler, et il m'est impossible de rien faire. Je vais retourner chez vous, où j'ai laissé toutes mes préparations. On peut du moins être seul quand on veut dans votre maison. Mais ici mon père me répète continuellement : Tu peux disposer de mon cabinet,

1. Poisson d'un goût exquis; on en fait de l'*oukha*, sorte de bouillabaisse.

personne ne viendra t'y déranger; et lui-même il ne me quitte point d'un pas. D'ailleurs, je me ferais conscience en quelque sorte de lui fermer ma porte. Ma mère n'est guère moins gênante; je l'entends qui soupire constamment dans sa chambre, et lorsque je vais la rejoindre, je ne sais que lui dire.

— Ton départ l'affligera beaucoup, et ton père aussi, répondit Arcade.

— Je reviendrai.

— Quand?

— En retournant à Pétersbourg.

— C'est surtout ta mère que je plains.

— Pourquoi cela? Est-ce parce qu'elle t'a fait manger de bons fruits?

Arcade baissa les yeux.

— Tu ne connais pas ta mère, dit-il à Bazarof; non-seulement elle a le cœur excellent, mais elle est aussi très-intelligente. Nous avons causé ensemble plus d'une demi-heure ce matin, et sa conversation est pleine de raison et d'intérêt.

— C'est sans doute moi qui en ai fait le sujet?

— Nous avons parlé aussi d'autres choses.

— Il est possible que tu aies raison. On voit souvent mieux ces choses-là de la galerie, comme au billard. Lorsqu'une femme peut soutenir une conversation durant une demi-heure, c'est déjà bon signe. Mais tout cela ne m'empêchera pas de partir.

— Je ne sais comment tu t'y prendras pour lui annoncer cette nouvelle. Ils semblent croire que nous serons encore ici dans deux semaines.

— C'est assez embarrassant. De plus, j'ai eu aujourd'hui la sotte idée de taquiner mon père, à propos d'un paysan qu'il a fait fouetter dernièrement, et avec raison. Oui, oui, avec raison, ne me regarde pas avec ces yeux-là; il a très-bien fait de le punir parce que c'est un voleur et un ivrogne incorrigible; seulement mon père ne croyait point que j'en serais si pertinemment instruit, comme l'on dit. Il en a été tout confus; et voilà maintenant que je vais être obligé de lui causer du chagrin... Au reste, peu importe! d'ici au mariage ça se guérira[1].

Quoique Bazarof eût prononcé ces dernières paroles d'un air assez

1. Proverbe russe.

résolu, il ne se décida pourtant à annoncer son départ à son père que dans son cabinet, au moment de lui souhaiter le bonsoir. Il lui dit avec un bâillement forcé :

— Tiens... j'allais oublier de te prévenir... Il faudra faire conduire demain nos chevaux chez Fédote pour le relais.

Vassili Ivanovitch demeura stupéfait.

— Est-ce que M. Kirsanof va nous quitter ? demanda-t-il enfin.

— Oui, et je pars avec lui.

Vassili Ivanovitch recula stupéfait.

— Tu vas nous quitter ? .

— Oui... j'ai affaire. Aie l'obligeance d'envoyer les chevaux.

— C'est bon ; balbutia le vieillard, pour le relais... c'est bien... seulement... seulement... est-ce possible ?

— Il faut que je me rende chez Kirsanof pour quelques jours. Je reviendrai ensuite...

— Oui ? pour quelques jours... c'est bien.

Vassili Ivanovitch tira son mouchoir et se moucha en se courbant presque jusqu'à terre.

— Eh bien ! soit !... on le fera. Mais je pensais que tu... plus longtemps. Trois jours... après trois ans d'absence, ce n'est pas... ce n'est pas grand'chose, Eugène !

— Je viens de te dire que je reviendrai bientôt. Il m'est indispensable...

— Indispensable... Eh bien ! avant tout il faut remplir son devoir...̄ Tu veux que j'envoie les chevaux ? C'est bon, mais nous ne nous y attendions pas, Arina et moi ! Elle vient de demander à une voisine des fleurs pour orner ta chambre.

Vassili Ivanovitch n'ajouta pas que chaque matin, au point du jour, pieds nus, en pantoufles il allait trouver Timoféitch, et lui remettait un assignat tout déchiré qu'il cherchait au fond de sa bourse de ses doigts tremblants ; cet assignat était destiné à l'achat de diverses provisions, principalement de comestibles et de vin rouge dont les jeunes gens faisaient une grande consommation.

— Il n'y a rien de plus précieux que la liberté ; c'est mon principe... il ne faut pas gêner les gens... il ne faut pas...

Vassili Ivanovitch se tut tout à coup et se dirigea vers la porte.

— Nous nous reverrons bientôt, père, je te le promets.

Mais Vassili Ivanovitch ne se retourna pas ; il sortit en faisant un geste de la main. En entrant dans sa chambre à coucher, il trouva sa femme déjà endormie, et se mit à prier à voix basse pour ne point troubler son sommeil; cependant elle se réveilla.

— C'est toi, Vassili Ivanovitch? lui demanda-t-elle.

— Oui, ma bonne.

— Tu viens de quitter Enioucha? Je crains bien qu'il ne se trouve mal couché sur le divan. J'ai pourtant dit à Anfisouchka de lui donner ton matelas de campagne et les nouveaux coussins; je lui aurais bien cédé aussi notre lit de plumes; mais je crois me rappeler qu'il n'aime pas à être couché mollement.

— Cela ne fait rien, ma bonne; ne t'inquiète pas. Il se trouve bien. Seigneur, ayez pitié de nous autres pécheurs! ajouta-t-il en continuant sa prière. Vassili Ivanovitch n'en dit pas plus long; il ne voulut point annoncer à sa pauvre femme une nouvelle qui aurait troublé son repos.

Les deux jeunes gens partirent le lendemain. Tout avait pris, dès le matin, dans la maison, un aspect triste; Anfisouchka laissait tomber les plats qu'elle portait; Fedka lui-même était tout déconcerté, et finit par quitter ses bottes. Vassili Ivanovitch se donnait plus de mouvement que jamais; il s'efforçait de cacher son chagrin, parlait très-haut et marchait avec bruit; mais ses traits étaient creusés et ses yeux avaient toujours l'air d'éviter son fils. Arina Vlassievna pleurait silencieusement; elle aurait tout à fait perdu la tête, si son mari ne l'eût longuement sermonée dans la matinée. Lorsque Bazarof, après avoir répété à plusieurs reprises qu'il reviendrait avant un mois, s'arracha enfin aux bras qui le retenaient et s'assit dans le tarantass, lorsque les chevaux partirent, et que le bruit de la clochette se mêla au roulement des roues, lorsqu'il devint inutile de regarder plus longtemps; lorsque la poussière se fut entièrement abattue, et que Timoféitch, courbé en deux et chancelant, eut regagné son gîte; lorsqu'enfin les deux vieillards se retrouvèrent de nouveau seuls dans leur maison, qui leur semblait aussi être devenue plus étroite et plus vieille... Vassili Ivanovitch qui peu de minutes auparavant agitait si fièrement son mouchoir du haut du perron, se jeta sur une chaise et laissa tomber sa tête sur sa poitrine. « Il nous a abandonnés! » dit-il d'une voix tremblante: « abandonnés! il s'ennuyait auprès de nous. Me voilà seul maintenant, seul! » répéta-t-il à plusieurs reprises, en dressant chaque fois l'index de la main droite[1].

---

1. Un proverbe russe dit : Seul comme un doigt.

Arina Vassilievna s'approcha de lui, et, posant sa tête blanchie sur la tête blanchie du vieillard, elle lui dit : « Qu'y faire Vassili ? un fils est comme un lambeau qui se détache ; c'est un jeune faucon ; il lui plaît de venir et il arrive ; il lui plaît de repartir et il s'envole ; et nous deux, nous sommes toi et moi comme deux petits champignons dans le creux d'un arbre ; placés à côté l'un de l'autre, nous restons là pour toujours. Moi seule je ne changerai pas pour toi, comme toi tu ne changeras pas pour ta vieille femme ! »

Vassili Ivanovitch se découvrit la figure qu'il avait cachée dans ses mains, et embrassa sa femme, sa compagne, plus étroitement qu'il ne l'avait jamais fait, même dans sa jeunesse ; elle l'avait consolé dans son chagrin.

Ivan Tourguénef.

# REVUE DES SCIENCES

## LA TRANSMUTATION ET LA CHIMIE MODERNE.

A l'époque où, sous l'inspiration de Lavoisier, la chimie fit table rase de toutes les idées *à priori* et voulut s'appuyer seulement sur des faits, elle établit une distinction importante entre toutes les matières qui s'offrent à son étude.

Tandis qu'un certain nombre de substances se réduisent aisément en matières plus simples, que l'eau, par exemple, se décompose facilement en oxygène et en hydrogène, quelques principes au contraire résistent à toutes les forces qu'on fait agir sur eux, et tous les efforts tentés pour les décomposer restent infructueux. De là deux grandes classes de matières : les corps *composés* et les corps *indécomposés* ou *simples*.

Ces deux derniers mots n'ont pas la même valeur, l'un rappelle un fait, l'autre établit un principe; l'un réserve l'avenir, l'autre ferme la porte à toutes les éventualités, et déclare que ce qui n'a pas été fait jusqu'à présent est, en effet, infaisable. — Nos corps indécomposés sont-ils indécomposables, et les soixante-cinq espèces de matières que nous présente aujourd'hui la nature, sont-elles essentiellement différentes? Sont-ce les principes mêmes des êtres? Avons-nous au contraire quelque espérance de décomposer les corps réputés simples, ou même de les transformer les uns dans les autres? Les progrès si rapides de la chimie permettent-ils enfin d'entrevoir la solution du problème qui a tant préoccupé les alchimistes?

C'est ce que nous voulons examiner dans cet article.

Rareté des métaux précieux au moyen âge. — Travaux des alchimistes. — Leurs idées sur la nature des métaux. — Poudre de projection et pierre philosophale. — Misères des philosophes hermétiques. — Leurs supercheries.

Le moyen âge a toujours souffert de la rareté des métaux précieux. Tandis que l'antiquité, en relations suivies avec l'Orient, put toujours se procurer l'or et l'argent nécessaires aux échanges, les nations occidentales se trouvèrent, après leur établissement définitif, fort dépourvues. — Pendant les invasions, des quantités considérables de métaux précieux furent enfouies et non retrouvées, le clergé immobilisa dans ses vases sacrés, défendus par la piété publique, des masses importantes d'or et d'argent, l'art d'exploiter les mines était tombé en décadence, l'or natif enfin est très-rare en Europe; le moyen d'échange faisait donc certainement défaut. Enfin les fausses idées économiques répandues alors portaient à désirer d'autant plus vivement les métaux précieux, qu'on les croyait la richesse elle-même, tandis qu'ils n'en sont que le signe représentatif.

On chercha par les moyens les plus variés à combler ce déficit; nos rois se font faux-monnayeurs : Philippe le Bel altère la valeur des monnaies à plusieurs reprises, preuve que l'or et l'argent étaient beaucoup plus rares que pendant l'antiquité, car les empereurs romains, les maîtres en fait d'arbitraire et de tyrannie, ne semblent pas songer à ce moyen commode d'augmenter leurs richesses[1].

Lorsqu'au quinzième siècle les grands navigateurs commencent leurs longs voyages, ils sont excités surtout par l'espérance d'arriver aux pays lointains riches en mines d'or; dans le traité qui lie Christophe Colomb à Ferdinand et à Isabelle, il est stipulé que l'amiral aura une part dans l'or qu'il pourra trouver aux Indes; une de ses premières préoccupations quand il aborde aux Antilles est de s'enquérir de l'existence des mines, et de presser les naturels de lui indiquer d'où provient l'or dont ils se parent.

On comprend donc que la rareté de cette matière précieuse ait excité l'ardeur des chercheurs et qu'ils se soient efforcés de produire artificiellement l'or et l'argent, à l'aide des métaux plus communs, plomb, cuivre, fer ou mercure.

La grave question de philosophie naturelle que nous essayons de présenter aujourd'hui, devait être fatalement abordée par l'opération qui promettait les plus immenses bénéfices. Aussitôt qu'on étudiait les transformations de la matière, on devait tenter la métamorphose des métaux vulgaires en métaux précieux.

Rien en effet ne permettait de prévoir que cette transformation fût impossible; on assistait depuis des siècles à des métamorphoses si

---

1. Dans un mémoire fort instructif sur l'art du monnayage chez les anciens, M. Mougès signale seulement une révolte des monnayeurs sous Aurélien, révolte occasionnée par les fraudes dont ils s'étaient rendus coupables, et la crainte d'une juste punition. (*Mémoires de l'Académie des inscriptions et belles-lettres*, tome IX, page 222.)

singulières qu'on pouvait tenter celle-là. Que de nos jours un ignorant plonge un clou de fer dans une dissolution de sulfate de cuivre, il verra ce clou se recouvrir de cuivre, et pourra sans doute en conclure que le fer s'est transformé en cuivre; la substitution d'un métal à un autre pourra fort bien lui apparaître comme une transmutation. Qu'il chauffe de la céruse ou de la litharge avec du charbon dans un creuset, et bientôt il verra le plomb se rassembler en un culot brillant; le métal n'a-t-il pas été créé en quelque sorte dans cette opération? Nous savons aujourd'hui que la céruse ou la litharge sont décomposées par le charbon, les alchimistes l'ignoraient et pouvaient croire le plomb formé de litharge et de charbon.

Toutefois ce qui parut frapper davantage les alchimistes, ce sont ces phénomènes de fermentation dont nous avons à différentes reprises entretenu les lecteurs de la *Revue Nationale*[1].

Du moût de raisin abandonné à lui-même, éprouve un vif mouvement de fermentation, des bulles gazeuses viennent crever à la surface, et après quelques jours la liqueur sucrée est remplacée par une boisson spiritueuse et enivrante.

Si l'on ajoute une faible quantité de matière déjà fermentée à la décoction de l'orge germée, elle suffira pour y développer un mouvement analogue, et une tisane insipide deviendra encore une boisson enivrante. Ces phénomènes remarquables frappèrent vivement les esprits, et dans la recherche où l'on s'engageait on tenta de les reproduire. La grande préoccupation scientifique du moyen âge fut la découverte du ferment destiné à déterminer la transformation du plomb en argent ou en or; la pierre philosophale, la poudre de projection ne sont autre chose que ces ferments spéciaux.

Il y a même entre les idées admises aujourd'hui sur la nature des ferments et celles qui guidaient les alchimistes des ressemblances frappantes. Nous avons indiqué, dans des articles précédents, comment l'opinion de Cagniard de Latour, de Turpin sur la vitalité des ferments avait reçu un développement inattendu des expériences de M. Pasteur; eh bien! les alchimistes pensaient comme nous sur ce sujet, et de même que nous reconnaissons aujourd'hui comme êtres vivants les globules de levûre de bière, ferment alcoolique, les *myco-derma aceti*, ferment acétique, de même les alchimistes pensaient que la pierre philosophale, ferment d'or pour ainsi dire, était animée, vivante, et ils espéraient lui donner la vie par une sorte de génération spontanée, comme nous dirions aujourd'hui, de la même façon que

1. 10 septembre et 25 novembre 1861. (*Annuaire scientifique*, 1re année, page 105; 2e année, page 355.)

quelques naturalistes croient encore voir se développer des êtres vivants ne provenant pas de parents semblables à eux.

Les alchimistes croyaient « que[1] la production de l'or était le but où la nature tendait dans les mines, et qu'elle avait été empêchée et détournée quand elle avait produit les autres métaux qu'ils ont nommés imparfaits. »

De là une foule d'essais pour purifier ces métaux imparfaits, pour achever l'œuvre incomplète de la nature, de là surtout la recherche de la *semence* de l'or pouvant le multiplier pendant la fermentation, comme la levûre de bière, semence de fermentation, augmente son poids quand elle est ajoutée à la décoction du malt de l'orge germée.

« Quelques-uns d'eux, dit encore Lemery, pour y parvenir font un mélange de ces métaux avec des matières qui servent à les purifier de leurs parties les plus grossières, et les font cuire par de grands feux ; les autres les mettent digérer dans des liqueurs spiritueuses, voulant par là imiter la chaleur dont la nature se sert, et prétendant les faire pourrir pour en tirer ensuite le mercure qu'ils disent être une matière très-disposée à faire de l'or. Les autres recherchent la semence de l'or dans l'or même, et ceux-là se tiennent assurés de l'y trouver, de même qu'on trouve la semence d'un végétal plutôt dans le végétal même qu'ailleurs..... Les autres cherchent la semence de l'or dans les minéraux comme dans l'antimoine, où ils veulent qu'il y ait un mercure et un soufre semblable à celui de l'or. »

*L'œuf philosophique* dont il est si souvent question dans les ouvrages des philosophes hermétiques, était un vase maintenu pendant long-temps à une douce chaleur ; la génération de la pierre philosophale devait s'y accomplir comme la génération de l'animal a lieu dans la matrice de la femelle.

Pendant près d'un millier d'années, on s'acharna à cette pour-suite : à cela rien d'étonnant. Le but paraissait si prochain, on allait l'atteindre. Alors quelle puissance, quelle richesse !

Le souffleur est là devant son fourneau, le feu brille, l'essai cette fois est bien conçu ; toutes les prescriptions des anciens ont été sui-vies, lui seul a pu interpréter leur vrai sens ; aujourd'hui la peine, demain la fortune. Sa rêverie l'entraîne, le monde lui appartient : châteaux à tourelles élançant leurs toits pointus vers le ciel, chevaux caparaçonnés d'or et de soie piaffant au portail, table étincelante, doux sourires enfin, toujours prodigués aux vainqueurs ; tout cela est à lui si l'essai réussit. Misère ! L'expérience a manqué, le décou-ragement est venu, mais il n'est pas de longue durée ; on avait la foi,

---

1. Lemery. *Traité de chimie*, 10ᵉ édition, 1713, page 77.

les anciens avaient réussi, la tradition l'assurait, on pourrait réussir
également. Aucun sacrifice ne coûtait; on sacrifiait tout au grand
œuvre. Le soir, sous le porche de Notre-Dame, où se réunissaient
habituellement les alchimistes parisiens, on les voyait arriver consu-
més de travail, les yeux rougis, les mains brûlées, venant réchauffer
leurs espérances à celles de leurs confrères; c'étaient de longues
conversations pleines de réticences et d'obscurités, car chacun gardait son secret. Si une imprudence allait mettre un rival sur la voie,
et s'il arrivait le premier, quel désespoir! A force de recherches et
de travaux, à force d'essayer au hasard toutes sortes de mélanges et
de combinaisons, ils trouvèrent la poudre à canon, l'alcool, les acides
énergiques, les remèdes héroïques renfermant le mercure et l'antimoine; et quand ils s'éveillèrent de ce long rêve au dix-huitième
siècle, ils avaient, dans cette poursuite obstinée, accumulé tant de
faits, observé tant de métamorphoses, qu'il ne fallait plus qu'une
intelligence lucide et claire pour faire une science de ce chaos. Ce fut
la gloire de Lavoisier.

Par une chance singulière, les travaux des alchimistes démontrèrent
précisément l'impuissance des forces actuellement connues à décomposer les métaux, à les transformer les uns dans les autres. Ils
ne réussirent jamais, en effet, à cette transmutation tant de fois es-
sayée; et si l'opinion contraire fut souvent assez répandue, elle fut
surtout entretenue par d'habiles imposteurs qui soutiraient, par leurs
supercheries, de grosses sommes aux esprits crédules.

Geoffroy l'aîné inséra, en 1722, aux Mémoires de l'Académie des
sciences, un écrit *sur les supercheries concernant la pierre philosophale,*
pour mettre le public en garde contre elles.

« Quoiqu'il y ait quelque inconvénient, dit-il, à mettre au jour les
tromperies dont se servent ces imposteurs, parce que quelques personnes pourraient en abuser, il y en a cependant beaucoup plus à
ne pas les faire connaître, puisqu'en les découvrant on empêche un
très-grand nombre de gens de se laisser séduire par leurs tours d'a-
dresse.

« C'est donc dans la vue d'empêcher le public de se laisser abuser
par ces prétendus philosophes chimistes, que je rapporte ici les principaux moyens de tromper qu'ils ont coutume d'employer et qui sont
venus à ma connaissance.

« Comme leur principale intention est pour l'ordinaire de faire
trouver de l'or ou de l'argent en la place des matières minérales qu'ils
prétendent transmuer, ils se servent souvent de creusets ou de cou-
pelles doublées, ou dont ils ont garni le fond de chaux, d'or ou d'argent; ils recouvrent ce fond avec une pâte faite de poudre de creuset

incorporée avec de l'eau gommée ou un peu de cire, ce qu'ils accommodent de manière que cela paraît le véritable fond du creuset ou de la coupelle.

« D'autres fois ils font un trou dans un charbon où ils coulent de la poudre d'or ou d'argent qu'ils referment avec de la cire ; ou bien ils imbibent des charbons des dissolutions de ces métaux, et ils les font mettre en poudre pour projeter sur les matières qu'ils doivent transmuer.

« Ils se servent de baguettes ou de petits morceaux de bois creusés à leur extrémité dont le trou est rempli de limaille d'or et d'argent, et qui est rebouché avec de la sciure fine du même bois. Ils remuent les matières fondues avec la baguette qui, en se brûlant, laisse dans le creuset le métal fin qu'elle contenait.

«Ils mêlent d'une infinité de manières différentes l'or et l'argent dans les matières sur lesquelles ils travaillent ; car une petite quantité d'or ou d'argent ne paraît point dans une grande quantité de mercure, de régule d'antimoine, de plomb, de cuivre ou de quelque autre métal..... »

## II

La même espèce de matière se présente sous des formes différentes et avec des propriétés dissemblables. — Allotropie. — Isomérie. — Dimorphisme.

Les alchimistes n'ont certainement jamais résolu le problème à la poursuite duquel ils ont dépensé tant de forces, de temps et de peines, nous en sommes convaincus. Mais depuis quatre-vingts ans la science a marché, nous sommes mieux armés que nos devanciers, nous sommes plus habiles, plus savants, nous disposons de forces qui leur étaient inconnues : peut-être pourrons-nous triompher des obstacles qui les ont arrêtés. Est-il certain, en effet, que toutes les matières que nous croyons simples aujourd'hui le soient en effet? L'or et le platine, qui ont tant d'analogie, sont-ils bien certainement formés de matières différentes? Le chlore, le brôme et l'iode, dont les combinaisons sont si voisines les unes des autres, ne sont-ils pas la même matière diversement arrangée? N'avons-nous jamais vu la même espèce de matière affecter des formes aussi différentes, des propriétés aussi dissemblables que celles que présentent deux espèces de matières considérées actuellement comme complétement différentes, et n'en peut-on pas conclure que notre distinction des corps en simples et composés doive disparaître tôt ou tard?

Qu'y a-t-il, au premier abord, de plus différent que le diamant et le noir de fumée? Quelle ressemblance peut-il exister entre une matière dense, admirablement diaphane et réfringente, et un corps noir, léger, tout à fait opaque? Comment ose-t-on même les comparer? Il l'a bien fallu cependant, puisque ces deux corps sont formés par la même espèce de matière, et ne sont l'un et l'autre que du carbone.

On comprend que ce n'est pas sans peine qu'une pareille opinion s'est établie, et qu'il y a fallu nombre d'expériences et des plus habilement faites. Newton paraît avoir émis le premier l'idée que le diamant était combustible. Le diamant est probablement « un corps onctueux coagulé, » avait-il dit; il appuyait cette opinion sur les propriétés réfringentes du diamant, remarquant, sans savoir l'expliquer et sans que nous le sachions davantage aujourd'hui, que les corps qui réfractent le mieux la lumière sont les plus combustibles [1]. La propriété combustible du diamant fut vérifiée à Florence : un diamant placé au foyer d'une forte lentille brûla dans l'air et disparut; tout le monde ne fut pas convaincu cependant, et à la fin du dix-huitième siècle, les Mémoires de l'Académie des sciences [2] sont remplis du récit d'expériences entreprises dans le but de vérifier si le diamant peut brûler. Notre grand Lavoisier reconnut que non-seulement il était combusible, mais encore qu'il donnait en brûlant « une espèce de gaz qui précipite l'eau de chaux et qui a beaucoup de ressemblance avec le gaz dégagé des effervescences, des fermentations et des réductions métalliques; » enfin, sir H. Davy démontra plus tard, par plusieurs expériences décisives [3], que le diamant était du charbon pur; dans l'une, après avoir brûlé le diamant dans le gaz oxygène et l'avoir ainsi converti en acide carbonique, il fixa ce gaz à l'état de carbonate de chaux; puis, décomposant ce sel par le potassium, il en tira le carbone provenant du diamant à l'état de noir de fumée. Dans une autre opération, un poids déterminé de diamant fut placé dans une cloche remplie d'oxygène, et chauffé à l'aide des rayons solaires; le diamant brûlé donna précisément le même poids d'acide carbonique qu'aurait donné un poids semblable de charbon

1. On peut vérifier ce fait avec un liquide très-commun aujourd'hui, le sulfure de carbone très-inflammable, beaucoup plus encore que l'éther; le met-on dans un verre avec de l'eau, il tombe goutte à goutte au fond et présente une couche réfringente très-différente de l'eau placée au-dessus. La forte réfringence du phosphure d'hydrogène liquide, si combustible qu'il s'enflamme spontanément à l'air, a été la cause de sa découverte par M. P. Thénard.

2. Voir dans les Mémoires de l'Académie royale des sciences, 1772, tome II, les expériences relatives à cette combustion du diamant.

3. Annales de chimie et de physique, 2e série, tome I, p. 16. 1816.

de bois ou de graphite. Ainsi, des quantités semblables de diamant et de charbon de bois ou de noir de fumée donnent des poids égaux d'acide carbonique, des poids égaux de la même espèce de matière, et il faut bien convenir que le diamant, le noir de fumée et le char_ bon, susceptibles de se transformer, sous l'influence du même gaz oxygène, en un même gaz carbonique, sont formés par la même es_ pèce de matière affectant des formes très-diverses.

Le phosphore nous présente encore un exemple curieux d'*allo_ tropie*, c'est-à-dire d'une matière unique affectant les aspects les plus différents, ayant les propriétés les plus dissemblables.

Le phosphore qu'on extrait des os, par la méthode qu'a indiquée le chimiste suédois Schéele, se présente sous la forme d'une masse blanche, translucide lorsqu'elle est fraîchement préparée. Ce phos_ phore blanc est soluble dans ce liquide combustible d'une odeur infecte dont les emplois se multiplient chaque jour, le sulfure de car_ bone; celui-ci évaporé abandonne le phosphore sous forme de petits cristaux dérivant d'un cube (dodécaèdres rhomboïdaux); le phos_ phore blanc cristallin est fusible à 43°, inflammable vers 60°; il possède une propriété funeste : c'est un poison, un poison violent que chacun a aujourd'hui sous la main, dont les allumettes sont une source intarissable, et qui a déjà servi à plus d'un crime.

Ce phosphore blanc, exposé à l'action de la lumière pendant un certain temps, change d'aspect, rougit, affecte ainsi une seconde forme qu'on lui fait prendre plus facilement si, comme l'a indiqué M. Schrœtter, de Vienne, on le maintient pendant plusieurs jours à une température de 170° environ.

Cette température soutenue a profondément modifié le phosphore : de blanc il est devenu rouge; de cristallin, amorphe; de soluble dans le sulfure de carbone, insoluble; il ne s'enflamme plus à 60°, mais bien à 160° seulement; tout à l'heure c'était un poison violent, c'est maintenant une matière parfaitement inerte, qui peut être ingérée sans danger[1]. Si profond, si radical que soit le changement, il ne constitue pas encore une transmutation; en chauffant le phosphore, on ne l'a pas transformé en une nouvelle matière, car si nous brû_ lons ce phosphore rouge, il nous donnera comme le phosphore blanc, en même poids que le ferait le phosphore blanc, de l'acide phosphorique. La nature même de la substance n'est pas chan_ gée, son arrangement moléculaire seul a été modifié, assez pro_ fondément toutefois, il faut le reconnaître, pour amener un change-

---

1. Il est évident que tôt ou tard l'administration forcera les fabricants d'allumettes chimiques à n'employer que le phosphore rouge.

ment surprenant dans l'ensemble des propriétés. Qu'une même espèce de matière puisse, suivant qu'elle a été chauffée pendant quelque temps ou qu'elle est restée à la température ordinaire, devenir inoffensive quand elle était singulièrement vénéneuse, que ce changement radical ait lieu sans addition d'aucune espèce de matière, c'est là, à coup sûr, un fait des plus surprenants et des plus inattendus; si la remarquable découverte de M. Schrœtter n'est pas une transmutation, il faut avouer que jamais on n'en a été plus près. .

Ainsi, nous le répétons, la nature nous offre la même essence de matière affectant les formes les plus différentes ; l'art sait modifier très-profondément les propriétés générales de cette matière, il sait même détruire les propriétés vénéneuses, il montre quelle immense importance a l'*arrangement moléculaire;* mais il est une limite qu'il est impuissant à franchir; il ne transforme pas l'essence même de la matière, il lui fait revêtir les aspects les plus dissemblables sans savoir changer sa nature.

Des corps composés d'espèces de matières semblables, réunis en poids égaux, nous offrent encore des différences très-remarquables dans les propriétés; les beaux cristaux transparents de spath d'Islande, qui présentent nettement la double réfraction, c'est-à-dire qui donnent deux images d'un objet sur lequel on les place, ont la même composition chimique que le marbre, que notre pierre à bâtir de Paris et que notre craie. La chimie organique présente enfin un nombre très-considérable d'exemples d'isomérie, c'est-à-dire de matières ayant des propriétés chimiques très-différentes avec des compositions identiques. La dextrine, notamment, qu'on obtient en traitant l'amidon par l'acide sulfurique, présente une composition exactement semblable à celle de cet amidon, mais en diffère par l'ensemble de ses propriétés; l'urée, qui existe dans l'urine, présente la même composition chimique que le cyanate d'ammoniaque, bien qu'elle n'ait pas les mêmes propriétés; il en est de même de plusieurs éthers composés d'hydrogènes carbonés[1]. Ainsi il n'est pas rare de rencontrer en chimie des substances dites isomères qui, possédant des propriétés très-différentes, soient cependant formées des mêmes matières combinées suivant les mêmes poids. Ne serait-ce pas là un argument en faveur des idées de transmutation ? Est-il possible d'affirmer que l'or et le platine, doués de propriétés assez semblables, soient formés d'une matière essentiellement différente? Évidemment, on ne peut rien

1. Voir sur ce sujet la *Chimie organique fondée sur la synthèse* de M. Berthelot, où tout ce qui concerne l'isomérie est traité avec beaucoup de développements.

affirmer, on ne peut que répéter encore que si on engage dans quelque combinaison que ce soit l'or ou le platine, on les y retrouvera toujours, et que jamais il n'arrivera qu'une dissolution d'or donne du platine ou réciproquement ; toutes les expériences viennent condamner absolument les généralisations trop hardies qu'on voudrait tirer des faits curieux que nous venons de signaler relativement à l'isomérie ou à l'allotropie.

III

**Découverte du cyanogène. — Hypothèse de l'ammonium. — Les corps composés peuvent jouer le même rôle que le corps simples. — Importance de la théorie des radicaux composés. — Interprétation nouvelle de M. Cahours.**

Une expérience négative, on le comprend facilement, n'a jamais une valeur absolue ; aussi les idées que les faits précédents ont fait naître sur la composition de nos corps réputés simples peuvent subsister malgré l'impossibilité où nous sommes de les appuyer expérimentalement. Ces idées ont même été singulièrement affermies par quelques découvertes qui eurent la plus grande influence sur la marche de la chimie.

Dans un travail mémorable sur les matières qui fournissent le bleu de Prusse et sur l'acide prussique, le plus violent de tous les poisons, Gay-Lussac finit par isoler une combinaison de charbon et d'azote qui, dans un grand nombre de circonstances, se conduit comme un corps simple de la famille du chlore et de l'iode. Le *cyanogène*[1] s'unit directement avec les métaux ; il forme avec l'hydrogène une combinaison tout à fait semblable à celles que donnent le chlore, le brome et l'iode. N'y avait-il pas là de quoi faire douter de la simplicité du chlore, de l'iode, à côté desquels le cyanogène vient se placer si naturellement ; puisqu'un corps composé joue le même rôle qu'eux dans les combinaisons, puisqu'uni avec les métaux il donne des substances présentant le même aspect extérieur, les mêmes réactions que les combinaisons correspondantes du chlore et de l'iode, n'en faut-il pas conclure que ces derniers corps sont composés ? N'est-ce pas un argument en faveur de la possibilité de décomposer nos corps simples actuels ?

Le cyanogène n'est pas, au reste, le seul exemple d'un corps com-

---

1. Son nom régulier serait carbure d'azote ; on a formé son nom cyanogène (j'engendre le bleu) comme celui des corps simples, en rappelant une de ses propriétés les plus remarquables ; le bleu de Prusse renferme ce cyanogène.

posé jouant dans les combinaisons le rôle de corps simple, les sels ammoniacaux offrent encore aux savants un profond sujet de méditation. Les combinaisons ammoniacales offrent les analogies les plus grandes avec celles que fournissent la potasse et la soude, analogies telles, qu'avant la mémorable découverte du potassium et du sodium par H. Davy, en 1807, on pensait que les alcalis fixes renfermaient de l'azote, comme l'alcali volatil [1].

Quand il fut démontré que la potasse et la soude sont des oxydes métalliques, on voulut, malgré la différence des compositions, rapprocher de ces bases la combinaison d'ammoniaque et d'eau qui neutralise les acides, comme le fait la potasse, et Ampère proposa de considérer comme un métal complexe le corps formé de gaz ammoniac et d'hydrogène qu'on peut supposer exister dans la combinaison de l'ammoniaque avec l'eau ; ce métal complexe non isolé encore a pris le nom d'*ammonium*. Les ressemblances de la potasse, de la soude et de l'ammoniaque se trouvent dès-lors expliquées, puisque la potasse étant de l'oxyde de potassium, la soude de l'oxyde de sodium, l'ammoniaque devient de l'oxyde d'ammonium. S'il est impossible encore d'isoler l'ammonium, on peut mettre en évidence la nature métallique de la combinaison du gaz ammoniac avec l'hydrogène par une des expériences les plus curieuses qu'il soit possible de réaliser dans un cours public.

On combine facilement les métaux potassium et sodium avec le mercure, on obtient ainsi un amalgame un peu moins fluide que le mercure, mais conservant l'aspect métallique ; c'est un fait remarquable, en effet, que les combinaisons des métaux entre eux, les alliages ou les amalgames (les alliages prennent ce nom quand le mercure est un de leurs principes constituants), conservent l'aspect métallique, tandis que les combinaisons qu'ils donnent avec les corps métalloïdes, oxygène, soufre, chlore, phosphore, etc., ont des aspects tout différents. Qu'on prenne cet amalgame de sodium et qu'on le mélange dans un tube de verre avec du sel ammoniac, et on verra immédiatement se produire une réaction très-vive, l'amalgame augmente de volume rapidement, se gonfle, c'est maintenant une masse métallique semi-fluide, brillante, boursouflée, légère, sur laquelle le doigt laisse l'empreinte, c'est l'amalgame d'ammonium [1]. Ainsi ce métal complexe est là, uni avec le mercure, il démontre victorieuse-

1. Fourcroy. Philosophie chimique, 1806.

2. L'équation suivante représente cette réaction :

$$\text{Hg Na} \quad + \quad \text{AzH}^4\text{Cl} \quad = \quad \text{Hg AzH}^4 \quad + \quad \text{Na Cl}$$

Amalgame de sodium.     Chlorure d'ammonium ou sel ammoniac.     Amalgame d'ammonium.     Chlorure de sodium ou sel marin.

ment sa nature métallique par l'aspect de son amalgame ; malheureusement la combinaison est peu stable, elle se détruit spontanément, tous les efforts tentés pour en isoler l'ammonium restent infructueux et on ne peut jamais tirer de l'amalgame d'ammonium autre chose que de l'hydrogène et de l'ammoniaque.

Si la découverte du cyanogène, si la belle hypothèse d'Ampère et les curieuses expériences précédentes n'ont pas encore conduit à la décomposition du chlore ou à celle des métaux alcalins, elle a eu néanmoins une grande importance en permettant aux savants d'employer une hypothèse très-féconde, celle des radicaux composés. Toutes les analogies signalées entre la potasse, la soude et l'ammoniaque se trouvaient si heureusement expliquées par l'hypothèse de l'ammonium, que l'on ne tarda pas à imaginer un grand nombre d'hypothèses analogues. Il devint dès-lors possible de comparer les réactions de la chimie organique à celles de la chimie minérale, en supposant l'existence dans un alcool, par exemple, d'un corps complexe jouant le rôle de corps simple, conservant son groupement dans toutes les combinaisons, se retrouvant dans chacune d'elles comme un métal se retrouve dans les combinaisons binaires ou ternaires dans lesquelles il est engagé.

Le baron de Liebig publia, vers 1840, un traité de chimie organique basée sur cette théorie des radicaux composés qui souleva toutefois des critiques assez vives ; c'est alors que fut prononcé ce mot resté célèbre et qui caractérise nettement cette masse d'hypothèses que les chimistes étaient obligés d'accumuler pour soutenir la théorie des radicaux composés ; la chimie organique, avait-on dit, est l'étude des corps qui n'existent pas.

Cette critique montre que tous ces prétendus corps composés jouant le rôle de corps simples, n'étaient pas susceptibles d'être isolés à la façon du cyanogène ; on chercha, en effet, longtemps sans y réussir à obtenir l'*éthyle*, le *méthyle*, hydrogènes carbonés supposés exister dans l'esprit de bois ou dans l'esprit de vin [1], et y jouant le rôle de corps simples ; et quand enfin on finit par isoler des hydrogènes car-

---

1. Les personnes familiarisées avec les notations qu'emploient les chimistes savent que l'on représente l'esprit de bois par la formule $C^2H^4O^2$, et l'esprit de vin par la formule $C^4H^6O^2$ ; on suppose que le premier corps est l'hydrate de l'oxyde de méthyle, le second de l'hydrate d'oxyde d'éthyle, et on les formule ainsi :

$$C^2H^3O. HO. \qquad C^4H^5O. HO.$$
méthyle. éthyle.

$C^2H^3Cl$, $C^2H^3O. SO^3$, $C^4H^5Cl$, $C^4H^5O$, $C^4H^3O^3$ deviennent le chlorure de méthyle, le sulfate de méthyle, le chlorure d'éthyle, l'acétate d'éthyle, etc.

bonés présentant la composition du méthyle et de l'éthyle, ils ne possédèrent aucune des propriétés des véritables radicaux, c'est-à-dire qu'ils furent impuissants, par exemple, à se combiner directement avec le chlore ou avec l'oxygène pour donner des éthers correspondants.

Ainsi les espérances qu'avait fait naître la découverte du cyanogène sur la possibilité de décomposer quelques-uns de nos corps simples, ne se vérifièrent en aucune façon ; il y a plus, en y réfléchissant bien, on voit qu'il est possible d'expliquer les propriétés des radicaux composés sans rattacher à leur existence l'idée de la complexité de nos corps réputés simples. En effet, on n'avait d'autre raison pour dire que le cyanogène se conduisait comme un corps simple, que la facilité avec laquelle il pouvait s'unir aux corps simples eux-mêmes pour contracter des combinaisons. Ainsi le potassium, le sodium, le phosphore, le soufre nous apparaissent comme des corps simples, non-seulement parce que tous les efforts tentés jusqu'à présent pour en tirer plusieurs espèces de matières ont échoué, mais encore parce que leurs affinités sont si vives, parce que ces corps s'unissent avec tant de facilité aux substances que l'on met en contact avec eux, qu'il est évident que ces affinités ne sont pas satisfaites.

Chaque substance tend ainsi vers un certain état de combinaison qu'on peut considérer comme son état d'équilibre normal; quand elle y est arrivée, elle est en général neutre, inoffensive, stable, difficile à combiner. Un exemple nous fera sentir les modifications qui surviennent quand les affinités des corps sont satisfaites. L'acide sulfurique est une substance très-corrosive, très-vénéneuse, la peau ne peut en supporter le contact même un instant; il se combine avec une foule de matières; il ronge, il détruit, il décompose; la chaux présente des propriétés analogues : mise en contact avec l'eau, elle s'échauffe au point d'enflammer la poudre; avec l'acide sulfurique, elle dégage une quantité de chaleur telle qu'elle peut devenir incandescente; mais la combinaison faite, les deux substances ont leurs affinités satisfaites, et toutes les propriétés corrosives qu'elles présentaient ont disparu; la combinaison de la chaux et de l'acide sulfurique, c'est le plâtre qui sert à recouvrir nos murs, à activer la végétation, qui n'est plus comparable quant à ses affinités à ses deux principes constituants.

Ainsi, tant qu'un corps ne sera pas arrivé à son état d'équilibre stable, tant qu'il devra tendre vers cet état, tant qu'il sera incomplet pour ainsi dire, il aura des affinités énergiques analogues parfois à celles que peut présenter un corps simple. La famille de l'azote, du phosphore et de l'arsenic, va nous en fournir des exemples; les deux

groupements stables de cette famille sont représentés par les formules
Az $X^3$ Az $X^5$ ou P $X^3$ P X $^5$; c'est-à-dire que les principales combinaisons
de l'azote, du phosphore et de l'arsenic, sont contractées dans les proportions d'une partie d'azote, de phosphore ou d'arsenic pour 3 ou 5 des
autres corps simples. Toutes les fois que nous rencontrons un autre
groupement, il sera instable et tendra vers ceux qui ont le plus de stabilité. Le groupement Az $X^5$ ou P $X^5$ présente encore plus de stabilité
que Az $X^3$ ou P $X^3$, et les corps correspondant à cette dernière formule ont souvent encore une tendance vers la combinaison plus
complexe Az $X^5$ ou P $X^5$. C'est ainsi que le protochlorure de phosphore, par exemple, appartenant au groupement P $X^3$, puisqu'il se
formule $PCl^3$, tend à arriver au groupement plus stable P $X^5$, et peut
alors se combiner à du chlore, à de l'oxygène, à du soufre, exactement comme le ferait un corps simple ; c'est là aussi la propriété du
cyanogène. Ce corps dérive du gaz ammoniac qui appartient au groupement Az $X^3$, puisqu'il se formule Az $H^3$; on peut transformer le
gaz ammoniac en combinaison de cyanogène et d'hydrogène, en
acide cyanhydrique ou prussique, en le faisant passer sur une co-

lonne de charbon chauffé au rouge, $Az \begin{cases} H \\ H \\ H \end{cases}$ gaz ammoniac se trans-

forme ainsi en $Az \begin{cases} C \\ C \\ H \end{cases}$ acide cyanhydrique ; deux des atomes d'hy-

drogène du gaz ammoniac ont été remplacés par deux atomes de
charbon ; on peut enfin enlever ce dernier atome d'hydrogène, le remplacer par du mercure, puis enfin calciner ce cyanure de mercure et

obtenir dans ce cas du cyanogène isolé qui se formule $Az \begin{cases} C \\ C \end{cases}$, on voit

nettement que c'est là un corps incomplet, il lui manque un atome
de corps simple pour arriver au groupement Az $X^3$ plus stable, et
par conséquent il tendra à se compléter avec de l'oxygène, de l'hydrogène, du chlore, de l'iode ou un métal, exactement comme le
ferait un corps simple.

Si donc les corps simples ont en général des affinités puissantes,
s'ils se combinent énergiquement entre eux, c'est qu'ils tendent vers
un certain état d'équilibre qu'ils ne peuvent atteindre qu'à la condition d'entrer en combinaison. Certains corps composés, dérivant
d'autres corps composés complexes, tendent aussi avec une grande
énergie vers ces groupements stables qu'ils ne peuvent acquérir que
par la combinaison, qu'ils contractent dès lors avec une énergie qui
rappelle celle des corps simples ; toutefois, on le comprend maintenant,·

on ne saurait absolument rien en conclure quant à la composition des corps qui ont résisté jusqu'à présent à tous les efforts qu'on a tentés pour les décomposer.

Nous voyons donc aujourd'hui que les espérances qu'avait fait naître la découverte du cyanogène relativement à la probabilité que le chlore, le brome et l'iode soient des corps complexes, se trouvent diminuées par l'élégante interprétation qu'a donnée M. Cahours des propriétés des radicaux composés [1].

Il faut reconnaître toutefois que cette interprétation, satisfaisante dans certains cas, laisse un grand nombre de faits complétement dans le vague. Je comprends bien que c'est pour se compléter, pour arriver au groupement $Az X^3$ plus stable que le cyanogène s'unit à l'oxygène, à l'hydrogène, aux métaux; mais je ne vois pas du tout pourquoi le corps incomplet dérivant de l'ammoniaque a des analogies avec les corps simples, chlore, brome et iode; pourquoi les cyanures sont isomorphes aux chlorures, pourquoi l'acide cyanhydrique a le même groupement que l'acide chlorhydrique. Je comprends encore que le gaz ammoniac tendant à passer de la forme $Az H^3$ au groupement $Az H^3 X^2$ puisse se combiner à l'acide chlorhydrique, à l'eau, au mercure et à l'hydrogène, etc.; mais je ne comprends pas pourquoi, après ces changements, les combinaisons ammoniacales sont isomorphes aux combinaisons du potassium et du sodium, pourquoi elles s'accompagnent dans tous les cas. L'esprit ne peut être satisfait tant qu'il n'aura pas compris nettement pourquoi le corps composé cyanogène joue le même rôle que le corps simple chlore, pourquoi le corps composé d'eau et de gaz ammoniac remplace dans les combinaisons sans en changer la forme, la combinaison du métal potassium avec l'oxygène; aussi, bien que M. Cahours ait expliqué une des causes des affinités énergiques des radicaux composés, il n'a pas donné la raison des analogies que présentent ces corps composés avec certains corps simples déterminés.

## I V

Rapports qui existent entre les équivalents des corps simples. — Travaux récents de M. Dumas [2].

Les corps simples se combinent les uns avec les autres suivant des poids parfaitement constants; ces poids portent le nom de *poids ato-*

---

1. Voir *Annales de chimie et de physique*, t. LVIII, 1860, et Leçons de chimie professées devant la Société chimique en 1860.

2. *Annales de chimie et de physique*, tome LV, 1859, p. 129.

*miques* ou d'*équivalents*. Déterminés d'abord avec beaucoup de soin par Berzélius, ils ont été l'objet dans ces derniers temps d'une révision très-minutieuse opérée par M. J. Dumas.

« Si j'ai cru cette révision nécessaire, dit-il, c'est que les chiffres exacts qui représentent les équivalents des corps simples, ne sont pas seulement utiles au manufacturier qui y trouve la règle et la critique des opérations de sa fabrique, au chimiste qui les emploie pour traduire ses analyses en formules, au physicien qui en fait la véritable unité de poids sous laquelle les propriétés des corps sont devenues comparables, c'est de plus que ces chiffres semblent encore ouvrir à la philosophie naturelle, par les rapports singuliers qui s'y révèlent, de nouveaux et profonds horizons. » Berzélius était resté convaincu qu'il n'y avait entre les équivalents des corps simples que des rapports fortuits, tandis qu'un autre chimiste anglais, le docteur Prout, avait signalé il y a déjà quelques années « une relation singulière qui se manifeste entre ces chiffres si disparates au premier abord, et montrait que l'équivalent de l'hydrogène étant pris pour unité, ceux des corps simples les plus connus s'expriment généralement par des nombres entiers, et même le plus souvent par des nombres peu · élevés..... »

« Ainsi, ajoute M. Dumas, deux opinions sont en présence :

« L'une qui semble avoir été suivie par Berzélius, conduit à envisager les corps simples de la chimie minérale comme des êtres distincts, indépendants les uns des autres, dont les molécules n'ont rien de commun, sinon leur fixité, leur immutabilité, leur éternité. Il y aurait autant de matières distinctes qu'il y a d'éléments chimiques. L'autre permet de supposer, au contraire, que les molécules des divers corps simples actuels pourraient bien être constitués par la condensation d'une matière unique, telle que l'hydrogène, par exemple, en acceptant toutefois bien entendu comme vraie, la relation observée par le docteur Prout, et même comme fondé le choix de son unité ! »

Soumises à une critique sévère, les idées du docteur Prout ne purent être complétement admises. Les poids atomiques des corps simples ne sont pas tous des multiples exacts de celui de l'hydrogène; sur 33 corps bien étudiés par M. Dumas, 22 eurent des équivalents multiples exacts de celui de l'hydrogène, 8 des équivalents multiples de la moitié de celui de l'hydrogène, tandis que l'équivalent des 5 autres était multiple seulement du quart de celui de l'hydrogène.

Aussi, présentée sous cette forme générale, la question ne s'éclaire que médiocrement; mais si on la divise en une série d'études plus restreintes, on rencontre des faits extrêmement curieux.

Et d'abord nous avons trois exemples de substances simples très-analogues qui présentent des équivalents égaux, c'est-à-dire dont la masse chimique, dont l'atome a un poids égal.

Le cobalt et le nickel sont deux métaux très-voisins par l'ensemble de leurs propriétés, bien qu'il soit cependant impossible de les confondre ; leur poids atomique est représenté par 29.5.

Les métaux voisins du platine qui se rencontrent dans les mêmes gisements, qui ont des propriétés chimiques analogues, se divisent en deux classes : l'une comprend le ruthénium, le rhodium et le palladium, qui ont pour équivalent 53, et une densité variant de 11.3 à 12.8, très-voisine par conséquent ; l'autre groupe renferme l'osmium, l'iridium et le platine ; leur équivalent commun est 98.5 et leur densité est presque identique. C'est 21.4 pour l'osmium, 21.15 pour les deux autres [1].

Les métaux compris dans les deux groupes ont des propriétés physiques très-analogues, ils sont très-difficilement fusibles ; il faut pour les fondre employer ces températures excessives que forme le chalumeau à gaz oxygène et hydrogène ; leurs combinaisons sont très-voisines, il semblerait donc que la métamorphose de l'une de ces espèces dans l'autre est aisée. Eh bien ! si proche que paraisse la solution, elle échappe encore, et l'expérience prononce toujours négativement ; quelles que soient les métamorphoses qu'on fasse subir au platine, quelles que soient les combinaisons dans lesquelles on le fasse pénétrer, il reparaît toujours avec ses qualités premières qui permettent de le distinguer facilement de ses voisins osmium et iridium.

Il ne faudrait pas, au reste, attribuer à cette identité des poids atomiques une valeur exagérée, car des matières présentant des poids atomiques semblables ont souvent des propriétés fort différentes ; nous citerons notamment l'azote et le silicium, représentés l'un et l'autre par 14, et dont les propriétés sont fort différentes, puisque l'un est un gaz tandis que l'autre est un corps solide extrêmement fixe.

On trouve encore entre les équivalents de substances très-voisines par leurs propriétés des rapports très-simples ; c'est ainsi que le soufre est représenté par 16, tandis que l'oxygène est représenté par 8. Quand on se rappelle combien d'analogies se révèlent entre les combinaisons formées par le soufre et celles que donne l'oxygène, on ne peut s'empêcher d'être excessivement frappé du rapport si

1. *Annales de chimie et de physique*, tome LVI, 1859, p. 438. Mémoire de MM. Deville et Debray sur le platine et les métaux qui l'accompagnent. Voyez sur ces travaux l'*Annuaire scientifique*, 1re année, p. 247, et 2e année, p. 309.

simple qui existe entre les poids de leur masse chimique et de rêver à une condensation de l'oxygène le métamorphosant en soufre. Il faut tout dire cependant; si nous trouvons entre deux corps voisins des rapprochements numériques si curieux, nous pourrions établir ces rapprochements entre des corps qui n'ont aucune analogie, notamment le fer et l'azote : l'un représenté par 28, et l'autre par 14.

On voit donc avec quelle prudence il faut tirer des conclusions de ces rapprochements numériques, et combien seraient prématurées les conséquences qu'on en pourrait tirer sur la probabilité des transmutations.

Si toutefois la prudence est absolument nécessaire, s'il ne faut pas conclure au delà de l'expérience, il faut recueillir avec soin tous les indices que donne celle-ci. Or il existe entre certains corps simples des rapprochements d'autant plus curieux, qu'on en rencontre de fort analogues entre des corps composés pouvant jouer le rôle de corps simples, entre les radicaux dont nous avons déjà parlé plus haut.

Supposons qu'on range sur deux lignes parallèles les corps qui constituent deux familles différentes, et nous pourrons passer de l'une à l'autre en ajoutant un nombre constant.

Ainsi nous aurons :

| | | | | |
|---|---|---|---|---|
| Azote | 14 | $+$ 5 | $=$ 19 | fluor |
| Phosphore | 31 | $+$ 4.5 | $=$ 35.5 | chlore |
| Arsenic | 75 | $+$ 5 | $=$ 80 | brome |
| Antimoine | 122 | $+$ 5 | $=$ 127 | iode |

| | | | | |
|---|---|---|---|---|
| Oxygène | 8 | $+$ 4 | $=$ 12 | magnésium |
| Soufre | 16 | $+$ 4 | $=$ 20 | calcium |
| Sélénium | 39.75 | $+$ 4 | $=$ 43.75 | strontium |
| Tellure | 65.5 | $+$ 4 | $=$ 68.5 | barium |
| Osmium[1] | 99.5 | $+$ 4 | $=$ 103.5 | plomb |

| | | | | |
|---|---|---|---|---|
| Methylium[2] | 15 | $+$ 3 | $=$ 18 | ammonium |
| Ethylium | 29 | $+$ 3 | $=$ 32 | méthylammonium |
| Propylium | 43 | $+$ 3 | $=$ 46 | éthylammonium |
| Buthylium | 57 | $+$ 3 | $=$ 60 | propylammonium |

1. On voit qu'on n'est pas encore complétement fixé sur le poids atomique de l'osmium. M, Dumas admet 99.5, MM. Deville et Debray 98.5.

2. Le *methylium*, ou méthyle, est le radical qu'on suppose exister dans l'esprit de bois, $C^2H^4O^2$, qui peut être considéré, nous l'avons vu plus haut, comme hydrate oxyde de methylium $C^2H^4O$. HO. On voit alors que le mé-

Les deux premières séries sont formées de corps simples; la dernière, de corps composés, jouant le rôle de corps simple dans un grand nombre de circonstances, et l'on voit que les radicaux de la chimie minérale, considérés comme simples aujourd'hui, offrent entre eux les mêmes relations que les radicaux de la chimie organique, tout composés qu'ils soient.

« Mais[1] peut-on conclure de ces faits que les corps réputés simples soient des corps composés ? Peut-on en conclure surtout que leur décomposition soit sur le point de se réaliser ? Tout en conservant une réserve motivée en pareille matière, où il n'appartient qu'à l'expérience de prononcer, on peut d'abord avouer sans scrupule n'être pas convaincu que les corps simples des chimistes sont l'expression des dernières limites du pouvoir d'analyse que la science puisse prétendre à connaître jamais. »

Lorsque Lavoisier voulut établir sur des bases certaines la science

thylium est $C^2H^3$ représenté par conséquent par 15, puisque nous avons $C^2 = 2 \times 6 + H^3$, c'est-à-dire $3 \times 1$, l'hydrogène étant pris pour unité.

L'ethylium est le radical qui existe dans l'alcool ethylique ou esprit-de-vin, $C^4H^6O^2$ est de l'hydrate d'oxyde d'ethylium $C^4H^5O. HO$. L'ethylium $C^4H^5$ est donc $24 + 5 = 29$.

Le propylium $C^6H^7 = 36 + 7 = 43$ existe dans l'alcool propylique et le buthylium $C^8H^9$ $48 + 9 = 57$ dans l'alcool buthylique.

Nous avons vu plus haut que l'ammonium est supposé exister dans les sels ammoniacaux. Le sel ammoniac est considéré comme chlorure d'ammonium $AzH^4Cl$; l'ammonium est donc $14 + 4 = 18$.

Le méthylammonium est de l'ammonium dans lequel une partie d'hydrogène est remplacé par le methylium ; formulons l'ammonium $Az\begin{cases} H \\ H \\ H \\ H \end{cases}$ et

nous voyons que si nous remplaçons H par $C^2H^3$ nous aurons $Az\begin{cases} C^2H^3 \\ H \\ H \\ H \end{cases}$ mé-

thylammonium représenté par $17 + 15 = 32$. L'éthylammonium sera de même $Az\begin{cases} C^4H^5 \\ H \\ H \\ H \end{cases}$ c'est-à-dire $17 + 29 = 46$, et enfin le propylammonium

$Az\begin{cases} C^6H^7 \\ H \\ H \\ H \end{cases}$ c'est-à-dire $17 + 43 = 60$. La production de ces dernières combinaisons a été réalisée par M. Wurtz en 1850, c'est une des belles découvertes du siècle.

1. Dumas, loc. cit.

qui avait fait l'étude de sa vie entière, il fit « des corps qu'il était
obligé d'appeler simples, puisque les forces de la chimie étaient
impuissantes à les décomposer, cinq catégories, qu'il n'est pas sans
intérêt d'envisager à distance à l'époque actuelle.

« La potasse et la soude constituent l'une d'elles, mais leur décomposition est, à son avis, si probable et si prochaine, qu'il n'hésite
pas à les exclure du tableau des corps simples.

« La baryte, la chaux, l'alumine, la magnésie, la silice en constituent une autre. Pour lui, ce sont des oxydes, ce que l'expérience a
confirmé, et il annonce leur réduction pour une époque plus ou moins
éloignée, mais il leur donne place provisoire néanmoins dans son tableau des corps simples.

« Il fait une classe à part des métaux connus alors, classe que
beaucoup de métaux, découverts depuis soixante ans, sont venus
augmenter de nombreuses espèces.

« Il forme aussi une classe spéciale des corps non métalliques,
trois exceptés, classe qui s'est enrichie de son côté par la découverte
du chlore [1], du brome, de l'iode et du sélénium.

« Mais si Lavoisier s'est borné jusque-là à représenter fidèlement
les résultats de l'expérience, tout en les interprétant avec une liberté
que les travaux de ses successeurs ont bien justifiée, il ne renonce
pas à établir une distinction qui a disparu de l'enseignement entre
les corps indécomposables ou simples de la chimie, tels qu'ils sont
donnés par l'expérience et les éléments proprement dits.

« Il est aisé de voir, en effet, que Lavoisier n'accordait pas aux
métaux déjà si nombreux de son temps et aux corps non métalliques,
indécomposables comme eux, le caractère de substances élémentaires vraies.

« Soit répugnance à considérer les éléments réels des corps comme
devant être nombreux, ce qui ne s'accorde guère, en effet, avec l'économie que la nature met d'ordinaire dans l'accomplissement de ses
desseins, soit obéissance à des vues cachées dont il ne nous a pas
laissé le secret, Lavoisier, tout en établissant l'existence de trente-deux
corps indécomposables par les moyens connus de son temps, et les
considérant dès lors comme les corps simples relatifs de la chimie,
admet aussi l'existence d'une classe de corps plus simples encore.

« Ceux-là, au nombre de cinq il en fait une classe expresse, et il
les désigne sous ce titre : *Substances simples qui appartiennent aux*

1. Le chlore a été découvert par Scheele en 1776 ; mais c'est seulement
après les travaux de Gay-Lussac et Thénard et de sir H. Davy, publiés au
commencement de ce siècle, qu'il fut considéré comme simple.

*trois règnes et qu'on peut regarder comme les éléments des corps* Ce sont : la lumière, le calorique, l'oxygène, l'azote et l'hydrogène.

« Lavoisier avait donc établi de la façon la plus claire qu'il faut mettre de côté toute idée préconçue sur l'essence de la matière; qu'il faut considérer la chimie comme une science qui apprend à décomposer les corps et à étudier les matériaux de moins en moins composés qu'on en retire; que dans la pratique, le titre de corps simple doit être réservé à ceux qu'elle ne parvient pas encore à dissocier, mais qu'il n'y a pas lieu de confondre ces corps simples qui marquent la limite des pouvoirs de l'expérience avec les éléments vrais des corps, éléments dont ils peuvent être séparés encore par des barrières que les forces connues ne parviennent point à briser .. »

« Les chimistes, dit plus loin encore M. Dumas, ont poussé en effet l'analyse aussi loin que le permettait la puissance des forces dont ils disposent ou l'énergie des réactions dont les formules leur sont connues.

« Ils ont fait mieux encore, car ils ont ramené par cette analyse tous les corps de la nature à se réduire à certains corps métalliques ou non métalliques, montrant par des caractères communs incontestables et par une affinité mutuelle énergique qu'ils sont tous des radicaux du même ordre.

« Lorsque dans cette situation il apparaît une raison de douter que ces radicaux soient des corps simples et que la chimie ait dit son dernier mot à leur sujet, faut-il recommencer cette suite de démonstrations parfaitement acquises qui prouvent qu'on n'a pas pu jusqu'ici les décomposer? Je ne le pense pas. Les manipulations infinies des laboratoires de la science et de l'industrie depuis un siècle n'ont pu laisser à ce sujet aucun nuage dans les esprits. Il n'est pas question de revenir sur le passé; ce qu'il nous lègue, tout le monde le tient pour vrai et pour suffisamment prouvé. Il est question d'envisager l'avenir et de voir s'il est possible de faire un pas de plus. Mais il s'agit, disons-le bien haut, d'un pas difficile, le plus difficile, à mon avis, que la science humaine ait jamais tenté, et qui exige autre chose dès lors que l'emploi de la chaleur ou l'application des forces électriques ordinaires.

« En effet, si la chimie est une science nouvelle, les phénomènes chimiques sont aussi anciens que le monde, et ces radicaux de la chimie minérale qu'il s'agirait de soumettre à une décomposition ultérieure, ce n'est pas d'hier que les hommes les connaissent. Leur existence se révèle dès les premiers temps historiques, où déjà se révèle aussi en quelque sorte leur immutabilité. Lavoisier ne les a pas découverts, ils existaient; seulement il les a rangés à leur vraie place.

Il n'a pas découvert les réactions qui les produisent ou celles qui mettent en évidence leurs affinités naturelles; les arts les connaissaient, les laboratoires savaient en tirer profit, seulement il en a donné l'explication, la théorie.

« Décomposer les radicaux de la chimie minérale serait donc une œuvre plus difficile que celle que Lavoisier eut le bonheur d'entreprendre et d'accomplir. Car ce serait mettre en évidence non-seulement des êtres nouveaux et inconnus, comme on en découvre de temps en temps, mais des êtres d'une nature nouvelle et inconnue, dont notre esprit ne peut par aucune analogie se représenter les apparences ou les propriétés. Ce serait porter l'analyse de la matière à un point que n'ont jamais atteint, à la connaissance de l'homme, ni les forces naturelles les plus énergiques, ni les combinaisons et les procédés de la science la plus puissante. Ce serait mettre à profit des forces que nous ignorons ou des réactions que nul n'a imaginées.

« Il s'agit donc d'un de ces problèmes que la pensée humaine a besoin de méditer pendant des siècles, où plusieurs générations peuvent user leurs forces, où l'analyse d'un Newton ne devient possible que lorsqu'elle a été préparée par les systèmes de plus d'un Copernic et par l'empirisme de plus d'un Képler. »

Il n'y a rien à ajouter à ces belles paroles du chef actuel de la chimie française. Si grande que soit la puissance humaine, elle a rencontré là une de ces limites contre laquelle elle vient échouer pendant de longues années. Si peu satisfaisant pour l'esprit que soit l'existence de soixante-cinq corps simples, si probable que soit leur réduction à un nombre plus restreint, il nous faut reconnaître notre impuissance actuelle à transformer ces espèces chimiques les unes dans les autres. Si la même espèce de matière peut affecter parfois des formes extérieures, des propriétés chimiques très-différentes; si des matières différentes présentent des analogies telles qu'on pourrait supposer à priori qu'elles possèdent des compositions analogues; si les rapprochements qu'on peut établir entre les corps composés sont permis également avec les corps simples, rien ne fait prévoir cependant la décomposition prochaine des soixante-cinq corps reconnus comme simples aujourd'hui.

P.-P. Dehérain.

# BIBLIOGRAPHIE

---

## LES MÉMOIRES DE MADAME D'ÉPINAY [1].

On a prétendu que chacun pourrait à la rigueur écrire un roman, un seul; ce serait le sien, c'est-à-dire l'histoire de sa jeunesse, de ses espérances, de ses amours, embellis par le souvenir, et surtout par le regret. En effet, il faudrait être d'une froideur bien exceptionnelle, pour ne pas animer un peu son style, en parlant de son héros, quand l'amour-propre le rend, pour nous au moins, si attrayant; or, quand on s'intéresse soi-même à son sujet, on y intéresse toujours les autres, pourvu qu'on sache ménager les convenances et se parer habilement de quelques dehors de modestie. Plusieurs des romans les plus célèbres ne sont que des portraits de l'auteur, peint et idéalisé par lui-même. Il n'est pas nécessaire d'être Chateaubriand, Benjamin Constant ou Sénancourt, d'écrire *René*, *Adolphe* ou *Obermann*. Le talent est ici un luxe qui ne gâte rien, mais qui n'est point indispensable; madame d'Épinay en est la preuve. Elle a voulu écrire un roman, celui de madame d'Épinay, l'histoire de ses amours avec Francueil et avec Grimm, de ses démêlés avec son mari, avec Duclos et Jean-Jacques Rousseau. Certes, elle ne sait guère ce que c'est que de faire un livre; elle compose mal, elle écrit médiocrement, sans aucune qualité particulière; et néanmoins, elle nous a laissé un récit attachant et curieux. Elle n'avait pas d'imagination, nous dit son premier éditeur; je crois qu'une femme en a toujours un peu, dans la situation où s'était mise madame d'Épinay; quand elle parle de ses amants et de son mari, il est à craindre même qu'elle n'en ait trop. Au reste, ce genre de talent ne manque pas davantage, pour l'ordinaire, aux hommes qui écrivent leur propre biographie; de graves écrivains de *Mémoires* ne nous ont-ils pas ainsi révélé une facilité d'illusion rétrospective, et une puissance d'imagination que leurs écrits antérieurs n'auraient jamais fait soupçonner?

Ces *Mémoires*, ai-je dit, sont un roman; c'est, en effet, sous ce nom que ce livre est désigné par Grimm lui-même, dans la liste des ouvrages dont madame d'Épinay, en mourant, lui avait légué les manus-

---

[1]. Nouvelle et complète édition publiée avec des notes, des éclaircissements et des pièces inédites, par M. Paul Boiteau. — Paris, 2 beaux vol. in-8. — Prix : 14 fr. — Charpentier, éditeur.

crits. « Elle a laissé, dit-il, un long roman, » et il faut l'en croire sur
ce point, car nul ne semblait plus intéressé à ce que ce roman fût de
l'histoire. C'est l'apologie plus ou moins convaincante de Grimm,
une réponse aux imputations de Rousseau. Quelle est donc dans ce
livre la part de la fiction? Ce sont d'abord des omissions. Quoique
ces mémoires contiennent des aveux qui semblent un peu durs à faire,
il n'en est pas moins vrai qu'on y trouve supprimés quelques faits
avérés et assez essentiels. Par exemple, madame d'Épinay nous raconte avec mélancolie une période de sa vie, où sa santé était atteinte,
où son mari la délaissait, « prenant très-peu de part à ce qui se passait chez lui[1]. » Bien peu, en effet, car ce fut à cette date que des
amours de Francueil et de madame d'Épinay naquit un fils dont la
naissance fut tenue secrète, et qui devint évêque de Soissons sous
l'empire. Ce fait nous a été révélé par les mémoires de madame
Sand, petite-fille de Francueil, comme chacun sait; et c'est ainsi que
s'explique une phrase des *Confessions*[2], inintelligible jusqu'alors, et
qui prouve tout à la fois la véracité et la discrétion de Jean-Jacques,
même à l'égard de ceux dont il croyait avoir à se plaindre. Ainsi, bien
qu'assurément madame d'Épinay ne se soit pas bornée à se peindre
*en buste*, comme mademoiselle de Launay, il est évident qu'elle n'a pas
tout dit, même tout ce qui se rapportait à cette confession si ample
d'ailleurs; on conçoit que des raisons de famille aient fait obstacle à
une entière sincérité.

Ce qui appartient plus décidément encore à la fiction, c'est la
forme même de ce récit. Dans le manuscrit de madame d'Épinay,
tous les principaux personnages sont déguisés par des noms d'emprunt, presque tous fort transparents. Le premier éditeur, M. Brunet,
n'a pas hésité à rétablir les plus importants des noms réels, lesquels,
d'ailleurs, se révélaient assez d'eux-mêmes. M. Paul Boiteau vient de
compléter cette clef des *Mémoires*, et il a découvert quelques personnages secondaires de la société d'alors sous les pseudonymes dont
l'auteur avait jugé à propos de les affubler. D'autres enfin sont des
personnages de pure invention, et, entre autres, un prétendu tuteur,
beaucoup plus accommodant et moins sévère que ne le sont d'ordinaire les tuteurs de romans, et qui est censé avoir recueilli les récits
divers et les lettres dont ces mémoires se composent. Cette forme
avait bien son avantage. Si Sully lui-même, par une faiblesse d'a-
mour-propre qui s'explique peu chez un homme si grave, a trouvé
ingénieux de mettre ses mémoires dans la bouche de ses secrétaires,

1. Tome I, p. 413.
2. Édit. de 1818, t. II, p. 276.

et de se faire ainsi louer en face par ces confidents obligés, madame
d'Épinay devait aussi trouver son compte à mettre sa propre histoire dans la bouche de ce tuteur supposé. C'était le moyen de faire
dire d'elle-même toutes sortes de choses flatteuses, qu'elle n'eût pas
sans doute osé écrire, si elle eût parlé d'elle à la première personne.
« J'ai connu peu d'âmes aussi intéressantes à suivre que celle de
madame d'Épinay, » nous dit l'obligeant tuteur[1]. Il serait peut-être
plus pardonnable de dire cela de soi-même, parce qu'il est assez naturel de le penser. Mais se le faire dire ainsi par un autre, est un
détour qui choque un peu. Tout cela ne demandait pas de grands
efforts d'imagination. Madame d'Épinay ne s'est mise décidément en
frais d'invention, et d'une façon assez malencontreuse, que dans la
conclusion de ses *Mémoires;* car il leur fallait une fin. « Grimm, dit
M. Boiteau, devenait aveugle, et son amie le soignait en sœur de charité[2]. » M. Boiteau juge, comme a fait le premier éditeur, que cette
fin était inutile à reproduire. Il a raison. Ce qui fait l'intérêt de ce
roman, c'est la partie historique, qu'il est aisé de détacher du reste.
Malheureusement, on se demande ici encore si madame d'Épinay
n'altère pas quelque peu les faits et même les documents qu'elle cite,
et si ce n'est pas là qu'elle dépense l'imagination qu'elle a si fort éco-
nomisée d'ailleurs dans son style.

Et d'abord ses lettres à Rousseau, comme les réponses qu'il lui
adresse, ne sont pas telles dans les *Mémoires* de madame d'Épinay
qu'on les trouve dans la correspondance de Jean-Jacques. Tout
porte à croire que les infidélités, assez insignifiantes d'ailleurs, ne
sont pas imputables à Rousseau; on peut lui faire bien des reproches; mais il est, je crois, difficile de suspecter sa sincérité et sa
bonne foi. Madame d'Épinay elle-même la constate, ce me semble, en bien des points de ses *Mémoires*, que M. Boiteau a relevés
avec beaucoup d'à-propos, et ce qui prouve qu'elle croyait à la
loyauté de Jean-Jacques, même après leur rupture, c'est une lettre
adressée par elle en 1771 à M. de Sartine, lieutenant de police, auquel elle se plaint que Jean-Jacques ait lu à trois amis une partie des

---

1. Tome I, p. 34.

2. Il est bien vrai pourtant que Grimm fut menacé de cécité. Diderot nous
l'apprend dans une lettre à mademoiselle Voland (28 juillet 1762), et il
ajoute : « Gardez-vous de me dire du mal de l'homme de mon cœur; » ce
qui prouve que mademoiselle Voland jugeait Grimm comme le jugeait Jean-
Jacques, et ce qui n'empêche pas Diderot lui-même de se plaindre en maint
endroit de la dureté, des grands airs, des exigences de Grimm, et d'avouer
que « Grimm, le plus volontaire de ses amis, le boude de ce qu'il s'émancipe
quelquefois à faire sa volonté. » 25 octobre 1761.

*Confessions*, où elle était, après tout, beaucoup moins compromise que dans ses *Mémoires*, dont elle fit elle-même plusieurs lectures. Elle demande au lieutenant de police de faire venir Rousseau, et de lui faire promettre de ne pas recommencer. « Si vous lui faites donner sa parole, dit-elle, je crois qu'il la tiendra. » Ce mot suppose une certaine estime.

Mais, outre ces lettres de Rousseau, madame d'Épinay en cite beaucoup d'autres de diverses personnes de sa société, lettres qui ne lui sont pas adressées, et qui toutes tournent plus ou moins à la louange ou à la justification de madame d'Épinay. Comment se les est-elle procurées ? Comment se fait-il, en outre, que mademoiselle d'Ette, par exemple, cette demoiselle d'Ette qu'elle nous dépeint comme méchante, se trouve toujours faire l'éloge de madame d'Épinay ? Cette correspondance serait peut-être la seule au monde où, dans une société agitée par tant de tracasseries, toutes les lettres se rencontrassent en un point, la gloire ou l'excuse de la personne qui est le centre même de cette société, la cause ou l'objet de toutes ces tracasseries. On peut soupçonner ici qu'usant des priviléges du roman, madame d'Épinay se sera au moins permis quelques modifications.

Néanmoins madame d'Épinay « *était vraie sans être franche,* » lui disait Jean-Jacques, et la part incontestable de vérité, qui, malgré tout, subsiste, est encore assez considérable pour laisser à son livre l'intérêt d'un témoignage qu'il faut discuter sans doute, mais non récuser, et pour motiver jusqu'à un certain point ce titre de *Mémoires* qu'on a donné, et qui restera à cet ouvrage.

D'abord elle s'y peint elle-même avec assez de fidélité pour justifier le jugement de Rousseau sur elle : « Elle était aimable, avait de l'esprit, des talents... La nature lui avait donné, avec un tempérament très-exigeant, des qualités excellentes pour en régler ou racheter les écarts. » M. Boiteau ajoute : « Elle avait besoin de direction, et presque de servitude. Son esprit même, porté à la divagation, se régla auprès de l'esprit net et judicieux de Grimm. » Sans aucun doute, cette influence est incontestable, et se fait sentir jusque dans le style. Les mémoires de madame d'Épinay peuvent se diviser en deux parties fort différentes par le ton, et qui se rapportent aux deux périodes essentielles de sa vie : le règne de Francueil, le règne de Grimm.

On a dit que les femmes qui écrivent subissent toujours plus ou moins quelque influence masculine, et on leur a fait une application nouvelle et féroce du mot du Buffon : « Le style, c'est *l'homme !* » Rien de plus juste que ce mot brutal appliqué à madame d'Épinay. Francueil, esprit léger, mais doux, bienveillant, nullement dominateur, est d'ailleurs son premier amour; cette partie des *Mémoires* respire un air sentimental, qui parfois fait sourire, mais qui intéresse toujours. C'est d'ailleurs une chose à remarquer comme le langage de l'amour vieillit vite et nous paraît promptement suranné, même celui d'un amour vrai. C'est assurément un des sentiments les plus naturels, l'un des plus permanents et des plus semblables à lui-même, quoi qu'on en dise, à toute époque, et c'est pourtant dans son langage celui qui subit le plus les variations de la mode : son expression change tous les trente ans. Il est rare de lire plusieurs pages, même excellentes, d'un roman quelconque publié vers 1830, sans y trouver quelque expression qui nous semble aussi vieille que les feux et les chaînes du temps de Racine. C'est que, de tous les lieux communs de l'âme humaine, l'amour est celui qui se répète le plus, au moins dans les livres, et qui use le plus promptement son expression. Au temps de madame d'Épinay, il fallait mêler la philosophie au *sentiment*, comme dans la *Nouvelle Héloïse*, et ce mélange se retrouve ici dans les scènes les plus passionnées. Aux premières tentatives de Francueil auprès d'elle, madame d'Épinay lui résiste, si on l'en croit, et le rappelle à son devoir; et elle ajoute dans son *journal*, avec une petite hypocrisie assez aimable : « Je vais m'endormir avec la douceur d'avoir ramené un homme d'honneur à ses *principes*. » Pas pour longtemps, il est vrai, car nous trouvons un peu plus loin l'aveu de sa défaite, exprimé dans ce style entrecoupé et égaré, qui était de rigueur en situation semblable dans tous les romans d'alors : « Que deviendrai-je? Je voudrais fuir, je voudrais me cacher... Je ne puis prendre de repos. Ah! Francueil, tu m'as perdue. Et tu disais que tu m'aimais! Je ne sais où j'en suis; *j'ai trop de trouble pour écrire.....* Essayons d'aller respirer dans ces allées, où je rêvais, il y a deux jours, si délicieusement à toi. Jamais la nature ne fut si calme, etc. » Et malgré son trouble qui l'empêche d'écrire, elle n'en poursuit pas moins dans son journal son monologue mi-partie d'amour et de remords. Une passion vraie se mêle pourtant à ces transports un peu concertés. Enfin cette passion s'épuise, par le tort de Francueil, dit-elle. Délaissée par lui, elle a un moment la pensée de se consoler par la religion. Mais le prêtre qu'elle consulte, lui ayant dit « qu'elle n'avait rien pour être une *dévote heureuse*, » elle y renonce. Cette façon tout épicurienne de comprendre la religion, non comme une mortification ou comme une règle, mais comme un moyen de bonheur, est bien du dix-huitième siècle. Cette velléité de dévotion écartée, madame d'Épinay reprend son train de vie ordinaire; c'est alors que le règne de Grimm commence.

Ce nouvel amour a presque l'air d'un arrangement. C'est froid, plus convenable, plus décent peut-être, peut-être aussi moins excusable au fond. Auprès de Grimm, madame d'Épinay devient raisonneuse; elle a plus que jamais des *principes*, mot qu'elle affectionne, quoiqu'il soit parfois assez difficile de comprendre ce qu'elle entend par là, et qu'en effet sans doute elle-même n'en sût rien Si son esprit se *règle*, son cœur se sèche un peu. Elle n'a plus cette bienveillance générale d'autrefois; elle a des aigreurs, des injustices, des acharnements même, surtout contre Duclos : car c'est là vraiment sa bête noire. Je ne sais même s'il n'est pas plus maltraité encore que son mari, ce qui n'est pas peu dire. Elle lui prête toutes sortes de perfidies, qui ne sont guère dans le caractère bien connu de Duclos. Car Duclos a au moins sur le mari cet avantage qu'on le connaît par d'autres témoignages, par celui de Jean-Jacques lui-même, qui, malgré sa misanthropie, le déclare toujours un homme droit, et n'étendit enfin jusqu'à lui son universelle méfiance qu'à la dernière extrémité, et quand cette méfiance fut devenue une folie caractérisée, une maladie véritable. Mais le mari, comment savoir s'il a été calomnié, si tout ce que dit de lui sa femme est parfaitement exact? Elle l'accuse d'avoir été un dissipateur, ce qui paraît vrai; de lui avoir le premier donné l'exemple de l'infidélité, ce qui est possible. Mais elle lance contre lui une imputation d'une nature extrêmement précise, impossible à discuter ailleurs que dans un livre de médecine, et qui nous éloigne fort de l'idéal ordinaire des passions de roman... « Votre mari est un monstre, » lui écrit à ce propos Francueil; il est certain que la femme est à plaindre, et elle le serait davantage, si l'on apprenait ce tort du mari par d'autres que par elle, et si elle n'avait pris soin de constater elle-même un fait qu'une mère de famille aurait peut-être dû taire en songeant à ses enfants. Quoi qu'il en soit, ce fait répugnant, qui donne une assez triste idée de tout ce monde, et qu'il faut bien accepter comme vrai, excuse l'acharnement de madame d'Épinay contre son mari. Cet acharnement est tel, que le premier éditeur a dû retrancher « un assez bon nombre de factums contre M. d'Épinay; » ce qui en reste est assez monotone, et parfois aussi la haine, légitime ou non, l'aveugle sur ce point jusqu'à la rendre d'une inconséquence assez déraisonnable. En voici un exemple.

Madame d'Épinay vivant, comme on sait, avec Francueil, nous raconte (t. I, p. 329) que sa belle-sœur, madame de J., se prend de passion pour Jélyotte, chanteur de l'Opéra. En femme obligeante, madame d'Épinay facilite les rendez-vous et va jusqu'à donner chez elle, à Jélyotte, une chambre auprès de madame de J. : il faut lire tout ce récit. Plus tard, quand Jélyotte aura cessé de plaire, il sera congédié, et ce sera madame d'Épinay qui se chargera de lui signifier son congé.

En attendant, Francueil, qui est devenu de plus en plus l'ami intime du *monstre*, M. d'Épinay, est devenu à son tour un *monstre :* car l'épithète sert également au mari et à l'amant. Tous deux amis parfaits, quoique sachant fort bien leur situation réciproque, entretiennent deux danseuses de l'Opéra, mesdemoiselles Rose. Cependant Francueil cesse de voir mademoiselle Rose, et voici à ce propos ce que raconte madame d'Épinay :

« M. d'Épinay me dit un soir, en présence de madame de J. : « On ne sait ce que devient Francueil, on ne le voit plus chez Rose... « ne pourriez-vous pas me dire ce qui l'en a éloigné? » — « *L'hon-* « *nêteté, monsieur,* lui répondit madame de J., *et ce qu'il nous doit* « *à tous.* » Cette réponse lui ferma la bouche. Mais cinq minutes après il reprit : « Il n'y a rien à dire à cela, mesdames, il faut que cela soit; « vous en êtes si bons juges ! » Et il sortit en éclatant de rire »

De la part du mari accommodant, l'éclat de rire est de trop; mais il faut avouer que, de la part de la femme, le récit n'est guère moins étrange. Quant au lecteur, qui sait dans quels termes madame de J. en était avec Jélyotte, et madame d'Épinay avec Francueil, il a parfaitement le droit de reprendre pour son compte la réponse du mari, et de trouver assez comique la majestueuse réponse de madame de J. et l'étonnement naïf de sa complaisante belle-sœur, rapportant la réponse trop méritée de son mari[1].

Dans un autre passage, madame d'Épinay raconte à Grimm une scène qu'elle vient d'avoir avec son mari, scène où le mari a le rôle intéressant, et où elle a un peu négligé de se donner le mérite de la générosité. M. d'Épinay arrive un matin chez elle le visage défait.

---

1. Il semble qu'il était dans la destinée de madame d'Épinay d'avoir pour rivales des danseuses de l'Opéra. Grimm lui-même n'y a pas échappé, quoique Diderot, auprès de madame d'Épinay, se portât garant de sa fidélité; Diderot écrit à mademoiselle Voland (25 novembre 1760) : « Madame d'Épinay a eu un accès de migraine dont elle a pensé périr. J'allai la voir le lendemain. Nous passâmes la soirée tête à tête. La sévérité des principes de son ami se perd : il distingue deux justices, l'une à l'usage des souverains. Je vois tout cela comme elle; cependant je l'excuse tant que je le puis. A chaque reproche, j'ajoute en refrain : « Mais il est jeune, mais *il est fidèle,* « mais vous l'aimez. » Et puis elle rit. » *Fidèle :* l'éloge semble peu mérité, quand on lit une lettre conservée par Grimm, lettre où il y a plus de passion que d'orthographe, et que mademoiselle Manon Leclerc, danseuse de l'Opéra, adresse à son *Saxon sans pareil.* (Voir *Correspondance inédite de Grimm,* fragments retranchés par la censure impériale, p. 157, Paris, 1819.)

Elle le gronde sur son absence; il lui tend la main les larmes aux yeux : « Ne m'accablez pas, lui dit-il, ma chère amie, je suis assez malheureux ! » Et le voilà qui sanglotte, et elle qui le presse de questions, cherchant à savoir quel malheur l'a frappé. Enfin M. d'Épinay lui dit : « Une personne que j'aime et que j'estime, avec qui je passe ma vie, a sa petite fille à la mort, à la mort sans ressource ! » — « Jugez de ce que je devins à cette belle confidence, ajoute madame d'Épinay; je restai immobile et si *indignée* qu'il me fut d'abord impossible de proférer un mot. Pendant ce silence, il parlait avec une chaleur, un attendrissement. « C'est que si vous connaissiez cette enfant, disait-il, « si vous saviez ce qu'elle vaut, ses grâces, ses talents ! » Il finit par me faire pitié [1]... » Il me semble qu'elle aurait dû commencer par là : leurs torts étaient assez réciproques, pour qu'ils eussent beaucoup à se pardonner, et pour que *cette belle confidence*, provoquée par madame d'Épinay, excitât en elle un autre sentiment que l'*indignation*.

Quoi qu'il en soit des torts plus ou moins avérés de M. d'Épinay, on voit que ce n'était pas un méchant homme. C'était de plus un homme d'esprit. Diderot dit de lui : « C'est l'affabilité même. » Et M. Boiteau ajoute de son côté : « Nous n'avons pas à prendre la défense de M. d'Épinay; mais enfin n'oublions pas que Jean-Jacques n'en dit rien de fâcheux, que Diderot le trouve fort aimable, que le peu d'écrits qu'on a gardé de lui est élégant et sensé, qu'il aimait et entendait les arts, et enfin qu'il crut pendant quelque temps qu'il aimait celle dont il fit sa femme. » On voudrait, en effet, trouver un moyen quelconque de contrôler ce que sa femme dit de lui. Ah! si M. d'Épinay, lui aussi, avait laissé des mémoires ! La Bruyère parle des femmes supérieures qui *anéantissent* leur mari; il y a pis : ce sont celles qui, après l'avoir anéanti vivant, lui mettent par écrit sur sa tombe une épitaphe, où ne se trouvent pas précisément relatées toutes les vertus ordinaires aux épitaphes. Devant la postérité, c'est déjà une terrible chose que d'avoir contre soi un homme d'esprit; mais c'est une chose à faire trembler les plus intrépides que d'avoir contre soi une femme d'esprit, sa femme ! En bonne justice, il faut se dire que madame d'Épinay, ayant été évidemment injuste envers Duclos, a bien pu l'être aussi un peu pour son mari.

L'a-t-elle été pour Rousseau ? Je ne le crois pas, si l'on va au fond de sa pensée. Car, au milieu de tous ses reproches, il est impossible de ne pas sentir percer l'admiration pour le génie, un reste d'affection et une estime réelle pour l'homme. Elle n'a eu envers lui qu'un tort, involontaire, je crois : elle n'a pas su le comprendre, et elle l'a dure-

1. Tome II, p. 267.

ment condamné là où il ne fallait que le plaindre. Nous avons cité l'aveu du premier éditeur de madame d'Épinay : « Elle n'avait pas d'imagination. » Hélas! oui : ne pas avoir d'imagination est pis qu'une lacune dans le talent littéraire; le cœur s'en ressent toujours; il faut avoir de l'imagination, celle du moins qui nous met par la pensée à la place d'autrui, pour être complétement bon ou indulgent. Certes, madame d'Épinay avait fait preuve d'une bonté réelle, en offrant à Rousseau une petite maison isolée, une hospitalité selon son goût. Mais c'est faute d'imagination, qu'après avoir entrevu que « son ours » avait besoin de la solitude, elle le tyrannise de ses empressements, de ses appels multipliés au château, et lui gâte ainsi son bienfait. C'est faute d'imagination, qu'élevée au sein de l'opulence, femme d'un fermier général, elle ne comprend pas que le temps de Rousseau, plus ou moins attaché à sa besogne journalière, ne pouvait se gaspiller en visites et en devoirs de société. C'est faute d'imagination qu'elle a oublié tout ce que ce génie maladif, souffrant, exigeait de ménagements et d'égards, et c'est une chose qu'elle a méconnue surtout sous l'influence du bon sens sec et dur de Grimm. Il m'est impossible de ne pas reconnaître, dans ces *Mémoires*, et la justification de Jean-Jacques et la condamnation de Grimm, et je remercie M. Boiteau d'avoir fait ressortir, avec une générosité ou plutôt une impartialité qui devient rare, combien le récit apologétique de madame d'Épinay confirme le plus souvent celui des *Confessions*. Grimm nous y apparaît tel que l'a peint Rousseau, exigeant, dominateur, égoïste : sans cesse il reproche à madame d'Épinay sa bonté, sa faiblesse, tantôt pour Duclos, tantôt pour Jean-Jacques, et même pour Diderot. Il semble que son idée fixe soit toujours d'écarter un concurrent. Tel il apparaît aussi dans la correspondance de Diderot, qu'on n'accusera certainement pas de prévention défavorable envers lui.

On a vu quels étaient ses principes politiques, et qu'il admettait deux morales, l'une pour les particuliers, l'autre pour les souverains. Lui, homme d'esprit, il a quelquefois sur ce point des naïvetés singulières, par exemple quand il dit dans son article nécrologique sur madame d'Épinay : « Ah! qui porta jamais plus loin que Catherine II *le grand art des rois, celui de prendre* et de donner! » *Prendre*, cela est incontestable, et à l'égard de la Pologne, Catherine II a montré jusqu'où elle pouvait pousser ce talent [1]. Mais un tel compliment est au

1. Je voyais dernièrement dans les *Mémoires* de madame Suard l'anecdote suivante, qui me semble curieuse et ne pas manquer d'à-propos : « M. d'Alembert avait fait deux voyages pour aller voir le roi de Prusse... A son second voyage, le partage de la Pologne avait eu lieu, et M. d'Alembert parla au

moins étrange. Quant à sa morale privée, elle souffrait aussi plus d'une exception ; c'est ainsi que Diderot raconte ceci à mademoiselle Voland : « Grimm a un peu déplu à madame d'Épinay ; il ne désapprouvait pas assez le propos d'un homme de notre connaissance, appelé M. Venel, qui disait qu'il fallait garder la probité la plus scrupuleuse avec ses amis, mais que c'était une duperie d'en user mieux avec les autres qu'ils n'en usaient avec nous. Nous soutenions, elle et moi, qu'il fallait être homme de bien avec tout le monde sans distinction. » Il serait peut-être inutile de parler de la morale de Grimm, s'il s'était piqué d'être conséquent. On voit dans les *Mémoires* qu'il tâchait de démontrer à madame d'Épinay que l'homme n'est pas libre, inconséquence qui étonne de la part d'un homme qui emploie si volontiers le mot de *vertu* [1]. Mais madame d'Épinay, malgré ses prétentions philosophiques, n'y regarde pas de si près, et, après avoir reproduit la démonstration de Grimm contre le libre arbitre, elle ajoute : « La vérité et la bonté de cette *morale* m'ont persuadée sans retour. » Je le crains. Au reste, les *principes* de Grimm se réduisent à un matérialisme assez grossier ; voici ce qu'il écrit de Voltaire : « Le patriarche ne veut pas se départir de son *rémunérateur vengeur....* Il veut bien qu'on détruise le Dieu des fripons et des superstitieux, mais il veut qu'on épargne celui des honnêtes gens et des sages. Il raisonne là dessus comme un enfant, mais comme un joli enfant qu'il est. Il serait bien étonné si on lui demandait de quelle couleur est son Dieu. » En effet, je crois que Voltaire eût été un peu étonné de cette objection.

On comprend que Grimm devait encore moins s'entendre avec Rousseau. Dans les premiers temps de sa liaison avec ce sec personnage, madame d'Épinay avoue que Grimm n'aime pas la campagne. « On doit l'aimer, » dit en note M. Boiteau. *On doit...* Le mot peut sembler intolérant et impérieux ; pour moi, je l'approuve fort. Pour aimer la campagne, il faut avoir la conscience nette et être bien avec soi-même, ce qui est assurément un grand signe. Pour l'aimer, il ne faut point tant se plaire aux commérages et aux tracasseries de société ; il faut ne pas mettre toutes les joies de son cœur dans les satisfactions d'une vanité ridicule ; il faut mépriser les distinctions vul-

roi avec franchise de cette violation du droit des gens et des souverains ; le roi ne chercha pas à la justifier : « L'impératrice Catherine et moi, lui dit-il, « sommes deux brigands ; mais cette dévote d'impératrice-reine (Marie- « Thérèse), comment a-t-elle arrangé cela avec son confesseur ? » (p. 153.) Il paraît que madame Suard tenait ce récit de d'Alembert lui-même.

1. « J'avoue que je regarde l'admiration et le respect que j'ai pour tout ce qui est vrai talent comme mon plus grand bien après l'amour de la vertu. » (Grimm, sur l'opéra d'*Omphale*.)

gaires, et ne pas être si fier de devenir et de s'entendre appeler *M. le baron de Grimm*. Mais quand on ne se plaît ainsi qu'au milieu d'une existence tout artificielle, il est tout simple qu'on ne comprenne pas l'auteur des divines lettres à M. de Malesherbes, et c'est là tout ce qu'on peut dire de mieux, ce me semble, pour excuser la conduite de Grimm à l'égard de Rousseau.

M. Boiteau a terminé cette excellente édition des *Mémoires* de madame d'Épinay par un curieux appendice, où il suit jusqu'à leur mort les divers personnages qui ont paru dans ce récit. La figure la plus intéressante de ce monde si mélangé, c'est assurément la bonne, la charmante, la spirituelle madame d'Houdetot. Les témoignages de ses contemporains sont unanimes sur son compte, et font comprendre la passion de Rousseau pour elle[1]. M. Boiteau a eu l'heureuse idée de réunir le peu de vers qu'elle a laissés. En voici quelques-uns faits par elle sur le départ de Saint-Lambert pour l'armée, et qui valent mieux que ceux de Saint-Lambert :

> L'amant que j'adore,
> Prêt à me quitter,
> D'un instant encore
> Voudrait profiter.
> Félicité vaine
> Qu'on ne peut saisir,
> Trop près de la peine
> Pour être un plaisir !

Madame d'Houdetot, c'est la poésie fraîche, gracieuse et tendre; il était temps qu'elle arrivât après la prose de madame d'Épinay; c'est un contraste qui fait un peu tort à sa belle-sœur. Quant à celle-ci, après l'avoir lue, il faut parfois la blâmer, l'excuser aussi, plus souvent la plaindre; je doute qu'il soit possible de l'aimer.

---

1. Voici le témoignage très-impartial de madame Suard, dans ses *Mémoires* trop peu connus (ils n'ont été tirés qu'à un petit nombre d'exemplaires et n'ont pas été mis en vente); on y lit, page 59 : « Il n'est personne qui, ayant entendu parler de la passion de Rousseau pour madame d'Houdetot, ne s'attendît à voir en elle une femme d'une figure aimable et intéressante; mais il était impossible de ne pas éprouver l'étonnement le plus désagréable en la voyant pour la première fois. Elle louchait horriblement, et il était difficile d'apercevoir la personne sur laquelle s'arrêtaient ses regards. Ses traits étaient très-forts et désagréables dans leur ensemble. Mais l'habitude de la voir triomphait bientôt de ces premières impressions, en l'entendant produire dans la conversation l'imagination la plus vive, l'esprit le plus aimable et l'âme la plus douce et la plus bienveillante. Je disais quelquefois en l'é-

## MADAME DE MAINTENON ET SA FAMILLE [1].

Ce recueil se rapporte tout entier à madame de Maintenon ou à
sa famille. Il s'ouvre par quelques lettres du vieil Agrippa d'Aubigné,
alors réfugié à Genève, où il était venu « prendre le chevet de sa
vieillesse et de sa mort, » chargé de quatre condamnations capitales,
lesquelles, dit l'indomptable vieillard « lui ont tourné à gloire et à
*plaisir*. » Ce n'est guère sous cet aspect que le vieux lion se montre
dans les lettres familières publiées par M. Bonhomme. « Ma fillette
(écrit-il à sa fille mariée à M. de Villette), ma fillette, je serais bien
aise de voir votre doux maître et vous, pour vous faire goûter la
douceur que Dieu donne à ma vieillesse. » Tout y respire cette bonté
simple et cordiale. Quel contraste avec les allures du rude partisan
des guerres civiles tel qu'il se montre dans ses *Mémoires*, avec les
généreuses violences du poëte des *Tragiques!* Quel contraste aussi
avec les lettres qui suivent, celles de sa petite-fille, madame de Maintenon, si concertée, si compassée, et dont la vertu même semble un
calcul, si vertu il y a! M. Bonhomme donne d'elle une lettre écrite
après la mort de son mari Scarron: Elle ne pouvait assurément le
regretter beaucoup; mais enfin il l'avait tirée de la misère, et, si peu
qu'il lui laissât, c'était mieux qu'elle n'avait apporté; or dans cette
lettre, il n'y a pas un mot, je ne dirai pas de tendresse, mais simplement de regret décent et convenable pour le pauvre défunt;
rien qu'une sécheresse rare, entremêlée déjà de dévotion, et des
doléances sur les créanciers de Scarron, qu'il faudra satisfaire. « Si
bien, dit-elle, que, venant à contribution, il faudra que je partage avec
eux ; après donc avoir bien plaidé, il me reviendra franc et quitte
quatre ou cinq mille francs. Voilà l'état du bien de ce pauvre homme,
qui avait toujours quelque chimère dans la tête, et qui mangeait tout
ce qu'il avait de liquide, sur l'espérance de la pierre philosophale,
ou de quelque autre chose aussi bien fondée. Il avait commencé une
certaine affaire auprès de M. le procureur, que je tâche de rendre
bonne, et, si j'en viens à bout, je crois qu'elle sera suffisante pour
me mettre l'esprit en repos. Voilà bien vous parler de mes affaires;

coutant : Mon Dieu! qu'un joli visage irait bien à cet esprit-là ! Elle n'était
d'abord frappée que de ce qu'il y avait de bon et de beau dans les objets
de l'art comme de la nature: elle découvrait le mérite des choses et des
hommes avec une promptitude et une sagacité qui semblaient appartenir à
l'instinct. »

1. Lettres et documents inédits, publiés par M. Honoré BONHOMME. — Paris, Didier.

mais vous l'avez voulu ainsi. Vous verrez par ce que je vous en dis que je ne suis pas destinée à être heureuse ; mais, entre nous autres dévots, nous appelons cela des *visites du Seigneur*, et nous mettons tout au pied de la croix avec une grande résignation... »

Et elle signe, non pas *veuve Scarron*, mais d'*Aubigné*; voilà un mari bien complétement enterré.

Elle s'était retirée immédiatement dans un couvent. Outre les *visites du Seigneur*, qui ne paraissent pas l'avoir charmée autant qu'elle voudrait le faire croire, elle en recevait beaucoup d'autres; elle en recevait tant, que les religieuses se plaignaient de cette affluence de visiteurs. Et c'est ici que se place la période obscure de la vie de madame de Maintenon; époque défigurée sans doute par la calomnie, mais qui ne laisse pas que de faire naître bien des doutes dans un esprit impartial. Quelle fut alors la conduite de madame de Maintenon? A-t-elle cédé à Villarceaux, ou bien, en épousant Louis XIV, lui a-t-elle apporté, outre ses cinquante ans, une vertu immaculée? M. Bonhomme discute ce point, et il conclut comme il faut conclure, je crois, en si délicate matière : il ne se prononce pas. Je ne sais trop pourquoi Beaumarchais a voulu ridiculiser le juge Bridoison, en lui prêtant cette réponse : « Mon avis ? ma foi, pour moi, je ne sais que vous dire ; voilà ma façon de penser. » C'est pourtant là en bien des cas ce qu'il y a de plus sage, et je regrette que beaucoup de philosophes et d'historiens fort décisifs ne soient pas plus souvent de l'avis de Bridoison. M. Bonhomme se contente de rapporter les témoignages pour et contre la vertu de madame de Maintenon. Un des plus graves, c'est ce fragment d'une lettre de Ninon de Lenclos, dont M. Feuillet de Conches possède l'original : « Scarron était mon ami ; sa femme m'a donné mille plaisirs par sa conversation, et dans le temps je l'ai trouvée trop gauche pour l'amour. Quant aux détails, je ne sais rien, je n'ai rien vu, mais je lui ai prêté souvent ma chambre jaune à elle et à Villarceaux. » Ceci n'est pas bien concluant[1]. Peut-être même, à en juger par le caractère de madame de Maintenon, tel qu'il se révèle dans la suite de sa vie, toutes les vraisemblances sont-elles en faveur de sa vertu. La faute que l'on soupçonne eût été une imprudence, et la discrète personne n'a guère commis de fautes de ce genre-là.

Le reste du recueil, publié par M. Bonhomme, comprend des let-

---

1. Ce qui me semble encore moins concluant, ce sont les deux petites pièces suivantes, découvertes dans les papiers de Conrart, et où un spirituel et savant chercheur, M. Émile Colombey, veut voir un témoignage accablant. (*La Journée des madrigaux*, p. 5.) La première est un madrigal plus ou moins

tres de M. de Caylus assez curieuses, puis d'autres lettres d'un intérêt médiocre, écrites par la famille de Villette ou par ses correspondants  Les notes sont judicieuses, et d'une érudition souvent
piquante; mais j'avoue humblement m'intéresser peu à toutes ces
révélations posthumes sur des personnages assez insignifiants, et
qui n'ont guère d'autre mérite que d'être cousins ou neveux de
madame de Maintenon. Cette partie du volume appartient à ce genre
de publications que l'on a multipliées depuis quelques années; de
celles que le goût des amateurs et des curieux encourage, et que
le désœuvrement de la littérature explique peut-être encore mieux.
Si cette habitude d'imprimer tout ce qui se rapporte, de près ou de
loin, aux personnages célèbres, devait se maintenir, il y aurait là
de quoi faire trembler, non-seulement les illustres de notre temps,
mais leurs parents et amis, tous ceux qui leur écrivent, en croyant
n'écrire que pour eux seuls. Passe encore pour les lettres signées au
moins d'un nom célèbre, comme celles de Jean-Baptiste Rousseau,
que M. Bonhomme publie dans le même recueil Voltaire, après
avoir lu l'*Ode à la postérité*, de Jean-Baptiste Rousseau, lui dit :
« Voilà une lettre qui n'arrivera pas à son adresse. » Voltaire se
trompait. Aujourd'hui, hélas! tout y arrive, même ce qui n'a pas été
mis à l'adresse de la postérité.

EUGÈNE DESPOIS.

authentique qui aurait été envoyé par madame de Maintenon à M. de Villarceaux, avec «des galants (des nœuds de ruban) pour une course de bague. »

> Vous devez avoir de la joie
> Des faveurs que l'on vous envoie;
> Même il vous est permis d'y goûter des appas.
> Parlez, montrez, vantez cos légères offrandes,
> Mais si l'on vous en fait quelque jour de plus grandes,
> Ne vous en vantez pas.

Et Villarceaux répond :

> Beauté qui les autres surpasse,
> Sachez que m s sens sont ravis
> De vous voir avec tant de grâce
> Me donner de si bons avis;
> Et pour votre faveur, co m'est un si cher gage,
> Que je découvre à tous l'estime que j'en fais;
> Mais si votre bonté m'obligeait davantage,
> Je périrais plutôt que d en parler jamais.

Il me semble qu'on ne peut guère voir ici que d'assez innocentes platitudes, et de ces galanteries permises que la pruderie même des précieuses
autorisait suffisamment. Mademoiselle de Scudéry en écrivait autant, en tout
bien tout honneur, à Pellisson.

# L'ACADÉMIE ET M<sup>GR</sup> DUPANLOUP

L'opinion publique s'est émue, et non sans raison, du vote récent de l'Académie française qui a fait asseoir M. de Carné au fauteuil laissé v cant par la mort de M. Biot, à l'exclusion de M. Littré dont on avait depuis six mois regardé l'élection comme assurée. La grave signification de ce vote n'a pu échapper à personne. Trois jours seulement avant l'élection, un éminent prélat, membre de l'Académie, avait fait paraître une brochure [1] dans laquelle les doctrines philosophiques et religieuses de M. Littré et de trois autres écrivains étaient violemment attaquées. Nul doute que cette brochure n'ait provoqué le vote de l'Académie, et que M. Dupanloup n'en soit responsable. Aussi s'est-on demandé quel titre avait l'Académie française pour juger les opinions philosophiques, et de quel droit un évêque, appelé pour son talent à siéger parmi les Quarante, se faisait le grand électeur de l'Académie, et affectait de lui désigner les écrivains qu'elle aurait à repousser de son sein pour cause de doctrines.

Quoi qu'on en ait dit, il n'est venu à l'idée de personne que M. Dupanloup n'eût pas, comme évêque, comme théologien, comme philosophe, le droit d accuser et de combattre des doctrines qu'il estimait dangereuses, contraires à la foi et à la raison; et s'il l'eût fait en temps opportun, avec le talent qu'on lui connaît et avec la gravité, l'équité et la modération requises en pareille matière; s'il eût écrit, par exemple, un livre au lieu d'un pamphlet, ce livre, accueilli par tout le monde avec empressement et curiosité, eût pu produire une grande et sérieuse impression. Mais que penser d'une brochure où des passages tronqués des livres de MM. Littré, Renan, Taine et Maury, sont expliqués par un commentaire passionné, agressif, et où les doctrines dont ces fragments ainsi détachés de leur ensemble ne peuvent donner qu'une fausse idée, sont condamnés sans discussion, de la façon la plus sommaire et la plus expéditive? Évidemment un pareil pamphlet n'est pas l'œuvre d'un docteur de l'Église, c'est l'acte politique d'un chef de parti. Ce n'est pas le public, auquel il a fait semblant de l'adresser, c'est l'Académie elle-même que M. l'é-

---

1. *Avertissement à la jeunesse et aux pères de famille sur les attaques dirigées contre la religion par quelques écrivains de nos jours*, par M. l'évêque d'Orléans, l'un des quarante de l'Académie française. Paris, Douniol.

vêque d'Orléans a voulu *avertir*. C'est à elle qu'il a demandé une manifestation publique contre les doctrines qui ont soulevé son indignation. Grâce à son habileté, il a eu ce qu'il désirait, il a produit l'effet qu'il voulait produire. Son œuvre, toute de circonstance, n'aura eu qu'un jour ; mais, à défaut d'un grand résultat qu'il n'obtiendra pas, il a du moins remporté un petit triomphe.

De quelque façon qu'on l'envisage, l'acte politique accompli par M. Dupanloup paraît également dépourvu de convenance et de légitimité. Quel titre, pour dominer et régenter l'Académie, peut invoquer M. l'évêque d'Orléans qui ne serait pas, au même degré, celui de tous les autres académiciens ? Aucun évidemment, à môins qu'il ne l'emprunte à une autorité toute personnelle ; mais, dans ce cas, on peut douter que les lumières du prélat, si grandes qu'elles soient, eussent été suffisantes pour éblouir un corps aussi illustre que l'Académie française et pour l'entraîner à un acte qui l'a compromise assez gravement devant l'opinion.

Était-ce comme évêque que M. Dupanloup redoutait de voir s'asseoir à ses côtés un homme qu'il accuse d'athéisme et de matérialisme ? Mais l'Institut tout entier, dont M. Littré est déjà membre par le choix de l'Académie des inscriptions et belles-lettres, n'est-il pas rempli d'hommes dont les croyances ou les théories religieuses diffèrent de la foi de M. Dupanloup ? N'a-t-il pas déjà, tout près de lui, dans la même enceinte, des protestants et des voltairiens ? Et, au point de vue de l'orthodoxie catholique, M. Guizot n'est-il pas aussi loin de M. Dupanloup que M. Littré ? Qu'importe la distance où la séparation fait tout ? L'inquisition était plus logique que M. Dupanloup, elle eût couché M. Littré et M. Guizot sur le même bûcher. Si M. Guizot, comme on l'affirme, s'est rencontré en cette occasion avec M. Dupanloup dans une pensée commune d'intolérance, il leur a fallu pour s'entendre oublier chacun leur principe, le catholique l'unité, et le protestant la liberté. Quant à l'Académie, qui a entendu la voix de Voltaire repousser à la fois l'autorité du pape et celle de Calvin, et qui a dans son sein des représentants de l'esprit du patriarche de Ferney, elle ne peut évidemment prétendre à l'autorité d'un concile ou d'un synode.

Mais bien que M. Dupanloup ait dit à ses collègues, dans sa brochure, qu'ils l'avaient « nommé tout entier, » et qu'il prétende ainsi siéger à l'Académie comme évêque, néanmoins, c'est surtout comme philosophe et représentant du spiritualisme qu'il se présente pour combattre les doctrines de M. Littré et les tendances de MM. Renan, Taine et Maury. Cela résulte de plusieurs passages. « C'est la raison, dit-il (p. 124), que je défends plus encore que la religion ; la raison, la philosophie! » Ici, du moins, nous le reconnaissons, M. Dupanloup est sur un terrain où il peut donner la main à M. Guizot et même invoquer, comme il le fait, l'autorité de Voltaire. Il s'y rencontre avec M. Cousin et avec plusieurs autres de ses collègues qui, s'ils ne sont pas comme lui des théologiens et des disciples de saint Thomas, sont des philosophes et des disciples de Platon. On pourrait se demander peut-être si l'Académie, en dépit de son nom qui rappelle le jardin où le grand philosophe athénien s'entretenait avec ses disciples, a qualité pour juger les doctrines philosophiques plus que les doctrines religieuses. Mais peut-être serait-ce rapetisser la question. Il y a autre chose à dire. Supposons donc que l'Académie a cessé d'être un corps littéraire pour devenir une assemblée philosophique, et que M. Octave Feuillet, par exemple, en s'asseyant l'autre jour à côté de M. Cousin, s'est senti tout à coup éclairé des lumières de la philosophie platonicienne, au point d'avoir pu voter contre M. Littré en pleine connaissance de cause.

De quel droit, je vous prie, une philosophie, si considérable qu'elle soit par le nombre de ses adhérents et par la renommée des hommes qui l'ont instituée, peut-elle en condamner une autre, la frapper en quelque sorte d'indignité, comme a voulu le faire M. Dupanloup pour le positivisme? Où est, en dehors d'une autorité religieuse fondée sur la révélation, l'autorité spirituelle qui pourrait s'attribuer à elle-même un tel droit? Y a-t-il donc aussi une religion philosophique en dehors de laquelle il n'y a point de salut, et dont MM. Cousin, Guizot et Dupanloup seraient les pontifes? On avait paru penser que l'esprit humain, une fois émancipé du joug de la théologie, n'avait plus devant lui d'obstacles; qu'il pouvait, à ses risques et périls, tenter toutes les voies, agiter tous les problèmes, oser toutes les négations. Quelles sont donc ces limites nouvelles qu'il ne doit plus dépasser, et devant lesquelles il devra s'arrêter de siècle en siècle? Quelle est cette colonne, qui n'est plus la colonne du temple, à laquelle on prétend l'enchaîner?

Qu'on veuille bien le croire, nous ne méconnaissons ni la grandeur ni les bienfaits de cette philosophie spiritualiste qu'invoque M. Dupanloup, et qui, comme une muse divine, a nourri le genre humain des plus hauts et des plus purs enseignements. Mais, quelle que soit l'autorité des idées qu'elle proclame et qui forment comme le patrimoine philosophique des nations européennes, nous ne saurions admettre toutefois que cette autorité soit exclusive et qu'on puisse l'opposer, sans discussion, à tout système qui se présenterait avec des conclusions contraires. Le principe même de liberté, qui est l'âme de toute philosophie, et que celle-ci a plus d'une fois revendi-

qué avec raison pour établir son indépendance vis-à-vis des prétentions de la théologie, ce principe lui défend de s'ériger à son tour
en autorité dogmatique pour la condamnation des dissidents. Il y a
surtout une autorité qu'elle fera bien de ne pas mépriser en la combattant : c'est l'autorité, qui va chaque jour en grandissant, de la
science; autorité dont le principe est différent de celui de la philosophie spéculative, et qui, sans lui faire d'opposition, ne paraît pas
disposée à s'abaisser devant elle.

C'est de la raison pure que la spéculation tire sa force; c'est par
elle qu'elle s'élève, d'un vol libre, au-dessus des faits matériels, tandis que la science, attachée à l'observation des phénomènes, prend
toute sa valeur de la seule expérience. De là deux ordres différents
d'idées, les unes rationnelles, appartenant à un ordre purement intellectuel, et les autres qu'on peut nommer avec M. Littré *positives*, et
qui sont de l'ordre scientifique. Lorsque la philosophie spiritualiste
prenait son vol en Grèce, la science n'était encore qu'au berceau;
elle n'avait sous sa main qu'un petit nombre de faits mal connus et
qu'il n'était pas possible de coordonner. Ignorant du monde et de
ses lois, l'esprit humain ne contemplait alors et n'interrogeait que
lui-même. Plus tard, aux spéculations des philosophes sur Dieu,
l'âme et le monde, le christianisme substitua ses dogmes; la théologie remplaça la philosophie. Mais lorsque l'esprit humain, de nouveau émancipé, prit un nouvel essor, la science, longtemps réduite
à un rôle inférieur, commença de s'élever peu à peu vers le premier
rang. Après avoir expliqué le monde et démontré ses lois, d'après
les seules données de l'expérience, souvent en opposition avec la
théologie, et sans tenir compte des spéculations de la philosophie,
elle s'installe aujourd'hui sur le terrain de l'histoire, et prétend comprendre à son tour dans son domaine l'âme humaine elle-même en
rattachant à l'ordre universel les mouvements de l'humanité. Que ce
soit là une prétention audacieuse, illégitime, la philosophie spiritualiste a certes le droit de le soutenir et de le démontrer. Qu'elle s'élève
contre des doctrines qui lui paraissent, à tort ou à raison, devoir
porter atteinte à la liberté morale de l'homme; qu'elle repousse des
conclusions hâtives, hasardées, au nom des instincts les plus puissants et des plus vieilles croyances de l'humanité; qu'elle leur oppose
à la fois la raison et le sentiment, rien de mieux. Mais qu'elle ne
s'imagine pas en avoir fini en quelques mots et par une réprobation
hautaine avec un mouvement qui vient de loin, qui a sa raison d'être
dans le progrès même de l'intelligence, de ses travaux, de ses études,
qui pousse des forces immenses, et qui donnera, dans l'avenir, à
l'époque où nous sommes son plus saillant caractère. En face d'un

pareil mouvement, combattre est légitime, honorable et peut-être utile; maudire n'est pas seulement violent et injuste, c'est encore puéril et impuissant.

En parlant du vote de l'Académie, nous nous sommes borné à juger le fait en lui-même, sans nous occuper des hommes. Il y aurait bien des choses à relever dans les accusations portées par M. Dupanloup contre quatre écrivains dont s'honore notre époque. Notre objet n'était pas de les réfuter ici, mais seulement de protester, au nom de la liberté de l'esprit humain, contre un acte d'étrange intolérance, bien peu dans l'esprit du siècle. N'oublions pas cependant de dire, en finissant, que celui de ces quatre écrivains qui a été le plus personnellement et le plus violemment attaqué est un des hommes les plus purs et les plus dignes de respect qui soient aujourd'hui. Rentré dans la retraite, il a repris en ce moment ses travaux en silence et avec la sérénité qui ne l'abandonne jamais. Son adversaire est-il aussi tranquille et sans regrets dans son triomphe que lui dans sa défaite?

L. DE RONCHAUD.

# SALON DE 1863

L'Exposition de cette année s'ouvre dans des conditions tout à fait exceptionnelles; voici la première fois que le public est admis à reviser les jugements du jury d'admission. Il paraît que la sévérité de ces jugements avait soulevé des réclamations plus nombreuses qu'à l'ordinaire; les condamnés, usant du recours en grâce, se sont adressés à la clémence impériale, et une amnistie générale a été prononcée. Des salles particulières seront ouvertes aux artistes exclus par le jury, s'ils veulent courir les chances de cet appel au peuple.

Tout le monde a rendu justice au caractère libéral de cette mesure; mais il est douteux qu'elle puisse avoir les résultats qu'on en attend. Son principal avantage est de remettre sur le tapis la question du jury d'admission, et surtout celle du jury des récompenses. En 1848, les décisions du jury avaient été cassées par un acte révolutionnaire; toutes les œuvres présentées avaient été exposées pêle-mêle, et les œuvres mauvaises plaidaient contre leurs auteurs en faveur du jury. Cette année, le procès semble plus facile à instruire. On saura dans quelques jours si le tribunal a été trop sévère pour quelques-uns; on sait déjà qu'il a été trop indulgent pour d'autres. Malheureusement bon nombre des exclus, et des meilleurs, à ce qu'on prétend, ont usé de la faculté qui leur était laissée de retirer leurs œuvres; non pas qu'ils acceptent le verdict des juges, car l'humilité n'est pas commune dans les arts, mais parce qu'ils craignent de se trouver en trop mauvaise compagnie. Chacun en particulier se croit victime d'une erreur, et serait tout prêt à demander un jury de révision, pour en appeler de Philippe endormi à Philippe éveillé. Il faut ajouter aussi que bien des artistes craignent d'avouer qu'ils ont été repoussés du salon; cette exclusion étant une mauvaise note qui peut déprécier leurs œuvres, ils aiment mieux laisser croire qu'ils n'ont rien présenté.

Voilà donc l'opinion publique érigée en cour d'appel, et ses décisions indiqueront la marche à suivre pour les Expositions prochaines. Le devoir de la presse, en art comme en politique, est de discuter les questions pendantes et de proposer des solutions; c'est ce que nous ferons dans ce premier article, en nous efforçant d'appliquer aux intérêts de l'art et des artistes les principes politiques qui ont toujours été défendus dans la *Revue Nationale*.

L'Exposition des œuvres exclues par le jury ne s'ouvrira que le 15, nous ne pouvons donc pas encore en parler; mais celle des œuvres admises est ouverte depuis quelques jours, et nous avons déjà pu nous convaincre que la moyenne en est satisfaisante; c'est là une présomption favorable au jury. Cependant, il faut se souvenir que les œuvres exposées n'ont pas toutes passé devant les juges. Les artistes récompensés aux Expositions précédentes par des médailles de 1re et de 2e classe, n'ont été soumis à aucun examen. Le jury n'a donc pu se permettre cette année les grandes exécutions capitales qui, dans le temps de la querelle des classiques et des romantiques, le faisaient comparer aux tribunaux de la Terreur. C'était l'époque où il refusait les sculptures de Barye, les tableaux de Delacroix, de Rousseau, de Corot, de Daubigny. Le temps de ces luttes est passé; les artistes auxquels on voulait fermer le Salon y entrent maintenant de plainpied, par droit de conquête. Malheureusement, à côté des grands artistes que leurs médailles mettent à l'abri des sévérités académiques, il en est d'autres qui se sont glissés par la même porte sans qu'on sache pourquoi ni comment. Si vous apercevez, en parcourant le Salon, quelque toile qui fait tache au milieu des autres, vous êtes porté à accuser le jury d'un excès d'indulgence; mais ouvrez le livret, vous verrez que, neuf fois sur dix, les œuvres de ce genre appartiennent à des *exempts*. On est obligé d'en conclure que les distinctions officielles peuvent quelquefois s'égarer, et on se demande si l'opinion publique, appelée pour la première fois à contrôler les décrets du jury d'admission, ne pourrait pas aussi être admise à se prononcer sur la distribution des récompenses.

Pour nous, qui croyons au droit absolu de l'opinion publique, et qui défendons l'autonomie sous toutes ses formes, la question n'est pas difficile à résoudre, et voici ce que nous proposerions, si notre voix avait quelque chance d'être écoutée : Nous demandons que les artistes exposants désignent ceux d'entre eux qui méritent les récompenses, dont le nombre aura été fixé avant le vote. Sans doute, il y aura des voix perdues; chacun se désignera lui-même, on peut s'y attendre; mais le nom de Thémistocle sera sur toutes les listes, et l'addition des votes représentera la justice. Les œuvres récompensées seront réunies, après l'exposition générale, dans une salle d'honneur où le grand public, le juge en dernier ressort, pourra les contempler. Les artistes qui auront été ainsi honorés des suffrages de leurs rivaux seront un jury d'admission tout trouvé pour l'Exposition de l'année prochaine; car nous espérons bien qu'on rétablira enfin les Expositions annuelles que les artistes réclament depuis si longtemps.

Un jury ainsi composé serait l'expression exacte de l'opinion publique. Il serait utile qu'elle se subdivisât en catégories, pour qu'il y eût plus de certitude de compétence ; on n'entendrait plus les peintres se plaindre d'avoir été jugés par des architectes, et réciproquement. Les juges ne devraient se récuser sous aucun prétexte ; mais, comme la fatigue pourrait nuire à leur lucidité, la durée de leurs opérations devrait être en rapport avec le nombre des travaux présentés ; car lorsqu'on a, comme le jury de cette année, cent œuvres d'art à juger par heure, les erreurs sont inévitables.

Enfin, pour offrir encore plus de garanties aux artistes, nous voudrions qu'au-dessus de ce jury d'admission il y eût une sorte de comité de clémence, chargé d'une révision générale et nommé par le suffrage des artistes au moment même où ils présenteraient leurs œuvres. Ils pourraient y faire entrer et des artistes célèbres qui n'exposent plus, comme MM. Ingres, Jules Dupré, Troyon, etc., et même les membres de l'Institut, qui sont les gardiens de la tradition. On ne craindrait plus que le passé fermât la porte à l'avenir, puisque ce comité pourrait admettre des œuvres repoussées par le jury, mais non pas exclure des œuvres admises. Rien n'obligerait, d'ailleurs, à ne nommer que des artistes : un amateur éclairé comme M. de Luynes, un critique judicieux comme Théophile Gautier seraient d'excellents juges, peut-être plus favorables à ceux qui cherchent des voies nouvelles que la plupart des artistes célèbres, d'autant plus exclusifs en général qu'ils sont plus convaincus. Un comité formé de tels éléments réunirait toutes les conditions désirables d'impartialité et de bienveillance, et découvrirait sans peine les œuvres dont le mérite aurait pu échapper par hasard à l'attention du jury d'admission.

Mais, par-dessus tout, il faut obtenir que les Expositions deviennent aussi fréquentes que possible. Depuis qu'on les a rendues plus rares, le public s'est habitué à s'en passer, et les artistes, ne pouvant plus lui montrer leurs œuvres qu'à de longs intervalles, sont obligés de se conformer au mauvais goût et aux mesquines exigences des marchands, ou même, ce qui est pis encore, d'aller quêter des travaux dans les antichambres des hauts fonctionnaires De là cette décadence du grand art, cet oubli des grandes traditions, dont se plaignent périodiquement les discours officiels, sans jamais en chercher ici la cause ni le remède. Pour empêcher notre goût de se corrompre, on ne trouve rien de mieux que de nous faire voir plus rarement des œuvres d'art. On ajoute que les expositions artistiques ne doivent pas être des bazars; on craint d'assimiler l'art à l'industrie. Soit; bien qu'au fond de cette crainte il y ait un senti-ment aristocratique dont l'industrie pourrait se trouver offensée. Mais quels moyens a-t-on employés pour rendre à l'art cette dignité dont on est si jaloux? Au lieu de multiplier ces concours offerts à l'émulation des artistes, on les a rendus plus rares. On veut, dit-on, décourager les médiocrités; mais les médiocrités ne se découragent pas; elles ne manquent jamais de recommandations influentes, et elles n'hésitent jamais à perdre dans les bureaux le temps que les artistes sérieux consacrent au travail et à l'étude.

Je ne parle pas de ces innombrables copies, commandées chaque année à tous les fruits secs de la peinture, et qui s'entassent dans les corridors et les greniers ministériels; cela peut être considéré comme une annexe du budget de l'assistance. Mais les travaux commandés, les achats d'œuvres d'art, est-on bien sûr qu'ils tombent toujours sur ceux qu'aurait désignés l'opinion publique, si on la consultait quel-quefois? Il y a des artistes absolument inconnus, qui ne vivent que de faveurs administratives, tandis que Decamps n'a jamais rien vendu à aucun ministère; si nous avons un petit tableau de lui au Louvre, c'est parce que son possesseur nous l'a donné.

Le jour où le public pourra se plaindre que des nullités obsé-quieuses et protégées partagent avec les talents sérieux des encoura-gements dont lui seul fait les frais, il ne tardera pas à regarder l'art comme une superfétation inutile, une des sangsues du budget, et il il sera trop tard alors pour déplorer la décadence du goût et la perte des grandes traditions. Pour que l'art prospère et grandisse, il faut le soustraire à la dépendance de la bureaucratie. Il ne peut vivre et se développer à huis clos; il a besoin d'ardentes acclamations et de nombreuses sympathies. Or, pour que les foules s'intéressent aux belles œuvres, il faut les leur montrer. En voulant que les Expositions reviennent tous les ans, nous ne faisons que réclamer, pour les classes riches, cette extension progressive de l'éducation, que nous demandons tous les jours pour les classes pauvres. Un particulier peut entendre de bonne musique tous les jours de l'année; pour-quoi veut-on qu'il ne puisse voir des tableaux et des statues que tous les deux ans? Je sais bien que nous avons le Louvre, mais pour aimer et comprendre les maîtres, il faut une éducation artis-tique qui manque malheureusement à la foule. Chaque lycéen sort du collége sachant à peine faire un nez et une bouche, et quand il regarde un vieux tableau, il n'y voit que du noir. Devenu homme, il a des photographies pour stéréoscopes, qui suffisent à ses besoins artistiques. Quant à sa femme, elle fait un peu d'aquarelle, mais ne lui demandez pas d'admirer un Rembrandt, un Titien, ou tout autre peinture jaune. Une foule de gens savent apprécier un bon livre ou une bonne pièce; combien y en a-t-il qui, sachent distinguer un bon tableau d'un mauvais? Et parmi les amateurs eux-mêmes, ces rares amateurs dont on cite les noms, y en a-t-il beaucoup qui achètent des tableaux pour le seul plaisir de les regarder, et non pour revendre un jour leur galerie avec bénéfice?

Cette éducation artistique qui nous manque, les Expositions fréquentes peuvent seules nous la donner. Chaque Exposition attire le public comme un spectacle nouveau; il y a là tout l'attrait de l'imprévu. On s'amuse d'abord des sujets représentés; peu à peu on devient sensible aux qualités artistiques.

Telles sont les observations que j'ai cru pouvoir présenter dans l'intérêt des artistes. Si elles leur paraissent justes, qu'ils le disent et qu'ils le répètent; car il faut faire ses affaires soi-même; on ne gagne rien à rester en tutelle; lorsqu'on veut être émancipé, il faut prouver qu'on est majeur. La mesure émanée de l'Empereur en fournira naturellement l'occasion.

Dans un prochain article, je passerai en revue les œuvres exposées. J'appellerai l'attention du lecteur sur celles qui me semblent les plus remarquables; mais il me sera impossible de parler de toutes les bonnes choses, elles sont trop nombreuses. Quant aux mauvaises, j'aime mieux n'en rien dire, on les remarquera bien assez.

ARISTIDE LEFRANC.

# REVUE DES THÉATRES

Avant de commencer, nous prierons les lecteurs de la *Revue natio-nale* de ne point s'inquiéter du nom nouveau qu'ils trouveront inscrit au bas de cette revue des théâtres, au lieu de la signature connue et aimée de M. Paul de Musset. Appelé pour quelque temps à l'étranger, M. de Musset n'a pu remplir envers eux son devoir men-suel ; et si nous le remplaçons aujourd'hui, c'est uniquement pour que la chronique dramatique ne subisse pas une plus longue inter-ruption.

Gœthe dit quelque part qu'ayant une fois laissé s'accumuler, sans en déchirer même les bandes, les gazettes et les recueils politiques qu'il recevait, il les ouvrit en masse au bout de trois mois, et fut tout étonné de retrouver les événements presque au même point et les questions aussi peu avancées vers leurs solutions, qu'auparavant. Il en est un peu de même aujourd'hui pour le théâtre. Lorsqu'on che-mine pédestrement et péniblement sur le sol de la production dra-matique, on croit bien discerner par places quelques mouvements de terrain : on peut, à la rigueur, prendre des taupinières pour des collines ; des ondulations, marquant les bassins de maigres ruis-seaux qu'on intitule rivières, peuvent nous sembler des chaînes de montagne. Mais supposez la même route parcourue rapidement en ballon : vu de haut, le terrain se nivelle, les cours d'eau ne tracent plus qu'une mince ligne blanche, les taupinières s'affaissent, et l'œil n'embrasse qu'une immense lande plate, nue et bornée par un cercle de vapeurs uniformément grises.

Ne nous plaignons pas trop, cependant ; nous avons eu des pé-riodes plus ternes encore que celle qui vient de s'écouler cet hiver. Du côté de l'Odéon, le rideau de nuages s'est déchiré, nous laissant voir un géant, un colosse, le Dahwalagiri au fond de la plaine Saint-Denis. Chose vraiment singulière ! Il s'est trouvé dans Paris, cette ville où, dit-on, l'esprit court les rues — sans doute parce qu'on lui ferme les portes des maisons, — il s'est trouvé un public assez assidu pour remplir, depuis trois mois, une salle où l'on joue *Macbeth !* Le directeur a bien eu, il est vrai, la prudence de dissimuler autant que

possible le nom de Shakspeare sur l'affiche ; il a omis de dire que la
traduction était en vers, et a décoré chaque tableau d'un titre affriolant qui ferait envie à un romancier feuilletoniste. Mais ne lui cherchons pas chicane : c'est un piége tendu au public, qui se trouve de la sorte induit en erreur et forcé d'entendre un chef-d'œuvre. La ruse est de bonne guerre et d'habile administration.

De pareilles représentations — on pourrait dire de pareilles audaces, — car c'est une témérité que de donner Shakspeare, — sont bonnes sous plus d'un rapport. Premièrement, il est nécessaire que de temps en temps le diapason de l'art vibre et fasse ressortir la discordance complète des instruments dont jouent les virtuoses actuels ; cela démontre en outre à quel point le goût public s'est perverti. La jeune génération, celle qui n'a point assisté au grand mouvement romantique de 1830, ignore à peu près ce que c'est qu'un chef-d'œuvre ; elle ne connaît les violentes passions qui engendrent les horreurs du drame que par M. Dennery ; les délicatesses du cœur humain et les tendresses de la femme, que par M. Octave Feuillet ; M. Scribe lui a dévoilé les petitesses de l'âme et de l'esprit que doit peindre la comédie. Aussi faut-il voir l'espèce d'inquiétude qui saisit l'assistance, lorsque se déroule devant elle cette action touffue et multiple qui jaillit du fécond cerveau de Shakspeare ; cette allure de tempête, ces ouragans qui font plier et se tordre les âmes rudes et robustes des personnages : tout cela donne au spectateur un malaise semblable à celui qu'on éprouve lorsque, placé à la pointe d'une jetée un soir où la mer est furieuse, on se laisse battre par le vent et mouiller par l'écume des vagues, qui vous pénètrent d'une eau amère et fortifiante.

C'est sans doute une nourriture un peu forte que le Shakspeare pour des estomacs accoutumés aux fadeurs modernes ; mais si on leur continuait avec persistance un pareil régime, nous pensons qu'ils s'en trouveraient bien, et l'on ne saurait trop blâmer une certaine critique qui affirme que Shakspeare est inintelligible, parce que le public ne le comprend pas bien.

La façon dont *Macbeth* est interprété à l'Odéon est assez irrégulière : le drame, à peu près compris dans les détails, ne l'est pas dans son ensemble, ni dans les rapports des personnages entre eux. Taillade, qui remplit le rôle de Macbeth, se rapproche assez du type créé par Shakspeare, autant du moins que le lui permettent ses moyens physiques ; s'il n'a pas la haute stature et la carrure athlétique du chef de clan, il en a très-heureusement trouvé l'expression bestiale, la témérité fauve et farouche. Quant à mademoiselle Karoly, on s'accorde généralement à dire qu'elle n'est guère entrée dans l'esprit du personnage de lady Macbeth. La femme qui commande à un soldat comme Macbeth doit être blonde, séduisante, vipérine, tendre lorsqu'il le faut pour déterminer son mari, froide et ferme comme l'acier quand il faiblit et hésite : l'un est la matière, l'autre l'âme ; celle-ci la volonté qui conçoit, celle-là le bras qui exécute.

Une tentative littéraire d'un genre analogue vient d'être osée par la Porte-Saint-Martin, qui a repris le *Charles VII chez ses grands vassaux*, d'Alexandre Dumas. Lorsqu'on joua cette pièce pour la première fois, en 1831, l'exagération de l'enthousiasme romantique la fit paraître faible ; on lui reprochait son unité de lieu, ses moyens qui rappelaient quelques traits des tragédies classiques. Aujourd'hui cela nous semble fort violent et très-suffisamment romantique. L'effet du Sarrasin Yaqoub, circulant dans sa gandoura blanche, au milieu des surcots mi-parties du moyen âge, est une des bonnes inventions du théâtre moderne. La figure de Charles VII se réveillant de ses mollesses fainéantes pour sauver la France, est vigoureusement dessinée. Malheureusement l'exécution est faible. A l'exception de Beauvallet, dont il est superflu de louer la grandeur et l'énergie, de M. Jouanni, qui a pris les bonnes manières de la Comédie-Française, et de mademoiselle Périga, qui ne manque point de passion, le reste de la troupe accomplit médiocrement son devoir. Mais comment demander un jeu élevé et la compréhension de ces vers sonores et hardis à des gens épuisés par trois cents représentations consécutives du *Pied de mouton*?

*Un homme de rien*, représenté au théâtre du Vaudeville, a été favorablement accueilli du public, dont l'empressement donnera à cette pièce un brevet de longévité. L'auteur, M. Aylic Langlé, a débuté, il y a quelques années, par une comédie en vers, jouée au Théâtre-Français sous le titre de *Murillo*; mais comme c'est un sort ingrat et peu lucratif que de faire des pièces en vers, M. Langlé, revenu aujourd'hui des généreuses imprudences de la première jeunesse, s'en tient à la simple prose ; bonne prose, du reste, délicate, soignée et relevée à chaque instant par des mots heureux et portant juste. Le personnage de Shéridan, le héros de la pièce dont nous nous occupons, méritait d'être traité par un homme de talent ; personnage singulier, hasardeux parfois, souvent sublime, orateur véhément et qui, par la seule force de son génie, s'éleva jusqu'au rang de secrétaire d'État ; toujours sur la brèche, insatiable d'action, et semblable aux coureurs du Cirque, lancé à fond de train dans la vie, un pied sur les affaires de son pays et l'autre sur la débauche. Ce fut cette dernière qui l'emporta ; Shéridan mourut dans la misère ; ceux qu'il avait défendus l'oublièrent, et ceux qui avaient eu à essuyer les sarcasmes de son éloquence se souvinrent de lui pour l'abandonner.

M. A. Langlé ne nous a montré que le beau côté de Shéridan, et il a bien fait; car, en fin de compte, c'est ce qui reste de lui. Lorsque la pièce commence, Shéridan est absolument misérable; il n'en est même plus aux expédients et s'apprête à échanger son dernier penny contre un verre de gin, lorsqu'une jeune Irlandaise, Susannah, lui arrête le bras et lui dit qu'il ne faut point désespérer. Shéridan, dominé par la douce violence de la jeune fille, s'asseoit sur le banc d'attente, près de la tribune des courses de Richmond. Bien lui en prend; car un lord original lui donne quarante livres pour qu'il se laisse, d'un coup de pistolet, casser une pipe entre les dents à trente-cinq pas; il gagne une course avec un poney impossible qui manquait de jockey, ce qui lui vaut une épingle surmontée d'un brillant. Pour comble de bonheur, la duchesse de Carlwell manque elle-même d'une épingle pour rajuster une pièce de sa toilette : Shéridan lui offre celle que le Jockey-Club vient de lui décerner.

La grande dame ne laisse pas que d'être surprise d'une pareille familiarité de la part de ce mince personnage : aussi Shéridan, comprenant sa maladresse, casse l'épingle en deux et jette à l'eau le diamant; il ne reste plus qu'une simple pointe que la duchesse peut accepter. Voilà Shéridan lancé, et bien lancé : aussi ce premier acte est-il, au point de vue dramatique, le plus intéressant de tous. Le reste de la pièce est une suite de tableaux où l'on voit se dérouler la lutte entre les bons et les mauvais anges de Shéridan : d'un côté, Susannah, tendre et dévouée; lord Dumbard, le casseur de pipes et l'homme au poney fourbu; puis un vieil émigré qui retrouve chez le jeune Irlandais la *furia francese*, et quelques personnages épisodiques : de l'autre part, c'est la duchesse qui aime Shéridan, et lui fait les avances les plus compromettantes; elle est secondée par lord Spencer, le vaincu de Richmond, et qui poursuit son rival jusque sur le terrain de ses élections. Après maintes péripéties, le jeune couple de Shéridan et de Susannah triomphe, et la toile tombe sur la nomination de notre héros au poste de secrétaire d'État, honneur que lui a valu son fameux discours contre Hastings.

Ce rapide résumé ne donnera sans doute qu'une faible idée de la comédie de M. A. Langlé : une analyse plus détaillée n'aurait, du reste, pu rendre les finesses qu'on y rencontre à chaque pas : le seul reproche qu'on puisse lui faire n'est, au fond, qu'un éloge de plus; car si le premier acte est seul vraiment scénique, les trois derniers s'écoutent avec un extrême intérêt.

A l'Opéra, la reprise solennelle de la *Muette* a rempli toute la fin de la saison. Mais, quel que soit le charme de la musique d'Auber, la grâce de Mademoiselle Marie Vernon et les richesses de la mise en scène, on pourrait se demander si la mission de l'Académie impériale de musique se trouve bien remplie de cette façon; si elle doit se borner à la représentation d'un seul chef-d'œuvre, et si les besoins du public ne réclament pas quelques représentations de Rossini et surtout de Meyerbeer, qui nous semble un peu négligé. L'Opéra doit être à la musique ce que le Louvre est à la peinture; et c'est ce qu'on oublie trop.

On vient de reprendre *Giselle*, le ballet-type, qui n'a pas été joué à Paris depuis quinze ou seize ans. Mademoiselle Mouravief est venue exprès de Saint-Pétersbourg recueillir la succession, jusqu'à présent vacante, de Carlotta Grisi, dont le charme fut immense dans ce rêve. Mademoiselle Mouravief est élégante, fine, et danse avec une netteté et un fini qu'on regrette de ne pas toujours trouver dans les jeunes artistes qui sortent des classes de l'Opéra de Paris. M. Perrin a consacré, pour cette circonstance, une mise en scène qu'on peut, sans banalité, appeler féerique : jamais l'imagination allemande n'aura rêvé, pour y faire danser les Willis de ses légendes, une clairière plus argentée par la lune, et un lac plus vaporeux que celui du second acte, avec ses lueurs électriques et son décor de glaces.

G. WELTMANN.

# REVUE DU MOIS

.

7 mai 1863.

En inscrivant la date de cette Revue, je me dis que la courtoisie
envers nos artistes m'oblige à rappeler tout d'abord que le Salon de
1863 a été ouvert le 1er mai. Cela fait, je me demande s'il faut ajouter
quelque chose. N'ayant point mission d'examiner en détail les œuvres
exposées, est-ce bien la peine de me livrer à des remarques générales qui, depuis bien des années, sont à peu près les mêmes dans
tous les comptes rendus? Nos Expositions sont si fréquentes qu'elles
ne sont pas des événements pour le public, et les artistes eux-mêmes,
sauf les débutants, les attendent de sang-froid. Ce n'est guère que
dans les romans de l'école moderne qu'on voit un peintre, absolument inconnu la veille, se trouver célèbre au lendemain d'une Exposition où la foule a stationné pendant des heures entières devant son
premier tableau ; ce n'est guère que là qu'on couvre ses toiles d'or,
et que grâce à ses pinceaux il épouse une héritière millionnaire. En
tous cas, si cela arrive quelquefois, on n'a pas trop l'air d'y compter
dans les ateliers, et nul artiste, que je sache, n'a passé la nuit du
30 avril dans les Champs-Élysées à guetter les premiers rayons de
l'aurore du 1er mai. Le public y a mis encore plus de calme, et la
foule n'a pas été excessive, même le premier jour. Celle-ci s'étonnait
de retrouver à peu près ce qu'elle avait vu il y a deux ans. Au premier abord, et pour les profanes, en effet, la ressemblance est grande:
ce sont les mêmes salons, les mêmes dispositions de tableaux, la
même grande bataille avec les mêmes tableaux décoratifs, et les
mêmes portraits officiels de prélats et de généraux. Si on écoute les
remarques des initiés et des connaisseurs, on ne les trouvera pas
plus nouvelles. C'est comme à la dernière, c'est comme à l'avant-
dernière Exposition, le même étonnement de ne rencontrer parmi
tant d'ouvrages excellents aucune œuvre hors ligne. La moyenne de
l'art s'élève chaque jour chez nous ; mais il devient de plus en plus
rare de la voir dépasser. Beaucoup de bons tableaux et point de
chefs-d'œuvre. Une autre plainte qui se renouvelle assez régulièrement à chaque salon, et dont je comprends moins le sens, c'est celle

des gens qui déplorent l'absence d'une école française proprement dite. L'art contemporain est tout individuel, disent-ils avec douleur, et chacun peint de son côté, — ceux qui ne peuvent se faire admirer par leur talent se faisant admirer par leur excentricité. Je me figure que ce regret est destiné à se faire entendre encore longtemps, et rien ne me semble présager l'avénement d'une école nationale de peinture. Cette brillante moyenne, cette heureuse diversité de talents dont je parlais tout à l'heure sont des obstacles à la formation d'une école. Il y a là un cercle vicieux, et l'effet réagit sur la cause. Les écoles dans l'art sont comme les religions : elles se fondent sur une révélation ou sur une réforme. Une école est une innovation ou une réaction. Aujourd'hui que tous les genres et même tous les procédés sont honorablement représentés, que pourrait-on inventer? Lorsque aucune influence ne prédomine, contre quoi peut-on réagir? Sans doute, s'il se produisait parmi nous un chef-d'œuvre, ou, pour mieux dire, un peintre faisant des chefs-d'œuvre, — car les chefs-d'œuvre ne sont pas des faits isolés, — il y aurait bientôt une école formée de ses élèves et de ses imitateurs; mais de pareilles écoles disparaissent avec ceux qui les ont fondées, et ne doivent pas être confondues avec un grand mouvement national, tel que l'école de David, par exemple.

S'il est difficile d'influer sur l'art d'un pays et de le diriger, dans la plus haute acception du mot, il est facile de le réglementer, et l'administration, cette année, a adopté deux mesures qui n'ont pas obtenu, ai-je besoin de le dire? l'assentiment général. La première consistait à n'admettre que trois toiles de chaque artiste, qu'elles fussent grandes ou petites. Cela a soulevé mille réclamations : on a trouvé dur que M. Meissonnier, dont on aurait les tableaux pour quelques louis, si on se bornait à les « couvrir d'or, » n'eût que le même nombre d'ouvrages exposés que M. Yvon, qui fait des batailles de grandeur naturelle; mais, d'un autre côté, il eût été tout aussi injuste de répartir l'espace au mètre entre les artistes. Le public exigeait que l'Exposition fût restreinte dans des limites raisonnables. On n'a donc eu à choisir qu'entre deux injustices : on a choisi la moindre, c'est tout ce qu'on peut demander.

L'autre mesure a été tout à fait inattendue et diffère de la première en ce qu'elle a mécontenté tout le monde à peu près également. Exceptons pourtant, quelques railleurs à qui elle promet de méchantes satisfactions. De nombreuses réclamations, d'après le *Moniteur*, seraient parvenues à l'Empereur au sujet des œuvres d'art refusées par le jury : « Sa Majesté, voulant laisser le public juge de la légitimité de ces réclamations, a décidé que les œuvres d'art refusées seraient

exposées dans une autre partie du Palais de l'Industrie. » Il va sans
dire que cette exposition est facultative. Elle ne doit s'ouvrir que
le 15 de ce mois; mais dès à présent on sait qu'un grand nombre
d'artistes ont refusé la consolation qu'elle leur offre, et ce sont probablement ceux-là même qui avaient eu le plus de raison de réclamer contre les décisions du jury. Les hommes de quelque valeur
sont peu ambitieux, en général, de proclamer leurs défaites au public. C'est un peu comme si on permettait aux candidats qui ont
échoué dans leurs examens pour nos écoles de porter un uniforme
de *fruits-secs.* Il n'y en aurait pas beaucoup qui profiteraient de la permission. Dans sa clientèle, et en envisageant l'art au point de vue du
gagne-pain, une pareille Exposition ne peut que faire tort à un artiste
aux yeux du bourgeois, et il aimera mieux, s'il est vaillant, cacher
son échec mérité ou immérité, quitte à prendre sa revanche dans
deux ans. Il faut être bien orgueilleux ou bien novice pour se figurer
que le public, le gros public, va s'insurger en présence d'une œuvre
méconnue. Il ne juge guère par lui-même, et accepte de confiance
le dire des juges et des journaux. Si, comme on le prévoit, les meilleurs parmi les tableaux refusés sont retirés, le reste de l'Exposition
donnera raison, et bien au-delà de la vérité, au jury — et pourtant,
celui-ci n'est pas content, dit-on. Cette mesure semble dire, en effet,
que ses jugements ont besoin d'être contrôlés. Si elle ne met pas en
doute sa bonne foi ou sa capacité, elle implique du moins que le public n'en est pas persuadé.

Si cette concession, faite, sans contredit, dans les intentions les
plus bienveillantes, devait être érigée en règle, elle aurait tous les
inconvénients, sans aucun des avantages, d'une exposition sans jury
officiel. Elle laisserait subsister les froissements et les rancunes du
régime actuel, tout en offrant un encouragement désastreux aux vo-
cations trompeuses. Il me semble difficile d'expliquer cette notion
si généralement répandue que l'État est tenu de fournir un local pour
exposer toutes les peintures, sculptures et gravures, médiocres ou
mauvaises, que de soi-disant artistes veulent bien lui envoyer. Pourquoi ne lui demanderait-on pas aussi bien de faire imprimer tous les
manuscrits que des auteurs croiraient devoir lui confier? La protection que l'on doit aux arts comme aux lettres ne s'étend point aux
infirmes.

## II

Il me faut encore une fois faire ici une large place à l'Académie
française, dont les discussions, par des causes trop évidentes pour

qu'il soit nécessaire de les établir en détail, semblent plus que jamais en possession de passionner le public. De certaines satisfactions, chères de tout temps à la société française, ne se rencontrent plus guère aujourd'hui que dans ces élections et ces réceptions qui, jadis rejetées dans l'ombre par la tribune et par la presse, passaient presque inaperçues, si ce n'est du monde lettré. La France, on l'a dit, fait volontiers « la guerre pour une idée; » mais on n'a pas ajouté, ce qu'il eût été cependant fort utile de reconnaître, que cela est encore plus vrai pour notre esprit national que pour nos armées. Or, les champs de bataille, où les combattants sont libres et les armes égales étant fort rares en ce temps, le combat s'engage volontiers autour de l'Académie, qui a conservé, au milieu de l'empêchement général, des immunités exceptionnelles. Ce n'est pas à propos de ses élections que l'administration a songé à remettre en mémoire la loi sur les associations, et ce n'est point à ses candidats qu'on eût osé refuser le titre d'indépendant. Ce mot est resté dans son Dictionnaire; de là sa force aujourd'hui. Malheureusement l'idée pour laquelle on fait la guerre et qui a triomphé dans la dernière campagne académique est une idée d'intolérance et d'inquisition. L'élection de M. de Carné, ou, pour mieux dire, le moyen par lequel elle a été obtenue, constitue pour les esprits libéraux une véritable défaite que la *Revue* doit enregistrer avec douleur et humiliation.

Qu'on étudie le passé ou qu'on se borne à examiner le présent, on est bien forcé, à tout moment, de constater des intermittences singulières dans la marche de l'esprit humain. Les progrès qu'on serait le plus autorisé à croire acquis à tout jamais, se trouvent quelquefois remis en question de la façon la plus inattendue ou se perdent tout à coup pendant des périodes souvent assez longues. Ainsi dans trois pays qui se vantent d'être aujourd'hui au premier rang de la civilisation moderne, il se produit, depuis peu, des faits d'intolérance assez remarquables. Celui dont l'Académie vient de se rendre coupable est un des plus graves, à mon avis, bien que ses conséquences immédiates soient relativement insignifiantes. Elles se bornent, il est vrai, à l'exclusion d'un homme de bien, qui est aussi un savant du plus grand mérite; mais par cela seul que la chose s'est passée en France, elle prend une grande importance. En effet, que l'Espagne constitutionnelle du dix-neuvième siècle condamne à huit ans de galères de malheureux protestants pour le fait seul de leur religion, cela se conçoit, à la rigueur : l'Inquisition a légué en Espagne un héritage fatal qui pèsera sur elle pendant longtemps encore. Qu'en Angleterre des évêques se réunissent pour décréter d'hérésie le docteur Colenso, qui

a osé émettre des doutes sur l'origine et les assertions du Penta-
teuque, on peut alléguer en leur faveur qu'il s'agissait là d'un des
leurs, d'un évêque comme eux, et qu'il est raisonnable d'exiger des
ministres d'une religion qu'ils croient ce que cette religion leur en-
joint d'enseigner aux autres. Mais que chez nous, dans le pays où
d'Alembert et Voltaire ont été académiciens, on ait songé à rechercher les opinions religieuses d'un candidat avant de lui conférer un
honneur tout littéraire auquel nulle fonction n'est attachée, si ce
n'est celle de collaborer à un dictionnaire de la langue française,
cela passe toute idée ! Il faut que le parti qui tout récemment encore
reprochait à l'auteur du *Fils de Giboyer* d'accabler des vaincus en
l'attaquant, se sente bien remis de ses défaites pour prendre si hardiment sa revanche.

Deux fauteuils étaient vacants à l'Académie : celui de M. le duc
Pasquier et celui de M. Biot. Parlons d'abord du dernier, puisque
aussi bien c'est à propos de celui-là que le parti clérical, représenté
par M. l'évêque d'Orléans, a livré bataille. M. de Carné et M. Littré
étaient les candidats. Ni avant ni après l'élection on n'a discuté sérieusement dans le public les titres de M. de Carné, et, sous ce rapport,
il a plus que personne le droit de se plaindre de la façon dont son
triomphe a été amené. Ses amis ont si bien fait, que son mérite personnel n'a pas été en question un seul instant, et qu'on ne l'a considéré que comme un moyen d'exclusion. Il méritait mieux que cela,
et il est dur pour un homme de sa valeur, en prenant place parmi les
Quarante, de ne sembler remporter qu'un prix de catéchisme. Mieux
valaient de sages ennemis. On ne reparlera plus de lui qu'au jour de
sa réception solennelle.

Pour M. Littré, c'est bien différent. Chacun se disait que s'il était
un homme créé et mis au monde, comme on dit vulgairement, pour
être académicien, c'était lui. Il faut se rappeler que si l'Académie
française représente la littérature et l'esprit français sous toutes leurs
formes, elle a été plus particulièrement instituée pour veiller à la conservation et à la pureté de la langue. La langue nationale dans
son intégrité et toute sa beauté, voilà le feu sacré que doivent entretenir les vestales académiques dans le temple de l'Institut; c'est son
culte et sa culture — les deux mots ont une même étymologie — que
l'Académie est spécialement chargée d'étendre et d'honorer. Un savant
qui n'aurait fait que des travaux de philologie ou de linguistique pourrait s'attendre à une place parmi les Quarante, tandis qu'un homme
doué du génie le plus universel, qui n'aurait su exprimer ses idées
que dans un langage incorrect ou barbare, devrait y renoncer. Il
pourrait à la rigueur être de l'Institut, non de l'Académie française.

A ce point de vue, l'élection de M. Littré semblait assurée. On pouvait, on devait même ignorer ses opinions philosophiques et politiques; on eût pu ne pas lui tenir compte de ses travaux de médecine et de sa traduction d'Hippocrate, ne lui restait-il pas son *Histoire de la langue française* et cet admirable *Dictionnaire* dont les premières livraisons venaient de paraître? Ce dernier ouvrage surtout, véritable monument national qu'on a peine à croire l'œuvre d'un seul homme, était un titre suffisant, et bien loin de prévoir pour lui un échec, on s'étonnait généralement dans le public que, M. Littré se présentant, on eût songé sérieusement à opposer une autre candidature à la sienne. On comptait sans un parti qui veut toujours être le maître partout où on lui fait sa place, qu'on admet « tout entier, » pour me servir de l'expression de M. l'évêque d'Orléans, quand on l'admet; — enfin, on comptait sans M. l'évêque d'Orléans lui-même.

M. Dupanloup appartient à l'Église militante et publiciste. M. Guéroùlt, de l'*Opinion Nationale*, qui doit s'y connaître, a déclaré dans son journal que M. l'évêque d'Orléans était « polémiste et journaliste jusqu'au bout des ongles. » Adversaires et amis ont dû reconnaître la justesse de cette appréciation. On aime assez généralement à faire souvent ce que l'on fait bien; aussi M. l'évêque d'Orléans fait-il souvent du journalisme sous forme de lettres, de brochures et même de mandements. Sa plume est un véritable révolver ecclésiastique avec lequel il tient tête à tous ses adversaires, faisant feu coup sur coup et de tous côtés. Aujourd'hui, c'est sur un groupe composé de MM. Littré, Renan, Taine et Maury qu'il a tiré; hier, c'était à M. Quinet qu'il ripostait; l'autre jour il visait moins ostensiblement mais non moins sûrement son collègue de l'Académie, M. Augier. Il n'y a pas à examiner ici si la dignité de la cause que défend le publiciste épiscopal ne risque pas parfois d'être compromise dans ces luttes trop publiques, où le désir de triompher et peut-être même de blesser peut entraîner, bien malgré lui, au delà de la modération chrétienne, un champion qui devrait se contenter de persuader.

Dans la plupart des discussions, on le sait, c'est la galerie qui est cause que les disputants tiennent plutôt à vaincre qu'à convaincre; et quelle galerie que celle des lecteurs de journaux et de brochures! Mais ceci est affaire d'église, et il ne m'appartient pas de rappeler un évêque à ses devoirs épiscopaux. Je veux seulement dire quelques mots de l'effet général qu'a produit la dernière dénonciation de M. Dupanloup, et le sentiment d'inquiétude qu'elle a éveillé chez les esprits impartiaux. On s'est demandé où nous en arriverions, si ce précédent de l'intervention cléricale dans la vie publique était adopté, et si les opinions religieuses pouvaient devenir une cause d'exclusion pour des candidats dans les luttes politiques, littéraires et scientifiques.

La veille, ou l'avant-veille tout au plus, du jour où devait avoir lieu l'élection académique, il parut une brochure intitulée : *Avertissement à la jeunesse et aux pères de famille sur les attaques dirigées contre la religion par quelques écrivains de nos jours*, par M. l'évêque d'Orléans, l'un des Quarante. La date est importante; car, il faut le remarquer, elle ne laissait de temps à aucune rectification ni à aucun démenti. Cette brochure, composée en grande partie de citations laborieusement recherchées et habilement combinées, exposait à la réprobation publique les doctrines religieuses et philosophiques de quatre écrivains que j'ai nommés plus haut, et, en ce qui touche plus particulièrement M. Littré, plaçait sa candidature sous une accusation de matérialisme et de socialisme grossiers, qui devait vivement émouvoir l'Académie. Il n'y a pas à se demander si M. Littré eût voulu ou s'il eût pu réfuter ce réquisitoire, il suffit qu'on ne lui en ait pas laissé le temps, pour que l'opinion publique ait été justifiée à voir dans cette publication une intrigue électorale. Elle a parfaitement réussi, et l'Académie, mise en demeure de rejeter l'homme dont l'adjonction pouvait le mieux servir sa gloire, ou de voir, au dire d'un évêque, l'athéisme entrer de plain-pied chez elle, a eu la faiblesse de repousser M. Littré. Ce n'est pas lui qui y a le plus perdu. Personne, que je sache, n'a jamais songé à contester à M. l'évêque d'Orléans le droit de réprouver publiquement les doctrines de l'école positiviste à laquelle appartient M. Littré, et tout homme de bonne foi reconnaîtra même que c'est un devoir pour lui de les combattre; on trouverait tout naturel qu'il disputât par tous les moyens légaux à MM. Maury, Taine et Renan, le privilége d'enseigner la jeunesse, mais, tout cela admis, il n'en reste pas moins à l'égard d'un collègue, — M. Littré est membre de l'Académie des inscriptions et belles-lettres depuis plus de vingt ans — un procédé que condamne la plus vulgaire loyauté. Pour nous autres laïques, il est des considérations, souvent frivoles en apparence, qui priment tout : ce sont les questions d'honneur. Elles ne sont pas toujours très-logiques; elles semblent parfois s'appuyer sur les bienséances au lieu de se fonder sur la raison; mais, si arbitraires qu'elles paraissent, elles sont absolument nécessaires pour assurer les relations entre hommes civilisés. S'il est vrai que la qualité ecclésiastique en affranchisse, et que, parce qu'on est évêque tout en étant académicien, on peut dire, par exemple, à ses confrères : « Je vous félicite et vous envie, vous qui n'êtes pas amenés à froisser les liens délicats que les lettres ont formés entre nous, » cela ne prouve qu'une chose, c'est que, dans l'intérêt de leur dignité et pour la sauvegarde de ces « liens délicats, » les sociétés, où les droits et les devoirs doivent être égaux, feront bien de rester désormais exclusivement laïques.

M. l'évêque d'Orléans a été au-devant d'un reproche qu'il lui était facile de prévoir, et il s'écrie : « On dira peut-être, — car que ne peut-on pas dire? — que j'ai pris la plume pour empêcher tel candidat d'arriver à l'Académie, tel autre d'y prétendre. » Mon Dieu, oui! on a dit cela, et c'était bien simple d'empêcher qu'on ne le dît : il fallait tout bonnement retarder de deux jours la publication du *factum*. Il y a quatre ans que les matériaux en sont prêts et attendent; il n'y avait qu'à les faire attendre quatre ans et quatre jours, et M. Littré était nommé.

En ce qui touche l'avertissement à la jeunesse, s'il y avait péril en la demeure, il était un peu tard pour s'en apercevoir ; certaines citations qui y sont contenues sont tirées d'ouvrages publiés il y a trente ans, et les jeunes gens qu'il s'agissait de prémunir alors ont à veiller aujourd'hui sur les doctrines de leurs petits-fils. Je crois donc M. Dupanloup plus franc lorsqu'il avoue, quelques lignes plus loin, que s'il avait le pouvoir d'empêcher l'erreur de recevoir « la consécration de l'Académie, » il en userait. Une contradiction du même genre, à laquelle la franchise trouve moins son compte, est celle qui consiste à déclarer qu'il n'écrit pas une ligne pour empêcher ses adversaires d'arriver à la fortune, au moment même où il signale à l'indignation publique le fait scandaleux, que M. Renan occupe une chaire de langue sacrée, et M. Maury une chaire d'histoire et de morale au Collége de France, tandis que M. Taine en postule une autre à l'École polytechnique. Il ne faut pas se faire illusion: retirer à « ces hommes » leurs chaires, c'est très-bel et bien les empêcher d'arriver à la plus modeste fortune. J'ajouterai que je ne vois pas bien, si l'erreur ne doit pas recevoir « la consécration » que peut conférer une certaine position sociale, quelle est la carrière, autre que la carrière commerciale, qui ne serait pas fermée à l'hétérodoxie. Les doctrines positivistes d'un militaire, par exemple, n'auraient-elles pas plus de retentissement si elles tombaient des lèvres d'un maréchal de France commandant une division, que si elles étaient émises obscurément par un vieux lieutenant en retraite? M. l'évêque d'Orléans consentirait-il volontiers, s'il possédait le pouvoir de l'empêcher, à voir l'erreur, sous un habit d'ambassadeur, représenter la France à l'étranger, ou rendre des arrêts du haut d'un siége de juge? L'admettrait-il même au chevet des mourants, en la personne du médecin? Vous voyez donc bien qu'il faut laisser l'erreur se débattre entre Dieu et l'homme, et que vous ne pouvez intervenir dans

la lutte avec des armes temporelles sans devenir forcément persécuteurs. Ce n'est pas seulement M. l'évêque d'Orléans qu'on nomme
« tout entier » lorsqu'on le laisse entrer à l'Académie ; l'intolérance
aussi est *une*, et on l'accepte tout entière quand on ne la repousse
pas totalement. Laissez faire ceux qui se bornent aujourd'hui à
demander que l'athéisme soit un motif d'exclusion à l'Académie, et
avant peu vous y verrez refuser tout homme qui aura des idées
erronées sur le déluge de Moïse, ou qui doutera du miracle de la
Salette.

Le chemin ne sera pas long à faire. J'en veux trouver la preuve
dans *l'Avertissement* même de M. Dupanloup. C'est une brochure
qui a cent vingt pages. Dans les premières il n'est question que de
certaines vérités « naturelles et fondamentales qui ne sont pas le
christianisme, mais qui sont la raison même de l'homme, et que le
christianisme protége » — il s'agit de repousser l'athéisme, la négation pure de Dieu. — Dans le quatrième chapitre intitulé *l'Ame*,
l'auteur flétrit le matérialisme qui repousse l'idée de l'immortalité
de l'âme ; enfin, dans le huitième et dernier chapitre, il expose les
attaques dirigées par les écrivains incriminés contre la divinité du
Christ. Jusque-là, tous les chrétiens de France seront avec M. l'é-
vêque d'Orléans; et bien des gens ne verront dans son indignation
aucun des caractères d'une inquisition intolérante. Mais allons un
peu plus loin : voici qu'il reproche à M. Maury de protester contre
le culte de Marie, Mère de Dieu, et à M. Renan de trouver un « air
grêle, étriqué, mesquin et insignifiant aux saints modernes, » — à
saint Liguori, par exemple. Qu'en pensent les protestants? Croient-
ils, d'après cela, que si M. Dupanloup eût été de l'Académie
avant M. Guizot, celui-ci eût obtenu la voix de l'évêque? Mais ce
n'est pas tout; et à la page 60, les accusations se limitent et se pré-
cisent. Voici ce que j'y lis : « Nous rencontrons chez Maury, ailleurs favorable à l'unité de l'espèce humaine, des paroles comme
celles-ci : « Les choses se comportent comme si notre espèce était
sortie d'un couple unique; mais rien ne démontre dans la science
qu'il en ait été ainsi. » Voilà donc où l'on en arrive à la suite de
M. l'évêque d'Orléans. Son pamphlet, qui prétend au début ne défendre que des vérités naturelles et dévoiler l'athéisme, finit par
dénoncer comme un crime une simple réserve scientifique ! Qui
donc sera sauvé ?

S'il m'était permis de peindre par une image toute matérielle l'intolérance que M. Dupanloup cherche à introduire à l'Académie, je
la comparerais à un vaste entonnoir dont l'orifice supérieur est si
large qu'il semble ne devoir exclure qu'un matérialisme monstrueux

comme celui de M. Littré, mais dont le fond, le petit bout par lequel il faudrait sortir en définitive, ne laisserait passer que l'orthodoxie la plus étroite.

Presque tous les écrivains qui ont blâmé la brochure de M. l'évêque d'Orléans, se sont bornés, comme je l'ai fait moi-même, à faire ressortir son caractère inquisitorial. Là, en effet, est la question, et le plus ou moins de vérité de ses assertions est une considération secondaire. Je ne veux pas examiner si la philosophie, qui prétend n'embrasser que ce qu'elle peut comprendre et définir, a le tort de nier ce que, d'après sa doctrine même, elle devrait se borner à ignorer, et je ne rechercherai pas les différences assez notables qui existent entre les quatre écrivains que M. Dupanloup confond dans une commune accusation. Je demande seulement, si dans cette France, qui s'est toujours vantée d'être le pays par excellence de la libre pensée, un homme ne pourra plus énoncer librement ses opinions philosophiques et religieuses, si elles sont contraires à celles de la majorité, sans pour cela être soumis à des peines qui n'en seront pas moins graves parce qu'elles sont appliquées d'une manière détournée. Lorsqu'il se présentera pour remplir une fonction élective quelconque, sera-t-il loisible à un évêque de le soumettre à une enquête théologique et de mettre ainsi tous ses amis en demeure, soit de lui refuser leur concours, soit de paraître accepter publiquement la solidarité de ses doctrines? La religion aurait autant à souffrir que la liberté d'un pareil état de choses, et le catholicisme perdrait singulièrement de son autorité le jour où l'on pourrait dire à tout catholique que sa religion lui rapporte quelque chose. Les convictions religieuses les plus sincères deviendraient suspectes s'il était bien avéré qu'elles ouvrent les portes d'une académie, ou procurent des chaires de professeur.

Les écrivains que M. l'évêque d'Orléans dénonce sont tous fort capables de se défendre; ils sauront, s'ils trouvent que la chose en vaut la peine, réclamer contre des citations erronées ou incomplètes. Les théologiens font volontiers abus de citations, habitués qu'ils sont à appuyer leur dire sur celui des auteurs sacrés. Quand il s'agit de discuter, et non de faire des sermons, cette façon de procéder a bien des inconvénients. Outre qu'elle est la plus blessante de toutes pour l'adversaire, qui se voit à la fois réfuté et défiguré, elle produit un style lourd, fatigant et saccadé, dépourvu de toute physionomie. Enfin, il est bien difficile qu'elle n'entraîne pas à un certain degré de mauvaise foi. Il est bien tentant de ne prendre chez son adversaire que tout juste ce qu'il faut pour les besoins du réquisitoire, et de négliger tout ce qui pourrait rendre sa pensée moins facile à combattre. M. Dupanloup, dont la brochure est une véritable mosaïque, n'a pas su toujours résister à cette tentation.

Me sera-t-il permis, à son exemple, de passer de très-grands griefs à de très-petits reproches, et après l'avoir accusé d'attenter à la liberté de conscience, oserai-je ajouter qu'il a été maladroit? Les élections académiques ne sont pas les seules qui occupent aujourd'hui les esprits. Il en est d'autres où le concours des libres penseurs peut être utile aux idées que sert M. l'évêque d'Orléans : était-il bien sage de leur faire voir qu'ils n'auront jamais rien à espérer en échange de ce concours, pas même la liberté d'être de leur propre avis? Il est plus d'un philosophe *fusionniste* à qui ce dernier petit coup d'État clérical aura donné à réfléchir.

« C'est un métier de dupe, s'écriait l'autre jour l'un d'eux avec amertume; nous leur maintenons un pape à Rome, et ils ne nous passent pas même un académicien à Paris. »

## III

M. Dufaure et M. Jules Janin se disputaient l'autre fauteuil, celui qu'avait laissé vacant la mort de M. le duc Pasquier. C'est M. Dufaure qui l'a emporté. Pour mon compte j'eusse trouvé très-bon qu'on nommât M. Janin, et je ne suis point fâché qu'on ait élu M. Dufaure. Je crois qu'en cela j'ai partagé le sentiment général. Quelques personnes, trop amoureuses de la littérature pure, prétendaient, à la vérité, que M. Dufaure, n'étant pas, à strictement parler, un écrivain, n'était pas propre à faire un académicien; mais cette opinion avait contre elle tous ceux qui pensent qu'on ne peut mieux employer l'esprit français et honorer la langue, qu'en les mettant au service d'une raison souveraine et d'une irrésistible logique. M. Janin prendra sa revanche une autre fois.

Dans cette élection, une particularité a frappé le public. Sur trente-quatre votants, le premier tour de scrutin a donné dix billets blancs. Ces nombreuses abstentions ont surpris en présence de deux candidats très-recommandables l'un et l'autre. On a expliqué la chose par le désir qu'auraient éprouvé un certain nombre d'académiciens d'empêcher tout résultat définitif, afin de faire ajourner l'élection et donner à un troisième candidat, — celui-là irrésistible, — le temps de se présenter. On se disait tout bas que l'idée de faire l'éloge de M. le duc Pasquier, et à cette occasion de passer en revue, d'une façon publique et éclatante, l'histoire politique de la France pendant les soixante dernières années, avait tenté une ambition qu'on aurait pu croire satisfaite désormais. Le bourgeois de Paris voyait, dans cette candidature exceptionnelle, un grand honneur pour l'Académie, et déjà M. Prudhomme s'était écrié avec attendrissement « qu'un fauteuil académique était une palme qui pouvait ajouter un fleuron au plus beau trône. » Le sort en a décidé autrement, et, soit par désir d'échapper au reproche de courtisanerie, soit pour tout autre motif, deux billets blancs ont déserté au second tour de scrutin et sont venus donner l'appoint qui lui manquait à M. Dufaure. Maintenant donc, si le biographe de César, si César lui-même, voulait être académicien, il lui faudrait attendre une vacance ou créer un quarante-unième fauteuil. Voilà l'histoire telle qu'on me l'a dite, telle qu'elle se racontait dans Paris, petite ville très-cancanière de deux millions d'habitants, le jour où l'on élisait comme académicien M. Dufaure, bâtonnier de l'ordre des avocats et ancien ministre du Président de la République.

Je dois m'arrêter ici et passer sous silence plusieurs livres dont j'eusse bien aimé à parler pourtant. Mais j'ai été au plus pressé. Les livres peuvent attendre bien mieux que les pamphlets de circonstance et les commérages, si épiscopaux ou académiques qu'ils soient. Avec M. l'évêque d'Orléans surtout, il faut bien se garder de se mettre en retard : le travail s'accumulerait. D'ici à un mois, qui sait combien il aura publié d'articles ou de brochures ?

H. DE LAGARDIE.

# CHRONIQUE POLITIQUE

7 mai 1863.

Les prochaines élections... Un Romain n'achèverait pas cette phrase. On dirait que ces syllabes séditieuses ont le don d'attirer la foudre. Il n'est presque pas de jour, en effet, où nous n'ayons à lire dans le *Moniteur* quelque arrêté ainsi conçu : « Vu l'article commençant par ces mots : « Les prochaines élections, » et finissant par, etc., un avertissement est donné, etc. » Cependant comme cette formule ne nous est pas encore interdite et qu'elle est absolument nécessaire à l'expression de notre pensée, nous continuerons à en faire usage provisoirement, malgré les périls mystérieux qu'elle semble recéler. Osons donc le dire en tremblant, les élections s'annoncent assez favorablement pour l'opinion libérale, si l'on en juge par le redoublement de rigueur dont la presse est l'objet. Malgré ces disgrâces inévitables, nous sommes heureux du mouvement qui s'accomplit dans notre pays. Que ce mouvement s'achève, et la presse sera trop payée de ses sacrifices. Ainsi que l'y conviait l'Empereur il y a quelques mois, la nation semble disposée à s'occuper de ses affaires et à compter enfin sur elle-même. Nous ne nous expliquons pas que certains agents du gouvernement persistent à voir ces dispositions avec défiance ou dépit. Ils devraient comprendre que leurs excès de zèle sont un démenti donné à la parole du souverain. S'ils s'imaginent servir utilement auprès des électeurs la cause de l'administration, ils n'y mettent pas beaucoup d'habileté, et ils pourraient bien ne pas tarder à s'apercevoir qu'ils se sont trompés. L'élan qui se manifeste et se propage dans le pays à mesure que le moment des élections approche est un sentiment qui a conscience de sa légitimité, et que les intimidations surexciteraient au lieu de l'affaiblir. Il serait plus sage de lui laisser sa naturelle expansion. Déjà, dans plus d'un département qui sommeillait depuis longtemps, les procédés de la dictature préfectorale ont fait naître parmi des populations fort pacifiques une susceptibilité qui jusque-là s'ignorait elle-même. Elles veulent des candidats, je ne dirai pas indépendants , — puisque ce mot ne doit plus s'appliquer désormais qu'aux candidats officiels, — mais libres de tout engagement, pour n'être pas soupçonnées de les accepter par contrainte, et elles deviennent hardies par peur de paraître timides.

Nous ne saurions donc voir avec beaucoup d'appréhension pour le succès de nos idées le système qui paraît avoir été adopté par l'administration. Le pouvoir actuel n'a pas eu jusqu'ici à se plaindre du suffrage universel. On peut dire à cet égard que les choix législatifs de la France n'ont été depuis dix ans qu'un long vote de confiance. S'il plaît à l'administration de s'exposer de gaieté de cœur à paraître ingrate envers ceux qui lui ont donné leur constante adhésion, ce n'est pas à nous de le trouver mauvais. Or elle ne doit pas se dissimuler que telle est la conclusion qui ressort, pour un grand nombre d'esprits nullement hostiles, de la politique qu'elle a suivie. Nous ne parlons pas ici de la situation précaire qui a été faite à la presse. La liberté de la presse est sans doute indispensable à l'exercice éclairé du droit de suffrage; mais puisqu'on la considère en France comme n'intéressant que l'écrivain, nous laisserons de côté ce grief. Nous avons en vue les prérogatives qui sont en quelque sorte inséparables de la qualité d'électeur, qui font partie de la personnalité du corps électoral, telles que le droit de se concerter et de s'entendre. Comment nier que ce droit n'ait reçu de nombreuses et profondes atteintes? La dernière répartition des circonscriptions électorales dont deux écrivains de mérite viennent de fixer le parlant tableau, restera à ce point de vue comme un curieux document historique. Ceux qui voudraient savoir dans quelles localités, en France, s'est conservé quelque reste de cet esprit libéral qu'autrefois notre pays s'honorait de servir, n'ont qu'à jeter les yeux sur la carte qui a été dressée [1] par les soins de MM. Ferdinand Duval et Édouard Delprat. Ils y verront ces pauvres circonscriptions disloquées, écartelées comme le corps du poëte antique, et comme lui aussi, peut-être, punies pour avoir trop bien chanté! Mais que dire de la récente communication du *Moniteur*, qui assimile les comités électoraux aux associations interdites par la loi? Nous ne pouvons que renvoyer sur ce point nos lecteurs à l'excellente et substantielle consultation qui a été signée par MM. Dufaure, Berryer, et par les membres les plus éminents du barreau de Paris. De tous les actes du pouvoir actuel dans ces dernières années, celui-là est sans contredit le plus grave, parce qu'il est une atteinte portée à son propre principe. Ce n'est

---

[1]. Chez Lanée, éditeur, 8, rue de la Paix.

plus ni une précaution ni un acte de représailles contre ses ennemis, c'est une mesure de défiance contre le suffrage universel.

Aussi ne pouvons-nous croire qu'une telle doctrine soit maintenue. Le gouvernement actuel sait mieux que personne qu'on ne s'attaque pas impunément aux forces auxquelles on doit son origine, et dans ses rapports mêmes avec le suffrage universel, il a montré plus d'une fois par son propre exemple que la plus grande des habiletés était la confiance. La détermination qu'il a prise de convoquer les électeurs pour le 31 mai, date expiatoire, est à elle seule un désaveu anticipé de toute velléité de restreindre le droit de suffrage ou d'en gêner l'exercice. En cela, il n'est pas besoin de faire appel à sa générosité ; on peut s'en rapporter à son intérêt bien entendu, et à ses plus essentielles traditions. Si une entière liberté n'était pas laissée à l'exercice du droit de suffrage, au lieu de voir une antithèse dans le choix de cette date du 31 mai, les électeurs pourraient bien n'y voir qu'une commémoration.

Le Corps législatif termine sa dernière session au milieu de l'inattention générale, ainsi qu'il était facile de le prévoir. Les députés se sont séparés après avoir reçu les félicitations, méritées s'il en fut, de leur honorable président. Il serait en effet bien difficile s'il n'était pas satisfait. Ces congratulations intimes échangées sur le seuil de l'éternité, comme on dit en style d'oraison funèbre, ont vivement ému le Corps législatif, mais elles ne produiront pas beaucoup d'attendrissement en dehors de sa respectable enceinte. Ce n'est pas que notre génération soit particulièrement dépourvue de sensibilité. Son indifférence tient à diverses causes qui ne peuvent pas toutes être mises sur le compte de l'ingratitude. La principale est que la Chambre qui s'en va ne laisse après elle que des témoignages assez peu distincts de sa personnalité, soit qu'elle ait eu pour tout idéal le dévouement, soit que sa modestie l'ait poussée à s'effacer en toute occasion derrière ses conducteurs. A tort ou à raison, ce sont ceux-ci qui ont représenté aux yeux du public l'action et la volonté de la Chambre, et c'est sur eux que se reporte toute notre reconnaissance. MM. Billault et Baroche ont été considérés en Europe comme les deux grands inspirateurs du Corps législatif, et, puisque ces deux ministres sans portefeuille nous restent, on conçoit que nos regrets soient fort adoucis. En acceptant ce rôle d'abnégation, la Chambre leur léguait d'avance tout l'honneur et toute la popularité de ses actes. Il serait pourtant injuste d'oublier qu'en deux ou trois circonstances elle a paru soupçonner que ce rôle d'identification complète à la personnalité du pouvoir exécutif ne répondait pas exactement à sa véritable mission. Tout récemment encore elle a fait violence à toutes ses habitudes pour rejeter une partie des articles portant modification du Code pénal, et surtout cet article 222 qui semblait emprunté à une législation bien connue du seizième siècle; mais ces velléités ont été trop rares pour rien changer à l'impression produite par ses actes.

Cette opinion du public au sujet du Corps législatif et de son rôle sacrifié, loin d'être démentie par ses derniers votes, a été confirmée d'une façon peu obligeante pour cette assemblée par les exclusions qui viennent d'être signifiées à la minorité indisciplinée dont la docilité n'a pas répondu aux espérances ministérielles. Ces députés, qui ont eu autrefois l'appui de l'administration, sont disgraciés aujourd'hui pour n'avoir pas toujours plié devant le *quos ego* de M. Baroche, qui exerce sur le Corps législatif la même fascination que Mgr Dupanloup sur l'Académie française. Nous sommes touché du malheur de ces honorables membres; nous avons écouté d'un cœur compatissant les doléances mélancoliques de M. de Flavigny et les nonchalantes ironies de M. le marquis de Pierre; mais, s'il faut dire toute notre pensée, nous avons peu d'espoir dans leur réélection. Trop indociles pour être patronnés par le gouvernement, trop indécis pour être adoptés par l'opposition, ils sont de ceux dont il a été dit : Vous êtes tièdes, et leur infortune nous parait sans remède; — mais on peut du moins en retirer un enseignement : c'est qu'on ne doit rien faire à demi. Que ce soit là leur consolation !

Les premiers efforts, nécessairement un peu confus, de l'opinion libérale pour préparer ses forces et compter ses soldats, ont montré jusqu'à l'évidence combien il importe que les hommes qui tiennent à obtenir un résultat se jettent franchement dans la mêlée Nous sommes surpris d'avoir encore à rappeler une vérité aussi banale en présence des heureux effets qui se produisent chaque jour sous nos yeux. Il faut ne pas commencer la lutte ou en accepter toutes les conditions. Sous le régime du suffrage universel, il n'y a aucune victoire à espérer si l'on ne va au-devant de ses concitoyens, pour les réveiller de leur apathie, pour leur montrer de nouveau des couleurs oubliées. Il n'y a plus guère aujourd'hui que M. Proudhon pour défendre l'abstention; mais il se trouve des publicistes sérieux pour parler de la nécessité « d'une réserve triste, » pour recommander une politique passive, une « attitude *fière.* » — Fière de quoi? fière de ne pas agir? fière d'une défaite sans combat? fière de perpétuer cette honteuse inaction à laquelle les opinions libérales se

sont si longtemps condamnées ? Personne, en vérité, ne s'était encore avisé d'un expédient aussi original à l'usage des politiques dans
l'embarras : rentrer dans son cabinet et prendre « une attitude
fière ! » cela est admirable et vraiment digne du sérieux imposant
de la *Revue des Deux Mondes*. Ce journal peut monter au Capitole !
Une aussi grandiose inspiration ne manquera pas de produire à la
longue un puissant effet sur les quinze millions de paysans qui disposent de nos destinées !

On peut prédire hardiment que ces conseils héroïques ne seront
jamais l'objet des sévérités dont l'administration est si prodigue en
ce moment.

Comme la jurisprudence des communiqués et des avertissements
s'enrichit tous les jours de maximes nouvelles, il est de l'intérêt
de la presse de ne pas les laisser passer sans en prendre note et
sans en bien fixer le sens lorsqu'il y a lieu à interprétation. C'est à
ce point de vue que nous croyons devoir examiner un instant l'avertissement qui a frappé il y a quelques jours le *Journal des Débats*
dans la personne de M. Prévost-Paradol. Cette sévérité n'a pas été
seulement regrettable à nos yeux, parce qu'elle pouvait avoir pour
effet de rendre la publicité même inaccessible à un des écrivains les
plus exquis de notre temps, mais parce que les considérants sur lesquels elle s'appuie viennent compliquer et obscurcir une question
très-simple et très-claire en elle-même. Cette question est celle du
serment, sujet délicat qu'on ne circonscrit pas dans une phrase inci-
dente. A quoi bon en donner une définition *ex professo ?* S'il s'agit du
sens littéral, c'est affaire de grammaire et non d'État ; s'il s'agit d'une
définition de la portée morale du serment dans la société actuelle, le
sens pratique en dit plus à cet égard que toutes les définitions.
Croit-on avoir élucidé la question quand on a dit que le lien formé
par le serment est absolu ? La difficulté n'est en réalité que déplacée ;
car il restera toujours à s'entendre sur la valeur du mot absolu.
Quelque absolu que soit en effet ce lien, il suffit de consulter l'histoire pour savoir que les hommes lui ont attribué une force qui n'a
pas été la même à toutes les époques. Personne, assurément, ne
soutiendrait aujourd'hui que notre serment politique (dont la valeur
morale, de l'aveu de tous les jurisconsultes, est déjà fort distincte
de celle de notre serment judiciaire) puisse être comparé à celui qui
liait autrefois le vassal envers son suzerain. Au moyen âge, le serment
était un don de soi-même, une sorte d'aliénation de la personne. Il
ressemblait en cela aux vœux éternels, que notre Code ne reconnaît

pas. L'étendue de l'engagement formé par le serment a depuis lors beaucoup varié; mais, la loi qui le prescrit de notre temps ayant omis de préciser cette étendue — et nous croyons qu'en cela elle a sagement agi — ce sont les mœurs et les idées reçues qui sont nécessairement le juge souverain en cette matière. En ce qui concerne la loi actuelle, s'il pouvait naître un doute au sujet de l'interprétation qu'elle comporte et de l'étendue des devoirs qu'elle impose, ce doute ne serait pas difficile à résoudre; car si nous ne possédons aucune déclaration explicite des auteurs de la loi, ils ont vécu parmi nous, et nous sommes assez heureux pour posséder leurs exemples. En un semblable sujet, la pratique en dit toujours plus que la théorie. Il n'y aurait plus ni contestations ni procès si, dans tous les cas où la loi peut paraître obscure, on avait pour l'éclaircir la façon dont les législateurs eux-mêmes l'ont appliquée. C'est là un commentaire en action qui dispense de toute définition en paroles.

Nous écrivions, il y a peu de temps, que, grâce aux progrès de la raison publique, la cause de l'abstention nous paraissait fort compromise. Aujourd'hui on peut la considérer comme perdue, puisque M. Proudhon se met à la défendre. Pas plus que celle du pouvoir temporel, elle ne se remettra des atteintes qu'elle aura reçues d'un tel patronage. Nous éprouvons quelque embarras à nous occuper de nouveau de M. Proudhon. Cet ennemi personnel de Dieu est devenu fort susceptible depuis qu'il est passé à l'état de Père de l'Église. Pour avoir osé rire il y a quelques mois de son galimatias en faveur des droits du pape, n'avons-nous pas été dénoncé par lui comme un homme de sang, occupé à « dresser des listes de proscription » et décidé à demander sa tête à la première occasion? Cette conséquence nous paraît un peu forcée. La tête de M. Proudhon! et qu'en ferions-nous, dieux immortels! N'est-ce pas le cas de retourner le mot de l'abbé Maury, et de dire : Y verrions-nous plus clair? Il n'est permis qu'à M. Proudhon de parler de sa tête avec une pareille fatuité. Si du moins les idées qui la traversent y laissaient leur image comme sur les parois de la célèbre caverne imaginée par Platon, la criminelle fantaisie qu'il nous prête s'expliquerait par le désir de dévoiler cet étrange capharnaum de contradictions, de chimères, de raisonnements incongrus, de visions tantôt obscures, tantôt extravagantes, et de la montrer au public comme on montre la lanterne magique aux enfants. Mais, la tête de M. Proudhon n'étant pas douée de cette précieuse faculté, un pareil détournement pratiqué sur sa personne ne serait pour nous qu'un embarras et une très-médiocre spéculation.

Notre ambition ne va pas si loin, il nous suffirait qu'il en fît un meilleur usage.

M. Proudhon vise fort à l'originalité; il prend une peine infinie pour ne pas ressembler à ses confrères en utopie. Mais, en dépit de ses efforts, il n'échappe pas au sort commun, et il a plus qu'aucun d'eux le signe distinctif de ces esprits absolus et stériles. Ce signe est la manie des spécifiques. Chacun de ces docteurs a découvert un remède merveilleux, infaillible, guérissant tous les maux, applicable à tous les cas et dont il possède seul le secret. Manie qu'on traiterait de charlatanisme, vu l'outrecuidance qui l'accompagne, si elle ne dénotait avant tout la pauvreté d'intelligences incapables d'avoir plus d'une idée à la fois. La supériorité de M. Proudhon consiste en ce qu'il a changé plus souvent de recette. Il fut un temps où M. Proudhon attribuait tous les malheurs de l'humanité à l'emploi qu'elle avait fait du syllogisme. Le syllogisme était presque aussi coupable, à ses yeux, que l'infâme capital. Il découvrit une forme de raisonnement appelée *série*, qui devait exterminer le syllogisme, conduire les hommes à la certitude absolue, et renouveler en peu de temps la face du monde. Un an ou deux après il déclara dans ses *Confessions* que la série, cette fille de son imagination avait été enfantée dans une heure de délire, et il mit en circulation son axiome, « la propriété, c'est le vol, » formule à laquelle il attribuait plus de vertu encore. Il prit pour devise ce mot de Jéhova : Je détruirai et j'édifierai. La banque d'échange parut ensuite et pendant quelques jours lutta de popularité avec le camphre, autre panacée universelle à la fois médicale et politique : l'an-archie l'avait précédée et n'avait pas rendu de moins grands services au genre humain. Mon intention n'est pas d'examiner ni même d'énumérer ces belles conceptions, mais seulement de rappeler de quel ton d'oracle leur auteur les a prônées. Il n'en a pas annoncé une seule sans demander en même temps que son siècle lui érigeât des statues. C'est avec la même assurance qu'il exposait il y a trois mois sa théorie de la fédération, idéal et salut de l'humanité future, mais par malheur fatras presque illisible dans lequel sont noyées une ou deux idées raisonnables empruntées aux publicistes qui ont écrit sur la décentralisation. Aujourd'hui c'est l'abstention qui est le spécifique du citoyen Proudhon. Personne avant lui, il le dit bien haut, n'a soupçonné le parti qu'on en pouvait tirer ; il en est le Christophe Colomb. L'abstention arrange tout, prévient tout, pacifie tout. Elle nous rend nos libertés, elle désarme le pouvoir, elle assure à jamais le triomphe de la vraie démocratie, elle est en un mot aussi infaillible que les antinomies, la série, la banque d'échange et la fédération réunies. Il va dans un moment de distraction jusqu'à la nommer « *le plus saint des devoirs,* » ce qui s'était dit jusqu'ici de tout autre chose que l'abstention, et ce qui donne bien la mesure du degré d'énergie qu'on peut attendre de la génération actuelle. Il croit même pouvoir comparèr l'électeur qui restera chez lui le jour du vote, à Boissy d'Anglas refusant sous le couteau sa signature à la populace de Prairial. « Qu'est-ce qui a fait la gloire de Boissy d'Anglas dans la fameuse séance du 2 prairial, sinon la plus héroïque des abstentions? »

Mais contre qui doit se déployer tout cet héroïsme? M. Proudhon a grand soin de déclarer que ce n'est pas contre le gouvernement actuel : « Si l'abstention, dit-il, était une machination contre le pouvoir, je serais le premier à la déconseiller. » Mais s'il en est ainsi, contre qui est-elle donc une machination?

Ce qui pourrait bien éclairer cette question, c'est la liberté vraiment extraordinaire qui est laissée à M. Proudhon, sur des sujets que la presse n'aborde pas impunément aujourd'hui. N'est-ce pas une particularité remarquable que M. Prévost-Paradol, qui est d'avis qu'on prête serment au pouvoir actuel, ait été censuré pour avoir développé et motivé son opinion, tandis que M. Proudhon, qui pense que le serment serait un acte de félonie de la part des libéraux, ne reçoit que des éloges et des encouragements de la presse officieuse, malgré les gros mots dont sa brochure est émaillée à l'adresse du gouvernement? Mais pourquoi s'en étonner? Ce ne sont pas des remerciements que méritent de tels services, mais des récompenses. Il y a d'autant plus de courage de la part de M. Proudhon à s'exposer aux soupçons, qu'il lui est plus difficile d'y échapper. Comment ne serait-il pas suspect, en effet, en émettant aujourd'hui sur cette question de l'abstention et du serment, des idées aussi diamétralement opposées à celles qu'il exprimait peu après le coup d'État du 2 décembre?

« Le serment, écrivait alors M. Proudhon, n'est, pour un républicain qu'une simple reconnaissance de la souveraineté du peuple en la personne du chef de l'État; il n'est qu'un contrat synallagmatique qui oblige également et réciproquement les parties. Le royaliste jure sur l'Évangile, le républicain sur la Révolution; ce qui est fort différent. J'estime donc que les républicains, après avoir sous le régime du 2 décembre participé aux élections, doivent participer aux travaux du Corps législatif et conditionner leur serment par leur opposition. »

Il écrivait cela le lendemain de la défaite des opinions libérales, et
alors qu'on pouvait croire qu'elle n'était que momentanée. Mais
depuis ce temps les choses sont apparemment bien changées; car
aujourd'hui, « le serment est de sa nature inviolable, il est absolu,
ne comporte ni distinction ni cas résolutoire. C'est un pacte de dévouement, ou, pour mieux dire, une consécration volontaire d'une
personne à une autre. »

Que s'est-il donc passé dans l'esprit du citoyen Proudhon? La
seule explication qui nous semble plausible, c'est qu'il a été touché
de la grâce. Une révolution analogue s'est opérée dans ses idées au
sujet de l'abstention. En 1852, les politiques découragés qui avaient
cru devoir prendre une attitude expectante étaient dénoncés par lui
comme des endormeurs et presque comme des traîtres; aujourd'hui
tout est perdu si nous n'adoptons la ferme résolution de ne rien
faire. Nous n'avons qu'une seule chance de salut, c'est de nous hâter
de former des « comités d'abstention! » M. Proudhon ne refuse pas
de reconnaître que le Corps législatif est le seul endroit où il soit
désormais permis à l'opinion de se faire entendre; « mais, dit-il, s'il
en est ainsi, c'est précisément le cas, *non pas de nommer des députés,*
des mandataires sans mandat, puisque la teneur de ce mandat n'aurait pu être discutée, définie, mais de *garder le silence.* » Voilà la
logique de M. Proudhon; nous préférerions un peu de sens commun.
Il dit ailleurs : « La démocratie est aujourd'hui sortie de l'état de
de torpeur où l'avait jetée le 2 décembre. Elle s'est montrée aux
élections de 1857; elle vit enfin, et nous devons l'en féliciter. Une
louable ardeur anime le corps électoral, des comités se sont formés,
une foule de jeunes orateurs brûlent de mettre leur talent au service
de la plus juste des causes, etc. » Qu'en concluez-vous, lecteur? Que
le moment est enfin venu d'agir? Que vous savez mal la dialectique !
Le moment est venu de se croiser les bras. *Chimœra in vacuo bom-*
*bitans !* Nous ne lisons jamais un écrit de M. Proudhon sans nous
rappeler cette facétie de Rabelais. Il nous semble toujours, en l'écoutant, entendre « la chimère bourdonnant dans le vide. » C'est là le
rôle que la nature lui a assigné; il a tort de vouloir s'en départir.
Son essor, qui, quoique pesant, a de l'imprévu, ne gagne pas à
s'égarer hors des régions de la spéculation pure. La politique ne lui
porte pas bonheur. Elle lui inspire des calculs fâcheux. Nous ne
savons si M. Proudhon est fier des encouragements dont il est l'objet;
mais ils nous paraissent difficiles à expliquer à son avantage. Nous
voyons qu'on supporte ses brutalités de langage avec beaucoup de
philosophie; on n'en tolère autant d'ordinaire que de la part des

sages, — ou de la part des fous. Nous souhaitons pour M. Proudhon que ce soit sa sagesse qui en impose, et qu'on ne lui témoigne en cette occasion que des égards désintéressés. On se repent d'avoir si longtemps méconnu un homme aussi utile. M. Proudhon est un bourru, mais c'est un bourru bienfaisant. Quoi qu'il en soit, il est temps qu'il sépare nettement sa cause de celle de cette liberté qu'il prétend servir. Parlez, homme courageux que n'effrayent pas les discussions interdites; parlez, homme terrible à vos amis, précieux à vos adversaires; nous savons désormais à quel prix cette immunité vous est acquise !

La politique extérieure nous fournit aujourd'hui des documents qui étaient attendus avec une vive impatience, et qui n'ont pas justifié les espérances dont ils étaient l'objet. Nous doutons que la confiance des esprits inexpérimentés qui croient encore à l'efficacité des négociations dans les affaires de Pologne survive à cette déception. Si le contraste que forme la banalité des euphémismes et des fictions diplomatiques avec les affreuses réalités de cette lutte inégale n'était pas avant tout un spectacle navrant, nous aurions beau jeu pour en faire ressortir les ridicules. Il nous convient encore moins de triompher de ce que nos prévisions sont si tristement réalisées par les réponses que la cour de Russie vient d'adresser aux puissances qui lui ont envoyé des représentations. Ces réponses sont aussi habiles que ces puissances pouvaient le désirer si, comme nous le craignons, elles étaient surtout décidées à y chercher des prétextes plausibles pour éviter la guerre. Ces notes auraient même fait complétement illusion au public, n'était une nuance presque imperceptible d'ironie qui s'entrevoit sous l'imperturbable sérieux du langage officiel. La réponse à l'Angleterre est de tous points conforme à ce que nous en prédisions ici même il y a deux mois. Lord Palmerston, en revenant à son
· thème favori de 1832, n'a pas dû être étonné de voir reparaître aussi les arguments de M. de Nesselrode. Toute requête fondée sur les traités de 1815 sera très-facilement repoussée au nom même de la lettre de ces traités, qui offrent à la Russie une position vraiment inexpugnable. C'est donc lui fournir des armes que de les invoquer dans cette question, surtout lorsque, comme lord Palmerston, on a si souvent déclaré à l'avance qu'on ne ferait la guerre à aucun prix.

La réponse adressée à la France est la plus étudiée et la plus digne d'attention. C'est un parfait spécimen de la souplesse et de la subtilité slave. Jamais on n'a été plus doux, plus conciliant dans la forme sans rien céder au fond. L'empereur des Français s'intéresse à la Pologne, mais c'est la préoccupation constante de l'empereur de Russie. On fait appel aux dispositions libérales du czar, mais il en est rempli ainsi que de bonnes intentions. Il éprouve « la plus vive sollicitude » pour ses sujets de Pologne; il déplore les maux auxquels ils sont en proie; il se déclare en un mot parfaitement d'accord sur les principes avec l'empereur des Français. Quant aux moyens employés pour réaliser ces bons sentiments, il reconnaît qu'ils n'ont pas été couronnés de succès jusqu'à présent, mais il ne demande pas mieux que de les modifier. Qu'on lui en propose de meilleurs, il les adoptera. Il va même jusqu'à exprimer l'espérance que « la France ne lui refusera pas son concours » dans cette œuvre de réparation. On s'attend un instant à lui voir réclamer la coopération des troupes françaises à l'effet de rétablir la paix dans le royaume de Pologne.

Si cet acquiescement illimité lorsqu'il s'agit de considérations sentimentales, ne se traduisait par aucun fait positif, lorsqu'il s'agira d'en venir aux actes, cette note si courtoise en apparence se trouverait être en réalité une des plus audacieuses mystifications qu'on ait jamais adressées à un grand pays. Mais nous ne sommes pas près de savoir à quoi nous en tenir sur ce point, puisque le plan proposé par la Russie implique une entente préliminaire de la part des puissances au sujet des conditions à stipuler en faveur de la Pologne.

Cet accord ne sera ni prompt ni facile. Indépendamment de ces lenteurs qui seraient mortelles pour la cause polonaise, si cette cause n'avait pas appris à se suffire à elle-même, il est un vice caché dans le point de départ même de cette négociation et qui la rendra toujours stérile; c'est une reconnaissance de la possession russe. On s'adresse à Alexandre comme au maître légitime des provinces révoltées. Avec un pareil point de départ, il ne serait nullement impossible que l'intervention des puissances aboutît à une confirmation pure et simple du droit de la Russie sous la garantie des gouvernements européens. Quelles que fussent les concessions qu'on exigerait de lui, l'empereur Alexandre ne croirait sans doute pas avoir payé trop cher une aussi importante sanction; mais il est permis d'affirmer que les Polonais n'accepteraient jamais des adoucissements qu'ils devraient acheter à un tel prix.

En présence de la façon dont les choses sont engagées, ils ne doivent donc pas se dissimuler qu'ils ont peu à compter sur les secours de la diplomatie, à moins toutefois qu'ils ne parviennent à mettre de leur côté quelque grand fait accompli. En dépit de tous les progrès que nous sommes censés avoir faits depuis l'antiquité — et au premier rang de ces progrès je place le plus incontestable de tous, le progrès de la phraséologie, — il faut toujours en revenir aux vieux moyens décorés de noms nouveaux. Parlez tant qu'il vous plaira de philanthropie, d'humanité, de congrès de la paix et du droit des nations, c'est toujours l'épée de Brennus qui fait pencher la balance.

La guerre se poursuit aux États-Unis avec un acharnement que l'Europe cherche en vain à comprendre. Jamais races ennemies ne se sont exterminées avec cette rage inextinguible. Il faut, à ce qu'il paraît, être issu du même sang pour arriver à cette intensité de haine. Pour peu que la guerre continue, l'esclavage finira bientôt faute de maîtres. On a pu craindre un instant que l'intervention étrangère ne vînt porter le coup de grâce à cette grande et malheureuse république autrefois si prospère. Aujourd'hui, ces appréhensions sont grâce à Dieu dissipées. L'Angleterre s'est arrêtée comme la France au moment de lever la main pour frapper. Aveugle, trois fois aveugle l'Angleterre, si elle ne sentait pas qu'en s'attaquant aux États-Unis elle se frapperait elle-même! Heureusement les griefs réciproques qui sont nés de la saisie du *Peterhof* et du *Dolfin* d'une part, et de l'autre du concours déguisé mais trop certain que l'Angleterre a prêté aux corsaires du Sud, ont eu moins de prise sur les esprits que l'évidence des calamités qui auraient été la suite inévitable d'une telle guerre. Si l'Angleterre veut s'assurer de l'avantage qu'il peut y avoir en ce moment pour une puissance à être engagée avec des forces considérables dans une expédition lointaine, elle n'a qu'à regarder au-delà du détroit. Un seul coup d'œil la préservera amplement de toute tentation de régénérer les États-Unis.

P. LANFREY.

# BULLETIN BIBLIOGRAPHIQUE

---

*La vraie Marie-Antoinette*, étude historique, politique et morale, par M. DE LESCURE. — 1 vol. in-8. — Paris, Librairie parisienne.

La figure de Marie-Antoinette ne paraît pas encore dégagée pure et nette des nuages et du tourbillon révolutionnaires qui ont enveloppé ses dernières années et obscurci le commencement de son séjour en France. Femme frivole, légère, inconsidérée, toute aux plaisirs et aux petites intrigues, selon quelques-uns, et cependant épouse dévouée, mère sublime et martyre héroïque. Le portrait qu'en a tracé M. de Lescure paraît destiné à être consacré pour l'histoire.

Une connaissance plus parfaite du caractère de la reine peut donner la clef des calomnies dont elle a été l'objet de la part des écrivains de parti : l'abandon et la familiarité allemandes, mêlés à la fierté des Habsbourg, lui ont fait commettre des imprudences de langage et d'action dont la malice malveillante de la cour tira odieusement parti : ajoutons-y les commentaires de la foule, qui, à cette époque, commence à avoir une opinion, qu'elle exprime avec l'amertume du pauvre et de l'opprimé contre les grands. Il est donc malheureusement naturel que la calomnie ait recherché avec ardeur tout ce qui, dans la vie de Marie-Antoinette, pouvait être travesti de façon à souiller sa mémoire : mais aujourd'hui que les entraînements et les passions de l'époque sont apaisés, il serait temps d'arrêter la physionomie d'une femme qui mérite une si noble place dans l'histoire.

L'ouvrage de M. de Lescure ne saurait, de l'aveu même de l'auteur, remplir cette mission ; mais il est riche en documents inédits, en lettres intimes qui jettent un jour nouveau sur la reine et indiquent les sources où il faudra puiser pour bien apprécier Marie-Antoinette.

---

*Le Neveu de Rameau*, par DIDEROT, nouvelle édition, avec une introduction, par CHARLES ASSELINEAU. — 1 vol. in-18, Paris.

Comme on le sait, la première édition française du *Neveu de Rameau* ne fut pas imprimée en France sur le manuscrit original. Le manuscrit s'étant trouvé entre les mains de Gœthe, l'auteur de *Werther*, en fit une traduction d'après laquelle un M. Saur fit une version française. C'est par ce long détour que l'œuvre de Diderot rentra dans la littérature française. M. Asselineau a pensé avec raison qu'il serait peut-être utile de vérifier l'exactitude de ce texte de troisième main ; il a collationné la traduction allemande avec la traduction française, et a relevé dans celle-ci des erreurs qui s'étaient perpétuées dans les différentes éditions, et qui rendaient inintelligibles certains passages du texte. Nous ne pouvons que renvoyer les lecteurs curieux à l'intéressante préface de M. Ch. Asselineau ; ils y trouveront, à côté d'une remarquable étude sur le *Neveu de Rameau*, sur la matière littéraire et philosophique de Diderot, ainsi que sur l'état moral de la société à cette époque, le relevé des fautes grossières qu'il a pu corriger grâce à l'étude de la traduction de Gœthe.

T. G.

CHARPENTIER, propriétaire-gérant.

---

Paris. — Typ. de P.-A. BOURDIER et Cⁱᵉ, 30, rue Mazarine.

# LE CONCORDAT

## ET

## LES LOIS DE GERMINAL AN X

Des publications récentes ont appelé l'attention publique sur le concordat passé par le premier consul avec le saint-siége. Le débat ouvert sur ce grand acte de la politique napoléonienne au commencement du siècle n'est pas près de se clore, les faits contemporains tendent incessamment à le raviver. On l'a répété souvent, la question de Rome est devenue une question universelle, la question même des conditions d'existence de la société religieuse et de ses relations avec le pouvoir civil. Les principes l'emportent sur les événements et s'en dégagent d'autant mieux peut-être qu'un certain loisir a été ménagé à la réflexion grâce à l'espèce d'intermède diplomatique qui a suspendu la marche du drame au moment même où il semblait toucher à son dénoûment. Pour l'instant, on a mis de côté les notes énergiques qui faisaient entrevoir la fin prochaine de notre occupation, ou du moins on n'a cité que les fragments conservateurs, ce qui est un moyen commode d'établir qu'il n'y a eu aucune variation dans la politique française. M. le ministre sans portefeuille, chargé de cette démonstration, qui n'est pas au-dessus de la flexibilité de son talent et de son esprit, établissait au Corps législatif, dans la dernière discussion de l'adresse, que l'on ne devait plus songer à une modification sérieuse des conditions de souveraineté de la papauté; que la France catholique ne permettait même pas qu'un pareil problème fût soulevé parce qu'il était résolu pour elle avant même d'être examiné, et qu'en définitive la conscience religieuse du pays exigeait le maintien de ce qui est : un pape-roi et le régime des concordats. Nous nous permettons de penser que M. le ministre sans portefeuille avait tous les droits du monde de parler au nom de son gouvernement et de ses intérêts du moment, mais qu'il dépassait singulièrement sa compétence en parlant au nom de la conscience religieuse du pays.

Qu'est-ce que la conscience religieuse du pays? Où faut-il la chercher? Où rend-elle ses arrêts, où exprime-t-elle ses volontés? Y a-t-il là une simple question de nombre et de majorité? Est-ce que la conscience du philosophe ou du chrétien des communions dissidentes ne compte pas pour l'État? Si elle compte, si elle a un droit égal à celui de la conscience de tel ou tel membre du parti catholique, reconnaissons que les représentants du gouvernement n'ont pas mission d'invoquer des arguments semblables, que la diplomatie d'un pays de liberté religieuse ne doit être ni catholique ni protestante, mais simplement laïque, et qu'en conséquence nous ne soutenons pas à Rome un dogme absolu, mais simplement une mesure politique bonne ou mauvaise, d'un ordre essentiellement terrestre et transitoire. Les gouvernements s'abusent sur leur influence quand ils s'imaginent qu'ils peuvent éconduire d'un geste une question grave qu'ils ont contribué à évoquer devant l'opinion, et que sur un signe elle se rendormira et fera la morte jusqu'à ce qu'il leur convienne de la réveiller. Il leur est très-facile de la faire effacer de l'ordre du jour des assemblées, où ils ont la plus incontestable majorité, mais ils ont beau dire et croire qu'on n'en parle plus parce qu'il leur plaît de se taire; on n'en pense, on n'en parle pas moins; je dirai même que depuis qu'ils ne s'en mêlent plus, on y pense avec plus de maturité et de liberté, l'opinion se forme. Le jour vient où cette opinion devenue irrésistible fait pencher soudain du bon côté cette balance qu'il est plus aisé de faire tenir en équilibre dans un discours ingénieux et applaudi que dans la réalité. Nous ne sommes donc point inquiet de ce prétendu sommeil de la question romaine; elle ne dort que diplomatiquement, mais elle est très-vivante dans les esprits, non-seulement au sein de la population qui y est la première intéressée et à laquelle on inflige l'occupation étrangère comme la mesure la plus simple, mais encore dans toute l'Europe intelligente et très-particulièrement en France. Là elle s'élargit singulièrement, et elle devient la question même du concordat. Nous n'en voulons d'autre preuve que l'amendement proposé par la gauche dans cette même discussion de l'adresse de la dernière législature : c'est la première fois que la séparation de l'Église et de l'État est présentée au nom d'un parti politique avec cette netteté et s'est inscrite formellement sur son programme. Peu importe le petit nombre des honorables députés qui ont formulé cet amendement; il est certain qu'ils ont exprimé la pensée de toute la fraction du parti libéral qui croit qu'il faut sortir de l'ornière du vieux libéralisme centraliste et demander autre chose que de simples garanties constitutionnelles, à savoir la liberté elle-même qui n'est que le libre jeu de toutes les forces morales de l'homme, l'affranchissement de l'individu, de la conscience, de la pensée et par conséquent de la religion. « Il est hors de doute, portait l'amendement, que l'indépendance du saint-siége doit être assurée; mais en cette matière comme en toute autre, la liberté est la seule solution à la fois digne et pratique. La religion catholique ne doit pas redouter un régime sous lequel l'Église, séparée de l'État, obtiendrait au même titre que toute autre croyance, à la place des concordats et des servitudes déguisées, la liberté dans les limites du droit commun. »

Un jour viendra où l'on aura peine à comprendre qu'un tel amendement ait paru chimérique à une assemblée délibérante, et qu'il ait été repoussé sans même avoir été combattu dans sa pensée principale. Une majorité convaincue l'adoptera avec acclamation. Travaillons à préparer cette majorité de l'avenir, en établissant avec calme et par les faits les tristes effets des concordats et spécialement de celui qui soulèvera bientôt autant d'opposition qu'il a provoqué d'admiration aveugle.

M. Billault insistait sur ce que notre premier devoir dans la question romaine est de nous préoccuper avant tout de l'intérêt français. Il a raison, mais l'intérêt français se confond ici avec l'intérêt italien, disons mieux, avec tous les intérêts de la religion et de l'État. Si nous parvenons à le prouver, on ne nous accusera pas de manquer à ce que nous devons à notre pays pour une théorie aventureuse inventée au bénéfice d'un intérêt étranger. Au reste, nous concentrerons cette discussion sur le concordat de 1801, en retraçant son origine et ses premiers effets. Les conséquences pratiques et immédiates de cette étude s'imposeront d'elles-mêmes à l'esprit.

Une courte brochure de M. l'abbé Michon a récemment ramené l'attention sur ce point spécial du débat. Elle est intitulée : *Le Concordat cause du conflit entre le clergé et l'Empire*. Elle est bien pensée et bien écrite; mais elle est plus affirmative que démonstrative. Elle offre un très-grand intérêt en ce qu'elle dénote au sein du clergé français, dans sa fraction la plus avancée, les mêmes préoccupations qu'au sein du clergé italien. Il faudrait bien peu de chose pour que ce mouvement se généralisât dans l'Église de France, surtout dans le clergé inférieur qui est à même d'expérimenter par lui-même et de très-près quelques-unes des plus fâcheuses conséquences du régime concordataire, car il a été livré sans merci à une double servitude vis-à-vis de l'État et vis-à-vis de l'épiscopat.

Le concordat de 1801 n'est pas un fait isolé dans notre histoire. Il renouait la chaîne d'une longue et pesante tradition d'oppression religieuse, et il enlevait à la France une occasion unique d'assurer la paix dans l'État, en consacrant la liberté de l'Église. On ne comprend bien le concordat de 1801 qu'en se rendant un compte exact de ce qu'il a restauré, remplacé ou supprimé. Nous devons donc tout d'abord rappeler quelles étaient, sous l'ancien régime, les relations de l'Église et de l'État, puis chercher dans quelle situation ils se trouvaient vis-à-vis l'un de l'autre après les années orageuses de la révolution française, alors que ces liens, pour avoir été trop tendus, s'étaient entièrement relâchés, et qu'il était si facile, je ne dis pas d'organiser, mais de respecter la liberté et de la consacrer par l'abrogation de toutes les lois d'exception qui subsistaient encore.

## I

Il est assez singulier que ce soit en plein moyen âge que, en dehors du système de la liberté complète, les rapports des deux sociétés religieuse et civile aient été le plus sagement réglés. Il est évident qu'on ne doit pas songer à la liberté de conscience et de culte ni à rien qui y ressemble. Ces grands droits étaient entièrement en dehors de l'horizon du treizième siècle. Mais pour ce qui concerne les relations de l'Église de France, soit avec la papauté, soit avec la royauté, la Pragmatique sanction de saint Louis est bien supérieure à tout ce qui a été élaboré depuis lors jusqu'à nos jours.

Voici quels sont ses deux articles essentiels :

Art. II. Que les Églises cathédrales et autres de notre royaume, jouissent du libre exercice de leurs élections, promotions ou collations.

Art. IV. Voulons et ordonnons que les promotions collectives, provisions de prélature, dignités et tous autres bénéfices et offices ecclésiastiques de quelque nature qu'ils soient, soient faits d'après l'ordre du droit commun, les règles des conciles et des statuts des saints Pères.

Une digue est élevée contre les prétentions de Rome de régir despotiquement l'Église, et celle-ci recouvre en même temps le droit précieux d'élection. Elle conserve sa vie propre, son indépendance intérieure, et cette indépendance est sans péril, parce qu'elle n'est plus vassale d'un pouvoir étranger. Ainsi se trouve réalisé d'emblée tout ce que les fameuses libertés de l'Église gallicane avaient de sage et de raisonnable ; ce qu'on a ôté au pape n'a pas été livré au roi, la servitude au dedans ne compense pas l'affranchissement du joug étranger. La Pragmatique de Charles VII, donnée à Bourges le 7 juillet 1434, n'est qu'une confirmation de celle de saint Louis. Elle consacre les mêmes droits et évite les mêmes inconvénients.

Tout change avec le concordat passé entre François I$^{er}$ et Léon X. Cette funeste mesure fut une concession à la politique du moment, le prix dont le roi paya son alliance avec le pape pour conjurer les périls de la monarchie française. Il ne vit pas qu'une fois le péril passé, ce traité déplorable laisserait pour l'avenir un ferment de divisions et de luttes au dedans et au dehors. Il n'est pas même nécessaire d'en examiner les clauses pour reconnaître la gravité de la faute commise par François I$^{er}$. Il suffit de savoir qu'il a passé un concordat avec la papauté. Déjà dans ce seul fait il y a des deux côtés un abus de pouvoir que rien ne justifie.

Faire de la constitution d'une Église l'objet d'un traité avec le pape, c'est reconnaître sa souveraineté personnelle en dehors des conciles, c'est consacrer les plus excessives prétentions du monarchisme ecclésiastique, et ne tenir aucun compte des règles décrétées par les grandes assemblées délibérantes de l'Église. D'un autre côté, comme c'est le roi qui est seul contractant avec le pape, sans que l'Église ait été consultée, celle-ci est entièrement subordonnée au prince qui dispose d'elle à son gré. Ainsi le droit de la société religieuse est deux fois sacrifié par le seul fait d'un concordat. Voilà le vice radical de toute transaction de ce genre considérée en elle-même, en principe, avant même qu'on en ait examiné les termes. On peut être assuré d'avance que ce traité passé entre le roi et le pape mêlera d'une façon inextricable le spirituel et le temporel, et préparera des conflits incessants et sans issue. Le concordat de François I$^{er}$ n'a pas menti à son origine, il nous montre la royauté et la papauté se partageant comme un butin conquis, violemment d'une part, frauduleusement de l'autre, les libertés les plus essentielles de l'Église, mais comme c'est toujours le cas dans de tels partages, les deux contractants ne parviennent jamais à s'entendre sur ce qui revient à chacun d'eux ; ils se tiennent réciproquement en échec, et ne donnent pas même à l'Église asservie ce bien qui paraît trop souvent la compensation de tous les autres, je veux dire la paix et la sécurité, car nulle Église n'est plus troublée qu'une Église concordataire, parce qu'elle est livrée sans défense à deux oppressions rivales. La part de la royauté dans le concordat de François Iᵉʳ est assez belle puisqu'elle obtient le droit de nommer les hauts dignitaires de l'Église, mais la papauté n'a pas à se plaindre des concessions qui lui sont faites, puisqu'elle a le droit de confirmation par bulles : ce qui assure son triomphe sur la royauté en cas de conflit, car elle n'a qu'à suspendre la nomination d'un certain nombre d'évêques pour bouleverser tout le royaume. On sait l'usage fréquent qu'elle a fait de cette arme redoutable depuis le premier des concordats jusqu'à celui de Napoléon. En définitive, le dernier mot lui est toujours resté, mais cela n'a pas empêché l'État de conduire dictatorialement l'Église, car elle n'a jamais été qu'un instrument aux mains du pouvoir civil, soit pour résister à la cour de Rome, soit pour lui céder. Le prince fait rédiger avec soin, par ses légistes, les libertés de l'Église gallicane, parce qu'au fond elles sont ses libertés à lui, le tout-puissant laïque qui la représente et la régit ; ces libertés sont l'arme de guerre dont il se sert dans sa lutte incessante contre la papauté. Le saint-siége oppose à ces libertés le refus de ses bulles confirmatives et, s'il n'obtient pas tout ce qu'il désire comme par exemple le droit de correspondre directement avec le clergé du pays, il finit toujours par réussir. dans les grands conflits soulevés entre lui et le prince. Ce qui est bien décidément écrasé dans le choc des deux puissances, c'est la liberté véritable de l'Église.

Telle est la situation créée par le concordat de François Iᵉʳ. Aussi, comprend-on très-bien qu'il ait soulevé la plus énergique opposition de la part du parlement, qui s'est longtemps refusé à l'enregistrer, et de la part de l'Église de France qui a compris qu'on allait la courber sous un double joug qu'il lui serait impossible de secouer. La résistance se fût sans doute prolongée, si la lutte contre la réforme naissante n'avait éclaté d'une façon si redoutable. Il était difficile de refuser quelque chose à un prince assez bon chrétien pour faire mettre à mort les hérétiques. Le concordat du roi-chevalier fut contre-signé par le sang des huguenots ; ce sang répandu à profusion en paya la rançon. Mais ce fut sous Louis XIV, que l'on put comprendre ce qu'avait coûté l'abandon de la pragmatique. C'est alors que le régime inauguré au seizième siècle porta tous ses fruits amers.

On s'imagine parfois que l'Église gallicane combattait pour la liberté de la société religieuse, lorsqu'elle prenait avec Bossuet une attitude si fière et si digne vis-à-vis de la papauté. C'est une erreur complète ; elle aussi brûlait l'encens sur l'autel monarchique au pied duquel la France entière était prosternée. Elle invoquait sans doute la grande doctrine de la supériorité des conciles sur le pape, mais c'était uniquement pour soutenir la supériorité du roi sur le saint-père, car elle était en fait de doctrine et de discipline la plus soumise des Églises à l'égard du saint-siége, comme le prouve l'importance suprême attachée par elle au jugement de Rome dans l'affaire du quiétisme; les démarches instantes de Bossuet révèlent autant de docilité que le désaveu de Fénelon. La grande assemblée de 1682 fut convoquée, non pas pour résoudre une difficulté de l'ordre religieux, mais uniquement à la suite d'un conflit entre le roi et le pape dans une affaire d'intérêt et de compétence où l'autorité royale était avant tout en jeu. Si cette imposante assemblée se fût réunie à l'occasion des discussions soulevées par le jansénisme, pour vider la question de l'infaillibilité papale, pour décider que Pascal et ses illustres amis n'avaient pas eu tort de limiter cette infaillibilité à la doctrine, et de la contester pour les questions de fait, elle eût certainement servi la liberté ; le gallicanisme en prenant cette attitude eût vraiment opposé une digue aux progrès de l'omnipotence papale, et sans rompre le lien de l'unité, il eût sauvé l'Église de France de l'ultramontanisme qui l'a si fâcheusement compromise. On sait qu'il n'a songé à rien de pareil. Le jansénisme a été sacrifié à Rome par ceux-là même qui, comme Bossuet, avaient de grandes affinités avec son austère grandeur. Ce n'est pas pour sauver Port-Royal que sa voix a fait entendre ses plus magnifiques accents, c'est pour soutenir le bon droit du roi à disposer des revenus de tous les bénéfices vacants, dans toute l'étendue du royaume, ce qui était une grave innovation. Chose remarquable, ce sont deux évêques jansénistes, ceux d'Aleth et de Pamiers qui prirent l'initiative de la résistance contre Louis XIV, à l'occasion du droit de régale. Rien ne prouve mieux à quel point l'indépendance de l'Église était en dehors du litige, sinon les vénérables opposants à l'absolutisme papal n'eussent certainement pas protesté contre les prétentions du roi. Ainsi l'absolutisme monarchique était seul en cause dans cette affaire. L'avocat général chargé de porter la parole au parlement se fonda, pour défendre les prétentions du roi à exercer le droit de régale dans tout le royaume, sur ce que la *couronne était ronde*, heureuse image qui sans doute signifiait que le pouvoir royal devait tout embrasser et tout renfermer. C'est là le fond des cinq propositions de 1682 ; mais cette affirmation pittoresque que la couronne est ronde, ne peut passer pour une consécration de la liberté de l'Église. Je ne nie pas que les prélats rassemblés à Paris à cette époque n'eussent raison de mettre les conciles au-dessus du pape, mais comme aucune question de doctrine n'était en litige, le vague appel à une autorité dont on n'avait que faire, et à laquelle d'ailleurs on ne pourrait recourir qu'avec l'assentiment du prince, n'avait aucune · portée. Les évêques avaient également raison d'interdire au pape l'immixtion dans les choses civiles et temporelles, mais il y aurait eu cependant un abus non moins criant et plus prochain à extirper, c'était l'immixtion du prince dans les choses spirituelles. Le tout, en définitive, revenait à la *rondeur de la couronne*, à l'omnipotence royale. La déclaration de 1682 ne faisait que résumer les libertés de l'Église gallicane; elle conservait ce que ces maximes avaient de sensé sur les limites du pouvoir papal, mais ces restrictions sages en elles-mêmes perdaient toute portée, parce que dans ces fameuses maximes comme dans la déclaration de 1682, elles n'étaient pas des concessions à l'Église mais bien à l'État dont la souveraineté demeurait absolue.

Voulons-nous accuser par là de bassesse, de servilisme grossier toute l'ancienne Église de France, et spécialement cette élite de prélats dont Bossuet était l'inspirateur et l'organe? Rien n'est plus loin de notre pensée, ils obéissaient d'abord à l'instinct gouvernemental de leur race, à ce génie latin qui pèse sur la France et qui a encore plus façonné son âme que sa langue, puis ils partageaient la passion monarchique du temps, et leur patriotisme sincère les inclinait devant l'idole nationale, devant cette unité personnifiée dans un prince éclatant de gloire, objet favori de l'enthousiasme des Français à toutes les époques, et ils croyaient très-sincèrement servir leur patrie et leur Église. N'oublions pas non plus l'erreur fatale qui les poussait à chercher pour la religion l'appui de la force matérielle. Rien n'est plus humiliant pour l'esprit humain, que de voir un génie comme Bossuet applaudir la révocation de l'édit de Nantes, et penser avec la plupart des autres évêques, ses contemporains, qu'on ne pouvait trop accorder de subsides volontaires et d'autorité au souverain qui avait rendu un tel service à l'Église.

Ainsi, le premier effet des concordats, qui est de mettre la société religieuse au pied de l'État, a été pleinement réalisé sous Louis XIV. Le second effet, qui est en définitive d'incliner la royauté devant le pape, au moment même où elle a concentré toutes les libertés de l'Église, n'est pas moins évident au dix-septième siècle. Nous avons vu que si le roi a le droit d'élection aux évêchés, le saint-siége a droit de confirmation. Ce dernier droit sommeille en quelque sorte dans les temps de calme; il se réduit à une pure formalité; c'est un glaive au fourreau, mais dès que la lutte éclate entre les deux puissances, il devient le plus sérieux embarras pour le pouvoir civil, si bien que l'on peut être certain d'avance que celui-ci finira par céder. La résistance pourra se prolonger, mais elle est destinée à se lasser, car il suffit au pape de refuser ses bulles à toute élection nouvelle, pour jeter une sorte d'interdit religieux sur le pays qu'il veut frapper. Ce n'est pas l'excommunication du moyen âge avec son retentissement et sa solennité : — cette grande scène ne peut se jouer que devant des peuples prosternés dans une foi naïve; — dans les temps modernes, le pape peut avec moins de bruit arriver au même résultat, en se bornant à laisser une Église sans clergé régulier par le refus de ses bulles. Le tout-puissant Louis XIV dut finir par plier, quand trente-cinq cathédrales se trouvèrent sans pasteur; il fit sa soumission dans une lettre si humble, que l'on prétend que Napoléon en brûla l'original, afin de n'avoir plus sous les yeux la prophétie de sa propre défaite, signée d'un nom que le sien n'avait pas réussi à effacer. On y lisait des paroles comme celles-ci : « Je suis bien aise de faire savoir à Votre Sainteté, que j'ai donné les ordres nécessaires pour que les choses contenues dans mon édit du 2 mars 1682, touchant la déclaration faite par le clergé de France, à quoi les conjonctures passées m'avaient obligé ne soient point observées, et désirant non-seulement que votre Sainteté soit informée de mes sentiments, mais encore que tout le monde connaisse, par une marque particulière, la vénération que j'ai pour ses grandes et saintes qualités. » Les évêques, dont la nomination n'avait pas été confirmée, se mirent comme de raison plus bas encore aux pieds du saint-siége, dans une lettre que l'on put garder au Vatican comme le trophée d'une victoire éclatante. Est-ce à dire que l'Église de France humiliée à Rome était affranchie à Paris? Cette compensation ne lui était pas donnée, car le roi conservait sur elle tous ses droits. Fléchissant au dehors, il était d'autant plus despote au dedans.

Un livre très-curieux, écrit à la fin du dix-septième siècle, dans cette belle langue précise et lumineuse dont le secret fut sitôt perdu, renferme toute la pensée de Louis XIV à l'égard des libertés de l'Église et tout le système de l'ancienne monarchie ; il fournit la meilleure preuve de la persistance de la tradition romaine en matière de droit religieux en France, car nous y trouvons rangées, comme dans un arsenal, toutes les armes dont plus tard la révolution française se servira dans la guerre qu'elle fera à l'Église de France le jour où elle la rencontrera sur son chemin en tête de la réaction. Seulement, au temps de Louis XIV, ces armes sont polies et brillantes comme dans une panoplie ; on ne se doute pas du mal qu'elles pourront produire entre des mains violentes. Il n'en est pas moins certain que ce qu'il y eut de plus grave dans les mesures de la Constituante était implicitement renfermé dans le livre où la pensée intime du grand représentant de l'ancienne monarchie française s'était exprimée avec le plus de franchise, et ainsi la France nouvelle n'a rien trouvé de mieux, en ce point si essentiel des relations de l'Église et de l'État, que de réaliser le programme du passé. Ce fait curieux n'a pas été suffisamment mis en lumière. Le livre auquel je fais allusion est le *Traité de l'autorité des rois touchant l'administration de l'Église*, par M. Le Voyer de Boutigny, maître des requêtes. Il fut composé sur la demande expresse de Louis XIV, qui désirait se rendre compte de l'étendue de ses droits sur l'Église de son royaume. C'était une de ces consultations semblable à celles des Juifs lorsqu'ils demandaient à leurs prophètes de leur renvoyer sous forme d'oracles leurs propres pensées.

Le roi fut servi selon ses désirs. La pensée générale du livre est que, l'Église étant dans l'État, l'autorité souveraine doit toujours revenir au prince, excepté pour la détermination de la doctrine ; mais comme celle-ci est déjà irrévocablement fixée, cette clause restrictive n'a rien de bien gênant. Pour tout le reste, le roi est le maître. L'auteur distingue dans le prince le magistrat politique et le protecteur. Comme magistrat,. il doit faire tout converger vers le bien de l'État, et, sous peine d'anarchie, veiller à ce que l'Église, pas plus qu'aucune autre corporation, ne trouble la paix du royaume et ne dérange l'équilibre des lois. Comme protecteur de l'Église, il a à maintenir en elle les bonnes traditions, à empêcher ou à réparer les désordres qui s'y introduisent et à la préserver de ses propres entraînements. Ainsi ce qui est soustrait au magistrat, le protecteur le retrouve sûrement, et comme il y a une intelligence parfaite entre l'un et l'autre, qu'il n'y a pas à craindre de désaccord entre les deux attributs réunis dans la même personne, il ne reste

aucune chance quelconque que la moindre liberté dans l'Église
échappe à tant de puissance et à tant de bonté, à une autorité si absolue et à une si touchante sollicitude.

L'auteur ne se contente pas de ces principes généraux, il en tire
les conséquences, soit pour l'administration de la foi qui revient au
roi par la convocation et la dissolution des conciles ou par l'autorisation et la mise en vigueur des saints canons, soit pour la discipline
et le culte dont le temps et les lieux dépendent absolument du
prince, soit pour les personnes ecclésiastiques dont la nomination, la
destitution et la surveillance lui incombent directement, soit enfin
pour les biens de l'Église qu'il peut saisir ou même réunir à l'État
dans les graves périls de la nation. Reprenant la fameuse image du
vaisseau pour représenter l'Église, le maître des requêtes de
Louis XIV compare l'autorité spirituelle au pilote et le prince au
capitaine dont la forte voix et le commandement impératif donnent
efficace aux ordres du pilote et maintiennent la discipline dans le
navire. Il est vrai que le pilote finit par être le plus fort quand
l'Église a à sa tête un pape habile qui use de tous ses avantages;
mais les matelots n'ont pas même la satisfaction de lui obéir directement. Il faut que ses ordres passent par le sonore porte-voix du capitaine, qui est souverain à son bord. Cette métaphore est le résumé
fidèle de l'histoire de l'Église de France pendant le dix-huitième
siècle. Le capitaine ne cesse pas de régenter despotiquement l'équipage. Les ordres du conseil du roi dans toutes les affaires de l'Église
sont donnés sur le ton le plus péremptoire et n'admettent ni résistance ni réplique. L'arrêt du Conseil d'État du 24 mai 1765 porte
que « Sa Majesté étant informée des diversités d'opinions qui ont
cours dans le clergé du royaume, considérant combien il est essentiel, pour le bien de la religion et pour celui de l'État, qui ne
peuvent être séparés, d'empêcher qu'on n'agite dans son royaume
des questions téméraires ou dangereuses, a décidé d'arrêter le
cours de pareilles choses en rappelant que les édits de 1612 et
1695 ont force de loi, et que nul décret de l'Église n'est valable qu'a-
près que la puissance temporelle en a examiné la forme, leur con-
formité avec les lois du royaume et tout ce qui, dans leur publication, peut altérer ou intéresser la tranquillité publique. » Voilà qui
est rassurant pour l'autorité du capitaine. Quant au pilote, par où il
faut se garder d'entendre l'épiscopat français, qui n'est bon qu'à recevoir des ordres comme les matelots et qui est tout au plus contre-

maître du navire, il a mille moyens efficaces de prendre sa revanche; le pouvoir papal est si bien muni que, grâce au concordat, il a tous les moyens de troubler l'épiscopat et d'avoir raison du capitaine; aussi use-t-il largement de tous ses avantages. L'Église de France, dans l'affaire de la Bulle *Unigenitus*, qui remplit tout le dix-huitième siècle de ses arides querelles, subit l'ascendant de la cour de Rome et voit ses pasteurs les plus méritants frappés de mesquines vengeances, poursuivis jusqu'au lit de mort par une de ces rancunes acharnées qui ne se forment que dans les sacristies, sacrifiée enfin sans merci à la papauté par ordre du roi.

Le 24 mars 1730, Louis XV publia une déclaration qui portait que la Bulle *Unigenitus* serait à la fois loi d'État et loi de l'Église, et que tous les prêtres réfractaires seraient dépouillés de leurs bénéfices. Il fallut un lit de justice pour faire enregistrer ce décret vraiment tyrannique. Ainsi servitude absolue vis-à-vis du prince, servitude non moins complète vis-à-vis de Rome, à laquelle le prince livre son clergé, voilà le résultat bien constaté du régime concordataire sous l'ancien régime. L'une de ses pires conséquences est qu'il perpétue en France la tradition du servilisme en religion, de la dépendance de la société religieuse vis-à-vis de l'État. Aussi, quand il aura disparu dans sa forme historique, il se survivra à lui-même dans les tendances générales du pays et dans sa disposition à réglementer et à enchaîner la religion. On ne sera donc pas étonné si, tout en reconnaissant les gloires et les vertus de l'Église de France, nous ne faisons aucun cas de ce gallicanisme inconséquent qui commence par concentrer tous les droits et toutes les libertés dans la main du roi et qui finit par les sacrifier à la papauté.

## II

On le voit, le concordat de 1801 se rattache à une longue tradition dans l'histoire du pays. Toutefois, il serait injuste et faux de le rapporter uniquement aux coutumes de l'ancienne monarchie. Il a aussi été préparé directement par la révolution française, qui n'a que trop docilement marché dans l'ornière de l'ancienne monarchie, en ce qui concerne l'asservissement de la société religieuse : car sur d'autres points, comme l'égalité de toutes les croyances devant la loi et la liberté de conscience, elle a noblement et hardiment innové, mais elle a suivi les sentiers passés, quand il s'est agi de réorganiser l'Église.

Elle l'a fait non-seulement sous l'empire des plus antiques préjugés de la nation, mais encore sous l'influence de ses propres idées philosophiques. Il importe de constater le second courant d'opinion.

On sait l'importance sociale de la philosophie du dix-huitième siècle. Sa meilleure gloire est d'avoir conquis le siècle à la tolérance. Si cette grande conquête était sortie de la conscience religieuse froissée par les abus de la force, comme cela était arrivé au premier âge du christianisme, et depuis parmi les puritains émigrés en Amérique, elle eût poussé à abolir non-seulement la contrainte qui persécute les croyances dissidentes ou l'absence de croyance, mais encore celle qui supprime la liberté de la religion. On eût obtenu avec la liberté de conscience la liberté de culte ; car on ne saurait admettre qu'un mouvement d'émancipation qui serait parti de l'Église n'eût pas consacré sa propre liberté. Mais pour un tel résultat il eût fallu une Église à la fois tolérante et ardente : noble spectacle qu'on a pu admirer plus d'une fois dans l'histoire religieuse de l'humanité, témoin l'Amérique du nord. Une telle Église eût rompu sa chaîne en brisant celle des autres, et comme elle aurait inspiré le respect et l'affection, elle n'aurait pas soulevé contre elle une réaction qui devait aboutir à ce funeste divorce entre la religion et la liberté, le plus grand malheur de notre pays. Rien de pareil ne s'est vu au dix-huitième siècle. L'Église n'est ni ardente ni tolérante ; le vent du siècle a soufflé sur elle apportant avec lui la sécheresse, les pensées et les habitudes mondaines, sans lui communiquer aucune des généreuses idées qui sont dans l'air. Les vertus sont reléguées dans l'ombre de la province ; à Paris le relâchement des mœurs ecclésiastiques va jusqu'au scandale. L'évêque libertin et l'abbé de boudoir sont l'amusement des salons, après avoir été les héros des ruelles. Je sais que plus tard cette Église se relèvera sous l'épreuve, mais elle n'a pas assez de zèle pour sentir ses outrages. Elle est docile comme toute société religieuse énervée. D'un autre côté, elle n'est pas tolérante ; elle n'a pas sacrifié une seule des prétentions du dernier siècle, en fait d'unité religieuse imposée. Elle réclame la persécution des protestants et la condamnation des philosophes dans chacune de ses assemblées. Ses réponses aux attaques des Encyclopédistes sont lourdes et frivoles ; jusqu'au dernier moment, elle recourt au moyen commode et dangereux de la répression gouvernementale. Elle devient un objet de dégoût et de colère pour tous les novateurs. Ceux-ci s'accoutument à voir dans la religion le plus grand obstacle à la liberté. Bien loin d'être entraînés à demander la liberté de la religion, ils ne croient obtenir la tolérance qu'en tenant l'Église dans la dépendance vis-à-vis de la société civile, qu'ils espèrent convertir à leurs opinions. C'est ce qui nous explique comment, lorsqu'ils parlent de la liberté de conscience, ils sont admirables d'éloquence, et dès les premiers jours en revendiquent le droit dans toute sa plénitude, tandis qu'ils ne veulent pas de la liberté des cultes, et se contentent de leur égalité devant la loi, qui n'est guère qu'une égalité dans la dépendance.

Montesquieu est incomparable quand il flétrit la persécution avec son ironie concentrée. « Le caractère de la vérité, dit-il, c'est son triomphe sur les cœurs et les esprits, et non pas cette impuissance que vous avouez lorsque vous voulez la faire recevoir par des supplices[1].» C'est le même écrivain, cependant, qui supprime d'un trait de plume la liberté religieuse la plus élémentaire dans le passage suivant : « Comme il n'y a guère que les religions intolérantes qui aient un grand zèle pour s'établir ailleurs, parce qu'une religion qui peut tolérer les autres ne songe guère à sa propagation, ce sera une très-bonne loi civile, lorsque l'État est satisfait de la religion déjà établie, de ne point souffrir l'établissement d'une autre. »

Si Montesquieu, l'admirateur éclairé de la constitution anglaise, a pu subir à ce point l'influence de la tradition française sur les rapports de la religion et du pouvoir civil, il est facile de se figurer jusqu'où ira dans cette voie l'école de Mably et de Rousseau. Cette école est en réalité l'école païenne en politique ; idolâtre de l'État, elle se borne à déplacer l'absolutisme et à le faire descendre du trône dans le forum, mais elle ne lui livre pas moins tous les droits individuels, et tout d'abord la conscience religieuse. Elle prétend, comme Cicéron, que l'on ne peut professer d'autre religion que celle qui a été reconnue par l'Etat. Il est vrai que Rousseau veut la réduire aux maigres dogmes de la religion naturelle, et qu'il a la bonté d'admettre la liberté de conscience la plus large...... dans le for intérieur. Mais la liberté des cultes n'a pas eu d'ennemi plus déclaré que le tribun genevois ; il n'a pas hésité, dans son Contrat social, à placer sa religion civile sous la sanction de la peine capitale. Toute dissidence publique doit être, d'après lui, punie de mort. On sait l'immense influence qu'a exercée sur la génération de 1789 son éloquence à la

---

1. *Esprit des Lois*, livre xxv.

fois brillante et amère. C'est ainsi que la tradition philosophique et révolutionnaire est venue fortifier la tradition gallicane, pour sacrifier la conscience et la religion à l'État omnipotent, cette vieille idole des races latines.

Les deux traditions ont beau sembler opposées l'une à l'autre, ce n'est qu'en apparence, et si la révolution dirige ses coups les plus violents contre l'Église gallicane, c'est au nom des principes qui avaient entièrement subordonné celle-ci au pouvoir civil. Seulement, avant 1789, le pouvoir civil était personnifié dans le roi très-chrétien ; depuis la Constituante, il est livré à une assemblée de philosophes, en attendant qu'il tombe aux mains d'une majorité de tribuns fanatiques ; mais il n'y a de changé que les noms et les personnes. C'est toujours la souveraineté illimitée de l'État, monarchie absolue ou république, qui foule aux pieds la liberté. On ne comprend rien à l'histoire de la révolution, quand on n'a pas discerné sur cette question spéciale l'accord fondamental des tendances qui se font la guerre la plus violente. Le concordat de 1801 sera en quelque sorte le point de jonction entre la tradition gallicane et la tradition révolutionnaire, se rejoignant après un intérim de liberté réelle pour l'Église. En effet, le génie de la France, trop fidèle à lui-même, ne pouvait laisser subsister un pareil désordre et une si lamentable anarchie.

Nous passerons rapidement sur l'histoire des relations de l'Église et de l'État, depuis le commencement de la révolution française jusqu'au moment où le lien qui les enchaînait l'un à l'autre fut un instant rompu. Dans la première période de la Constituante, les réformes sages et utiles se mêlent aux innovations dangereuses, innovations qui, dans tout ce qu'elles ont de faux, ne sont que du vieux remis à neuf, ou plutôt qu'une application nouvelle d'idées très-anciennes qui ne changent pas d'essence en étant transportées dans un milieu différent. Ainsi, on ne peut qu'applaudir à toutes les mesures qui tendent à réparer le plus possible les injustices du passé, à effacer les traces d'un régime religieux oppresseur des minorités. Si la pleine liberté des cultes n'est pas prononcée, la liberté de conscience est garantie par la déclaration des droits de l'homme, et Mirabeau a protesté avec une élévation de vues qui n'est égalée que par la splendeur de son éloquence contre les restrictions apportées encore à la liberté religieuse par quelques réserves timides. Les protestants sont définitivement relevés des lois d'exception ; ils sont mis sur le même rang que les catholiques sinon pour la pratique du culte, au moins pour les droits civiques. Rabaut-Saint-Étienne peut écrire à son père, l'illustre représentant d'une Église proscrite : « *Le président de l'Assemblée nationale est à vos pieds.* » En même temps, on décide de rendre aux réfugiés les biens confisqués qui seraient encore aux mains de la couronne. Nous ne pouvons qu'applaudir également aux mesures qui font disparaître les immunités financières de l'Église catholique et font passer sur elle le niveau de l'impôt.

Ne diminuons pas l'importance de ces grandes et immortelles réformes, mais qu'elles ne nous fassent ni oublier ni excuser les fautes graves qui les accompagnèrent. Aucune, il est vrai, ne doit être imputée à une seule des fractions de l'Assemblée ; la droite excite la gauche par son attitude provoquante, par sa résistance aux décrets les plus sages de l'Assemblée, par ses prétentions insensées ; mais la gauche a le tort de se jeter tête baissée dans l'exagération opposée, qui n'est, après tout, que le point extrême d'une même ligne. La réunion des trois ordres est une éclatante victoire du tiers et un triomphe du droit et de la liberté. Le clergé cesse d'être une corporation toute-puissante dans l'État ; là est le progrès réalisé ; mais sa fusion avec l'Assemblée nationale subordonne tous les intérêts de la religion aux délibérations d'un corps politique, là est le mal. La confusion entre le spirituel et le temporel va se reproduire à chaque phase de la discussion sur la constitution nouvelle. Il appartenait sans doute à l'Assemblée nationale de poser les grands principes qui devaient régir la France nouvelle, comme l'égalité devant la loi, la liberté de conscience et de culte, l'abolition des priviléges qui mettaient le catholicisme hors du droit commun ; mais pour ce qui concerne la réorganisation intérieure de l'Église, il fallait abandonner celle-ci à elle-même, sous la pression des événements qui l'auraient contrainte à toutes les réformes utiles. Il fallait accepter la proposition si souvent réitérée de la convocation d'un concile national ; au lieu de cela, l'Assemblée préféra trancher elle-même du concile. Cette première faute était très-grave, et en entraînait d'autres qui furent plus fatales à la cause de la révolution que toutes les erreurs exclusivement politiques. Camus a prononcé un mot significatif qui formule nettement l'erreur capitale de la Constituante : « *Nous avons le droit*, dit-il, *de changer la religion, puisque nous sommes une Assemblée nationale.* » Ainsi, les choses de l'âme et de la conscience sont considérées comme relevant du contrôle des représentants de l'État, aussi bien que les impôts ou les droits purement civils. La liberté individuelle est méconnue dans ce qu'elle a d'inaliénable et de sacré. Dans ces conditions, il n'est pas possible de fonder vraiment la liberté; car, nous ne nous lasserons pas de le dire, la liberté consiste précisément dans la sauvegarde des droits de l'individu placés sous la protection de l'État, qui a pour mission non de les supprimer à son profit, mais de les défendre.

Ce que Camus réclamait au nom de la gauche, la droite le demandait également par cette fameuse motion de dom Guerle, qui mit le feu aux esprits, et qui, reprise avec passion par les Maury, les Cazalès et les hauts dignitaires du clergé, n'allait à rien moins qu'à faire proclamer de nouveau une religion d'État, et par conséquent à faire rentrer dans le domaine public le domaine privé et sacré de la conscience religieuse. De quel droit se plaindre, après cela, de ce que la puissance civile prétendait régler à son gré la constitution intérieure de l'Église? Ne l'avait-on pas entièrement subordonnée à l'État en réclamant un pareil vote? En invoquant le privilége, on avait déserté le droit, je veux dire le droit pour la société religieuse de n'appartenir qu'à elle-même. L'émotion jetée dans Paris par la malencontreuse motion se conçoit facilement, bien qu'on doive blâmer sévèrement les manifestations qui eurent pour conséquence la suspension du droit de réunion pour le parti catholique. Ce dernier parti avait eu le tort et la folie, en demandant le rétablissement d'une religion d'État, de prendre sous sa protection le pire des abus de l'ancien régime, et l'on se souvenait trop de tout ce que cet abus avait coûté de sang au pays pour ne pas protester énergiquement contre une pareille proposition. La France nouvelle voulait décidément l'égalité des cultes. Malheureusement elle ne voulait pas encore leur liberté, comme le prouvent les trois grandes mesures votées par la Constituante pour réorganiser l'Église.

La première de ces mesures est l'aliénation complète des biens du clergé. Elle a été généralement approuvée par les historiens de la révolution française. Je ne puis partager leur opinion à cet égard. Ce n'est pas toutefois que je n'admette pour l'État le droit d'aliéner les propriétés ecclésiastiques. Il est certain, selon moi, qu'une corporation ne possède pas dans un pays au même titre qu'un citoyen ordinaire; elle forme une société organisée, une sorte d'État dans l'État; si elle peut se constituer et se développer sans le contrôle et l'autorisation du pouvoir civil, l'unité du gouvernement est rompue. Une corporation qui peut se régir et qui a un droit de propriété illimité constitue un gouvernement complet, une cité à part. Il faut soigneusement distinguer ici entre le droit d'association ou de réunion que nous voulons sans entraves et le droit de former des corporations; l'État doit nécessairement conserver la haute main sur de telles associations, sous peine de tomber dans l'anarchie. Ainsi je reconnais que la Constituante était fondée à disposer des immenses propriétés du clergé. Mais a-t-elle eu raison de prendre une mesure aussi radicale qu'une aliénation totale? Telle n'est pas mon opinion, parce je ne pense pas qu'il y eût intérêt pour l'État à avoir un clergé fonctionnaire et salarié. Je suis très-touché des besoins urgents du pays menacé de la banqueroute et pressé d'asseoir son crédit sur une portion considérable du sol demeurée jusque-là improductive pour lui. Mais on pouvait y arriver sans un décret aussi radical que celui qui fut voté le 2 novembre 1789 sur la proposition de Talleyrand, reprise et commentée par Mirabeau. D'abord le clergé faisait des offres considérables; il se déclarait prêt à abandonner pour quatre cent millions de francs de biens. Ensuite, sous la pression des circonstances, il se montrait disposé à opérer des réformes trop longtemps refusées, comme l'abolition de la pluralité des bénéfices et la réunion des monastères du même ordre en quelques maisons principales. On eût ainsi réalisé une somme considérable. Rien n'empêchait non plus que l'on constituât le budget de l'instruction publique et de l'assistance publique avec les biens d'Église; ce qui eût écarté l'objection qu'on détournait les donations de leur destination première. L'Église de France eût encore conservé assez de biens pour se constituer librement sans dépendre de l'État par le salaire, mais en étant soumise à la loi commune et en perdant toutes ses immunités. Elle aurait dû sans doute modifier dans son organisation tout ce qui ne se pliait pas au régime nouveau, et elle l'aurait pu d'autant mieux, qu'elle y eût été amenée d'elle-même. Il suffisait de décréter le mariage civil pour que le spirituel fût séparé du temporel de la manière la plus sûre et la plus pratique. L'État n'eût point été désarmé, puisque le niveau de la loi commune eût passé sur l'Église. Il eût fallu aussi régler la question de la propriété ecclésiastique pour l'avenir, et la loi française eût dû être plus large qu'elle ne l'est aujourd'hui, tout en prenant des précautions contre les biens de mainmorte. Il est des pays où ces lois plus larges existent sans qu'ils soient précisément transformés en landes désertes, témoin l'Angleterre et les États-Unis. La révolution a perdu ainsi la plus belle occasion de fonder la liberté dans l'Église et la paix dans l'État. Ce n'était pas autrement que l'illustre Cavour voulait fonder en Italie l'Église libre dans l'État libre. La France nouvelle préféra placer l'Église sous la main du pouvoir civil et en faire un vaste département de l'administration : ce qui était le sûr moyen d'entretenir une agitation fâcheuse dans le pays, car la conscience religieuse sera toujours, grâce à Dieu, le plus indocile des administrés. On avait voulu faire des membres du clergé des officiers de morale, comme on avait déjà des juges de paix et des sous-lieutenants. On organisa l'Église comme on avait organisé l'armée et la magistrature, et l'aliénation des biens ecclésiastiques eut dès lors pour conséquence nécessaire la constitution civile du clergé.

On a prétendu que, ce projet de réorganisation ne touchant pas au dogme, l'Église n'avait pas le droit de se plaindre. Mais il suffit de l'avoir lu même rapidement pour se convaincre qu'il tranchait des questions qui touchent à la vie la plus intime de l'Église. C'est ainsi qu'il bouleversait les juridictions épiscopales, qu'il faisait découler toutes les charges de l'élection populaire, qu'il transformait radicalement l'épiscopat et introduisait un presbytérianisme à peine mitigé en donnant voix délibérative au conseil de l'évêque, et qu'enfin il relâchait tellement les liens de l'Église de France avec le centre de l'unité catholique, que la papauté ne recevait plus qu'un hommage qui équivalait à un congé poliment donné. La constitution civile du clergé n'était pas autre chose que le système janséniste passant dans la loi ; c'était la revanche d'une secte opprimée qui faisait imposer ses idées par le pouvoir civil enfin conquis à son influence après un siècle d'oppression. Il ne s'agit pas de savoir si le nouveau projet n'était pas supérieur à l'ancienne constitution de l'Église avec tous ses abus. Peu importe sa valeur intrinsèque, il suffisait qu'il fût proposé à une assemblée politique pour être un abus de pouvoir, une atteinte flagrante à la liberté de l'Église. La discussion prit de suite les allures d'un débat théologique, ce fut une lutte d'érudition soutenue par de savantes citations empruntées aux conciles et aux Pères. « Nous ne savons pas le latin, s'écrie un des membres de la droite, en entendant un texte canonique. » Il avait raison ; ce latin d'Église était hors de place dans une assemblée politique. « Veuillez me dire si nous sommes dans un concile, dit d'Épremesnil. » En effet, on était en plein concile, mais ce concile était une Constituante. C'est ce qui justifiait les ardentes réclamations de la droite. L'Assemblée nationale, en votant la constitution civile du clergé, jeta dans le pays le ferment de la plus irrémédiable discorde; elle rendit irréconciliable avec la révolution la portion la plus importante des dignitaires de l'Église, et elle lui donna un drapeau respectable pour la combattre.

On sait quel fut le résultat immédiat de cette déplorable mesure, qui semble avoir concentré en elle toutes les erreurs du gallicanisme et de l'école de Rousseau. La protestation rédigée par l'archevêque d'Arles eut un retentissement immense. La cour de Rome, directement attaquée par la loi nouvelle, apporta l'appui de ses bulles et de ses intrigues à la réaction, comme on peut s'en convaincre par le recueil si curieux du père Theiner, intitulé : *Documents inédits relatifs aux affaires religieuses de la France de* 1790 *à* 1800. En vain le malheureux Louis XVI, partagé entre les scrupules de sa conscience et l'impossibilité où il était de résister au flot montant, écrivit-il au saint-père, sur un ton suppliant, pour obtenir qu'il sanctionnât la constitution civile du clergé. Rome ne le pouvait décidément pas sans abdiquer. Le schisme fut constitué par le refus du pape, et la révolution fut placée sous le coup de son interdit. Nous n'avons pas à raconter ici l'histoire de cette résistance désespérée et honorable de la conscience religieuse atteinte dans sa fibre la plus sensible et réveillée de sa trop longue torpeur. Le marquis de Ferrière raconte dans ses Mémoires que l'opposition aux mesures de l'Assemblée recruta d'assez étranges adhérents dans les salons et les boudoirs. Les mauvaises passions réactionnaires, qui voulaient le retour de l'ancien régime uniquement pour l'exploiter et ajouter un deuxième volume au fameux livre rouge des pensions clandestines, s'abritèrent sous l'étendard de cette nouvelle guerre sainte; mais on ne saurait contester sans injustice que l'on se trouvait soudain en présence d'une Église très-vivante, très-énergique, très-disposée à tout souffrir et à tout sacrifier.

Une troisième mesure allait singulièrement aggraver la crise, elle était la conséquence forcée des deux premières. L'aliénation totale des biens de l'Église avait amené logiquement la constitution civile du clergé, et la constitution civile du clergé, en soulevant la résistance la plus vive, allait rendre nécessaire de sévères précautions contre l'insurrection religieuse. Il n'est pas permis de s'arrêter dans cette voie; on est contraint, quand on y a mis le pied, de marcher jusqu'au bout, et la compression des consciences trouve son premier châtiment dans les excès auxquels elle ne manque pas de se laisser emporter. Le serment politique imposé aux ecclésiastiques fonctionnaires découlait de la nature même de leurs fonctions ; car on ne voit pas pourquoi les officiers de morale et de religion auraient été soumis à d'autres conditions que les officiers de la justice ou de l'armée. Seulement l'Église ne sera jamais tout à fait semblable à la magistrature et à l'armée, et ne pourra être assimilée à un service public.

De là, même au sein du clergé constitutionnel, des difficultés toutes particulières pour la prestation d'un serment, qui d'ailleurs ne soulevait aucun scrupule. Grégoire ne le prêta qu'en en expliquant la portée, et en le réduisant purement et simplement à un acte de soumission envers la loi du pays. L'évêque de Lydda, plus tard évêque apostat de Paris, fit également ses réserves sur l'indépendance du spirituel. Mais ces réserves ne pouvaient suffire à ceux dont la conscience était profondément blessée par la constitution civile du clergé, et qui n'admettaient pas avec les jansénistes purs, qu'elle ne portât que sur l'extérieur de la religion, sans empiéter en rien sur les droits de l'Église. Pour eux, prêter le serment formel de la maintenir et de la défendre, après que le pape l'avait condamnée, c'était rompre le lien de l'unité catholique, c'était abjurer leur foi, c'était apostasier. Ils avaient raison à leur point de vue. Aussi ne pouvaient-ils fléchir, et cela d'autant moins que l'Assemblée nationale eut l'imprudence d'interdire toute explication et toute réserve pour la prestation du serment. Désormais la plus formidable guerre religieuse vint compliquer la lutte déjà si grave entre la révolution et l'ancien régime. Nous n'avons pas à la raconter ici. L'historien impartial trouve autant à admirer qu'à blâmer, dans l'opposition redoutable que fit le clergé insermenté aux institutions nouvelles. Tant qu'il est sur le terrain de la conscience, tant qu'il défend sa foi et la liberté de son Église, on ne peut que lui donner son estime et son approbation, surtout quand sa fidélité va jusqu'à la mort. Malheureusement il oublie trop souvent que pour être conséquent avec lui-même dans une lutte où il représente l'indépendance du spirituel contre le temporel, il devrait les distinguer soigneusement et séparer la cause de Dieu de celle de l'ancien régime. Or, c'est ce qu'il ne fait pas. On peut prouver par des documents incontestables que Rome est l'officine de la réaction et l'alliée ouverte de Coblentz, si bien que tous ses brefs dans les affaires religieuses sont à double tranchant, et sont

aussi bien dirigés contre l'affranchissement politique que contre
l'oppression religieuse. Celle-ci, du reste, ne connut bientôt plus de
limite. La liberté des cultes reçut une première atteinte au printemps
de 1792, quand l'émeute fit fermer l'église des Théatins, louée par les
insermentés pour célébrer leur culte. Leur droit fut noblement défendu par le directoire de Paris, dans un mémorable rapport de Talleyrand, soutenu par Sieyès avec une nerveuse éloquence. Les vrais
principes en matière de liberté religieuse triomphèrent encore cette
fois. On admit que tout culte qui ne trouble pas l'ordre public et se
renferme dans ses attributions religieuses doit être autorisé et protégé ou pour mieux dire qu'il n'a besoin d'aucune autorisation, puisqu'une simple déclaration suffit. Mais la passion ne raisonne pas
plus dans les assemblées que dans les foules ; la lutte en se prolon-
geant devait jeter jusque dans la représentation nationale la même
irritation qui avait poussé le peuple de Paris à supprimer violemment
une liberté sacrée. Les législateurs allaient user des lois comme la
multitude usait de la force brutale, et s'en servir pour anéantir le
droit. J'aime mieux cent fois voir la liberté périr sous les pierres et les
piques, que sous des lois de violence. L'assemblée qui remplaça la
Constituante hérita de ses embarras, sans hériter de son expérience
et de ses talents supérieurs, sauf une ou deux exceptions. Elle arrivait
à Paris tout enfiévrée des colères des patriotes des départements
contre la réaction religieuse. Ses premières résolutions en portent la
trace toute brûlante. Le serment est rendu exigible, non-seulement
pour les prêtres qui demandent des fonctions dans l'Église constitutionnelle, mais encore pour ceux qui sont simplement pensionnés,
avec menace pour les réfractaires de perdre leurs pensions. Il y avait
là une monstrueuse injustice, car ces pensions étaient un droit acquis,
et d'ailleurs des ecclésiastiques qui se renfermaient dans la vie privée
n'étaient redevables envers l'État que d'une soumission générale aux
lois ; personne n'avait le droit de scruter leur pensée intime sur la
constitution du pays. Cette mesure inqualifiable fut bientôt jugée
insuffisante. On décréta l'internement au chef-lieu de canton de
tout prêtre suspect, et la déportation de tout prêtre dénoncé par
vingt citoyens. Il n'y avait plus qu'un pas à faire pour décider la mort.
C'était à la Convention qu'il appartenait de le franchir.

Madame de Staël a dit avec raison à l'occasion de ces décrets sur les
prêtres insermentés : « Que deviendrait la société humaine, si loin de
ne s'appuyer que sur des principes immuables, on pouvait diriger les

lois contre ses adversaires comme *une batterie* [1] ? » Ce furent précisément ces mesures qui précipitèrent le plus rapidement le char de la
révolution dans la boue sanglante où il s'embourba, jusqu'au jour
où il en sortit, pour devenir le carrosse doré de l'empire où bon
nombre d'anciens tribuns montèrent avec empressement. Ce fut l'opposition de Louis XVI au décret contre les prêtres insermentés qui
provoqua principalement l'émeute du 20 juin, si fatale à la royauté.
Le peuple se rua aux Tuileries en jetant au prince le nom dérisoire
de *Veto*, pour qu'on ne se trompât pas sur le sens du mouvement.
C'est la passion antireligieuse qui coiffa le prince infortuné du bonnet rouge, c'est elle qui gronda avec furie sous les voûtes de son palais dans cette brûlante journée. C'est elle qui joua le plus grand rôle
dans la journée du 10 août, et c'est elle qui versa le sang à flots dans les
journées de septembre, car tous les récits des massacres démontrent
que l'on en voulait tout d'abord aux prêtres. C'est ainsi que l'une
des sections qui en prirent l'initiative, la section *Poissonnière*, prit
l'arrêté formel de pousser au massacre des prêtres. Le premier sang
versé fut le leur et pour eux seuls on fut sans merci. La Convention
suivit docilement le mouvement populaire; elle ne décréta pas un
massacre en bloc comme celui des Carmes, mais elle lança un abominable décret de proscription qui jeta sur les pontons de Rochefort
des milliers de prêtres insermentés, et y entassa tous ceux qui n'a-
vaient pu fuir à temps ou que l'échafaud avait épargnés par une pitié
barbare. Les choses ne pouvaient se passer autrement, la révolution
ne voulait pas désarmer et la conscience religieuse ne se rend jamais.

On sait par quels scandales la terrible assemblée crut mettre fin
à la lutte religieuse. Reprenant hardiment la parole du janséniste
Camus : *Nous avons le droit de changer la religion*, — elle décréta
le culte de la Raison, pour inaugurer, plus tard, le culte de l'Être
Suprême, égalant le ridicule à l'horreur, plus coupable peut-être le
jour où, de ses mains fumantes de sang, elle élève un autel à la Divinité, que celui où elle promène des prostituées dans les temples, car
cet hommage de Robespierre à Dieu était le pire des blasphèmes.
S'il eût vécu, il eût sans doute mis la guillotine au service de son
*credo*. Le 23 novembre 1793, la commune de Paris avait ordonné
la clôture de tous les lieux de culte, et l'arrestation de quiconque
demanderait l'ouverture d'une église ou d'un temple. La liberté des

---

1. *Considérations sur la Révolution française*, p. 245.

cultes avait bien été proclamée de nouveau à la veille de la fête de
l'Être Suprême, mais c'était dans le dessein visible de ramener la
religion par décret, au sein de la démocratie française. On ne saurait
douter que si cette liberté eût été prise au sérieux par les Églises
chrétiennes et eût mis en péril le déisme officiel, celui-ci ne se fût
défendu, comme ses patrons avaient défendu la république. On voit
où avait abouti la doctrine des religions nationales ; sur ce point la
démocratie égalitaire en eût remontré à Louis XIV ; c'était le même
principe politique, la même notion de la souveraineté omnipotente,
tantôt personnifiée dans un homme, tantôt attribuée à un peuple.
Seulement sous le terrible soleil des passions révolutionnaires, le
germe funeste déposé dans le sol de la France par la tradition
romaine, avait développé pleinement tout ce qu'il portait en lui de
tyrannie cachée. Le principe contraire allait se manifester en face de
tant d'excès et prendre pied un moment, mais dans une terre trop
déchirée et tourmentée pour qu'il pût y jeter des racines profondes et
y fonder rien de durable.

## III

Déjà sous l'Assemblée législative, un député constitutionnel (Ra-
mond), avait proposé de renoncer à tout ce qui ressemblait à une
religion d'État, il voulait que l'on salariât les ministres des divers
cultes, mais en laissant aux populations le choix du culte qui leur
conviendrait ; c'était un système contradictoire qui ne supportait pas
l'examen. Gensonné alla plus loin, il proposa formellement la séparation de l'Église et de l'État, en laissant aux citoyens le soin de choisir leurs prêtres et en abolissant tout autre serment que le serment
purement civique. Ainsi déjà l'idée vraiment libérale était dans l'air,
même au moment où il était embrasé des plus furieuses passions.
Dans la séance du 6 février 1792, le ministre de l'intérieur Cahier de
Gerville, dans le rapport qui lui avait été demandé sur les troubles religieux, concluait par ces paroles remarquables : « Qu'importe à l'État
qu'un citoyen aille à la messe ou n'y aille point ? tout ce que peut faire
une bonne constitution, c'est de favoriser toutes les religions sans en
distinguer aucune. Il n'y a point en France de religion nationale, —
chaque citoyen doit jouir librement du droit d'exercer telle pratique
religieuse que sa conscience lui prescrit, et il serait à désirer que
l'époque ne fût pas éloignée où chacun payera son culte. » Le mi-

nistre exprimait le désir que l'état civil ne fût plus constaté par les ministres du culte, mais par des officiers publics. Ce fut le seul de ses vœux qui fut sanctionné par l'Assemblée législative, laquelle, comme on le sait, décréta le mariage civil. Mais elle ne donna pas *cette loi sage* que réclamait le ministre, « qui puisse entrer dans le code des peuples libres, et qui dispense de prononcer ici ces mots : *prêtres et religions.* » Un illustre poëte proclamait les mêmes principes avec une haute éloquence quelques mois plus tôt : « Est-ce à l'Assemblée nationale, lisons-nous dans une lettre d'André Chénier, inscrite au *Moniteur* le 19 octobre 1791, à réunir les sectes et à peser leurs différends? Ces distinctions subtiles ne servent jamais qu'à introduire cette intolérance à laquelle les hommes sont très-enclins. Nous ne serons délivrés de l'influence des fanatiques que quand l'Assemblée nationale aura maintenu à chacun liberté entière de suivre et d'inventer telle religion qu'il lui plaira, quand chacun payera le culte qu'il voudra suivre, et n'en payera point d'autre, et quand les tribunaux puniront avec vigueur les persécuteurs et les séditieux de tous les partis. » Il est d'un haut intérêt de retrouver ainsi, parmi les premiers représentants de la séparation de l'Église et de l'État, le généreux écrivain qui fut en même temps un défenseur si éclairé et si ferme de la liberté.

La Législative et la Convention dans sa première période ne pouvaient s'élever à la hauteur d'un tel principe. Engagée dans une terrible bataille contre l'ancienne société, la révolution ne songeait qu'à écraser ses adversaires, se souciant fort peu d'écraser avec eux le droit et la liberté. Aussi les quelques voix qui réclamaient la tolérance, comme celle de Grégoire, ou qui demandaient comme André Chénier l'affranchissement complet de l'Église, se perdaient dans le tumulte des fureurs révolutionnaires. Avant thermidor, la parole appartenait à la guillotine : le salut public, ou ce que l'on défendait sous ce nom, absorbait toute préoccupation. Ce fut à la faveur d'une question de finance que Cambon, le 20 septembre 1794, proposa formellement que la République française ne payât aucun culte. Déjà les ministres qui desservaient le culte de la Raison et de la Philosophie demandaient à la Convention que l'on fixât leur traitement. Cambon coupa court à toutes les réclamations par une proposition qui n'était imprudente que dans la forme, car si elle eût été acceptée avec toutes ses conséquences, elle eût coupé court aux difficultés les plus graves de la révolution. Mais pour cela, il fallait que la liberté religieuse fût nettement proclamée et que toute loi d'exception tombât. Grégoire qui, aux jours de l'apostasie, avait noblement maintenu sa foi à la tribune de la Convention et qui était connu par son ardent attachement à la révolution, demanda la liberté religieuse indéfinie. Boissy d'Anglas soutint la même thèse, le 22 février 1795, en rattachant cette liberté au non-salaire des cultes. La Convention, en entrant dans cette voie, s'est montrée, d'après lui, bien plus sage que l'Assemblée nationale : « Celle-ci devait décréter, dit-il, que chaque citoyen pourrait se livrer aux pratiques que demande le culte qu'il professe, mais que l'État n'en supporterait point les frais. La raison lui dictait cette conduite, la politique la lui commandait impérieusement, et le désir de consolider son propre ouvrage lui en faisait une loi formelle. Au lieu de détruire, elle voulut créer, organiser au lieu d'abolir. Elle ordonna pour la religion un établissement pompeux et dispendieux, presque aussi vaste que celui qu'elle avait détruit. Maintenant le culte a été banni du gouvernement, il n'y rentrera plus ; vos maximes doivent être, à son égard, celles d'une tolérance éclairée, mais d'une indépendance parfaite. » Le décret que la Convention adopta, conformément à ses conclusions, a passé presque intégralement dans la constitution de l'an III, dont l'article 354 est ainsi conçu :

« Nul ne peut être empêché d'exercer, en se conformant aux lois, le culte qu'il a choisi. Nul ne peut être forcé de contribuer aux dépenses d'aucun culte. La république n'en salarie aucun. »

Malheureusement les mesures sévères contre les prêtres insermentés subsistaient encore, et bien que l'on prétendît qu'elles étaient uniquement dirigées contre les ennemis de la révolution, elles portaient une grave atteinte à la liberté religieuse, en entravant la célébration du culte des catholiques qui n'avaient pu consciencieusement se rallier à la constitution civile du clergé. Il ne faut pas oublier cette déplorable inconséquence dans le système de la séparation de l'Église et de l'État, quand on juge l'essai qui en fut fait en France dans les circonstances les plus difficiles. Beaucoup de prêtres insermentés étaient restés en France à la suite du décret sur la liberté des cultes. Le 19 janvier 1795, la Convention décréta que les prêtres de cette catégorie seraient poursuivis, emprisonnés et punis de mort. Le 14 avril de la même année, ceux d'entre eux qui célébraient la messe étaient dénoncés. Marie-Joseph Chénier demanda leur proscription au nom de la liberté des cultes menacée par ces fanatiques, sous prétexte qu'en prêchant la royauté, les prêtres réfractaires renversaient toutes les libertés. Le 28 septembre de la même année, la Convention soumit la célébration d'un culte quelconque à la prestation du serment politique de la part du ministre de ce culte. Sous le régime de l'an III, le conseil des Cinq-Cents abolit toutes ces mesures tyranniques, et on put croire que la liberté religieuse allait décidément fleurir; mais le coup d'État exécuté par le Directoire atteignit précisément ses plus zélés défenseurs. Les mesures sévères contre les prêtres insermentés furent de nouveau mises en vigueur, et on imposa aux prêtres qui voulaient vivre et officier en France un serment formel contre la royauté. La persécution sévit de nouveau, sans aller jusqu'à la peine capitale. Le Directoire, dans sa haine insensée contre le christianisme, essaya d'entraver le culte chrétien de toutes les manières, spécialement en obtenant du conseil des Cinq-Cents que la fête civique du décadi serait partout substituée au dimanche, et en rendant obligatoire le calendrier républicain. Des prêtres du clergé constitutionnel furent persécutés pour avoir pensé que la lecture des saints livres et la célébration de l'office divin valaient bien la lecture des lois du pays faite par un maire en costume. Le député Riouffe avouait hautement vouloir détruire le culte chrétien en supprimant le dimanche. « Il existait avant toi, lui dit énergiquement Grégoire, il existera après toi. »

C'est dans ces circonstances que le régime des cultes non salariés dut faire son premier essai en France. Qu'on n'oublie pas que nous sommes à la fin du dix-huitième siècle; que la génération sur laquelle on doit agir a subi fortement l'influence d'une philosophie très-hostile au christianisme; que la préoccupation des affaires politiques est absorbante; que les croyants sont profondément divisés et que la religion a été récemment déconsidérée par l'apostasie d'un grand nombre de ses ministres. Qu'on n'oublie pas non plus les ardentes passions politiques qui sont aux prises et viennent gravement compliquer la question religieuse; une crise financière formidable vient introduire partout la gêne et réduire les offrandes volontaires nécessaires à l'entretien du culte. Si l'on tient compte de cet état de choses, on conviendra que jamais la séparation de l'Église et de l'État n'a été réalisée au milieu de plus inextricables difficultés et avec des chances plus défavorables. Quelle vitalité et quelle fécondité n'aura pas un principe qui surmontera de tels obstacles, parviendra à relever la religion et touchera à son triomphe au moment même où il sera brusquement écarté par une volonté dictatoriale? Dans cette courte histoire du régime de la séparation de l'Église et de l'État en France, il faut distinguer le culte célébré par le clergé insermenté de celui que rétablit sur une vaste étendue du pays le clergé constitutionnel. Quant au protestantisme, le régime nouveau qui l'avait entièrement relevé de la proscription ne lui avait apporté que des avantages, car il n'avait pas eu de biens d'Église ou de salaire à perdre. S'il vécut pauvrement pendant ces années orageuses, cela tient uniquement à la difficulté des temps. Au retour de la prospérité publique, il fût promptement parvenu à un état florissant, surtout si la vie religieuse qui languissait quelque peu en lui s'était ranimée.

On sait au travers de quelles difficultés le culte des prêtres insermentés se célébrait sous le régime révolutionnaire. Partout où l'insurrection avait été vaincue, il ne pouvait exister que clandestinement; les officiants devaient se déguiser avec soin et chercher d'obscures retraites pour dire leur messe. Rien n'est plus respectable que le dévouement de tant de prêtres ignorés, vivant misérablement et sous la menace continuelle des peines les plus graves. Ils furent soutenus par les offrandes volontaires des fidèles, et les pauvres comme les riches s'imposaient volontairement des sacrifices. On se contenta souvent dans les campagnes d'une simple grange, d'un autel portatif, d'une chasuble d'étoffe commune et de vases d'étain. Le culte des insermentés s'établit dans une infinité de lieux, et le catholicisme français eut ainsi l'honneur d'avoir ses assemblées du désert comme cette Église protestante qu'il avait si longtemps persécutée; il put expérimenter par lui-même, par un juste retour des choses d'ici-bas, quel crime commettent les dépositaires de la force quand ils violentent la conscience religieuse d'une minorité. Quant au clergé constitutionnel, après avoir joui bien peu de temps de la protection et du salaire de l'État, sa partie saine accepta courageusement la liberté avec toutes ses difficultés et s'attacha à relever le culte dans ce pays dévasté encore plus par l'irréligion que par la guerre civile et les proscriptions. On trouva commode de flétrir du nom d'apostats ces hommes énergiques et droits qui entreprirent l'œuvre la plus difficile à cette époque orageuse. Sachons respecter les prêtres qui furent les premiers objets de la persécution, mais reconnaissons aussi qu'on pouvait très-loyalement différer de leur opinion qui n'était pas purement religieuse et qui avait une forte dose de passions réactionnaires. On comprend très-bien que des prêtres honorables fussent à la fois bons

chrétiens et très-attachés à la cause de la révolution. Un caractère
comme celui de Grégoire, ferme, antique, d'une droiture à toute
épreuve, me paraît respectable entre tous. Il a pu céder par moments
aux passions politiques, mais jamais il n'a menti à sa conscience, et
son rôle dans la reconstruction de l'Église de France, lorsqu'elle est
abandonnée à elle-même, est au-dessus de tout éloge. On peut s'en
convaincre en lisant ses écrits si riches en détails sur une phase de
notre histoire religieuse trop négligée par nos historiens. L'un des
premiers effets de la séparation de l'Église et de l'État fut d'épurer le
clergé constitutionnel. « La suppression du traitement, écrit Grégoire
dans ses *Annales de la Religion*, et la liberté que les troubles civils ont
donnée à plusieurs de montrer les passions qui les dominaient, ont
heureusement servi à leur inspirer la hardiesse de s'exclure d'eux-
mêmes d'une société dont ils n'étaient pas dignes. » Un mois après le
décret de réforme sur le non-salaire des cultes, cinq des évêques constitutionnels se réunissent à Paris pour travailler de concert à relever
l'Église. « Les persécuteurs, pour couvrir leurs forfaits, disent-ils,
voulaient persuader que le peuple avait abjuré son culte. De toutes
parts, le peuple dément cette imposture; la piété des fidèles, si longtemps comprimée, prend un nouvel essor; ils appellent à grands cris
leurs pasteurs. » On peut être assuré que le même fait se reproduira
toujours pour confondre ceux qui s'imaginent que l'âme humaine se
passerait de Dieu du jour où il n'y aurait pas un pouvoir civil pour
le protéger.

Les cinq évêques réunis à Paris commencèrent par faire une déclaration explicite et solennelle de leur foi et · de leurs sentiments,
puis ils soumirent à l'épiscopat tout entier les règles de discipline qui
leur paraissaient applicables aux besoins de l'Église gallicane. Malgré l'existence précaire des prêtres non salariés par l'État, ils leur
interdisent formellement de recourir au casuel. « Nous espérons, disent-ils, que la piété éclairée des fidèles suppléera d'une manière plus
digne et plus religieuse aux besoins indispensables du culte. » Cette
recommandation n'eut pas tout de suite son effet. Ce fut dans la
pauvreté et la souffrance que l'Église gallicane se reconstitua. Bien
des prêtres mangèrent le pain amer de l'indigence. On leur avait
retiré les pensions viagères que l'Assemblée nationale leur avait as-
surées lors de l'aliénation des biens ecclésiastiques. Grégoire plaida
leur cause avec énergie, mais en vain. Il s'attachait surtout à les
encourager dans leur noble ministère. « N'ayant plus de consistance

politique, disaient les membres de l'épiscopat gallican, vous ne **serez** plus tentés de vous reposer sur un bras de chair : Dieu seul **sera** votre appui. » Aux fidèles ils disaient : « Les désastres et les **maux** qui accablent vos pasteurs nous forcent de vous dire, comme l'**apôtre** aux Galates : Que celui qui est catéchisé fasse part de ses **biens à** celui qui le catéchise. Au reste, quels que soient les effets de **votre** reconnaissance à l'égard de ces vénérables pasteurs qui ont **tout** perdu, tout souffert pour Jésus-Christ, comme nous ils **continueront** de vous tenir le langage que Paul, Silvain et Timothée **adressaient** aux Thessaloniciens : « Telle est notre tendresse à votre égard **que** nous désirons non-seulement vous prêcher l'Évangile, mais **même** donner notre vie pour vous, car vous nous êtes très-chers. » **Noble** langage où reparaît la tradition des temps apostoliques. Il fut **com**-pris de ceux auxquels il s'adressait ; les offrandes furent plus **libé-**rales, et l'on vit combien un culte que l'on soutient provoque **d'at-**tachement dévoué. Dans tel pauvre village des Vosges, la **population** entière non-seulement fournit les fonds pour l'érection d'un **temple,** mais encore y travailla de ses mains, les enfants et les **femmes** comme les hommes. La situation matérielle tendait donc à s'amé-liorer, d'autant plus que le gouvernement était disposé à céder **les** édifices religieux à des taux modérés, bien que des mesures **très-**sévères fussent maintenues pour prévenir les acquisitions **territo-**riales ou les dotations perpétuelles et viagères.

L'Église gallicane ainsi reconstituée eut un premier synode à **la** fin de l'année 1797. On décida de tenter la réconciliation des di-verses fractions de l'Église catholique de France, et on écrivit **dans** ce sens au pape un mémoire plein de respect et de fermeté. On **ne** pouvait espérer de réussir dès la première démarche, mais l'avenir laissait bien des chances. Après tout, la papauté a fait au premier consul assez de concessions pour qu'un rapprochement pût être ménagé **sur** le terrain de la liberté, à supposer que l'Église gallicane se fût con-solidée et étendue. Elle était en pleine voie de prospérité à la veille du 18 brumaire, car le culte avait été rétabli dans plus de trente-deux mille paroisses, et tout marchait facilement et régulièrement. En même temps le clergé insermenté, profitant d'une tolérance plus grande, s'était partout répandu. M. Thiers va jusqu'à prétendre que ses adhérents étaient plus nombreux que ceux du clergé constitutionnel ; ce qui nous paraît empreint d'exagération. Il n'est pas moins certain que, sous le régime de la liberté, la vie religieuse s'était ranimée.

Supposons cette liberté enfin complète, et l'abrogation entière des lois draconiennes contre le clergé réfractaire, les progrès eussent été plus rapides, l'esprit de parti se fût amorti, des rapprochements se fussent spontanément opérés entre les diverses fractions de l'Église de France, et on en eût fini pour toujours avec une religion officielle, instrument de règne promptement transformé en puissance inquiète, tracassière, sourdement ou ouvertement hostile au gouvernement, sans dignité parce qu'elle est sans liberté, mais non sans moyens de nuire, d'entraver et surtout de se nuire à elle-même.

Telle était donc la situation religieuse de la France en 1801. L'asservissement de l'Église à l'État en échange de sa munificence et de sa protection avait en sa faveur une longue tradition, celle de l'ancien régime et celle de la révolution. La liberté de la religion avait pour elle une expérience récente mais décisive, et qu'on n'avait qu'à poursuivre pour en connaître tous les bienfaits. Quelle décision va prendre le jeune et impérieux général qui s'est chargé des destinées du pays, malgré des résistances plus vives qu'on n'a bien voulu le dire ? Nulle détermination n'était plus grave, car c'est surtout pour s'être trompée dans cette question vitale que la révolution s'est fourvoyée. On sait le parti qu'il a pris. Il a fait le 18 brumaire de la liberté religieuse, comme il avait fait celui de la liberté politique. Il a commis la même faute que la révolution, seulement il a déployé pour la faire infiniment d'habileté, et c'est ce qu'on appelle un trait de génie ! On sait ce que ce trait de génie lui a coûté. Il vaut la peine qu'on l'examine d'un peu plus près pour se guérir de l'un des plus fâcheux préjugés de notre histoire contemporaine.

EDMOND DE PRESSENSÉ.

(La fin prochainement.)

# VOYAGE AUTOUR DU MONDE[1]

## DE LA FRÉGATE AUTRICHIENNE *LA NOVARA*

Le temps est passé de ces grandes expéditions scientifiques, de ces hardies explorations entreprises uniquement dans le but d'agrandir les connaissances géographiques et d'arriver à une notion plus parfaite de notre planète. De nos jours, la marine a pris un développement extrême, mais les perfectionnements introduits dans l'art de la navigation se sont principalement portés sur la marine de guerre. Chaque année, chaque mois voit éclore quelque invention nouvelle; à un système d'engins offensifs répond aussitôt un appareil défensif, qui rend le précédent superflu, et ainsi de suite, sans grand profit pour personne et au détriment des différents budgets. Il est malheureusement inévitable et naturel que chaque pays se trouve obligé de se maintenir au niveau des moyens de ses voisins, et il en sera ainsi jusqu'au jour où l'on reconnaîtra l'inutilité de ce coûteux *steeplechase*, et où le bon sens posera aux inventions meurtrières une limite que chacun s'engagera à ne point dépasser : bienheureux moment que nous ne verrons probablement jamais arriver.

On voyage beaucoup, assurément; on va en Chine, en Cochinchine, en Australie, au Japon : des services réguliers, comme ceux des chemins de fer, se sont installés; on arrive au jour dit, on repart

1. Exécuté, pendant les années 1857-1859, sous le commandement du commodore B. Wüllersdorf-Urbair. — Partie descriptive, rédigée par le docteur Scherzer. — 3 vol. in-4°, avec gravures sur bois et cartes. Vienne, 1861, de l'Imprimerie impériale et royale.
*Reise der K. K. Œsterreichischen Fregatte Novara um die Erde*, in den Jahren 1857, 1858, 1859, unter den Befehlen des Commodores B. von Wüllersdorf-Urbair, beischreibender Theil, von Herrn Dr Scherzer bearbeitet 3 Be in-4° Mit Holzschnitten und Karten. Wien 1861, Aus der K. K. Hofund Staatsbuchdrückerei. — In Commission bei Karl Gerold's Sohn.

à l'heure marquée. Cette régularité dans les itinéraires, cette rapidité des transports, si avantageuse pour le commerce, si précieuse au point de vue militaire et politique, supprime tout l'imprévu, interdit toute recherche, toute excursion en dehors de la voie fixée à l'avance. Les seuls navigateurs aujourd'hui, ce sont ces hardis baleiniers américains qui se lancent dans l'inconnu du Pôle sud, à la recherche du cétacé errant, errant eux-mêmes pendant deux ou trois ans sous les tempêtes et les climatures extrêmes de ces régions. Malheureusement ces gens manquent presque généralement des connaissances nécessaires pour que leurs voyages profitent à la science : le gouvernement américain serait peut-être en droit d'exiger d'eux des livres de bord détaillés que l'on pourrait étudier, et où l'on trouverait certainement des documents précieux et des sources dont des hommes éclairés sauraient tirer de graves inductions; mais il n'en est point ainsi, et bien des mystères, bien des phénomènes resteront inconnus ou inexpliqués par suite de l'ignorance des uns et de l'incurie des autres. Bref, il résulte de tout cela que, disposant des moyens les plus complets, les plus perfectionnés, de l'expérience accumulée par des siècles d'observations, nous ne faisons pas, dans notre époque de progrès, ce que nos ancêtres ont exécuté avec des ressources extrêmement bornées, si bornées que leurs entreprises semblent fabuleuses, et que l'imagination n'aurait besoin que de peu d'efforts pour transformer en mythes les expéditions de Colomb et de Vasco de Gama, comme firent les Grecs pour les Argonautes.

Le dernier voyage exclusivement scientifique, est, on le sait, celui de Dumont d'Urville, accompli en 1839-40 sur les frégates l'*Astrolabe* et la *Zélée* à la recherche de La Pérouse. Depuis cette époque, personne n'a trouvé le temps de renouveler un pareil travail, ni le courage de s'exposer à de pareilles fatigues. On citerait bien quelques expéditions partielles, entre autres celles accomplies, avec une ténacité qui n'a d'égale que l'insuccès qui les a terminées, à la recherche du capitaine Franklin. Il faut franchir un intervalle de vingt ans pour arriver à un nouveau voyage autour du monde, et c'est à l'une des plus faibles marines de l'Europe que nous en sommes redevables.

Depuis 1848, la marine impériale et royale autrichienne a pris un développement remarquable. Des écoles de cadets, d'application, de génie, lui fournissent aujourd'hui un personnel instruit et muni des connaissances théoriques les plus complètes. Mais ce personnel

ne sortant guère de l'Adriatique que pour naviguer dans la partie
orientale de la Méditerranée, manquait de l'éducation pratique indispensable. Il faut que les équipages s'accoutument aux climats
extrêmes, aux longueurs de la navigation transatlantique; les officiers, à agir sous leur propre responsabilité, suivant leurs propres
inspirations, sans avoir à s'en reposer sur des ordres supérieurs, défaut que l'on contracte aisément dans les pays administratifs. A cette
première raison s'en ajoutèrent d'autres, comme, par exemple, la
nécessité de faire connaître, dans des parages qui ne l'avaient point
encore vu, le pavillon autrichien, de rechercher les placements les
plus avantageux pour les produits nationaux, etc. Tels furent les
motifs politiques qui décidèrent le gouvernement autrichien à
cette entreprise considérable. Accompli dans ces simples conditions et dans un pareil but, le voyage de la *Novara* eût été assurément fort utile; mais les savants, les marins, les géographes eussent
été en droit de taxer l'Autriche de négligence et de légèreté à l'égard
des sciences : c'est un reproche qu'elle n'a point voulu encourir, ainsi
qu'on va le voir.

Vers la fin de 1856, l'empereur d'Autriche approuva le plan qui
lui avait été soumis par S. A. I. l'archiduc Maximilien, commandant
supérieur de la marine impériale, d'envoyer une frégate faire un
voyage autour du monde. Les corps savants furent aussitôt informés
de cette résolution, et durent rédiger, chacun en ce qui les concernait, des instructions et un questionnaire détaillés. En outre des
officiers soigneusement choisis parmi les plus instruits, on emmena
une commission composée de trois naturalistes, d'un zoologue, d'un
peintre, M. Selleny, et d'un voyageur historiographe. — Le mot *for-
scher*, par lequel est désigné M. le docteur Scherzer, n'a point d'équivalent en français. — On envoya à Paris et à Londres l'un des naturalistes pour se procurer les instruments et les appareils les plus
perfectionnés. L'Allemagne tout entière, et plusieurs pays étrangers,
s'intéressèrent à une expédition entreprise sous de si hauts et de si
intelligents auspices. Alexandre de Humboldt adressa de Berlin au
commodore Wüllersdorf Urbair une note explicite, sous le titre de :
*Souvenirs physiques et géologiques*, — où il recommande principalement à l'expédition d'étudier avec soin la direction et la température des courants, ainsi que les courbes magnétiques. Sa note contient
encore de nombreux aperçus sur les volcans, et en particulier sur
ceux du Mexique; il émet le vœu qu'on réunisse les éléments d'une

collection *volcanique* pour l'Institut géologique de Vienne. Enfin, il conseille de graver sur des rochers en différents points du globe des inscriptions durables indiquant la hauteur moyenne actuelle du niveau de la mer, afin que par la suite on se trouve à même d'observer, s'il y a lieu, les variations de ce niveau. « J'aurai déjà cessé de compter au nombre des vivants, dit en terminant l'illustre savant, lorsque la *Novara* reviendra à Trieste, apportant de nouvelles connaissances sur la nature organique et inorganique, sur les races humaines, sur les langues et les mœurs ; aussi je prie Dieu qu'il accompagne de sa bénédiction cette grande et noble entreprise, et qu'il lui accorde le succès en faveur de la patrie allemande. » Le gouvernement anglais, instruit du projet, donna immédiatement aux gouverneurs de ses colonies et à ses résidents l'ordre de se mettre tout à la disposition des membres de l'expédition.

La frégate *Novara*, désignée pour accomplir le voyage dont nous nous occupons, était sortie en 1850 de l'arsenal de Venise. Elle mesure cinquante-cinq mètres de longueur sur le pont, et cinquante-deux à la ligne de flottaison ; sa plus grande largeur est de quinze mètres. Quoique roulant assez violemment sous le vent, ce navire est bon voilier, car il dépassa en vitesse tous les bâtiments qu'il rencontra en route, à l'exception de trois clippers.

Au premier abord, il peut sembler singulier qu'on ait choisi un bâtiment à voiles pour un voyage de si long cours, au moment où la navigation à vapeur se généralise de plus en plus. Les raisons ne manquent cependant pas pour répondre à cette objection : la première, c'est que, dans un bâtiment à voiles, on gagne toute la place qu'occupent dans un steamer la machine, les chaudières et les soutes à charbon ; on put donc embarquer un plus grand nombre d'hommes, de cadets et d'officiers, réserver des chambres pour les appareils et les collections scientifiques. De plus, dans les mers parcourues par l'expédition, les vents soufflent avec une telle régularité, que les vapeurs eux-mêmes n'allument, pour la plupart, pas leurs feux, et y marchent à la voile.

Après avoir reçu ses gros aménagements à Pola, la *Novara* fut amenée à Trieste pour y être définitivement et complétement adaptée à sa destination. Le 30 avril 1857, la frégate, remorquée par le vapeur *Santa Lucia*, leva l'ancre, et, d'une salve de 21 coups de canon criant un dernier adieu à la terre d'Autriche, s'élança dans l'Adriatique. A la hauteur de l'île d'Aliudi, située au nord de la

Sicile, le *Santa Lucia* quitta la *Novara;* c'est de ce moment que commence véritablement le voyage.

Pendant ces premiers jours, on organise la vie du bord : on règle les occupations de chaque journée, de chaque heure, avec cette minutie qui peut paraître puérile aux profanes, mais dont ils ne tardent pas à reconnaître la nécessité et même l'agrément. Tandis que l'équipage vaque aux mille détails du service, les naturalistes, les savants, la portion *civile* de l'état-major prépare les travaux à venir, coordonne ce qu'elle a déjà recueilli : à une certaine heure, on se réunit dans une vaste salle renfermant une bibliothèque composée de nombreux et utiles ouvrages ; on consulte les cartes, on étudie les courants et les vents ; puis vient le repas. Après une courte sieste, on reprend ses occupations jusqu'au souper ; et lorsque le temps le permet, on termine la soirée sur la dunette, les yeux fixés à l'horizon d'où parfois s'élève, comme le ferait la flamme ascendante d'un phare gigantesque, le disque de la lune. Le lendemain on répète la même vie que la veille, et cette uniformité, qui semble devoir être mortelle et allonger le temps, a au contraire pour effet de l'abréger et de donner au mois la durée d'une semaine.

De Trieste à Gibraltar, aucun incident remarquable ne se présente, excepté cependant un phénomène de coloration de la mer en jaune orange, produit par la présence de milliards d'animalcules gélatineux. Le 21 mai on arrive devant la nue, grise et sévère muraille de rochers qui se nomme Gibraltar — *Gebel al Tarick* des Maures. — Ce n'est pas là qu'il faut chercher le pittoresque, les Anglais l'en ont soigneusement exclu : s'il y a quelque chose de curieux à observer, c'est tout au plus le contraste entre cette nature, cette population et ce soleil déjà tout africains et le flegme pâle et blond de la garnison britannique.

Madère forme la transition entre l'Europe, l'Afrique et l'Amérique. Dans un petit espace, les produits les plus exquis de ces trois continents se trouvent réunis : la canne à sucre, le café, la vigne. Malheureusement cette dernière a disparu depuis 1852, l'oïdium l'a tuée, et il est à craindre qu'elle ne ressuscite pas ; malgré cela, et quoique, depuis dix ans, Madère n'ait pas fourni une pipe de vin, on n'en continue pas moins à boire des liquides décorés de ce nom séduisant.

En quittant Madère, l'expédition se dirige vers le sud-ouest pour aller gagner Rio-de-Janeiro. D'heure en heure, l'aspect de la mer et du ciel se modifient sensiblement ; on sent qu'on passe dans un autre hémisphère, la mer s'anime et se peuple, le moindre objet jeté par-dessus le bord attire des masses incalculables d'infusoires, de méduses, qui concourent tous, dans la mesure de leurs forces, à l'accomplissement des phénomènes physiques, chimiques, mécaniques, électriques et organiques qui constituent l'économie de la mer. Nous approchons de l'équateur; les nuages se dissipent, l'étoile polaire tombe peu à peu dans l'horizon, son éclat diminue, elle finit par disparaître; on se retourne alors, et l'on aperçoit au ciel une illumination nouvelle; l'œil étonné ne retrouve plus les astres amis de son enfance : c'est la Croix du sud, Argo, et maints autres, séparés par ces intervalles complétement obscurs, appelés « Sacs-de-Charbon. » Quelques jours auparavant, on avait jeté la sonde, qui descendit pendant trois heures et donna 24,000 pieds sans toucher le fond.

Le 5 août, la *Novara* entre en rade de Rio-de-Janeïro. Le Brésil, placé sur la route des Indes, presque aussi grand que l'Europe et dix fois plus grand que la France, peuplé de huit millions d'habitants, mérite d'intéresser le marchand comme le savant, l'homme d'État comme l'économiste. La baie de Rio est célèbre, elle joue dans l'Amérique du Sud le rôle de merveille que remplit si admirablement la baie de Naples en Europe : la ville s'étend à l'entrée de la baie dominée par des hauteurs et regardant les collines qui s'amoncèlent sur le bord opposé. Le Brésil n'est pas encore guéri de l'administration portugaise : sa régénération marche rapidement, mais elle est loin d'être terminée. A chaque pas, ce sont des contrastes pénibles : des palais somptueux dont les pieds baignent dans la fange, semblables à une femme en toilette qui serait chaussée de sabots crottés; des misérables en haillons, mendiant à la porte de vastes établissements de bienfaisance. Mais si l'on traverse les faubourgs et qu'on sorte de la ville, on retrouve bientôt la végétation tropicale, qui s'étale à son aise dès qu'elle ne se sent plus contrainte par l'homme : combien nos villégiatures doivent paraître maigres et plates aux Brésiliens, qui ont, pour passer leurs étés, des campagnes comme celles qui environnent Pétropolis, une sorte de Spa transporté sous les tropiques. Une colonie allemande, restée fidèle aux costumes, à la langue, aux yeux bleus et aux cheveux d'or de la patrie, peuple Pétropolis. A Rio, les principaux membres de l'expédition eurent l'honneur d'être reçus par l'empereur du Brésil. Le palais de Saint-Christophe qu'il habite est assez misérable; le souverain y vit de la façon la plus modeste, et il tire vanité de cette simplicité. Un jour qu'il visitait l'hospice des aliénés, un de ses ministres lui fit observer que cet établissement dépassait de beaucoup en splendeur l'habitation de Sa Majesté. Dom Pédro répondit : « Ce sera toujours une grande joie pour moi de savoir que ces malheureux sont mieux soignés que moi. » Au dire de l'historiographe de l'expédition, le caractère des Brésiliens se rapproche beaucoup de celui des Italiens, moins cependant l'entrain et la bonne humeur apparente des derniers; ils manquent de profondeur, de persévérance, d'activité. Bref, malgré les charmes du pays et l'appât des gains énormes qu'on peut y réaliser, l'étranger s'y fixe rarement, et son plus vif désir, après avoir gagné le plus qu'il a pu, c'est de rentrer dans sa patrie.

Le 31 août, la *Novara* quitte Rio, et pique en droite ligne sur le cap de Bonne-Espérance. Pendant ces trente jours de navigation, les membres de l'expédition se livrent à d'intéressantes expériences sur la marche des vents : ce n'est qu'en pleine mer, dans des espaces qui ne sont accidentés ni par des côtes, ni par des îles, qu'on peut recueillir les éléments nécessaires pour établir une théorie de ces phénomènes. Ainsi, par exemple, les ouragans proprement dits se distinguent par cette particularité, que le vent décrit une section de cercle autour d'un point central qui, lui-même, est mobile et progresse suivant une certaine courbe. Le navigateur habile doit savoir utiliser les événements de ce genre, et en accélérer d'autant sa marche. Le *cap des Tempêtes*, nommé par antiphrase sans doute cap de Bonne-Espérance, n'eut garde de faillir à sa réputation. La *Novara* naviguait heureusement depuis vingt-six jours, lorsque le vent devint furieux. De sinistres craquements, gémissements du squelette nautique, se font entendre, de gigantesques montagnes d'eau, avec leurs cimes d'écume, se renvoient le navire, des boulets de canon déplacés roulent au hasard sur le pont : tout ce qui n'est pas solidement fixé est enlevé par la vague ou mis en morceaux par la secousse. A travers ce tapage énorme, on perçoit par instants le sifflet aigu des quartiers-maîtres. La lueur bleuâtre et intermittente de la lune, qu'occultent à chaque moment de gros nuages rapides, éclaire cette lutte; puis le soleil se lève au milieu d'un ciel bleu et presque pur. A travers ce désarroi, la science ne néglige point ses devoirs; on cherche à mesurer aussi exactement que possible la hauteur des vagues, et voici comment l'on s'y prend : une montre à secondes à la main, on saisit le moment où une vague attaque l'avant de la frégate et celui où elle atteint l'arrière. En tenant compte de la marche

du bâtiment, on arrive ainsi à connaître la distance qui sépare une
vague de l'autre. On a constaté par ce procédé que les plus grandes
vagues n'atteignent pas plus de 29 pieds, ce qui rend assez invraisemblables les récits de vagues mesurant cinquante, soixante et même
cent pieds. Cette tempête, qui dura trois jours, avait quelque peu
détourné la *Novara* de son but; cependant, le 1er octobre, elle arriva
en vue du Cap, et le lendemain jeta l'ancre à Simons-Bay. On trouverait difficilement un paysage plus désolé que ces rochers chauves,
semés sur un sable blanc comme la neige, qui encadrent disgracieu-
sement Simons-Bay. Quel contraste avec la nature riante et touffue
du Brésil! Mais ne nous laissons pas décourager par cet accueil dis-
gracieux que nous fait la terre d'Afrique, et partons pour la ville
même du Cap. A mesure que nous nous éloignons de la côte, la
verdure reparaît ; des gentlemen en vestes de nankin et des ladies
aux longs et blonds repentirs, nous saluent du seuil de leurs cottn-
ges à volets verts. Deux heures au grand trot sur une excellente
route nous mènent au Cap. Le Cap, c'est la ville des angles droits;
point d'architecture, point d'imprévu, tout est peint en rouge brun,
cela manque complétement de pittoresque. Ici l'élément anglais se
complique d'un fond de race hollandaise, ce qui produit une combinaison d'où résulte un méthodisme et une uniformité désespérante.
Sans les quelques indigènes qui surnagent à la surface de cette monotonie, on se croirait dans quelque vieille ville de province en Angleterre. Les Cafres forment la majeure partie de l'élément noir dans
la colonie : c'est une belle race, bien développée au physique comme
au moral. Trois de ces nègres prirent du service à bord de la *Novara*,
dont l'aumônier leur apprit l'allemand et l'italien ; ils restèrent fidèles
tout le temps du voyage, et appartiennent encore aujourd'hui à la
marine autrichienne.

Après un assez long séjour au Cap, agrémenté d'un voyage dans
l'intérieur, aux eaux chaudes de Brandvalley, dont la température,
surenchérissant sur celle du climat, produit un redoublement de
luxuriance dans cette luxuriante nature, après une excursion sur la
presqu'île qui forme le Cap proprement dit, amas incohérent de rochers où s'accrochent des végétations singulières, où bondissent de
farouches torrents, l'expédition vient se rembarquer à Simons-Bay.
Le 28 octobre, elle s'élance dans l'océan Indien. Son but, en quittant
le Cap, est de reconnaître et d'examiner le plus complétement possible deux îles situées à peu près sur la même latitude que la partie

du continent africain, et sur la même longitude que Bombay. Il s'agissait de relever exactement la position géographique, l'état climatérique, les ressources nautiques des îles Saint-Paul et Amsterdam. Il est bien probable que, dans des temps géologiques, deux énormes volcans s'élevaient sur ce même emplacement. Aujourd'hui il n'en surnage plus que le sommet; le cratère s'est rempli d'eau, et forme une baie circulaire ne communiquant à la mer que par une passe étroite et peu profonde. Les bords du cratère dessinent autour de cette baie une colline continue qui s'abaisse graduellement jusqu'à la circonférence extérieure. L'expédition de la *Novara* s'attendait à ne trouver aucune trace de l'homme dans ces îles, perdues au milieu de l'océan Indien : quelle fut la surprise des Autrichiens, lorsqu'en examinant avec la lunette, ils constatèrent l'existence de terrasses habilement relevées, et plaquées d'une verdure plus fraîche et plus régulière que celle qui recouvrait le reste de l'île ! Cependant, si l'on discernait la trace de la main humaine, on ne voyait point d'hommes : des troupes d'albatros, de prions, de mouettes, d'hirondelles de mer, de pingouins, dont le cri ressemble à la plainte d'un enfant, animaient seules la plage.

On a longtemps confondu l'une avec l'autre l'île Saint-Paul et l'île Amsterdam. Reconnues en 1633 par Van Diémen, qui leur a donné les noms qu'elles portent encore aujourd'hui, et par le contre-amiral d'Entrecasteaux en 1792, elles furent visitées en 1793 par un bâtiment anglais, qui y rencontra deux individus occupés à recueillir une cargaison de peaux d'ours marins. Avant eux, un navigateur hollandais, nommé Willem de Vlaming, avait examiné ces îles, et il résulte de sa relation que la communication entre l'intérieur des cratères et la mer, interrompue par une digue d'environ cinq pieds de haut, n'existait pas encore. Aujourd'hui, la passe mesure environ neuf pieds de profondeur, sur trois cents de large.

A. de Humboldt avait recommandé cette terre à l'attention de l'expédition, au point de vue géologique autant qu'au point de vue de la navigation. En effet, située sur la route de l'Australie et de la Nouvelle-Zélande, elle peut offrir un refuge contre les tempêtes qui règnent à certaines époques dans les mers de l'Inde. Tandis que la *Novara* cherchait un emplacement favorable pour jeter l'ancre, un canot parti de l'île Saint-Paul l'aborda, contenant trois hommes vêtus de blouses bleues et de pantalons de toile. C'étaient trois Français, dont l'un s'intitulait inspecteur des pêcheries. Après quelques explications, la frégate détacha un canot avec plusieurs hommes, des officiers et des naturalistes. A l'entrée de la passe, ils virent flotter le pavillon tricolore : le narrateur ne dit pas s'ils éprouvèrent une légère pointe de dépit; ils eussent peut-être préféré voir ces îles inoccupées. Le fait est qu'elles appartiennent, depuis 1848, à un fournisseur de la marine à la Réunion, M. Heurtevent, et non Ottevan, comme l'écrit l'historiographe allemand. En 1849, il en fut nommé gouverneur. Chaque année, il y expédie un petit bâtiment, avec quelques pêcheurs qui exploitent la côte extrêmement fertile en poissons de diverses espèces.

Escortés des trois Français, nous pénétrons dans l'île, avec les naturalistes de l'expédition. Sur la couronne du cratère, des nuages de vapeurs, se balançant au-dessus de flaques d'eau douce, révèlent l'existence de sources chaudes dont la température est assez élevée pour que quelques-unes cuisent le poisson en cinq ou six minutes. En avançant dans l'intérieur des terres, on rencontre encore des places où le terrain présente une consistance molle et dégage une chaleur considérable; la pente qui, du cratère, descend vers le côté sud, est tapissée de lave. Bref, tout dénote que ces îles fumaient et vomissaient des matières volcaniques à une époque très-rapprochée. On comprend qu'une terre à peine refroidie ne contient guère d'éléments propres à satisfaire des botanistes et des zoologues : aussi, après avoir réuni les documents nécessaires à la confection d'une carte détaillée des deux îles avec les profondeurs, les bas-fonds, les ancrages, les stratifications géologiques; après avoir reconnu qu'au moyen de quelques travaux peu coûteux, le cratère de Saint-Paul pourrait devenir un excellent port d'abri, l'expédition quitta les deux îles laissant entre les mains des trois habitants un rapport où les observations ci-dessus énumérées se trouvent consignées. Une courte excursion dans l'île d'Amsterdam leur démontre que celle-ci est plus jeune encore que la précédente; elle est complétement désolée. Des débris de mâts, des planches, des avirons en pièces, rappellent tristement l'existence de l'homme. La végétation se borne à un gazon épais, très-haut, brûlé par places, et dans d'autres couché par les tempêtes. Çà et là s'élèvent des colonnes de fumée, lézardées de flammes, projetant des lueurs et des ombres sinistres sur le ciel calme.

Le 9 décembre, on quitta définitivement cet intéressant groupe. Remontant en droite ligne vers le nord, la *Novara* passa pour la

seconde fois sous l'équateur la nuit du 31 décembre 1857 au 1ᵉʳ janvier 1858. Le 8 janvier, elle jetait l'ancre dans le port de Pointe-de-
Galles, dans l'île de Ceylan.

Ceylan—Ceylon ou Singhala, — l'île des palmiers et des épices,
surnommée si heureusement la Malte de l'océan Indien, est une des
rares colonies anglaises administrées directement par la couronne.
On s'en aperçoit bientôt à la négligence qui perce dans tous les détails ; cependant l'ancien système de colonisation, imité de celui pratiqué encore par les Hollandais dans leurs possessions, tend chaque
jour à disparaître ; et le nouveau, qui a fondé la prospérité de l'Australie, l'aura certainement remplacé sous peu.

Les Singhalais — ainsi nommés pour les distinguer des autres
habitants de l'île qui s'appellent Ceylanais, — forment la majeure
partie de la population. Ils descendent d'émigrants hindous qui passèrent à Ceylan cinq cents ans environ avant la naissance de Jésus-
Christ. Depuis plus de vingt-trois siècles, la race s'est conservée
pure : le type, le costume, la division par castes, la religion, la langue
sont restés les mêmes, et n'ont rien emprunté aux influences et aux
contacts extérieurs des Maures, des Malais, des Javanais, des Portu-
gais, des Hollandais, des Anglais, des nègres de Mozambique et de
Madagascar, qui, avec la tribu presque sauvage des Beddhas retirés
dans l'intérieur, complètent la population de Ceylan.

Parmi les singularités de mœurs particulières aux Singhalais,
nous citerons la polyandrie, qui, dans cette population, est passée à
l'état d'institution, afin d'éviter le fractionnement de la propriété.

La culture du cocotier, la seule qui se pratique en grand dans cette
île, donne à la campagne un caractère des plus imposants. A chaque
moment, on traverse d'épaisses forêts de cocotiers entretenus avec un
soin extrême : la raison de cette sollicitude ne réside pas seulement
dans un intérêt d'exploitation ; la culture des végétaux est un devoir
religieux pour les bouddhistes : planter un cocotier ou quelque autre
arbre fruitier, c'est pour eux faire œuvre pieuse. A chaque enfant
qui naît dans une famille, à chaque événement solennel de la vie,
on dépose en terre une semence qui marquera la date heureuse.

Les pêcheries de perles et des exploitations de pierres précieuses
ont été assez de fois décrites, pour que nous n'ayons pas besoin d'en
parler. Comme tant de choses en Orient, cette industrie n'a pas pro-
gressé, par l'excellente raison qu'aucun appareil n'a pu encore remplacer l'homme dans la pêche des huîtres à perles. Contrairement à

l'idée qu'on pourrait se faire, les plongeurs vivent fort vieux et leur santé est des meilleures : on en voit souvent doués d'un tel embonpoint, qu'on est obligé de leur ajouter un poids supplémentaire en surplus de la pierre de vingt-cinq livres qui doit les entraîner au fond de l'eau. La durée moyenne du séjour sous l'eau est de cinquante secondes ; on ne peut guère descendre plus bas que quarante pieds : au delà, le sang commence à jaillir des oreilles et du nez.

Quoique Henri Heine ait dit, à la suite de tant de poëtes, que « ces perles fameuses—ne sont que la pâle humeur—d'une pauvre huître —maladive au fond de la mer, » la science a prouvé depuis longtemps que les perles doivent leur formation à l'introduction dans la coquille de l'huître d'un corps dur quelconque, qui ne tarde pas à se revêtir de la substance nacrée : si bien qu'il existe près de Shang-Haï un établissement où l'on provoque artificiellement la production des perles, en se basant sur l'observation que nous venons de rapporter.

C'est également à Ceylan que l'on recueille le coquillage, unique monnaie des Maldives de la côte du Malabar et de l'intérieur de l'Afrique ; vendu 70 et 75 liv. st. la tonne, ce produit est expédié à Londres d'où il revient en Afrique.

L'expédition ne pouvait manquer d'exécuter son pèlerinage au fameux pic d'Adam, au sommet duquel se creuse l'empreinte gigantesque d'un pied. Des routes carrossables amènent les pèlerins à une hauteur de quatre mille pieds, à la base du colosse qui en mesure encore trois mille. A partir de ce point, les moyens d'ascension deviennent de plus en plus pénibles : ce sont d'abord des degrés taillés dans le roc, polis et usés par les pas des fidèles, puis des échelles de bambous ; enfin, pour arriver à gravir la paroi abrupte formant le sommet extrême du pic, on est obligé de se hisser par des chaînes. Les fidèles de trois religions, bouddhistes, brahmanes et mahométans, se réunissent sur l'étroite plate-forme, longue d'une soixantaine de pieds et large d'environ quarante. Elle est enceinte d'une muraille à hauteur d'homme percée de deux portes. Un bloc de dix pieds de haut occupe le centre de la plate-forme : c'est sur ce bloc qu'est marquée l'empreinte sacrée, le *sri-pada*. Suivant les bouddhistes, c'est la trace de Bouddha, lorsqu'il apparut au pieux Gautama. Les brahmanes la considèrent comme la marque du passage de Shiwa, et les mahométans assurent que c'est là précisément la place où le père du genre humain, chassé du paradis, s'arrêta pour attendre le pardon de Dieu. Quoi qu'il en soit, les trois croyances s'accordent dans une même

superstition, et chacun, sans prendre garde à son voisin, exécute ses
génuflexions, ses invocations, ses *Amen* et ses *Sadus!* avec une égale
ferveur.

Une traversée de quinze jours nous amène en rade de Madras.
Aussitôt un canot singulier, occupé par des indigènes, aborde le navire : ce sont des employés du port, aux trois quarts nus et portant
sur leur tête, vu la submersibilité de leur bateau, les papiers nécessaires à l'accomplissement des formalités d'arrivée. La population et
les mœurs indiennes que nous avait fait pressentir notre séjour à
Ceylan s'offrent ici dans toute leur pureté; l'influence anglaise n'a,
heureusement, que fort peu déteint sur cette antique civilisation,
elle s'y est plutôt assimilée sur certains points. En touchant terre, les
membres de l'expédition se trouvent tout d'abord' tomber au milieu
d'une fête célébrée en l'honneur de Wishnu. Au fond d'une vaste
salle destinée aux danses des bayadères, s'élève un autel surchargé
d'ornements et d'images de dieux ; l'entrée de cette salle est flanquée
de deux statues qu'à bon droit on peut s'étonner de trouver là : c'est,
d'un côté, la Vénus de Médicis; de l'autre, l'Apollon du Belvédère.
Aux murs sont accrochées des gravures représentant saint Charles
Borromée, une odalisque telle que la rêvent et l'exécutent les imagiers
de la rue Saint-Jacques, et enfin des sujets d'un goût plus qu'équivoque. Tout près de ce singulier établissement s'étend le grand temple de Madras, vaste édifice solidement construit et ceint d'une muraille peinte de rouge et de blanc, sur laquelle court un troupeau de
singes. Un large bassin, destiné aux ablutions que les Hindous doivent répéter trois fois par jour, s'étend, avec quelques bâtiments
accessoires, en avant du temple proprement dit. Chaque jour l'élé-
phant consacré au culte du dieu vient puiser dans le bassin l'eau
nécessaire à Wishnu. Pendant les deux semaines que dure la fête,
flambeaux et lampes illuminent l'édifice, dont l'entrée est interdite
aux profanes, qui, aux yeux des Brahmines, rendent impur tout ce
qu'ils touchent. Vers onze heures du soir, une cohue d'Hindous
priant, chantant et dansant, sort du temple : une foule de musiciens armés de tambours, de fifres aigus et de clarinettes de fer-blanc
ouvre la marche ; vient ensuite un homme monté sur un bœuf en
grand gala. Derrière eux frétille la troupe des jeunes filles vêtues
de blanc et des bayadères demi-nues, les narines et les oreilles agré-
mentées d'anneaux, le col, les poignets, les chevilles cerclés de bra-
celets; elles précèdent l'image sacrée posée sur un socle qui disparaît

sous les fleurs, les plaquettes métalliques et les miroirs. Vingt-quatre vigoureux porteurs soutiennent sur les épaules cet édifice que domine un vaste parasol ; des hommes munis de torches, d'autres tenant de petits réchauds où brûlent des feux de Bengale, escortent la procession, qui semble flotter dans une mer de lumière. Les maisons des rues où doit passer le cortége sont pavoisées, plaquées de transparents, hérissées de lanternes en papier. Par instants l'on s'arrête : les femmes, se formant sur deux rangs, exécutent une danse selon le rite, accompagnées plutôt par les cris des assistants que par le son de la musique qui disparaît sous le grondement de la foule.

Quelques jours après, les membres de l'expédition assistent à la fête annuelle donnée par le gouverneur lord Harris, dans' son palais de Guindy-Park, non loin de la forteresse de Vellore — position importante entourée de fossés hantés de crocodiles. — Une foule des plus bigarrées se réunit dans cette vaste propriété : la colonie anglaise, les fonctionnaires, les principaux négociants, accompagnés de leurs femmes, en costume strict et régulier, comme s'il s'agissait d'une promenade à Hyde-Park, forment, autour d'une trentaine de jongleurs indiens à demi nus, qui exécutent sur une pelouse leurs surprenants exercices, un cercle sur lequel tranchent comme des topazes brûlées sur un bracelet d'argent, de sveltes bayadères costumées de soie, de solides garçons et quelques vieilles ravinées, gesticulant comme nos tsiganes. Les tours de ces jongleurs nous sont connus, car nous les voyons journellement reproduits en Europe. Mais, ce qui les distingue des nôtres, c'est la grâce, la précision qu'y mettent ces braves gens ; on voit qu'ils *travaillent* par amour de l'art, plus encore pour se divertir que pour réjouir la galerie.

Malheureusement, s'il faut en croire le narrateur, tout cela disparaîtra dans un temps donné. Les mœurs européennes ont déjà exercé une influence sensible sur les usages des Hindous ; ils ont beaucoup rabattu de leur ascétisme, de leur frugalité, et bon nombre d'entre eux ne considèrent plus comme impurs, ainsi qu'ils le devraient faire, les mets préparés par les profanes, pas plus qu'ils ne trouvent indigne d'eux de se laisser initier aux inventions scientifiques modernes. Tous les employés des chemins de fer, du télégraphe, des arsenaux, de l'Observatoire sont Hindous ; ils fréquentent avec assiduité les établissements publics organisés pour l'instruction populaire avec cette science pratique qui caractérise les Anglais.

Mais quittons la fête de Guindy-Park. Un péon mis à notre dispo-

sition par le gouverneur, vient nous annoncer que les bateaux commandés pour nous mener aux sept pagodes de Mahamalaïpuram
nous attendent. Il est deux heures du matin : sept heures après, nous
atteignons le but de notre excursion.

La légende rapporte qu'en cet endroit existait autrefois une ville
considérable que la mer submergea, respectant seulement les hauteurs sur lesquelles se trouvent disséminés les sept temples. Les recherches des savants anglais ont démontré la fausseté de cette légende,
et constaté que Mahamalaïpuram était anciennement une résidence
de brahmines qui y avaient établi une caste de tailleurs de pierres
dont les descendants peuplent encore en majeure partie les villages
voisins. Les sept pagodes consistent en autant de monolithes : au lieu
d'apporter de la pierre pour les construire, on a extrait du roc, avec
une patience et un art prodigieux, ce qui était nécessaire pour ménager des salles, en réservant les piliers, les piédestaux, les degrés, les
statues. La plus grande partie des sculptures exécutées non-seulement à l'intérieur et à l'extérieur des temples, mais aussi sur le roc
même qui leur sert de base, ont trait aux divers *avatars* de Wishnu,
à qui est dédié le plus grand sanctuaire. Plus loin, c'est la vie de
Krishna, qui, comme Apollon chez Admète, garda les troupeaux en
jouant de la flûte.

Les cinq pagodes, situées à un mille des précédentes, offrent à
peu près les mêmes aspects. Quatre d'entre elles sont dédiées à quatre
des frères de Wishnu : Dharmaradscha, Bimen, Nagulan et Sawa-
dewen, qui épousèrent tous quatre la même femme. Le cinquième
temple est celui de Wishnu endormi ( Rhanganatha ). Un bas-relief
le représente plongé dans le sommeil où il médite la création, tandis
qu'au-dessus de lui s'enroule Seescha, le serpent aux cinq têtes : dans
une niche voisine, on voit Shiwa et sa femme Parawathi ; celle-ci
tient un enfant contre son sein. Aux deux côtés de la niche sont placés à droite Brahma, à gauche Wishnu, chacun doués de quatre
bras, symbole de force et de puissance. Quoique l'idée du colossal et
de l'énorme s'associe difficilement à celle de la modernité, il est
constant que ces manifestations de la foi hindoue ne datent que du
dix-septième siècle.

Pourquoi faut-il, maintenant que nous sommes en si bonne voie,
maintenant que nos yeux se trouvent en présence de tant d'objets
vus jadis par notre imagination à travers les rêveries suscitées par
les récits et les dessins, qu'un avant-goût charmant nous fait pres-

sentir les saveurs profondes de cette civilisation, aïeule de la nôtre, pourquoi faut-il partir? La *Novara* nous attend : depuis onze jours, nous sommes dans le même pays! Le vent est propice; la frégate met à la voile, et nous cinglons sur les îles Nicobar, où nous arrivons le 23 février. Plusieurs canots montés par des indigènes, les uns complétement nus, les autres grotesquement vêtus de défroques européennes, s'approchent de la frégate en nous criant en mauvais anglais : *No fear ! Good friend !* Comme nous tardons à leur jeter une corde, ils se sauvent en hâte.

Découvertes en 851 par des marchands arabes, dont les relations ont été traduites en français par Eusèbe Renaudot, les îles Nicobar furent à peu près oubliées jusqu'en 1711, époque où les jésuites tentèrent sans succès d'y apporter la foi chrétienne. En 1756, les Danois en prirent possession ; des frères moraves s'y établirent, mais le climat eut bien vite raison d'eux. Vingt ans après, en 1775, un bâtiment autrichien aborda à l'une des îles Nicobar : par un étrange hasard, il ne reste plus ni dans la bibliothèque, ni dans les archives impériales rien qui fournisse des détails sur cette expédition, sinon une maladroite relation du chirurgien Fontane. A plusieurs reprises, le gouvernement danois a essayé de fonder des établissements dans cet archipel, et en 1846 il en prit régulièrement possession en investissant au nom du roi Christian VIII deux chefs indigènes. Mais le successeur de ce souverain, ne jugeant point cette possession assez intéressante, envoya en 1848 une corvette pour amener le pavillon danois qui flottait sur la demeure des chefs de l'archipel, lesquels, pour le remplacer, hissèrent le pavillon anglais. Faut-il conclure de là que ces îles appartiennent effectivement à l'Angleterre, ou croire avec le narrateur que les Nicobariens ont hissé ce pavillon pour l'unique plaisir de voir flotter au haut d'une perche une étoffe bariolée qui, pour eux, n'offre aucune signification? L'expédition de la *Novara* se proposait d'exécuter aux îles Nicobar des travaux analogues à ceux entrepris aux îles Saint-Paul et Amsterdam, de compléter et de contrôler ceux de la mission danoise de 1846.

La population de l'archipel est assez bienveillante. Les officiers et les hommes détachés de la frégate rencontrèrent en abordant nombre d'insulaires qui vinrent au-devant d'eux, leur tendant des certificats d'honnêteté délivrés par les capitaines britanniques qui font avec eux le commerce des noix de coco, et qui leur ont enseigné quelques mots d'anglais et quelques notions de morale et de religion. En tête de ces gens s'avance le chef du village de Sani, le capitaine Johnson, étouffant dans un uniforme bleu de ciel boutonné jusqu'au col, malgré la chaleur tropicale : ses pieds sont chaussés de bottes, ses jambes revêtues de pantalons. Autour de lui se groupe son état-major, les capitaines Douglas, Morgan, lord Nelson, lord Byron, portant avec un grand sérieux ces noms dont d'ironiques capitaines se sont amusés à les affubler : la plupart sont coiffés de chapeaux ronds qu'ils considèrent comme la marque d'une haute dignité. Ces gens habitent des huttes construites en forme de ruche et posées sur des pilotis de six à huit pieds de haut, qui les isolent de la terre humide. Une échelle de bambou conduit à l'unique salle qui compose tout l'appartement : au-dessus s'arrondit la coupole formée de feuilles de palmier. Ces habitations ne recevant d'air que par le bas, sont presque toujours pleines de la fumée produite par le feu de l'âtre; mais cette fumée a un avantage, celui de chasser les moustiques.

Les habitants des îles Nicobar font exception à la masse des insulaires de ces parages dont les mœurs ne sont rien moins que douces; ils sont prévenants, enfantins, nullement sanguinaires. Comme on leur demandait de quelles peines ils punissaient les coupables, « Nous n'avons pas besoin de punir, répondirent-ils, nous sommes tous bons. Mais chez vous, ajoutèrent-ils, il doit y avoir bien des méchants, puisqu'il vous faut tant de canons et tant de fusils? » En effet, ils ne doivent pas, sous certains rapports, avoir une excellente opinion des peuples civilisés, à en juger par le soin avec lequel ils cachèrent leurs femmes pendant tout le temps que séjourna l'expédition.

Il est absolument impossible de pénétrer dans l'intérieur d'aucune des îles Nicobar; non-seulement les Européens n'y ont jamais réussi, mais les indigènes mêmes ignorent complétement ce qui s'y trouve; ils supposent ces endroits habités par une race toute particulière, n'ayant qu'un œil au milieu du front et vivant sur les branches. Une large ceinture de végétation où s'entremêlent le rhizophore, le gigantesque burlingtonia, les palmiers, les cocotiers, doublée d'une sorte de clairière tapissée d'un épais gazon, enserre ces îles; au delà commence l'inextricable fouillis de la forêt tropicale. Les villages sont donc forcés de se tenir sur la côte, où, du reste, les habitants trouvent ce qui est nécessaire à leur subsistance, c'est-à-dire le cocotier; c'est de cet arbre qu'ils tirent leur nourriture, leurs matériaux de construction, leurs ustensiles de ménage, leur boisson, etc.; c'est aussi lui qui forme tout leur commerce et qui attire les navigateurs aux îles Nicobar. Le bénéfice que les Européens en retirent est d'environ cinquante pour cent : ce chiffre serait de beaucoup supérieu; s'il existait, sur les lieux mêmes, des presses qui permissent d'extraire l'huile sur place, et de ne point s'embarrasser du transport des noix. Après le cocotier, l'arbre le plus intéressant de ces îles est sans contredit l'arbre à pain, dont un seul individu peut nourrir un homme pendant trois mois. La canne à sucre, la muscade, le cardamome, l'oranger et le citronnier poussent avec une vigueur et une fertilité étourdissantes, sans culture, autour des villages. Les botanistes de l'expédition recueillirent des spécimens de 280 espèces de plantes, et assurément leur collection est loin d'être complète. Les bois de construction et d'ébénisterie abondent dans la même proportion. Privé par la mer de toute communication avec le continent, l'archipel Nicobar est assez pauvre en ce qui concerne le règne animal : les oiseaux fournissent encore la plus grande variété, quoiqu'il ne s'en trouve aucun de particulier à ce pays. Le climat est assez malsain; l'humidité du sol, les nombreux marais répandus sur la côte y multiplient les fièvres : c'est à cette maladie, jointe à des dyssenteries causées par l'abus des fruits, qu'ont succombé bien des navigateurs qui ont abordé ces pays. La saison des pluies est celle où l'on se trouve le moins exposé à ces redoutables influences; mais dès que la chaleur et le soleil reviennent, l'évaporation fonctionne avec une pernicieuse intensité. Malgré cela, on peut affirmer que, moyennant quelques travaux qui éclairciraient les forêts, régleraient la pente des eaux, établiraient la circulation de l'air dans le fouillis végétal, une colonie européenne s'acclimaterait facilement dans cet archipel placé sur la grande route commerciale, que rendra encore plus fréquentée l'ouverture du canal de Suez.

Avant de quitter les îles Nicobar, constatons avec le narrateur l'absence complète de notions religieuses qui caractérise les indigènes; ils n'ont ni temples, ni idoles, ni fétiches. Leur langue ne possède point de mots pour exprimer l'idée de Dieu, ou d'un être supérieur et bienfaisant; ils vivent sans se préoccuper de ce que deviendra leur âme, et lorsqu'on leur parle de ces choses, leur intelligence n'y saisit rien de compréhensible : l'organisation sociale est également nulle chez eux; ils n'ont, à proprement parler, point de chefs, sont monogames et meurent vers cinquante ans.

Une traversée de vingt jours, contrariée par des pluies tropicales, nous amène en rade de Singapoure. Quel contraste avec le pays primitif que nous venons de quitter! La ville de Singapoure est un produit de l'industrie anglaise, qui ne date que de 1849 : là où s'étalaient quelques huttes de pêcheurs et de pirates malais, s'élève une ville habitée par près de 50,000 individus, et qui voit s'échanger dans une année pour plus de 27 millions de produits. Rien de plus bizarre que la population de ce grand marché : Malais, Chinois, Arabes, Arméniens, Siamois, Javanais, tout, jusqu'à des Parsis adorateurs du feu! Les Européens sont en extrêmement petit nombre; on en compte à peine quatre cents dans toute l'île. Ici, comme partout où elle pénètre, la race chinoise rend les plus grands services, et retire de son travail d'excellents bénéfices; elle forme les deux tiers de la population, et donne à la ville un caractère qui la distingue heureusement des autres colonies anglaises habituellement si monotones. Les Chinois établis à Singapoure appartiennent presque tous à des sociétés secrètes, dont le but principal est la mise en pratique du socialisme : supprimer le contraste qui existe entre la richesse et la pauvreté; rappeler aux puissants qu'ils sont nés et qu'ils mourront de la même façon que leurs frères malheureux; que le soleil avec ses rayons, la terre avec ses trésors, sont un bien commun ; s'unir pour arriver à la réalisation de ces maximes, tout en se montrant soumis aux lois, jusqu'au moment où l'heure sera venue de démolir le vieil édifice et de construire le nouveau, tel est le programme inscrit sur les cartes d'une de ces sociétés secrètes inventées par les Chinois, bien avant qu'il fût chez nous question de pareilles choses.

C'est à Singapoure que nous trouvons les premières boutiques d'opium, ce poison dont le mercantilisme de l'Angleterre infeste l'Asie; c'est là qu'on le fabrique en grand et qu'il se débite dans un établissement nommé *opium farm*. La consommation moyenne annuelle est de 330 grains par habitant de Singapoure. En Chine, le nombre de fumeurs d'opium est évalué à cinq ou six millions, qui absorbent chaque année cinquante caisses d'opium ; nous reviendrons plus tard sur ce terrible monopole de la compagnie des Indes, contre lequel lutte en vain l'autorité impériale en Chine.

La *Novara* profita de son séjour dans cette colonie pour se ravitailler; le grand entrepreneur d'opérations de ce genre est à Singapoure, un Chinois du nom de Wampoa. En deux jours il eut comblé tous les vides causés dans les approvisionnements par un voyage de près d'un an. Ce riche marchand possède d'immenses magasins et se plaît à recevoir les étrangers de distinction dans sa maison de campagne, où le luxe chinois combine ses recherches avec les commodités du confort européen. Comme la plupart des Chinois du haut commerce, il parle fort bien l'anglais.

·La tristesse et le peu d'activité qui distinguent Batavia, possession hollandaise que nous visitons après Singapoure, est la plus éclatante condamnation du système suranné de colonisation dont l'Angleterre a si bien su se dégager. Il est juste de dire cependant que les conditions sont loin d'être les mêmes entre les deux points. L'insalubrité du climat de Java écarterait toujours les travailleurs ou les commerçants qui seraient tentés de s'y établir, et d'un autre côté l'indolence des Javanais a besoin, pour produire quelque chose, d'être stimulée avec une persistance et une régularité qui nécessitent l'intervention du gouvernement. Et comment ne pas excuser cette paresse des Javanais, aussi bien que celle des habitants de Manille? Ces gens pour lesquels poussent presque sans culture toutes les plantes, tous les arbres, auxquels l'instinct commande la sobriété, comment leur faire comprendre qu'il nous faut, à nous autres Européens, du café, de la vanille, du sucre, et qu'ils doivent travailler pour nous procurer tout cela? L'intelligence commerciale des Hollandais est parvenue à tirer de forts revenus de Java; mais aux Philippines, le gouvernement espagnol s'est donné moins de peine, et une routine somnolente préside à l'administration de cette colonie, où fleurissent en outre un grand nombre d'établissements religieux. Ce dernier élément, ainsi qu'on a pu l'observer dans les pays absolument catholiques, n'est point progressif de sa nature, et partout où il prédomine, on peut être à peu près certain que tout le reste languit à son profit. A Manille, sorte de Versailles tropical, l'herbe pousse dans les rues larges et droites, que bordent de massifs et sombres bâtiments officiels dont les deux tiers au moins appartiennent au clergé. L'étranger qui n'a point d'amis dans cette ville ne trouve pas un gîte pour s'abriter ni pour se nourrir. De peur sans doute de mourir dans ces cloîtres, la population active s'est rejetée sur la rive opposée du Pasig, à Binondo; dans des ruelles étroites et où des bannes tendues au devant de chaque boutique forment un parasol permanent sur la tête des promeneurs, circule une foule chinoise, malaise et métisse, dans laquelle on compte peu d'Européens. La race autochthone, celle des Tagals, s'est conservée assez pure; elle fournit la plupart des travailleurs, et sa langue est encore aujourd'hui la langue usuelle de la classe inférieure. Les Tagals sont généralement petits, de teinte jaune clair; malgré leur nez plat, leurs lèvres épaisses, ils n'ont point une physionomie désagréable. Leur vêtement consiste en une chemise de couleur, portée en blouse par-dessus un pantalon de calicot : les élégants complètent ce costume par un chapeau de soie rond, des bottes vernies et une badine. Les femmes portent une jupe de coton rayé et un corsage d'une étoffe presque transparente, toujours trop court pour rejoindre la ceinture de la jupe, ce qui laisse à nu un certain espace entre les deux uniques pièces de leur accoutrement.

Quatre ordres monastiques se partagent non-seulement la propriété, mais aussi l'autorité et l'influence aux Philippines : les Augustins, les Franciscains, les Dominicains et les Augustins déchaussés, tous généralement ignorants comme on en peut juger par l'exemple suivant : les membres de l'expédition visitaient un couvent et apprenaient aux moines qu'ils venaient d'Autriche — *Austria* en espagnol ; — ceux-ci, n'ayant point connaissance de ce pays, crurent qu'ils arrivaient d'Australie, jusqu'à ce que l'un d'eux plus jeune et plus instruit, leur fit sentir leur erreur en leur disant que la patrie de ces étrangers n'était point l'Australie, mais bien l'Asturie, et que par conséquent ils étaient leurs compatriotes.

L'arrivée de la *Novara* aux Philippines concordant avec la saison des pluies, l'expédition ne put guère s'avancer dans l'intérieur, qui recèle des paysages et des sites admirables, hantés malheureusement par une trop grande quantité d'alligators et de boas constrictors. Chose remarquable et qui prouve le peu d'influence que le gouvernement espagnol exerce en ce pays : dès qu'on quitte la côte, les mœurs et l'idiome indigènes reparaissent partout; à quelques lieues de Manille, un voyageur qui ne saurait que la langue officielle ne serait compris par personne.

Le 24 juin nous quittons les Philippines; la Chine nous attire et dans dix jours nous entrerons à Hong-Kong. Déjà bien avant que nous ne voyions terre, nous rencontrons un pilote chinois qui nous interpelle en mauvais anglais. Peu à peu la mer se peuple; nous croisons des jonques aux voiles de bambou, nous regardant curieusement de leurs grands yeux peints à la proue.

Hong-Kong, qui sera notre première station dans le Céleste-Empire, ne peut guère passer pour le type de la ville chinoise : ici comme à Singapoure, l'influence et les mœurs anglaises ont exercé une telle influence que tout ce qui était caractérisque s'est fondu dans une banalité mixte. La langue même qu'on y parle consiste en un compromis entre l'anglais et le chinois, auquel on a quelque peine à s'habituer d'abord. Ce n'est donc pas ici, non plus qu'à Macao, que nous nous arrêterons : suivons la côte et pénétrons dans le Yang-tse-Kiang, le fleuve Bleu, auquel afflue le Wusung, rivière qui traverse Shang-Haï. Le fleuve qui passe à Nankin, située à 180 milles plus haut, mesure, à ce point éloigné de son embouchure, trois milles de large, et sa profondeur est telle qu'il peut supporter des frégates. A 600 milles au-dessus de Shang-Haï, se trouvent les trois grandes villes de Han-Keu, de Han-Yang et de U-Tsang-Fu, peuplées de huit millions d'habitants, et centres du commerce intérieur de la Chine. Les sources du fleuve Bleu jaillissent à Kwei, chef-lieu de préfecture, à 1,000 milles de la mer. Frayons-nous une route étroite dans l'encombrement de navires de toutes sortes qui se pressent aux abords de Shang-Haï ; la foule en est telle que, placés au milieu du fleuve, nous ne pouvons parvenir à distinguer les maisons du bord.

Quoique les rapports de toutes sortes aient été fréquents dans ces derniers temps entre l'Europe et la Chine, tout n'a pas été décrit dans ce singulier pays : les hommes éclairés qui ont fait partie de l'expédition de Chine, absorbés par des considérations graves, n'ont pu accorder qu'une attention médiocre à l'observation des types, des costumes, de l'habitude générale de la population et de la contrée. C'est cependant une source intarissable d'étonnements et de méditation que le spectacle de cette civilisation poussée à l'extrême, et où l'on retrouve fonctionnant depuis des milliers d'années les institutions, les outils, les machines que nos sciences politiques, mathématiques et sociales s'enorgueillissent d'avoir imaginées ! Nous n'avons même pas inventé les romans interminables ; témoin ce roman populaire en 22 volumes qui se vend à bas prix dans les rues de Shang-Haï, sans parler de l'encyclopédie de Man-tua-Lin qui en compte 600 ! Cette maison où cinquante employés suffisent à peine à satisfaire le public, c'est un Mont-de-Piété, où l'on prête à 24 0/0 : en cas d'incendie, l'industriel doit la totalité du prix de l'objet engagé ; si l'incendie s'est déclaré non chez lui, mais chez le voisin, la moitié de la somme est exigible. De nombreux établissements de bienfaisance sont chargés de recueillir les enfants trouvés, les vieillards infirmes, les incurables ; ils sont tous dus à la charité privée et fondés bien avant qu'il fût chez nous question de crèches, d'asiles et d'hospices.

Entrons dans ce temple, situé dans un quartier paisible et retiré

de la ville : c'est celui de Confucius — Kong-fû-Tsé ; — dans de vastes
salles des étudiants passent les examens littéraires qui doivent leur ouvrir les différents emplois de l'État ; ailleurs, les savants se réunissent
pour discuter de graves questions, ou bien des fonctionnaires exécutent des cérémonies moitié religieuses, moitié administratives. Plus
loin c'est un couvent de taonistes, individus s'adonnant au *taô*, à la
recherche de la vérité selon la doctrine de Lao-Tsé : un cloître qui sert
de retraite à des veuves fatiguées de la vie et qui veulent la terminer
dans le repos et la contemplation, avoisine le couvent.

Continuons notre flânerie. Les Chinois vivent beaucoup en plein
air, et nous n'avons point de meilleure manière de les connaître que
d'errer au hasard dans les rues. Voici une pharmacie : la pharmacopée
chinoise se compose d'environ quatre cent cinquante drogues, dont
quelques-unes nous paraissent assez bizarres, telles que nids d'oiseaux,
viande de chien, lait de femme, dents de baleine, excréments de divers animaux, sangsues et vers de terre desséchés, etc. Mais le remède
le plus apprécié et le plus cher, c'est la racine de ginseng—*panox gin
seng* — qui se trouve dans la Mandchourie. Le gouvernement impérial, qui en a le monopole, la vend au poids de l'or pur, aussi est-
elle considérée comme une panacée. Les Chinois sont d'enragés
amateurs d'antiquités et de curiosités. Les porcelaines et les bronzes
de la belle époque atteignent des prix exorbitants, et les boutiques
où on les trouve sont toujours encombrées d'amateurs.

Nous passons près d'une maison dont les fenêtres ouvertes laissent
s'échapper un bourdonnement de voix fraîches, c'est une école primaire, où un instituteur maigre et pâle apprend à lire à une cinquan-
taine d'enfants : l'instruction, en Chine, est facultative ; les parents
aisés seuls payent une faible somme pour l'instruction de leurs enfants, il est pourvu à celle des plus pauvres par des dons particuliers ;
aussi presque tout le monde sait-il au moins lire, écrire et calculer.

Avant de quitter la ville chinoise, faisons-nous introduire, par
notre guide, dans une maison célèbre à Shang-Haï, par l'ancienneté
de la famille Wuong qui la possède et dont les vertus sont attestées
par un petit mausolée élevé à la mère de Wuong par les habitants du quartier, avec l'autorisation de l'empereur. On trouve du
reste dans les autres parties de la ville un certain nombre de monuments de ce genre, consacrés à « la vertu féminine. » Dès le seuil,
un domestique nous aborde en nous offrant une tasse de thé, privé
de sucre et de lait, que nous absorbons dans toute son amertume

nationale. Le maître de la maison ne tarde pas à paraître vêtu d'une robe de soie grise, fort simple. Il nous conduit à travers ses appartements élégamment meublés; les chambres sont divisées par des cloisons percées de découpures circulaires, ovales, polygones qui distrayent l'œil; çà et là des jardinets composés de plantes naines, s'accrochant à des grottes et à des rochers, forment des parcs microscopiques. Arrivé dans son cabinet de travail, Wuong nous prie de nous asseoir et fait apporter du thé. Cette chambre, petite et coquette, est tapissée de rouleaux de papier sur lesquels sont imprimées des devises et des sentences tirées de Confucius. Pendant que nous causons, un domestique nous tend des serviettes d'une étoffe épaisse, trempées dans l'eau chaude : promenés sur la figure et les mains, ces linges ainsi préparés produisent une évaporation qui procure à la peau une grande fraîcheur; c'est là un raffinement qu'il serait ingénieux d'imiter ; notre hôte en usait abondamment, et tandis qu'il se tamponnait il nous disait, en tâtant nos vêtements de drap : « Ces peuples de l'Occident sont de bien singulières gens, ils portent beaucoup plus d'habits que nous et ils transpirent moins. » Cela paraissait le surprendre particulièrement.

Plus intéressante encore que la précédente est l'entrevue qui eut lieu au consulat anglais entre les membres de l'expédition et le tau-taï résidant à Shang-Haï. Ce mandarin dont l'autorité s'étend sur les préfectures de Suschau, de Sung-Kiang et Tait-Sing, situées au nord-est de la province de Kiang-Si, partage l'administration avec un magistrat nommé le tschi-hien et qui est principalement chargé des rapports avec les étrangers. Le tau-taï était un homme bien proportionné, aux traits intelligents, aux doigts effilés, et terminés par des ongles fort longs : après quelques explications que les interprètes durent lui donner pour lui faire comprendre ce que c'était que l'Autriche, il demanda des détails sur les principaux articles d'exportation et de fabrication de ce pays.

Un grand dîner chez le riche marchand Ta-Ki, nous offre un nouvel aspect de la vie et du luxe chinois. Une représentation théâtrale ouvre la fête : l'art dramatique n'est point avancé en Chine au même rang que les autres arts; les sujets, tirés pour la plupart de l'histoire anecdotique nationale, sont indiqués par des canevas sur lesquels les acteurs brodent des plaisanteries de leur cru, entremêlant leur jeu de chant dont la mélodie est généralement triste. Après la comédie, Ta-Ki nous présente à ses femmes, qui ne semblent nullement embarrassées de se trouver face à face avec des étrangers; elles sont assez jolies, et leurs pieds déplorablement estropiés. A table, comme dans beaucoup de circonstances de la vie, les Chinois agissent précisément à l'inverse de nous : les gens saluent en se couvrant la tête, mettent à leur gauche celui à qui ils veulent faire honneur; écrivent de droite à gauche; portent le deuil en blanc; ne peuvent commencer le dîner que par les fruits et les gâteaux. Le maître de la maison dépose dans nos assiettes les meilleurs morceaux des nombreux mets qui encombrent la table, les saisissant avec une extrême dextérité entre deux baguettes d'ivoire, qu'il nettoie à chaque instant en les passant entre ses lèvres. La cuisine chinoise emploie des éléments qui nous paraissent complétement singuliers, et elle s'applique, en outre, à dissimuler le plus possible la forme et le goût de chaque mets : ce sont des nids d'hirondelles, des œufs de vanneaux, des grenouilles bouillies, des vers à soie frits, des racines de bambous, du varech, etc.; les plats de viande sont en minorité, tandis que le riz et les légumes figurent sous les déguisements les plus variés. — De temps en temps, une jeune fille passait aux convives une boisson fabriquée avec du millet, car les Chinois, bien que possédant la vigne, ne font point de vin.

La seule excursion que les membres de l'expédition tentèrent hors de Shang-Haï, fut pour l'établissement des Jésuites à Sikkawéi. Un yacht de plaisance nous y conduira, grâce à l'admirable système de canaux dont l'exécution remonte au septième siècle de notre ère. Le pays que nous traversons est sans caractère, plat, entrecoupé de fossés, à peine accidenté par de faibles collines. Arrivés à Sikkawéi, nous sommes reçus par une vingtaine de jésuites qui ont adopté le costume chinois dans toute son intégrité. C'est une sensation bizarre d'entendre ces gens à tête rasée, en robe de soie, à longue queue pendant jusqu'aux talons, parler, en français ou en italien, de Paris, de Naples et de Vienne. Le système de propagande qui paraît adopté aujourd'hui par les catholiques est extrêmement ingénieux : il consiste à élever avec un soin extrême les enfants pauvres, mais intelligents, de leur faire approfondir l'étude de la littérature chinoise, afin que, passant brillamment leurs examens, ils parviennent aux hautes charges de l'État et fournissent ainsi autant de protecteurs à la foi chrétienne.

Nous ne pouvons quitter la Chine sans parler un peu de l'opium qui nous a valu tant de tracas et nous a gagné la juste défiance du

gouvernement chinois. Pour les consommateurs du Céleste Empire,
l'opium remplace tous les spiritueux au moyen desquels les Occi-
dentaux se procurent l'ivresse : ils ne goûtent ni l'eau-de-vie, ni
l'ale, ni le wiskey, l'opium leur suffit. Aujourd'hui l'importation de
cette drogue représente une valeur de deux cents à deux cent cinquante millions. Ce n'est que vers le commencement du dix-huitième
siècle que l'usage de l'opium fut introduit en Chine par des matelots
de ce pays auxquels les naturels de l'Archipel l'avaient fait connaître.
A partir de 1798 seulement, la Compagnie des Indes expédia régulièrement cette marchandise, qui lui a rapporté, depuis cette époque
jusqu'en 1855, un bénéfice de un milliard et demi. Voilà une somme
qui excuse assurément la puissante Compagnie de s'être mise au-dessus des protestations d'un gouvernement qui ne trouvait pas bon
qu'on abrutît son peuple, et d'avoir fermé l'oreille aux remontrances
des philanthropes et des missionnaires ; la Compagnie leur répond,
du reste, qu'il y a exagération dans leurs plaintes, car sur une population de quatre cent vingt millions, on ne compte que quatre millions
d'individus adonnés à cette pratique.

A la suite de ces quelques traits de la vie chinoise pris au hasard
dans la masse d'observations recueillies par l'historiographe de la
*Novara*, nous lui emprunterons encore quelques détails sur cette
insurrection des Taï-Pings qui se promène depuis tantôt quinze ans
dans une partie de l'empire, occupe des préfectures entières, a
pour quartier général une ville immense, et résiste victorieusement
aux troupes régulières. Hung-Sin-Tsiuen, le promoteur et le chef
de cette insurrection, est né en 1813, dans un village voisin de Canton. Son instruction le fit bientôt distinguer, et on l'envoya à Canton,
où il lia connaissance avec des missionnaires protestants. C'est sur
une interprétation fausse des dogmes et des préceptes de notre religion qu'il fonda les bases de sa doctrine, laquelle, propagée par son
ami Fung-Yun-San, ne tarda pas à révéler un caractère politique ;
la rigueur avec laquelle le gouvernement chinois poursuivit la nouvelle secte, n'eut, comme toujours, pour résultat, que de lui gagner
un grand nombre d'adeptes. Hung-Si-Tsiuen, qui n'avait d'abord
été que « la bouche par laquelle Dieu le Père et Jésus le frère aîné,
manifestent leurs volontés, » proclama bientôt ouvertement la dé-
chéance de la dynastie Mandchoue, au profit de celle des Taï-Pings,
ou de la paix universelle, et s'intitula le « Roi Céleste. » « Sa mission, dit-il, est d'apporter aux hommes une révélation accompagnée

de nouveaux miracles, et d'apporter au monde un troisième livre
saint, complétant l'ancien et le nouveau Testament, et qui s'appellera, le *Vrai* Testament. » Suivant lui, Dieu et Jésus ont tous deux
revêtu la forme humaine : le Christ n'est pas proprement semblable
à Dieu; il a femme et enfants dans le ciel. Le Roi Céleste, son fils,
compose avec Dieu et Jésus-Christ une quatrinité qui jouit des
mêmes propriétés mystérieuses que notre Trinité. Hung-Sin-Tsiuen
est le frère de Jésus, qui n'a d'autre supériorité sur lui que celle de
la primogéniture. Les cérémonies religieuses de Taï-Pings se réduisent à peu de choses : ils ont bien un jour spécialement destiné à la
prière, qui tombe le samedi, mais tout se borne à se réunir en famille
et à chanter pendant une heure, à la mode protestante, des psaumes
traduits de l'anglais. Quant à leurs doctrines sociales, l'état misérable où ils ont réduit Nanking, en donne une bien triste idée : ils
interdisent tout commerce autre que celui des munitions et des
approvisionnements de guerre, chassent de la ville tout ce qui n'est
pas en état d'appartenir à l'armée ou à l'administration. Hung-Sin-
Tsiuen habite un vaste palais où il se fait servir par trois cents femmes.
Personne, excepté les dix *rois*, entre lesquels se partage le commandement, n'a le droit d'approcher ce personnage sacré. Aujourd'hui,
grâce aux excès qu'ils ont commis, les Taï-Pings sont détestés en
Chine, le masque religieux dont ils s'étaient affublés ne cache plus
suffisamment leurs projets destructeurs, et il est probable que dans
un temps donné ils disparaîtront dans l'isolement et l'indifférence
plus sûrement que devant les armes impériales.

Le 11 août la *Novara* quitte Shang-Haï; l'entrée en mer n'annonce rien de bon, et nous aurons du mal à gagner les îles Puynipet,
notre prochaine étape. Nous sommes précisément dans la saison des
typhons, ces terribles tempêtes si redoutées des navigateurs, produites par le changement des moussons. Déjà le 18 août la fête de
l'empereur d'Autriche n'a pu être célébrée sur le pont, que la vague
balaye incessamment. L'antagonisme des vents de nord-est contre
ceux de sud-ouest, produit des tourbillons d'une violence extrême :
ces tourbillons, comme ceux de la côte d'Afrique, gravitent autour d'un point central à peu près calme, et qui se déplace lui-
même dans une certaine direction; c'est un long et pénible cauche-
mar qu'une navigation à travers ce bouleversement : baigné dans un
élément mixte, composé de pluie, de vent et de poussière d'eau
marine, ne marchant qu'avec des précautions infinies de peur d'être

enlevé si l'on se risque sur le pont, et d'être écrasé par quelque
objet si l'on reste dans les cabines, — car aucun arrimage ne
résiste aux secousses qu'endure le bâtiment, — on se sent en proie à
une surexcitation nerveuse extraordinaire : le mal de mer n'a plus de
prise même sur les plus délicats, et l'on peut supporter une dose de
spiritueux quintuple de celle dont on est capable dans des circonstances normales. Pendant les dix jours que dura le typhon, la science
ne perdit point son temps, et l'expédition releva dans ses plus grands
détails les phases diverses de ce phénomène : les cartes et tableaux
où sont consignées ces observations, méritent l'attention des hommes
spéciaux.

Le 21 août un pâle rayon de soleil pénètre toutes ces brumes : un
calme relatif s'établit qui permet de constater que la frégate s'est
parfaitement comportée, n'a presque pas souffert, et que, grâce à
l'habileté du commandant, elle n'a pas dévié de plus d'un mille de la
route qu'elle s'était tracée : dans cet espace de temps, elle avait parcouru dix-huit cent soixante milles.

Nous ne nous arrêterons pas longtemps aux îles Puynipet, situées
au-dessus de la Nouvelle-Guinée. La végétation s'y montre aussi
vivace, aussi luxuriante que celle des îles situées sous les mêmes
latitudes. La population, pour n'être guère plus vêtue que celle des
pays précédemment visités par nous, semble plus civilisée. Ces insulaires sont propres et bien ordonnés : levés avec le jour, ils se
plongent un instant dans la mer ou la plus proche rivière, prennent
quelque nourriture végétale, puis vont faire visite à leurs voisins.
Ne connaissant point les torches, ni les lampes, ils se couchent à
la nuit, à moins qu'ils ne profitent du clair de lune, pour se livrer
à la danse. Ils marquent beaucoup de sollicitude et d'attention pour
les femmes, qui ne travaillent pas, et n'ont d'autres soins que de
tenir la hutte propre. Quelques blancs sont établis dans l'île, entre
autres un docteur écossais qui y exerce sa profession. Leur religion
est extrêmement simple : ils n'ont point d'idole ni de temple, partant,
point de cérémonies de culte.

Ils croient à la vie future et se représentent le séjour qui nous
attend après notre mort comme entouré d'un fossé sans fond, qu'enveloppe une muraille prodigieusement haute : l'unique porte de ces
lieux enchanteurs est gardée par une vieille femme dont les fonctions
consistent à essayer de précipiter dans le trou les âmes qui essayent
de le franchir; l'âme qui réussit à dompter la méchante vieille est

assurée d'un bonheur éternel; sinon, elle tombe dans un abîme de douleurs et de désolation.

Une question qui n'a pas encore été élucidée est celle des ruines, consistant en amas de blocs basaltiques qu'on trouve dans le centre de l'île, et qui attestent de la part des constructeurs un degré de civilisation très-avancée. La plupart de ces blocs mesurent huit ou dix pieds de long, et semblent avoir été importés, car on ne trouve nulle autre part à Puynipet de matière analogue. On distingue les traces d'alignements et de rues régulières. La supposition la plus vraisemblable serait d'attribuer ces travaux à des pirates et à des fli-bustiers espagnols qui les auraient exécutés au seizième siècle.

Arrêtons-nous un instant aux îles Steward, semées dans une lagune profonde que cercle un récif circulaire de corail, énorme bra-celet de seize milles de circonférence. Ces îles sont couvertes de coco-tiers, et c'est là une véritable attention de la part de la nature sans laquelle les indigènes pourraient bien mourir de soif, car il n'y a point d'eau douce dans le pays et la noix de coco contient le seul liquide qui suffit à les désaltérer. Ces gens parlent quelques mots d'anglais et sont fort intelligents. L'un d'eux, qui était monté à bord, avisant un jeu de dames sur une table, proposa aussitôt à l'un des membres de l'expédition une partie qu'il gagna à la surprise géné-rale. Une des singularités de ces îles, surtout de l'île de Faloé, c'est un immense dépôt naturel de pierres ponces qui s'étend sur le plateau central et sur le point le plus élevé, bien au-dessus du niveau des plus hautes eaux. Quelle secousse géologique a pu produire ce phénomène? Le roi du petit Archipel reçut en audience les membres de l'expédition. Sans se douter qu'il imitait un grand roi de France, le brave vieillard était assis au pied d'un arbre, sur le vert gazon, chassant lui-même, de sa main royale, les mouches qui importu-naient son auguste corps. On ouvrit devant lui les caisses contenant les objets destinés à lui être offerts en cadeaux, et en échange desquels il fit apporter des porcs, des poulets, des noix de coco, etc. Les bou-teilles vides et les colliers de perles charmaient particulièrement le roi et son peuple; ils affectionnent les couleurs rouge et verte; ils n'ont pas le goût des spiritueux. Cela provient de la rareté de leurs rapports avec les Européens.

Les îles Steward sont notre dernier point de relâche avant d'arri-ver à Sydney. Le 15 novembre, nous arrivons en vue de cette jeune ca-pitale. Pendant une navigation de quatre-vingt-trois jours, nous n'a-

vons rencontré qu'un clipper américain, et les abords de l'Australie
nous semblent aussi déserts que l'a été jusqu'à présent la pleine mer.
La seule trace qui nous dénote la présence de l'homme consiste en
une grande quantité de bouteilles que nous voyons surnager ; nous en
pêchons une, elle contient une Bible ; c'est, comme nous l'apprîmes
plus tard, un artifice imaginé par les missionnaires protestants de
l'Australie pour répandre la doctrine chrétienne. Enfin la *Novara*
jette l'ancre devant Port-Jakson, au nord-est de Sidney ; nous tou-
chons à la cinquième partie du monde.

Ce doit être une sensation singulière que de passer sans transition
de la Chine à l'Australie, d'un pays tombant en enfance à un autre
qui est arrivé subitement du néant à la maturité, sans passer par
les degrés intermédiaires ; le contraste est cependant plus spécieux
que réel. L'Australie n'est pas l'Australie, c'est l'Angleterre trans-
posée sous une autre latitude, mais ayant conservé, avec ce culte
de la tradition qui caractérise la race, ses mœurs, ses coutumes,
ses aspects. Lorsqu'on se promène dans George-street, à Sydney,
il n'est rien de plus facile que de s'imaginer être dans Oxford-
street. La Bourse, la Banque, le Parlement dressent leurs por-
tiques et leurs frontons grecs tout comme à Londres, avec cette seule
différence qu'ils ont le bonheur de se découper sur un ciel plus bleu
et de se sentir bâtis en vraie pierre et non pas en brique plâtrée.
Deux lignes de gaz marquent les rues longues et droites qu'encombrent les cabs et les omnibus. Une foule pâle, en habit noir et en
chapeau rond, circule rapide et silencieuse comme il convient à une
foule anglaise. Quant aux indigènes, on n'en voit point. Leur nombre
est très-minime ; le peu qui en reste vit à l'état nomade, et se tient
éloigné des villes. Les conditions défavorables dans lesquelles se
trouve le centre de l'Australie, principalement l'absence d'eau,
fait supposer que ce pays n'a jamais été très-peuplé. Des expéditions
ont été organisées avec tout le soin possible pour explorer ces contrées ; les unes ont été absorbées tout entières, d'autres sont revenues
ne rapportant que le récit de souffrances et de privations inouïes en-
durées pendant leur voyage.

Bref, ce n'est pas au point de vue du pittoresque, de la nature
imprévue, des mœurs singulières qu'il faut considérer l'Australie ;
mais au point de vue des résultats que peut produire l'esprit de colonisation, de l'avenir qui attend ce pays et des avantages qu'y peuvent
trouver les nations européennes.

En 1787, Botany-Bay fut désigné pour servir de lieu de déportation aux criminels condamnés par les tribunaux anglais. Un premier convoi, composé de six cents hommes et de deux cent cinquante femmes, escortés par un corps de deux cents soldats, y aborda le 26 janvier 1788, et s'installa non point à Botany-Bay, mais à Port-Jakson, situé à sept milles plus au nord.

Ce ne fut qu'en 1794 qu'apparurent les premiers colons libres, mais en trop petit nombre pour qu'on modifiât, à cause d'eux, les règlements administratifs. Jusqu'en 1807, la situation de la colonie ne fut rien moins que florissante : les convicts ne se conduisaient guère mieux après qu'avant le voyage, et les officiers chargés de les surveiller commettaient maints abus. Ces désordres ayant attiré l'attention du gouvernement anglais, on modifia le système. Dans chaque nouveau convoi de convicts, le gouvernement colonial choisissait les ouvriers nécessaires aux travaux publics, les autres étaient répartis entre les particuliers qui en faisaient la demande ; on accordait généralement à ceux-ci un homme pour 320 acres de terre, sans qu'il pût avoir plus de soixante-quinze convicts sur son bien. Les abus qui résultèrent de la mise en pratique de ce système auraient amené sans aucun doute la rapide destruction de la colonie, sans la mesure radicale prise en 1840, et qui donna à la Nouvelle-Galles du Sud la large liberté et l'autonomie dont elle jouit à présent. A cette époque, elle ne comptait que 131,870 habitants ; en 1857, elle en avait 305,487, et aujourd'hui 350,000, dont 93,000 pour Sydney : les importations effectuées par plus de mille bâtiments s'élèvent à une valeur de deux cents millions de francs. Elle jouit d'institutions propres, copiées sur celles de la mère patrie, mais complétement indépendantes de cette dernière, dont elle n'a pas besoin, vivant de ses ressources. Régénérée par le travail et par l'aisance qui en résulte, la population, dont les aïeux n'avaient rien de recommandable, est plus honnête que celle de bien des pays européens. Les descendants des convicts ne forment, au reste, qu'une partie relativement minime de la population australienne. Une immigration, organisée avec une intelligence rare par le gouvernement colonial, y attire journellement des travailleurs et des industriels de toutes sortes. La race allemande, si laborieuse, douée des qualités agricoles les plus précieuses, afflue en Australie.

Les deux principales sources de richesse de ce pays sont l'or et la laine : ce dernier produit ne donnait lieu, en 1820, qu'à une exportation de mille quintaux ; aujourd'hui, il lutte sur les marchés anglais contre les laines du Cap, de la Hongrie et de l'Allemagne, avec un apport de 50 millions de livres. Le révérend W.-H. Clerke découvrit, en 1841, les premiers gisements d'or dans la province de Victoria, et, s'appuyant sur des données scientifiques, affirma l'extrême réserve de ces gisements : ce ne fut cependant qu'en 1852 qu'apparut à Londres le premier or australien ; on sait dans quelles formidables proportions ces envois se sont accrus pendant les dix dernières années.

Nous ferons grâce à nos lecteurs des réceptions, des fêtes qui marquèrent la présence de la *Novara* à Sydney, comme aussi des visites dans les différents établissements publics, reproduction exacte de ceux qui existent en Angleterre. D'autant plus qu'une nouvelle grave attendait l'expédition à son arrivée en Australie, celle qui annonçait la guerre entre la France unie à l'Italie et l'Autriche : cette puissance, ayant besoin de réunir toutes ses ressources sur mer comme sur terre, rappelait la *Novara* qui devait abréger autant que possible son voyage. Nous ne visiterons donc plus que rapidement les pays qui se trouvent sur l'itinéraire de notre retour. C'est d'abord la Nouvelle-Zélande dont les habitants, autrefois anthropophages, se sont assouplis admirablement à la civilisation et au christianisme, et promettent de devenir une population des plus intelligentes et des plus industrieuses. La nature s'est montrée plus favorable pour la Nouvelle-Zélande que pour l'Australie ; elle l'a douée d'une végétation tropicale, quoique cette terre soit située à une latitude assez haute, correspondant à celle du nord de l'Espagne. L'arbre le plus grand et le plus majestueux des forêts new-zélandaises, celui qui en constitue l'ossature, est le pin kauni, qui ressemble plutôt à notre châtaignier qu'aux autres arbres de sa famille : le cyprès, le *Podocarpus excelsus*, varient à chaque instant les aspects, et sont reliés les uns aux autres par des lianes ; des masses d'énormes fougères garnissent les éclaircies. Les géologues de la *Novara* traversèrent une forêt de ce genre pour se rendre aux gisements de charbon qui s'étendent dans un des bassins de la Nouvelle-Zélande. Ces gisements sont assez riches, mais la nature du charbon, qui conviendrait à l'éclairage et aux usages industriels, l'empêche de s'appliquer utilement au chauffage des bateaux à vapeur.

En quittant la Nouvelle-Zélande, la *Novara* prit la route des îles de la Société, ou îles Marquises. Aucun événement important ne signale cette longue traversée de plus d'un mois : le 10 janvier, la

frégate passe le 180° degré de longitude de Greenwich, et rentre
dans notre longitude ouest. A cette occasion, l'ordre du jour porte
que la date du lundi 10 janvier serait inscrite deux fois de suite
sur les comptes et les journaux de bord, pour éviter, au retour en
Europe, de se trouver en avance d'un jour. Le 11 février, la *Novara* arrive devant Papeete, le pavillon français hissé au grand mât
et en tirant sa salve de 21 coups de canon. Le gouverneur met aussitôt à sa disposition une petite île de la rade, où, si l'on en croit la
tradition, le roi Pomaré II se retirait sur ses vieux jours pour boire
du cognac avec une telle exagération qu'il s'injuriait parfois lui-
même et criait : « Pomaré, ton cochon serait en ce moment mieux en
état de gouverner que toi ! »

Les îles Marquises ont eu le privilége d'exciter l'intérêt et la curiosité générale, plus qu'aucune autre île de l'océan Pacifique. Les
descriptions séduisantes de Cook y sont pour beaucoup ; la place
qu'elle a occupée dans la politique des deux grandes puissances ma-
ritimes n'y a pas moins contribué. Aujourd'hui, quoique Tahiti
soit gouverné par une dynastie indigène, l'administration supérieure
est toute aux mains des Français : la reine reçoit d'eux sa liste civile (25,000 fr.), qui est perçue par eux. Un Corps législatif fonctionne auprès de la reine, mais il n'a guère plus d'initiative qu'elle ;
malgré cela, il paraît que cette assemblée compte plusieurs orateurs très-éloquents. Dans le nombre siégent plusieurs femmes : la
loi salique n'existe pas à Tahiti, et lorsqu'un chef de district meurt
sans enfant mâle, sa succession et sa dignité reviennent à l'aînée de
ses filles ou à son plus proche parent, de quelque sexe qu'il soit. A
une soirée donnée par le gouverneur français, les membres de l'expédition furent présentés à la reine Pomaré : c'est une femme d'environ cinquante ans, corpulente, courte, au visage sans expression,
à la démarche lourde ; elle était costumée à l'européenne, d'une robe
de bal blanche, avec des fleurs dans les cheveux. Elle passe pour une
femme instruite, parle l'anglais et le français assez couramment, et
montre une grande intelligence des affaires.

Les voyageurs constatent que le gouvernement français semble
considérer Tahiti uniquement au point de vue militaire et maritime,
et se préoccuper fort peu de son importance commerciale, qui pourrait être immense en ce que cette île, sous une autre administration,
deviendrait le dépôt général des produits polynésiens et des fabriques
européennes. Sous l'influence d'un régime libéral, conséquent et

suivi, au lieu d'être indolent et indifférent, Tahiti se ferait le Singapoure de l'Océanie, tandis qu'elle offre un contraste déplorable
avec les colonies anglaises qui l'entourent, contraste que tout lecteur
français est profondément peiné de voir constaté dans les impressions
de voyage d'un étranger. Au lieu d'en apprécier le côté grave et
profitable à notre commerce et à notre influence, nous n'y avons vu
qu'une chose, c'est la facilité de mœurs de ses habitants, et nous
l'avons nommée la *Nouvelle Cythère*.

Des îles Marquises nous nous transportons à Valparaiso; il n'existe
pas de stations intermédiaires, et, de plus, le temps nous presse.

De toutes les anciennes dépendances espagnoles, la république
chilienne jouit, par exception, d'un calme politique parfait : aussi
centralise-t-elle tout le commerce de ces parages et attire-t-elle un
grand nombre d'émigrants. Valparaiso est une belle et grande ville,
douée de tous les monuments qui conviennent à un port de son rang;
mais ce n'est pas là qu'il faut chercher le Chili : allons jusqu'à Santiago de Chili, capitale de la république; la route est assez pénible,
elle gravit et descend rudement les contre-forts des Andes; mais les
moyens de transports sont originaux. Qu'on se figure une sorte de
cabriolet à deux roues et à deux places, attelé d'une paire de chevaux; six ou huit autres bêtes galopent autour de la voiture, et
chemin faisant on les attelle à leur tour à la carriole. L'équipage et
le relais marchent sous la conduite d'un postillon à cheval, revêtu
du poncho national : un morceau carré d'étoffe de laine, percé au
centre d'une ouverture par laquelle sort la tête. Santiago de Chili se
présente sous un aspect monumental. Si l'activité commerciale brille
à Valparaiso, le mouvement intellectuel anime plus particulièrement
la capitale politique de la république; elle a une université dont le
président est grand-maître, une bibliothèque de 32,000 volumes,
une « *Galeria de artes e oficios* » dirigée par un Français, une école
d'agriculture. Comme il convient à des gens qui ont tous un intérêt
dans l'État, les Chiliens sont graves; leur conversation porte presque
toujours sur la politique, et lorsqu'ils passent à des sujets différents,
ils les traitent avec connaissance de cause et à fond; les femmes, si
légères et si nulles dans l'autre partie de l'Amérique espagnole,
prennent également un très-vif intérêt aux affaires politiques, ce qui
ne les empêche pas d'être fort bonnes musiciennes et de jouer du
Beethoven et du Mendelssohn lorsqu'elles reçoivent des Allemands.

De retour à Valparaiso, l'expédition se démembre. Le Dr Scherzer, celui-là même qui a rédigé l'ouvrage que nous sommes en train de feuilleter, obtint l'autorisation de se rendre à Lima et à Panama et de continuer autant que possible l'œuvre entreprise par l'expédition, de visiter les sujets autrichiens assez répandus dans ces parages. Pendant ce temps la *Novara*, redescendant vers le Sud, doublerait le cap Horn et retournerait directement en Europe. Gibraltar fut le point de rendez-vous du Dr Scherzer et de la frégate impériale. Laissons donc cette dernière regagner à toutes voiles sa patrie qui pouvait avoir besoin d'elle, et pénétrons dans les terres avec l'intéressant narrateur. Sans le suivre pas à pas dans des contrées plus connues que celles déjà visitées, nous marquerons ici les points principaux de son voyage. D'abord les îles Chinca, situées vis-à-vis de Pisco, en Bolivie. C'est là que se recueille la matière fertilisante par excellence, le guano. Plus de cent vaisseaux attendent dans le port le précieux chargement. Ces îles offrent un aspect triste et nu ; cette substance dont quelques parcelles accélèrent ailleurs la végétation, l'empêche ici, précisément par sa trop grande abondance. Le gouvernement péruvien, qui, comme on le sait, s'est réservé le monopole de la vente du guano, en retire un revenu d'environ 12 ou 15,000 piastres. — De Callao, un chemin de fer mène en une demi-heure à Lima, la ville la plus importante du Pérou. Un détail singulier nous frappe à notre entrée à Lima : les maisons de chaque quartier sont peintes de couleurs différentes, conformes au plan colorié officiel de la ville; une partie de la ville est toute rouge, l'autre bleu-vif, l'autre vert-pomme; c'est une façon comme une autre de distraire l'œil, et une commodité pour les nouveaux venus qui y trouvent plus de facilité à s'orienter. Ainsi que cela a lieu dans l'Amérique du Sud, les maisons, par crainte de tremblements de terre, sont basses et ne se composent presque toutes que d'un rez-de-chaussée; les fenêtres y ferment à peine, car la pluie et le froid sont à peu près inconnus à Lima. La température moyenne de l'hiver ne descend guère plus bas que de 16 degrés au-dessus de zéro. La domination espagnole a marqué sa trace en de majestueux monuments et en des cathédrales d'un grand style.

La population de Lima est loin d'avoir atteint le degré d'intelligence et d'activité qui caractérise les Chiliens : le sang indien, mêlé au sang espagnol, n'a pas produit une bonne race ; ces métis n'ont qu'une médiocre aptitude au commerce, à l'industrie ou à l'agriculture. Les guerres civiles qui désolent en permanence le pays depuis

1822, époque où le Pérou s'est séparé de l'Espagne, ne témoignent guère de leur intelligence politique. Une observation qu'il est remarquable de trouver dans un ouvrage écrit en 1859, c'est que ces républiques américaines n'ont d'autre issue, pour sortir de leur état déplorable, que de se réunir à la grande nation des États-Unis, ou de se donner à un membre d'une dynastie européenne. Était-il déjà question, à cette époque, de la guerre du Mexique et de l'archiduc Maximilien? Nous n'accompagnerons pas le D^r Scherzer dans les colonies d'émigrants allemands, dans le Pérou et dans la Bolivie dont il fait le tableau le plus déplorable, et nous irons le retrouver le 21 juin à Panama. Après une ennuyeuse navigation le long des côtes arides de l'Amérique du Sud, le port de Panama repose agréablement l'œil du voyageur par sa charmante situation, encadrée qu'elle est de vertes collines. La ville par elle-même ne contient guère plus de 9,000 habitants; mais sur la longueur de l'isthme, on compte près de 100,000 nègres et gens de couleur.

On sait que la distance qui sépare Panama sur l'océan Pacifique, d'Aspinwall sur l'Atlantique, n'est que de quarante-cinq milles anglais : un chemin de fer réunit ces deux points. Commencé en 1850, il fut terminé en cinq ans : le 27 janvier 1855, une locomotive glissa de l'Océan à l'Océan. La dépense s'élève à plus de cinq millions de dollars. C'est un spectacle bien digne de charmer tout être intelligent, que cette traversée des forêts primitives, encombrées de la végétation exubérante des tropiques. Les vastes éventails de la feuille du palmier piquent leurs pointes jusque par les fenêtres des wagons, qui roulent sous un tunnel de verdure épaisse : la nature travaille sous ce climat avec une telle activité, qu'il faut un entretien incessant pour maintenir la voie praticable, et si le chemin de fer restait abandonné seulement pendant un an, on n'en retrouverait plus trace au bout de ce temps.

A mesure qu'on se rapproche de l'Atlantique, la forêt s'éclaircit, et après avoir traversé le pont de fer de 600 pieds de long, jeté sur le Chagré, on roule sur un sol marécageux qui a dû présenter de grandes difficultés aux ingénieurs. Aspinvall, établi sur une petite île, ne compte que 1,500 habitants : le climat y est malsain, mais la rade est excellente. Il est à regretter que le D^r Scherzer n'ait pas consacré à l'isthme de Panama une plus grande place dans sa relation ; il ne nous dit rien du projet de canal qui réunirait les deux mers, répétant en Amérique l'admirable entreprise qu'accomplit en

Europe M. de Lesseps; rien non plus du commerce de transit qu'a développé l'établissement du chemin de fer.

A partir de ce moment, le voyage de la *Novara* est terminé pour nous. Le D* Scherzer retourne en Angleterre, d'où un paquebot l'amène à Gibraltar, et le bâtiment qui le porte arrive au pied de la forteresse anglaise en même temps que la frégate impériale. Il monte à bord de son navire, et l'on se dirige rapidement vers Trieste.

Le résumé succinct et hâté que nous venons de donner ne peut faire connaître que bien imparfaitement le voyage de circumnavigation accompli par la *Novara*. Nous avons essayé de montrer quelques aspects nouveaux, nous avons consigné des particularités que nous n'avions point rencontrées ailleurs ; mais nous avons dû laisser de côté bien des choses dont la connaissance serait précieuse pour les navigateurs et pour les lecteurs curieux. Telles sont les tables relatant la marche des typhons, les cartes de plusieurs points jusqu'ici peu connus, des vocabulaires contenant les mots les plus usuels des langues usitées dans les différentes îles du Pacifique, des spécimens de musique tagale, etc. De nombreux dessins : les uns figurant des paysages exotiques, d'autres des types humains, des instruments, des ustensiles de toutes sortes, accompagnent le texte et permettent de contrôler l'exactitude des descriptions. Mentionnons aussi les documents statistiques fort intéressants pour le commerce, entre autres ceux qui donnent l'indication des articles d'échange les mieux accueillis par les insulaires de l'océan Pacifique.

L'ouvrage dont nous venons de parcourir les trois volumes ne contient, du reste, qu'une partie du tribut que le voyage de la *Novara* apportera à la science. Une série de publications scientifiques viendra compléter l'œuvre. Les collections nombreuses recueillies par la mission offriront aussi une matière abondante aux observateurs. En considérant l'importance de l'œuvre accomplie, on ne peut qu'applaudir aux paroles prononcées par l'archiduc Maximilien, qui, en recevant les membres de l'expédition à leur retour, leur dit : « Vos noms appartiennent désormais à l'histoire autrichienne ! »

THÉOPHILE GAUTIER FILS.

# ONÉGUINE[1]

ROMAN EN VERS

## PAR ALEXANDRE POUCHKINE.

---

## CHAPITRE V.

### I

Cette année-là, l'automne avait duré longtemps; la nature avait attendu l'hiver, et la neige n'était tombée qu'en janvier, dans la nuit du troisième jour. S'étant éveillée de bonne heure, Tatiana aperçut par sa fenêtre la cour toute blanchie, et blanchis aussi, les toits, les haies, les parterres. Elle revit les légers dessins sur les vitres, les arbres dans leur robe d'argent, les pies sautillant gaiement dans la neige, et au loin les collines couvertes d'un tapis moelleux et brillant : Tout est blanc, tout étincelle à l'entour.

### II

C'est l'hiver. Le paysan inaugure triomphalement le traînage sur sa charrette à patins. Son bidet, flairant la neige, s'essaye à trottiner plus lestement. Entr'ouvrant un double sillon dans le duvet de neige, une rapide *kibitka* passe au galop; le cocher, dans sa pelisse serrée par une ceinture rouge, se tient sur son siége, assis de côté; un petit villageois le suit de loin, traînant un chien dans un traîneau dont il est lui-même le cheval. Le polisson s'est déjà gelé un doigt. Il en souffre, et il rit pourtant, et sa mère le menace à travers la fenêtre.

### III

Mais on m'assure que les tableaux de ce genre n'attirent pas les lecteurs. Tout cela, dit-on, c'est de la nature vulgaire, qui n'a rien d'élégant. Et pourtant un autre poëte, échauffé par le dieu du Par-

---

1. Voir les 48ᵉ et 49ᵉ Livraisons.

nasse, nous a peint, en style magique, la première neige et toute la
variété des plaisirs de l'hiver [1]. Il vous a séduit, j'en suis convaincu,
en décrivant, dans ses vers enflammés, les promenades nocturnes en
traîneau. Mais je ne me sens pas de force à lutter avec lui, et moins
encore avec toi, chantre de la *Jeune Finnoise* [2].

## IV

Russe jusqu'au fond de l'âme, et sans le savoir, Tatiana aimait
l'hiver russe avec ses froides beautés : le givre étincelant au soleil
dans un jour de gelée, et le traîneau rapide, et la teinte rosée de la
neige au crépuscule, et les ténèbres des soirées qui accompagnent le
baptème des eaux [3]. Dans leur maison, l'on célébrait ces soirées
d'après l'antique usage; les servantes de tout étage interrogeaient le
sort au compte de leurs jeunes maîtresses, et, chaque année, leur an-
nonçaient des maris officiers et la guerre.

## V

Tatiana croyait aux vieilles traditions populaires, aux songes, aux
cartes, aux présages pris de la lune ; toutes sortes d'indices superstitieux la troublaient; chacun des objets qui l'entouraient lui semblait
prédire mystérieusement quelque chose, et maintes fois des pressentiments resserraient son sein. Si quelque chat, coquettement pelo-
tonné sur le poêle, se lavait le museau avec sa patte en ronflant,
c'était pour elle un signe certain que des visites allaient arriver. Si
elle apercevait d'aventure la jeune face à double corne de la lune dans
le ciel à gauche,

## VI

Elle tremblait et pâlissait. Quand une étoile filante traversait le
ciel obscur, avant que celle-ci s'éparpillât en étincelles, Tatiana, tout
émue, se hâtait de lui jeter le désir de son cœur. S'il lui arrivait de
rencontrer un prêtre ou un moine à la robe noire; si, dans la campagne, un lièvre rapide traversait la route devant elle, éperdue de
terreur, agitée de funestes pressentiments, elle s'attendait aussitôt à
quelque malheur.

## VII

Eh bien, elle trouvait dans cette terreur un charme secret. Ainsi

1. Allusion à une pièce de vers du prince Viazemski, intitulée *La première neige.*
2. Poëme de Baratinski, où se trouve une assez célèbre description de
l'hiver.
3. Fête du 6 janvier.

nous a faits la nature, cette nature à qui plaisent tant les contradictions. Voici qu'arrivent les fêtes du Baptême des eaux. Quelle joie !
La jeunesse étourdie interroge le sort; elle qui n'a rien à regretter,
qui voit s'étendre serein et à perte de vue le lointain de la vie. La
vieillesse interroge aussi le sort, à travers ses lunettes, accoudée sur
la pierre de son cercueil, ayant tout perdu sans retour. Et l'espérance
menteuse les berce toutes deux de son babil enfantin.

VIII·

Tatiana fixe un regard curieux sur la cire qu'on vient de retirer de
l'eau, et dont les dessins bizarres semblent lui annoncer aussi une
bizarre destinée. Et cependant les jeunes filles retirent l'une après
l'autre les bagues jetées dans le plat; et sa bague sort de l'eau au son
de la vieille complainte : « Tous les paysans sont riches dans ce vil-
« lage; ils remuent l'argent à la pelle. Qu'à celui pour qui nous
« chantons adviennent honneur et profit. » Mais le ton gémissant de
cette complainte prédit des malheurs; le *petit chat* est plus du goût
des jeunes filles [1].

IX

La nuit est glaciale; le ciel est pur; le chœur des étoiles semble
couler avec une lente et harmonieuse majesté. Tatiana sort en robe
légère du côté de la large cour, présentant un miroir aux reflets de la
lune. Mais la face de l'astre mélancolique tremblote seule au fond du
verre obscur... Soudain la neige crie sous des pas... Quelqu'un ! La
jeune fille court à lui sur la pointe des pieds, et sa voix résonne plus
douce que le son d'un chalumeau : « Quel est votre nom ? » Le passant la regarde avec surprise et finit par répondre : « Agathon. »

X

Sur les conseils de sa nourrice, et voulant interroger le sort avec
certitude, Tatiana avait donné secrètement l'ordre de placer dans la
salle isolée du bain une table avec deux couverts. Mais, au moment
de s'y rendre, une terreur subite la saisit; elle se borna, au moment
du coucher, à mettre sous l'oreiller son petit miroir, et à détacher le
cordonnet de soie qui lui servait de ceinture. Tout s'est apaisé autour
d'elle; Tatiana dort. Lel, dieu de la jeunesse [2], voltige en silence autour de sa couche.

---

1. « Le petit chat invite sa chatte à dormir sur son petit poêle. » Cette
chanson annonce un mariage; l'autre annonce une mort.

2. Dans la mythologie slave. Ce nom, et celui de Lada, la Vénus slave,
s'est conservé dans les refrains des chansons villageoises.

## XI

Tatiana voit un rêve étrange : il lui semble qu'entourée par une ombre lugubre, elle marche dans une vaste plaine de neige. Tout à coup un torrent sombre et gris d'écume, que l'hiver n'a point enchaîné, bouillonne à ses pieds. s'ouvrant passage à travers la neige amoncelée. Deux poutrelles, collées par un glaçon, pont vacillant et périlleux, sont posées sur le torrent, et devant l'abîme grondant, pleine de terreur, elle s'arrête.

## XII

Comme s'il était la cause d'une séparation, Tatiana murmure contre le torrent ; elle ne voit personne sur l'autre rive qui puisse lui tendre la main. Mais soudain un tas de neige s'agite, et qui en sort ? un grand ours tout hérissé! Elle pousse un cri, et l'ours, hurlant, lui tend sa patte aux griffes aiguës. Elle prend courage, s'y appuie d'une main tremblante, et d'un pied timide traverse le torrent. Elle s'avance, l'ours la suit.

## XIII

Sans oser regarder en arrière, elle presse le pas. Mais il lui est impossible de se débarrasser de ce laquais velu. Elle entend l'ours insupportable souffler en pataugeant derrière elle. Une forêt se présente. Les pins se tiennent immobiles dans leur beauté farouche. Leurs branches sont alourdies par des filaments de neige. A travers les cimes nues des trembles et des bouleaux, passent les rayons des astres nocturnes. Pas de chemin ; les broussailles, les ravins, envahis par la bourrasque, sont tous profondément ensevelis sous la couche blanche.

## XIV

Tatiana pénètre dans le bois, l'ours la suit. La neige molle monte jusqu'aux genoux de la jeune fille. Tantôt une longue branche l'arrête par le col, ou lui arrache des oreilles ses boucles d'or ; tantôt un soulier humide quitte son pied ; tantôt elle perd son mouchoir. Mais elle n'ose pas le ramasser ; elle n'ose pas s'arrêter un moment ; l'ours est toujours derrière elle. Elle ne peut pas même se décider à relever sa robe. Elle court, elle court, toujours suivie, et voilà qu'elle n'a plus la force de courir.

## XV

Elle tombe dans la neige. L'ours la saisit et l'emporte. Soumise jusqu'à l'insensibilité, elle ne bouge et ne respire pas. Il l'entraîne par un sentier et s'enfonce dans la forêt. Une hutte apparaît entre les arbres. La neige intacte l'enveloppe de toutes parts ; mais une lumière brille par la lucarne, et dans l'intérieur on entend du tapage et des cris. L'ours lui dit : « Ici demeure mon parrain, réchauffe-toi un peu dans sa hutte. » Disant cela, il la dépose doucement sur le seuil.

## XVI

Tatiana revient à la vie et regarde autour d'elle. L'ours a disparu. Elle se trouve dans une petite chambre, et, derrière la porte, entend des exclamations et le choc des verres comme à un grand festin d'enterrement. Ne comprenant rien à ce bruit, elle regarde furtivement par une fente de la porte. Que voit-elle ? Autour de la table sont rassemblés une foule de monstres divers : l'un avec des cornes sur un museau de chien, l'autre avec une tête de coq ; ici une sorcière avec une barbe de bouc, là un squelette qui se donne des airs d'importance ; plus loin un nain avec une grande queue, et, près de lui, un être demi-chat et demi-cigogne.

## XVII

Puis d'autres encore plus terribles et plus étranges : une écrevisse à cheval sur une araignée ; un crâne tournant en tous sens sur un cou d'oie, affublé d'un bonnet rouge ; un moulin à vent qui danse la *prisiatka*, en faisant bruire et tournoyer ses ailes ; aboiements, sifflements, éclats de rire, chansons, battements de mains, voix humaines et piétinements de chevaux. Mais que dut penser Tatiana quand elle reconnut parmi les convives celui qui lui est à la fois cher et terrible, le héros de cette histoire ? Onéguine, assis devant la table, jette à la dérobée des regards vers la porte.

## XVIII

Il fait un signe, tous s'empressent ; il boit, tous vident leurs verres avec des cris ; il sourit, tous partent d'un éclat de rire ; il fronce le sourcil, tous font silence. Il est le maître du logis, c'est évident. Tatiana se rassure un peu, et, curieuse, elle entr'ouvre la porte. Tout à coup un vent souffle, éteignant les torches fumeuses. La bande des monstres se trouble ; Onéguine, les yeux ardents, se lève brusquement de la table, et tous se lèvent avec lui. Il s'avance vers la porte.

## XIX

La terreur reprend Tatiana. Elle s'efforce de fuir, ne le peut. S'agitant avec angoisses, elle veut au moins jeter un cri ; impossible. Onéguine pousse violemment la porte, et aux regards des monstres infernaux apparaît la jeune fille. Un rire féroce s'élève en éclats sauvages. Les yeux de tous, les trompes recourbées, les sabots, les queues velues, les longues dents, les moustaches hérissées, les langues sanglantes, les cornes, les doigts décharnés, tous la désignent, tous hurlent en chœur : « Elle est à moi, elle est à moi. »

## XX

« Elle est à moi, » crie Onéguine d'une voix formidable, et toute la bande disparaît en un clin d'œil. Dans les ténèbres glacées, la jeune fille reste seule avec lui ; il l'entraîne doucement vers un banc vermoulu, l'y dépose, et se penche sur son épaule. Soudain entre Olga, Lenski la suit. Une vive lumière se répand. Onéguine lève la main avec menace, et, roulant des yeux terribles, insulte ces visiteurs inattendus. Tatiana est étendue demi-morte.

## XXI

La dispute devient plus vive et plus bruyante. Onéguine saisit un long couteau, et sur-le-champ Lenski tombe, frappé de mort. L'ombre s'épaissit démesurément ; un cri strident retentit ; la hutte vacille, et Tatiana s'éveille, froide de terreur. Elle regarde ; il fait déjà jour dans sa chambre. Le rayon rougeâtre de l'aurore joue à travers les vitres gelées ; et plus rose que l'aurore, plus légère que l'hirondelle, Olga entre en courant : « Eh bien ! dit-elle, qui as-tu vu en songe ? »

## XXII

. Mais Tatiana, sans remarquer sa sœur, se tient dans son lit, feuilletant un livre, et ne répond pas un mot. Ce livre n'offrait ni les inventions séduisantes de la poésie, ni de sages conseils, ni d'agréables descriptions. Mais pourtant ni Virgile, ni Racine, ni Scott, ni Byron, ni Sénèque, ni même le *journal des Modes*, n'intéressèrent jamais à ce point leurs lectrices. Amis, c'était Martin Zadéka, le chef des Mages de la Chaldée, un devin, un explicateur des songes.

## XXIII

Cette œuvre profonde avait été apportée dans la solitude des Larine par un colporteur ambulant, qui, après en avoir longtemps débattu le prix, l'avait cédé à Tatiana, avec une Malvina dépareillée, pour trois roubles et demi, prenant encore par-dessus le marché un recueil de fables, une grammaire, deux exemplaires de la *Pétriade* [1] et un troisième volume de Marmontel. Martin Zadéka est devenu le

---

1. Détestable imitation de la *Henriade*, par un certain Khéraskof, également auteur d'une *Rossiade*.

favori de Tatiana; il la console [dans ses chagrins, et dort toutes les nuits sous son oreiller.

## XXIV

Ne sachant quel sens attribuer à ce rêve effroyable, et voulant toutefois s'en rendre compte, Tatiana se met à chercher dans l'index du volume les mots suivants dans leur ordre alphabétique : bourrasque, écrevisse, forêt, neige, ours, pont, sapin, ténèbres, etc. Martin Zadéka ne résout point ses doutes ; mais il lui dit que ce rêve de mauvaise augure lui promet de tristes événements. Pendant plusieurs jours, elle en resta préoccupée.

## XXV

Mais voici que l'aurore aux doigts de rose, traînant le soleil après elle, amène des plaines du matin la fête joyeuse de la sainte patronne [1]. Dès le point du jour, la maison des Larine regorge de visiteurs. Les voisins sont arrivés par familles entières, en traîneaux, en *kibitkas*, en berlines sur patins : Dans l'antichambre, presse et jurons; dans le salon, présentations et rencontres, aboiements de carlins, bruyants baisers de jeunes filles, éclats de rire, foule aux portes, profonds saluts, frottements de pieds sur le parquet, querelles de nourrices et vagissements de nourrissons.

## XXVI

Avec son épouse à l'épaisse corpulence, est arrivé le gros Poustiakof, et Gvosdine, savant agronome, possesseur de paysans ruinés; et les Skotinine, couple grisonnant, avec des enfants de tout âge, depuis deux ans jusqu'à trente; et Pétouchkof, le *dandy* du district, et mon propre cousin Bouyanof, en casquette à visière et tout sali de duvet, sous cette figure que vous lui connaissez certainement [2]; enfin le conseiller en retraite Flanof, lourd colporteur de caquets, vieux roué, goinfre, avaleur de pots-de-vin, et bouffon.

## XXVII

En compagnie des Kharlikof, est aussi venu *Mousié* Triquet, bel esprit, tout fraîchement débarqué de Tambof, en lunettes et perruque rousse. En digne Français, Triquet apportait dans sa poche un couplet dédié à Tatiana, sur l'air connu même des enfants : « Réveillez-

---

1. Imitation burlesque de quatre vers du vieux poëte Lomonosof, le Malherbe russe.

2. Bouyanof est le héros d'un conte grivois, écrit en vers par un oncle de Pouchkine, portant le même nom.

vous, belle endormie. » Ce couplet avait été imprimé dans les chansons d'un ancien almanach ; mais Triquet, en poëte sagace, l'avait tiré
de sa poussière pour le remettre au jour, et hardiment, au lieu de
« belle Nina, » il avait mis, « belle Tatiana. »

### XXVIII

Et voici que, de la ville voisine, l'idole des demoiselles mûres, la
coqueluche des mamans, le chef d'escadron enfin, arrive à son tour ;
il entre : « ô grand Dieu, quelle nouvelle ! quel bonheur ! nous aurons la musique du régiment ; le colonel l'envoie, il y aura un bal. »
Les fillettes en sautent d'avance. Mais le dîner est servi. Les convives
s'avancent par couples, en se donnant la main. D'un côté toutes les
femmes se pressent autour de Tatiana ; de l'autre, tous les hommes ;
et la foule se met à table en bourdonnant et en faisant des signes de
croix.

### XXIX

Les conversations s'apaisent un instant, car les mâchoires sont occupées. De tous côtés on entend le bruit des couteaux sur les assiettes et le choc des verres. Mais peu à peu les convives soulèvent
un tapage unanime. Personne n'écoute son voisin, chacun crie à tue-
tête, rit sans savoir de quoi et se dispute sans savoir sur quoi : tout
à coup la porte s'ouvre à deux battants. Lenski entre, suivi d'Onéguine. « Ah, mon créateur ! s'écrie la maîtresse de maison ; enfin ! »
Les convives se pressent ; les valets apportent des siéges ; on salue les
nouveaux venus, on leur fait place.

### XXX

On les met en face de Tatiana ; et, plus pâle que la lune au matin,
plus palpitante qu'une biche poursuivie, elle n'ose pas lever ses regards qui s'obscurcissent. Le feu de la fièvre l'envahit ; elle se sent
mal, elle étouffe ; elle n'entend point les compliments des deux amis ;
des larmes vont jaillir de ses yeux ; la pauvre enfant se sent prête à
défaillir. Mais la volonté et la raison prirent pourtant le dessus,
elle murmura deux mots de réponse, et eut la force de rester à
table.

### XXXI

Dès longtemps Onéguine ne pouvait souffrir les évanouissements,
les larmes, toutes les scènes tragi-nerveuses ; il en avait assez subi.
Rien que de se voir tombé au milieu d'un grand festin avait déjà
fâché cet homme bizarre ; mais, en apercevant l'agitation manifeste
de la jeune fille, il sentit redoubler son dépit, et, plein de colère

contre Lenski, il se fit le serment de se venger en le poussant à bout ; triomphant par avance, il commença à se crayonner à lui-même la caricature de tous ses voisins.

## XXXII

Onéguine n'eût pas été le seul à remarquer le trouble de Tatiana ; mais, par bonheur, en cet instant, le but de tous les propos et de tous les regards se trouvait être un large pâté, dans lequel malheureusement le cuisinier avait mis trop de sel. Et puis, voilà qu'on apporte, entre le rôti et le blanc-manger, dans une bouteille goudronnée, du champagne fabriqué à Tsimliansk. Elle est suivie d'une phalange de verres longs et étroits, semblables à ta fine taille, Zizi, cristal de mon âme, toi, objet de mes premiers vers innocents, toi qui, dans ta coupe, m'as si souvent versé l'ivresse.

## XXXIII

Se délivrant de son humide bouchon, la bouteille fait feu ; le vin s'échappe en mousse petillante. Prenant alors un maintien digne, et dès longtemps tourmenté par son couplet, Triquet se lève. Toute l'assemblée fait un respectueux silence. Tatiana est à demi morte. Triquet, se tournant vers elle, son feuillet à la main, entonne sa chanson d'une voix fausse. Des cris, des transports le laissent à peine achever. Tatiana se voit contrainte de faire la révérence au poëte, tandis que lui, aussi modeste qu'ingénieux, boit le premier à sa santé, et lui présente le manuscrit d'un air galant.

## XXXIV

Les compliments, les félicitations pleuvent de toutes parts. Tatiana répand les remercîments autour d'elle. Quand vint le tour des derniers convives, l'air abattu de la jeune fille, son trouble, sa fatigue, firent naître un mouvement de pitié dans l'âme d'Onéguine. Il la salua en silence ; mais le regard de ses yeux avait je ne sais quoi d'étrange et de tendre. Était-il réellement touché ? Ne faisait-il que de la coquetterie ? était-ce exprès ou involontairement ? Son regard exprima vraiment la sensibilité, et ranima le cœur de Tatiana.

## XXXV

Les chaises repoussées se heurtent avec bruit ; la foule se rue vers le salon. Ainsi un essaim bruyant d'abeilles s'envole de la ruche pour butiner dans les champs. Ravi de son dîner de fête, le voisin souffle auprès du voisin ; les dames s'approchent de la cheminée ; les demoiselles chuchotent dans les coins ; on ouvre les tables vertes où le boston, l'antique hombre et le whist, illustre jusqu'à présent, toute cette monotone famille, tous enfants de l'avide ennui, convient les joueurs infatigables.

## XXXVI

Les héros du whist ont déjà parachevé huit *robbers;* huit fois ils ont changé de place. On apporte le thé. J'aime à déterminer la mesure du temps par le dîner, le souper et le thé; nous autres campagnards, nous connaissons l'heure sans grande étude; notre estomac est notre Bréguet ponctuel. Et à ce propos, je dois faire observer que je parle aussi souvent dans mes strophes de festins, de plats et de mangeaille, que toi, divin Homère, toi, l'idole de trente siècles.

. . . . . . . . . . . . . . . . . . . . . . .

## XXXIX

Mais à peine les demoiselles avaient-elles saisi leurs tasses du bout des doigts, que, derrière la porte du vaste salon, on entendit résonner une flûte et un basson. Transporté par le tonnerre de cette sérénade, et posant sa tasse de thé au rhum, le Pâris des villes voisines, Pétouchkof s'approche d'Olga et Lenski de Tatiana; le poëte de Tambof s'empare de mademoiselle Karlikof, fille à marier d'un âge mûr; Bouyanof entraîne la première femme qui lui tombe sous la main, et tous s'élancent. Le bal s'ouvre et brille de toute sa splendeur.

## XL

Monotone et insensée comme le tourbillon qui emporte la jeune vie, tourne la valse rapide. Un couple suit l'autre. Sentant venue l'heure de la vengeance, et souriant d'un sourire intérieur, Onéguine s'approche d'Olga. Il l'invite, il tourne avec elle, il la dépose sur une chaise, et entame avec elle une conversation animée; puis il reprend la valse, puis la recommence encore. Tous les assistants le regardent avec surprise; Lenski n'en peut croire ses yeux.

## XLI

La mazourke a son tour. Jadis, quand éclataient les sons de la mazourke, tout tremblait dans la plus vaste salle; les parquets retentissaient, frappés par les talons; les vitres mêmes tintaient aux fenêtres. Il n'en est plus ainsi. Comme les dames, nous glissons sur les planches vernissées. Mais en province, dans les maisons de campagne, la mazourke conserve encore ses charmes primitifs. Les cabrioles, les coups de talon, les moustaches retroussées, sont toujours les mêmes. La cruelle mode, notre commun tyran, la maladie des nouveaux Russes, n'y a encore rien changé.

## XLII

Bouyanof, mon fougueux cousin, amène à notre héros Olga et Tatiana. C'est Olga que choisit Onéguine ; et, tout en la menant, tout en glissant avec nonchalance sur le parquet, il lui murmure tendrement à l'oreille je ne sais quel fade madrigal. Puis il lui serre la main, et la rougeur de l'amour-propre flatté se répand sur le visage de la danseuse. Lenski a tout vu. Éperdu, hors de lui, dévoré d'une fureur jalouse, il attend la fin de la mazourke, et s'empresse d'inviter Olga pour le *cotillon*.

## XLIII

Impossible ! — Impossible ? pourquoi ? — Olga a déjà donné sa parole à Onéguine. O grand Dieu ! qu'a-t-il entendu ? Elle a pu, elle !... à peine sortie des langes, et déjà coquette !... Elle connaît la ruse, elle a appris la trahison ! Lenski ne peut supporter ce coup terrible. Il sort en maudissant l'inconstance des femmes, il demande son cheval et part au galop. Une paire de pistolets, deux balles, rien de plus, vont sur-le-champ décider de son sort.

## CHAPITRE VI.

### I

A peine avait-il remarqué le départ de Vladimir, que, retombant dans son ennui, et satisfait de sa vengeance, Onéguine se mit à rêver, assis près d'Olga. Olga, de son côté, répondait en bâillant aux bâillements d'Onéguine, cherchant Lenski des yeux, et l'éternel cotillon l'excédait comme un songe pénible. Il s'achève enfin. On soupe. Ensuite on étale par terre des matelas pour les invités, depuis le perron jusqu'à la chambre des servantes. Chacun sent le besoin d'un sommeil paisible. Onéguine seul retourne chez lui.

### II

Tout dort. Le lourd Poustiakof ronfle dans le salon avec sa lourde moitié. Gvozdine, Bouyanof, Pétouchkof, et Flanof qui se sent indisposé, se sont établis sur des chaises dans la salle à manger; et M. Triquet, en gilet de flanelle et bonnet de coton, sur le plancher. Pressées dans les chambres de Tatiana et d'Olga, les demoiselles aussi sont toutes envahies par le sommeil. Seule, appuyée contre la fenêtre, aux pâles rayons de Diane, la triste Tatiana regarde, sans dormir, les champs assombris.

### III

L'apparition inattendue d'Onéguine, l'éclair de tendresse fugitive qu'ont jeté ses yeux, puis sa bizarre conduite avec Olga, ont pénétré jusqu'au fond de son âme. Une angoisse de jalousie la déchire, et cependant elle sent comme une main glacée qui lui serre le cœur; elle voit comme un abîme qui s'ouvre devant elle, au fond duquel des flots sombres la menacent en mugissant. « Je périrai, se dit Tania; mais, venant de lui, la mort même me sera douce. Je ne murmure point. A quoi bon ? Il ne peut me donner le bonheur. »

### IV

En avant, en avant ! mon histoire. Un nouveau personnage nous appelle. A cinq verstes du village de Lenski, vivait et vit encore à présent, dans une retraite de philosophe, un certain Zaretski, jadis mauvais sujet, chef d'une bande de grecs et de tapageurs, tribun de taverne, devenu maintenant un simple et bon père de famille, célibataire, ami sûr, seigneur débonnaire et même honnête homme : ainsi se corrige et s'amende notre siècle.

### V

Naguère la voix flatteuse du monde avait vanté sa fougueuse bravoure. Il est vrai de dire qu'à quinze pas il logeait une balle de pistolet dans un as, et qu'une fois entre autres, il s'était effectivement distingué dans une bataille, où, pris d'une ivresse manifeste et s'étant hardiment jeté de son cheval dans la boue, il avait été ramassé par les Français comme un otage précieux. Nouveau Régulus, idolâtre du point d'honneur, il n'eût pas mieux demandé que de reprendre ses fers pour aller chez Véry, chaque matin, vider trois bouteilles à crédit.

### VI

Naguère il savait fort bien manier la raillerie; il excellait à berner un sot ou à mystifier un homme d'esprit, soit ouvertement, soit en sournois, suivant le sujet et l'occasion. Il est vrai que mainte de ces plaisanteries ne se passait pas sans qu'il y gagnât une leçon, ou sans qu'il lui arrivât de donner lui-même dans le panneau comme un imbécile. Pourtant il savait toujours soutenir avec gaieté la discussion, répondre avec ou sans esprit, mais répondre; se taire parfois avec calcul; d'autres fois, par calcul, prendre la mouche; exciter l'un contre l'autre deux jeunes gens et les amener sur le terrain;

## VII

Cu bien les engager à se réconcilier, pour ensuite déjeuner à trois, puis les diffamer en secret par une malice aussi perfide qu'insouciante. *Sed alia tempora.* Mais le goût des farces, aussi bien que l'amour, autre folie, passe avec la bouillante jeunesse. Comme je viens de le dire, mon Zaretski, s'étant mis enfin à l'abri des orages sous l'ombre des acacias et des merisiers, vit en véritable sage, plante des choux comme Horace, élève des canards et des oies, et enseigne l'alphabet aux petits enfants.

## VIII

Il avait de l'esprit, et, sans accorder de l'estime à son caractère, Onéguine aimait la tournure de ses jugements et sa conversation aussi dénuée de prétention que pleine de bon sens. Il le voyait avec plaisir; aussi ne fut-il nullement étonné de le voir paraître un beau matin dans sa chambre. Après l'échange des saluts, Zaretski interrompit subitement l'entretien commencé, et donnant à son regard une expression d'aménité, il présenta à Onéguine un billet du poëte. Onéguine s'approcha de la fenêtre et lut tout bas.

## IX

C'était un gentil petit cartel, très-court et très-élégamment tourné. Avec une politesse exquise et froide, Lenski faisait à son ami la proposition de se couper la gorge l'un l'autre. Emporté par son premier mouvement, Onéguine se retourna vers le porteur du message, et lui dit, sans paroles superflues, qu'il était *toujours prêt*. Zaretski se leva, sans autre explication, et prétextant qu'il avait beaucoup à faire chez lui, il sortit sur-le-champ. Resté en tête-à-tête avec son âme, Onéguine se sentit très-mécontent de lui-même.

## X

En effet, s'étant appelé au tribunal de sa conscience, où il s'interrogea sévèrement, il dut s'avouer coupable. D'abord, il avait eu le tort de plaisanter dédaigneusement, la veille, d'un amour aussi timide que tendre; et puis, que le poëte fasse un coup de tête, c'est pardonnable à vingt ans; mais Onéguine, qui, après tout, aimait l'adolescent de tout son cœur, n'aurait pas dû se montrer un ballon aux mains des préjugés, un écervelé, un spadassin; il aurait dû agir en homme, en homme de sens et d'honneur.

## XI

Il n'aurait pas dû craindre de montrer ses vrais sentiments, au lieu de se hérisser aussitôt comme une bête fauve; son devoir lui prescrivait de désarmer ce jeune cœur. « Mais il est trop tard, se dit-il; le moment a passé. Et puis, dans cette affaire, s'est entremêlé un vieux duelliste, méchant et bavard. Certes, le mépris devrait être la récompense de ses plates plaisanteries; mais le murmure malicieux et les rires étouffés des sots... » Voilà ce qu'on nomme l'opinion publique, voilà ce qu'est l'honneur, notre idole, voilà sur quel axe tourne rotre globe !

## XII

Tout bouillant d'une impatiente inimitié, le poëte attendait chez lui la réponse ; et voici que son voisin le beau parleur lui apporte solennellement les paroles d'Onéguine. Quelle fête pour le jeune jaloux ! il avait craint jusque-là que son adversaire ne s'abritât derrière quelque invention plaisante, et ne dérobât ainsi sa poitrine à la balle de son pistolet. Maintenant, plus de doute. Dès le lendemain, au point du jour, ils doivent se rencontrer près du moulin, et chacun aura le loisir de viser son ami à la cuisse ou à la tempe.

## XIII

Décidé à haïr la coquette, Lenski, dans son indignation, ne voulait plus revoir Olga avant le duel. Mais il regarda le soleil, puis sa montre, changea d'avis, et le voilà chez les voisines. Il s'attendait à troubler Olga par son arrivée, à' l'effrayer même. Point du tout ; comme auparavant, Olga sauta sur le perron à la rencontre du pauvre poëte, gaie, vive, insouciante, semblable à la déesse étourdie de l'Espérance, en un mot comme elle avait toujours été.

## XIV

« Pourquoi avez-vous disparu hier de si bonne heure ? » Telle fut sa première question. Tous les sentiments de Lenski furent bouleversés sens dessus dessous; il baissa la tête en silence. Toute jalousie, tout dépit disparurent soudain devant cette limpidité de regard, cette tendre simplicité, cette vivacité d'enfant. Il la regarde avec un doux attendrissement, il voit qu'il est encore aimé. Et déjà, bourrelé par le remords, il voudrait lui demander pardon. Mais il tremble, sans trouver de paroles. Il est heureux, il est presque bien portant.

. . . . . . . . . . . . . . . . . . .

## XVII

Redevenu triste et rêveur devant sa chère Olga, Vladimir n'a pas la force de lui rappeler la soirée de la veille. Il se dit : « Je serai son sauveur; je ne souffrirai pas qu'un séducteur trouble cette jeune âme par le feu de ses soupirs et de ses flatteries; qu'un vil ver empoisonné ronge la tige de ce lis; que cette fleur qui n'a vu que deux matins se flétrisse à demi épanouie.» Tout cela signifiait : «Messieurs, je me bats avec mon ami. »

## XVIII

Ah ! si Lenski pouvait savoir quelle blessure brûlait le cœur de Tatiana ! si elle-même pouvait prévoir, pouvait se douter que, dès demain, Lenski et Onéguine allaient se disputer à qui descendra dans la nuit du tombeau ! son amour aurait peut-être réconcilié les deux amis. Mais personne, même par hasard, ne soupçonnait ce qui se passait en elle. Onéguine gardait le silence; Tatiana dépérissait en secret; la nourrice seule aurait pu savoir quelque chose; mais, depuis longtemps, elle ne savait plus rien deviner.

## XIX

Toute la soirée, Lenski fut distrait, tantôt silencieux, tantôt bruyant de gaieté. Mais celui qu'a nourri la muse est toujours ainsi : fronçant le sourcil, il s'asseyait brusquement devant un piano pour n'en tirer que des accords; ou bien, fixant ses regards sur Olga, il murmurait : «N'est-ce pas ? je suis heureux ?» Mais il se fit tard; l'heure vint de partir. Son cœur se resserra soudain, plein d'angoisses, et sembla éclater quand il prit congé de la jeune fille. Elle le regarde droit aux yeux : « Qu'avez-vous? — Rien. » Et il descend le perron.

## XX

De retour à la maison, il examine ses pistolets, les replace dans leur boîte, et, déshabillé, se met à lire Schiller à la lueur d'une bougie. Mais une seule pensée l'obsède; son triste cœur ne peut sommeiller. Il voit toujours Olga devant lui, rayonnante d'une beauté ineffable. Vladimir ferme le livre, et prend la plume. Ses vers, pleins d'un désordre amoureux, coulent et sonnent. Il les lit à haute voix dans un transport lyrique, comme Delvig [1] ivre à un festin.

## XXI

Le hasard a conservé ses vers. Je les ai, les voici : « Où êtes-vous, comment avez-vous disparu, jours dorés de ma jeunesse? Le jour qui vient, que me prépare-t-il ? Mon regard tâche en vain de le saisir dans les ténèbres profondes où il se cache encore. Qu'importe? La loi de la destinée est toujours juste. Que je tombe percé par la flèche mortelle, ou qu'elle passe sans m'atteindre, tout est bien. L'heure fixée pour la veille et pour le sommeil vient à son temps. Bénie soit

1. Poëte ami de Pouchkine, mort jeune.

la lumière qui éclaire nos soucis et nos travaux, et bénie encore l'ombre calme de la nuit ! »

### XXII

« Demain poindra le rayon de l'aurore, et le jour serein se jouera dans les cieux. Et moi, peut-être, je serai déjà descendu sous la voûte mystérieuse du sépulcre ; et le Léthé, aux lentes ondes, dévorera jusqu'au souvenir du jeune poëte. Le monde m'oubliera ; mais toi, ô ma jeune et belle fiancée, viendras-tu répandre une larme sur mon urne prématurée ? Te diras-tu : Il m'a aimée, il a consacré à à moi seule la triste aurore d'une vie orageuse et courte ? O mon amie, ô mon espérance, viens, viens : je suis ton époux. »

### XXIII

C'est ainsi qu'il écrivait d'un style *obscur et languissant* [1] (ce style qu'on nous fait passer pour romantique, bien qu'à vrai dire je ne sache pas pourquoi). Enfin, vers le point du jour, Lenski, courbant sa tête fatiguée, s'endormit d'un léger somme sur le mot à la mode *idéal*. Mais à peine avait-il eu le temps de se plonger dans l'oubli du rêve, que son voisin pénètre dans le cabinet silencieux, et réveille Lenski en s'écriant : «Allons, il est temps. Six heures sont sonnées, et sans nul doute Onéguine nous attend. »

### XXIV

Mais il se trompait. Onéguine dormait encore à ce moment d'un sommeil de plomb. Déjà les ombres de la nuit s'éclaircissent, et Vesper est salué par le chant du coq. Onéguine dort profondément. Déjà le soleil roule dans les cieux, et les brins de neige que le vent fait tourbillonner brillent à ses rayons. Onéguine n'a pas encore quitté sa couche. Il se réveille enfin, écarte paresseusement ses rideaux, et voit qu'il aurait dû depuis longtemps quitter la maison.

### XXV

Il sonne précipitamment. Son valet de chambre, français, du nom de Guillot, lui présente sa robe de chambre et ses pantoufles. Mais Onéguine se hâte de s'habiller, donne l'ordre à son domestique de se préparer à l'accompagner et de prendre la boîte aux pistolets. Un traîneau de course s'avance ; il part au galop ; il arrive au moulin. Il commande à son domestique d'apporter les canons meurtriers de Lepage, et au cocher de s'éloigner jusqu'à deux chênes isolés dans la campagne.

1. C'est le reproche qu'un critique avait fait à Pouchkine.

## XXVI

Appuyé sur la digue, Lenski se consumait d'impatience, tandis que, mécanicien de village, Zaretski critiquait le jeu des meules du moulin. Onéguine s'avance en s'excusaut. « Mais, répond Zaretski avec stupéfaction, où donc est votre témoin ? » Classique et pédant en matière de duels, il aimait la méthode par conviction, et, s'il permettait bien d'étendre un homme par terre, ce ne devait pas être négligemment, mais selon les règles sévères de l'art et d'après toutes les traditions admises : ce que nous devons louer en lui.

## XXVII

« Mon témoin ? répondit Onéguine; le voici, mon ami M. Guillot. Je ne vois nulle objection à ce qu'il soit accepté. C'est, il est vrai, un homme inconnu, mais c'est assurément un galant homme, lui. » Zaretski se mordit les lèvres. « Eh bien, commençons-nous ? demanda Onéguine à Lenski. — Commençons, pourquoi pas ? » répliqua celui-ci. Ils se placent derrière le moulin. Tandis que, dans l'éloignement, Zaretski et le galant homme sont gravement à se concerter, les adversaires se tiennent vis-à-vis l'un de l'autre, les yeux baissés.

## XXVIII

Les adversaires ! y a-t-il longtemps que la soif du sang les excite l'un contre l'autre ? y a-t-il longtemps qu'ils partageaient amicalement les heures de loisir, les repas, les actions et jusqu'aux pensées ? A cette heure, pareils à des ennemis héréditaires, comme à travers un rêve terrible et inexplicable, ils préparent dans un froid et cruel silence leur perte mutuelle. S'ils se mettaient à rire avant que leurs mains ne fussent tachées de sang ? s'ils se séparaient cordialement, redevenus bons camarades ? mais non ; gens du monde, le faux point d'honneur leur inspire une crainte farouche, et les arrête.

## XXIX

Le fer poli des pistolets brille au soleil; le marteau retentit sur la baguette; les balles s'enfoncent dans les rainures des canons; les chiens se lèvent en craquant; la poudre tombe en minces filets grisâtres dans le bassinet. La pierre à feu, fortement vissée, se lève une seconde fois. Guillot, tout troublé, s'efface devant un tronc voisin. Les deux adversaires jettent leurs manteaux. Zaretski mesure avec une parfaite exactitude trente-deux pas, place aux deux bouts Onéguine et Lenski, et présente à chacun d'eux le pistolet qui lui est destiné.

## XXX

« Maintenant avancez-vous. » Avec sang-froid, sans se viser encore,
d'un pied lent et ferme, les deux ennemis font quatre pas, quatre
degrés vers la mort. Onéguine, continuant à s'avancer, lève le premier et lentement son pistolet. Ils font encore cinq pas, et Lenski,
fermant l'œil gauche, se met à viser aussi. Soudain, Onéguine tire...
L'heure fatale a sonné ; le poëte laisse échapper son arme en silence,

## XXXI

Pose doucement sa main sur sa poitrine, et tombe. Ce n'est pas la
souffrance, c'est la mort qu'exprime son œil déjà voilé. Ainsi, glissant avec lenteur sur le flanc d'une colline, et jetant de pâles étincelles sous les rayons du soleil, s'écroule un bloc de neige au printemps. Glacé d'un froid subit, Onéguine s'élance vers l'adolescent.
Il se penche sur son corps, il l'appelle ; en vain. Le poëte est mort.
Cette jeune vie a trouvé sa fin. L'orage a soufflé, la fleur s'est flétrie
dès l'aurore ; le feu s'est éteint sur l'autel.

## XXXII

Il était étendu, immobile ; et étrange était la paisible langueur de
son front. La balle avait traversé sa poitrine, et le sang s'échappait
en fumant de la blessure. Une minute avant, fermentaient dans ce
cœur l'enthousiasme, la haine, l'espérance et l'amour ; la vie y bouil-
lonnait en flots ardents. A présent, comme dans une maison abandonnée, tout y est tranquille et sombre ; tout y est muet pour jamais.
Les volets sont fermés, les fenêtres mêmes sont blanchies à la chaux ;
la maîtresse est partie. Où est-elle allée ? nul ne le sait.

## XXXIII

Il est agréable, par une épigramme insolente, de mettre hors de
lui un ennemi pris au dépourvu ; il est agréable de voir comment,
penchant avec obstination ses lourdes cornes, il jette un regard de
travers dans le miroir qu'on lui présente et craint de s'y reconnaître ;
il est encore plus agréable de l'entendre beugler bêtement : « C'est
moi. » Il y a même un certain plaisir à lui préparer une sépulture
honorable en visant avec soin son front pâli, à une distance voulue
entre gentilshommes. Mais qui trouverait des charmes à le renvoyer
définitivement auprès de ses ancêtres ?

## XXXIV

Que dire alors si votre arme a frappé un jeune ami qui vous aurait
offensé, devant une bouteille, par un regard provoquant ou une

brusque réponse, ou quelque autre misère, ou même qui vous aurait appelé au combat dans un élan de dépit? Dites, quel sentiment s'emparera de votre âme, quand, là, sur la terre, immobile à vos pieds et l'empreinte de la mort sur les traits, il se contracte et se roidit peu à peu? Quand il reste sourd, inerte, à votre appel désespéré?

### XXXV

Déchiré de remords, sa main pressant convulsivement le pistolet, Onéguine regardait Lenski. « Eh bien, quoi? il est tué; » décida le voisin. Il est tué! Foudroyé par cette exclamation terrible, Onéguine s'éloigne en frémissant et appelle ses valets. Zaretski pose soigneusement sur le traîneau le corps déjà glacé; il va apporter à la maison ce fardeau sinistre. Flairant un cadavre, les chevaux renaclent et se cabrent; ils blanchissent d'écume leur mors d'acier, et partent comme la flèche.

### XXXVI

O mes amis, vous prenez pitié du poëte. Dans la fleur de ses joyeuses espérances, n'ayant pas encore eu le temps de rien achever, à peine sorti des langes de l'enfance, il est tombé. Où sont les agitations ardentes, les élans généreux, les sentiments et les pensées jeunes, élevés, tendres, hardis? Où sont les désirs infinis de l'amour, et la soif de la science et du travail, et la terreur du mal et de la honte? Et vous, illusions mystérieuses, vous, apparitions d'une vie qui n'est point celle de la terre, vous, rêves de la sainte poésie?

### XXXVII

Il était né peut-être pour le bien du monde, au moins pour la gloire. Sa lyre, soudainement muette, aurait pu prolonger dans les siècles un son toujours grandissant. Peut-être, s'il eût monté les degrés de la vie, un haut degré l'attendait. Son ombre de martyr a peut-être emporté avec elle un secret sacré. Une voix vivifiante a péri pour nous; et, au delà de la muette limite du tombeau, n'arriveront pas jusqu'à elle l'hymne solennel des siècles et les bénédictions de la postérité.

### XXXVIII

Peut-être aussi qu'une destinée tout ordinaire attendait le poëte. Les années de la jeunesse auraient passé; l'ardeur de son âme se serait refroidie. Changé peu à peu, et complétement, il aurait quitté les Muses, et se serait marié. Enfoui dans un village, heureux et trompé, il aurait porté une robe de chambre ouatée. Acceptant la vie telle qu'elle est, il aurait eu la goutte à quarante ans, il aurait bu, mangé, bâillé, engraissé, maigri, et finalement il aurait rendu l'âme dans son lit, entouré d'enfants, de femmes en larmes et de médecins ignorants.

## XXXIX

Quoi qu'il en fût advenu, ô lecteur, hélas! le jeune amoureux, le poëte, le rêveur mélancolique a péri par la main d'un ami. Il est un endroit, non loin du village qu'habitait le nourrisson de la muse; deux pins ont entrelacé leurs racines; les eaux du ruisseau de la vallée voisine sont venues y former un petit lac; le laboureur aime à reposer sur ses bords, et les moissonneuses viennent plonger dans les ondes froides leurs cruches sonores. Là, sous l'ombre épaisse, on a posé une simple pierre.

## XL

Quand les pluies printanières commencent à mouiller de leurs gouttes fines la naissante herbe des champs, un berger, assis près de là, et tissant son *lapott*[1] bigarré, chante « *les Pêcheurs du Volga;* » et quelque jeune citadine qui passe l'été à la campagne, quand elle galope seule à travers champs, tire brusquement la bride de son cheval devant ce monument, et, rejetant le voile de son chapeau, lit d'un regard rapide la simple inscription, et une larme vient mouiller sa paupière.

## XLI

Puis elle s'éloigne au pas, plongée dans de longues réflexions. Involontairement soucieuse du destin de Lenski, elle se demande ce qu'est devenue Olga. Son cœur a-t-il longtemps saigné? ou bien le temps des larmes a-t-il passé vite? Et sa sœur, qu'est-elle devenue? Et lui, cet original farouche, ce fuyard des hommes et du monde, cet ennemi à la mode des beautés à la mode, le meurtrier du jeune poëte, où est-il? A ces questions je donnerai avec le temps une réponse détaillée;

## XLII

Mais pas à présent. Bien que j'aie une certaine sympathie pour mon héros, bien que je doive y revenir, j'ai à m'occuper d'autre chose. Les années me font pencher vers la mâle prose; les années chassent la rime folâtre. Et moi-même, j'en dois faire l'aveu, je la courtise plus paresseusement. Ma plume n'a plus l'ancienne manie de barbouiller des feuilles volantes. D'autres idées plus froides, d'autres soucis plus sévères troublent et occupent mon âme dans le bruit du monde et dans le silence de la solitude.

1. Chaussure en écorce de tilleul.

### XLIII

J'ai appris à entendre la voix de nouveaux désirs; j'ai appris à connaître de nouveaux çhagrins. Mais je n'ai point d'espérance pour ces désirs nouveaux, et je regrette les chagrins passés. Illusions, illusions, où est votre charme? où est votre rime constante : la jeunesse¹? Quoi! vraiment, sa couronne de fleurs se serait-elle flétrie? Quoi! en toute vérité, sans fadeurs élégiaques, le printemps de ma vie se serait-il évanoui (ce que je n'ai dit jusqu'alors qu'en plaisantant)? Quoi! il aurait fui sans retour? Est-il possible que j'aie bientôt trente ans?

### XLIV

Oui, mon midi a sonné. Point de subterfuge, il faut en convenir. Eh bien, soit; séparons-nous en bons amis, ô ma jeunesse légère. Je te remercie pour tes plaisirs, pour tes tristesses, pour tes tourments qui me sont devenus chers; pour ton bruit, tes orages, tes fêtes, pour tous tes dons, je te remercie. De toi, dans les agitations et le recueillement, j'ai joui... pleinement joui. C'est assez. Avec une âme rassérénée, j'entre à présent dans une nouvelle voie, après m'être reposé de ma vie passée.

### XLV

Jetons un dernier regard en arrière. Adieu, humble toit où mes jours se sont écoulés dans l'obscurité, remplis de passion, de paresse et des rêves d'une âme en fermentation. Et toi, enthousiasme, reste jeune, secoue mon imagination, vivifie mon cœur sommeillant; accours plus souvent sur tes ailes dans mon réduit, et ne permets pas à l'âme du poëte de se glacer, de s'aigrir, de s'endurcir comme un roc dans les séductions délétères du monde, au milieu d'orgueilleux sans cœur, de sots majestueux;

### XLVI

Au milieu d'enfants gâtés, aussi rusés que lâches, de scélérats ridicules et ennuyeux, de juges ineptes et tranchants; au milieu de coquettes dévotes, de serfs volontaires, de scènes journalières et triviales, de trahisons polies et caressantes; au milieu de condamnations froidement prononcées par la vanité cruelle, du vide insupportable des pensées, des entretiens et même des calculs, dans ce vil marais où je suis plongé jusqu'au cou... avec vous, mes chers amis.

1. Les mots russes *mladost* et *sladost* sont presque identiques.

Traduit par Ivan Tourguénef et Louis Viardot.

(La fin prochainement.)

# SALON DE 1863[1]

« Beaucoup de bons tableaux, peu ou point de chefs-d'œuvre. »
Voilà la phrase par laquelle commencent en général les comptes
rendus de l'Exposition. On comprend la mauvaise humeur des critiques ; il est bien plus difficile de passer en revue quelques centaines
de toiles que d'émettre, à propos de deux ou trois grands noms,
des considérations esthétiques et philosophiques ; mais il serait fort
injuste de conclure, comme on le fait souvent, que l'art s'amoindrit.
Il y a bien des années qu'on lui prédit une décadence prochaine,
mais il ne s'inquiète guère de ces doléances qui se renouvellent à
chaque Exposition, et il n'a pas tort ; nombre de gens que la critique
a tués se portent assez bien. Il est fort heureux que l'avenir de la
peinture ne soit pas attaché à deux ou trois célébrités. Delaroche,
Decamps, Ary Scheffer, H. Vernet sont morts ; Ingres, Gleyre, Jules
Dupré n'exposent plus ; Delacroix, Diaz, Meissonnier, Troyon, Rosa
Bonheur se sont abstenus cette année, et malgré cette absence des
artistes les plus illustres, le Salon de 1863 soutiendrait fort bien
l'honneur de l'art français dans une Exposition internationale. Il est
vrai que la peinture de genre y est beaucoup mieux représentée que
ce qu'on est convenu d'appeler la grande peinture ; mais, loin de
gémir de ce résultat, j'y trouve une preuve de plus de la vitalité de
l'art. Il pénètre dans les mœurs, il s'approprie aux conditions de la
vie moderne, il n'a plus besoin pour vivre d'une aristocratie opulente
ni d'une cour fastueuse. Il peut se passer des encouragements officiels, car il s'adresse directement au public, et c'est pour lui qu'il
travaille, comme le faisaient les peintres hollandais, dont la place,
dans l'histoire de la peinture, est encore assez belle pour que nos
artistes puissent s'en contenter.

L'usage m'oblige cependant à parler d'abord des peintres de style ;
je m'y soumets volontiers, car si la plupart d'entre eux ne font que
répéter de vieux airs qu'on sait par cœur, ils ont quelques chefs de
file qui suffisent pour sauver la gloire du drapeau. Deux surtout,
MM. Baudry et Cabanel, se partagent à peu près également le grand

1. Voir la 49ᵉ livraison.

succès de cette année. Ce qu'il y a de plus singulier, c'est que ces
deux artistes ont traité le même sujet, et dans des conditions tellement analogues, qu'ils semblent avoir concouru d'après le même
programme. Il est vrai que l'un des tableaux s'intitule *la Naissance de*
*Vénus*, l'autre *la Perle et la vague;* mais on pourrait transposer les
titres, car des deux côtés l'idée est la même : c'est un corps souple
et gracieux, femme, nymphe ou déesse, qui se joue parmi les flots de
la mer. Il est facile de reconnaître dans la Vénus de M. Cabanel la
Nymphe que cet artiste nous avait montrée à la dernière Exposition
entre les bras d'un satyre lascif et langoureux. Ce satyre nuisait
beaucoup au succès du tableau; dans l'art comme dans la réalité,
le principe mâle, comme dirait M. Flaubert, excite toujours peu de
sympathie; on est mal disposé pour le mari ou l'amant d'une jolie
femme. M. Cabanel l'a compris; il a congédié son satyre, et a fait de
sa Nymphe une Vénus, sans changer l'élégance des formes, ce qui
eût été dommage, mais en conservant aussi la monotonie un peu froide
de la couleur. Cette couleur vaporeuse, presque immatérielle, partout
également unie et fondue, montre assez que le peintre a voulu exprimer l'idée abstraite de la beauté bien plus que la réalité de la vie. Du
haut en bas, la peau est veloutée comme du papier de riz, bleuâtre
dans les ombres, d'un rose pâle dans les lumières. Aucune variété de
tons ne distrait l'attention, qui se porte forcément sur les contours,
C'est donc une conception de sculpteur plutôt que de peintre, et
cependant la mollesse onduleuse de l'attitude, et surtout ces petits
Amours maniérés qui voltigent au-dessus de la déesse, aussi éthérés
et aussi impalpables qu'elle, font penser à Boucher, qui ne passe pas
pour un apôtre de la ligne. Seulement, Boucher, qui affectionnait
aussi ces élégances raffinées et ces nuances de nacre, mettait moins
d'égalité dans la lumière de ses tableaux.

Si la Vénus de M. Cabanel a la même fraîcheur et à peu près la
même consistance que l'écume dont elle est sortie, celle de M. Baudry
a l'éclat fauve et doré d'une perle dans les profondeurs de la mer.
Elle est couchée sur un sable fin, parmi les algues noires et les co-
quilles nacrées; la vague qui se déroule l'enveloppera tout à l'heure,
mais le scintillement de son regard percera l'épaisseur des flots
comme une lueur phosphorique. La tête renversée dans un mouvement gracieux laisse flotter une belle chevelure blonde, qui se mêle
au sol humide où la nymphe est couchée. On reconnaît un disciple
fervent du Corrége à la finesse des demi-teintes, à la légèreté des
ombres, à la transparence satinée de la peau et à cette harmonie de
l'ensemble, douce et tempérée comme doit l'être l'écho assoupi des
bruits marins dans les profondeurs.

On dit que l'œuvre de M. Cabanel et celle de M. Baudry ont été achetées par l'empereur; il n'y avait pas de meilleur moyen de trancher la question qui divise le public devant ces deux tableaux. On ne se rencontre pas au Salon sans se demander : « Comment trouvez-vous la Vénus ? — Mais laquelle ? » Ici la discussion commence; les coloristes et les paysagistes votent pour Baudry, les puristes de la forme pour Cabanel. Comment, disent les uns, vous préférez un dessin et une couleur de convention à la pure et simple beauté de la nature? — La nature, répondent les autres, ne doit être qu'un prétexte pour l'art; la vérité, c'est la photographie. — Mais votre Vénus n'est pas en chair, elle est en feuilles de rose. — Et la vôtre, qui a mis des chaussures trop étroites et qui garde encore la marque du corset ! — Allons ! voilà où vous conduisent les doctrines de M. Ingres. — Si vous devenez agressif, je vous mènerai voir l'exposition de Courbet. Et là-dessus, on se crie de part et d'autre : Je vous dis que la mienne est le chef-d'œuvre du Salon, et on se quitte en gardant ses préférences. C'est ce qui arrive toujours dans les questions de goût, attendu que l'art est une affaire de sentiment, et qu'on n'a pas encore réussi à fixer les règles du beau, pas plus qu'à résoudre un théorème par la conscience, ou une question morale par la logique. Je ne crois donc pas que la critique puisse s'établir juge en pareille matière. Elle doit se borner à constater l'opinion du public, et ici, je le répète, le public est partagé. On a raison de part et d'autre; les éloges sont mérités et les critiques peut-être aussi; mais la valeur d'une œuvre dépend de ses qualités et non de l'absence de défauts. Les deux tableaux de MM. Cabanel et Baudry méritent donc également leur succès, et, pour chacun de ces deux artistes, ce succès dépasse celui de toutes les expositions précédentes.

Les Vénus sont à la mode cette année; MM. Amaury Duval et Meynier ont représenté la déesse, non plus couchée sur les vagues, mais debout, indifférente et calme, dans la fière attitude qui convient à celle qui n'a qu'à se montrer nue pour régner sur le monde par l'irrésistible attrait de la beauté. J'ignore s'il y a encore des gens qui regardent la représentation du nu, en peinture, comme le résultat d'un libertinage d'imagination; mais il est certain qu'un motif de ce genre n'a pu déterminer que des artistes vulgaires. A toutes les grandes époques de l'art, l'étude du nu, c'est-à-dire la recherche des proportions et des formes qui constituent le beau visible, a été considérée comme la meilleure protestation contre l'altération du goût, qui répond toujours à la dépravation des mœurs. Un déshabillé galant sourit bien plus aux imaginations sensuelles que les chefs-d'œuvre de l'antiquité et de la Renaissance, qui sont toujours chastes et n'éveillent que des idées d'art. J'espère donc qu'on ne blâmera pas la prédilection des artistes pour les Vénus, et qu'on me permettra d'en citer encore quelques-unes. Celle de M. Giacommotti donne à boire à l'Amour; c'est un très-joli petit tableau placé malheureusement beaucoup trop haut. Celle de M. Briguiboul est une Vénus réaliste; je demande pardon pour ce mot qui n'est pas très-clair; mais il paraît qu'il est reçu maintenant de l'appliquer à tous les peintres qui cherchent à faire circuler l'air autour des figures et à les mettre en harmonie avec le paysage. Vénus est représentée au moment où elle aperçoit le cadavre d'Adonis; le jeune dieu est placé au premier plan, la tête près du cadre, dans un raccourci très-difficile à rendre; la manière dont l'artiste a surmonté cette difficulté annonce un véritable dessinateur. La couleur est d'une harmonie sourde qui n'est pas sans charme. En voyant dans la galerie des œuvres refusées un autre tableau du même peintre qui présente à peu près les mêmes qualités, nous n'avons pu nous expliquer les sévérités du jury.

M. Mazerolles, qui avait exposé une *Vénus* au dernier Salon, nous montre cette fois une *Hébé*; l'éternelle jeunesse, donnée pour épouse à Hercule dans l'Olympe, lui verse le nectar et l'ambroisie. Ce tableau annonce de notables progrès sur la Vénus du même artiste. Cependant nous préférons de beaucoup la frise décorative dans laquelle M. Mazerolles a groupé, autour d'Anacréon, les personnages favoris du poëte. Les groupes parallèles se balancent avec une harmonie parfaite, et parmi les figures qui les composent, il en est qui ont été trouvées avec un rare bonheur, notamment celle de l'Amour et celle de la Jeunesse. Les accessoires sont traités avec un soin particulier; si M. Mazerolles n'était pas peintre d'histoire, il pourrait prendre pour spécialité les paons, les chardonnerets, les colibris, les papillons et autres petites bêtes aux riches couleurs.

La *Sainte Agnès* de M. Chazal est dans le même costume qu'une Vénus; mais c'est bien malgré elle, d'après l'explication que donne le livret. D'ailleurs un ange va tout à l'heure l'envelopper d'un burnous; en attendant, son air modeste et réservé a suffi pour faire tomber à la renverse un jeune mauvais sujet qui avait osé lever les yeux sur elle. La *Chanson* de M. Feyen-Perrin est une jeune personne aussi peu vêtue que les précédentes. Sa mélancolie s'explique par un gros buste de Béranger placé à côté d'elle; on voit qu'elle pleure un ami qui ne sera pas de sitôt remplacé. Mais il faut avouer que, sans ce buste, on aurait peine à reconnaître la Chanson dans cette jeune fille aux airs penchés; on la prendrait plutôt pour l'Élégie. Espérons qu'après son deuil elle rentrera dans son véritable carac-

tère, et prendra un peu de cette gaieté que M. Bouguereau a donnée
à sa *Bacchante.*

Cette Bacchante est dans une attitude à peu près semblable à celle
de la Vénus de M. Cabanel et de la Perle de M. Baudry, et pourrait
compléter avec elles le trio des Grâces ; cependant elle n'obtient pas
la même faveur que ses deux sœurs. Elle est d'un modelé plus ferme
que la Vénus, d'une forme plus correcte que la Perle ; lorsqu'on
l'examine, on ne trouve rien à lui reprocher, même sous le rapport
de la couleur, et poutant le public passe devant elle avec une sorte
d'indifférence. M. Bouguereau est le représentant le plus convaincu
de la peinture classique, l'apôtre le plus fervent de la tradition. Il
peint le nu d'une manière irréprochable ; sans être coloriste, il n'a
pas ce gris terne qui est la livrée de l'école de M. Ingres. Son *Oreste
poursuivi par les remords* est un tableau très-bien composé ; il y a un
sentiment très-pur dans sa Sainte Famille ; heureuse réminiscence des
maîtres italiens que M. Bouguereau a étudiés avec amour. On ne
peut pas définir ce qui manque à ces tableaux, mais, quand on les
voit, il semble toujours qu'on les connaissait déjà ; on voudrait y
trouver quelque chose d'imprévu, fût-ce même un défaut.

On peut faire la même remarque à propos des tableaux de M. De-
launay, qui est aussi un des bons élèves de l'école de Rome. La Mort
de la nymphe Hespérie, et surtout le Serment de Brutus sont des
œuvres bien conçues et bien exécutées, les mouvements n'ont rien
d'exagéré ni de théâtral, l'expression des têtes est simple et grave. Le
berger Faustulus découvrant Romulus et Rémus sous le figuier, par
M. Michel, Samson et Dalila, et deux joueurs d'osselets, par M. Ul-
mann, attestent également de fortes études, mais il faut étudier cette
peinture pour en apprécier les qualités sobres et contenues. Le tableau de M. Duveau, représentant la mort de Claude, empoisonné
par un médecin grec sur l'ordre d'Agrippine, est éclairé d'un côté par
la lueur rouge d'une lampe, de l'autre par les rayons pâles de la lune ;
ce contraste est bien observé, mais un effet plus simple permettrait
d'apprécier davantage l'intérêt dramatique de la scène. Agrippine,
assise à côté de son époux et attendant la fin de son agonie, est d'une
beauté sinistre, qui attirerait certainement l'attention sans la hauteur
à laquelle ce tableau est placé.

Si la peinture historique a trop souvent besoin d'explication, cela
est surtout vrai pour la peinture allégorique. Dans le tableau que
M. Sieurac intitule : *la Foi, l'Espérance et la Charité,* quels sont ces
deux anciens couronnés de lauriers, et ce prince indien qui occupe
le milieu du tableau? Le livret est muet à cet égard ; cela n'ôte rien
aux qualités de la peinture, mais cela gêne le public qui aime assez à

comprendre ce que l'artiste a voulu dire. Le tableau de M. Barrias
rentre aussi dans l'allégorie; c'est un plafond destiné au musée
d'Amiens. Il représente la Picardie, entourée de ses villes principales
et appelant les arts à orner le musée Napoléon. La sculpture répond
à cet appel en présentant le médaillon de l'empereur et de l'impératrice. Ce dernier détail est bien officiel et l'effet n'en est pas heureux. M. Barrias ne peut espérer obtenir avec ce genre de peinture
le même succès qu'avec ses *Transportés de Tibère*. La peinture administrative ne passionne guère le public. On peut y étaler beaucoup de
science acquise , mais il est bien difficile d'y déployer une invention
libre et hardie ; l'exécution se ressent toujours de la contrainte imposée à l'imagination.

Le succès obtenu au dernier Salon par M. Puvis de Chavannes ne
tenait pas à la nouveauté du sujet; il avait représenté *la Paix* et *la
Guerre*, mais on avait cru voir dans ces deux grandes toiles une exécution originale et personnelle. Celles de cette année complètent la
série; elles représentent *le Travail* et *le Repos*. Quoiqu'elles aient à peu
près les mêmes qualités et les mêmes défauts que les deux premières,
elles rencontrent moins de faveur ; on trouve qu'elles se ressemblent
trop ; que les travailleurs ne mettent pas assez d'énergie dans leur
travail, et que les autres, ceux qui figurent le repos, ne se reposent
pas assez. Ces quatre compositions auraient eu besoin d'être vues ensemble ; la répétition des mêmes lignes est une condition de symétrie
imposée à la peinture murale. De plus, comme elle doit éviter de
rompre les lignes de l'architecture par des accidents de couleur, on
doit regarder comme une qualité plutôt que comme un défaut cette
coloration, ou plutôt cette décoloration générale qui fait ressembler ces tableaux à des fresques. Le contour extérieur des figures
doit être très-net, mais le modelé n'a pas besoin de cette finesse qu'on
exige dans des tableaux destinés à être vus de près. M. Puvis de Chavannes marche dans la voie difficile où se sont illustrés Cornélius et
Kaulbach ; pour devenir un jour leur rival, il n'a qu'à réaliser les
espérances qu'ont fait concevoir ses débuts.

A propos de cette grande école de peinture monumentale dont
l'Allemagne est si fière, qu'on me permette d'exprimer ici un regret.
En 1848 on a pu espérer que la France aurait quelque chose à opposer aux Allemands; le Gouvernement provisoire avait chargé de la
décoration du Panthéon un artiste que ses goûts et ses études dési-
gnaient comme le représentant des grandes traditions de la peinture
monumentale. Malheureusement l'art a subi le contre-coup des changements politiques survenus depuis cette époque; la commande a été
retirée et les compositions de Chenavard sont restées à l'état de car-

tons. Puisque l'achèvement du Louvre, décrété aussi par la République, est revendiqué comme un titre de gloire par le gouvernement impérial qui l'a exécuté, pourquoi ne pas reprendre de même
l'idée de la décoration du Panthéon? Je sais que ce monument a
été rendu au culte catholique, bien inutilement, puisqu'il y a une
autre église à côté; mais on n'a pas détruit, et j'espère qu'on res-
pectera toujours le fronton de David d'Angers. Qu'on élève ailleurs
une autre église à la patronne de Paris; le Panthéon, avec son fronton
politique ne peut être autre chose qu'un Panthéon. En y laissant
exécuter les cartons de Chenavard, on aurait une belle occasion de
ressusciter ce grand art dont on déplore périodiquement la décadence.

Le gouvernement fait faire de nombreux travaux dans les églises,
mais ces efforts ne produisent pas de bien grands résultats. M. Flandrin est resté jusqu'ici notre seul grand peintre religieux. Chaque
exposition de peinture en fournit une nouvelle preuve, et le Salon de
cette année ne fera pas exception sous ce rapport. Comme à l'ordinaire, les tableaux religieux y abondent et personne ne les regarde.
Il n'y a rien à y faire; toutes les autorités, gouvernements et académies auront beau se coaliser pour imposer le goût d'hier et proscrire la mode d'aujourd'hui, on ne peut forcer l'attention du public.
Un ou deux peintres de talent pourront bien le réveiller à de longs
intervalles, mais en général, il est fatigué de cette monotone répétition des mêmes sujets toujours traités de la même manière. Puisqu'on ne peut espérer dépasser les maîtres dans cette voie, il vaudrait
mieux en chercher une autre. Ce qui a été bien fait n'est pas à refaire;
progrès ou décadence, le changement est la condition de la vie, et
l'art, comme tout le reste, doit se transformer sous peine de mort.
La peinture religieuse, comme l'épopée, comme la tragédie, est une
forme d'art épuisée. On dit que c'est la foi qui manque aux peintres;
n'ayant pas le sentiment religieux ils ne peuvent le mettre dans leurs
œuvres, ils font de l'art pour l'art et ne produisent que des créations
mortes. Si cela est vrai, c'est à l'Église, gardienne de la foi, qu'il appartient de vivifier la peinture religieuse. Il faut donc encourager
sincèrement M. Grelet, en religion frère Athanase, qui expose un
grand tableau représentant une des assemblées de l'Église primitive;
au milieu des néophytes, le vieux saint Jean, le dernier survivant des
apôtres, répète ces paroles qui résument la doctrine du maître : Mes
enfants, aimez-vous les uns les autres. La composition est simple et
ne manque pas de grandeur. Que d'autres religieux suivent l'exemple
du frère Athanase, nous reverrons peut-être des Fra Bartolomeo et
des Angelico da Fiezole. L'art a été autrefois pour l'Église un puis-

sant moyen de propagande ; si la foi, qui transporte des montagnes, peut ressusciter l'art religieux, ce ne sera pas le moindre de ses miracles.

Les laïques ne peuvent y réussir. Des artistes qui s'étaient fait une réputation dans d'autres genres de peinture, voient le public s'éloigner avec indifférence dès qu'ils lui présentent des tableaux religieux. Ainsi tout le monde se rappelle la Danse des Willis, de M. Gendron, et d'autres charmantes compositions du même genre ; la sainte Catherine d'Alexandrie, que cet artiste expose cette année, lui a peut-être coûté beaucoup plus d'efforts, et est à peine remarquée. Des trois tableaux de M. Laugée, celui qu'on regarde le moins est celui qui probablement lui a donné le plus de peine, *saint Louis lavant les pieds des pauvres*. Les trois grands tableaux de M. Schopin, sur la *légende de saint Saturnin* valent mieux, à notre avis, que ses petits tableaux sur Paul et Virginie, et certainement ils ne seront jamais aussi populaires. *Le martyre de saint André*, de M. Bonnat, passe presque inaperçu, malgré d'excellentes qualités de dessin et de couleur ; tout le monde s'arrête au contraire devant une simple étude du même artiste, le portrait de la petite *Maria*. Au reste, cette petite fille a une bien grande vogue cette année parmi les peintres ; on la voit dans toutes les salles de l'Exposition. M. Jalabert en a fait une étude, M. Hébert aussi, madame Berthaud de même ; M. Curzon en a fait deux. Il y en a encore bien d'autres ; son portrait est partout, sans compter les compositions où on la retrouve ; voilà une enfant qui est sûre de passer à la postérité. Mais chacun de ces produits rappelle les autres têtes des mêmes artistes, bien plus qu'ils ne se ressemblent entre eux, tant le modèle est peu de chose en peinture.

Pour revenir aux tableaux religieux, celui qui réunit le plus de suffrages est une marine de M. Brion, *Jésus et saint Pierre sur les eaux*. Au lieu de remplir sa toile avec ses deux personnages, M. Brion nous les montre tout petits au milieu de l'immensité de la mer ; au loin on aperçoit la barque perdue dans un repli des grandes vagues. Ainsi présenté, le miracle frappe bien davantage. Voilà une manière neuve de comprendre un vieux sujet. M. Jalabert l'a traité autrement ; il a mis la barque au premier plan, le Christ dans le fond. Les disciples tournent le dos au public, et il y avait une certaine audace à exprimer l'admiration et la peur uniquement par des gestes, sans faire voir une seule figure ; mais, pour attirer l'attention sur le Christ, placé très-loin, l'artiste s'est cru obligé de le montrer comme une apparition lumineuse ; cette lumière devient le vrai miracle ; ce n'est plus un homme marchant sur la mer, c'est, évidemment, un Dieu, et on ne comprend plus que saint Pierre ait eu peur un instant.

M. Jalabert a fait un bon tableau d'histoire, mais M. Brion produit une impression bien plus saisissante, parce qu'il a traité la même scène en paysagiste. Quant au tableau de M. Penguilly, les Bergers se rendant à Bethléem, il n'a de religieux que son titre; malgré l'étoile qui brille au-dessus de la crèche, il est difficile de deviner une scène de l'Évangile. Il est probable que le sujet n'est ici qu'un prétexte; l'artiste a simplement voulu faire un bon paysage, et il y a réussi; mais en le suivant dans cette voie nous sortirions de la peinture religieuse, il faut nous hâter d'y rentrer avec M. Schnetz. Dans le *Saint religieux rappelant un enfant à la vie*, on retrouve les qualités solides qui ont fait la réputation de M. Schnetz. N'y cherchez pas les séductions de l'aspect et de la couleur, mais des expressions vraies, de beaux types italiens, tout ce qu'on devait attendre de l'ami et de l'émule de Léopold Robert.

M. Jules Breton, qui a commencé sa réputation avec une procession religieuse, pour la bénédiction des blés, expose cette année la *Consécration d'une église, par l'évêque d'Arras*. Des fidèles en habit noir ne pouvaient lui fournir les mêmes harmonies de couleur que les vêtements usés des paysans et des paysannes; mais dans le groupe des prêtres, dans le ton lumineux et vrai de l'architecture, nous retrouvons les qualités ordinaires de notre peintre. Cependant, la *Faneuse* du même artiste, nous montre mieux le véritable caractère de son talent. Cette jeune paysanne, éclairée par le soleil couchant, est charmante de tournure et de couleur. Deux paysages de M. Émile Breton, placés près des tableaux de son frère, permettent d'espérer qu'il sera bientôt comme lui un de nos éminents paysagistes.

Une cérémonie moins solennelle qu'une consécration d'église, mais tout aussi religieuse, nous ramène à M. Brion. Au milieu d'une forêt de sapins, des pèlerins attentifs à la lecture pieuse que leur fait un pasteur, suivent sur leur livre, ou écoutent silencieusement l'explication du texte. Le recueillement de ces belles jeunes filles assises sur un vieux tronc couvert de mousse, forme un contraste heureux avec la couleur vive et gaie de leurs costumes alsaciens; la profondeur mystérieuse de la forêt, sombre, sans être noire, pleine d'air et de fraîcheur, ferait envie aux plus habiles paysagistes.

La *Sortie d'église*, de M. Anker, est un tableau qui dénote du goût et du savoir, mais nous lui préférons la *Petite amie*, du même artiste. La pauvre petite amie est couchée dans son linceul, pâle et couronnée de fleurs blanches; ses petits camarades consternés sont debout autour de son lit et la regardent pour la dernière fois. C'est une charmante toile, pleine de sentiment et de naïveté, peinte avec le cœur, qui réveille nos plus anciennes tristesses et nous rappelle le souvenir des premiers amis que nous avons pleurés. Il y a une impression analogue dans le tableau de M. Van Hove : trois *paysannes hollandaises* traversent une rivière, l'une ramant, les deux autres en deuil et portant des couronnes d'immortelles qu'elles vont déposer dans un cimetière, de l'autre côté de l'eau. Le paysage, d'une tristesse calme, eau grise sous un ciel gris, répond bien à la douce mélancolie répandue sur le visage des deux orphelines.

Cette expression d'un sentiment religieux dans des personnages réels, vivants, contemporains, cette apparition grave et silencieuse des pensées de l'autre monde au milieu de celui-ci, est peut-être la seule forme possible de la peinture religieuse à notre époque. C'est la seule à laquelle le public s'intéresse; aussi, après m'être promis de parler de tableaux religieux, j'ai fait comme le public, je me suis arrêté devant des tableaux de genre.

J'ai bien peur d'en faire autant avec la peinture militaire; là aussi ce sont les tableaux de genre qui sont le plus goûtés du public; on délaisse les grandes batailles officielles pour se presser autour des petites toiles de M. Protais : *le matin avant l'attaque* et *le soir après le combat*. Dans le premier on voit un groupe de jeunes soldats debout et attentifs, serrés les uns contre les autres. On ne se bat pas encore, mais la journée sera rude, on le sent bien; tous les yeux braqués sur un même point indiquent assez par où l'ennemi va venir. Dans toutes ces jeunes têtes il n'y a ni doute ni hésitation, mais une décision intrépide mêlée à ce frémissement vague qui vous saisit à l'approche de l'inconnu. Ils sont là tous frais et pleins de santé, songeant à la patrie, à la famille, aux souvenirs d'enfance, aux rêves d'avenir; le soleil se lève à peine; quels sont ceux d'entre eux qui ne le verront pas coucher? Dans l'autre tableau, *le soir après le combat*, ceux qui restent vont prendre du repos; ils se sont bien battus tout le jour, on le voit à la fatigue peinte sur leurs traits; ne faudra-t-il pas recommencer demain? La plupart des peintres cherchent dans le soldat l'élé-ment pittoresque; M. Protais en saisit le côté poétique, c'est là son originalité.

Mais ces tableaux peuvent-ils être classés dans les batailles histo-riques? évidemment non. Ce sont des œuvres de pure imagination, des rêveries d'artiste, et l'exactitude n'a été observée que dans son domaine véritable, l'expression des figures et la justesse de l'effet. Les conditions où se place un peintre de batailles sont absolument différentes. L'exactitude historique doit remplacer partout l'intention pittoresque. Quand le gouvernement commande à un artiste un sujet militaire, ce qu'il veut voir sur la toile, ce n'est plus le rêve d'un esprit ému par le récit d'un combat, c'est la représentation exacte d'un bulletin du *Moniteur*. Toutes les têtes seront des portraits, tous les groupes seront disposés dans un ordre tactique. On vous donnera la hauteur métrique des collines, la distance qui sépare un corps de l'autre, l'heure précise où l'action s'est passée, et vous aurez soin que tel et tel personnage soient placés de façon que chacun puisse reconnaître au premier coup d'œil les héros de la journée. Vous voudriez bien glisser là-bas un rayon de lumière, nécessaire à l'effet optique de votre tableau : impossible, le bulletin officiel dit positivement qu'il faisait un temps gris ce jour-là. Donner des expressions vivantes et des tournures variées à des hommes que la discipline aligne et dirige comme des automates, placer sur une seule toile soixante portraits s'il le faut, et faire en sorte qu'aucun n'ait l'air de poser, et que tous concourent à l'action générale, habiller des centaines de soldats avec un même uniforme, avec le même nombre de boutons, de parements, de buffleteries disposées de la même façon, et pourtant éviter la monotonie; trouver des harmonies de couleur avec ces habits d'un bleu triste et ces pantalons d'un rouge criard, et par-dessus tout cela, ne jamais perdre de vue le bulletin du *Moniteur* et recevoir chaque jour des personnes intéressées à être mises en évidence, qui ne vous épargnent pas les conseils, sous prétexte qu'ayant pris part à l'action, elles doivent savoir mieux que vous comment les choses se sont passées, voilà la besogne d'un peintre de batailles. Pour faire de bons tableaux dans de pareilles conditions, il faut une aptitude exceptionnelle. Horace Vernet y a réussi, et c'est là un titre à l'immortalité. Qui viendra recueillir l'héritage du grand artiste? Beaucoup l'essayeront, nous n'en doutons pas; quelqu'un y parviendra-t-il? nous ne l'espérons guère.

Parmi les courageux lutteurs qui se sont fait un nom dans ce genre difficile, l'opinion publique place en première ligne MM. Yvon et Pils qui ont obtenu tous deux la médaille d'honneur dans nos expositions. M. Pils s'est abstenu cette année; M. Yvon, dont les dernières productions faisaient regretter sa prise de Malakof, et surtout son épisode de la retraite de Russie, le meilleur de ses tableaux, a envoyé une grande toile représentant la *bataille de Magenta*. La scène se passe, selon le programme, à l'entrée du village. M. Yvon a cherché, par des fumées habilement ménagées, à rompre les lignes régulières et l'éclat dévorant des maisons que l'exactitude historique lui imposait pour fond de tableau. Des coups de fusil partent de toutes les fenêtres. Le combat acharné que se livrent les zouaves qui escaladent la maison verte et les Autrichiens qui la défendent forme un groupe des plus pittoresques. Au premier plan, le colonel Tixier met le pied sur le poteau indicateur de la station de Magenta, en montrant aux

nôtres la position à attaquer. Cette figure a dans la toile une importance si capitale, que toute le reste semble disposé pour la faire
valoir. C'est le reproche qu'on adresse généralement à ce tableau ; il
paraît avoir été fait plutôt pour consacrer un trait d'héroïsme individuel que pour retracer l'ensemble d'une bataille décisive d'où
résultera le sort d'une nation.

La charge de la division Desvaux à Solférino, contre les Autrichiens disposés en bataillon carré, sur une colline verte, forme le
sujet d'un grand tableau de M. Armand Dumaresq. L'artiste avait à
lutter contre une difficulté d'effet résultant des petites fumées blanches que produisent les feux de peloton et ceux des batteries. La
hauteur à laquelle ce tableau est placé ne permet pas d'apprécier
toute la verve et l'entrain de ces innombrables petites figures ; une
foule de détails sont à peu près perdus à une aussi grande distance.
On en peut dire autant des toiles de M. Chifflard ; il est très-difficile
d'abord de les trouver, et ensuite de les bien voir ; mais à l'aide d'une
longue vue, on y découvre beaucoup de mouvement et d'énergie.
M. Chifflard est un disciple de Salvator Rosa ; les combats à outrance,
où de toutes parts on se heurte et se déchire, les chevaux qui se
cabrent, les blessés qui hurlent, les morts et les mourants, voilà les
scènes qu'il aime et qui conviennent à son talent.

Il y a des qualités du même genre dans le grand tableau où
M. Couverchel nous montre la capture du chérif Mohammed-ben-
Abdallah. L'immense proportion de cette toile, sa forme longue, et
l'énorme quantité de figures et d'animaux qui s'y croisent en tous
sens sur des terrains sablonneux, rappellent l'épisode de la prise de
la Smala par Horace Vernet. Un tableau de M. Rigo, qui représente
l'empereur visitant les blessés français, piémontais et autrichiens
aux ambulances de Voghera, un combat de Montebello par M. Phi-
lippoteaux, dont la disposition est pittoresque, un petit tableau très-
animé de M. Hippolyte Bellangé sur la bataille de Magenta, et ceux
de son fils, M. Eugène Bellangé, représentant aussi des épisodes de
la campagne d'Italie, complètent ce que nous avons vu de plus saillant en fait de scènes militaires traitées au point de vue historique.

Maintenant que nous en avons fini avec les morts et les blessés,
avec l'uniforme et la poudre à canon, si nous allions nous rafraîchir
dans le cabaret de M. Jernberg ? Les pots et les verres n'y sont peut-
être pas absolument propres, mais ils sont si bien peints ! L'orchestre
ne vaut sans doute pas celui de l'Opéra, mais si les musiciens ne
sont pas agréables à entendre, comme ils sont amusants à regarder !
Voyez ce grand maigre avec une immense visière, et ce gros rou-
geaud qui tire une note criarde d'une clarinette impossible, et au

milieu d'une atmosphère de fumée, tout un peuple attablé buvant et jouant aux cartes. Il y a sur l'escalier de l'estrade deux ivrognes dont la tournure ferait envie à un maître hollandais. M. Jernberg fait bien de nous dire au livret qu'il est élève de M. Couture, nous l'aurions cru élève de Téniers. La recherche fine des physionomies et la tonalité générale rappellent aussi le premier tableau que M. Knaus a envoyé en France et qui lui valut un si grand succès.

Il se fait aujourd'hui une réaction contre la peinture de M. Knaus : les idéalistes vous diront qu'elle est bien futile et ne répond pas à la haute mission de l'art ; les réalistes affirment que la pâte n'est pas assez nourrie, que l'exécution est épinglée. Mais si vous n'êtes ni puriste ni réaliste, mais simplement homme de goût, approchez-vous de ses tableaux, et saluez sans hésiter un artiste d'un grand talent, autrement l'*Escamoteur* de M. Knaus pourrait bien vous enlever lui-même votre chapeau, et tant pis pour vous si de votre tête il s'échappait des serins. Comme tout cela est composé, agencé, dessiné! Au centre du tableau est un délicieux groupe d'enfants qui se demandent avec une admiration naïve comment les serins ont pu sortir de la tête du badaud épouvanté. Derrière l'escamoteur, un vieux savetier, le malin, l'esprit fort du village, cherche à comprendre le tour pour l'expliquer aux autres et leur affirmer que tout cela n'est que de l'adresse et qu'il n'y a jamais eu de sorciers. Mais ce n'est pas l'avis de la bonne vieille qui est à l'autre coin du tableau : elle s'enfuit en secouant la tête, et ne veut pas se rendre complice par sa présence d'une opération magique où le diable est certainement pour quelque chose. Au milieu, assis sur le foin, de gros paysans ventrus et des jeune filles à l'œil malin accablent de lazzis le pauvre homme qui a des serins dans la cervelle. Seul, le hibou conserve une gravité magistrale : il a vu cela trop souvent pour s'en émouvoir encore.

M. Knaus est de ceux qui pensent que le talent n'est pas nécessairement morose, et qu'on peut être un grand artiste en amusant son monde ; suivons-le donc encore dans son départ pour la danse. Un essaim de fraîches jeunes filles s'élance en bondissant de joie à la suite des musiciens. Un grand beau garçon, jovial et content de lui, donne le bras aux deux plus jolies ; c'est le coq du village. Voyez comme toutes le regardent ; toutes seront contentes, car il n'est pas homme à reculer devant un quadrille. En avant, un gros marchand de vin porte un petit baril sur ses épaules ; s'il n'en a pas assez pour tout le monde, la rivière n'est pas loin. Un troupeau d'oies ouvre le cortége ; les plus braves se retournent en allongeant le cou pour effrayer la troupe joyeuse avec ce *ksch, ksch*, qui est leur cri de guerre, les autres s'enfuient pêle-mêle en poussant un *coin, coin* d'épouvante.

Et ces deux petits gamins qui trouvent plus commode de marcher sur les mains en faisant la roue, sont-ils heureusement trouvés! Malgré le dédain des adeptes de la peinture sérieuse, il faut autant de science et plus d'esprit pour dessiner ces deux bambins que pour couvrir de grandes toiles avec des mannequins drapés et des torses académiques. Je pourrais le prouver par des comparaisons et des exemples; mais ce qui est ennuyeux à voir ne l'est pas moins à raconter ; j'aime mieux continuer ma course à travers les bons tableaux.

Quand vous apercevrez une foule compacte devant une toile dont vous ne pouvez pas approcher, dites-vous : c'est un des tableaux de M. Comte. Cet artiste est un chroniqueur plutôt qu'un historien : il laisse à d'autres le soin de représenter les actions sublimes que font les héros, mais il traduit de la façon la plus charmante les petites anecdotes historiques. Témoin sa récréation de Louis XI. Dans la dernière année de sa vie, Louis XI, affaibli par la maladie, pour remplacer la chasse, qui avait été son divertissement favori, imagina de faire prendre les rats du château et de les faire battre avec de petits chiens qu'on dressait à ce gibier. Les pauvres rats se doutent bien du sort qui les attend; ils voudraient bien ne pas entrer en lice ; ils s'accrochent aux barreaux de la cage, mais on les fait tomber avec une badine. Trois chiens les attendent, furieux, écumants, hurlant d'impatience et de rage. L'issue du combat n'est pas douteuse; de tous ces petits rats si vifs et si grouillants, il ne restera bientôt plus rien, pas même les queues. Le roi, assis sur son fauteuil, sourit à ce spectacle bien digne de lui, car c'est moins là une chasse qu'un massacre, comme toutes les chasses royales où on rabat le gibier devant les princes, pour leur procurer un genre de plaisir que les garçons bouchers trouvent avec moins de frais aux abattoirs. Au reste, ma répulsion pour la chasse ne m'empêche pas d'admirer les tableaux qui la représentent, pourvu qu'ils puissent, comme ceux de M. Balleroy, satisfaire à la fois les amateurs d'art et les connaisseurs en vénerie. Un autre tableau très-amusant est celui de M. Claude, intitulé : *Un lendemain de chasse.* Tous les pauvres chiens fatigués et à moitié éclopés sont couchés pêle-mêle dans un immense chenil décoré par une rangée de cornes de cerf.

Un empereur qui se lave les mains devant une dame, voilà un singulier sujet de tableau; eh bien, d'après M. Comte, Charles-Quint aurait accompli cet acte si vulgaire avec une dignité tout impériale. Et la duchesse lui rend avec tant de grâce l'anneau qu'il a laissé tomber, que, sans être empereur, tout le monde à sa place répondrait comme lui : Il est en de trop belles mains pour n'y pas rester.

Le troisième tableau de M. Comte est tiré de Rabelais; c'est le jugement du fou Seigni Joan. Pendant que le pauvre faquin mange la dernière bouchée de son pain à la fumée d'une rôtisserie en attendant son arrêt, le fou, vêtu de rouge, fait sonner le tournois Philippus devant le rôtisseur ébahi, et prononce à haute voix : « Que le faquin qui ha son pain mangé à la fumée du rost, civilement ha payé le rôtisseur au son de son argent. » Tout le menu peuple à l'entour rit d'un rire pantagruélique ; il y a surtout une bourgeoise dont la franche gaieté se communique à la fois aux personnages du tableau et au public qui le regarde.

Un autre passage de Rabelais, l'histoire des moutons de Panurge, a inspiré un charmant tableau à M. Brendel. Quelle mise en scène originale et amusante! Comme ils se pressent tous les uns sur les autres à la suite du premier qui est tombé dans l'eau. Panurge et frère Jean se pâment d'aise sur le tillac; le malheureux berger a beau crier et se débattre, le voilà déjà renversé par la troupe; il faut qu'il aille boire avec ses moutons. M. Brendel expose en outre une bergerie de Barbizon, excellente toile, dont le seul tort est de rappeler un peu trop un tableau qui a déjà obtenu, à une autre exposition, un succès mérité. Au reste, la bergerie et les moutons de Barbizon sont déjà célèbres. M. Charles Jacque en a fait autrefois une magnifique eau-forte. Cette année encore, nous retrouvons les moutons de Barbizon dans un joli paysage de M. Chaigneau et dans les toiles pleines de vigueur et de lumière de M. Jules Héreau.

Mais c'est surtout M. Millet qui a entrepris de faire passer à la postérité tous les habitants de Barbizon, bêtes et gens. Il est vrai que ceux-ci ne sont pas flattés; les paysans d'Adrien Ostade sont des Antinoüs à côté de ceux de M. Millet. J'ai entendu une femme demander à son mari si le paysan se reposant sur sa houe était le portrait de Dumolard. Mon Dieu non, c'est tout simplement un serf de la glèbe. A qui la faute, si des créatures faites à l'image de Dieu vivent courbées vers la terre, comme pour faire mentir la magnifique parole du poëte : *Os homini sublime dedit ?* M. Millet aurait pu, comme un autre, peindre des bergeries à la Florian; il a mieux aimé représenter le peuple des campagnes tel qu'il le voyait. Il a trouvé son originalité dans le mélange d'une laideur voulue avec la noblesse du style. Le berger ramenant son troupeau a la grande tournure d'un gueux de Callot, mais il est beaucoup plus simple, il ne pose pas dans ses haillons,

Drapant sa gueuserie avec son arrogance,
Plus délabré que Job et plus fier que Bragance,

il ne se doute certainement pas de la noblesse d'allure qu'il garde

sous ses guenilles. Il est mieux que résigné, il est indifférent; je ne
crois pas que sa condition lui pèse; il s'en revient paisiblement à la
tombée du jour et va s'endormir aussi tranquille que ses moutons.
Le ciel est gris, le soleil se couche sans éclat dans la brume du soir,
.le paysage est grave et triste; toute la nature est en harmonie avec
l'homme dans cette sévère peinture.

Il y a une impression analogue dans le *Berger conduisant son troupeau sur les dunes*, de M. René Ménard, qui a exposé aussi des *Moutons
dans un chemin creux* et des *Vaches dans une bruyère*. Ces trois tableaux
sont très-variés de caractère et d'effet, et par cela même gagneraient
beaucoup à être rapprochés; malheureusement ils sont dispersés
dans trois salles différentes, et il en est un, *La dune*, que nous avons
eu beaucoup de peine à trouver. Cette observation peut s'appliquer
aux œuvres de plusieurs autres artistes. La mesure adoptée par l'administration de réunir les tableaux d'un même peintre, est fort avantageuse pour ceux qui en profitent et qui peuvent ainsi montrer leur
talent sous différentes faces; mais il faudrait alors que cette mesure
fût étendue à tous au lieu d'être un privilége arbitrairement accordé
à quelques-uns.

Les vaches suisses de M. Meuron, les immenses troupeaux répandus sur le penchant de l'Atlas, par M. Lauret, celui de M. Cortez,
se rendant à la foire de Séville, méritent aussi de fixer notre attention.
On voit que les bons tableaux d'animaux abondent cette année, et
pourtant, dans ce genre comme dans tous les autres, les maîtres les
plus illustres se sont abstenus. Il est vrai que M. Troyon et mademoiselle Rosa Bonheur se sont fait représenter par leurs meilleurs
élèves, celle-ci par son frère M. Auguste Bonheur, celui-là par
M. Van Marcke. Il y a dans les tableaux de M. Van Marcke des qualités de premier ordre, la composition, le sentiment du dessin et
surtout l'harmonie de la couleur; on ne peut leur reprocher qu'une
chose, c'est de rappeler trop l'exécution et la facture de M. Troyon.
Sans doute on ne saurait prendre un meilleur guide, mais il vaudrait encore mieux voler de ses propres ailes; M. Van Marcke est de
force à le faire; même au prix de quelques défauts, on voudrait le
voir traduire plus librement son tempérament dans ses œuvres et
trouver sa manière à lui. On peut en dire autant de M. Auguste
Bonheur; il imite trop sa sœur, dans ses défauts comme dans ses
qualités. Son troupeau de bœufs passant un ruisseau est heureusement composé, et la construction des animaux est irréprochable,
mais l'ensemble du tableau a un aspect métallique, il manque d'enveloppe. De même dans le combat de taureaux, le mouvement est
plein d'énergie, la donnée du tableau est grandiose, mais l'exécution

est mince ; un pareil sujet aurait dû être traité avec passion. Si
M. Auguste Bonheur pouvait se débarrasser de cette maigreur d'exécution, il arriverait bien vite au premier rang parmi les peintres
d'animaux.

Madame Peyrolle appartient aussi à la famille des Bonheur, où tout
le monde a du talent en naissant, ce qui fait que je leur souhaite à
tous une nombreuse postérité, comme dans les contes de fées. Les
poules de madame Peyrolle sont bien peintes, bien dessinées ; elles
se sont fait un trou dans le sable échauffé par le soleil, et s'y en-
dorment avec délices, par un beau jour d'été. Mais, hélas ! les exis- .
tences les plus paisibles ont quelquefois une fin tragique ; pourvu
que les *Plumeurs* de M. Ribot ne viennent pas à passer par là ! Mais
non, ils sont trop occupés. Ces trois jeunes marmitons, en train de
plumer des poulets, forment un petit tableau plein d'air et d'un ton
exquis. M. Ribot a deux autres tableaux, des *Petites filles en prière* et
la *Toilette des petites filles.* On pourrait trouver que les têtes et surtout
les mains sont trop noires, mais remarquez qu'elles ne sont pas
encore débarbouillées. Voyez celle qui a fini sa toilette, est-elle rose
et gentille ? Nous avons entendu dire à M. Baudry, bon juge en
matière d'art : « Il y a du Velasquez dans cette peinture-là. »

Après avoir admiré la bonne tenue de ces petites filles, informons-
nous si l'on est aussi sage dans les écoles de petits garçons. Ce n'est
pas l'avis de M. Schlœsser, qui nous les montre profitant de l'absence
du maître pour tirer de leurs belles pipes neuves d'immenses bouf-
fées de tabac. Un pauvre bambin de quatre ans à peine, à qui un
camarade plus grand vient de mettre la pipe à la bouche, fait une
grimace des plus naïves ; allons, petit nigaud, si tu ne sais pas mieux
dissimuler tes sensations, comment veux-tu avoir l'air d'un homme ?
Nous autres, qui avons de la barbe et qui fumons du matin au soir,
crois-tu que nous trouvions cela bon ? Mais voici le maître qui entre
d'un air sournois et qui a tout vu ; après le mauvais goût sur la
langue, viendra le mal de cœur, et puis comme tout plaisir se paye,
le fouet, le pain sec et les oreilles d'âne pour finir la journée. Voilà
l'image de la vie ; cela m'inspire des idées graves, c'est le bon moment pour revenir à la peinture d'histoire.

Nous y rentrerons après ce long détour, en nous arrêtant devant
une des toiles les plus importantes du Salon, non par ses dimensions
métriques, mais par le choix du sujet, le grand nombre des personnages mis en scène et les recherches énormes qu'a dû coûter à l'artiste la reconstitution des types, des expressions et des costumes
d'une époque pour laquelle les documents n'abondent pas. Le
tableau de M. Lechevallier Chevignard représente *les Noces* du roi de

Navarre avec Marguerite de Valois, célébrées au Louvre dans la salte
des Caryatides, au moment où la cour avait déjà décidé le massacre
de la Saint-Barthélemy. Le roi de Navarre ouvre la danse avec la
reine Margot, au milieu d'une nombreuse réunion de seigneurs catholiques et protestants. A travers le sourire uniforme des courtisans
réunis pour une fête, l'artiste a cherché à faire deviner les passions
diverses qui les agitaient. Les victimes et les bourreaux du lendemain sont réunis dans une sorte de fraternité apparente ; là où les
uns voient un gage de conciliation et de paix, les autres devinent ou
complotent un massacre. On reconnaît facilement le roi Charles IX,
la reine-mère, les ducs d'Anjou et d'Alençon, l'amiral Coligny, le
duc de Guise. Au milieu d'eux le marié, avec sa bonne figure ouverte
et franche, tend le jarret comme s'il ne s'agissait que de s'amuser.
La conscience excessive dans la vérité historique, la finesse minu-
tieuse avec laquelle les plus petits détails sont traités sans jamais
nuire à l'ensemble, le goût délicat qui a présidé à l'ordonnance générale, sont les qualités dominantes du tableau de M. Chevignard.
Bien des critiques se plaindront de ne pas trouver une touche plus
libre, une négligence heureuse, ils demanderont une facture moins
égale, une exécution moins uniformément soignée. Mais pourquoi
appeler un défaut ce qui n'est que l'envers d'une qualité? Pourquoi
demander à un artiste convaincu et sincère d'être ce qu'il n'est pas
en même temps que ce qu'il est? Se figure-t-on Lesueur cherchant
la vivacité de Watteau, Teniers courant après la majesté de Raphaël,
Ribeira écorchant ses saints avec le pinceau moelleux du Corrège?
Cette réunion de qualités contradictoires dans une même œuvre ferait un tableau affreux, et il est heureux pour l'art que les peintres
aient depuis longtemps l'habitude de ne pas écouter les conseils
qu'on leur donne, et de ne suivre que leur tempérament.

*L'assassinat de Henri III* a fourni à M. Merle le sujet d'un très-
grand tableau conçu avec sagesse, exécuté avec méthode. Le roi
tombe, blessé à mort, dans les bras de ses courtisans; un jeune gentilhomme brandit son épée teinte jusqu'à la garde du sang de Jacques
Clément, qu'on voit étendu par terre dans les convulsions de l'ago-
nié. Au fond du tableau on voit paraître le roi de Navarre, entouré
des gens de sa suite. Ce tableau est d'une mise en scène dramatique,
d'une exécution solide et sérieuse, mais on a jugé à propos de le placer dans le couloir extérieur où la peinture miroite et où il n'y a pas
de recul; il est impossible de le voir d'ensemble. Une toile de cette
dimension doit être vue de loin et n'a pas besoin d'être flairée. Tous
les grands tableaux placés dans ce corridor sont sacrifiés; il y en a
cependant qui méritaient une meilleure place, ceux de M. Legros et

de M. Veyrassat, par exemple. Il était si simple de disposer une salle de plus! ce n'est pas la place qui manque.

M. Caraud nous montre la *Réception de Condé par Louis XIV*, réception accompagnée de ce mot gracieux du roi au vainqueur de Senef, qui s'excusait sur sa goutte de la lenteur de sa marche : « Mon cousin, quand on est chargé de lauriers comme vous l'êtes, on a de la peine à marcher. » La composition est bonne; mais il y a certaines crudités de tons, surtout dans l'habit bleu de roi et dans l'habit rouge du grand Condé. Quant aux deux autres tableaux du même artiste, *la Signature du contrat* et *le Premier-né*, on peut les louer sans restriction.

Une autre anecdote tirée de la vie de Louis XIV a été traitée par MM. Léman et Gérôme; on avait même annoncé un troisième tableau sur le même sujet par M. Wetter; mais il paraît qu'il n'a pas été fini à temps. Ces sortes de concours fortuits où plusieurs artistes suivent, sans s'être concertés, le même programme intéressent toujours le public; ils ont aussi l'avantage de montrer l'énorme différence qu'il y a en peinture entre un *sujet* et une *idée*. L'anecdote représentée est d'une authenticité assez douteuse; c'est un *Déjeuner de Louis XIV avec Molière*. Le Louis XIV de M. Léman est assis dans une attitude nonchalante et dans un costume un peu débraillé; ce n'est pas tout à fait l'idée que nous nous faisons du grand roi qui personnifie l'étiquette; il posait toujours, même lorsqu'il était tout seul, et se prenait très-sérieusement pour le soleil. Molière, debout, fait un grand salut et s'apprête à prendre place à la table du monarque. Les domestiques apportent des mets, des boissons, un fauteuil pour l'invité, tandis que les courtisans, venus pour assister au petit lever, tournent indécis autour du maître. M. Gérôme a représenté Molière déjà installé à table, en face du roi en grand costume. Les courtisans, princes et prélats, laissent percer le sentiment de l'amour-propre blessé à travers les salutations et les sourires approbateurs; tous, piqués, vexés, déconfits, subissent l'humiliation d'un caprice royal et envient ce comédien admis, sans l'avoir demandé, à un honneur que la plus haute noblesse n'osait à peine solliciter.

Nous parlerons des autres tableaux de M. Gérôme dans un autre article, où nous achèverons la revue de la peinture de genre que nous sommes loin d'avoir épuisée. Outre la sculpture, il nous restera aussi à parler des dessins, des portraits, des natures mortes et des paysages, reçus ou refusés; car c'est surtout envers cette catégorie de tableaux que le jury s'est montré quelquefois bien sévère, ou plutôt bien inattentif et bien léger.

Aristide Lefranc.

# LA GRAVITATION

## DANS LES SYSTÈMES STELLAIRES

Il y a plus d'un siècle qu'un géomètre, aussi fameux dans le monde savant, par la profondeur de ses conceptions que par l'originalité de ses vues, écrivait ces lignes :

« La loi de l'attraction, qui étend son empire sur tout ce qui est matériel, ne souffre point dans l'univers de repos absolu : il y a du mouvement partout; tous les corps gravitent les uns vers les autres; tous les rouages de cette grande machine, se meuvent : on n'y connaît point de masses mortes et inutiles. L'univers est un tout, dont les parties ou les divers systèmes ne font qu'un système. Mais ces parties ou ces systèmes ne sauraient être liés que par leur action et réaction réciproque, dont le mouvement est une suite nécessaire[1]. »

Soixante-dix ans plus tard, les prévisions théoriques de Lambert étaient confirmées par les calculs d'un autre astronome français, Savary, qui eut la gloire de déterminer le premier la nature de l'orbite que les composantes des étoiles doubles décrivent autour de leur centre commun de gravité.

Dans cet intervalle de moins d'un siècle, pendant que la théorie de la gravitation dans notre monde solaire, accomplissait, sous l'impulsion des d'Alembert, des Laplace et des Lagrange, ses derniers et ses plus importants progrès, l'astronomie sidérale, grâce aux immenses travaux de laborieux observateurs, sortait de la phase des hypothèses et des tâtonnements pour entrer décidément dans la période positive.

C'est l'histoire de ce développement que nous nous proposons de passer rapidement en revue dans cette étude, en nous attachant plus particulièrement aux découvertes qui ont permis d'étendre aux systèmes stellaires les lois des mouvements qu'exécutent les corps de notre propre système. L'importance philosophique d'une telle extension ne peut échapper à personne. Mais les progrès de l'astronomie dans cette direction n'eussent-ils pour résultat que de satisfaire cet

---

1. Lambert, *Lettres cosmologiques sur l'arrangement de l'univers.* 1761. Augsbourg.

insatiable besoin de curiosité, qui est la source de nos plus pures
jouissances, cela suffirait, pensons-nous, à légitimer l'intérêt du sujet
que nous allons traiter.

Étoiles doubles et multiples. — Couples optiques et couples physiques. — Nombre
et distribution des systèmes d'étoiles.

Quand on examine à l'œil nu, et par une belle nuit, ce qu'on est
convenu d'appeler la voûte céleste, la multitude de points brillants
dont elle est parsemée semble jetée au hasard, sans ordre apparent
sur la surface de cette voûte.

Tout au plus, distingue-t-on quelques groupes où la condensation
des étoiles qui les composent peut être regardée comme l'indice
d'une liaison systématique. Tels sont, dans notre ciel boréal, les
groupes des Pléiades, des Hyades et du Cancer; et dans l'hémisphère
austral, les nuages magelianiques et l'amas du Toucan. Une grande
traînée lumineuse, il est vrai, la Voie Lactée, dans laquelle scintille
une quantité innombrable de fort petites étoiles, tranche sur le tout,
et laisse entrevoir un ordre particulier, un arrangement d'une nature
toute spéciale.

Examinée à l'aide d'une lunette d'un grossissement moyen, chaque
étoile apparaît comme un simple point, sans dimensions appréciables,
et ne différant des autres étoiles que par l'intensité plus ou moins
grande de sa lumière, ou par la nuance de sa couleur propre. La
prodigieuse distance à laquelle ces astres se trouvent de nous, les a
fait assimiler depuis longtemps à autant de soleils, brillant de leur
propre lumière, et qui sont, probablement, les centres d'autant de
systèmes de planètes qui se meuvent autour de chacun d'eux. Mais il
nous faudra renoncer, sans doute, à tout jamais, quels que soient les
perfectionnements des instruments d'optique, à nous assurer directement de l'existence des corps obscurs auxquels nous venons de faire
allusion. La lumière réfléchie qu'ils nous envoient des profondeurs
de l'espace est et sera toujours trop faible, pour produire sur notre
rétine une impression perceptible à nos sens.

Si donc, l'univers n'était composé que de mondes semblables au
nôtre, c'est-à-dire comprenant autour d'un astre unique, lumineux
par lui-même, une série de corps obscurs dont les mouvements sont
liés au corps central par des dépendances réciproques, il eût été
impossible de connaître les lois des autres systèmes. L'identité de ces
lois avec celles qui régissent notre monde planétaire, l'universalité

de la gravitation auraient pu être posées par quelque hardi généralisateur[1]; mais, privées de la sanction de l'observation et du calcul, elles seraient à jamais restées dans le champ des hypothèses.

Heureusement, il n'en est rien. Grâce au progrès de l'optique et aux admirables instruments qui ont centuplé la puissance et la netteté de la vue de l'homme, l'observation a mis hors de doute l'existence de nombreux systèmes, plus variés que le nôtre, composés soit de deux, soit même de plusieurs soleils, dont la lumière directe arrive jusqu'à nous, séparée par le télescope en autant de points lumineux. En un mot, parmi ces innombrables soleils que nous présente la voûte céleste, et que la vue simple ou une lunette d'une puissance insuffisante nous fait voir comme autant d'étoiles uniques, il en est un grand nombre qui, en réalité, se composent de deux, trois ou quatre, et même de six étoiles distinctes.

C'est du milieu du dix-huitième siècle que datent les premières observations d'étoiles doubles. A la rigueur, on pourrait faire remonter cette découverte à Galilée : mais les couples d'étoiles que le grand astronome a signalés ne sont évidemment pas de vraies étoiles doubles, mais bien des couples optiques, c'est-à-dire formés de points lumineux rapprochés par un simple effet de perspective.

Ceci nous amène à faire dès maintenant une distinction fondamentale. Les astronomes appellent étoiles *doubles optiques*, ou encore *couples optiques*, les étoiles qui se trouvent groupées de la sorte par l'effet de leur projection apparente sur le plan perpendiculaire au rayon visuel, ou encore, mais alors provisoirement, aux groupes dont la dépendance n'a pas été encore démontrée. Ils nomment, au contraire, *couples physiques* les étoiles doubles dont les composantes forment un système réel : nous dirons plus loin à quels caractères on reconnaît les couples physiques.

Un mot du nombre des étoiles doubles actuellement connues.

Vers 1750, on connaissait à peine 20 étoiles doubles : Kirch, Bradley, Flamsteed, Tobie Mayer ont attaché leurs noms à ces premières et importantes découvertes, dont le nombre s'accrut depuis rapidement. Parmi ces premiers couples, se trouvent deux étoiles fameuses dans les fastes de l'astronomie : la 61° de la constellation du Cygne et Alpha du Centaure, dont les distances à notre monde solaire, récemment calculées, ont fourni les premiers éléments certains des effrayantes dimensions de l'univers visible[2].

1. Elles l'ont été en effet, non seulement par Lambert, mais par Kant, par Michell et par Christian Mayer.

2. Alpha du Centaure est la plus voisine des étoiles dont la distance à

Vint ensuite Christian Mayer, qui soupçonna la nature des relations qui lient les étoiles composantes de chaque groupe : il publia un catalogue de 80 étoiles doubles. C'est alors que William Herschel, appliquant à ce sujet intéressant ses brillantes facultés d'observation, non moins puissantes que ses instruments, consacra vingt-cinq années à la détermination de plus de 800 couples, dont il publia le catalogue général en 1804. Les deux Struve, Bessel, Argelander, Encke et Galle, Preuss et Mœdler ont, peu à peu, recensé les étoiles doubles du ciel visible en Europe, pendant que le digne fils de l'illustre astronome de Slough, sir John Herschel, explorait l'hémisphère austral, au cap de Bonne-Espérance.

Aujourd'hui, le nombre total des étoiles doubles cataloguées s'élève à environ 6,000. Mais tout fait présumer que ce nombre ira croissant encore, soit qu'on soumette à un nouvel examen des étoiles déjà recensées et regardées jusqu'ici comme simples, soit que l'observation embrasse de nouvelles étoiles.

Pour donner une idée de la quantité de soleils doubles que peut contenir en moyenne un nombre donné d'étoiles quelconques, citons le catalogue publié par Struve en 1837. Il renferme 2,787 de ces couples, obtenus par l'examen minutieux d'environ 120,000 étoiles. On le voit, c'est à fort peu près 1 couple par 40 étoiles.

On a compris sans doute que la résolution, le dédoublement d'un point lumineux, paraissant unique à la vue ordinaire ou à l'aide d'une lunette d'un faible grossissement, que cette sorte de résolution, dis-je, en deux ou trois points distincts est obtenue par l'emploi d'instruments d'une grande ouverture, et dont les miroirs et les objectifs sont construits avec une grande précision. Ces instruments, concentrant à leur foyer optique une grande quantité de lumière, s'ils donnent en même temps des images très-nettes des objets observés, permettront par cela même l'emploi de grossissements plus considérables.

Il est des étoiles dont le dédoublement est extrêmement difficile, d'autres qui cèdent aux instruments de moyenne puissance. La raison de cette différence est facile à saisir. La distance apparente des deux composantes est, en effet, fort variable suivant les groupes. Aussi les astronomes en ont-ils fait des classes rangées par ordre de distances croissantes, depuis 1″ d'arc jusqu'à 32″[1]. Au delà, deux étoiles voi-

_____

notre système ait pu être mesurée. Cette distance est égale à 200,000 fois le rayon moyen de l'orbite terrestre. La 61e du Cygne vient ensuite dans l'ordre des distances, trois fois plus éloignée que la première. On sait qu'à raison de 300,000 kilomètres par seconde, la lumière mettrait neuf années à franchir le dernier de ces intervalles.

1. On entend ici par distance l'écartement angulaire des deux rayons vi-

sines ne peuvent plus être, à proprement parler, considérées comme des étoiles doubles. Déjà, en effet, un angle de 32″, vu de la Terre à la distance minimum qui nous sépare des étoiles, correspond à un éloignement réel entre les deux étoiles d'environ 32 fois le rayon moyen de l'orbite terrestre, ou, si l'on veut, d'un milliard cent millions de lieues de 4 kilomètres. Il n'est pas rigoureusement impossible cependant, que des couples physiques aient leurs composantes beaucoup plus éloignées encore.

Parmi les étoiles très-difficiles à dédoubler, les astronomes citent Epsilon du Bélier, Hèta d'Hercule et Tau du Serpentaire. Aussi servent-elles à juger du degré d'efficacité des instruments : ce sont, suivant une pittoresque expression de John Herschel, empruntée au langage des chimistes, « d'excellents réactifs pour l'essai des télescopes. »

Nous n'avons jusqu'ici parlé que des étoiles doubles; mais on connaît aussi un certain nombre de groupes triples et quadruples. Le plus curieux échantillon de ces systèmes de soleils est, sans contredit, l'étoile Thêta de la splendide constellation d'Orion. Examinée avec les plus puissants télescopes, elle se résout en quatre étoiles principales d'inégal éclat, rangées en forme de trapèze : deux de celles-ci sont elles-mêmes accompagnées d'étoiles très-petites et excessivement rapprochées. Voilà donc un soleil sextuple, ou plutôt un système de six soleils, groupés dans un espace qui ne laisse voir au premier aspect qu'une simple étoile de quatrième grandeur.

Les composantes des étoiles doubles et multiples n'ont pas été rangées seulement par ordre de distances apparentes, comme nous l'avons vu plus haut. Les astronomes les ont aussi distinguées d'après leurs couleurs et d'après le degré de leurs colorations. Sur 600 couples examinés par Struve, sous ces deux points de vue, il en a trouvé 375 dont les deux composantes ont à la fois même couleur au même degré d'intensité; 101 couples ont la même teinte sans avoir la même intensité; 120 diffèrent complétement de couleurs.

Mais passons rapidement sur l'intéressante question des couleurs des étoiles doubles, où l'on rencontre les nuances les plus diverses,

---

suels qui, de l'œil de l'observateur, aboutissent aux deux étoiles composantes d'un groupe. Quant à la distance réelle, exprimée, je suppose, en lieues, elle dépend à la fois, et de cet écartement angulaire, et de l'inclinaison sous laquelle nous voyons la ligne droite qui les unit, et enfin de la distance vraie qui nous sépare du système. On verra plus loin qu'il est un certain nombre de couples pour lesquels ces éléments sont, aujourd'hui, approximativement connus.

associées de la façon la plus variée, pour arriver aux questions qui font plus particulièrement l'objet de cet article.

Les étoiles doubles ou multiples forment-elles réellement autant de groupes réels, de systèmes en un mot dont les éléments ont entre eux une dépendance physique?

Si, comme nous l'avons fait pressentir, il y a lieu de distinguer les étoiles doubles en couples optiques et en couples physiques, à quels caractères cette distinction est-elle reconnaissable?

Enfin, de quelle nature sont les mouvements exécutés par les éléments des systèmes stellaires, et quelles lois régissent ces mouvements?

Ce sont ces questions que nous allons maintenant examiner.

## II

Caractères distinctifs des étoiles doubles optiques et des étoiles doubles physiques.
La gravitation régit les systèmes de soleils.

Pour saisir avec netteté les considérations qui vont suivre, pour comprendre toute la complexité des problèmes dont nous venons de donner l'énoncé sommaire, pour expliquer enfin la lenteur avec laquelle se sont fait attendre des solutions vraiment mathématiques et positives, il est nécessaire de rappeler quelques faits dont l'authenticité ne fait, d'ailleurs, aucun doute en astronomie.

Aujourd'hui encore, on est habitué à donner aux astres qui ne font pas partie de notre système solaire, le nom d'*étoiles fixes*. Cette dénomination inexacte a pour origine l'opinion fort ancienne que les étoiles conservent, par rapport à nous, les mêmes distances relatives. De là, l'idée que les divisions arbitraires du ciel, ou constellations, présentent des figures de forme invariable, absolument comme si les étoiles demeuraient à jamais immobiles, fixées à la surface d'une voûte matérielle.

La découverte de la précession des équinoxes ne pouvait ébranler cette idée de la fixité des étoiles. Ce phénomène, dû à un déplacement périodique de la ligne des pôles de notre globe, a bien pour corrélatif nécessaire un mouvement graduel apparent des étoiles en ascension droite et en déclinaison [1]. Ou encore, en rapportant la po-

1. Il n'est pas besoin, je pense, de rappeler que l'*ascension droite* et la *déclinaison* d'un astre sont les deux coordonnées à l'aide desquelles on détermine la position de cet astre sur la sphère idéale du ciel.

Ces deux éléments sont les analogues des coordonnées géographiques terrestres connues sous le nom de *longitude* et de *latitude*.

sition des étoiles au plan dans lequel se meut la Terre, il en résulte
bien une variation progressive et à peu près constante en longitude[1].
Mais comme tous les astres participent, à la fois et en bloc, à ce déplacement, leurs positions relatives n'en sont point altérées.

Il en est de même des changements de position dus à la nutation.

D'ailleurs, dès 1749, d'Alembert a démontré que la précession des
équinoxes, comme la nutation, sont dues à deux mouvements simul-
tanés de l'axe de la Terre, dont il faut rattacher la cause à la gravitation newtonienne.

Un autre mouvement apparent et périodique des étoiles est dû à
la combinaison de la vitesse de la Terre dans son orbite et de la
vitesse des rayons lumineux : je veux parler de l'*aberration*. En vertu
de cette combinaison, chaque étoile semble décrire, en une année,
autour du point qui représente sa position réelle, une petite orbite
elliptique d'une amplitude constante. Mais ce n'est là qu'un phénomène purement optique, et qui n'entraîne aucune conséquence, relativement à l'importante question de la fixité ou de la non-fixité des
étoiles.

Il était nécessaire, je le répète, de mentionner ces points délicats de
l'astronomie sidérale, pour faire bien comprendre toute la difficulté
que comporte ce problème. Chacun des phénomènes que nous venons d'énumérer rapidement, nécessite en effet une correction préalable toutes les fois qu'il s'agit d'évaluer avec précision le lieu qu'occupe un point lumineux sur la voûte étoilée. Cette évaluation précise
est indispensable quand on veut savoir si ce point lumineux possède
un mouvement propre. Or, les variations réelles qu'il s'agissait de
constater sont du même ordre de petitesse que ces variations apparentes. Qu'on y ajoute maintenant les corrections qui dépendent de
la déviation subie par les rayons de lumière en traversant l'atmosphère terrestre, et l'on se fera enfin une juste idée des difficultés sur
lesquelles nous insistons.

Nous pouvons maintenant aborder le problème, tel que se le sont
posé les habiles observateurs qui ont étudié les mouvements propres
des étoiles, et qui ont cherché à démêler dans ces mouvements la
part qui est due au déplacement réel des astres qu'on appelait autrefois les étoiles fixes.

Le nom de W. Herschel est le premier qu'on rencontre dans l'histoire de la découverte des déplacements relatifs des étoiles. A la
vérité, c'est sous l'impression d'autres idées qu'il fut conduit à l'exa-

1. La *longitude* et la *latitude* célestes sont les coordonnées d'un astre rapportées au plan de l'orbite terrestre.

men et à l'étude de ces déplacements. Préoccupé de la solution d'un
problème non moins important, celui de la détermination des distances des étoiles, il chercha d'abord à faire dépendre cette solution
du mouvement relatif apparent que devait produire, dans deux étoiles
optiquement voisines, le cheminement de la Terre le long de son
orbite annuelle. Comme il arrive souvent en pareille circonstance, en
cherchant un objet, il en trouva un autre.

Imaginons, s'était-il dit, que les deux composantes d'une étoile
double soient réellement indépendantes; qu'elles ne nous paraissent
voisines que par un simple effet de projection ou de perspective, et
qu'en réalité, elles soient à des distances très-différentes de la Terre.
Le déplacement de notre globe dans l'espace devra produire sur
chacune d'elles un certain mouvement apparent; mais le mouvement
de la plus voisine sera beaucoup plus considérable que celui de la
plus éloignée. En outre, après s'être éloignées, je suppose, pendant
six mois, elles devront se rapprocher de la même manière pendant
les six autres mois de l'année, d'où résultera évidemment une sorte
d'oscillation annuelle du couple.

Herschel ne trouva rien de pareil. Il était donné à ses successeurs
de mener à bout la solution du problème particulier qu'il s'était
posé, et cela, par une méthode qui a d'ailleurs avec la sienne une
grande analogie.

Mais s'il échoua de ce côté, la conclusion qu'il tira de ses laborieuses
observations le récompensa amplement. Au lieu d'un déplacement
alternatif, il découvrit une série de variations progressives qui mettent hors de doute l'existence des mouvements relatifs ou réels des
composantes des étoiles doubles.

« Doué de la plus vive imagination, dit Humboldt dans son
*Cosmos*, et malgré cela, procédant toujours avec une extrême réserve,
ce ne fut qu'en 1794 qu'Herschel osa exprimer ses idées sur la nature
des relations qui peuvent exister entre l'étoile principale et le compagnon, et établir enfin une distinction profonde entre les étoiles
doubles physiques et les étoiles doubles optiques. Neuf ans plus tard,
il développa la connexité générale de ces phénomènes, dans le
93e volume des *Philosophical transactions*. La science était désormais
en possession d'une théorie complète de ces systèmes partiels, où
nous voyons des soleils tourner autour de leur centre de gravité
commun. »

C'était confirmer de la façon la plus éclatante les vues de Kant, de
Lambert[1] et de Michell. Mais, au lieu de se borner, comme eux, aux

_____

1. « En observant les groupes où les étoiles sont très-condensées, on déci-

indications d'une analogie, profonde il est vrai, mais insuffisante, ou aux déductions que fournit le calcul des probabilités, le grand astronome de Slough avait assis son opinion sur la base irréfutable d'une accumulation de faits observés, qu'il avait discutés avec sa sagacité accoutumée.

C'est en 1803, comme on vient de le voir, qu'il annonça décidément au monde savant cette grande découverte.

Depuis, les travaux d'un grand nombre d'astronomes, parmi lesquels il faut citer en première ligne Bessel, Struve et Argelander, ont peu à peu accru le nombre des systèmes d'étoiles doubles auxquels on a donné le nom de couples physiques, par opposition aux couples purement optiques.

Si les caractères distinctifs de ces deux genres de couples sont difficiles à établir par l'observation, il est aisé du moins de faire voir en quoi ils consistent essentiellement. Arrêtons-nous encore un instant sur ce point.

Nous venons de voir qu'on a fini par constater les mouvements propres d'un grand nombre d'étoiles. En général, ces mouvements sont très-inégaux, soit en vitesse apparente, soit en direction. C'est un fait qu'on pouvait aisément prévoir, et qui résulte nécessairement de l'inégalité des distances où elles se trouvent situées. Si, comme cela est aujourd'hui démontré, une partie de ces mouvements est due au mouvement de translation du système solaire dans l'espace, il est tout naturel que les étoiles les plus voisines éprouvent relativement à nous un déplacement plus prononcé. Si, en outre, une autre partie de ces mouvements doit être attribuée à des changements de place propres aux étoiles mêmes, ce sont encore les étoiles les plus voisines qui offriront les mouvements les plus prononcés.

Dans ces deux hypothèses, également vraisemblables, remarquons toutefois que les déplacements dont il s'agit devront avoir lieu dans des directions qui pourront être variables, mais en présentant tous ce caractère commun de s'effectuer suivant des lignes droites. C'est là le genre de mouvement propre qu'affecteront spécialement les étoiles doubles purement optiques, tandis que les trajectoires parcourues par les composantes d'un couple physique doivent offrir le caractère d'orbites concaves par rapport au foyer commun du mouvement.

Comment s'étonner, en présence de la complexité résultant de la simultanéité de ces divers mouvements, qu'on n'ait déterminé jus-

dera peut-être s'il n'y a pas des fixes qui fassent en assez peu de temps leurs révolutions autour d'un centre de gravité commun. » (*Lettres cosmologiques.*)

qu'ici qu'un nombre relativement faible de systèmes véritables ?

D'après Mœdler, on connaissait seulement, en 1836, sur 2,640 étoiles doubles, 58 couples dont les composantes eussent éprouvé des déplacements orbitaires bien constatés. 105 autres couples pouvaient être vraisemblablement rangés dans la même catégorie. Mais dès 1849, le nombre des systèmes stellaires s'était accru dans une notable proportion. On comptait 650 couples physiques sur un nombre total de 6,000 étoiles doubles : le rapport a donc augmenté dans la proportion de 16 à 9.

Quant à la détermination de l'orbite décrite par une des composantes d'un système autour de l'étoile principale, elle est très-simple à concevoir.

En prenant l'étoile principale pour point fixe de comparaison, il s'agit de mesurer, à des époques successives, la position de l'autre étoile, en direction comme en distance. Supposons qu'on ait fixé au foyer du télescope deux fils dont l'intersection coïncide avec l'étoile principale, l'un des fils conservant une position constante, tandis que l'autre peut se mouvoir angulairement autour de l'intersection commune. A l'aide de ce système, il sera possible de constater le changement progressif de direction de l'étoile que l'on considère comme le satellite ou le compagnon de l'autre. Un autre système de deux fils parallèles, formant ce qu'on nomme un micromètre, permettra de mesurer les variations de distance le long du rayon vecteur de l'orbite.

On peut ainsi, par quatre observations faites à des intervalles de temps suffisamment éloignés, calculer les éléments de la courbe apparente décrite par l'une des étoiles autour de l'autre. Je dis *apparente*, parce qu'il est bien évident, qu'à moins d'un cas exceptionnel, le plan de cette orbite étant incliné sur le rayon visuel qui aboutit au centre du système, c'est la projection de la courbe sur ce plan qu'on observe ainsi, non la courbe elle-même. Le cas exceptionnel auquel nous venons de faire allusion, est celui où le plan se présente à nous de face, c'est-à-dire perpendiculairement au rayon visuel. Un autre cas extrême peut se présenter et s'est présenté en effet[1] : c'est celui où le plan de la courbe passe par l'œil de l'observateur. Alors le mouvement des composantes paraît s'effectuer en ligne droite, ou du moins à peu de chose près, de part et d'autre du centre de gravité commun.

On conçoit, entre ces deux cas, toutes les inclinaisons possibles du plan de l'orbite.

1. Pour l'étoile double Zêta de la constellation d'Hercule.

Telle est, en peu de mots, la méthode qui a servi à calculer les mouvements de révolution des systèmes stellaires. Appliquée pour la première fois par Savary, qui en fit l'objet d'une notice fort intéressante dans la *Connaissance des Temps* pour 1830, elle a été reprise et successivement modifiée par plusieurs astronomes géomètres, Encke, John Herschel, Bessel, Struve, Mœdler, Hind, Smyth, Jacob, Yvon Villarceau.

Mais ce qui précède ne donnerait de la méthode en question qu'une idée fort incomplète, si nous n'ajoutions que tous les calculs effectués pour la détermination des orbites reposent sur un principe fondamental. Ce principe n'est autre chose que celui de la gravitation, s'exerçant, entre les corps célestes, en raison directe des masses et inverse du carré des distances.

Or, la légitimité de cette application d'une loi qui pouvait fort bien ne pas s'appliquer aux systèmes stellaires, a été soumise à des vérifications décisives. Désormais l'universalité de cette grande loi est hors de toute contestation.

On va comprendre pourquoi.

Qu'à l'aide des quatre observations servant de point de départ aux calculs des géomètres, l'hypothèse de la gravitation ait conduit à la détermination d'une orbite, c'est là un fait qui n'a rien de surprenant et qui ne témoignait ni pour ni contre l'hypothèse. Mais si, la courbe une fois calculée au moyen de ces premiers éléments, toutes les observations ultérieures sont venues concorder avec l'orbite calculée, et cela dans les limites des erreurs inhérentes aux observations mêmes, alors, il n'y a plus de doute, l'hypothèse était légitime. D'ailleurs, c'est au fond la méthode employée pour les corps nouvellement découverts dans notre système solaire. Un certain nombre d'observations prises à des époques distinctes permettent le calcul des éléments de l'orbite, au moyen de formules déduites de la loi de gravitation. Ces éléments eux-mêmes servent à la formation des éphémérides de l'astre, c'est-à-dire à la prédiction des positions apparentes qu'il occupera à des époques déterminées, et les observations ultérieures doivent cadrer avec ces prédictions mêmes. Enfin, si quelques divergences se manifestent dans certaines limites, elles sont utiles pour la rectification des éléments primitivement calculés, ou bien elles indiquent l'existence de perturbations dont il restera à chercher l'origine.

Telles sont précisément les circonstances qui se sont présentées pour la détermination des orbites d'étoiles doubles, et qui ont permis de conclure à la légitimité de l'hypothèse, c'est-à-dire à l'existence de véritables systèmes d'étoiles, régis, comme le système solaire dont nous faisons partie, par les lois de la gravitation.

Cet immense résultat peut être, sans contredit, considéré comme une des plus belles conquêtes de la science moderne. Il fonde désormais l'astronomie sidérale sur des bases solides, et Humboldt a pu dire, sans craindre qu'on accuse son enthousiasme d'exagération : « La connaissance de ces systèmes partiels, où des mouvements s'accomplissent en dehors de toute influence extérieure, ouvre à la pensée un champ d'autant plus large, que déjà ces systèmes apparaissent, à leur tour, comme de simples détails, dans le vaste ensemble des mouvements qui animent les corps répandus dans les espaces célestes. »

## III

**Périodes de révolution et éléments elliptiques de quelques systèmes d'étoiles doubles. Les compagnons de Procyon et de Sirius.**

Donnons maintenant quelques-uns des principaux résultats obtenus à l'aide des méthodes dont on vient de lire le rapide exposé.

Nous parlerons en premier lieu de l'étoile Xi de la constellation de la Grande-Ourse, parce que c'est la première à laquelle aient été appliqués les calculs[1], et que son orbite est une des mieux déterminées. Les deux composantes de cette étoile sont, l'une de quatrième, l'autre de cinquième grandeur. La période de révolution de la plus petite composante autour de la principale est d'un peu plus de soixante et un ans. Comme les plus anciennes observations de ce système remontent à l'année 1782, il faut en conclure que depuis cette époque une première révolution s'est entièrement accomplie, et que l'étoile secondaire est sur le point d'achever le tiers de la deuxième.

Un des éléments caractéristiques des orbites elliptiques, est l'excentricité[2] qui sert de mesure au degré d'allongement de la courbe. Or l'excentricité de l'orbite de Xi de la Grande-Ourse est égale à 0,43, tandis que, parmi les grandes planètes de notre système solaire, la plus grande excentricité, celle de Mercure, ne dépasse pas 0,20, et que, parmi les planètes télescopiques, l'excentricité la plus considérable ne s'élève qu'à 0,33. Il s'agit donc là d'une orbite de forme allongée qui se rapproche beaucoup de celles des comètes périodiques de notre système.

1. Savary.
2. L'*excentricité* est le rapport numérique qui existe entre la distance du centre au foyer de l'ellipse, et le demi-grand axe de la même courbe.

Mais il en est qui s'en rapprochent plus encore.

Telle est l'orbite décrite par le compagnon de la belle étoile de première grandeur Alpha du Centaure. Son excentricité est 0,71, et la durée de sa révolution dépasse soixante-dix-huit années. Ce qui ajoute à l'intérêt de ces éléments, c'est que, la distance de ce système à la Terre étant connue, il a été possible de calculer les dimensions véritables de l'orbite, dont le demi-grand axe mesure environ 440 millions de lieues de 4 kilomètres. En comparant ces nombres à ceux qui expriment la distance des planètes à notre Soleil, on voit que l'orbite du compagnon d'Alpha du Centaure, rapportée au foyer du système solaire, serait comprise entre les courbes décrites par Saturne et par Uranus. Le même calcul, appliqué aux deux étoiles dont se compose la soixante et unième de la constellation du Cygne, donne une orbite dont le rayon moyen est environ quarante-cinq fois aussi grand que celui de l'orbite terrestre[1], et qui est parcourue par l'étoile satellite en plus de quatre cent cinquante ans.

Mais une conséquence plus intéressante encore de ces derniers faits, combinée avec l'extension désormais établie de la gravitation aux systèmes stellaires, c'est qu'on peut calculer avec une certaine approximation la somme des masses des deux composantes; c'est ainsi que les masses réunies des deux soleils qui forment la soixante et unième étoile du Cygne sont égales aux 353 millièmes de la masse de notre propre Soleil.

Certes, les résultats étonnants que nous constatons ici laissent à désirer sous le rapport de la précision. Il faudra encore de nombreuses et délicates observations pour resserrer les éléments calculés dans d'étroites limites d'incertitude. Mais tels qu'ils sont aujourd'hui connus, ils suffisent pour démontrer le principe et, pour mériter toute l'attention des savants philosophes.

Nous savons qu'il est bon nombre d'esprits qui trouveront cette marche de la science lente et embarrassée, qui penseront qu'il n'était pas besoin de si longs calculs et de tant de recherches délicates pour conclure à l'universalité des lois de la gravitation. Partisans de la généralisation à outrance, ils eussent préféré sans doute qu'on s'en tînt aux prévisions hardies de Lambert et de Kant. Mais la sévérité des méthodes scientifiques ne saurait s'accommoder du procédé de ces intelligences primesautières, et, en se montrant un peu dédaigneuse des systèmes préconçus, il faut avouer que la science agit sagement[2]. L'histoire des erreurs et des préjugés politiques et so-

---

1. Un milliard 530 millions de lieues.
2. Si cette manière de voir n'avait pas en elle-même sa logique et sa raison

ciaux le démontre avec évidence : autant la routine est funeste au vrai progrès, autant l'imagination déréglée, privée du lest de la méthode, entrave l'essor des sciences. Pour une vérité ainsi entrevue, que d'hypothèses erronées et partant nuisibles !

Revenons à nos systèmes de soleils.

Nous citerons encore, parmi les plus remarquables, l'étoile Rhô d'Ophiuchus, qui accomplit sa période en quatre-vingt-douze ans; Zêta d'Hercule, en trente-six ans; Hêta de la Couronne, en soixante-six années; enfin Gamma de la Vierge, qui est composée de deux étoiles de troisième grandeur, blanches toutes deux, et légèrement variables d'éclat. La période de ce dernier système est de cent cinquante-quatre ans.

On voit par ces exemples, et par ceux que nous avons cités plus haut, que les durées des révolutions sont très-différentes. Depuis Zêta d'Hercule, où cette durée ne dépasse guère trente années, jusqu'à la soixante et unième du Cygne, où elle est voisine de cinq siècles, on trouve une série de durées intermédiaires dont la progression se complétera sans doute de plus en plus, au fur et à mesure des progrès de l'astronomie sidérale.

Mais il est temps de signaler une des découvertes les plus intéressantes et les plus récentes de la science contemporaine.

L'étoile la plus brillante de tout le ciel, Sirius, attirait depuis longtemps l'attention des astronomes par les particularités que présentait son mouvement propre.

En étudiant avec un soin minutieux un grand nombre d'observations de cette étoile remarquable, Bessel parvint à constater une

d'être, nous l'appuierions au besoin de l'autorité d'un nom. Arago s'exprime ainsi dans le premier volume de son *Astronomie populaire :*

« Cette célèbre attraction newtonienne, dont l'*universalité* n'était jusqu'ici établie que jusqu'aux limites de l'espace embrassé par la planète la plus éloignée du soleil, c'est-à-dire par Neptune, devient *universelle* dans toute l'acception grammaticale de ce terme. Il ne faut pas croire qu'on pouvait, sans aucun scrupule, donner cette extension indéfinie à la découverte de Newton. L'existence de l'attraction, dans toutes les parties du système composé du Soleil et des planètes qui l'entourent, était un fait capital, dont on avait découvert les lois et suivi les conséquences avec un succès merveilleux; mais il n'en résultait pas que la vertu attractive fût inhérente à la matière, que de grands corps ne pussent pas exister dans d'autres régions, dans d'autres systèmes, sans s'attirer mutuellement. A plus forte raison, n'aurait-on pas eu le droit de se prononcer sur la généralité de la loi du carré des distances. »

variation périodique de son ascension droite. L'illustre astronome de Kœnigsberg crut devoir conclure à l'action perturbatrice d'un satellite dont l'observation n'avait pu encore vérifier l'existence, soit que ce satellite fût un corps obscur, ou du moins seulement éclairé par le soleil central, soit qu'il fût un soleil secondaire dont la lumière se confondît dans les rayons éblouissants de Sirius lui-même. C'est en 1844 que Bessel publia le résultat de ses travaux sur ce sujet, dans un Mémoire qui portait ce titre : « *Sur la variabilité du mouvement propre des étoiles fixes,* » « travail également admirable, dit Struve [1], par la profondeur de la théorie et par l'application nouvelle des riches matériaux que lui avaient fournis ses observations et ses calculs. »

Depuis, Peters, Auwers et Safford s'appliquèrent à élucider le même problème, et, en 1851, le premier de ces savants calcula l'orbite du satellite inconnu. Il démontra que les variations périodiques en ascension droite s'expliqueraient en admettant que Sirius décrit, dans une période de cinquante années, une ellipse dont le demi-grand axe serait vu de la Terre sous un angle d'environ 2″.4.

Un travail du même genre, exécuté sur une autre étoile de première grandeur, Procyon, parut devoir conclure à des considérations analogues. Mais il faut dire aussi que ces considérations furent combattues par des astronomes d'un grand mérite, parmi lesquels on compta Struve lui-même.

La question en était là.

Les meilleurs instruments appliqués à Sirius ne permettaient pas de constater par l'observation la présence du compagnon théorique annoncé par Bessel et calculé par Peters, lorsque dans la soirée du 31 janvier 1862, un astronome américain de l'observatoire de Cambridge, M. Clark, l'aperçut enfin à l'aide d'une nouvelle et puissante lunette de 47 centimètres d'ouverture. Peu de temps après, MM. Chacornac, à Paris, et Lassell, à Malte, confirmèrent cette brillante découverte.

Ajoutons que la position du compagnon de Sirius, aux époques où il fut observé, s'accordait sensiblement avec celle qu'on pouvait déduire de l'orbite calculée par Peters.

Maintenant est-il vrai, comme on l'a annoncé depuis, que Sirius soit une étoile multiple, qu'au lieu d'un seul compagnon ce splendide soleil en ait quatre, cinq ou six ? on nous permettra d'en douter. Non pas que nous soupçonnions l'habileté de l'observateur émérite qui a lui-même annoncé ces résultats extraordinaires, mais les dis-

----

[1]. *Études d'astronomie stellaire*, Saint-Pétersbourg, 1847.

tances assignées aux points lumineux dont il s'agit, dépassent les dimensions probables d'un tel système, et, provisoirement, si l'observation est confirmée, il paraît probable qu'il ne s'agit que d'étoiles projetées optiquement dans le voisinage de Sirius.

En résumé, il est nettement établi, par les faits comme par le calcul, que les lois de gravitation qui régissent les mouvements des corps composant notre système planétaire sont aussi les lois des systèmes d'étoiles doubles. S'appliquent-elles pareillement aux groupes composés de trois, de quatre, ou d'un plus grand nombre de soleils? c'est ce que l'on ne sait pas encore; mais en attendant que les faits prononcent, ce n'est pas s'écarter des règles de la prudence que de conclure ici, par analogie, à l'universalité du principe.

« Probablement, dit Humboldt, l'étoile sextuple Thêta d'Orion constitue un véritable système, car les cinq petites étoiles partagent le mouvement propre de l'étoile principale. » C'est là une probabilité, mais non encore une certitude, puisqu'on n'a constaté aucun déplacement relatif des composantes. « Déjà, cependant, c'est Arago qui parle, les observations ont montré que dans Zêta de l'Écrevisse, les deux faibles étoiles tournent autour de la principale. Pour Psi de Cassiopée, qui se compose d'une étoile assez brillante et de deux petites étoiles excessivement rapprochées entre elles, il est probable qu'on verra ces dernières circuler l'une autour de l'autre, et leur ensemble tourner autour de l'étoile brillante. »

Il y a toutefois à faire entre ces systèmes et le nôtre une distinction importante. Tandis que les astres secondaires gravitant autour de notre soleil sont des corps obscurs, dans les systèmes d'étoiles ce sont des corps de même nature que le soleil principal et brillant de leur propre lumière qui tournent autour de leur centre commun de gravité. Si l'on suppose que chacun d'eux soit accompagné d'une série de planètes et de leurs satellites, l'action commune des deux soleils principaux sur ces astres secondaires doit donner lieu à des phénomènes de mouvements, à des perturbations extrêmement complexes. Les influences combinées de deux ou de plusieurs sources de chaleur et de lumière, la diversité des couleurs ne peuvent qu'ajouter encore à la singularité des systèmes. Mais il n'y a rien dans ces conséquences qui doive étonner ceux qui savent combien la puissance de la nature est variée dans ses manifestations phénoménales.

Amédée Guillemin.

LE

# CAPITAINE FRACASSE[1]

## XX

### DÉCLARATION D'AMOUR DE CHIQUITA.

Une foule compacte garnissait la place de Grève, malgré l'heure
assez matinale encore que marquait le cadran de l'hôtel de ville. Les
grands toits de Dominique Bocador se profilaient en gris violâtre sur
un ciel d'un blanc laiteux. Leur ombre froide s'allongeait jusqu'au
milieu de la place et enveloppait une charpente sinistre, dépassant
d'un ou deux pieds le niveau des fronts, et barbouillée d'un rouge
sanguinolent. Aux fenêtres des maisons quelques têtes paraissaient,
qui rentraient aussitôt, voyant que le spectacle n'était pas commencé.
Une vieille femme montra même sa face ridée à une lucarne de la
tourelle située à l'angle de la place d'où la tradition veut que
madame Marguerite ait contemplé le supplice de la Môle et de
Coconnas : changement désastreux d'une belle reine en laide sorcière ! A la croix de pierre plantée au bord de la déclivité qui descend
au fleuve, un enfant, se hissant à grand' peine, s'était suspendu, et
il s'y tenait les bras passés au-dessus de la traverse, les genoux et les
jambes enserrant la tige dans une pose aussi pénible que celle du
mauvais larron, mais qu'il n'eût pas quittée pour une fouace ou un
chausson aux pommes. De là, il découvrait le détail intéressant de
l'échafaud, la roue pour tourner le patient, les cordelettes pour l'attacher, la barre pour lui briser les os ; toutes choses dignes d'être
examinées.

Cependant si, parmi les spectateurs, quelqu'un se fût avisé d'étudier d'un œil plus attentif cet enfant ainsi perché, il eût démêlé dans

1. Voir les 28e, 29e, 30e, 31e, 34e, 39e, 40e, 41e, 42e, 43e, 44e, 45e 46e, 47e
48e et 49e livraisons.

l'expression de son visage un autre sentiment que celui d'une curiosité vulgaire. Ce n'était point le féroce appât d'un supplice qui avait
amené là ce jeune être au teint bistré, aux grands yeux cernés de
brun, aux dents brillantes, aux longs cheveux noirs, dont les mains
gantées de hâle se crispaient sur les croisillons de pierre. La délicatesse de ses traits semblait même indiquer un autre sexe que celui
qu'accusaient ses vêtements; mais personne ne regardait de ce côté,
et toutes les têtes se tournaient instinctivement vers l'échafaud ou
vers le quai par lequel devait déboucher le condamné.

Parmi les groupes apparaissaient quelques figures de connaissance;
un nez rouge au milieu d'une face pâle désignait Malartic, et il passait assez du profil busqué de Jacquemin Lampourde par-dessus le
pli d'un manteau jeté sur l'épaule à l'espagnole pour qu'on ne pût
douter de son identité. Bien qu'il portât son chapeau enfoncé jusqu'au
sourcil, afin de cacher l'absence de son oreille coupée par la balle de
Piedgris, il était aisé de retrouver Bringuenarilles dans ce grand
maraud assis sur une borne et fumant une longue pipe de Hollande
pour passer le temps. Piedgris lui-même causait avec Tordgueule,
et sur les marches de l'Hôtel de Ville se promenaient d'une façon
péripatétique, causant de choses et d'autres, plusieurs habitués du
Radis couronné. La place de Grève où, tôt ou tard, ils doivent
fatalement aboutir, exerce sur les meurtriers, les spadassins et les
filous une fascination singulière. Cet endroit sinistre, au lieu de les
repousser, les attire. Ils tournent autour traçant d'abord des cercles
larges, ensuite plus étroits, jusqu'à ce qu'ils y tombent; ils aiment à
regarder le gibet où ils seront branchés; ils en contemplent avidement la configuration horrible, et ils apprennent dans les grimaces
des patients à se familiariser avec la mort; effet bien contraire à l'idée
de la justice, qui est d'effrayer les scélérats par l'aspect des tourments.

Ce qui explique en outre l'affluence de telles ribaudailles aux jours
d'exécution, c'est que le protagoniste de la tragédie est toujours un
parent, une connaissance, souvent un complice. On va voir pendre
son cousin, rouer son ami de cœur, bouillir ce galant homme dont on
passait la fausse monnaie. Manquer à cette fête serait une impolitesse.
Pour un condamné, il est agréable d'avoir autour de son échafaud
un public de figures connues. Cela soutient et ranime l'énergie. On
ne veut pas être lâche devant des appréciateurs du vrai mérite, et
l'orgueil vient au secours de la souffrance. Tel, ainsi entouré, meurt

en Romain, qui ferait la femmelette s'il était dépêché incognito au fond d'une cave.

Sept heures sonnèrent. L'exécution devait avoir lieu à huit heures seulement. Aussi Jacquemin Lampourde, en entendant tinter l'horloge, dit-il à Malartic : « Tu vois bien que nous aurions eu le temps de boire encore une bouteille ; mais tu es toujours impatient et nerveux. Si nous retournions au Radis couronné? je m'ennuie de faire le pied de grue et de croquer le marmot. Voir rouer un pauvre diable, cela vaut-il une si longue attente? ce supplice est fade, bourgeois et commun. Si c'était quelque bel écartèlement à quatre chevaux montés chacun par un archer de la prévôté, quelque tenaillement avec pinces de fer rouge, quelque application de poix bouillante et de plomb fondu, quelque chose d'ingénieusement tortionnaire et de férocement douloureux, faisant honneur à l'imagination du juge ou à l'habileté du bourreau ; oh ! alors, je ne dis pas. Par amour de l'art, je resterais ; mais, pour si peu, fi donc !

— Je te trouve injuste à l'endroit de la roue, répondit sentencieusement Malartic en frottant son nez plus cramoisi que jamais ; la roue a du bon.

— On ne peut pas disputer des goûts. Chacun est entraîné par sa volupté particulière, comme dit un auteur latin fort célèbre dont j'ai oublié le nom, ma mémoire ne retenant volontiers que ceux des grands capitaines. La roue te plaît ; je ne te contrarierai pas là-dessus, et je te tiendrai compagnie jusqu'à la fin. Conviens, cependant, qu'une décollation faite avec une lame damasquinée, ayant dans le dos une rainure remplie de vif-argent pour lui donner du poids, exige du coup d'œil, de la vigueur, de la dextérité, et présente un spectacle aussi noble qu'attrayant.

— Oui, sans doute, mais cela passe trop vite, ce n'est qu'un éclair ; et puis la décapitation est réservée aux gentilshommes. Le billot est un de leurs priviléges. Parmi les supplices roturiers, la roue me paraît l'emporter sur la vulgaire pendaison, bonne tout au plus pour les malfaiteurs subalternes. Agostin est plus qu'un simple voleur. Il mérite mieux que la corde, et la justice a eu pour lui les égards qui lui sont dus.

— Tu as toujours eu un faible pour Agostin, sans doute à cause de Chiquita, dont la bizarrerie agaçait ton œil libertin ; je ne partage pas ton admiration à l'endroit de ce bandit, plus fait pour travailler sur les grands chemins et dans les gorges de montagnes, comme un

*saltéador*, que pour opérer avec la délicatesse convenable au sein
d'une ville civilisée. Il ignore les raffinements de l'art. Sa manière
est bourrue, hagarde et provinciale. Au moindre obstacle il joue des
couteaux et tue vaguement et sauvagement. Trancher le nœud gor-
dien n'est pas le dénouer, quoi qu'en dise Alexandre. En outre, il
n'emploie pas l'épée; ce qui manque de noblesse.

— La spécialité d'Agostin est la navaja, l'outil de son pays; il n'a
point comme nous ébranlé, pendant des années, le carreau des salles
d'armes. Mais son genre a de l'imprévu, de la hardiesse, de l'originalité. Son coup lancé réunit l'agrément de la balistique à la sûreté
discrète de l'arme blanche. Le sujet est atteint, à vingt pas, sans bruit.
Je regrette fort que sa carrière soit interrompue sitôt. Il allait bien ;
c'était un courage de lion.

— Moi, répondit Jacquemin Lampourde, je suis pour la méthode
académique. Sans les formes, tout se perd. Toutes les fois que j'attaque, je touche mon homme sur l'épaule et lui laisse le temps de se
mettre en garde; il se défend s'il veut. C'est un duel, et ce n'est plus
un meurtre. Je suis un spadassin, non un assassin. Il est vrai que ma
profonde science de l'escrime m'assure des chances, et que mon épée
est presque infaillible; mais, savoir bien le jeu, ce n'est pas tricher.
Je ramasse la bourse, la montre, les bijoux et le manteau du mort;
d'autres le feraient à ma place. Puisque j'ai eu la peine, il convient
que j'aie le profit. Quoi que tu prétendes, ce travail au couteau me
répugne; cela est bon à la campagne, et avec des gens de bas
lieu.

— Oh ! toi, Jacquemin Lampourde, tu es ferré sur les principes ;
on ne t'en ferait pas démordre; cependant, un peu de fantaisie ne
messied pas en art.

— J'admettrais une fantaisie savante, compliquée et délicate; mais
cette brutalité emportée et farouche me déplaît. D'ailleurs, Agostin
se laisse griser par le sang, et, dans son ivresse rouge, il frappe au
hasard. C'est une faiblesse : quand on boit à la coupe vertigineuse du
meurtre, il faut avoir la tête forte. Ainsi dans cette maison, où il s'est
introduit dernièrement pour y voler des sommes, il a tué le mari qui
s'était éveillé et la femme qui dormait; meurtre superflu, par trop
cruel et peu galant. Il ne faut tuer les femmes que quand elles
crient, encore vaut-il mieux les bâillonner; car, si l'on est pris, ces
carnages attendrissent les juges et le populaire, et l'on a l'air d'un
monstre.

— Tu parles comme Saint-Jean Bouche d'or, répondit Malartic, d'une façon si magistrale et si péremptoire, que je ne trouve rien à objecter; mais que deviendra cette pauvre Chiquita? »

Jacquemin Lampourde et Malartic philosophaient de la sorte quand un carrosse venant du quai déboucha sur la place et produisit sur la foule des ondulations et des remous. Les chevaux piaffaient sans pouvoir avancer, et parfois leurs sabots retombaient sur des bottes, ce qui amenait entre les malandrins et les laquais des dialogues hargneux et mêlés d'injures.

Les piétons ainsi foulés eussent volontiers assailli le carrosse si les armes ducales blasonnées sur le panneau de la portière ne leur eussent inspiré une sorte de terreur, bien que ce fussent gens à ne pas respecter grand'chose. Bientôt les groupes devinrent si drus, que l'équipage fut forcé de s'arrêter au milieu de la place, où de loin le cocher, immobile sur son siége, semblait assis sur des têtes. Pour s'ouvrir un chemin et passer outre, il eût fallu écraser trop de canaille, et cette canaille, qui, à la Grève, était chez elle, ne se serait peut-être pas laissé faire.

« Ces drôles attendent quelque exécution et ne laisseront le champ libre que lorsque le patient sera expédié, dit un beau jeune homme magnifiquement vêtu à un ami de très-belle mine aussi, mais en costume plus modeste, placé à côté de lui dans le fond du carrosse. Au diable l'imbécile qui va se faire rouer précisément à l'heure où nous traversons la place de Grève! Ne pouvait-il pas remettre la chose à demain?

— Croyez, répondit l'ami, qu'il ne demanderait pas mieux, et que l'incident est encore plus fâcheux pour lui que pour nous.

— Ce que nous avons de mieux à faire, mon cher Sigognac, c'est de nous résigner et de tourner la tête de l'autre côté si le spectacle nous dégoûte, chose difficile pourtant, lorsqu'il se passe près de soi quelque chose de terrible; témoin saint Augustin, qui ouvrit les yeux dans le cirque, quoiqu'il se fût bien promis de les tenir fermés, à un grand cri que poussa le populaire.

— En tout cas, nous n'avons pas longtemps à attendre, répondit Sigognac, voyez là-bas, Vallombreuse; la foule se sépare devant la charrette du condamné. »

En effet, une charrette, traînée par une rosse que réclamait Montfaucon, s'avançait, entourée de quelques archers à cheval, avec un bruit de vieilles ferrailles, et traversait les groupes de curieux, se dirigeant vers l'échafaud. Sur une planche jetée en travers des ridelles était assis Agostin, auprès d'un capucin à barbe blanche qui lui présentait aux lèvres un crucifix de cuivre jaune poli par les baisers d'agonisants en bonne santé. Le bandit avait les cheveux entourés d'un mouchoir dont les bouts noués lui pendaient derrière la nuque. Une chemise de grosse toile et des grègues de vieille serge con posaient tout son costume. Il était en toilette d'échafaud ; toilette succincte. Le bourreau s'était déjà emparé de la défroque du condamné, comme c'était son droit, et ne lui avait laissé que ces haillons, bien suffisants pour mourir. Un système de cordelettes, dont le bout était tenu par l'exécuteur des hautes œuvres, placé à l'arrière de la charrette, afin que le patient ne le vît pas, maintenait Agostin, tout en lui laissant une liberté apparente. Un valet de bourreau, assis de côté sur un des brancards de la charrette, tenait les guides et fouettait à tour de bras la maigre rosse.

« Eh mais, dit Sigognac dans le carrosse, c'est le bandit qui m'a autrefois arrêté sur la grand' route en tête d'une troupe de mannequins ; je vous ai conté cette histoire pendant notre voyage à l'endroit où elle s'était passée.

— Je m'en souviens, fit Vallombreuse, et j'en ai ri de bon cœur ; mais, depuis, il paraît que le drôle s'est livré à des exploits plus sérieux. L'ambition l'a perdu ; il fait d'ailleurs assez bonne contenance. »

Agostin, un peu pâli sous son teint naturellement hâlé, promenait sur la foule un regard préoccupé et qui semblait chercher quelqu'un. En passant auprès de la croix de pierre, il aperçut le jeune enfant perché dont il a été question au commencement de ce chapitre et qui n'avait pas quitté sa place.

A cette vue un éclair de joie brilla dans ses yeux, un faible sourire entr'ouvrit ses lèvres ; il fit de la tête un signe imperceptible, adieu et testament à la fois, et dit à mi-voix : « Chiquita ! »

« Mon fils, quel mot venez-vous de prononcer, fit le capucin en agitant son crucifix ; cela sonne comme un nom de femme : quelque Égyptienne sans doute ou quelque fille folle de son corps. Pensez plutôt à votre salut ; vous avez le pied sur le seuil de l'éternité.

— Oui, mon père, et quoique j'aie les cheveux noirs, vous êtes plus jeune que moi avec votre barbe blanche. Chaque tour de roue vers cette charpente me vieillit de dix ans.

— Pour un brigand de province, que cela devrait intimider de mourir devant des Parisiens, dit Jacquemin Lampourde, qui s'était rapproché de l'échafaud en jouant des coudes à travers les badauds et les commères, cet Agostin se comporte assez bien ; il n'est point trop défait et n'a pas par anticipation, comme d'aucuns, la mine cadavéreuse des suppliciés. Sa tête ne ballotte pas ; il la tient haute et droite ; signe de courage, il a regardé fixement la machine. Si mon expérience ne me trompe, il fera une fin correcte et décente, sans geindre, sans se débattre, sans demander à faire des aveux pour gagner du temps.

— Oh ! pour cela, il n'y a pas de danger, dit Malartic ; à la torture, il s'est laissé enfoncer huit coins plutôt que de desserrer les dents et de trahir un camarade. »

La charrette, pendant ces courts dialogues, était arrivée au pied de l'échafaud, dont Agostin monta lentement les degrés, précédé du valet, soutenu du capucin et suivi du bourreau. En moins d'une minute il fut étalé et lié solidement sur la roue par les aides de l'exécuteur. Le bourreau, ayant jeté son manteau rouge brodé à l'épaule d'une échelle en galon blanc, avait tourné sa manche en bourrelet autour de son bras, pour être plus libre et dégagé, et se baissait pour prendre la barre fatale.

C'était l'instant suprême. Une curiosité anxieuse opprimait les poitrines des spectateurs. Lampourde et Malartic étaient devenus sérieux ; Bringuenarilles lui-même n'aspirait plus la fumée de sa pipe, qu'il avait ôtée de ses lèvres. Tordgueule, sentant qu'une aventure semblable lui pendait à l'oreille, prenait un air mélancolique et rêveur. Tout à coup un certain frémissement eut lieu parmi la foule. L'enfant hissé sur la croix s'était laissé couler à terre, et, se faufilant comme une couleuvre à travers les groupes, avait atteint l'échafaud, dont en deux bonds elle escaladait les marches, présentant au bourreau étonné, qui levait déjà sa masse, une figure pâle, étincelante, sublime, illuminée d'une telle résolution, qu'il s'arrêta malgré lui et retint le coup prêt à descendre.

« Ote-toi de là, môme, s'écria le bourreau, ou ma barre va te briser la tête. »

Mais Chiquita ne l'écoutait point. Il lui était bien égal d'être tuée. Se penchant sur Agostin, elle le baisa au front et lui dit : « Je t'aime ; » puis, d'un mouvement plus prompt que l'éclair, elle lui plongea dans le cœur la navaja qu'elle avait reprise à Isabelle. Le

coup était porté d'une main si ferme que la mort fut presque instan-
tanée; à peine Agostin eut-il le temps de dire : « Merci. »

« Cuando esta vivora pica,
« No hay remedio en la botica, »

murmura l'enfant avec un éclat de rire sauvage et fou, en se préci-
pitant à bas de l'échafaud, où l'exécuteur, stupéfait de l'aventure,
abaissait sa barre inutile, incertain s'il devait briser les os d'un
cadavre.

« Bien, Chiquita, très-bien! » ne put s'empêcher de crier
Malartic, qui l'avait reconnue sous ses habits de garçon.

Lampourde, Bringuenarilles, Piedgris, Tordgueule et les amis du
Radis couronné, émerveillés de cette action, s'arrangèrent en haie
compacte, de façon à empêcher les soldats de courir après Chiquita.
Les disputes et les poussées, mêlées de horions, que fit naître cet
embarras factice, donnèrent le temps à la petite de gagner le carrosse
de Vallombreuse, arrêté au coin de la place. Elle grimpa sur le
marchepied, et, s'accrochant des mains à la portière, elle reconnut
Sigognac et lui dit d'une voix haletante : « J'ai sauvé Isabelle, sauve-
moi. »

Vallombreuse, que cette scène bizarre avait fort intéressé, cria au
cocher : « A fond de train et passe, s'il le faut, sur le ventre de cette
canaille. » Mais le cocher n'eut besoin d'écraser personne. La foule
s'ouvrait avec empressement devant le carrosse et se refermait aussitôt pour arrêter la molle poursuite des soudards. En quelques minutes, le carrosse eut atteint la porte Saint-Antoine, et, comme le
bruit d'une aventure si récente ne pouvait être parvenu jusque-là,
Vallombreuse ordonna au cocher de modérer son allure, d'autant
qu'un équipage, fuyant de cette vitesse, eût semblé, à bon droit,
suspect. Le faubourg dépassé, il fit entrer Chiquita dans la voiture.
Elle s'assit, sans mot dire, sur un carreau, en face de Sigognac. Sous
l'apparence la plus calme, elle était en proie à une exaltation extrême.
Aucun muscle de sa figure ne bougeait, mais un flot de sang empourprait ses joues, ordinairement si pâles, et donnait à ses grands
yeux fixes, qui regardaient sans voir, un éclat surnaturel. Une sorte
de transfiguration s'était opérée dans Chiquita. Cet effort violent
avait déchiré la chrysalide enfantine où dormait la jeune fille. En
plongeant son couteau dans le cœur d'Agostin, elle avait du même

coup ouvert le sien. Son amour était né de ce meurtre; l'être bizarre, presque insexuel, moitié enfant, moitié lutin, qu'elle avait été jusque-là, n'existait plus. Elle était femme désormais, et sa passion éclose en une minute devait être éternelle. Un baiser, un coup de couteau, c'était bien l'amour de Chiquita.

La voiture roulait toujours, et l'on voyait déjà poindre derrière les arbres les grands toits ardoisés du château. Vallombreuse dit à Sigognac : « Vous viendrez dans mon appartement, et vous y ferez un bout de toilette avant que je vous présente à ma sœur, qui ignore mon voyage et votre arrivée; j'ai ménagé ce coup de théâtre dont j'espère le meilleur effet. Abaissez le mantelet de votre côté pour qu'on ne vous voie pas, que la surprise soit complète; mais qu'allons-nous faire de ce petit démon?

— Ordonnez, dit Chiquita, qui, à travers sa rêverie profonde, avait entendu la phrase de Vallombreuse, ordonnez qu'on me conduise à madame Isabelle; qu'elle soit l'arbitre de mon sort. »

Rideaux baissés, le carrosse entra dans la cour d'honneur : Vallombreuse prit Sigognac sous le bras et l'emmena dans son appartement, après avoir dit à un laquais de conduire Chiquita chez la comtesse de Lineuil.

A la vue de Chiquita, Isabelle posa le livre qu'elle était en train de lire et arrêta sur la jeune fille un regard plein d'interrogations.

Chiquita resta immobile et silencieuse jusqu'à ce que le laquais fût retiré. Alors, avec une sorte de solennité singulière, elle s'avança vers Isabelle, lui prit la main et dit :

« Le couteau est dans le cœur d'Agostin; je n'ai plus de maître, et je sens le besoin de me dévouer à quelqu'un. Après lui, qui est mort, c'est toi que j'aime le plus au monde; tu m'as donné le collier de perles et tu m'as embrassée. Veux-tu de moi pour esclave, pour chien, pour gnome? Fais-moi donner un haillon noir pour porter le deuil de mon amour; je coucherai en travers sur le seuil de ta porte; cela ne te gênera pas du tout. Quand tu me voudras, tu siffleras ainsi — et elle siffla — et je paraîtrai tout de suite; veux-tu? »

Isabelle, pour toute réponse, attira Chiquita sur son cœur, lui effleura le front des lèvres et accepta simplement cette âme qui se donnait à elle.

# XXI

## HYMEN, O HYMÉNÉE!

Isabelle, accoutumée aux façons énigmatiques et bizarres de Chiquita, ne l'avait point interrogée, se réservant de lui demander des explications quand cette étrange fille serait plus calme. Elle entrevoyait bien quelque histoire terrible à travers tout cela; mais la pauvre enfant lui avait rendu de tels services, qu'il fallait l'accueillir sans enquête en cette situation évidemment désespérée.

Après l'avoir confiée à une femme de chambre, elle reprit sa lecture interrompue, bien que le livre ne l'intéressât guère; au bout de quelques pages, son esprit ne suivant plus les lignes, elle mit le signet entre les pages et reposa le volume sur la table parmi des ouvrages d'aiguille commencés. La tête appuyée sur la main, le regard perdu dans l'espace, elle se laissa aller à la pente habituelle de sa rêverie : « Qu'est devenu Sigognac, disait-elle, pense-t-il encore à moi, m'aime-t-il toujours? Sans doute, il est retourné dans son pauvre château, et, croyant mon frère mort, il n'ose donner signe de vie. Cet obstacle chimérique l'arrête. Autrement il eût essayé de me revoir; il m'eût écrit tout au moins. Peut-être l'idée que je suis maintenant un riche parti retient-elle son courage. S'il m'avait oubliée! Oh! non; c'est impossible. J'aurais dû lui faire savoir que Vallombreuse était guéri de sa blessure; mais il n'est pas séant à une jeune personne bien née de provoquer ainsi un amant éloigné à reparaître : cela blesserait toutes les délicatesses féminines. Souvent je me demande s'il n'eût pas mieux valu pour moi rester l'humble comédienne que j'étais. Je pouvais du moins le voir tous les jours, et, sûre de ma vertu comme de son respect, savourer en paix la douceur d'être aimée. Malgré l'affection touchante de mon père, je me sens triste et seule dans ce château magnifique; encore si Vallombreuse était là, sa compagnie me distrairait; mais son absence se prolonge, et je cherche en vain le sens de cette phrase qu'il m'a jetée au départ avec un sourire : « Au revoir, petite sœur, vous serez contente de moi. » Parfois, il me semble comprendre, mais je ne veux pas m'arrêter à une telle pensée; la déception serait trop douloureuse. Si c'était vrai, ah! j'en deviendrais folle de joie! »

La comtesse de Lineuil, car il est peut-être un peu bien familier d'appeler Isabelle tout court la fille légitimée d'un prince, en était là de son monologue intérieur lorsqu'un grand laquais vint demander si madame la comtesse pouvait recevoir M. le duc de Vallombreuse, qui arrivait de voyage et demandait à la saluer.

« Qu'il vienne tout de suite, répondit la comtesse, sa visite me fera le plus grand plaisir. »

Cinq ou six minutes s'étaient à peine écoulées que le jeune duc entrait dans le salon le teint brillant, l'œil vif, la démarche assurée et légère, avec cet air de gloire qu'il avait avant sa blessure; il jeta son feutre à plume sur un fauteuil et prit la main de sa sœur qu'il porta à ses lèvres d'une façon aussi respectueuse que tendre.

« Chère Isabelle, je suis resté plus longtemps que je ne l'aurais voulu, car ce m'est une grande privation de ne pas vous voir, tant j'ai vite pris la douce habitude de votre présence; mais je me suis bien occupé de vous pendant mon voyage et l'espoir de vous faire plaisir me dédommageait un peu.

— Le plus grand plaisir que vous eussiez pu me faire, répondit Isabelle, c'eût été de demeurer au château près de votre père et de moi, et de ne pas vous mettre en route, votre blessure à peine fermée, pour je ne sais quelle fantaisie.

— Est-ce que j'ai été blessé? dit en riant Vallombreuse; ma foi, s'il m'en souvient, il ne m'en souvient guère. Je ne me suis jamais mieux porté, et cette petite excursion m'a fait beaucoup de bien. La selle me vaut mieux que la chaise longue. Mais vous, bonne sœur, je vous trouve un peu maigrie et pâlie; vous seriez-vous ennuyée? Ce manoir n'est pas gai et la solitude ne convient pas aux jeunes filles. La lecture et la broderie sont des passe-temps mélancoliques à la longue, et il y a des instants où la plus sage, lasse de regarder par la fenêtre l'eau verte du fossé, aimerait à voir le visage d'un beau cavalier.

— Que vous êtes fâcheusement badin, mon frère, et comme vous aimez à taquiner ma tristesse par vos folies! N'avais-je pas la compagnie du prince, si aimablement paternel et abondant en paroles instructives et sages?

— Sans doute, notre digne père est un gentilhomme accompli, prudent au conseil, hardi à l'action, parfait courtisan chez le roi, grand seigneur chez lui, docte et disert en toutes sortes de sciences; mais le genre d'amusement qu'il procure est un amusement grave,

et je ne veux pas que ma chère sœur consume sa jeunesse d'une façon
solennelle et maussade. Puisque vous n'avez pas voulu du chevalier
de Vidalinc ni du marquis de l'Estang, je me suis mis en quête, et,
dans mes voyages, j'ai trouvé votre affaire : un mari charmant, parfait, idéal, dont vous raffolerez, j'en suis sûr.

— C'est une cruauté, Vallombreuse, de me persécuter de ces
plaisanteries. Vous n'ignorez pas, méchant frère, que je ne veux
point me marier; je ne saurais donner ma main sans mon cœur, et
mon cœur n'est plus à moi.

— Vous changerez de langage quand je vous présenterai l'époux
que je vous ai choisi.

— Jamais, jamais, répondit Isabelle d'une voix altérée par l'émotion; je serai fidèle à un souvenir bien cher, car je ne pense pas que
votre intention soit de forcer ma volonté.

— Oh! non, je ne suis pas tyrannique à ce point; je vous demande
seulement de ne pas repousser mon protégé avant de l'avoir vu. »

Sans attendre le consentement de sa sœur, Vallombreuse se leva
et passa dans le salon voisin. Il en revint aussitôt amenant Sigognac,
à qui le cœur battait bien fort. Les deux jeunes gens, se tenant par
la main, restèrent quelque temps arrêtés sur le seuil, espérant qu'Isabelle tournerait les yeux de leur côté, mais elle les baissait modestement, regardant la pointe de son corsage et pensant à cet ami qu'elle
ne soupçonnait pas si près d'elle.

Vallombreuse, voyant qu'elle ne prenait point garde à eux et retombait dans sa rêverie, avança de quelques pas vers sa sœur, conduisant le baron par le bout des doigts comme on mène une dame
à la danse, et fit un salut cérémonieux que répéta Sigognac. Seulement Vallombreuse souriait et Sigognac pâlissait. Brave avec les
hommes, il était timide avec les femmes, comme tous les cœurs généreux.

« Comtesse de Lineuil, dit Vallombreuse d'un ton légèrement
emphatique et comme outrant à dessein l'étiquette, permettez que je
vous présente un de mes bons amis que vous accueillerez favorablement, je l'espère : le baron de Sigognac. »

A ce nom, qu'elle prit d'abord pour une raillerie de son frère,
Isabelle tressaillit pourtant et jeta un coup d'œil rapide au nouveau
venu. Reconnaissant que Vallombreuse ne la trompait point, elle
ressentit une émotion extraordinaire. D'abord elle devint toute blanche, le sang affluant au cœur; puis, la réaction se faisant, une rou-

geur aimable lui couvrit comme un nuage rose le front, les joues, et ce qu'on entrevoyait de son sein sous la gorgerette. Sans dire un mot, elle se leva et se jeta au col de Vallombreuse, cachant sa tête contre l'épaule du jeune duc. Deux ou trois sanglots agitèrent le gracieux corps de la jeune fille, et quelques larmes mouillèrent le velours du pourpoint à la place où elle appuyait la tête. Par ce joli mouvement, si pudique et si féminin, Isabelle montrait toute la délicatesse de son âme. Elle remerciait Vallombreuse, dont elle avait compris l'ingénieuse bonté, et, ne pouvant embrasser son amant, elle embrassait son frère.

Quand il pensa qu'elle avait eu le temps de se calmer, Vallombreuse se dégagea doucement de l'étreinte d'Isabelle, et, lui écartant les mains dont elle se voilait le visage pour cacher ses pleurs, il lui dit : « Chère sœur, laissez-nous un peu voir votre figure charmante, ou mon protégé croira que vous avez pour lui une insurmontable horreur. »

Isabelle obéit et tourna vers Sigognac ses beaux yeux éclairés d'une joie céleste, malgré les perles brillantes qui tremblaient encore à ses longs cils : elle lui tendit sa belle main, sur laquelle le baron, s'inclinant, appuya le baiser le plus tendre. La sensation en monta jusqu'au cœur de la jeune fille, qui manqua défaillir; mais on se remet vite de ces émotions délicieuses.

« Eh bien, n'avais-je pas raison, dit Vallombreuse, de soutenir que vous receviez bien le prétendu de mon choix. Cela est bon quelquefois de s'opiniâtrer en sa fantaisie. Si je ne m'étais montré aussi entêté que vous étiez résolue, le cher Sigognac serait reparti pour sa gentilhommière sans vous avoir vue, et c'eût été dommage; convenez-en.

— J'en conviens, cher frère; vous avez été en tout cela d'une bonté adorable. Vous seul pouviez, en cette circonstance, opérer la réconciliation, puisque vous seul aviez souffert.

— Oui, dit Sigognac, M. le duc de Vallombreuse a fait preuve à mon endroit d'une âme grande et généreuse; il a mis de côté des ressentiments qui pouvaient sembler légitimes, et il est venu à moi la main ouverte et le cœur sur la main. Du mal que je lui ai fait, il se venge noblement en m'imposant une reconnaissance éternelle, fardeau léger, et que je porterai avec joie jusqu'à la mort.

— Ne parlez pas de cela, mon cher baron, répondit Vallombreuse; vous en eussiez fait tout autant à ma place. Deux vaillants finissent toujours par s'entendre; les épées liées lient les âmes, et nous devions former tôt ou tard une paire d'amis, comme Thésée et Pirithoüs, comme Nisus et Euryale, comme Pythias et Damon; mais ne vous occupez pas de moi. Dites plutôt à ma sœur combien vous la regrettiez et pensiez à elle en ce manoir de Sigognac, où j'ai pourtant fait un des meilleurs repas de ma vie, quoique vous prétendiez que la règle est d'y mourir de faim.

— J'y ai aussi très-bien soupé, dit Isabelle en souriant, et j'en garde un agréable souvenir.

— Vous verrez, répliqua Sigognac, que tout le monde aura fait des festins de Balthasar dans cette tour de la famine; mais je ne rougis pas de l'heureuse pauvreté qui m'a valu d'intéresser votre âme, chère Isabelle; je la bénis; je lui dois tout.

— M'est avis, dit Vallombreuse, que je ferais bien d'aller saluer mon père et de le prévenir de votre arrivée, à laquelle il s'attend un peu, je l'avoue. Ah ça, comtesse, il est bien sûr que vous acceptez le baron de Sigognac pour époux? je ne voudrais pas faire un pas de clerc. Vous l'acceptez? c'est bien. Alors je puis me retirer : des fiancés ont parfois à se dire des choses très-innocentes, mais que gênerait la présence d'un frère; je vous laisse l'un à l'autre, certain que vous me remercierez, et puis, le métier de duègne n'est pas mon affaire. Adieu; je reviendrai bientôt prendre Sigognac pour le mener au prince.

Après avoir jeté ces mots d'un air dégagé, le jeune duc se coiffa de son feutre et sortit en laissant ces parfaits amants à eux-mêmes. Quelque agréable que fût sa compagnie, son absence l'était encore davantage.

Sigognac se rapprocha d'Isabelle et lui prit la main qu'elle ne retira point. Pendant quelques minutes le jeune couple se regarda avec des yeux ravis. De tels silences sont plus éloquents que des paroles; privés si longtemps du plaisir de se voir, Isabelle et Sigognac ne pouvaient se rassasier l'un de l'autre; enfin le baron dit à sa jeune maîtresse :

« J'ose à peine croire à tant de félicité. Oh! la bizarre étoile que la mienne; vous m'avez aimé parce que j'étais pauvre et malheureux, et ce qui devait consommer ma perte est cause de ma fortune. Une troupe de comédiens me réservait un ange de beauté et de vertu; une attaque à main armée m'a donné un ami, et votre enlèvement vous a fait reconnaître d'un père qui vous cherchait en vain; tout cela parce qu'un chariot s'est égaré dans les landes par une nuit obscure.

— Nous devions nous aimer, c'était écrit là-haut. Les âmes sœurs finissent par se trouver quand elles savent s'attendre. J'ai bien senti, au château de Sigognac, que ma destinée s'accomplissait; à votre vue, mon cœur qu'aucune galanterie n'avait su toucher, éprouva une commotion. Votre timidité fit plus que toutes les audaces, et dès ce moment je résolus de n'appartenir jamais qu'à vous ou à Dieu.

— Et pourtant, méchante, vous m'avez refusé votre main quand je la demandais à genoux : je sais bien que c'était par générosité; mais c'était une générosité cruelle.

— Je la réparerai de mon mieux, cher baron, et la voici cette main, avec mon cœur que vous possédiez déjà. La comtesse de Lineuil n'est pas obligée aux mêmes scrupules que la pauvre Isabelle. Je n'avais qu'une peur, c'est vous ne voulussiez plus de moi, par fierté. Mais, bien vrai, en renonçant à moi vous n'auriez pas épousé une autre femme? Vous me seriez resté fidèle, même sans espérance? Ma pensée occupait la vôtre lorsque Vallombreuse est allé vous relancer dans votre manoir?

— Chère Isabelle, le jour, je n'avais pas une idée qui ne volât vers vous, et le soir, en posant ma tête sur l'oreiller effleuré une fois par votre front pur, je suppliais les divinités du rêve de me représenter votre charmante image dans leur miroir fantastique.

— Et ces bonnes divinités vous exauçaient-elles souvent?

— Elles n'ont pas trompé une fois mon attente, et le matin seul vous faisait disparaître par la porte d'ivoire. Oh! la journée me paraissait bien longue, et j'aurais voulu toujours dormir.

— Je vous ai vu aussi bien des nuits de suite. Nos âmes amoureuses se donnaient rendez-vous dans le même songe. Mais, Dieu soit loué, nous voici réunis pour longtemps, pour toujours, je l'espère. Le prince, avec qui Vallombreuse doit être d'accord, car mon frère ne vous aurait pas légèrement engagé dans cette démarche, accueillera, sans nul doute, votre demande avec faveur. A plusieurs reprises, il m'a parlé de vous en fort bons termes, tout en me jetant un regard singulier qui me troublait extrêmement, et dont je n'osais alors comprendre la signification, Vallombreuse n'ayant point dit encore qu'il renonçât à sa haine contre vous. »

En ce moment le jeune duc revint et dit à Sigognac que le prince l'attendait.

Sigognac se leva, salua Isabelle et suivit Vallombreuse à travers plusieurs appartements au bout desquels se trouvait la chambre du prince. Le vieux seigneur, vêtu de noir, décoré de ses ordres, était assis près de la fenêtre dans un grand fauteuil, derrière une table recouverte d'un tapis de Turquie et chargée de papiers et de livres. Sa pose, malgré son air affable, était un peu composée comme celle d'un homme qui attend une visite solennelle. La lumière, glissant sur son front en luisants satinés, y faisait briller comme des fils d'argent quelques cheveux détachés des boucles que le peigne du valet de chambre avait disposées au long de ses tempes. Son regard était doux, ferme et clair, et le temps qui avait laissé sur cette noble physionomie des traces de son passage, lui rendait en majesté ce qu'il lui dérobait en beauté. A l'aspect du prince, même eût-il été dénué des insignes de son rang, il était impossible de ne pas éprouver un sentiment de vénération. Le manant le plus inculte et le plus farouche eût reconnu en lui un vrai grand seigneur. Le prince se souleva sur son fauteuil pour répondre au salut de Sigognac et lui fit signe de s'asseoir.

« Monsieur mon père, dit Vallombreuse, je vous présente le baron de Sigognac, autrefois mon rival, maintenant mon ami, mon parent bientôt si vous y consentez. Je lui dois d'être sage. Ce n'est pas une mince obligation. Le baron vient respectueusement vous faire une requête qu'il me serait bien doux de vous voir lui accorder. »

Le prince fit un geste d'acquiescement comme pour engager Sigognac à parler.

Encouragé de la sorte, le baron se leva, s'inclina et dit : « Prince, je vous demande la main de madame la comtesse Isabelle de Lineuil, votre fille. »

Comme pour se donner le temps de la réflexion, le vieux seigneur garda quelques instants le silence, puis il répondit : « Baron de Sigognac, j'accueille votre demande et consens à ce mariage en tant que ma volonté paternelle s'accordera avec le bon plaisir de ma fille que je ne prétends forcer en rien. Je ne veux point user de tyrannie, et c'est à la comtesse de Lineuil qu'il appartient de décider sur ce point en dernier ressort. Il la faut consulter. Les fantaisies des jeunes personnes sont parfois bizarres. » Le prince dit ces mots avec la fine malice et le sourire spirituel du courtisan comme s'il ne savait pas dès longtemps qu'Isabelle aimait Sigognac ; mais il était de sa dignité de père de paraître l'ignorer, tout en laissant entrevoir qu'il n'en doutait aucunement.

Il reprit après une pause : « Vallombreuse, allez chercher votre
sœur, car sans elle, vraiment je ne puis répondre au baron de
Sigognac. »

Vallombreuse disparut et revint bientôt avec Isabelle plus morte
que vive. Malgré les assurances de son frère, elle ne pouvait croire
encore à tant de bonheur; son sein palpitant soulevait son corsage,
les couleurs avaient quitté ses joues, et ses genoux se dérobaient sous
elle. Le prince l'attira près de lui, et elle fut obligée, tant elle tremblait, de s'appuyer au bras du fauteuil pour ne pas cheoir tout de son
long à terre.

« Ma fille, dit le prince, voici un gentilhomme qui vous fait l'honneur de me demander votre main. Je verrais cette union avec joie ;
car il est de race ancienne, de réputation sans tache, et il me semble
réunir toutes les conditions désirables. Il me convient; mais a-t-il su
vous plaire? les têtes blondes ne jugent pas toujours comme les têtes
grises. Sondez votre cœur, examinez votre âme, et dites si vous acceptez monsieur le baron de Sigognac pour mari. Prenez votre temps;
en chose si grave, il ne faut point de hâte. »

Le sourire bienveillant et cordial du prince faisait bien voir qu'il
badinait. Aussi Isabelle enhardie mit ses bras autour du col de son
père et lui dit d'une voix adorablement câline : « Il n'est pas nécessaire de tant réfléchir. Puisque le baron de Sigognac vous agrée,
monseigneur et père, j'avouerai avec une libre et honnête franchise
que je l'aime depuis que je l'ai vu et je n'ai jamais désiré d'autre
époux. Vous obéir sera mon plus grand bonheur.

« Eh bien, donnez-vous la main et embrassez-vous en signe de
fiançailles, dit gaiement le duc de Vallombreuse. Le roman se termine mieux qu'on ne l'aurait pu croire d'après ses commencements
embrouillés. A quand la noce? »

« Il faut bien, dit le prince, une huitaine de jours aux tailleurs pour
couper et assembler les étoffes, autant aux carrossiers pour mettre en
état les équipages ; en attendant, Isabelle, voici votre dot : la comté
de Lineuil dont vous portez le titre et qui rend cinquante mille écus
de rente avec ses bois, prés, étangs et terres labourables (et il lui tendit
une liasse de papiers). Quant à vous, Sigognac, prenez cette ordonnance royale qui vous nomme gouverneur d'une province. Nul mieux
que vous ne convient à cette place. »

Sur la fin de cette scène Vallombreuse s'était éclipsé, mais il reparut bientôt suivi d'un laquais qui portait une boîte enveloppée d'une chemise en velours rouge.

« Ma petite sœur, dit-il à la jeune fiancée, voici mon présent de noces,» et il lui présenta la boîte. Sur le couvercle on lisait : « Pour Isabelle. » C'était l'écrin qu'il avait jadis offert à la comédienne et qu'elle avait vertueusement refusé. « Vous l'accepterez cette fois, ajouta-t-il avec un charmant sourire, empêchez ces diamants d'une eau magnifique et ces perles d'un orient parfait de faire une mauvaise fin. Qu'ils restent aussi purs que vous ! »

Isabelle, en souriant, prit un collier et le passa à son col, pour prouver à ces belles pierres qu'elle ne leur gardait pas rancune. Ensuite elle arrangea autour de son bras nacré un triple rang de perles, puis elle suspendit à ses oreilles de riches pendeloques.

Qu'ajouter à cela? les huit jours passés, le chapelain de Vallombreuse unit Isabelle et Sigognac, à qui le marquis de Bruyères servait de témoin dans la chapelle du château toute fleurie de bouquets, tout étincelante de cierges. Des musiciens amenés par le jeune duc chantèrent avec une voix qui semblait venir du ciel et y remonter un motet de Palestrina. Sigognac était radieux, Isabelle adorable sous ses longs voiles blancs, et jamais, à moins de le savoir, on n'eût pu soupçonner que cette belle personne si noble et si modeste à la fois, qui ressemblait à une princesse du sang, avait paru en des comédies, devant des chandelles. Sigognac, gouverneur de province, capitaine de mousquetaires, vêtu superbement, n'avait aucun rapport avec le malheureux gentillâtre dont la misère a été décrite au commencement de cette histoire.

Après un repas splendide où figuraient le prince, Vallombreuse, le marquis de Bruyères, le chevalier de Vidalinc, le comte de l'Estang et quelques vertueuses dames amies de la famille, les deux mariés disparurent ; mais il nous faut les abandonner sur le seuil de la chambre nuptiale en chantant à mi-voix : « Hymen, ô Hyménée! » à la façon antique. Les mystères du bonheur doivent être respectés, et d'ailleurs Isabelle est si pudique qu'elle mourrait de honte si l'on ôtait indiscrètement une épingle à son corsage.

# XXII

## LE CHATEAU DU BONHEUR

### ÉPILOGUE.

On pense bien que la bonne Isabelle, devenue baronne de Sigognac, n'avait pas oublié dans les grandeurs ses braves camarades de la troupe d'Hérode. Ne pouvant les inviter à sa noce à cause de leur condition qui ne congruait plus à la sienne, elle leur avait fait à tous des cadeaux offerts avec une grâce si charmante qu'elle en doublait la valeur. Même, jusqu'au départ de la compagnie, elle alla souvent les voir jouer, les applaudissant à propos, comme quelqu'un qui s'y connaissait. Car la nouvelle baronne ne célait point qu'elle eût été comédienne, excellent moyen d'ôter aux mauvaises langues l'envie de le dire, comme elles n'y auraient pas manqué, si elle en eût fait mystère. Du reste, le sang illustre dont elle était imposait silence à tous, et sa modestie lui eut bientôt conquis les cœurs, même ceux des femmes, qui s'accordèrent à la trouver aussi grande dame que pas une à la cour. Le roi Louis XIII, ayant entendu parler des aventures d'Isabelle, la loua fort de sa sagesse et témoigna une particulière estime à Sigognac pour sa retenue, n'aimant pas, en chaste monarque qu'il était, les jeunesses audacieuses et débordées. Vallombreuse s'était notoirement amendé à la fréquentation de son beau-frère, et le prince en ressentait beaucoup de joie. Les jeunes époux menaient donc une charmante vie, toujours plus amoureux l'un de l'autre et n'éprouvant pas cette satiété du bonheur qui gâte les plus belles existences. Cependant, depuis quelque temps, Isabelle semblait animée d'une activité mystérieuse. Elle avait des conférences secrètes avec son intendant; un architecte venait la voir qui lui soumettait des plans; des sculpteurs et des peintres avaient reçu d'elle des ordres et étaient partis pour une destination inconnue. Tout cela se faisait en cachette de Sigognac, de complicité avec Vallombreuse, qui paraissait savoir le mot de l'énigme.

Un beau matin, après quelques mois écoulés nécessaires sans doute à l'accomplissement de son projet, Isabelle dit à Sigognac, comme si une idée subite lui eût traversé la fantaisie : « Mon cher seigneur, ne pensez-vous jamais à votre pauvre castel de Sigognac, et n'avez-vous pas envie de revoir le berceau de nos amours?

— Je ne suis pas si ingrat, et j'y ai plus d'une fois songé; mais je n'ai point osé vous engager à ce voyage, ne sachant pas s'il serait de votre goût. Je ne me serais pas permis de vous arracher aux délices de la cour dont vous êtes l'ornement, pour vous conduire à ce château lézardé, séjour des rats et des hiboux, lequel je préfère pourtant aux plus riches palais, comme étant la séculaire habitation de mes ancêtres et le lieu où je vous vis pour la première fois, place à jamais sacrée que volontiers je marquerais d'un autel.

— Pour moi, reprit Isabelle, je me suis demandé bien souvent si l'églantier du jardin avait encore des roses.

— Il en a, dit Sigognac, j'en jurerais; ces arbustes agrestes sont vivaces, et d'ailleurs, ayant été touché par vous, il doit toujours produire des fleurs, même pour la solitude.

— A l'encontre des époux ordinaires, répondit en riant la baronne de Sigognac, vous êtes plus galant après le mariage qu'avant, et vous poussez des madrigaux à votre femme comme à une maîtresse. Puisque votre désir s'accorde avec mon caprice, vous plairait-il de partir cette semaine? La saison est belle, les fortes chaleurs sont passées, et nous ferons agréablement le voyage. Vallombreuse viendra avec nous et j'emmènerai Chiquita, à qui cela fera plaisir de revoir son pays. »

Les préparatifs furent bientôt faits. On se mit en route. Le voyage fut rapide et charmant; Vallombreuse ayant fait disposer d'avance des relais de chevaux, au bout de quelques jours on arriva à cet endroit où s'embranchait, sur le grand chemin, l'allée conduisant au manoir de Sigognac. Il pouvait être deux heures de l'après-midi, et le ciel brillait d'une vive lumière.

Au moment où le carrosse tourna pour entrer dans l'allée et où la perspective du château se découvrit tout d'un coup, Sigognac eut comme un éblouissement; il ne reconnaissait plus ces lieux si familiers pourtant à sa mémoire. La route aplanie n'offrait plus d'ornières. Les haies élaguées laissaient passer le voyageur sans l'égratigner de leurs griffes. Les arbres, taillés avec art, jetaient une ombre correcte, et leur arcade encadrait une vue tout à fait nouvelle.

Au lieu de la triste masure dont on se rappelle la description lamentable, s'élevait, sous un gai rayon de soleil, un château tout neuf, ressemblant à l'ancien comme un fils ressemble à son père. Cependant rien n'avait été changé dans sa forme. Il présentait toujours la même disposition architecturale; seulement, en quelques mois, il avait rajeuni de plusieurs siècles. Les pierres tombées s'étaient remises en place. Les tourelles sveltes et blanches, coiffées d'un joli toit d'ardoises dessinant des symétries, se tenaient fièrement, comme des gardiennes féodales, aux quatre coins du castel, dressant dans l'azur leurs girouettes dorées. Un comble orné d'une élégante crête en métal avait fait disparaître le vieux toit effondré de tuiles lépreuses et moussues. Aux fenêtres, désobstruées de leurs fermetures en planches, brillaient des vitres neuves encadrées de plomb, formant des ronds et des losanges; aucune lézarde ne bâillait sur la façade complétement restaurée. Une superbe porte en chêne, soutenue de riches ferrures, fermait le porche qu'autrefois laissaient ouvert deux vieux battants vermoulus à la peinture délavée. Sur le claveau de l'arcade, au milieu de ses lambrequins refouillés par un ciseau intelligent, rayonnaient les armoiries des Sigognac : trois cigognes sur champ de gueules, avec cette noble devise, naguère effacée, maintenant parfaitement lisible, en lettres d'or : *Alta petunt.*

Sigognac garda quelques minutes le silence, contemplant ce spectacle merveilleux, puis il se tourna vers Isabelle et lui dit : « C'est à vous, gracieuse fée, que je dois cette transformation de mon manoir. Il vous a suffi de le toucher de votre baguette pour lui rendre la splendeur, la beauté et la jeunesse. Je vous sais un gré infini de cette surprise; elle est charmante et délicieuse comme tout ce qui vient de vous. Sans que j'aie rien dit, vous avez deviné le vœu secret de mon âme.

— Remerciez aussi, répondit Isabelle, un certain enchanteur qui m'a beaucoup aidée en tout ceci; » et elle montrait Vallombreuse assis dans un coin du carrosse.

Le baron serra la main du jeune duc.

Pendant cette conversation, le carrosse était parvenu sur une place régulière ménagée devant le château, dont les cheminées de briques vermeilles envoyaient au ciel de larges tourbillons de fumée blanche, prouvant qu'on attendait des hôtes d'importance.

Pierre, en belle livrée neuve, était debout sur le seuil de la porte, dont il poussa les battants à l'approche de la voiture, qui déposa le baron, la baronne et le duc au bas de l'escalier. Huit ou dix laquais rangés en haie sur les marches, saluèrent profondément ces nouveaux maîtres qu'ils ne connaissaient pas encore.

Des peintres habiles avaient redonné aux fresques des murailles leur fraîcheur disparue. Les Hercules à gaîne soutenaient la fausse corniche avec un air d'aisance dû à leurs muscles ronflants à la florentine. Les empereurs romains se prélassaient dans leur pourpre d'un ton vif. Les infiltrations de pluies ne géographiaient plus la voûte de leurs taches, et le treillage simulé laissait voir un ciel exempt de nuages.

Une métamorphose semblable s'était opérée partout. Les boiseries et les parquets avaient été refaits. Des meubles neufs, d'une forme pareille, remplaçaient les anciens. Le souvenir se trouvait rajeuni et non dépaysé. La verdure de Flandres avec le chasseur de halbrans tapissait encore la chambre de Sigognac, mais un lavage savant en avait ravivé les couleurs. Le lit était le même, seulement un patient sculpteur sur bois avait bouché les piqûres de tarets, ajusté aux figurines de la frise les nez et les doigts qui manquaient, continué les feuillages interrompus, rendu leurs arêtes aux ornements frustes et remis le vieux meuble en son intégrité primitive. Une brocatelle verte et blanche du même dessin que l'autre se plissait entre les spirales des colonnes torses, bien cirées et bien frottées.

La délicate Isabelle n'avait pas voulu se livrer à un luxe intempestif, toujours facile quand on dispose de grosses sommes; mais elle avait pensé à charmer l'âme d'un mari tendrement aimé, en lui rendant ses impressions d'enfance dépouillées de leur misère et de leur tristesse. Tout semblait gai dans ce manoir naguère si mélancolique. Les portraits même des aïeux, débarbouillés de leur crasse, restaurés et vernis, souriaient, dans leurs cadres d'or, avec un air juvénile. Les douairières revêches, les chanoinesses prudes, ne faisaient plus, comme autrefois, la moue à Isabelle, de comédienne devenue baronne; elles l'accueillaient comme de la famille.

Il n'y avait plus dans la cour ni orties, ni ciguës, ni aucune de ces mauvaises herbes que favorisent l'humidité, la solitude et l'incurie. Les pavés, sertis de ciment, ne présentaient plus cette bordure verte indice des maisons abandonnées. Par leurs vitres claires, les fenêtres des chambres dont les portes étaient jadis condamnées, laissaient voir des rideaux de riche étoffe qui montraient qu'elles étaient prêtes à recevoir des hôtes.

On descendit au jardin par un perron dont les marches, raffermies et dégagées de mousses, ne vacillaient plus sous le pied trop confiant. Au bas de la rampe s'épanouissait, précieusement conservé, l'églantier sauvage qui avait offert sa rose à la jeune comédienne, le matin du départ de Sigognac. Il en portait encore une qu'Isabelle cueillit et mit dans son sein, voyant là un présage heureux pour la durée de ses amours. Le jardinier n'avait pas moins travaillé que l'architecte; grâce à ses ciseaux, l'ordre s'était remis dans cette forêt vierge. Plus de branches gourmandes barrant le chemin, plus de broussailles aux ongles acérés; on y pouvait passer sans laisser sa robe aux épines. Les arbres avaient repris l'habitude du berceau et de la charmille. Les buis retaillés encadraient dans leurs comparti-ments toutes les fleurs que peut verser la corbeille de Flore. Au fond du jardin, la Pomone, guérie de sa lèpre, étalait sa blanche nudité de déesse. Un nez de marbre adroitement soudé lui restituait son profil à la grecque. Il y avait en son panier des fruits sculptés et non plus des champignons vénéneux. Le mufle de lion vomissait dans sa vasque une eau abondante et pure. Des plantes grimpantes, balan-çant des clochettes de toutes couleurs et accrochant leurs vrilles à un treillage solide peint en vert, cachaient pittoresquement la muraille de clôture et donnaient un air agréablement rustique au cabinet de rocailles servant de niche à la statue. Jamais, même en leurs beaux jours, le château ni le jardin n'avaient été accommodés avec tant de richesse et de goût. La splendeur de Sigognac, si longtemps éclipsée, brillait de tout son éclat!

Sigognac, étonné et ravi comme s'il marchait dans un rêve, serrait contre son cœur le bras d'Isabelle et laissait couler sans honte, sur ses joues, deux larmes d'attendrissement.

« Maintenant, dit Isabelle, que nous avons tout bien vu, il faut visiter les domaines que j'ai rachetés sous main, pour reconstituer telle qu'elle était ou peu s'en faut, l'antique baronnie de Sigognac. Permettez-moi d'aller mettre un habit de cheval. Je ne serai pas longue, ayant par mon premier métier l'habitude de changer preste-ment de costume. Pendant ce temps, choisissez vos montures et faites-les seller.

Vallombreuse emmena Sigognac, qui vit dans l'écurie, naguère déserte, dix beaux chevaux séparés par des stalles de chêne, et piéti-nant une litière nattée. Leurs croupes fermes et polies brillaient d'une lueur satinée, et, entendant des visiteurs, les nobles bêtes tournèrent vers eux leurs yeux intelligents. Un hennissement éclata soudain; c'était l'honnête Bayard qui reconnaissait son maître et le saluait à sa façon; ce vieux serviteur, qu'Isabelle n'avait eu garde de renvoyer,

occupait au bout de la file la place la plus chaude et la plus commode.
Sa mangeoire était pleine d'avoine moulue, pour que ses longues
dents n'eussent pas la peine de la triturer; entre ses jambes dormait son camarade Miraut, qui se leva et vint lécher la main du
baron. Quant à Belzébuth, s'il n'avait pas paru encore, il n'en faut
pas accuser son bon petit cœur de chat, mais les habitudes prudentes
de sa race, que tout ce remue-ménage en un lieu jadis si tranquille
effarouchait singulièrement. Caché dans un grenier, il attendait la
nuit pour se produire et rendre ses devoirs à son maître bien-aimé.

Le baron, après avoir flatté Bayard de la main, choisit un bel
alezan, qu'on sortit aussitôt de l'écurie; le duc prit un genêt d'Espagne à tête busquée, digne de porter un infant, et l'on mit pour la
baronne, sur un délicieux palefroi blanc dont le pelage semblait argenté, une riche selle de velours vert.

Bientôt Isabelle parut habillée d'un costume d'amazone le plus
galant du monde, qui faisait valoir les avantages de sa taille faite au
tour. C'était une veste de velours bleu relevée de boutons, de bran-
debourgs et de soutaches d'argent, avec des basques tombant sur une
longue jupe en satin gris de perle. Sa coiffure consistait en un chapeau d'homme, de feutre blanc, ombragé d'une plume bleue frisée,
s'allongeant par derrière jusque sur le col. Pour que la rapidité de la
course ne les dérangeât point, les blonds cheveux de la jeune femme
étaient serrés dans un réseau d'azur à petites perles d'argent d'une
coquetterie charmante.

Ajustée ainsi, Isabelle était adorable et, devant elle, les beautés
les plus altières de la cour eussent été forcées d'amener pavillon. Cet
habit cavalier faisait ressortir, dans la grâce ordinairement si modeste
de la baronne, un côté fier qui sentait son origine illustre. C'était
bien toujours Isabelle, mais c'était aussi la fille d'un prince, la sœur
d'un duc, la femme d'un gentilhomme dont la noblesse datait d'avant
les croisades. Vallombreuse le remarqua et ne put s'empêcher de
dire : « Ma sœur, que vous avez aujourd'hui grande mine! Hippolyte, reine des Amazones, n'était certes pas plus superbe et plus
triomphante! »

Isabelle, à qui Sigognac tint le pied, se mit légèrement en selle;
le duc et le baron enfourchèrent leurs montures, et la cavalcade déboucha sur la place du château, où elle rencontra le marquis de
Bruyères et quelques gentilshommes du voisinage, qui venaient com-
plimenter les nouveaux époux. On voulait rentrer, comme la politesse

l'exigeait, mais les visiteurs prétendirent qu'ils ne seraient pas fâcheux jusqu'à interrompre une promenade commencée, et firent tourner tête à leurs chevaux, pour accompagner le jeune couple et le duc de Vallombreuse.

La chevauchée, grossie de cinq ou six personnes en habit de gala, car les hobereaux s'étaient faits les plus braves qu'ils avaient pu, prenait un air cérémonieux et magnifique. C'était un vrai cortége de princesse. On parcourut, en suivant un chemin bien entretenu, des prés verdoyants, des terres auxquelles la culture avait rendu la fertilité, des métairies en plein rapport, des bois savamment aménagés. Tout cela appartenait à Sigognac. La lande, avec les bruyères violettes, semblait s'être reculée du château.

Comme on passait dans un bois de sapins, sur la limite de la baronie, des abois de chiens se firent entendre, et bientôt parut Yolande de Foix, suivie de son oncle le commandeur et d'un ou deux galants. Le chemin était étroit et les deux troupes se frôlèrent en sens inverse, bien que chacune tâchât de faire place à l'autre. Yolande, dont le cheval piaffait et se cabrait, effleura de sa jupe la jupe d'Isabelle. Le dépit empourprait ses joues, et sa colère cherchait quelque insulte, mais Isabelle avait une âme au-dessus des vanités féminines; l'idée de se venger du regard dédaigneux qu'Yolande avait autrefois laissé tomber sur elle avec ce mot : « bohémienne, » presque à cette même place, ne lui vint seulement pas à l'esprit; elle pensa que ce triomphe d'une rivale pouvait blesser, sinon le cœur, du moins l'orgueil d'Yolande, et d'un air digne, modeste et gracieux, elle salua mademoiselle de Foix, qui fut bien forcée, ce dont elle manqua enrager, de répondre par une légère inclination de tête. Le baron de Sigognac lui fit, d'un air détaché et tranquille, un salut parfaitement respectueux, et Yolande ne surprit pas dans les yeux de son ex-adorateur une étincelle de l'ancienne flamme. Elle cravacha son cheval et partit au galop entraînant sa petite troupe.

« Par les Vénus et les Cupidons, dit gaiement Vallombreuse au marquis de Bruyères près duquel il chevauchait, voici une belle fille, mais elle a l'air diablement revêche et farouche! Quels regards elle lançait à ma sœur! C'était autant de coups de stylet.

— Quand on a été la reine d'un pays, répondit le marquis, on n'est pas bien aise d'être détrônée, et la victoire reste décidément à madame la baronne de Sigognac. »

La cavalcade rentra au château. Un somptueux repas, servi dans

la salle où jadis le pauvre baron avait fait souper les comédiens avec
leurs propres provisions, n'ayant rien en son garde-manger, attendait les hôtes, qui furent charmés de sa belle ordonnance. Une riche
argenterie aux armes de Sigognac étincelait sur une nappe damassée,
dont la trame montrait, parmi ses ornements, des cigognes héral-
diques. Les quelques pièces de l'ancien service qui n'étaient pas tout
à fait hors d'usage avaient été religieusement conservées et mêlées
aux pièces modernes, pour que ce luxe n'eût pas l'air trop récent, et
que l'ancien Sigognac contribuât un peu aux splendeurs du nouveau.
On se mit à table. La place d'Isabelle était la même qu'elle occupait
dans cette fameuse nuit qui avait changé le destin du baron ; elle y
pensait, et Sigognac aussi, car les époux échangèrent un sourire d'a-
mants, attendri de souvenir et lumineux d'espérance.

Près de la crédence sur laquelle l'écuyer tranchant découpait les
viandes, se tenait debout un homme de taille athlétique, à large face
pâle entourée d'une épaisse barbe brune, vêtu de velours noir et portant au cou une chaîne d'argent, qui, de temps à autre, donnait des
ordres aux laquais d'un air majestueux. Près d'un buffet chargé de
bouteilles, les unes pansues, les autres effilées, quelques-unes nattées
de sparterie, selon les provenances, se trémoussait avec beaucoup
d'activité, malgré son tremblement sénile, une figure falotte, au nez
rabelaisien tout fleuronné de bubelettes, aux joues fardées de purée
septembrale, aux petits yeux vairons pleins de malice et surmontés
d'un sourcil circonflexe. Sigognac, regardant par hasard de ce côté,
reconnut dans le premier le tragique Hérode, dans le second le grotesque Blazius. Isabelle, voyant qu'il s'était aperçu de leur présence,
lui dit à l'oreille que, pour mettre désormais ces braves gens à l'abri
des misères de la vie théâtrale, elle avait fait l'un intendant et l'autre
sommelier de Sigognac, conditions fort douces et n'exigeant pas
grand travail ; de quoi le baron tomba d'accord et approuva sa
femme.

Le repas allait son train, et les flacons, activement remplacés par
Blazius, se succédaient sans interruption, lorsque Sigognac sentit
une tête s'appuyer sur un de ses genoux, et sur l'autre des griffes
acérées jouer un air de guitare bien connu. C'étaient Miraut et Belzébuth qui, profitant d'un hiatus de la porte, s'étaient glissés dans
la salle, et, malgré la peur que leur inspirait cette splendide et nombreuse compagnie, venaient réclamer de leur maître leur part du
festin. Sigognac opulent n'avait garde de repousser ces humbles

amis de sa misère; il flatta Miraut de la main, gratta le crâne essorillé de Belzébuth, et leur fit à tous deux une abondante distribution de bons morceaux. Les miettes consistaient cette fois en lardons de pâté, en reliefs de perdrix, en filets de poisson et autres mets succulents. Belzébuth ne se sentait pas d'aise, et, de sa patte griffue, il réclamait toujours quelque nouveau rogaton, sans lasser l'inaltérable patience de Sigognac, que cette voracité amusait. Enfin, gonflé comme une outre, marchant à pas écarquillés, pouvant à peine filer son rouet, le vieux chat noir se retira dans la chambre tapissée en verdure de Flandre, et se roula en boule à sa place accoutumée, pour digérer cette copieuse réfection.

Vallombreuse tenait tête au marquis de Bruyères, et les hobereaux ne se lassaient pas de porter la santé des époux avec des rouges bords, à quoi Sigognac, sobre de nature et d'habitude, répondait en trempant le bout de ses lèvres dans son verre toujours plein, car il ne le vidait jamais. Enfin les hobereaux, la tête pleine de fumées, se levèrent de table chancelants, et gagnèrent, un peu aidés des laquais, les appartements qu'on avait préparés pour eux.

Isabelle, sous prétexte de fatigue, s'était retirée au dessert. Chiquita, promue à la dignité de femme de chambre, l'avait défaite et accommodée de nuit, avec cette activité silencieuse qui caractérisait son service. C'était maintenant une belle fille que Chiquita. Son teint, que ne tannaient plus les intempéries des saisons, s'était éclairci, tout en gardant cette pâleur vivace et passionnée que les peintres admirent fort. Ses cheveux, qui avaient fait connaissance avec le peigne, étaient proprement retenus par un ruban rouge dont les bouts flottaient sur sa nuque brune; à son col, on voyait toujours le fil de perles donné par Isabelle, et qui, pour la bizarre jeune fille, était le signe visible de son servage volontaire, une sorte d'*emprise* que la mort seule pouvait rompre. Sa robe était noire et portait le deuil d'un amour unique. Sa maîtresse ne l'avait pas contrariée en cette fantaisie. Chiquita, n'ayant plus rien à faire dans la chambre, se retira après avoir baisé la main d'Isabelle, comme elle n'y manquait jamais chaque soir.

Lorsque Sigognac rentra dans cette chambre où il avait passé tant de nuits solitaires et tristes, écoutant les minutes longues comme des heures, tomber goutte à goutte, et le vent gémir lamentablement derrière la vieille tapisserie, il aperçut, à la lueur d'une lanterne de Chine suspendue au plafond, entre les rideaux de brocatelle verte et blanche, la jolie tête d'Isabelle qui se penchait vers lui avec un chaste et délicieux sourire.

C'était la réalisation complète de son rêve, alors que, n'ayant plus d'espoir et se croyant à jamais séparé d'Isabelle, il regardait le lit vide avec une mélancolie profonde. Décidément, le destin faisait bien les choses !

Vers le matin, Belzébuth, en proie à une agitation étrange, quitta le fauteuil où il avait passé la nuit, et grimpa péniblement sur le lit. Arrivé là, il heurta de son nez la main de son maître endormi encore, et il essaya un ron-ron qui ressemblait à un râle. Sigognac s'éveilla et vit Belzébuth le regardant comme s'il implorait un secours humain, et dilatant outre mesure ses grands yeux verts vitrés déjà et à demi éteints. Son poil avait perdu son brillant lustré et se collait comme mouillé par les sueurs de l'agonie; il tremblait et faisait pour se tenir sur ses pattes des efforts extrêmes. Toute son attitude annonçait la vision d'une chose terrible. Enfin il tomba sur le flanc, fut agité de quelques mouvements convulsifs, poussa un sanglot semblable au cri d'un enfant égorgé, et se roidit comme si des mains invisibles lui distendaient les membres. Il était mort. Ce hurlement funèbre interrompit le sommeil de la jeune femme. .

« Pauvre Belzébuth, dit-elle en voyant le cadavre du chat, il a supporté la misère de Sigognac, il n'en connaîtra pas la prospérité ! »

Belzébuth, il faut l'avouer, mourait victime de son intempérance. Une indigestion l'avait étouffé. Son estomac famélique n'était pas habitué à de telles frairies.

Cette mort toucha Sigognac plus qu'on ne saurait dire. Il ne pensait point que les animaux fussent de pures machines, et il accordait aux bêtes une âme de nature inférieure à l'âme des hommes, mais capable cependant d'intelligence et de sentiment. Cette opinion, d'ailleurs, est celle de tous ceux qui, ayant vécu longtemps dans la solitude en compagnie de quelque chien, chat, ou tout autre animal, ont eu le loisir de l'observer et d'établir avec lui des rapports suivis. Aussi, l'œil humide et le cœur pénétré de tristesse, enveloppa-t-il soigneusement le pauvre Belzébuth dans un lambeau d'étoffe, pour l'enterrer le soir, action qui eût peut-être paru ridicule et sacrilége au vulgaire.

Quand la nuit fut tombée, Sigognac prit une bêche, une lanterne, et le corps de Belzébuth, raide dans son linceul de soie. Il descendit au jardin, et commença à creuser la terre au pied de l'églantier, à la lueur de la lanterne dont les rayons éveillaient les insectes, et attiraient les phalènes qui venaient en battre la corne de leurs ailes poussiéreuses. Le temps était noir. A peine un coin de lune se devinait-il à travers les crevasses d'un nuage couleur d'encre, et la scène avait plus de solennité que n'en méritaient les funérailles d'un chat. Sigognac bêchait toujours, car il voulait enfouir Belzébuth assez profondément pour que les bêtes de proie ne vinssent pas le déterrer. Tout à coup le fer de sa bêche fit feu comme s'il eût rencontré un silex. Le baron pensa que c'était une pierre, et redoubla ses coups; mais les coups sonnaient bizarrement et n'avançaient pas le travail. Alors Sigognac approcha la lanterne pour reconnaître l'obstacle, et vit, non sans surprise, le couvercle d'une espèce de coffre en chêne, tout bardé d'épaisses lames de fer rouillé, mais très-solides encore; il dégagea la boîte en creusant la terre alentour, et, se servant de sa bêche comme d'un levier, il parvint à hisser, malgré son poids considérable, le coffret mystérieux jusqu'au bord du trou, et le fit glisser sur la terre ferme. Puis il mit Belzébuth dans le vide laissé par la boîte, et combla la fosse.

Cette besogne terminée, il essaya d'emporter sa trouvaille au château, mais la charge était trop forte pour un seul homme, même vigoureux, et Sigognac alla chercher le fidèle Pierre, pour qu'il lui vînt en aide. Le maître et le valet prirent chacun une poignée du coffre et l'emportèrent au château, pliant sous le faix.

Avec une hache, Pierre rompit la serrure, et le couvercle en sautant découvrit une masse considérable de pièces d'or : onces, quadruples, sequins, génovines, portugaises, ducats, cruzades, angelots et autres monnaies de différents titres et pays, mais dont aucune n'était moderne. D'anciens bijoux enrichis de pierres précieuses étaient mêlés à ces pièces d'or. Au fond du coffre vidé, Sigognac trouva un parchemin scellé aux armes de Sigognac, mais l'humidité en avait effacé l'écriture. Le seing était seul encore un peu visible, et, lettre à lettre, le baron déchiffra ces mots : « Raymond de Sigognac. » Ce nom était celui d'un de ses ancêtres, parti pour une guerre d'où il n'était jamais revenu, laissant le mystère de sa mort ou de sa disparition inexpliqué. Il n'avait qu'un fils en bas âge, et, au moment de s'embarquer dans une expédition dangereuse, il avait enfoui son trésor, n'en confiant le secret qu'à un homme sûr, surpris sans doute par la mort avant de pouvoir révéler la cachette à l'héritier légitime. A

dater de ce Raymond commençait la décadence de la maison de Sigognac, autrefois riche et puissante. Tel fut, du moins, le roman très-
probable qu'imagina le baron d'après ces faibles indices, mais ce
qui n'était pas douteux, c'est que ce trésor lui appartînt. Il fit venir
Isabelle et lui montra tout cet or étalé.

« Décidément, dit le baron, Belzébuth était le bon génie des Sigognac. En mourant, il me fait riche, et s'en va quand arrive l'ange.
Il n'avait plus rien à faire, puisque vous m'apportez le bonheur. »

THÉOPHILE GAUTIER.

FIN.

# J.-F. BOISSONADE

## CRITIQUE LITTÉRAIRE SOUS LE PREMIER EMPIRE

Le recueil publié par M. Colincamp[1] se compose principalement des articles que l'éminent helléniste a publiés, soit dans le *Magasin Encyclopédique* et le *Mercure de France*, soit dans le *Journal des Débats* (depuis *Journal de l'Empire*), de 1798 à 1813.

Que le savant éditeur me permette d'abord une question : pourquoi ce sous-titre : *Critique littéraire sous le premier empire?* Je le comprendrais à la rigueur, s'il s'agissait du recueil des articles d'un autre rédacteur du même journal, M. de Féletz. Celui-ci s'occupait de la littérature contemporaine, et la jugeait avec esprit, avec finesse, et aussi avec tous les préjugés de son journal et de son temps. Il est sûrement l'expression la plus distinguée de cette critique médiocrement savante, peu élevée, assez étroite. Son horizon est borné, et ne s'est nullement élargi avec le temps. Il jugera plus tard Lamartine à ses débuts en 1820, avec une bienveillance que lui imposaient et le caractère religieux des *Méditations* et ses relations de société, mais en appliquant au grand poëte la même mesure qui lui avait servi jadis pour apprécier Delille ou Esménard[2]. Somme toute, de quelque façon qu'on juge son genre de mérite, il porte le cachet de cette époque. Je concevrais encore qu'on prît pour représentant de la critique en 1808, le trop célèbre Geoffroy : c'est un type, peu gracieux, peu flatteur pour le temps où il a écrit, mais enfin il juge la littérature du jour, il l'apprécie brutalement, avec toutes les préventions d'un conservateur obstiné, qui ne comprend même pas ce

1. Paris, Didier, 35, quai des Augustins.

2. Par exemple il le loue d'avoir voulu imiter une *ode admirable* de J.-B. Rousseau dans sa méditation intitulée *l'Enthousiasme*; mais il le blâme de n'avoir pas fait assez d'efforts pour s'approcher plus près de son modèle.

qu'il prétend conserver, et qui vante les classiques de façon à les faire détester; fort courtisan d'ailleurs dans l'occasion, et sachant très-bien distinguer ceux qu'il peut mordre, et ceux qu'il lui faut caresser; en un mot le digne élève de Fréron, le continuateur de l'*Année littéraire;* il y avait appris ce que Fréron enseignait au temps de Voltaire,

> Comme on louait un sot auteur en place,
> Comme on fondait avec lourde roideur
> Sur l'écrivain pauvre et sans protecteur [1].

Quoi qu'il en soit, c'était un personnage dans la critique militante, et, s'il nous est assez difficile en le lisant de comprendre l'importance qu'on attachait alors à ses jugements, il n'en est pas moins vrai qu'il était fort mêlé à la littérature de cette époque, et qu'il y tenait une place considérable.

Mais M. Boissonade, qui était d'ailleurs un homme doux, poli,

---

[1]. Veut-on avoir une idée de l'urbanité de Geoffroy? Voici comme il s'exprime au sujet d'une pièce de M. Étienne, jouée sur le théâtre de l'Impératrice; il est vrai que M. Étienne l'avait attaqué dans une satire, et de plus n'était pas encore une puissance : « Il manquerait quelque chose à la gloire de M. Étienne, si un seul homme pouvait ignorer que cet auteur, assez passable quand il copie madame de Genlis, a le ton d'un laquais quand il écrit d'après lui-même. En attendant, je lui conseille de faire distribuer ses sottises sur les ponts avec les drogues des charlatans; ses dignes confrères, les artistes décrotteurs, pourront y puiser les principes du goût et de la politesse. Quand est-ce donc que nos petits auteurs auront un peu d'esprit? Ne serait-on pas tenté de croire que M. Étienne a voulu graver en grosses lettres qu'il était un sot, lorsqu'il m'a reproché de dîner chez des actrices? Jamais reproche fut-il moins spirituel et plus malheureusement imaginé? Chacun ne dira-t-il pas qu'il n'en parle que par envie, lui qui, par état, est le valet des comédiens et des comédiennes, l'esclave-né de leurs caprices; lui, fait pour attendre dans l'antichambre d'une actrice le moment favorable, et qui peut-être attend pour dîner le succès d'une pièce? N'y a-t-il pas de quoi faire crever de dépit un pauvre diable d'auteur réduit à faire bassement sa cour aux actrices, tandis que les actrices me font la cour?... Je le prie au reste de croire qu'il n'est pas en son pouvoir de troubler ma tranquillité; je crois même que ses menaces de Ragotin pourraient, en me faisant rire, faciliter mes *digestions;* car il faut malgré moi parler son langage, le style de ce *misérable* me gagne. Il parle de dîners et de digestions comme un homme qui ne dîne pas tous les jours et qui n'a pas régulièrement de quoi digérer; c'est à lui de craindre que le sifflet ne trouble et même n'arrête tout à fait ses *digestions.* » Voilà l'atticisme de Geoffroy.

délicat, s'occupait peu de la littérature contemporaine, avec raison, je crois. Ses articles ne roulent guère que sur des réimpressions d'auteurs anciens. Il n'y mêle aucune passion actuelle. Il aurait pu les écrire tout aussi bien vingt ans plus tôt ou vingt ans plus tard. Sa critique ne porte en aucune façon la marque du temps, et c'est peut-être un de ses mérites. Pourquoi donc ce titre qu'on peut considérer comme une promesse ou une menace, selon qu'on aime ou qu'on n'aime pas la littérature de ces années, stériles selon moi ?

En outre, est-ce bien là de la critique *littéraire ?* assurément M. Boissonade fait bien ce qu'il fait. Mais n'est-ce pas de la philologie, de la bibliographie, de la grammaire même, beaucoup plus souvent que de la littérature ? Il y a porté de l'agrément sans doute, mais la philologie doit-elle être nécessairement rebutante? Charles Nodier a prouvé le contraire. M. Boissonade écrit bien, avec justesse, avec goût[1]; mais on peut écrire avec goût sur les matières les plus étrangères à la littérature. Ses articles d'ailleurs, écourtés, étriqués, ne sont ni des comptes-rendus ni des jugements; ils se terminent souvent, par un détail, et manquent de conclusion ; ce sont moins des articles que des notes cousues ensemble, souvent piquantes et curieuses, mais qui figureraient mieux, je crois, dans un commentaire que dans un travail de critique littéraire proprement dite. Qu'on ne dise pas que c'est notre goût seulement ou plutôt nos modes qui ont changé ; qu'à l'imitation des Revues anglaises, nos Revues nous ont donné l'habitude des développements excessifs, où le livre qu'on est censé examiner est moins la matière que l'occasion de l'article. Un article de vingt lignes peut être complet dans son cadre ; les très-courtes notices de M. Daunou avaient souvent ce mérite. Il n'en est pas toujours de même des articles de M. Boissonade, qui ne se fait pas plus faute de se jeter à côté de son sujet réel que s'il écrivait dans une Revue moderne, ou qui souvent, s'attachant à un mince détail, en fait le sujet de tout un article. Il est rare d'ailleurs qu'en parlant d'un livre, il en juge le fond, la pensée. Je prends pour exemple un article de sept pages environ, intitulé : *Sur la Politique d'Aristote*, *à propos de la traduction de M. Ch. Millon.* Je comprends à la rigueur que, vu l'époque et surtout vu sa tournure d'esprit, M. Boissonade évitât de discuter et même d'exposer les opinions politiques

---

1. Au reste, il n'est pas tout à fait aussi puriste qu'on le supposerait. Par exemple, il ne se refuse guère l'emploi d'une forme que Courier blâme avec raison, et précisément dans une lettre adressée à M. Boissonade lui-même : *Sous le rapport de...* Cette expression revient plusieurs fois dans les articles du correspondant de Courier.

d'Aristote. Il n'était pas courtisan, mais il était indifférent, et il souhaitait que chacun le fût comme lui ; c'est ce qui perce dans cette
remarque singulière qu'en 1803, les circonstances ne sont pas aussi
favorables pour le succès de cette traduction nouvelle de la *Politique*,
que si elle avait été publiée quelques années plus tôt. « *Aujourd'hui*,
dit-il, *les étudiants en gouvernement sont, Dieu merci, moins nombreux,
et les livres politiques n'ont plus tant de lecteurs.* » Soit. Mais si la *Politique* d'Aristote n'intéressait ni M. Boissonade, ni, s'il faut l'en
croire, ses contemporains au point de vue des doctrines et de leur
application pratique, au moins pouvait-il dire quelque chose des
renseignements que l'on y trouve sur la constitution des diverses sociétés grecques, et examiner cet ouvrage comme un répertoire de documents historiques. C'est ce qu'il ne fait pas : il aime mieux déclarer
la *Politique* un livre « ennuyeux ; » ce qui est un peu léger ; mais
le pis, c'est qu'il le prouve autant qu'il le peut, et qu'après avoir lu
son article, on devinerait difficilement quelle espèce d'intérêt la *politique* peut offrir au publiciste ou à l'historien. Cet article se compose
de deux parties : la première, qui semble faite pour un public peu
lettré, contient des réflexions et des citations assez vulgaires sur
l'adoration excessive dont Aristote fut l'objet au moyen âge ; la seconde, qui n'est destinée au contraire qu'à un public très-restreint,
très-spécial, est une discussion sur quelques passages mal compris
ou mal rendus par le nouveau traducteur. Presque jamais M. Boissonade ne traite vraiment le sujet que le titre de l'article semble
indiquer. Même en matière purement littéraire, il évite de se prononcer sur les points essentiels. Ainsi lui, qui connaissait à fond la
littérature anglaise, chose rare en 1810, a-t-il à rendre compte d'une
nouvelle édition des principales pièces de Shakespeare, il se gardera
bien de dire un mot du mérite ou des défauts du grand poete anglais : « Je n'irai point, dit-il, m'engager dans les débats qui se sont
élevés entre les deux nations sur le mérite de leur théâtre. On ne peut
jamais traiter ces questions avec une entière impartialité : j'aime
mieux les éviter ; j'aime mieux garder le rôle neutre de spectateur et
me tenir prudemment renfermé dans l'éclectisme littéraire. » Dans
tous les cas, il n'était ni superflu, ni compromettant de dire en quoi
consistait cet éclectisme. C'est ce qu'il ne fait nullement. L'article
n'est employé qu'à raconter la supercherie littéraire d'Ireland, qui,
après avoir composé lui-même de prétendus manuscrits de Shakspeare, les donna audacieusement comme authentiques, et fut promptement démasqué. L'anecdote peut avoir quelque intérêt pour les
bibliographes : mais est-ce donc là, et surtout en 1810, tout ce qu'un
homme de goût et un aussi savant homme que M. Boissonade avait

à dire sur le grand tragique anglais? Dans cette réserve extrême, dans cette habitude d'esquiver le plus souvent les questions essentielles, n'y a-t-il point encore plus de timidité que de modestie? Il est mal assurément d'être tranchant et absolu ; mais au moins faudrait-il donner son avis et ne pas pratiquer ainsi outre mesure cette abstention perpétuelle qui finit par impatienter.

Ce n'est pas que M. Boissonade ne soit parfois assez dur à l'égard des écrivains contre lesquels ou lui ou le journal de l'Empire avait des préventions. Voltaire est tancé assez vertement, et pas toujours avec justice; madame de Staël est désignée par ces mots secs : « La *femme-auteur* qui affirme que la littérature ancienne n'a point de mélancolie. » Encore m'est-il aisé de concevoir l'antipathie littéraire de M. Boissonade à l'égard de madame de Staël; quant à ses préventions contre Voltaire, dont il avait lui-même publié un volume de lettres inédites, j'ai peine à me les expliquer.

Ce qu'il aime surtout, ce qu'il traite le mieux, ce sont les petites questions d'érudition ingénieuse et souvent piquante, parfois aussi un peu puérile. Par exemple, il fait un article sur les calembours dans l'antiquité, avec pièces à l'appui. Ailleurs, il examine sur quelles preuves repose la tradition qui fait d'Ésope un bossu; sans se prononcer trop nettement sur cette question grave, il remarque que la difformité attribuée au fabuliste est au moins chose fort douteuse. Il rend compte avec goût, avec intérêt, des recherches curieuses de Chardon de la Rochette[1].

Il est encore mieux inspiré, quand cet *amour du Grec* le conduit, lui en général si peu préoccupé du présent, à ressentir, dès 1808, une vive sympathie et une pitié généreuse pour les Grecs modernes. Ami des Grecs anciens, dit-il, il déclare être devenu l'ami de leurs descendants, et il ne peut les voir attaquer sans chagrin ; car on les dénigrait dès lors, à ce qu'il paraît. « Ces Européens, ajoute-t-il, censeurs si injustes et si ingrats d'un peuple malheureux, oublient que ce sont des Grecs qui ont chassé la barbarie de l'Europe, et

[1]. Ce travail m'a donné occasion de lire un article de Chardon de la Rochette, dont le début m'a paru caractéristique et très-propre à peindre le savant uniquement préoccupé de ses études. Voici ce que dit Chardon de la Rochette à propos d'un travail de dom Lobineau sur Aristophane, travail qui lui avait été remis par Mercier de Saint-Léger : « Dans les premiers jours de septembre 1792, notre célèbre bibliographe Mercier de Saint-Léger me fit l'amitié de me communiquer deux manuscrits... » *Dans les premiers jours de septembre* 1792 ! Et Chardon de la Rochette ne semble pas se rappeler le moins du monde qu'à cette date il se passait des choses bien autrement graves que cette remise de manuscrits !

qu'ils leur doivent ces connaissances dont ils sont si fiers. S'ils son-
geaient un moment à ce régime de fer sous lequel les Grecs lan-
guissent courbés; s'ils voulaient considérer les efforts prodigieux que
cette nation, *dont les espérances sont encore si belles*, fait de toutes
parts vers les sciences et les lettres, leur mépris déraisonnable se
changerait en des sentiments de pitié pour une destinée si triste, et
d'admiration pour un si noble courage dans une telle dépendance. »
Comme le remarque M. Colincamp, ces sentiments n'étaient pas
encore très-communs en 1808, et ici l'amour d'un passé glorieux a
inspiré à M. Boissonade, outre une sympathie toujours honorable,
une sorte de pressentiment prophétique d'un meilleur avenir.

M. Colincamp a fait précéder ce recueil d'un travail intitulé :
*M. Boissonade et l'atticisme dans l'érudition.* Ce travail, fort étudié et
rempli de détails curieux, pèche, je crois, par un parti pris de faire
valoir le *Journal des Débats* comme l'unique représentant et le réno-
vateur véritable de la littérature élevée au sortir de la Révolution.
M. Colincamp oublie que, pendant la Révolution elle-même, la *Décade
philosophique* avait rempli le même rôle, avec autant d'érudition, ce
me semble, et incontestablement avec plus d'indépendance et de vues
d'ensemble. Ginguené, Daunou, Fauriel, Thurot, n'avaient rien à
envier, en fait de fortes et solides études, à ceux qui leur succédèrent
dans cette tâche, après la suppression de la *Décade*, dont l'existence sembla incompatible avec le nouveau régime. Tout en jugeant sans prévention trop favorable le rôle de Geoffroy, M. Colincamp cite ce mot de M. Sainte-Beuve sur ce critique hargneux : « *il
savait l'antiquité.* » Geoffroy la savait peut-être en effet, mais il ne la
sentait pas; il en méconnaissait profondément l'esprit trop libre pour
être compris d'un élève de Fréron, et les traductions qu'il en donne
sont littérairement des contre-sens perpétuels. Je n'en veux citer
qu'un exemple : Geoffroy a-t-il à traduire la pièce de Théocrite,
intitulée *le Cyclope*, cette idylle si originale et si vive, cette peinture
si touchante et si amusante à la fois du *Quasimodo* de l'antiquité, du
monstre amoureux? Il travestit, il adoucit. Quand le pauvre Poly-
phème, qui s'avoue bien sa laideur, ose dire crûment à Galatée :
« Je sais bien, gracieuse jeune fille, pourquoi tu me fuis. C'est que
j'ai un sourcil velu, qui s'étend sur mon front, d'une oreille à l'autre ;
et au-dessous de ce sourcil je n'ai qu'un œil, et un large nez s'étale sur
ma lèvre, etc. » On voit qu'il ne se flatte pas, et se rend justice ; il
n'en est que plus à plaindre, le pauvre monstre ! Geoffroi n'a pas
compris ce que cet aveu a de touchant, et il traduit : « Je sais, belle
nymphe, je sais pourquoi tu me fuis. *La nature, avec un cœur tendre,
m'a donné un air farouche qui alarme la beauté timide.* » C'est le cas de

lui dire avec Diderot : « Vantez-vous d'avoir tué un poëte ! » Un écrivain aussi instruit que l'est M. Colincamp ne peut se dissimuler tout
cela. Mais en général à l'égard de cette littérature quasi-officielle
dont le *Journal des Débats* est depuis soixante ans le représentant le
plus accrédité, l'ingénieux critique me semble d'une indulgence,
d'une bienveillance même, que je ne puis m'empêcher de trouver
parfois assez exagérée.

Quant à la réimpression des articles de M. Boissonade, je crains
qu'elle n'ajoute pas grand'chose à la réputation si méritée de l'éminent helléniste, et qu'en cherchant dans ces deux volumes cette critique *littéraire* que promet le titre, plus d'un lecteur n'éprouve un
véritable désappointement.

EUGÈNE DESPOIS.

# LES TENTATIONS

ou

## ÉROS, PLUTUS ET LA GLOIRE.

### PETITS POÈMES EN PROSE

Deux superbes Satans et une Diablesse non moins extraordinaire ont, la nuit dernière, monté l'escalier mystérieux par où l'Enfer donne assaut à la faiblesse de l'homme qui dort, et communique en secret avec lui. Et ils sont venus se poser glorieusement devant moi, debout comme sur une estrade. Une splendeur sulfureuse émanait de ces trois personnages, qui se détachaient ainsi du fond opaque de la nuit. Ils avaient l'air si fier et si plein de domination que je les pris d'abord tous les trois pour de vrais Dieux.

Le visage du premier Satan était d'un sexe ambigu, et il y avait aussi, dans les lignes de son corps, la mollesse des anciens Bacchus. Ses beaux yeux languissants, d'une couleur ténébreuse et indécise, ressemblaient à des violettes chargées encore des lourds pleurs de l'orage, et ses lèvres entr'ouvertes à des cassolettes chaudes d'où s'exhalait la bonne odeur d'une parfumerie ; et à chaque fois qu'il soupirait, des insectes musqués s'illuminaient, en voletant, aux ardeurs de son souffle.

Autour de sa tunique de pourpre était roulé, en manière de ceinture, un serpent chatoyant qui, la tête relevée, tournait langoureusement vers lui ses yeux de braise. A cette ceinture vivante étaient suspendus, alternant avec des fioles pleines de liqueurs sinistres, de brillants couteaux et des instruments de chirurgie. Dans sa main droite il tenait une autre fiole dont le contenu était d'un rouge lumineux, et qui portait pour étiquette ces mots bizarres : « Buvez ; ceci est mon sang, un parfait cordial ; » dans la gauche, un violon qui lui servait sans doute à chanter ses plaisirs et ses douleurs, et à répandre la contagion de sa folie dans les nuits de sabbat.

A ses chevilles délicates traînaient quelques anneaux d'une chaîne d'or rompue, et quand la gêne qui en résultait le forçait à baisser les yeux vers la terre, il contemplait vaniteusement les ongles de ses pieds, brillants et polis comme des pierres bien travaillées.

Il me regarda avec ses yeux inconsolablement navrés, d'où s'écou-

lait une insidieuse ivresse, et il me dit d'une voix chantante : « Si tu
veux, si tu veux, je te ferai le seigneur des âmes, et tu seras le maître
de la matière vivante, plus encore que le sculpteur peut l'être de
l'argile ; et tu connaîtras le plaisir, sans cesse renaissant, de sortir
de toi-même pour t'oublier dans autrui, et d'attirer les autres âmes
jusqu'à les confondre avec la tienne. »

Et je lui répondis : « Grand merci ! je n'ai que faire de cette pacotille d'êtres qui, sans doute, ne valent pas mieux que mon pauvre
moi. Bien que j'aie quelque honte à me souvenir, je ne veux rien
oublier, et quand même je ne te connaîtrais pas, vieux monstre, ta
mytérieuse coutellerie, tes fioles équivoques, les chaînes dont tes
pieds sont empêtrés sont des symboles qui expliquent assez clairement les inconvénients de ton amitié. Garde tes présents. »

Le second Satan n'avait ni cet air à la fois tragique et souriant, ni
ces belles manières insinuantes, ni cette beauté délicate et parfumée.
C'était un homme vaste, à gros visage sans yeux, dont la lourde
bedaine surplombait les cuisses, et dont toute la peau était dorée et
illustrée, comme d'un tatouage, d'une foule de petites figures mou-
rantes représentant les formes nombreuses de la misère universelle.
Il y avait de petits hommes efflanqués qui se suspendaient volontairement à un clou. Il y avait de petits gnomes difformes, maigres,
dont les yeux suppliants réclamaient l'aumône mieux encore que
leurs mains tremblantes ; et puis de vieilles mères portant des avor-
tons accrochés à leurs mamelles exténuées. Et il y en avait encore
bien d'autres.

Le gros Satan tapait avec son poing sur son immense ventre, d'où
sortait alors un long et retentissant cliquetis de métal, qui se ter-
minait en un vague gémissement fait de nombreuses voix humaines.
Et il riait, en montrant impudemment ses dents gâtées, d'un énorme
rire imbécile, comme certains hommes de tous les pays quand ils
ont trop bien dîné.

Et celui-là me dit : « Je puis te donner ce qui obtient tout, ce qui
vaut tout, ce qui remplace tout ! » Et il tapa sur son ventre monstrueux, dont l'écho sonore fit le commentaire de sa grossière parole.

Je me détournai avec dégoût, et je répondis : « Je n'ai besoin, pour
ma jouissance, de la misère de personne, et je ne veux pas d'une
richesse attristée, comme un papier de tenture, de tous les malheurs
représentés sur ta peau. »

Quant à la Diablesse, je mentirais si je n'avouais pas qu'à première
vue je lui trouvai un bizarre charme. Pour définir ce charme, je ne
saurais le comparer à rien de mieux qu'à celui des très-belles femmes
sur le retour, qui cependant ne vieillissent plus, et dont la beauté

garde la magie pénétrante des ruines. Elle avait l'air à la fois impérieux et dégingandé, et ses yeux, quoique battus, contenaient une force
fascinatrice. Ce qui me frappa le plus, ce fut le mystère de sa voix,
dans laquelle je retrouvais le souvenir des *contralti* les plus délicieux
et aussi un peu de l'enrouement des gosiers lavés par l'eau-de-vie.

« Veux-tu connaître ma puissance? » dit la fausse déesse avec sa
voix charmante et paradoxale. « Écoute ! »

Et elle emboucha alors une gigantesque trompette, enrubannée,
comme un mirliton, des titres de tous les journaux de l'univers, et à
travers cette trompette elle cria mon nom, qui roula ainsi à travers
l'espace avec le bruit de cent mille tonnerres, et me revint répercuté
par l'écho de la plus lointaine planète.

« Diable ! » fis-je, à moitié subjugué, « ceci est sérieux ! » Mais en
examinant plus attentivement la séduisante virago, il me sembla vaguement que je la reconnaissais pour l'avoir vue trinquant avec quelques drôles de ma connaissance, et le son rauque du cuivre apporta
à mes oreilles je ne sais quel souvenir d'une trompette prostituée.

Aussi je répondis, avec tout mon dédain : « Va-t'en ! Je ne suis
pas fait pour épouser la maîtresse de certains que je ne veux pas
nommer. »

Certes, d'une si courageuse abnégation j'avais le droit d'être fier.
Mais malheureusement je me réveillai, et toute ma force m'aban-
donna. « En vérité, me dis-je, il fallait que je fusse bien lourdement
assoupi pour montrer de tels scrupules. Ah ! s'ils pouvaient revenir
pendant que je suis éveillé, je ne ferais pas tant le délicat ! »

Et je les invoquai à haute voix, les suppliant de me pardonner,
leur offrant de me déshonorer aussi souvent qu'il le faudrait pour
mériter leurs faveurs; mais je les avais sans doute fortement offen-
sés, car ils ne sont jamais revenus.

---

## LA BELLE DOROTHÉE.

Le soleil accable la ville de sa lumière droite et terrible; le sable
est éblouissant et la mer miroite. Le monde stupéfié s'affaisse lâche-
ment et fait la sieste, une sieste qui est une espèce de mort sa-
voureuse où le dormeur, à demi éveillé, goûte les voluptés de son
anéantissement.

Cependant Dorothée, forte et fière comme le soleil, s'avance dans
la rue déserte, seule vivante à cette heure sous l'immense azur, et
faisant sur la lumière une tache éclatante et noire.

Elle s'avance, balançant mollement son torse si mince sur ses hanches si larges. Sa robe de soie collante, d'un ton clair et rose, tranche vivement sur les ténèbres de sa peau et moule exactement les formes de son corps.

Son ombrelle rouge, tamisant la lumière, projette sur son visage sombre le fard sanglant de ses reflets. Le poids de son énorme chevelure presque bleue tire en arrière sa tête délicate et lui donne un air triomphant et paresseux. De lourdes pendeloques gazouillent secrètement à ses mignonnes oreilles.

De temps en temps, la brise de mer soulève par le coin sa jupe flottante et montre sa jambe luisante et superbe; et son pied, pareil aux pieds des déesses de marbre que l'Europe enferme dans ses musées, imprime fidèlement sa forme sur le sable fin. Car Dorothée est si prodigieusement coquette que le plaisir d'être admirée l'emporte chez elle sur l'orgueil de l'affranchie, et bien qu'elle soit libre, elle marche sans souliers.

Elle s'avance ainsi, harmonieusement, heureuse de vivre et souriant d'un blanc sourire, comme si elle apercevait au loin dans l'espace un miroir reflétant sa démarche et sa beauté.

A l'heure où les chiens eux-mêmes gémissent de douleur sous le soleil qui les mord, quel puissant motif fait donc aller ainsi la paresseuse Dorothée, belle et froide comme le bronze?

Pourquoi a-t-elle quitté sa petite case si coquettement arrangée, dont les fleurs et les nattes font à si peu de frais un parfait boudoir; où elle prend tant de plaisir à se peigner, à fumer, à se faire éventer, ou à se regarder dans le miroir de ses grands éventails de plumes, pendant que la mer, qui bat la plage à cent pas de là, fait à ses rêveries indécises un puissant et monotone accompagnement, et que la marmite de fer, où cuit un ragoût de crabes au riz et au safran, lui envoie, du fond de la cour, ses parfums excitants?

Peut-être a-t-elle un rendez-vous avec quelque jeune officier qui, sur des plages lointaines, a entendu parler par ses camarades de la célèbre Dorothée. Infailliblement, elle le priera, la simple créature, de lui décrire le bal de l'Opéra, et lui demandera si on peut y aller pieds nus, comme aux danses du dimanche, où les vieilles Cafrines elles-mêmes deviennent ivres et furieuses de joie; et puis encore si les belles dames de Paris sont toutes plus belles qu'elle.

Dorothée est admirée et choyée de tous, et elle serait parfaitement heureuse si elle n'était obligée d'entasser piastre sur piastre pour racheter sa petite sœur qui est déjà si belle !

CHARLES BAUDELAIRE.

# REVUE DU MOIS

7 juin 1863.

Que s'est-il passé le mois dernier? Les élections..... Mais il ne faut rien dire des élections, puisque je ne dois pas parler politique. Eh bien! alors, il ne s'est rien passé; car, à côté de cette grande affaire, tout le reste disparaît. Si l'on a fait autre chose que voter, il ne m'en souvient plus. C'est sur le terrain électoral que se sont manifestées depuis un mois toutes les forces et toutes les défaillances de l'esprit français; c'est pour le conquérir qu'on a déployé une vivacité, une énergie qui commençaient à n'être plus qu'une tradition nationale, et c'est pour le défendre aussi qu'on a fait des prodiges de maladresse dont la tradition elle-même n'offrait aucun exemple.

Toute la vie du pays s'est réfugiée là pendant un temps. Les épigrammes les plus légères, comme les plus hautes espérances, se sont groupées autour de l'urne électorale, et il n'est chose si grande ou si petite, valant la peine d'être rappelée aujourd'hui, qui ne se rattache directement ou indirectement à cette question du suffrage. Il est sans doute beaucoup de détails, frivoles en apparence, de cette lutte politique, qui seraient à la rigueur du domaine de ma chronique, et qu'il pourrait être à la fois édifiant et amusant de noter; — la postérité elle-même daignera, j'en suis sûr, s'en divertir, si l'on réussit à les lui faire parvenir, — mais pour l'instant, ils ne sont point commodes à raconter. Quoi qu'en dise le proverbe, qui peut le plus ne peut pas toujours le moins, et, en fait de politique surtout, les grandes choses sont souvent, par le temps qui court, moins difficiles à faire et à dire que les petites. Qui ne comprend, par exemple, qu'il a été bien plus facile aux bourgeois de Paris de nommer neuf députés de l'opposition libérale qu'il ne leur eût été d'illuminer en l'honneur de cette victoire, comme ils en ont été un instant tentés. Des bulletins dans l'urne, passe encore! mais des lampions aux fenêtres, qui l'eût osé? Par les mêmes raisons, il me serait plus loisible de tracer ici tout le programme de la future opposition que de redire les colères grotesquement illogiques de certaines gens contre Paris. C'est contre lui que se tournent toutes les fureurs, et pourtant on aurait volontiers l'air de ne lui reconnaître que l'importance strictement proportionnelle que lui confère le chiffre de sa population. Les vaincus de l'élection de Paris se trouvent en face du petit problème que voici : avoir un pouvoir central formidable, et une capitale sans prestige exclusif; des provinces soumises et presque annulées, et un Paris qui, lorsqu'il gênera, ne sera plus que le département de la Seine, en un mot, étant donnée la centralisation, n'avoir pas de centre. Comme si ce n'était assez, certains journaux officieux se livrent à une opération d'arithmétique très-compliquée, qui consiste à prouver que vingt-cinq députés de l'opposition sont moins que cinq, — c'est-à-dire à mettre en chiffres le proverbe paradoxal de *qui perd gagne*. En bonne conscience, la difficulté de trouver des solutions satisfaisantes à tous ces problèmes peut bien faire excuser un peu de mauvaise humeur.

En dehors de la question politique, Paris semble avoir oublié de vivre. J'entends le véritable Paris, et non ces masses inertes qui croient être parisiennes parce que ce qu'elles mangent paye à l'octroi, et qui s'abstiennent de penser comme elles s'abstiennent de voter. Aussi, maintenant que la bataille est finie, qu'on a félicité les vainqueurs, et plus d'un vaincu aussi, — tant certaines défaites ont été glorieuses — le Parisien se dit, comme Othello, que « son occupation est finie, » et se dispose au départ.

Oui! voici l'heure des adieux parisiens, adieux joyeux en apparence pour la plupart, puisque ce sont les heureux selon le monde qui les font, et que ce que l'on va chercher au loin, c'est le plaisir et le changement, ou tout au moins le bien-être matériel : la santé, la fraîcheur et le repos. Quelques tristesses se cachent pourtant, j'aime à le croire, sous tous ces dehors riants, et je veux me persuader que ce n'est pas sans remords que depuis bien des années le Parisien a pris l'habitude de faire deux parts de sa vie, avec des relations, — j'allais presque dire des amitiés — de rechange pour l'été. Si l'on savait tout, on surprendrait peut-être bien des regrets chez ceux-là même qui disent du ton le plus animé : « Il est bien temps de partir : Paris va devenir insupportable, » et plus d'un cœur qui semble indifférent, s'est serré sous les menaces du lugubre printemps qui marque la fin de l'année parisienne.

Depuis le jour où le premier poëte a chanté ses impressions, on a célébré sur tous les tons les espérances enivrantes du printemps, du renouveau, et les mélancoliques langueurs de l'automne avec ses feuilles qui jaunissent et qui tombent. Si Paris avait ses bardes comme les champs, les bois et l'océan ont eu les leurs, je me figure qu'ils diraient autre chose. Ils salueraient avec espoir, au lieu de la redouter, la venue de ces brumes d'automne, de ces neiges d'hiver qui enveloppent de leurs voiles, comme pour les mieux resserrer, les tendres affections délivrées de la rivalité inconsciente de l'indifférente nature, et s'ils pleuraient, ce serait sur les tristes et perfides zéphyrs du printemps dispersant au loin sur des grandes routes stériles tant de semences de bonne et douce intimité qui ne demandaient qu'un peu de repos pour germer et fleurir. Nos pères, plus sédentaires que nous, les auraient soignées et arrosées comme avec la main; aussi voyait-on souvent leur vieillesse s'abriter à l'ombre de ce que la constante et patiente habitude avait seule fécondé et cultivé.

Je crois qu'on pourrait, sans trop abuser du droit de paradoxe, soutenir que le poëte parisien aurait raison. Ne faut-il pas avoir, en effet, une âme bien facile à la mélancolie, bien jeune et bien heureuse d'être triste, pour s'apitoyer ainsi périodiquement sur les deuils annuels de la nature, et pour pleurer l'éclipse temporaire de splendeurs que chaque année ramène? C'est ce qui ne doit pas renaître, qu'il est triste de voir mourir. Hélas! il n'en est guère d'entre nous, si peu qu'il ait vécu, qui ne puisse dire :

> J'ai vu sous le soleil tomber bien d'autres choses
> Que les feuilles des bois et l'écume des eaux ;
> Bien d'autres s'en aller que le parfum des roses
>     Et le chant des oiseaux !

Pour mon compte, le cours naturel des saisons m'attriste moins que les deuils et les absences — ces deuils *à temps* — que nous nous imposons par ambition, par vanité, ou simplement par habitude. Cet usage de couper la vie en deux en passant une moitié de l'année à la campagne et l'autre à Paris, usage qui à première vue semble si attrayant, a détruit peu à peu, à la ville comme aux champs, tout ce qui faisait le charme tant vanté de la société française. Nous ne sommes pas devenus un peuple voyageur, et nous avons cessé d'être un peuple sociable. Avec des fortunes insuffisantes, nous cherchons à tout mener de front; aussi sommes-nous généralement internés à la campagne et campés à Paris; nous ne vivons largement et pleinement nulle part. Ici, ce sont des mansardes dorées et « un monde », là-bas, des bicoques et des « voisins » ; ni ici, ni là, des amis, une société, dans le vrai sens du mot. Les chemins de fer en « supprimant les distances », comme disent les réclames, semblent avoir supprimé du même coup les belles intimités bourgeoises d'autrefois, Je dis à dessein bourgeoises, bien que je sache toute la défaveur qui s'attache de nos jours à ce mot, parce que ce sont ces intimités-là qui ont laissé dans notre histoire sociale et littéraire les plus charmants souvenirs. Le peuple, en aucun temps, n'a eu les loisirs de l'amitié, et les positions très-brillantes, de quelque genre qu'elles soient, peuvent, à la rigueur, s'en passer ; mais les gens du milieu, de la moyenne intellectuelle et matérielle, que font-ils de nos jours? Combien leur vie était différente jadis sous le rapport social, et quel beau rôle y jouait l'habitude, l'habitude qu'on dédaigne aujourd'hui! Pour se former de bonnes et douces relations, ils l'avaient, elle seule, — mais c'était assez. Maintenant, ils ont rompu avec elle, et ils restent sans liens.

Les caractères d'élite, les esprits' hors ligne attirent sans effort d'autres natures semblables, et provoquent des sympathies et des dévouements qui n'ont pas besoin du concours de circonstances accessoires pour naître ou pour subsister. Ces êtres exceptionnels peuvent se passer de l'accoutumance pour fonder des amitiés : on vient à eux dès qu'on les voit, et on ne les oublie pas quand ils partent; mais il est beaucoup d'autres gens, d'un commerce pourtant très-doux et très-sûr, fort capables de goûter les plaisirs de l'amitié, que personne ne choisira à première vue, et qui ont besoin de l'aide du temps pour se faire leur place : que deviennent-ils dans l'organisation actuelle de la société parisienne?

Des réunions d'individus ayant des intérêts, des vanités ou même des goûts semblables, et qui se recherchent pendant quelques mois d'hiver, peuvent bien former ce qu'on nomme des salons, des coteries, mais ne sont pas des sociétés. Il y manque tout d'abord un élément nécessaire : la variété. Une société se composait jadis de gens réunis en premier lieu, et pour ainsi dire fatalement, par de certaines conditions de naissance, de position ou de proximité, et le choix ne faisait que modifier un peu cette première composition. On prenait sa place, dans un cercle, héréditairement d'abord, et puis un peu grâce à ce que j'appellerai, faute d'un meilleur mot, la juxtaposition. L'entourage et les amitiés étaient alors des mots à peu près synonymes. On ne discutait pas ceux dont on voulait faire la connaissance, et l'on n'épluchait pas leurs mérites et leurs titres d'admission ; car, ainsi que je l'ai dit, le hasard de la naissance, de l'emploi et surtout de la résidence, décidait en grande partie des relations. A première vue et à en juger théoriquement, il semble que des rapports fondés de cette façon devaient être plus monotones que ceux de notre société moderne; mais dans la pratique, il n'en était rien. Il n'y a qu'à lire les Mémoires et surtout les correspondances intimes de nos grands-pères pour voir combien leurs cercles sociaux renfermaient d'éléments variés. On trouvait dans une même société intime des vieux et des jeunes, des lettrés et des ignorants, des austères et des frivoles, des riches et des pauvres, des dévots et des incrédules ; les grotesques et les sots même y réclamaient de droit leur place que personne ne songeait à leur refuser, les pauvres gens ! Aujourd'hui nous les subissons de même, mais ce sont eux qui s'imposent par l'importunité et l'intrigue : qu'y avons-nous gagné ?

Le décousu et la monotonie qui se sont introduits à la fois dans nos sociétés à Paris et en province, tiennent à beaucoup de causes : les unes très-importantes, contre lesquelles il est inutile de chercher à réagir et qu'il faut accepter avec leurs bons et leurs mauvais effets ; les autres d'un ordre tout à fait secondaire, parmi lesquelles il faut ranger cette habitude moderne de couper la vie en deux, dont j'ai parlé tout à l'heure. Comme l'oiseau n'a qu'un nid, l'homme ne doit avoir qu'une demeure ; pour ceux que la liberté sollicite trop vivement, il y a la branche et les ailes. Je comprends l'amour des voyages, la vie nomade elle-même, mais ces changements prosaïques à époque fixe, sans liberté et sans imprévu, qui ne répondent à aucun besoin de notre nature, ni au goût des aventures, ni au désir de stabilité, ne sont bons qu'à dépouiller l'existence de tous ses intérêts un peu sérieux.

La vie de campagne surtout y perd tout ce qui l'ennoblit en la remplissant. Quelle influence prétend-on acquérir sur des populations rurales qu'on laisse lutter seules contre les privations et les tristesses de la saison rigoureuse ? Quelle sympathie espérer d'obscurs voisins qu'on abandonne sans regret au long isolement de l'hiver ? De quel établissement utile assurera-t-on la prospérité par une sollicitude régulièrement intermittente ? Les animaux mêmes ne reconnaissent pas leurs maîtres, qui ne sont plus des amis, après de si longues absences ; et il n'est pas jusqu'à la fleur que l'on cueille qui ne perde quelque chose de son parfum, par cela même qu'on ne l'a ni semée, ni soignée dans son enfance. Les campagnards et les châtelains des beaux jours, et des beaux jours seulement, restent Parisiens, c'est-à-dire étrangers à la campagne, même « chez eux » comme ils disent, et leur villégiature n'est, selon leur fortune, qu'un prétexte à économies ou une fantaisie ruineuse ; ce n'est pas la vie.

Je sais qu'on peut m'accuser de m'occuper ici d'une classe très-restreinte, et que les gens réputés fortunés entre tous, qui arrangent ainsi leur vie, sont numériquement fort peu de chose. Ils forment une minorité presque imperceptible dans la nation, mais cette minorité a, comme influence, une très-grande importance. Les témoins, a-t-on dit avec raison, se pèsent et ne se comptent pas. Cela est vrai pour tous les hommes (sauf en politique, là où règne le suffrage universel), et l'autorité que peut avoir l'exemple de quelques milliers de personnes sur toute une société, ne saurait être mise en doute même dans les pays les plus démocratiques.

Nos voisins d'outre-Manche, que nous croyons imiter dans notre goût tout récent pour la vie de château, en usent bien différemment. L'Anglais, voyageur par excellence, passera sa vie sur les grandes routes, émigrera, s'il le faut, pour faire fortune ; mais s'il s'établit, n'aura qu'un « chez-lui, » un *home*. Il quitte volontiers ses pénates, par curiosité ou par ambition, mais il ne les fait pas voyager tous les semestres. Les Londoniens aisés, gens occupés pour la plupart, se logent, s'ils le peuvent, hors des quartiers populeux, pour avoir de l'air et un jardin, ou se contentent de s'échapper pendant un mois ou deux pour prendre les bains de mer, gravir les Alpes ou les Pyrénées, ou chasser n'importe quoi, n'importe où : de son côté, le campagnard, si ses moyens le lui permettent, viendra passer à Londres une « saison » rapide comme un carnaval; mais l'un et l'autre donneront toujours une prépondérance très-marquée à un des côtés de leur vie. A aucun prix ils ne voudraient vivre six mois de l'année dans un endroit où, pendant les six autres mois, on saurait se passer d'eux, et où ils ne prendraient aucune part à la vie publique. Et pourtant, l'Anglais, d'après son caractère, souffrirait moins, d'une certaine façon, que le Français, de ces déplacements périodiques. Bien plus renfermé dans le cercle de la famille, quand il emmène celle-ci avec lui, il se passe facilement du reste du monde; tandis que le Français, essentiellement sociable par nature, plus fait pour l'amitié que tous les autres hommes et toujours disposé à se créer chez ses amis une famille collatérale, doit réellement faire violence aux instincts de sa race pour se déraciner ainsi deux fois l'an.

J'en conclus que le mois de juin est, comme je le disais, un mois mélancolique à Paris, — notre automne à nous, — et que bien des gens ont du chagrin dans ce moment-ci, les partants comme les restants.

## II

Il y a un peu plus d'un an, à cette même place, et à propos d'un roman de M. Ivan Tourguénef — *Une nichée de gentilshommes,* — j'ai eu occasion de parler assez longuement des qualités qui distinguent cet écrivain, — à peu près le seul qui jusqu'ici nous ait dépeint les

mœurs russes d'une façon exacte. Il a par là rendu un véritable service au public français qui, avant la lecture de ses ouvrages, ne connaissait guère mieux la vie intime de la Russie moderne, que nos
pères ne connaissient celle de l'antique et mystérieuse Moscovie. De
la bourgeoisie, et même de la petite noblesse campagnarde, nous
n'avions aucune idée, et les Russes qui visitent notre pays appartiennent généralement à l'aristocratie de cour, — classe qui dans tous les
pays civilisés est à peu près la même, du moins extérieurement. Aussi
un public d'élite a-t-il accueilli avec une faveur marquée les *Récits d'un
chasseur*, premier ouvrage de M. Tourguénef qu'on ait traduit chez
nous, et ce succès, d'abord limité à un petit nombre de lecteurs délicats et curieux, s'est si bien étendu qu'il est à peine besoin aujour-
d'hui d'insister sur les mérites de l'auteur comme conteur et comme
observateur d'une finesse et d'une subtilité incomparables. Je sais
bien que, sous l'influence des événements de Pologne, l'engouement
pour la Russie qui a saisi la France au sortir de la guerre de Crimée
a fait place momentanément à d'autres sentiments ; cependant, à défaut de sympathie, la curiosité subsiste forcément à l'égard de ce
peuple, si sauvage dans sa politique et si débonnaire par certains
côtés de ses mœurs; qui, placé aux confins de deux civilisations, pèse
à tout moment sur les destinées de l'Europe, tout en se dérobant
jusqu'ici, par sa barbarie même, à l'influence européenne. Que les
événements qui se préparent aient pour résultat de le reléguer au
rang de puissance asiatique, ou qu'ils régularisent, en la définissant,
sa position dans la grande famille européenne, il n'en est pas moins
intéressant à connaître.

Le nouvel ouvrage de M. Tourguénef, intitulé *Pères et enfants* [1],
dont la Revue a publié un court extrait le mois dernier, a des visées
plus ambitieuses qu'aucun de ses devanciers. Ici, en effet, l'auteur ne s'est plus contenté de peindre de simples scènes de la vie
intime, de certains aspects de la nature russe, ou même le cœur humain dans ce qu'il a d'éternel et d'universel; il a cherché à incarner
dans quelques types les tendances très-diverses qui divisent les pères
et les fils de la Russie contemporaine. Pères et enfants ! c'est là un
titre très-vaste en tout pays, et l'écrivain qui le remplirait digne-
ment se trouverait raconter du même coup l'histoire morale et intellectuelle d'un peuple et tracer jusqu'à un certain point son horos-
cope. Les différences qui séparent deux générations successives
d'hommes dans une même patrie, peuvent, en effet, faire pressentir

1. Traduit en français. — 1 vol. (Bibliothèque-Charpentier).

avec assez de sûreté de quelle nature seront les conflits futurs. Ces conflits, dans les pays gouvernés despotiquement, s'appellent des révolutions. Dans les pays libres, les pères et les fils combattant à ciel ouvert dans le champ de la libre discussion, ne sont pas exposés à se rencontrer soudainement face à face sous forme d'ennemis. Il s'opère, grâce à la liberté, je ne sais quelle fusion graduelle entre ceux qui s'en vont et ceux qui arrivent, et l'esprit de progrès chez les uns, l'esprit conservateur chez les autres, assurent la transmission d'une génération à l'autre sans secousses, même quand il y a transformation, de l'héritage patriotique des devoirs publics. En Russie, on n'en est pas là, et les pronostics qu'on pourrait tirer de l'ouvrage de M. Tourguénef sont loin d'être rassurants.

La jeune Russie, dans ce livre de *Pères et enfants*, est *nihiliste*, — le mot explique la chose. Elle ne croit à rien, ne s'incline devant aucune autorité, n'accepte aucun principe sans examen, s'occupe, à son propre dire, de « déblayer la place, » sans même songer à rebâtir ensuite, et repousse avec mépris la logique de l'histoire. « Nous détruisons parce que nous sommes une force, et la force n'a pas de compte à rendre, » dit gravement un des jeunes nihilistes de M. Tourguénef. Un autre termine une discussion en mettant au défi son adversaire de lui indiquer « dans notre société une seule institution, pas davantage, qui ne mérite d'être complétement et impitoyablement abolie. » Ce ne sont pas des réformateurs que les nihilistes, mais des destructeurs qui, pour l'heure, repoussent l'idée de passer de la théorie à l'action; ils se bornent à nier, et à injurier au besoin.

Les nihilistes russes ont commencé par être des dénonciateurs d'abus, des *divulgateurs*, pour me servir du mot par lequel on les a désignés chez eux; mais les théories absolues quand on les enfourche s'emportent bien vite avec leur homme, et ils ont aujourd'hui laissé loin derrière eux les projets paisibles de réforme. Écoutons un instant Bazarof, le héros de cette histoire : « Nous avons commencé par appeler l'attention sur les employés concussionnaires, sur le manque de routes, sur l'absence de commerce, sur la manière dont on rend la justice. Puis, nous n'avons pas tardé à reconnaître qu'il ne suffisait pas de bavarder sur les plaies qui nous rongent, que cela n'aboutissait uniquement qu'à la platitude et au doctrinarisme; nous nous sommes aperçus que nos hommes avancés, nos *divulgateurs*, ne valaient absolument rien, que nous nous occupions de sottises, telles que l'art pour l'art, la puissance créatrice qui s'ignore elle-même, le parlementarisme, la nécessité des avocats et mille autres sornettes, tandis qu'il faudrait penser à notre pain quotidien, tandis que la superstition la plus crasse nous étouffe, tandis que toutes nos sociétés par actions font banqueroute, et cela uniquement parce qu'il y a disette d'honnêtes gens; tandis que la liberté des serfs elle-même, dont s'occupe tant le gouvernement, ne produira peut-être rien de bon, parce que notre paysan est prêt à se voler lui-même pour aller boire des drogues empoisonnées dans les cabarets. »

Ni l'art, ni la poésie, ni l'amour, si ce n'est sous sa forme la plus grossière, ni la science elle-même, en prenant ce mot dans un sens général, ne trouvent grâce devant un nihiliste conséquent; sornettes que tout cela ! Bazarof ne « donnerait pas deux sous de Raphaël; » il pense qu'un bon chimiste vaut mieux que le meilleur poete, et dit à propos d'une femme dont il est déjà un peu amoureux que « ce serait là un beau corps sur une table de dissection. » Il y a sans doute bien de la fanfaronnade dans cette grossièreté, et le cœur humain, pas plus que la civilisation, ne perd en définitive ses droits. Ainsi, ce même Bazarof se laisse très-bien prendre aux chatteries d'une grande dame qui s'amuse de son farouche socialisme, et son jeune ami et disciple, Arcade, se marie en fin de compte tout bêtement comme tout le monde, avec une petite fille qu'il aime et dont il est aimé. Mais le programme, que de certaines gens pourraient bien suivre jusqu'au bout, n'en reste pas moins inquiétant.

Disons pourtant que M. Mérimée, dans une lettre à l'éditeur de *Pères et Enfants*, placée en tête de l'ouvrage, ne se montre pas très-effrayé du triomphe des nihilistes :

« Vous savez, dit-il, que depuis longtemps la Russie emprunte à l'Occident ses modes et ses idées : ce sont des modes aussi, bien souvent. La France lui envoie des robes et des rubans; l'Allemagne est en possession de la fournir d'idées. Naguère on pensait à Saint-Pétersbourg, d'après Hégel; présentement c'est Schopenhauer qui a la vogue. Les adeptes de Schopenhauer prêchent l'action, parlent beaucoup, et ne font pas grand'chose, mais l'avenir, disent-ils, leur appartient. Ils ont leurs théories sociales qui effrayent fort les gens de l'ancien régime; car, pour un peu, ils vous proposent de faire table rase de toutes les institutions existantes. Au fond, je ne les crois pas dangereux : d'abord parce qu'ils ne sont pas plus méchants que leurs pères, puis ils sont, en général, paresseux; enfin, jusqu'à présent, le peuple, seul faiseur de révolutions durables, n'a rien compris à leurs théories, et eux-mêmes n'ont jamais pris la peine de faire son éducation. »

Tout cela, quoique dit par M. Mérimée, qui connaît fort bien la Russie, ne me rassure pas complétement, car j'ai remarqué qu'en politique, comme en autre chose, des gens qui ne sont pas plus mé-

chants que d'autres, et qui sont, en outre, très-paresseux, trouvent
souvent moyen de détruire ce que leur paresse les empêche de
remplacer; ensuite que le peuple fait souvent des révolutions pour
des théories qu'il ne comprend guère, et enfin qu'il n'est pas besoin
de prendre la peine de faire son éducation pour l'amener à commettre bien des sottises.

J'ai dit que les sympathies de l'auteur ne me semblent pas douteuses.
En effet, des trois personnages qui représentent les « enfants» dans son
livre, un seul a un caractère fortement accusé, et celui-là est un brutal achevé. Des deux autres, le premier n'est qu'un copiste par amitié,
le second est un intrigant et un imbécile. Ajoutons que le brutal est
peint de main de maître. Pour les pères, c'est différent. Paul Pétrovitch, l'élégant et beau quadragénaire, qui garde au fond du cœur le
souvenir d'une grande passion, le parfait *gentleman*, l'anglomane qui
croit à l'aristocratie, au respect de soi-même surtout, et qui le prouve
« en ne s'abandonnant pas, » comme il dit, même dans sa toilette, —
Paul Pétrovitch est un personnage attrayant malgré ses ridicules.
J'en dirai autant de son frère Nicolas Pétrovitch Kirsanof, et du vieux
médecin, père du féroce nihiliste Bazarof. Tous ces gens-là n'ont
rien de bas, et valent cent fois mieux que messieurs leurs fils, à qui
l'avenir appartient selon le dire des uns et des autres. Qui ne serait
touché du chagrin de Nicolas Pétrovitch, qui, après avoir attendu
avec impatience l'arrivée de son fils Arcade, surprend une conversation entre celui-ci et son ami Bazarof, où il est traité de « bon enfant, » qui n'est plus bon qu'à « mettre sous la remise, » qui a pris sa
retraite, qui a « fini sa chanson. » — « Je fais tout ce que je peux
pour marcher avec le siècle, dit-il ; j'ai fait une position à mes
paysans, et établi une ferme sur mes terres ; ce qui m'a valu d'être
appelé *rouge* dans tout le gouvernement ; je lis ; j'étudie, et fais des
efforts pour être au niveau des besoins du pays, et ils disent que ma
chanson est finie. Après tout, il est bien possible qu'ils aient raison. »
Le pauvre homme! il se laisse encore aller à lire des vers, à jouer du
violoncelle, et même par hasard, à rêver au clair de lune à ses
premières amours, pendant que son fils de vingt ans dissèque des
grenouilles et lit les brochures des matérialistes allemands. Un jour
même, on lui ôtera des mains, comme à un enfant, son volume favori
de Pouchkine, et on y substituera un exemplaire du *Stoff und Kraft*
de Buchner, auquel le brave homme ne comprendra rien, bien qu'il
n'ait pas oublié son allemand, à ce qu'il assure. La même mésintel-
ligence entre deux générations s'accuse d'une façon bien plus cruelle
encore dans la famille de Bazarof. Mais je n'en veux rien raconter
pour ne gâter le plaisir de personne ; les bons romans sont assez

rares chez nous pour que chacun veuille lire *Pères et Enfants.*

Ce livre, qui n'est pour nous qu'un roman intéressant et une étude curieuse, a été presque un événement en Russie..Il y a provoqué la critique la plus passionnée, et des discussions violentes dans tous les journaux, dans tous les salons, et jusque dans l'intérieur des familles, dit-on. Ni les pères ni les enfants ne se sont montrés satisfaits de leurs portraits à eux, tout en reconnaissant que celui de l'autre génération est fort ressemblant; ce qui ferait croire que l'auteur a touché juste. C'est la destinée des impartiaux de ne contenter personne. L'impartialité de M. Tourguénef ne va pas pourtant, selon moi, jusqu'à laisser en doute le côté vers lequel il penche. On voit très-bien qu'il a pour les pères, je ne dirai pas de l'estime, et encore moins de l'admiration, mais une sorte de compassion attendrie. Ce ne sont pas des vieillards arriérés que ces pères qu'il dépeint comme étant grotesques aux yeux de leurs fils; ce sont des hommes de quarante-cinq ans, honnêtes et suffisamment intelligents, mais appartenant à une génération avortée pour ainsi dire, étranglée qu'elle a été entre la vieille Russie qui s'en va, et cette nouvelle Russie dont il est impossible de deviner encore l'avenir. Réformateurs théoriques et impuissants sous l'empereur Nicolas, ils ont passé sans transition à l'état de *ganaches* sous Alexandre II, et le destin semble leur avoir escamoté cette période d'action — on pourrait dire de fructification — qui devrait être le lot de chaque génération à son tour. Il me semble qu'il en a été ainsi, jusqu'à un certain point, même pour les individualités éclatantes de cette génération russe qui devrait être aujourd'hui en pleine maturité ; mais ceux-là peuvent s'honorer du moins d'avoir préparé, par leurs écrits, par leurs prisons, par leurs exils, par leurs souffrances de tout genre, la voie à deux mesures d'une portée immense pour leur pays : l'émancipation des serfs et la réforme judiciaire. Quant aux hommes ordinaires, les Kirsanof et les Bazarof père, que nous montre M. Tourguénef, ils n'ont pas vécu.

En somme, ce livre donne un beau démenti à ceux qui ont prétendu que M. Ivan Tourguénef ne pouvait produire que des œuvres fragmentaires comme les *Récits d'un chasseur* et les *Scènes de la vie russe.* Il semble lui-même avoir eu d'abord cette idée, puisqu'il a attendu longtemps avant d'aborder un ouvrage de longue haleine. *Pères et Enfants* n'est pas un grand roman, mais c'est un roman très-complet, qui me rappelle jusqu'à un certain point les *Temps difficiles* de Dickens. Ce n'est pas une comparaison que je prétends instituer ici entre deux ouvrages qui diffèrent dans leur sujet et dans tous les détails, et je serais fort embarrassé s'il me fallait définir d'une manière un peu précise la ressemblance que je signale en passant. Elle consiste simplement dans la valeur de la leçon que l'écrivain russe comme l'écrivain anglais a voulu donner à son pays et dans la façon patriotique et indulgente à la fois dont cette leçon est faite. Du reste, ce rapprochement est le plus grand éloge qu'on puisse adresser à M. Tourguénef.

Il y a sans doute dans ce dernier livre comme dans les précédents ouvrages de l'auteur certaines conversations oiseuses et plus d'un détail inutile qui ne sont pas dans les habitudes françaises de composition et que la critique pourrait relever; mais je me figure que les choses doivent se passer ainsi dans les maisons seigneuriales des provinces reculées de la Russie. La vie elle-même semble s'y écouler oiseusement, et si les personnages de M. Tourguénef ont l'air parfois de bien perdre leur temps, c'est, je le croirais volontiers, que la couleur locale l'exige. « Le temps ne marche nulle part aussi rapidement qu'en Russie, dit-il lui-même ; on assure pourtant qu'il s'écoule encore plus vite en prison. » En tout cas, ces conversations entrecoupées et un peu vides sont moins impatientantes et certainement plus naturelles à mon avis que les longues tirades que débitent tout d'une haleine les héros, et mêmes les héroïnes, de nos romanciers didactiques, — que les thèses théologiques, par exemple, que soutient si victorieusement mademoiselle de la Quintinie, pendant une visite du matin, et en face le lac du Bourget.

H. DE LAGARDIE.

# CHRONIQUE POLITIQUE

7 juin 1863.

Ceux qui ont pu voir Paris pendant la soirée du 2 juin dernier garderont longtemps le souvenir de cette aurore boréale de la liberté, messagère d'un jour meilleur encore qui se lèvera tôt ou tard pour nous. Ce rayonnement des physionomies, ces regards brillants de joie, ces voix altérées par l'émotion, ces mains serrées avec une énergie passionnée, ces exclamations, ce frémissement, nous reportaient à des époques bien éloignées de la nôtre, et n'avaient rien de nos airs de fête commandés. Cette fois, c'étaient les visages qui avaient illuminé. Paris avait remporté sa victoire si longtemps et si ardemment désirée, et un instant on avait pu croire que toute la France suivrait Paris. On entendait dans l'air comme des bruits d'armes. C'est par de telles nuits qu'ils devraient parcourir la cité, ces politiques irrésolus qui désirent savoir où en est aujourd'hui la France intelligente. A la lueur de cet éclair rapide, ils auraient pu lire jusqu'au fond de son cœur, et ils cesseraient de se demander avec anxiété de quel côté est l'avenir. Paris veut aujourd'hui que la France soit libre, voilà ce qu'il a écrit sur chacun de ces deux cent mille bulletins qui ont donné la victoire à l'opposition. Tous les noms lui ont été bons pour exprimer ce vœu : il s'est paré de ceux qui étaient illustres, il a anobli ceux qui étaient obscurs ou insignifiants. Ce vote de Paris, qu'on nommait un oracle lorsqu'on l'avait pour soi, et qu'on appelle une *espièglerie* depuis qu'il est hostile, n'est pas, dans tous les cas, un fait dont on puisse ne tenir aucun compte. Sous un système de centralisation semblable à celui qui nous régit, Paris est littéralement une sorte de résumé, de délégation de la France entière, et ce n'est pas à ceux qui ont porté ce système au point excessif où nous le voyons qu'il appartient de rabaisser la valeur d'une telle manifestation. Leur amertume a dû être extrême, cela se conçoit. Se voir ainsi maltraiter dans la ville unique, la ville par excellence, à laquelle toutes les provinces sont sacrifiées, par cette population

spirituelle dont chaque boutade est une blessure, par ces ouvriers si
bien payés, si bien disciplinés, et à qui on fait bâtir tant de palais,
c'est là une surprise médiocrement agréable, et, pour tout dire, digne
de cette cité perfide et charmante. Mais quoi, les destins sont chan-
geants, les peuples sont ingrats. Aujourd'hui on donne des avertissements, demain on en reçoit. Ainsi va le monde.

Au reste, que le pouvoir comprenne ou méconnaisse la leçon que
le suffrage universel vient de lui donner, c'est son affaire, et nous
n'avons qualité ni pour la lui expliquer, ni même pour lui faire part
de nos alarmes ou de nos condoléances. La leçon que nous voudrions
graver dans toutes les mémoires, c'est celle que les amis de la liberté
ont reçue par la même occasion. Plusieurs faits, très-importants
pour l'avenir de notre pays, peuvent être considérés comme acquis
à la suite de cette grande expérience. Le premier de tous, c'est que
le suffrage universel, en dépit de sa prétendue immobilité, admirée
par les uns, déplorée par les autres, est très-capable de s'animer et
de s'émouvoir. Ce n'est point, comme on l'a dit, une idole sourde,
aveugle et muette : c'est un bon prince, accessible à la pitié, et sachant au besoin se laisser fléchir ; mais il veut qu'on soit empressé
auprès de lui, et n'aime pas les bouders. Il a les faiblesses des souverains et toute la susceptibilité d'un parvenu. Il a disgracié très-
brutalement quelques-uns des hommes les plus éminents de notre
temps, parce qu'ils ne s'étaient pas inclinés assez bas devant lui.
Il leur a préféré des inconnus, quelques-uns sans passé, quelques
autres sans avenir, se complaisant dans la pensée qu'ils tiendraient
tout de lui, même leur mérite. Mais ces petits travers du roi absolu
n'empêchent qu'il n'ait beaucoup de bon ; seulement, au lieu de l'effa-
roucher avec de grands airs dédaigneux, il faut l'aborder d'une façon
civile, lui marquer les égards qu'il croit lui être dus, et alors essayer
de lui parler raison.

Jacques Bonhomme est plus avisé qu'il n'en a l'air ; mais il n'aime
pas les délicats, et pour peu qu'il soupçonne qu'on croit lui faire
honneur en recherchant ses suffrages, il met son bonnet de travers et
ne veut plus rien entendre. Espérons que les hommes distingués qui
ont commis cette méprise, en cédant à la malheureuse inspiration de
déclarer dans leurs circulaires « que, malgré leurs répugnances, ils
ne croyaient pas devoir se refuser plus longtemps aux sollicitations
de leurs concitoyens, » etc., comprendront enfin qu'ils ont fait tout
ce qu'ils ont pu pour faire échouer leur candidature. Le journal, qui
leur a si souvent conseillé une « attitude fière, » peut prendre pour

lui une grosse part de responsabilité dans leur déconvenue. Vis-à-vis des individus, un sentiment de dignité même exagéré est toujours de bon aloi chez certains hommes; mais, vis-à-vis d'une nation, il est presque un ridicule. En supposant même que cette nation soit déchue, quel homme politique peut se flatter de n'y avoir pas contribué par ses propres fautes? Enfin, ces messieurs auraient dû se souvenir que Mahomet lui-même est allé à la montagne. Ce n'est pas manquer de dignité que de s'incliner devant la majesté de son pays. Au reste, il n'y avait dans le sentiment qui les a exclus absolument rien de systématique. Ceux d'entre eux qui ont compris autrement leur devoir en présence de cette solennelle mise en demeure, et qui sont allés résolument solliciter le suffrage de leurs concitoyens, en ont, pour la plupart, été récompensés, sinon toujours par l'élection, du moins par une imposante minorité.

Le suffrage universel n'est donc point aussi immobile qu'on pouvait le craindre; il ne demande qu'à être éclairé pour donner d'excellents fruits, et c'est là la tâche à laquelle l'opposition doit se dévouer, si elle veut faire prévaloir ses justes réclamations. Il résulte de là que l'abstention est à jamais jugée comme tactique. Un autre fait à constater, c'est combien l'intimidation, autrefois toute-puissante, réussit mal aujourd'hui. Tout le monde s'accorde à reconnaître que ce sont les deux circulaires de M. de Persigny qui ont fait l'élection de M. Thiers. Après la première, il a eu d'assez fortes chances d'être élu ; mais, après la seconde, son succès n'a plus été douteux. Le ton de ces documents a produit surtout une impression d'étonnement. C'était comme un écho d'une époque oubliée. On a remarqué, pour la première fois, que c'était aux révolutionnaires qu'on avait jusqu'ici reproché ce langage. Par quel renversement des rôles la violence se trouvait-elle du côté du pouvoir et la modération du côté de l'opposition ? Si le ministre, sans patronner expressément la candidature de M. Thiers, s'était contenté de rappeler la part que cet historien national a eue dans la fondation du second empire par son ardeur à glorifier les principes du premier, il eût indubitablement assuré le triomphe de son concurrent. Il est vrai que faire échouer M. Thiers en rappelant de pareils titres, n'eût guère mieux valu qu'une défaite.

Les circulaires de l'opposition, au contraire, ont, en général, fait appel à la raison, plutôt qu'aux passions. Si on avait moins abusé, dans ces derniers temps, du style apologétique, nous céderions à la tentation de montrer, par les doctrines émises dans ces circulaires,

combien les opinions que nous nous faisons honneur de défendre ici
ont accompli de progrès et se sont vulgarisées. Mais on croirait que
nous voulons prouver à notre tour comme quoi nous avons à nous
seul découvert et inventé la liberté, et c'est là un mérite que nous
laissons de bon cœur aux hommes ingénus qui ont la modestie de se
le reconnaître. Il nous suffira de constater que la grande majorité des
candidats se placent sur le terrain de la liberté, abstraction faite des
engagements et des préférences de parti, et nous rappellerons à ce
propos que nous avons longtemps été traités d'utopistes pour avoir
soutenu que c'était là la seule voie pratique et efficace.

Ces conditions sont si bien celles de toute politique sérieuse et
durable dans la situation que ses divisions antérieures ont faites à
notre pays, qu'on peut déjà prévoir le jour où elles s'imposeront au
pouvoir lui-même comme une nécessité de salut. Ce jour aurait pu
être hier, il peut être demain. Supposez que le suffrage universel,
par un de ces brusques revirements qui lui sont familiers, ou même
simplement par la marche naturelle des choses, envoie à un moment
donné à la chambre ce qu'on est convenu d'appeler les anciens partis
avec une majorité considérable, — et cette hypothèse n'a plus rien
aujourd'hui d'inadmissible, — il ne resterait au pouvoir, qui sans
doute ne consentirait pas à porter la main sur son propre principe,
qu'un seul moyen de sortir de cette impasse, c'est de descendre à
son tour sur le terrain de ses adversaires et de les y rendre impuissants, en offrant au pays plus de garanties et de franchises qu'ils ne
lui en ont eux-mêmes donné.

Nous sommes encore bien loin de là, et cependant il nous semble
presque impossible que le mécanisme actuel se maintienne intact
dans toutes ses parties, même en présence de la faible opposition qui
vient de forcer les portes du palais législatif. L'institution des ministres sans portefeuille a été plus d'une fois mise en défaut par les
attaques des cinq; il est difficile qu'elle soutienne avec avantage la
nouvelle épreuve à laquelle elle va être soumise. Déjà les dissentiments qui ont éclaté entre MM. Magne et Fould ont démontré jusqu'à
l'évidence qu'un acte politique, et à plus forte raison une série de
mesures aussi compliquées que celles qu'exige la direction d'un ministère, ne peuvent être défendus à bon escient que par le ministre
qui les a décrétés et mis en pratique. L'expérience qui va commencer
achèvera de mettre au grand jour l'insuffisance et l'inanité de la parole séparée de l'action. On sera réduit, ou à multiplier hors de toute
proportion le nombre de ces ministres avocats, et à augmenter par là

les inconvénients que je viens de signaler, ou à revenir à cette règle de bon sens qui veut qu'un ministre défende lui-même sa politique. Je me trompe; il y a un troisième parti à prendre : c'est d'adopter le système que le roi de Prusse vient de pratiquer pendant plus de six mois, et qui consisterait à laisser les arguments de l'opposition sans réponse. Mais nous croyons que dans ce cas il serait prudent de supprimer dès aujourd'hui la publicité de la tribune, — et personne ne voudrait admettre une pareille éventualité.

La nouvelle opposition n'aura guère plus d'influence sur les délibérations de la Chambre que n'en a eu son aînée; mais elle comprendrait bien mal son rôle, selon nous, si elle allait s'étudier à plaire à la majorité dans l'espoir de l'amener à quelques votes de défiance. Elle n'arriverait guère par là qu'à s'affaiblir par des concessions inopportunes mal compensées par de trop rares avantages, et à compromettre son autorité morale. Elle peut renoncer d'avance à cet inutile prosélytisme. Elle a mieux à faire que de parler à la Chambre, c'est de s'adresser au pays. En l'absence de toute liberté de presse, la publicité de la tribune est un levier d'une force incalculable, au milieu surtout d'une nation lasse aujourd'hui de son inertie comme elle l'était autrefois de ses agitations, et en quelque sorte affamée de contrôle et de libre discussion. Le Corps législatif va avoir maintenant des députés tout à fait à la hauteur de cette tâche. Ils sauront parler, nous n'en doutons pas; s'ils savaient aussi bien se taire lorsque les circonstances l'exigeront! On devine que nous faisons allusion ici aux questions qui peuvent avoir pour effet de diviser cette opposition, déjà si peu nombreuse, et de nuire à son pouvoir sur l'opinion. Elle sera déconsidérée aussitôt qu'elle cessera d'être unie.

Les anciens parlementaires que le suffrage universel est allé chercher dans leur retraite ne doivent pas se dissimuler combien leurs opinions, bien connues sur ces questions, ont nui au succès de leur candidature et ont rendu impopulaire la cause de leurs amis. Est-ce trop attendre de leur patriotisme que d'espérer qu'ils auront l'abnégation de s'abstenir dans les cas où leur intervention n'aura d'autre effet que d'irriter, de diviser et de jeter de la défaveur sur l'opinion libérale? S'il faut l'avouer, nous n'osons nous bercer d'une telle illusion. Pour citer un exemple, M. Thiers pourrait se refaire une popularité sans rivale dans ce pays s'il avait le bon esprit de ne prendre la parole que sur les questions spéciales. Eh bien, il préférera, nous le prédisons avec assurance, nous donner une édition nouvelle de ses anciennes théories sur le protectionnisme, la centralisation, la Polo-

gne et la question romaine; mais nous lui prédisons aussi l'échec le
plus certain si ces craintes se réalisent, car sur tous ces points la
démocratie ne reviendra pas en arrière; et, si avec l'appui des parlementaires elle ne peut aspirer qu'à une liberté déshonorée par d'indignes compromis, elle saura se passer de leur alliance et conquérir la liberté sans eux.

Le sentiment de défiance que nous exprimons ici, le pays tout entier le leur a témoigné avec une rigueur qui est allée jusqu'à l'injustice, puisqu'elle lui a fait écarter de la Chambre tant d'hommes éminents qui lui ont rendu et peuvent encore lui rendre de précieux
services. Mais s'ils sont clairvoyants, ils sauront comprendre le sens
de l'avertissement qui leur a été donné : c'est une mise en demeure
fort claire de déclarer si, lorsqu'ils parlent de liberté, de liberté sans
arrière-pensée, ils entendent tout simplement par là un retour à leurs
anciens errements politiques dont personne ne veut plus aujourd'hui.
Nous saurons bientôt à quoi nous en tenir là-dessus.

On ignore encore l'époque précise où le Corps législatif sera convoqué pour la vérification des pouvoirs, et il serait loyal de la part
de l'administration de rapprocher le plus possible cette date, afin que
la vérification pût se faire dans ses conditions normales, c'est-à-dire
avant que l'impression ne soit refroidie et que les faits ne soient oubliés; mais ce qu'il est permis d'affirmer aujourd'hui, c'est que les
dernières élections fourniront à l'opposition la plus belle entrée en
campagne qu'elle eût pu souhaiter. Je ne parle pas seulement ici des
illégalités sans nombre qui ont été commises par les agents de l'autorité, mais de l'ensemble tout entier des pratiques électorales qui
tendent à passer en force de loi et qui sont incompatibles avec la
sincérité du suffrage universel. Si elles sont une bonne fois présentées sous leur vrai jour et dans ce qu'on peut appeler leur système,
nous avons la confiance qu'elles ne pourront soutenir la lumière et
disparaîtront devant la réprobation générale. Ce système peut se définir d'un mot, c'est l'intimidation organisée.

Quelques-unes de ces dispositions mériteraient une qualification
plus sévère. Le remaniement des circonscriptions électorales est un
procédé qui ne peut pas rester dans les traditions politiques de notre
pays, et les élections des départements sont venues montrer avec quel
art il a été conçu. Parmi la plupart des populations urbaines de la
province, de même qu'à Paris, les candidats de l'opposition ont eu

une très-forte majorité. Il devait en être ainsi : les classes éclairées d'un pays ne se scindent pas; il faut admettre qu'elles vivent dans une certaine communauté de sentiments et d'opinions. Si les choses avaient suivi l'ordre naturel, les villes auraient envoyé à la Chambre des députés opposants, de même que les campagnes y auraient envoyé des candidats officiels. Grâce au procédé adopté, les circonscriptions urbaines ont été noyées dans le flot des populations rurales, et la liste officielle a triomphé sur toute la ligne. Qu'attend-on pour se défaire des députés de Paris? La chose est facile avec un pareil moyen. Pourquoi reculer devant son emploi? Il faut être conséquent surtout dans la politique de compression. Le moment est venu de laisser grandir la liberté sans entraves, ou de la combattre à outrance et sous toutes ses formes. Il faut choisir.

Ce qui nous rassure sur l'avenir du mouvement libéral actuel, c'est son caractère d'universalité. On pourrait concevoir des craintes s'il était particulier à un pays; mais la complicité évidente de l'Europe entière le rend irrésistible. L'Europe est en train de défaire, avec beaucoup de lenteur et de ménagements, mais avec un remarquable esprit de suite et avec un ensemble puissant, cette œuvre d'une réaction irréfléchie, cet absolutisme factice que dans une heure d'effroi elle avait jeté comme un réseau sur notre société moderne, et qui, n'étant en harmonie ni avec nos idées ni avec nos mœurs, ne pouvait avoir qu'une durée éphémère. Nous avons déjà le droit de l'affirmer, les fils n'ont renoncé à aucune des ambitions qu'ont poursuivies les pères; à peine remis de leur défaillance, ils reprennent la tâche au point où on la leur a laissée. Il n'est pas de nation qui, dans ces dernières années, n'ait remis la main à ce travail de la civilisation dont la première condition est la liberté. Les peuples qui n'ont pas eu le cœur assez ferme pour revendiquer la liberté pour eux-mêmes ont voulu s'honorer en la reconquérant pour les autres, et aujourd'hui ils l'invoquent à leur tour. On peut ralentir ou modérer un tel mouvement, mais on ne l'arrête pas. Il est facile de prévoir qu'il aura avant peu une force d'impulsion au moins égale à celle qui poussait il y a douze ans les nations vers l'extrémité opposée, à la suite des agitations inconsidérées de l'année 1848. Aussi n'est-ce plus à nous aujourd'hui, mais aux gouvernements, qu'il convient d'avoir des inquiétudes sur son issue. Ceux qui auront eu le bon esprit de le devancer et de le servir en seront peut-être récompensés, — je dis peut-être, car tout le monde sait que les peuples ne se piquent pas d'être reconnaissants, — mais ce qui est bien certain, c'est que ceux qui se mettraient en travers ne feraient que donner en spectacle leur folie et leur impuissance. Autant le rôle qu'ils rêvent était facile alors que l'Europe entière était emportée dans les voies de la réaction absolutiste, autant il est impossible aujourd'hui que tout se précipite vers la liberté.

Ce spectacle est celui que donne depuis son avénement le nouveau roi de Prusse. Ni la volonté de son peuple plusieurs fois exprimée par des élections unanimes, ni les représentations amicales des puissances, ni l'émulation qu'on pouvait attendre des réformes consenties par l'empereur d'Autriche, ni les supplications de ses plus fidèles sujets, ni les menaces de l'Allemagne trompée dans ses plus chères espérances, n'ont pu décider le roi Guillaume à entrer franchement dans la pratique des institutions constitutionnelles, et comme on ne reste jamais stationnaire sur une telle voie, le voici maintenant lancé à toute vitesse sur la pente scabreuse des coups d'État. A la suite de la scène singulière où le ministère s'est déclaré opprimé par la chambre à propos d'un coup de sonnette, les dernières apparences de la légalité ont disparu, et le régime des ordonnances a pris en Prusse la place du système constitutionnel. La prétention de régler les budgets et de lever les impôts sans le contrôle et la participation de la Chambre était déjà souverainement inique et arbitraire; mais l'ordonnance royale qui vient en temps régulier, en pleine paix, sans le moindre prétexte de discorde civile, sans aucune des excuses ordinaires de la dictature, de dépouiller tout un peuple du droit sacré d'exprimer ses opinions parce qu'on sait qu'il n'aurait qu'une voix, qu'un cri pour flétrir la conduite de ce ministère, cette ordonnance est un acte qu'on peut dire sans précédents, car elle laisse bien loin derrière elle ces ordonnances de Charles X qu'on a voulu lui comparer. Elle fait pâlir même la législation draconienne dont elle est une odieuse et ridicule imitation; car enfin cette législation, née au milieu du deuil de la liberté et fille de circonstances funestes, n'a jamais rien imaginé de semblable à ce burlesque délit qui consiste « à miner les bases de la vénération envers le roi. »

Voilà donc tout ce que le roi de Prusse et son ministre M. de Bismark ont su apprendre dans ces fameux voyages qui ont tant préoccupé l'Europe? S'il est vrai que les voyages forment la jeunesse, il faut reconnaître que ces éminents personnages ont commencé trop tard à voyager. Nous avons annoncé plus d'une fois ici même ce résultat probable de leurs pérégrinations; mais, malgré tout, nous ne pouvions croire ni à un pareil aveuglement ni à un aussi énorme anachronisme. Celui du couronnement était du moins d'une folie inoffensive. Plus d'une fois aussi, nous avons souri du flegme et de la longanimité inépuisable du peuple prussien depuis l'ouverture de ce conflit entre la couronne et la chambre, ou pour mieux dire entre la couronne et la nation, mais nous croirions lui faire injure si nous admettions un seul instant l'idée qu'il livrera ses libertés sans résistance. Les coups d'État se subissent lorsqu'ils sont frappés par une partie de la nation contre l'autre, et lorsqu'ils ont pour eux l'approbation ouverte ou cachée de l'immense majorité; mais rien de pareil ne se voit en Prusse, où la nation est tout entière d'un côté et la couronne presque seule de l'autre, avec quelques hobereaux besoigneux qu'aucune aristocratie ne voudrait avouer, et quelques soldats avides d'avancement. Dans un tel état de choses, et après tant d'engagements solennels que le peuple prussien a pris en présence de l'Europe par ses votes unanimes, par les protestations de ses écrivains politiques et de ses hommes d'état les plus distingués, la résignation serait une véritable humiliation nationale. Jusqu'ici ses temporisations, à beaucoup d'égards excessives, ont pu passer pour de la modération et de l'habileté; il avait ses représentants légalement constitués, il recevait leur mot d'ordre, il ne voulait pas qu'on pût l'accuser d'avoir négligé un seul moyen de conciliation; mais s'il assistait avec la même impassibilité à la destruction de ses dernières garanties, il aurait mérité son sort et donné raison à ses spoliateurs. Les malheurs qui accompagnent les discordes civiles et même les défaites de la liberté, ne sont rien auprès de la honte d'une soumission sans combat.

Il semble évident que le roi de Prusse a spéculé en cette occasion sur les appréhensions de ses sujets relativement à une guerre en Pologne. C'est un procédé connu et jugé. Après avoir monté la tête aux sous-lieutenants par des harangues belliqueuses et par des articles de journaux du genre de celui que toute la presse européenne a salué de ses sifflets, on détourne leur ardeur conquérante contre leurs propres concitoyens, et l'on fait campagne à l'intérieur. Nous espérons que la nation prussienne ne se laissera pas prendre à un piége aussi facile à déjouer. En admettant même l'hypothèse d'une guerre qui paraît assez peu vraisemblable, puisqu'aucune puissance n'est disposée à la faire, la Prusse doit se souvenir que ce n'est ni à sa dynastie ni à son organisation militaire qu'elle a dû sa délivrance en 1813, mais à un généreux sentiment d'indépendance et de liberté. Ce n'est pas en se laissant dépouiller de tous les droits qui font que la patrie est sacrée et chère aux citoyens, que les Prussiens se prépareront mieux à la défendre contre les entreprises de l'étranger; car s'il est doux de mourir pour une patrie honorée, on ne s'expose qu'à regret pour une cause avilie.

L'agitation produite par les élections a fait pâlir pendant ces derniers temps l'intérêt qui s'attache si naturellement aux intrépides défenseurs de la cause polonaise; mais, en ce qui nous concerne, nous n'aurons pas à nous reprocher d'avoir été complices de l'oubli et de l'espèce de défaveur qu'une partie de la presse s'efforce, aujourd'hui, de jeter sur cette lutte. Avec le mouvement qui a ramené à la surface les hommes politiques du dernier règne, nous voyons reparaître leurs vieux arguments contre une intervention en faveur de la Pologne. Ils n'ont plus à leur disposition ce spectre suranné de la Sainte-Alliance qu'ils faisaient à chaque instant sortir de leur tabatière à l'ébahissement et à la terreur du public; — les enfants même n'en ont plus peur aujourd'hui. — Mais nous avons besoin de faire des économies — et puis la Pologne est si loin! Pourrons-nous y conduire nos régiments en ballon? comme demandait, je crois, M. Thiers en 1832. — D'ailleurs la Pologne n'a pas de frontières naturelles, — que voulez-vous faire d'un peuple qui n'a pas de frontières? Que les Polonais trouvent d'abord leurs frontières et l'on verra s'il y a quelque chose à faire pour eux.

Telles sont les grandes considérations qui ont succédé à l'enthousiasme des premiers jours, et qui prétendent imposer silence aux sympathies de la France pour la Pologne. Débitées de ce ton avantageux et satisfait qui est particulier à une certaine école politique, elles ont quelque chose de bas et de révoltant lorsqu'on songe aux actes sublimes et aux atroces boucheries qui s'accomplissent chaque jour dans ce malheureux pays. Si l'esprit politique consiste à rester indifférent en présence de tels spectacles, la politique n'est plus que la science de la servitude; elle n'est plus l'arme des hommes libres. Ces lâches suggestions, si longtemps honteuses d'elles-mêmes, ne prévaudront pas de notre consentement sur les nobles sentiments qui ont d'abord appelé cette guerre. On ne les aurait jamais écoutées sans la lassitude et la langueur produites par ce qu'on a nommé « les bons offices » de la diplomatie. Ces bons offices n'ont servi jusqu'à présent qu'à endormir des amis autrefois ardents et impatients, à refroidir des admirations maintenant blasées, à entretenir des illusions toujours dangereuses. Les auteurs du premier abandon de la Pologne devraient, ce semble, se contenter de cette satisfaction, et laisser à d'autres le soin de dire à leur tour : Je me lave les mains du sang de ce juste. Mais puisqu'ils osent de nouveau revendiquer cette responsabilité si peu glorieuse, nous les en accablerons en flétrissant, comme elle le mérite, cette politique sans vues et sans grandeur qui n'a jamais su être ni nationale ni libérale. Pour adopter cette politique ils ont eu autrefois des motifs plus ou moins plausibles, aujourd'hui ils n'ont pas même des prétextes. Une intervention armée en Pologne est non-seulement possible, mais elle est d'une réalisation relativement facile avec la neutralité de l'Angleterre et de l'Autriche. Ce n'est plus à la nation qui a fait la guerre de Crimée qu'il convient de parler de la difficulté des distances, et la fantasmagorie des moyens proposés pour y obvier ne peut plus ridiculiser que ceux qui l'imaginent.

Quant au résultat, comment en douter lorsqu'on voit cette insurrection, réduite à ses seules forces, se maintenir sans armes, sans munitions, sans abris, contre toutes les armées de la Russie? Pourquoi ne pas dire que les secours de la France l'affaibliraient au lieu de la fortifier? Le seul argument sérieux qu'on oppose aujourd'hui à une guerre en faveur de la Pologne, c'est la ruineuse et sanglante expédition dont nous poursuivons l'achèvement au Mexique; mais si cet argument est une excuse pour la France, qui, on peut le dire, a vu cette expédition avec regret, il n'en est pas une pour son gouvernement, à qui les avertissements n'ont pas fait défaut, et qui est toujours libre de s'en dégager. Nous faisons à nos hommes d'État l'honneur de croire qu'ils ont eux-mêmes fini par reconnaître leur erreur sur cette question. S'il en est ainsi, l'expédition du Mexique peut être terminée d'un moment à l'autre, et n'est pas une objection péremptoire contre la guerre de Pologne; dans tous les cas, ce serait un devoir impérieux d'abandonner une querelle aussi futile, qui ne peut pas même être appelée une guerre d'influence, pour une dette d'honneur aussi sacrée.

Nous ignorons, comme à peu près tout le monde, l'étendue précise des nouvelles concessions réclamées à la Russie par les trois puissances; mais il nous semble que la lenteur cruelle qui a été apportée dans ces négociations, et la facilité qu'on a donnée à la Russie de gagner du temps, est, jusqu'à un certain point, une garantie de l'efficacité de cette intervention. On ne voudra pas, au moins par amour-propre, se retirer les mains tout à fait vides. Si tant de protestations d'humanité émanées des trois gouvernements les plus puissants de l'Europe, n'aboutissaient qu'à jeter quelques fleurs de rhétorique sur la tombe d'une nation assassinée, il est à croire que la conscience des peuples se soulèverait partout contre une telle honte. Nous ne saurions donc douter que ces sentimentales déclarations ne puissent, à la rigueur, être suivies de quelque effet ; mais ce que nous leur contestons absolument, c'est le pouvoir de fonder un état de choses durable, ou même qui soit temporairement accepté par la nation polonaise. L'armistice proposé par l'Angleterre aurait pu être une trêve salutaire, mais il ne sera agréé par la Russie qu'autant qu'elle y pourra voir un piége pour ses ennemis. Dès lors il vaudrait mieux procéder plus rapidement. Du moment où ces belles phrases n'apparaissent plus que comme du temps perdu, elles prennent un caractère odieux, parce que chacune des lettres dont elles se composent représente la vie d'un homme. La diplomatie a souvent le tort de se trop prendre au sérieux, d'oublier qu'elle n'est qu'un intermède : dans la question polonaise, ce tort devient presque un crime. Avec un adversaire aussi subtil que le cabinet russe, il n'y a qu'une seule façon pratique de procéder : c'est une mise en demeure ferme et catégorique, et le jour où il la recevra, la diplomatie fera place à la guerre.

P. LANFREY.

# BULLETIN BIBLIOGRAPHIQUE

---

*Études sur les beaux arts en France et à l'étranger,* par CHARLES PÉRIER.
1 vol. in-8. — Paris.

Quoiqu'une mort prématurée l'ait enlevé à l'art et à sa famille, M. Charles
Périer s'était fait, tout jeune encore, un nom dans la critique. Ses travaux
dans l'*Artiste*, ses comptes rendus de l'Exposition universelle de 1855, de
l'Exhibition de Manchester, de l'Exposition de Munich, l'avaient fait remarquer. Ce sont ces travaux que son père, aidé de plusieurs de ses amis, ont
eu l'idée de réunir en un volume contenant des parties fort remarquables.
Nous citerons, entre autres, celle qui concerne l'école allemande moderne,
et qui traite de différents peintres, les uns disciples de Cornélius et de Kaulbach, les autres dissidents, dont les noms sont peu connus en France, et
dont les travaux ne le sont pas du tout. Les jugements sur l'école française
moderne indiquent un esprit juste, une intelligence profonde et vive des
règles suprêmes de l'art. Les *Études sur les beaux arts,* de Charles Périer,
auront leur place marquée dans la bibliothèque de tous ceux qui s'intéressent
au mouvement de la peinture moderne.

---

*Essai typographique et bibliographique sur l'histoire de la gravure sur bois,*
   par AMBROISE FIRMIN DIDOT, servant d'introduction aux costumes de Césare
   Vecellio. — 1 vol. in-8. — Paris, chez Didot.

Ce travail de M. A. Firmin Didot a principalement pour but d'étudier les
progrès de la gravure sur bois dans ses rapports avec l'imprimerie. On conçoit l'intérêt que peut fournir un pareil sujet, traité par un homme aussi
compétent que M. A. Firmin Didot. L'auteur, après avoir résumé dans une
introduction les différentes phases parcourues par la xylographie jusqu'à
Albert Dürer, entre dans le détail de l'œuvre de ce maître, puis de celle
d'Hans Holbein et des autres dessinateurs allemands, car c'est à eux que
nous devons les principaux perfectionnements de cet art ingénieux. Passant
ensuite aux Italiens, il arrive à la gravure sur bois en France, qui possédait,
au moyen âge, deux centres typographiques : Paris et Lyon. L'Angleterre,
qui est venue la dernière dans l'ancienne période de la xylographie, a eu

l'honneur d'inaugurer la nouvelle; c'est à elle qu'on doit la rénovation de la gravure sur bois.

Des documents précieux pour les amateurs complètent cet ouvrage, qui est, comme on le pense bien, un bijou typographique.

———

*Études d'économie rurale*, par M. G. DE CHARNACÉ.

Des intelligences élevées, des esprits sérieux, se sont, pour des causes diverses, tournés, dans ces dernières années, vers les choses de l'agriculture. On a pu voir plus d'un nom, célèbre à la tribune ou dans les camps, retentir avec éclat dans nos concours agricoles. Les grands problèmes de l'économie rurale ont été abordés, et quelques-uns même résolus, après de vives et intéressantes discussions dans les feuilles spéciales, voire même dans les journaux politiques.

Il y a quelques mois paraissait, sur ces matières, un livre qui a fait son chemin. Les résultats acquis par les expériences de quelques grands propriétaires, solennellement reconnus dans nos Expositions internationales, les solutions trouvées à l'aide de la science des Liebig, des Payen, des Baudement, sont habilement présentés dans les *Études d'économie rurale* de M. le comte Guy de Charnacé. La production animale est le thème favori de l'auteur, et l'on ne peut lire sans s'y intéresser les discussions zootechniques auxquelles il se livre, prenant corps à corps les opinions de quelques-uns de ses adversaires. A l'aide de ses théories, M. de Charnacé a fait appel à la pratique où les succès ne lui avaient point fait défaut.

L'histoire abrégée de nos races chevalines, une étude raisonnée de la production de la viande à bon marché, et un tableau animé des concours de Battersea-Park, un annexe de l'Exposition de Londres, tels sont les chapitres les plus remarquables d'un livre qui a déjà reçu la sanction des plus compétents.

———

*Voyage agronomique en Russie* (1860-1861), par AUGUSTE JOURDIER, 1 vol. in-8. — Paris-Leipzig, Franck.

Les travaux de M. Jourdier ont produit en Russie une grande sensation : ils ont eu à subir des critiques assez violentes, car ils avaient le tort d'attaquer des préjugés, de dévoiler des abus, des négligences, des maladresses, profondément enracinés dans une couche d'ignorance longtemps accumulée. En agronome expérimenté, M. Jourdier indique aux propriétaires russes

par quels moyens ils peuvent faire produire à leurs terres, inépuisablement
fécondes, des revenus doubles ou triples de ceux qu'ils en retirent actuellement. Il leur propose pour exemple les seigneurs qui ont eu le bon sens
d'adopter les méthodes nouvelles. Cet ouvrage, grâce à des documents bien
établis et nombreux, donne une idée très-complète de l'état où se trouve actuellement l'agriculture en Russie.

———

*Poésies* (Chemin perdu, la Fée des fleurs, etc.), par ANDRÉ LEMOYNE.
1 vol. in-18. — Paris, chez Didot.

Dans la jeune école de poëtes, parmi les petits-fils de Victor Hugo, de Alfred de Musset et de Théophile Gautier, M. André Lemoyne a su se placer
sur la première ligne. Il a autre chose que cette habileté de métrique et de
rime à laquelle beaucoup s'arrêtent, faute de pouvoir aller au delà : la vraie
fibre poétique vibre dans les vers de M. A. Lemoyne ; c'est son âme qu'il nous
donne, et non pas seulement son esprit. Aussi, quoiqu'on dise que la poésie
n'est plus lue chez nous, les amis des vrais vers ont bien su trouver le volume de M. A. Lemoyne, qui montre glorieusement sur sa couverture glacée
cette mention invraisemblable : *Quatrième édition!*

T. G.

CHARPENTIER, propriétaire-gérant.

Paris. — Typ. de P.-A. BOURDIER et C<sup>e</sup> 30, rue Mazarine.

# LES TROIS CITRONS

## CONTE NAPOLITAIN

---

## INTRODUCTION

Il y a de par le monde un certain nombre d'honnêtes gens, à mine respectable, à barbe grise, officiers, magistrats, académiciens, députés, sénateurs peut-être, qui ont la faiblesse d'aimer les contes de fées. Je ne leur reproche pas d'avoir gardé cette maladie de leur enfance, car je la partage, et n'en voudrais pas guérir pour le portefeuille d'un ministre... sans portefeuille. La vie dissipe les illusions; plus on vieillit, plus on s'aperçoit qu'ici-bas il n'y a rien de plus chimérique et de moins gai que la gravité des sages du jour; ce qu'on voit n'est qu'un mauvais rêve; il n'y a de vrai que l'idéal. Où sont les grands hommes qui, il y a quarante ans, défendaient l'autel et le trône : les de Bonald, les Ferrand, les Marcassus de Puymaurin, les Duplessis Grénedan, les Syriès de Marynhac? Leur gloire a fondu comme les neiges d'autan. Nommez-moi les conseillers d'État ordinaires ou extraordinaires, les orateurs, les criminalistes, les hommes d'État qui hier encore emplissaient le *Moniteur* de leur prodigieuse éloquence? Votre mémoire ingrate les a déjà oubliés ; mais Peau d'Ane avec sa robe couleur du temps n'a pas vieilli, et le petit Poucet est immortel! Heureux donc celui qui conserve la jeunesse de son cœur ; heureux celui qui, pour résister aux attaques des ans, garde dans un coin de son cerveau une oasis où le beau et le bien règnent toujours ; où n'entrent jamais l'égoïsme et l'avarice, cachant leur laideur sous un masque d'important, et suivis de leurs laquais ordinaires : la bassesse et la cupidité. Vivent les contes de fées ! C'est là que les géants sont toujours ridicules ; c'est là que triomphent l'innocence, la justice et la bonté.

Les contes de fées, ces traditions d'une antique sagesse venue d'Orient, ont enfin reconquis dans l'érudition la place qui leur appartient ; c'est un des signes les plus consolants de notre époque. Il est beau d'entrer à l'Académie avec un gros volume écrit sur la généalogie du Petit Chaperon rouge, ou sur les origines du château de

Barbe-Bleue. Voilà qui est un peu plus sérieux que de rechercher les
routes où César n'a point passé, les collines où Labiénus n'a point
campé. Mais ne chagrinons personne, et pourvu qu'on rêve sans
blesser son voisin, laissons chacun rêver en liberté.

Il n'est pas de savant, digne de ce nom, qui ne sache qu'en Occident
un des plus anciens recueils de contes est celui qui fut publié en
1637 à Naples, par l'illustre Gianbattista Basile, de la célèbre Académie *degli Stravaganti*. Ce recueil, intitulé *Il Pentamerone*, ou *lo
Cunto de li Cunte, trattenimento de li Peccerille*, est assez rare ; il
n'est point facile de se le procurer. L'auteur de cet article en sait
quelque chose, lui qui, il y a dix ans, a fait exprès le voyage de Naples pour conquérir cette Toison d'or, et qui à son arrivée dans le
port, a été saisi sur le bateau à vapeur par le dragon des Hespérides,
autrement dit par la police napolitaine. Grâce aux efforts et à la
bienveillance de l'ambassade française, qui ne savait pas peut-être
quel dangereux émissaire elle protégeait, il a été permis à l'auteur
de descendre à terre, et d'acheter furtivement au prix d'un ducat la
pièce, deux exemplaires du précieux bouquin de Basile. On a quelquefois risqué sa liberté pour de moins belles causes ! Ajoutons que
la sécurité publique n'a pas été troublée par cet événement, dont les
gazettes n'ont point parlé ; l'auteur ose croire qu'il n'est pour rien
dans la dernière révolution qui a renversé la police et la *camorra*. Il
est trop ami de l'ordre, et a été élevé dans des principes trop sûrs
pour contrarier les aimables gens qui font cet honnête métier.

C'est de la bouche des bonnes femmes et des enfants que Basile a
recueilli ses contes ; mais il s'en faut de beaucoup qu'il nous les ait
gardés dans la langue demi-naïve, demi-précieuse, mais toujours
décente du bon Perrault. A vrai dire, ces charmantes légendes venues
d'Orient ressemblent à leurs héroïnes, qu'une charmante fée a changées en gardeuses d'oies ou en chauves-souris. Le langage en est tout
à la fois prétentieux et grossier ; c'est quelquefois de l'Amadis, et plus
souvent du Polichinelle renforcé. Et cependant, sous cette boue, on
voit briller les dentelles d'or et les broderies de l'Inde ou de la Perse.
On dirait du tableau d'un grand maître qu'un barbouilleur a sali
pour en faire l'enseigne d'un cabaret.

Traduire mot à mot Basile, comme l'a fait Liebrecht en Allemagne,
c'est donc, selon moi, commettre une suprême infidélité ; rien n'est
moins naïf que la grossièreté. Permis à Polichinelle de dire grasse-
ment une polissonnerie dans son patois napolitain ; la langue et le
rôle du personnage excusent tout ;

> Mais le lecteur français veut être respecté.

J'ajoute qu'il y a, dans la plupart de ces contes, une grâce et une finesse qui montrent assez qu'à l'origine ils ont été écrits par des esprits délicats. Les débarrasser de leurs langes, c'est leur rendre leur première et naïve beauté.

Je n'ignore pas que la liberté que j'ai prise me vaudra les malédictions de certains érudits; ils ont hypothéqué leur science sur les mots, les points et les virgules, et ne souffrent pas qu'on touche à leur bien. Jamais ils ne me pardonneront d'avoir remplacé par les trois Parques les trois ogresses qui sentent la chair fraîche. Et cependant, sous ce ciel de la grande Grèce, les Parques ont gardé leur domicile, avec le reste des dieux païens. A Naples, il est vrai, personne ne les a vues, mais tout le monde les connaît et les craint. Du reste, je confesse mon crime, et je n'en rougis point. Si le public accueille ma fantaisie, si ma restitution hardie ne lui déplaît pas, je me résignerai à déplaire aux vertueux gardiens des antiques niaiseries; et peut-être essayerai-je une fois encore de faire connaître le Pentamérone et ses trésors à ceux qui aiment les contes de fées.

Les *Trois citrons* sont la perle du recueil; Gozzi en a tiré une de ses pièces fantastiques, les *Trois oranges*. Par malheur, je ne connais pas cette comédie, qui est, dit-on, parmi les meilleures de Gozzi. Le sujet prête au théâtre, et je crois qu'au lieu de féeries stupides, on pourrait écrire une pièce brillante et spirituelle, avec le prince Carlino et la jolie fée que je présente au public, après avoir eu l'audace de les débarbouiller tous deux, et de les délivrer de leurs tristes haillons.

ÉDOUARD LABOULAYE.

---

Il y avait une fois un Roi qu'on appelait le Roi des Tours-Vermeilles. Ce prince n'avait qu'un fils qu'il aimait comme la prunelle de ses yeux. C'était l'unique espoir d'une dynastie près de finir. Marier cet illustre rejeton, lui trouver une princesse noble, riche, belle, et surtout douce et bonne (notez ces deux points-ci), c'était toute l'ambition du vieux Roi. Chaque soir il s'endormait en pensant à cette union désirée; chaque nuit il rêvait qu'il était grand-père; et il embrassait en songe toute une armée de petits garçons qui défilaient devant lui la couronne au front, et le sceptre au poing.

Par malheur, au milieu de toutes les vertus qui ne manquent

jamais a un héritier de la couronne. Carlino c'était le nom du jeune
prince! avait ce léger défaut, qu'il était plus farouche qu'un poulain
sauvage; au seul nom de femme il secouait la tête, et fuyait dans les
bois. Quel était le chagrin du Roi, il n'est guère besoin de le dire.
A voir son trône sans successeurs, et sa race à la veille de s'éteindre,
il était plus triste et plus désolé qu'un passager qui fait naufrage au
port. Mais il avait beau se désespérer, rien ne touchait Carlino. Les
larmes d'un père, les prières d'un peuple entier, l'intérêt de l'État,
rien ne pouvait attendrir ce cœur de rocher. À le raisonner vingt
prédicateurs avaient perdu leur éloquence, et trente sénateurs leur
latin. Être entêté fut toujours un privilège royal. Carlino savait cela
de naissance, il se serait cru déshonoré s'il n'eût rendu des points à
un mulet.

Mais souvent il arrive plus de choses en une heure qu'en cent ans;
personne ne peut dire : Voilà un chemin où je ne passerai jamais.
Un matin qu'on était à table, et que le prince, toujours sermonné par
son père, s'occupait, pour toute réponse, à regarder les mouches qui
tournaient en l'air, il oublia qu'il tenait à la main un couteau; dans
un geste d'impatience, il se piqua le doigt. Le sang jaillit, tomba
dans une assiette de crème qu'on venait de servir à Carlino, et y fit
un bizarre mélange de rose et de blanc. Hasard ou punition du ciel,
le caprice le plus fou saisit le prince à cette vue. « Sire, dit-il à son
père, si je ne trouve pas bientôt une femme aussi blanche et aussi
rose que cette crème colorée de mon sang, je suis un homme perdu.
Cette nymphe, cette merveille, elle doit exister quelque part; je
l'aime, j'en perds la tête, il me la faut, je la veux. A cœur résolu
rien d'impossible. Si vous voulez que je vive, laissez-moi courir le
monde pour trouver mon rêve; autrement dès demain je serai mort
de désir et d'ennui. »

Qui resta ébahi en entendant ces belles folies? Ce fut le pauvre
roi des Tours-Vermeilles, il lui sembla que son palais lui croulait
sur la tête; il pâlit, il rougit, il balbutia, il pleura; puis enfin retrouvant la parole : « O mon fils, s'écria-t-il, bâton de ma vieillesse, sang
de mon cœur, vie de mon âme, quelle idée t'es-tu mise dans la tête?
As-tu perdu la cervelle? Hier tu me faisais mourir de chagrin en
refusant de te marier, et de me donner des héritiers; aujourd'hui,
pour me chasser de ce bas monde, voilà que tu te coiffes d'une autre
chimère. Où veux-tu aller, malheureux? Pourquoi laisser ta maison,
ton foyer, ton berceau? Sais-tu à quels périls, à quelles misères le

voyageur s'expose? Chasse loin de toi ces dangereuses fantaisies; reste avec moi, mon enfant, si tu ne veux pas m'ôter la vie, et ruiner du même coup ton royaume et ta maison. »

Toutes ces paroles, et d'autres non moins sages, n'eurent pas plus d'effet qu'une harangue officielle. Carlino, l'œil fixe, le sourcil froncé n'entendait plus que sa passion. Tout ce qu'on lui disait lui entrait par une oreille et lui sortait par l'autre; c'était de l'éloquence jetée au vent.

Quand le vieux Roi, fatigué de prières et de larmes, s'aperçut enfin qu'on attendrirait plus aisément un coq de plomb sur son clocher, qu'un enfant gâté qui suit son caprice, il poussa un long soupir, et se décida à laisser partir Carlino. Après lui avoir donné des avis qu'il n'écouta guère, de bons sacs d'écus qu'il reçut un peu mieux que les avis, et deux valets dévoués, le Roi dit adieu à ce fils rebelle; il le serra contre son sein, et le cœur bien gros, il monta au haut de la grande tour pour suivre longtemps des yeux l'ingrat qui le quittait. Lorsque Carlino disparut à l'horizon, le pauvre roi crut qu'on lui arrachait l'âme; il cacha sa tête dans ses mains, et se mit à pleurer, non pas comme un enfant, mais comme un père. Larmes d'enfant, c'est la pluie d'été : de grosses gouttes qui ne mouillent guère; larmes d'un père, c'est la pluie d'automne, elle tombe lentement et ne sèche pas.

Tandis que le Roi se désolait, notre aventurier, monté sur un beau cheval, trottait la plume au vent, et le cœur léger; on eût dit d'un Alexandre à qui la fortune livrait le monde. Trouver ce qu'il cherchait n'était point facile; aussi son voyage dura-t-il plus d'un jour. Il courut par monts et par vaux, traversa royaumes, duchés, comtés et baronnies, visita villes, villages, châteaux et chaumières, regardant toutes les femmes, et regardé de toutes, même de celles qui baissaient les yeux; mais il eut beau faire, la vieille Europe ne lui donna point le trésor qu'il avait rêvé.

Au bout de quatre mois, il arriva à Marseille, résolu de s'embarquer pour les grandes Indes. Mais, à la vue de la mer en furie, ses braves et fidèles serviteurs furent pris d'une épidémie que les médecins nomment en hébreu *Retet*, et en grec : la migraine aux pieds. Au grand regret de ces bonnes gens il leur fallut quitter leur jeune maître, et rester tranquillement à terre, chaudement couchés entre deux draps, tandis que Carlino, monté sur un frêle navire, défiait les orages et les flots. Rien n'arrête un cœur que le désir

nce courut l'Égypte, les Indes et la Chine, allant de
nce, de cité en cité, de maison en maison, de cabane
chant partout l'original de cette belle image qu'il
dans la tête : ce fut peine perdue. Il vit des femmes de
es couleurs et de toutes les nuances : brunes, blondes, châ-
es, rousses, blanches, jaunes, rouges, noires, mais celle qu'il
aimait, il ne la trouva point.

Toujours courant, toujours cherchant, Carlino finit par arriver au
bout du monde, n'ayant plus en face de lui que la mer et le ciel.
C'en était fait de ses espérances, son rêve lui échappait. Désolé, il se
promenait à grands pas sur la grève, lorsqu'il aperçut un vieillard
qui se chauffait au soleil. Le prince lui demanda s'il n'y avait rien
au delà de ces flots qui se perdaient dans le lointain.

« Non, répondit le vieillard; personne n'a jamais rien trouvé
dans cette mer sans îles et sans rivages, ou du moins ceux qui s'y
sont aventurés n'en sont jamais revenus. Je me souviens qu'autrefois, quand j'étais enfant, nos anciens disaient tenir de leurs pères,
que là-bas, bien loin, bien loin par delà l'horizon, se trouvait l'île
des Parques. Mais malheur à l'imprudent qui approche ces fées
inexorables; leur vue donne la mort.

— Qu'importe? s'écria Carlino; pour conquérir mon rêve, j'affron-
terais les enfers. »

Une barque était là, le prince y sauta, et déplia la voile. Le vent,
qui soufflait au large, poussa au loin l'esquif, la terre disparut, le
téméraire se trouva seul au milieu de l'Océan. En vain il regardait
à l'horizon : rien que la mer, partout la mer; en vain la barque,
lancée au travers des vagues écumantes, dévorait l'espace comme un
cheval qui jette au vent sa crinière : rien que la mer, toujours la mer.
Les flots chassaient les flots, les heures poussaient les heures, le soleil
déclinait, la solitude et le silence semblaient s'agrandir autour de
Carlino, quand tout à coup il poussa un cri; dans le lointain il apercevait un point noir. Au même instant la barque entraînée par le
courant, vola comme une flèche, et vint s'échouer sur le sable, au
pied d'immenses rochers, qui élevaient jusqu'au ciel leurs sombres
aiguilles déchirées par le temps. Le sort avait jeté Carlino sur cette
plage d'où nul n'est revenu.

Monter au travers de cette muraille, n'était pas chose aisée; il n'y
avait ni route, ni sentier; et lorsqu'après de longues fatigues, Carlino les mains en sang et le corps brisé arriva enfin sur un plateau,

ce qu'il y trouva n'était pas fait pour le payer de sa peine. Des glaces amoncelées, des roches noires et humides sortant du milieu des neiges, pas un arbre, pas une herbe, pas une mousse : c'était l'image de l'hiver et de la mort. Dans ce désert il n'y avait de vivant qu'une misérable masure, dont le toit en planches était chargé de grosses pierres, afin de résister à la rage des vents. En approchant de ce réduit le Prince y vit un spectacle si étrange, qu'il resta muet de surprise et d'effroi.

Au fond de la pièce était une grande tapisserie où l'on avait représenté toutes les conditions de la vie. On y voyait des rois, des soldats, des laboureurs, des bergers, et à côté d'eux des dames richement parées, des paysannes filant leurs quenouilles. Sur le premier plan garçons et fillettes dansaient gaiement en se tenant par la main. Devant cette tapisserie se promenait la maîtresse du logis ; c'était une vieille femme, si l'on peut donner ce nom de femme à la mort en personne, à un squelette dont les os étaient à peine cachés par une peau plus transparente et plus jaune que la cire. Semblable à une araignée qui va fondre sur sa proie, la vieille, armée de longs ciseaux, épiait d'un œil jaloux toutes ces figures, puis, tout à coup elle se jetait sur elles et coupait au hasard. Et alors de cette tapisserie sortait une clameur lugubre, qui eût glacé le cœur le plus hardi. Larmes des enfants, sanglots des mères, désespoir de ceux qui aiment, dernier murmure de la vieillesse, on eût dit que toutes les douleurs humaines se confondaient dans ce suprême gémissement. A ce cri la vieille éclatait de rire ; son hideux visage s'éclairait d'une joie féroce, tandis qu'une main invisible rajustait les fils de cette toile éternellement détruite, éternellement réparée.

Déjà la mégère, rouvrant ses ciseaux, se rapprochait de la tapisserie, quand elle aperçut l'ombre de Carlino.

« Sauve-toi, malheureux, lui cria-t-elle sans se retourner ; je sais ce qui t'amène, je ne peux rien pour toi. Adresse-toi à ma sœur, peut-être fera-t-elle ce que tu désires. Elle est la vie ; je suis la mort. »

Notre aventurier ne se le fit pas dire deux fois ; il courut droit devant lui, trop heureux de fuir cette scène d'horreurs. Bientôt le pays changea d'aspect ; Carlino se trouva dans une fertile vallée. Partout des moissons, des prés en fleurs, des vignes suspendues en guirlandes, des oliviers couverts de fruits. A l'ombre d'un figuier, au bord d'une eau vive, était assise une femme aveugle qui achevait d'enrouler autour de son fuseau des fils d'or et de soie. Auprès

d'elle étaient rangées des quenouilles chargées d'étoupes de toutes
sortes : lin, chanvre, laine, soie et le reste. Quand elle eut fini sa besogne, la fée allongea sa main tremblante, prit une quenouille au
hasard, et se mit à filer.

Carlino fit un profond salut à la dame, et, d'une voix émue,
essaya de lui conter l'histoire de son pèlerinage; mais aux premiers
mots la fée l'arrêta.

« Mon enfant, lui dit-elle, je ne puis rien pour toi. Je ne suis
qu'une pauvre aveugle, et ne sais pas moi-même ce que je fais. Cette
quenouille, que je n'ai pas choisie, va décider du sort de tous ceux
qui naissent à cette heure; richesse ou pauvreté, bonheur ou malheur, sont attachés à ce fil que je ne vois point. Esclave du destin,
je ne puis rien créer. Adresse-toi à mon autre sœur; peut-être fera-
t-elle ce que tu désires. Elle est la naissance, je suis la vie.

— Merci, madame, » dit Carlino; et, le cœur léger, il courut au-
devant de la plus jeune des Parques.

Il la trouva bientôt, belle et fraîche comme le printemps. Autour
d'elle tout germait, tout naissait : le blé fendait la terre et allongeait
ses pointes vertes au milieu des noirs sillons, les orangers ouvraient
leur fleur, les bourgeons des grands arbres faisaient éclater leurs
écailles rougissantes, les poussins, à peine emplumés, couraient
autour de la poule inquiète, les agneaux pendaient aux mamelles de
leur mère. C'était le premier sourire de la vie.

La fée accueillit le prince avec une grâce parfaite. Après l'avoir
écouté sans rire de sa folie, elle le fit souper avec elle, et au dessert
lui donna trois citrons, ainsi qu'un joli couteau à manche de nacre
et d'argent.

« Carlino, lui dit-elle, tu peux maintenant retourner chez ton
père; le prix est gagné; tu as trouvé ce que tu cherchais. Pars donc,
et quand tu seras rentré dans ton royaume, à la première fontaine
que tu verras, coupe un de ces citrons; il en sortira une fée qui te
dira : « Donne-moi à boire. » Sers-lui vite de l'eau, ou elle te glis-
sera entre les doigts comme du vif-argent. Si la seconde t'échappe
de même, aie l'œil à la dernière : donne-lui vite à boire, et tu auras
une femme selon ton cœur. »

Ivre de joie, le prince baisa dix fois l'aimable main qui comblait
tous ses vœux. Il était plus heureux que sage, et ne méritait guère
de réussir. Mais quoi! les fées ont des caprices, et la fortune est
toujours fée.

Du bout du monde au royaume des Tours-Vermeilles, il y a loin. En traversant les terres et les mers, Carlino essuya plus d'un orage et brava plus d'un danger ; mais enfin, après une longue route et mille épreuves, il arriva au pays de ses pères, toujours porteur des trois citrons qu'il avait gardés comme la prunelle de ses yeux.

Il n'était plus qu'à deux heures du château royal, lorsqu'il entra dans un bois épais où il avait chassé plus d'une fois. Une fontaine transparente, bordée de folles herbes, ombragée de bouleaux aux feuilles tremblantes, invitait le voyageur à se reposer. Carlino s'assit sur un tapis de verdure émaillé de pâquerettes, et, prenant son couteau, il coupa un des citrons. Tout à coup parut devant lui, comme un éclair, une jeune fille blanche comme le lait, rouge comme la fraise.

« Donne-moi à boire, dit-elle.

— Qu'elle est belle ! » s'écria le prince, si ravi de tant de charmes, qu'il en oublia les conseils de la Parque. Mal lui en prit : en une seconde, la fée avait paru et disparu. Carlino se frappa la tête, et resta plus étonné qu'un enfant qui veut prendre de l'eau entre ses doigts ouverts.

Il essaya de se calmer et ouvrit le deuxième citron d'une main mal assurée ; mais la seconde fée était encore plus belle et plus fugitive que sa sœur. Tandis que Carlino l'admirait tout ébahi, en un clin d'œil elle s'envola.

Cette fois le prince se mit à fondre en larmes ; on eût dit que la fontaine et lui ne faisaient qu'un. Il sanglotait, il s'arrachait les cheveux, il appelait sur sa tête toutes les malédictions du ciel.

« Suis-je assez malheureux ! criait-il ; deux fois je la laisse échapper comme si j'avais les mains nouées. Sot que je suis ! je mérite mon sort. Je devrais courir comme un lévrier, je reste là comme une souche. Voilà de belle besogne ! Enfin, tout n'est pas perdu : le troisième coup fait feu. Si ce couteau que m'a remis la Parque me trompe encore une fois, je sais bien ce que j'en ferai ! »

Parlant ainsi, il coupa le dernier citron. La troisième fée sort, et dit comme ses compagnes : « Donne-moi à boire. » Mais aussitôt le prince lui offre de l'eau, et voilà qu'il lui reste dans les mains une belle et mince jeune fille, blanche comme la crème, avec des filets roses sur les joues ; on eût dit d'un œillet qui s'épanouit au matin. C'était une merveille telle que le monde n'en a jamais vu, une beauté sans pareille, une fraîcheur sans égale, une grâce qu'on n'a pas même rêvée. Ses cheveux étaient plus blonds que l'or, ses yeux bleus, d'une douceur limpide, laissaient lire au fond de son cœur, ses lèvres roses semblaient ne s'ouvrir que pour consoler et pour charmer; en deux mots, de la tête aux pieds, c'était la créature la plus enchanteresse qui soit jamais tombée du ciel sur la terre; il est fâcheux qu'on ne nous ait pas gardé son portrait.

A contempler sa fiancée, le prince perdait la tête de surprise et de joie; il avait peine à comprendre comment de l'écorce amère d'un citron était sorti ce miracle de blancheur et de bonté! « Est-ce que je dors, disait-il, est-ce que je rêve? Si je suis le jouet d'une illusion, par pitié, ne m'éveillez pas. »

Le sourire de la fée l'eut bientôt rassuré; elle accepta la main que lui offrait le prince, et ce fut elle qui demanda la première à se rendre auprès de ce bon roi des Tours-Vermeilles, qui serait si heureux de bénir ses deux enfants.

« Ma chère âme, dit Carlino, je suis aussi pressé que vous de voir mon père et de lui prouver que j'avais raison; mais nous ne pouvons pas entrer au château bras dessus bras dessous comme deux bourgeois qui reviennent des champs. C'est en princesse qu'il vous faut arriver; c'est en reine qu'on doit vous recevoir. Attendez-moi dans cette retraite; je cours au palais, et, avant deux heures, j'en reviens avec des parures dignes de vous, avec les équipages et la suite qui désormais ne vous quitteront plus. » Sur quoi il lui baisa tendrement la main et partit.

Quand la jeune fille se trouva seule, elle eut peur; le cri d'un corbeau, le bruissement de la forêt, une branche morte que cassait le vent, tout l'effrayait. Tremblante, elle regarda autour d'elle, et vit, tout auprès de la fontaine, un vieux chêne dont le tronc, creusé par les ans, lui offrait un abri. Elle monta dans l'arbre, et s'y cacha tout entière, hormis sa tête charmante que le feuillage encadrait, et qui se réfléchissait dans l'onde transparente comme dans le miroir le plus pur.

Or, il y avait dans les environs une esclave, une négresse que sa maîtresse envoyait tous les matins chercher de l'eau à la fontaine. Lucie, c'était le nom de l'Africaine, arriva comme de coutume, portant sa cruche sur l'épaule, mais au moment de la remplir, elle vit dans l'eau l'image de la fée. La sotte, qui ne s'était jamais regardée, s'imagina que cette figure était la sienne, et s'écria : « Pauvre Lucie! toi si belle, si fraîche! et la patronne t'envoie comme une bête de

somme chercher de l'eau. Non, jamais! » Et dans sa vanité, elle
cassa la cruche et revint à la maison.

Quand sa maîtresse lui demanda pourquoi la cruche était brisée,
l'esclave répondit en haussant les épaules : « Tant va la cruche à l'eau
qu'à la fin elle se casse. » Sur quoi sa patronne lui donna un petit
baril de bois, et lui enjoignit d'aller aussitôt le remplir à la fontaine.

La négresse courut à la source, et regardant avec amour l'image
qui tremblait dans l'eau, elle soupira et dit : « Non, je ne suis pas un
singe, comme on le répète; je suis plus belle que ma maîtresse.
C'est aux ânes à porter un tonneau! » Elle prit le baril, le jeta à
terre, le brisa en mille pièces et s'en retourna en grondant.

Quand la patronne, qui l'attendait, lui demanda où était le baril,
l'esclave, en colère, répondit : « Un âne m'a heurtée, le baril est tombé,
tout est cassé. » A ces mots, la maîtresse perdit patience, et, prenant
un balai, elle donna à l'Africaine une de ces leçons qu'on n'oublie
pas de plusieurs jours; puis, décrochant une outre de cuir qui était
pendue au mur : « Cours, misérable taupe, lui dit-elle; si, dans
un instant, tu ne m'apportes pas cette outre pleine d'eau, je te blan-
chirai la peau de la bonne façon. »

La négresse prit ses jambes à son cou. Elle avait vu l'éclair, le
tonnerre lui faisait peur. Mais, quand l'outre fut emplie, Lucie
regarda dans la fontaine, et retrouvant l'image souriante : « Non,
cria-t-elle en furie, je ne serai point une porteuse d'eau; je ne suis
point faite pour crever comme un chien au service d'une maîtresse
enragée! »

Disant ainsi, elle retira de sa tête la grande épingle qui retenait
son chignon, perça l'outre de part en part, et en fit un arrosoir d'où
sortaient mille jets d'eau. A cette vue, la fée cachée dans l'arbre se
prit à rire; la négresse leva les yeux, aperçut la belle, et comprit
tout. « Bon, dit-elle, c'est toi qui m'as fait battre, tu me le payeras! »
— Puis, prenant sa voix la plus douce : « Que faites-vous là-haut,
ma jolie fille? » demanda-t-elle. Et la fée, qui était aussi bonne
que belle, se mit à consoler l'esclave en causant avec elle. La connaissance fut bientôt faite : une âme innocente va au-devant de
l'amitié. La fée, sans défiance, conta de point en point à la négresse
tout ce qui lui était arrivé avec le prince, comment elle se trouvait
seule dans le bois, et comment, d'une minute à l'autre, Carlino
arriverait en grand équipage pour conduire sa fiancée au roi des
Tours-Vermeilles, et l'épouser devant toute la cour.

En écoutant ce récit, l'Africaine, qui était pleine de malice et d'envie, conçut une idée abominable : « Madame, dit-elle, votre époux approche avec toute sa suite, il faut être sous les armes; vos cheveux sont en désordre ; laissez-moi monter près de vous, je vous recoifferai.

— Soyez bienvenue comme le premier jour de mai, » répondit la fée avec un gracieux sourire ; et elle tendit à la négresse une petite main blanche qui, prise entre deux pattes noirâtres, avait l'air d'un miroir de cristal dans un cadre d'ébène.

A peine grimpée, la méchante esclave dénoua les cheveux de la fée, et commença à la peigner ; puis tout à coup, prenant sa grande épingle, elle la lui enfonça dans le cerveau. En se sentant blessée, la fée cria : « Palombe ! palombe ! » Aussitôt elle devint un pigeon ramier, et s'enfuit dans les airs. Sur quoi l'horrible négresse prit froidement la place de sa victime, et allongea sa tête noire au milieu du feuillage ; on eût dit d'une statue de jayet dans une niche d'émeraude.

Cependant le prince, monté sur un magnifique palefroi, accourait à toute bride, laissant derrière lui une longue cavalcade qui soulevait au loin la poussière. Qui fut étonné de trouver un corbeau où il avait laissé un cygne, ce fut le pauvre Carlino ; peu s'en fallut qu'il n'en perdît le sentiment. Il voulut parler, les larmes lui étouffaient la voix ; il regardait de tous côtés, cherchant sa bien-aimée sous chaque feuille. Mais la négresse, prenant un air de souffrance, lui dit en baissant les yeux : « Ne cherchez pas, mon prince ; une méchante fée a fait de moi sa victime ; un sort fatal a changé votre lis en charbon. »

Tout en maudissant les fées, qui s'étaient jouées de sa crédulité, Carlino, en véritable prince, ne voulut pas manquer à sa parole. Il tendit galamment la main à Lucie et l'aida à descendre de l'arbre, tout en poussant des soupirs à déraciner les chênes de la forêt. Quand on eut habillé l'Africaine en princesse, qu'on l'eut couverte de diamants et de dentelles, ce qui la parait comme les étoiles parent la nuit, en la rendant plus noire, Carlino la fit asseoir à sa droite, dans un magnifique carrosse tout en glaces, et attelé de six chevaux blancs. Ce fut dans cet équipage qu'il reprit le chemin du palais, avec la joie d'un condamné qui a déjà la corde au cou.

A une lieue du château, on trouva le vieux roi. Les récits merveilleux de son fils lui avaient tourné la tête. Malgré l'étiquette et

les chambellans, il accourait pour admirer l'incomparable beauté de
sa bru. Quand au lieu de la colombe qu'on lui avait promise, il
aperçut une corneille : — *Per Baccho !* s'écria-t-il, ceci est trop fort.
Je savais bien que mon fils était fou ; on ne m'avait pas dit qu'il fût
aveugle. Est-ce là ce lis incomparable qu'on est allé chercher au bout
du monde ? cette rose plus fraîche que l'aurore, ce miracle de beauté
qui est sorti d'un citron ? S'imagine-t-on que je souffrirai cette nouvelle insulte à mes cheveux blancs ? Croit-on que je laisserai l'empire des Tours-Vermeilles, ce glorieux héritage de mes ancêtres, à
des enfants moricauds ? Je ne veux pas que cette guenon entre dans
mon palais !

Le prince se jeta aux pieds de son père, et essaya de le fléchir. Le
premier ministre, homme de grande expérience, remontra à son
maître qu'à la cour, du soir au matin, le blanc devenait noir, le noir
devenait blanc ; on ne devait pas s'étonner d'une métamorphose
toute naturelle et qui cesserait au premier jour. Que pouvait faire
le seigneur des Tours-Vermeilles ? Il était roi, il était père, à ce double
titre toujours habitué à faire la volonté des autres ; il céda, et con-
sentit d'assez mauvaise grâce à cette singulière union. La gazette de
la cour annonça à tout le royaume l'heureux choix qu'avait fait le
prince, et ordonna au bon peuple de se réjouir. La noce fut seulement retardée de huit jours : il ne fallait pas moins pour faire tous
les préparatifs de cette grande cérémonie.

On mena la négresse dans de magnifiques appartements ; des com-
tesses se disputèrent l'honneur de lui chausser sa pantoufle, des du-
chesses obtinrent, non sans peine, le glorieux privilége de lui passer
sa chemise ; puis on pavoisa la ville et le château de drapeaux de
toutes les couleurs ; on abattit des murs, on planta des ifs, on sabla
des allées ; on rhabilla d'anciens discours, on remit à neuf de vieux
compliments, on recousut des poëmes et des madrigaux qui avaient
déjà traîné partout. Il n'y eut plus dans le royaume qu'un mot d'ordre : remercier le prince d'avoir choisi une femme, si digne de lui.

La cuisine ne fut pas oubliée : trois cents marmitons, cent cuisiniers, cinquante maîtres d'hôtels se mirent à l'œuvre, sous la direction du fameux Bouchibus, chef des fourneaux du roi. On tuait des
petits cochons, on dépeçait des moutons, on lardait des chapons, on
plumait des pigeons, on embrochait des dindons ; c'était un massacre universel ; il n'y a pas de bonnes fêtes si la basse-cour n'y a
sa part.

Au milieu de toute cette agitation, un beau ramier, aux ailes bleuâtres, vint se poser sur une, fenêtre de la cuisine; d'une voix douce et plaintive, il chantait en soupirant :

Rou-cou, rou-cou, rou-cou, chef de cuisine,
Dis-moi, que fait le prince avec la sarrazine ?

Le grand Bouchibus était trop occupé des affaires publiques pour faire attention au ramage d'un pigeon; mais à la longue il fut étonné d'entendre le langage des oiseaux, et crut bien faire d'annoncer cette merveille à sa nouvelle maîtresse. L'Africaine ne dédaigna pas de descendre à la cuisine; et aussitôt qu'elle eut entendu cette musique, elle ordonna à son maître d'hôtel d'attraper le ramier, et d'en faire un hachis.

Sitôt dit, sitôt fait; le pauvre ramier se laissa prendre sans résistance. En un instant Bouchibus armé de son grand couteau lui coupa la tête, et la jeta dans le jardin. Trois gouttes de sang en tombèrent, et trois jours plus tard, il sortit de terre un beau pied de citron, qui grandit si vite qu'avant le soir il était en fleurs.

Or, il arriva que le Prince, prenant le frais sur son balcon, aperçut ce citronnier qu'il n'avait jamais vu. Il appela le cuisinier et lui demanda qui avait planté ce bel arbre; le récit de Bouchibus intrigua vivement Carlino; aussi ordonna-t-il que sous peine de mort personne ne touchât au citronnier, et qu'on en eût le plus grand soin.

Le lendemain à son réveil le Prince courut au jardin. Il y avait déjà trois citrons sur l'arbre, trois citrons tout pareils à ceux que la Parque avait donnés à notre aventurier. Carlino cueillit ces beaux fruits, et s'enferma à double tour dans ses appartements. D'une main tout émue il emplit d'eau une coupe d'or, garnie de rubis, qui avait appartenu à sa mère, et il ouvrit le couteau qui ne l'avait jamais quitté.

Il fendit le premier citron, la première fée sortit; Carlino la regarda à peine, et la laissa s'envoler; il en fut de même de la seconde, mais quand parut la troisième, le Prince lui tendit aussitôt la coupe où elle but en souriant, plus belle et plus gracieuse que jamais.

Alors la fée conta au jeune prince tout ce qu'elle avait souffert de la méchante négresse; et Carlino, hors de lui, plein de fureur et plein de joie, se mit à crier, à maudire, à chanter, à pleurer. On eût dit qu'en un clin d'œil il passait du ciel à l'enfer, et de l'enfer au ciel. Il en fit tant et tant que le Roi accourut. Ce fut son tour d'être fou ; il se mit à danser la couronne en tête, et le sceptre à la main. Puis tout à coup il s'arrêta, fronça le sourcil, ce qui était signe qu'il pensait à quelque chose, jeta sur sa bru un grand voile qui la couvrait de la tête aux pieds, et, la prenant par la main, il l'entraîna dans la salle à manger.

C'était l'heure de déjeuner ; ministres et courtisans étaient rangés autour d'une longue table magnifiquement servie ; on attendait l'entrée des princes pour s'asseoir. Le Roi appela les convives l'un après l'autre ; à mesure que chacun approchait de la fée, le monarque écartait le voile qui cachait ce soleil naissant, et demandait au nouveau venu : Que doit-on faire à qui a voulu étouffer cette merveille ? Et chacun, ébahi, répondait à sa façon. Quelques-uns disaient que l'auteur d'un pareil crime méritait une cravatte de chanvre, d'autres voulaient qu'on lui mît une pierre au cou en le jetant à l'eau. Lui couper la tête parut au vieux ministre une peine trop douce pour un pareil scélérat, il vota pour qu'on l'écorchât vif, et l'assistance applaudit à tant d'humanité.

Quand vint le tour de la négresse, elle approcha sans défiance, et ne reconnut pas la fée.

« Sire, dit-elle au Roi, le monstre qui a pu affliger cette charmante personne, mérite assurément d'être brûlé vif dans un four, et d'avoir ses cendres jetées aux vents.

— Tu t'es jugée toi-même, s'écria le Roi des Tours-Vermeilles. Maudite, reconnais ta victime, et prépare-toi à mourir. Qu'on dresse un bûcher sur la grande place du château, je veux que mon bon peuple ait le plaisir de voir griller cette sorcière. Cela l'occupera une heure ou deux.

— Sire, dit la jeune fée, en prenant la main du Roi, Votre Majesté ne me refusera pas un cadeau de noces.

— Non certes, mon enfant, dit le vieux Roi, demande-moi ce que tu voudras. Te fallût-il ma couronne, je serais trop heureux de te l'offrir.

— Sire, reprit la fée, accordez-moi la grâce de cette malheureuse. Esclave, ignorante, misérable, la vie ne lui a enseigné que la haine et l'envie, laissez-moi la rendre heureuse, et lui apprendre que le bonheur ici-bas, c'est d'aimer.

— Ma fille, dit le Roi, on voit bien que vous êtes fée ; vous n'entendez rien à la justice humaine. Chez nous on ne corrige pas les mé-

chants, on les tue; c'est plus tôt fait. Mais enfin, j'ai donné ma parole ;
apprivoisez ce serpent à vos risques et périls, je ne m'y oppose pas. »

La fée releva la négresse qui lui baisait les mains en pleurant ; on
se mit à table ; le Roi était si content, qu'il mangea comme quatre.
Quant à Carlino, qui avait toujours les yeux sur sa fiancée, il se coupa
cinq ou six fois le pouce par distraction, ce qui chaque fois le mit
dans la plus belle humeur. Tout est plaisir quand le cœur est
charmé.

Lorsque le vieux Roi mourut, comblé d'années et de gloire, Carlino et son aimable femme montèrent à leur tour sur le trône. Pendant un demi-siècle, si l'on en croit l'histoire, ils n'augmentèrent
pas les impôts, et ne firent verser ni une goutte de sang ni une larme ;
aussi après plus de mille ans le bon peuple des Tours-Vermeilles
soupire-t-il encore quand on lui parle de cet âge lointain, et ce ne
sont pas seulement les petits enfants qui demandent quand reviendra
le bon temps où régnaient les fées.

EDOUARD LABOULAYE.

# LE CONCORDAT

## LES LOIS DE GERMINAL AN X [1]

Une logique impérieuse contraint le despotisme à ne pas concéder une seule liberté, et à pratiquer son système résolûment jusqu'au bout. Or, Napoléon n'était pas seulement un despote, c'était le génie même du despotisme. La liberté n'eut jamais d'adversaire plus résolu, plus conséquent et plus redoutable chez une nation éprise avant tout de la gloire et que la fumée des batailles aveugle si facilement. Il n'était donc pas possible que le premier consul laissât subsister l'indépendance de la conscience religieuse dans le pays qu'il venait de conquérir, aussi bien par l'ascendant de son génie que par son épée. Un pareil désordre ne pouvait être toléré, d'autant moins que si le despotisme a sa logique, la liberté a aussi la sienne ; elle ne peut subsister sur un point, sans tendre à sa pleine réalisation. On ne saurait jamais se contenter d'une liberté particulière ; elle serait vaine et illusoire en dehors d'un régime vraiment libéral. Est-ce que, par exemple, la liberté de la religion n'implique pas toutes les libertés publiques sous peine de n'être qu'un mot dérisoire sur un chiffon de papier ? Les assemblées de culte peuvent être dissoutes au gré du pouvoir si le droit de réunion n'existe pas ; la manifestation d'une foi vive et conquérante sera arrêtée par la loi qui comprime la presse, et toute Église active tombera sous le coup des lois contre l'association. La religion séparée de l'État a un besoin urgent de liberté, parce qu'elle est appelée à en user tous les jours. L'indépendance religieuse ne pouvait dès lors survivre à la liberté elle-même, et il suffit de relire la constitution de l'an VIII, pour prévoir les lois de germinal an X.

Je ne méconnais pas ce que le gouvernement du premier consul eut de réparateur au point de vue de l'ordre. Je suis aussi touché

---

1. Voir la 50ᵉ livraison.

qu'un autre du miracle de Marengo; je n'oublie pas l'anarchie dés-
honorante dans laquelle le Directoire avait plongé la France, et je
suis fort peu disposé à plaindre ce pouvoir qui avait lui-même violé
la constitution par un coup d'État. Toutefois, je suis aussi de ceux
qui croient toujours à la liberté, même après les événements de brumaire; de ceux qui pensent qu'après tout, le coup d'État du général
Bonaparte n'a été réparateur que d'une façon tout extérieur, et qu'il
renfermait plus de périls pour l'avenir que la déplorable situation où
était la France la veille de ce jour, et dont elle aurait bien pu sortir
par une autre issue, surtout si le jeune dictateur qui peu après faisait
célébrer magnifiquement la mort de Washington, eût trouvé bon de
l'honorer en l'imitant. On dit souvent que l'empire a démenti le
consulat, et on oppose à l'envahissement insensé de l'Espagne et de
la Russie le législateur de l'an VIII. Je pense, au contraire, que l'empire avec toutes ses fautes est la conséquence du consulat, et que le
jour où cet audacieux et incomparable génie rejeta tout frein moral
par la violation de la constitution de son pays, il fut précipité sur la
pente au bas de laquelle étaient Moscou et Waterloo; il était déjà
livré à cette ambition illimitée qui ne voit pas de bornes à son action,
et s'imagine qu'elle ne rencontrera pas d'obstacles.

· On vante beaucoup la sagesse que le premier consul déploya dans
les affaires étrangères; mais il ne s'y tint pas plus longtemps que ce
ne fut nécessaire à la consolidation de son pouvoir. Il lui fallait une
paix glorieuse pour se faire empereur. Qu'on n'oublie pas combien
au même moment il se montre irascible, violent à l'intérieur, à la
moindre velléité d'opposition. Il a raison sur plus d'un point, et quand
il a raison c'est de la façon supérieure du génie; sa politique à l'égard
de la Vendée et de l'émigration est excellente; mais quant à la constitution de l'an VIII, elle nous paraît l'une des plus tristes œuvres
de Napoléon, et cela d'autant plus qu'elle conserve les vaines apparences du régime antérieur à peu près comme Auguste inaugura
l'empire avec les institutions de l'ancienne Rome, habilement trans-
formées.

La constitution de l'an VIII commence par le mensonge de l'élection populaire, réduite à dresser des listes de notabilité, pour aboutir
au mensonge de la représentation nationale, réduite à un sénat conservateur de lui-même, à un corps législatif muet, à un tribunat
impuissant. Il n'y a de réel en tout ceci que le pouvoir exécutif, c'est-
à-dire la personnalité du général Bonaparte. On s'en aperçut bientôt

quand on le vit fouler aux pieds cette représentation nationale dérisoire avec plus de rudesse et d'insolence que Louis XIV venant dire en
habit de chasse à son parlement : *l'État, c'est moi*. Cette constitution
s'est au moins épargné le mensonge d'un préambule libéral. Aucun
des droits reconnus essentiels en 1789 n'y est invoqué. La liberté de
le presse et de la religion n'est pas gravée sur le frontispice, on a
même oublié la fameuse liberté d'aller et de venir. Le maître seul en
usera largement, en promenant la France de la Vistule au Tage, ou
du Pô au Danube. L'organisation intérieure du pays porte le même
caractère fictif que la constitution; là aussi on retrouve des fantômes
de conseils placés auprès des agents trop puissants du pouvoir exécutif; le préfet peut dire : *Le Département, c'est moi*, parce qu'il parle
au nom de celui qui personnifie l'État. Le maire lui-même joue le
même rôle dans la commune où il représente non ses administrés,
mais le pouvoir central. La centralisation est arrivée à sa perfection;
aucun rouage ne manque à la grande machine remise à neuf; il n'y
a pas un point dans le pays où le pouvoir absolu n'ait l'œil ouvert, et
ne tienne toutes les volontés sous sa main, tantôt pour les satisfaire,
tantôt pour les briser. Nous ne contestons pas les bienfaits qui furent
la conséquence immédiate du rétablissement de l'ordre dans l'administration, mais ils furent bientôt chèrement payés et presque annulés. Ce fut une sévère leçon où le pays dut apprendre que l'ordre sans
la liberté n'a aucune garantie, car l'arbitraire est en lui-même un principe de désordre. C'est l'anarchie d'en haut qui prétend étouffer l'a-
narchie d'en bas. Quelle place restait à la liberté de la religion dans
ce savant organisme d'un despotisme intelligent, mais implacable?
Elle devait succomber; et c'est là ce qu'on appelle cependant le rétablissement des autels par le premier consul !

On ne peut qu'approuver les mesures qu'il prit dès son arrivée au
pouvoir pour mettre fin aux lois de proscription contre le clergé.
Il fit d'abord élargir ceux des prêtres assermentés qui avaient été
persécutés, et dont un grand nombre étaient détenus aux îles de Ré
et d'Oléron. Quant au clergé réfractaire, le premier consul lui rendit la patrie en substituant au serment prêté à la constitution civile
qui blessait directement sa conscience, une promesse toute générale
d'obéissance aux lois. Il n'y avait plus que la passion la plus aveugle
qui pût se refuser à une pareille mesure.

Enfin, il fut arrêté que les églises seraient rendues aux ministres
des divers cultes, et les règlements ridicules et oppressifs que certaines

municipalités avaient pris pour faire substituer le décadi au dimanche dans la célébration du service divin, furent cassés. Supposons un régime de liberté établi en France, ces mesures complétées par une protection efficace du droit de la conscience eussent amplement suffi à la paix religieuse. On peut croire que le clergé insermenté eût promptement repris l'ascendant dans le pays, et que le clergé constitutionnel se fût, en partie, rallié à lui, en obtenant quelques concessions, ou bien qu'il eût vécu à son côté, opposant autel à autel, ce qui n'est pas un mal lorsque la controverse religieuse se maintient dans sa sphère, car des cultes qui se surveillent se gardent par cela même contre leurs propres entraînements. On eût vu promptement disparaître du sein du clergé constitutionnel toute trace des désordres révolutionnaires, et le clergé insermenté eût été peut-être retenu sur la pente de l'ultramontanisme effréné qui a fait depuis un si grand mal à l'Église de France. Mais le premier consul, pour les raisons que nous avons indiquées, ne pouvait se contenter de protéger la liberté; il était parfaitement décidé à la supprimer partout; il allait en briser le ressort le plus énergique en rattachant l'Église à l'État, et en combinant pour cela les traditions de l'ancienne monarchie avec celles de la Révolution. Dès que la paix générale fut conclue après la glorieuse et décisive campagne d'Italie, il profita du loisir bien court qui lui fut accordé pour compléter le régime nouveau, en ne laissant debout aucune liberté qui troublât la symétrie de l'œuvre législative de l'an VIII. Ce fut sa manière de couronner l'édifice en se couronnant lui-même.

A l'époque où le Concordat fut proposé et conclu, les querelles religieuses étaient apaisées, le culte était célébré pacifiquement. Il n'y eut dès lors d'autre motif pour cette entreprise, que le désir très-naturel dans un régime de centralisation, de tenir sous sa main toutes les forces vives du pays et de les conduire à grandes guides en quelque sorte, sans qu'aucune d'elles pût tirer de son côté. L'œil du maître avait découvert sur la surface du pays une liberté encore vivace; il fallait à tout prix s'en emparer. Telle fut l'origine du Concordat. On ne saurait prétendre que le premier consul ait été poussé par un intérêt religieux quelconque, quand on a lu ses entretiens intimes avec ses conseillers, tels que les ont reproduits ses plus fervents apologistes. Jamais les choses de l'âme et de la conscience ne furent traitées d'une manière plus insolente, uniquement au point de vue de l'*instrumentum regni*. Je sais bien que par moment il touche à la corde du sentiment religieux, et cherche à convaincre Monge et Laplace de l'existence de Dieu. Le général Bonaparte n'était pas athée, il n'aimait pas l'impiété ouverte, probablement par instinct religieux et aussi par son goût très-vif pour le principe d'autorité. C'est à l'intelligence à reconnaître l'intelligence dans l'univers, a dit très-bien M. Thiers. Ce n'est pourtant pas assez de reconnaître Dieu dans le monde, si on le méconnaît dans l'homme. Or, c'est ce que l'on fait toutes les fois qu'on n'admet pas la souveraineté et l'indépendance de la conscience, et qu'on traite la religion uniquement au point de vue de l'utilité qu'on en peut retirer pour des fins terrestres. Il y a là une sorte d'athéisme pratique qui se trahit par le mépris de l'homme. On rapporte que le premier consul était ému toutes les fois qu'il entendait la cloche du village le plus rapproché de la Malmaison. Cette vague émotion n'était pas une raison suffisante pour ne plus vouloir qu'un seul son de cloche dans toute l'étendue du pays, et pour décréter la fusion de deux églises comme celle de deux régiments, uniquement parce que cela rentrait dans les convenances de l'État. Cette pacification n'était qu'une paix forcée et par conséquent fausse et vaine.

A ceux qui conseillaient au premier consul de ne pas se mêler des querelles religieuses, et de se contenter de protéger également tous les cultes, il répondait que le pouvoir ne pouvait être indifférent à la religion dans un pays aussi religieux.—Comme si l'intervention de l'État n'était pas surtout dangereuse, et propre à soulever les conflits les plus graves là où fermentent des convictions ardentes, et où celles-ci sont tout naturellement susceptibles à l'excès! Les religions mortes sont seules faites pour se plier patiemment à la règle administrative. C'était donc se tromper gravement que d'invoquer l'absence d'indifférence religieuse en faveur du Concordat. Que penser de cet argument que le gouvernement ne pouvait être désintéressé dans les querelles des diverses Églises, et qu'il devait se poser comme juge du combat? L'histoire proclamait, d'une façon suffisamment claire, que le plus sûr moyen d'envenimer et d'éterniser les disputes théologiques, c'était que l'État tentât d'opérer des réconciliations forcées, qui n'étaient au fond qu'une paix hypocrite obtenue par l'oppression de l'un des partis. En vérité ce n'était pas la peine d'être un grand génie pour recommencer la tragi-comédie byzantine. On trouve admirable que le général Bonaparte, pour les besoins de la cause, se soit formé une bibliothèque théologique où il puisait une érudition improvisée, afin de décider des grands intérêts de l'Église de France. Cela ne me paraît pas plus admirable que l'orthodoxie si correcte de Constantin au concile de Nicée, et ses édifiantes harangues aux hérétiques pour les presser d'adopter la bonne doctrine. Ces essais de controverse dans la bouche du maître du monde, me font l'effet le plus pitoyable et le plus odieux. Présenter des arguments de théologie ou de droit ecclésiastique quand on a la main sur la garde de son épée, c'est sortir de son rôle. Vous êtes la force, ne parlez pas le langage de la raison. Vous pouvez et vous voulez contraindre, ne tentez pas de persuader. A chacun son rôle. Soyez un dictateur, mais de grâce ne doublez pas le général, qui donne des consignes, d'un Père de l'Église qui cite des textes et produit des arguments. La partie n'est pas égale. Au fond, votre vraie raison la voici telle que vous-même l'avez exprimée : « Dans le régime de la liberté, le gouvernement ne pourrait s'emparer de l'administration religieuse par un sage accord avec le Saint-Siége. » Voilà le mot lâché! Il s'agit de s'emparer de l'administration religieuse. Qu'avez-vous à faire désormais de citations érudites, voire même des ouvrages latins de Bossuet traduits à votre usage? Vous êtes dans la tradition de tous les despotismes. Cela suffit à votre démonstration.

Qu'avec un bon sens supérieur le premier consul n'ait pas voulu changer la religion du pays, et qu'il ait compris que trancher du Mahomet ou du Henri VIII, eût été une tentative aussi ridicule qu'impuissante, il n'y a pas un grand mérite à cela. La faute aurait été trop grossière et d'ailleurs parfaitement inutile. Il était bien plus commode de prendre ce qu'on avait sous la main, et de le garder. Il suffisait de restaurer la tradition de l'ancienne monarchie quelque peu corrigée et amendée par la révolution française, précisément dans le sens qui devait plaire davantage au nouveau pouvoir, car on sait combien les représentants du régime nouveau avaient poussé loin la surbordination de l'Église à l'État. On avait cru faire du libéralisme en 1791, parce qu'alors le pouvoir civil reposait sur la souveraineté populaire. En 1801, cette souveraineté s'était absorbée dans l'homme du 18 brumaire. On avait donc fait merveilleusement les affaires du despotisme. Il n'avait qu'à adoucir quelques aspérités, à faire disparaître quelques innovations un peu scandaleuses, et la constitution civile du clergé lui donnait l'Église d'État la plus commode et la plus soumise; de la sorte il enrôlait à son service la force morale la plus grande qui existât encore dans le pays. On n'a qu'à relire les paroles d'un tour si original où il a exprimé sa vraie pensée. « Il me faut un pape, disait-il, mais il me faut un pape qui rapproche au lieu de diviser, qui réconcilie les esprits, les réunisse et les donne au gouvernement sorti de la révolution. Et pour cela il me faut le vrai pape, catholique, apostolique et romain, celui qui siége au Vatican. » Il me faut un pape !... Il ne s'agit pas de savoir si ce pape n'a pas des droits sur l'Église catholique, si ce n'est pas à la religion elle-même qu'il est nécessaire. Question puérile et sans importance ! C'est au premier consul qu'il faut un pape ; c'est sa politique qui en a besoin. Il s'embarrasse bien du dogme, de la discipline, de la vérité en soi, du bien de la religion ! Il se soucie fort peu de ce qu'il leur faut. Il me faut un pape et le pape apostolique et romain ? Voilà son unique argument. Décidément la bibliothèque théologique est de trop. Il dirait tout aussi bien si on le pressait : Il me faut un Dieu, il me faut une religion qui consacre mon pouvoir, qui imprime dans les esprits de sages notions d'autorité, qui coupe court aux discussions bruyantes et qui me permette d'entretenir ma police à moins de frais, et de prélever mes impôts avec moins de difficultés. C'est bien le commentaire que l'illustre historien de l'empire donne aux sentiments du premier consul. « Vraie ou fausse, sublime ou ridicule, il faut une religion à l'humanité, dit M. Thiers. Quand une croyance établie ne règne pas, mille sectes acharnées à la dispute comme en Amérique, mille superstitions honteuses comme en Chine agitent ou dégradent l'esprit humain. Dès lors que peut-on souhaiter de mieux à une société civilisée, qu'une religion nationale fondée sur les vrais sentiments du cœur humain, conforme aux règles d'une morale pure, consacrée par le temps, et qui, sans intolérance et sans persécution, réunisse, sinon l'universalité, au moins la grande majorité des citoyens au pied d'un autel antique et respecté. » Passons sur la dégradation de la religion en Amérique, plaisanterie sérieuse qui n'excite plus que le sourire. Il est certain que M. Thiers a admirablement rendu la pensée qui a présidé au Concordat. Vraie ou fausse, il faut une religion ; prenons celle qui est la plus utile à l'État. Il me faut là-haut le bon Dieu ; à Rome, le pape, mais l'un et l'autre n'existent que pour mon profit. Dieu est trop loin pour me gêner jamais ; quant au pape, j'y mettrai bon ordre. Mais citons textuellement les paroles du premier consul ; elles en valent la peine. « Avec les armées françaises et les égards, j'en serai toujours suffisamment le maître. Quand je relèverai les autels, quand je protégerai les prêtres, quand je les *nourrirai* et les traiterai comme les ministres de la religion méritent d'être traités en tout pays, il fera ce que je lui demanderai dans l'intérêt du repos général. Il calmera les esprits, les réunira sous sa main *et les placera sous la mienne.* »

Nourrir les prêtres pour qu'en échange leur chef à Rome les place sous le bon plaisir du pouvoir civil, voilà ce que le premier consul appelle relever la religion. Le clergé doit baiser la main qui le nourrit ! Voilà le fond du Concordat, interprété par son auteur avec une franchise soldatesque. Tous les ornements oratoires n'en changeront jamais le caractère essentiel. Le concordat est né de cette pensée ; on verra s'il a démenti sur un seul point son vice originel.

· Il importe de remarquer que le premier consul ne fut pas poussé dans cette voie par l'opinion publique. Les historiens et les mémoires du temps sont unanimes pour reconnaître qu'il heurta cette opinion bien plus qu'il ne la suivit en entrant en pourparlers avec la cour de Rome. L'opposition ne venait pas seulement des hommes imbus des idées du dix-huitième siècle, disciples de Voltaire ou de l'Encyclopédie, qui étaient athées comme on est chrétien, avec ferveur, et qui s'indignaient de tout ce qui pouvait relever la religion dans l'estime publique. Les Laplace et les Dupuis se trompaient en s'imaginant que les croyances auxquelles ils avaient voué une animosité si persistante, allaient recevoir un nouveau crédit de la protection dédaigneuse du pouvoir civil. S'ils avaient vu clair dans la situation, ils auraient applaudi à l'inauguration d'un régime qui mettait fin à la noble pauvreté par laquelle les diverses églises payaient la rançon de leur liberté et qui allait faire passer sur elles le niveau d'une même servitude. Mais le concordat excita de vives répulsions ailleurs que parmi les athées ; la partie la plus saine du clergé constitutionnel, celle qui n'avait à se reprocher ni violences révolutionnaires, ni apostasie infamante, ni écarts en dehors de la discipline antique de l'Église, fut désolée d'une mesure qui l'arrêtait subitement dans une œuvre de restauration religieuse déjà très-avancée. On sait combien il fallut d'insistances et d'avances empressées pour vaincre les résistances du clergé de l'ancienne Église de France. En dehors de ceux qui étaient le plus directement intéressés dans la question, le parti de la Révolution était contraire à une mesure qui plus qu'aucune autre avait l'apparence de la réaction la plus décidée. Il n'est pas vrai que le régime de la liberté religieuse excitât le moindre scandale ; il entraînait sans doute avec lui quelques inconvénients. Des incidents regret-

tables se produisirent ; mais, comme toujours, la liberté eût guéri facilement les maux passagers dont elle était la cause. Quel mal d'ailleurs était pire que le remède proposé et qui n'allait à rien moins
qu'à la supprimer ? On s'habituait tous les jours à la coexistence
de cultes différents et libres, ce qui est le plus sûr moyen de former
un pays à la pratique de la tolérance. « A l'époque de l'avénement
de Bonaparte, dit madame de Staël, les partisans les plus sincères
du catholicisme, après avoir été aussi longtemps victimes de l'inquisition politique, n'aspiraient qu'à une parfaite liberté religieuse.
Le vœu général de la nation se bornait à ce que toute persécution
cessât désormais contre les prêtres, et que l'on n'exigeât plus d'eux
aucune espèce de serment, enfin que l'autorité ne se mêlât en rien
des opinions religieuses de personne. Ainsi donc le gouvernement
consulaire eût contenté l'opinion en maintenant en France la tolérance telle qu'elle existe en Amérique.» Il demeure donc bien établi
que le Concordat n'a pas été une satisfaction accordée à l'opinion
publique, mais un coup d'autorité du nouveau maître de la France,
destiné à rétablir, non pas l'autel qui était debout, mais le pouvoir
qui voulait être absolu partout, et ne rencontrer aucune barrière sur
son chemin. L'impopularité du Concordat était si générale, que nous
verrons le premier consul obligé de suspendre la constitution dérisoire qu'il avait donnée à la France, et écraser les misérables restes de
cette liberté politique qui était, en 1801, en tout point semblable au
lumignon fumant des prophètes. Ainsi tombe l'excuse ou le motif
de la nécessité d'une grande mesure de salut public, imposée par la
force.

On sait comment l'affaire fut conduite diplomatiquement, et avec
quel mélange de ruse et de violence. L'exposé admirablement lucide
que M. Thiers a donné de cette négociation suffit parfaitement à en
faire ressortir le vrai caractère ; disons-le en toute franchise, elle
n'est à l'honneur d'aucun des deux contractants. Ils disposent l'un et
l'autre de ce qui ne leur appartient pas. On a quelque peine à admettre que le pouvoir règle à son gré les intérêts matériels du pays,
sans l'avoir consulté ; les traités de commerce les mieux conçus et
les mieux justifiés par les résultats inspirent quelque scrupule, quand
ils ont été décrétés avant d'être votés; mais les objections sont bien
plus graves quand il s'agit des premiers droits de la conscience religieuse directement engagés dans un concordat. Même sous l'ancienne
monarchie, l'État rencontrait, dans ce domaine vraiment sacré et

inaliénable, d'invincibles résistances qui lui rappelaient qu'il y a d'autres droits que les siens. S'arroger au lendemain de la révolution française un pouvoir dictatorial sur les convictions religieuses, s'en servir comme de cartes dans son jeu diplomatique, tantôt pour menacer le pape des passions de la foule, tantôt pour lui promettre leur apaisement au commandement militaire, décider seul ce qui doit être abandonné ou conservé des anciennes ou des nouvelles organisations ecclésiastiques, sans offrir d'autre garantie que la fameuse bibliothèque théologique improvisée et la modération d'un jeune dictateur qui s'est formé dans les camps, c'est là un abus de pouvoir injustifiable et l'un des plus tristes spectacles que puisse donner une révolution qui revient sur elle-même. D'un autre côté, la papauté n'est pas plus autorisée à disposer des droits reconnus de l'Église que le pouvoir civil ; car, d'après la notion vraiment orthodoxe et qui a pour elle la tradition la plus autorisée, la papauté est la gardienne des droits de l'Église, mais elle ne peut les abroger à son gré. Lui reconnaître la capacité d'y porter atteinte selon sa convenance, en lui proposant de faire, selon l'expression de M. Thiers, ce que depuis dix-huit siècles l'Église n'avait jamais fait, c'était abandonner l'ancienne doctrine de l'Église de France, c'était passer à l'ultramontanisme le plus excessif. Je ne vois pas en quoi la traduction des ouvrages latins de Bossuet a servi le premier consul dans une telle entreprise. Ainsi, la position prise par les deux contractants dans la négociation qui aboutit au Concordat, impliquait déjà un double sacrifice des libertés de l'Église, dont le pouvoir civil et la papauté se disputaient les lambeaux ; c'était toujours ce mélange de gallicanisme royal et d'ultramontanisme qui depuis François I<sup>er</sup> est au fond de tous les concordats. Il sera facile de faire la part de l'un et de l'autre élément quand nous analyserons celui de 1801.

Nous résumerons rapidement les négociations qui le précédèrent. La pensée qui avait présidé à la constitution civile du clergé était la base du projet du premier consul. Passionnément unitaire d'instinct, il eût souhaité que le genre humain n'eût qu'une tête, non pas, comme Caligula, pour la couper, mais pour échapper à ces incommodes diversités d'opinion qui empêchent l'ordre administratif de régner partout. Rien ne lui paraissait plus désirable que de faire rentrer la religion dans l'administration, en calquant exactement son organisation sur l'organisation civile du pays, si bien que le diocèse se confondît avec le département et que l'évêque correspondît au pré-

fet et le curé au maire. Or, la constitution civile du clergé avait parfaitement établi ce touchant accord entre l'organisation de l'Église et
celle de l'État. Seulement, en 1790, les curés étaient, comme tous
les fonctionnaires, nommés par le peuple. Il n'en pouvait être de
même en 1801. Le premier consul s'empara du droit de nommer à
toutes les cures et à tous les évêchés. C'était revenir à la tradition de
François I<sup>er</sup> et de Louis XIV, et la papauté n'y pouvait trouver à
redire, car, grâce à cette concession, elle avait ressaisi le pouvoir
que la pragmatique de saint Louis lui refusait.

Sur un autre point, la Constitution civile du clergé demandait à
être réformée; l'autorité épiscopale y avait été limitée de diverses
manières, surtout par les pouvoirs accordés au conseil de l'évêque.
Napoléon comprenait parfaitement les scrupules du pape à cet égard,
car il n'eût pas admis un pareil partage d'attributions pour ses préfets. D'ailleurs, un conseil qui ne serait pas simplement consul-
tatif, même dans la sphère religieuse, était une anomalie dans un
pays où un seul homme devait tout décider. Sur ce point encore, le
premier consul devait s'entendre admirablement avec la papauté. Il
se trouvait ainsi que ce qui choquait principalement le saint-père
dans la constitution civile du clergé, n'était guère plus agréable au
général Bonaparte. Tant qu'il s'agissait de supprimer la liberté de
la religion, l'accord était facile; il cessait dès que la question de l'é-
galité des cultes venait à se poser, car le pape avait à cet égard toutes
les opinions de l'ancien régime; il était lui-même l'ancien régime
personnifié, et ne pouvait admettre ni la liberté de conscience ni
l'égalité de droit des cultes dissidents, tandis que le premier consul
— disons-le à son honneur, — était fermement décidé à ne pas tran-
siger sur cet article, et à consacrer avec éclat l'abolition de tout monopole religieux, en mettant les divers cultes sur le même rang
devant la loi. Il ne voulait donc pas entendre parler de religion
d'État; le pape, au contraire, réclamait vivement ce privilége en faveur du catholicisme. Ce fut l'un des articles les plus contestés de la
négociation. Elle rencontra également de graves difficultés pour ce
qui concernait l'établissement des nouveaux diocèses et la nomination des évêques appelés à les diriger définitivement. Il en coûtait
beaucoup au pape de changer les anciennes juridictions, et de se
contenter de soixante diocèses; il s'y résignait pourtant; mais ce qui
lui était le plus amer, c'était de choisir quelques évêques dans le
clergé constitutionnel, sans avoir obtenu d'eux une rétractation for-

melle. Le premier consul était parfaitement décidé à ne pas céder sur cette clause sans laquelle il n'aurait pu se poser comme le médiateur entre l'ancienne France et la nouvelle. Pour couper court aux querelles entre les évêques de l'ancien clergé et les évêques du clergé constitutionnel, il demandait au pape de presser les uns et les autres de donner leur démission sous la menace de destituer les récalcitrants. Or, c'était demander à la papauté de faire un coup d'État au profit de celui du 18 brumaire; c'était lui demander ce qui ne s'était jamais fait jusqu'alors; c'était la pousser à une flagrante violation des canons ; c'était jeter les évêques aux pieds du maître, et les transformer en préfets révocables. Le saint-père hésita longtemps devant une telle innovation, quand bien même elle devait lui donner ce souverain pouvoir si longtemps poursuivi, et préparer le triomphe de l'ultramontanisme le plus exagéré.

Il paraît même que, sous la pression des circonstances, le pape fut au moment de faire une concession bien plus grande. Michaud, l'historien des croisades, raconte qu'il fut un instant admis que le gouvernement français pourrait se passer de l'investiture pontificale quand elle ne serait pas venue trois mois après la nomination d'un nouvel évêque. Le pape profita de l'imprudence du ministre des cultes, M. Bigot de Préameneu, qui lui avait renvoyé le traité à l'occasion d'une formalité de détail, pour revenir sur cette concession. Elle donne la mesure du désarroi complet où l'avaient jeté ses craintes et ses désirs comme prince temporel [1].

La négociation eut diverses alternatives dont nous n'avons pas à retracer ici les fluctuations. L'agent le plus actif du côté du premier consul fut à Paris l'abbé Bernier, qui avait joué un rôle important dans les troubles de la Vendée, et qui semblait impatient d'effacer ce souvenir en sacrifiant toute considération à la prompte pacification des partis religieux. M. de Cacault, ministre de France auprès du Saint-Siége, s'attachait à adoucir dans la forme les impérieux mandats du général Bonaparte. Le pape était représenté à Paris par monseigneur Spina, et le fil de la négociation était aux mains du cardinal Gonsalvi. Tels sont les principaux personnages de la comédie diplomatique dont le dénoûment pouvait être prévu d'avance.

La papauté essaye de ces lenteurs calculées qui sont la grande res-

1. Voir l'introduction de l'*Histoire de France* du président Hénaut, continuée par Michaud et Poujoulat.

source de la faiblesse, non-seulement pour sauvegarder le mieux
possible l'ancienne constitution de l'Église, mais encore pour obtenir
d'amples compensations pour le service qu'elle allait rendre au premier consul. Celui-ci avait laissé tomber de mystérieuses paroles
recueillies avec avidité. Il avait donné à entendre qu'il serait un nouveau Charlemagne pour le Saint-Siége. On espérait à Rome que cela
voulait dire qu'il rendrait les Légations. Or, recouvrer la totalité des
États de l'Église était le rêve ardent de ce pouvoir sénile qui ne pouvait ressaisir son bien de ses mains tremblantes, et devait l'obtenir
d'autrui, c'est-à-dire l'acheter par des concessions. Jamais on n'a
pu mieux apprécier à quel point le pouvoir temporel compromet
l'indépendance des pontifes. Il est certain que c'est ce mirage de
quelques lambeaux de terre italienne qui mit le pape momentanément aux pieds du général Bonaparte, et l'amena plus tard à
Paris pour sacrer l'empereur dont il devait être le captif. Ce côté
de la négociation est plein d'instruction. Aux lenteurs calculées du
Saint-Siége, le premier consul répondait par des éclats de colère non
moins calculés, car il n'y avait pas de comédien supérieur à ce puissant homme de guerre. A plusieurs reprises, il déclara qu'il allait
tout rompre et abandonner l'Église à tous les périls du schisme ; il
donna même à entendre qu'il pourrait bien en prendre lui-même
l'initiative. Impatienté de la lente correspondance de monseigneur
Spina avec Rome, il y envoya directement son projet de concordat ;
puis, à la réception de nouvelles propositions du Saint-Siége contraires à ses vues, il commanda au ministre de France de se retirer
jusqu'à Florence pour le renvoyer bientôt recueillir le fruit de cette
feinte rupture, en obtenant l'envoi à Paris du cardinal Gonsalvi
muni de pleins pouvoirs. Il sut tour à tour le charmer et l'effrayer
tout en l'alléchant toujours par de vagues promesses ; le cardinal
s'imaginait tomber au milieu d'une horde de sauvages, en franchis-
sant la frontière de la France révolutionnaire. Il fut tout étonné de
recevoir une hospitalité magnifique dont on lui faisait les honneurs,
mais dont il payait les frais en définitive par les concessions qu'on
lui arrachait, car il finit par tout accorder et par tout faire ratifier à
Rome, entraîné aussi bien par l'effroi d'une rupture que par l'espoir d'une compensation territoriale. Ce qui facilita sans doute la
conclusion du traité, c'est qu'il put s'apercevoir que, jusque dans le
conseil des ministres, la rupture avec Rome serait bien accueillie.
L'ancien évêque du Périgord ne voyait pas d'un bon œil une récon-

ciliation qui pourrait lui susciter de sérieux embarras. La mauvaise
humeur de ce prélat marié, dont l'influence était considérable, n'é-
tait pas inutile au premier consul, qui savait bien que son souple
serviteur ne ferait pas d'opposition un jour de plus que cela ne lui
semblait nécessaire. C'est dans ces édifiantes circonstances que fut
signé, le 15 juillet 1801, le fameux traité dont il nous reste à examiner la teneur.

Il faut distinguer entre le concordat et les articles organiques. Le
pape n'adhéra qu'au premier, et protesta toujours contre les seconds,
qui furent décrétés par le premier consul, sans qu'il eût consulté
préalablement la cour de Rome. Voici les articles essentiels du Concordat : « Le gouvernement de la République reconnaît que la religion catholique, apostolique et romaine, est la religion de la grande
majorité des citoyens français. Sa Sainteté reconnaît également que
cette même religion a retiré et attend encore en ce moment le plus
grand bien et le plus grand éclat de l'établissement du culte catholique en France, et de la profession particulière qu'en fait le consul
de la république. En conséquence, d'après cette reconnaissance
mutuelle, tant pour le bien de la religion que pour le maintien de
la tranquillité intérieure, ils sont convenus de ce qui suit :

Art. 1er. La religion catholique, apostolique et romaine, sera librement exercée en France. Son culte sera public, en se conformant
aux règlements de police que le gouvernement jugera nécessaires
pour la tranquillité publique... (Suit l'article qui annonce la nouvelle
circonscription des diocèses, et réclame des titulaires français une
démission bénévole, s'ils ne veulent pas qu'il soit pourvu d'autorité,
par de nouveaux titulaires, au gouvernement des évêchés.)

Art. IV. Le premier consul de la République nommera, dans les
trois mois qui suivront la publication de la bulle de Sa Sainteté, aux
archevêchés et évêchés de la circonscription nouvelle. Sa Sainteté
conférera l'institution canonique, suivant les formes établies par
rapport à la France, avant le changement de gouvernement.

L'art. VI réduit les engagements politiques des nouveaux évêques
à un serment de fidélité au gouvernement, qui implique qu'ils lui
feront connaître si, dans leur diocèse ou ailleurs, il se trame quelque
complot au préjudice de l'État.

L'art. X porte que les évêques nommeront aux cures, mais leur
choix ne pourra tomber que sur des personnes agréées par le gouvernement.

Les derniers articles stipulent que Sa Sainteté, pour le bien de la paix et l'heureux rétablissement de la religion catholique, ne troublera en aucune manière les acquéreurs des biens ecclésiastiques aliénés; que le gouvernement assurera aux évêques et curés un traitement convenable, et enfin qu'il possédera les mêmes droits et prérogatives dont jouissait l'ancien gouvernement. Une dernière clause portait qu'une convention nouvelle serait nécessaire, dans le cas où l'un des successeurs du premier consul serait protestant.

Ainsi la papauté a obtenu, malgré elle, il est vrai, le droit exorbitant de destituer les évêques, mais en retour, le pouvoir civil nomme les nouveaux titulaires sous la réserve de la confirmation des bulles papales.

Les articles essentiels des anciens concordats sont donc rétablis, mais les contractants trouveront le moyen de se faire une guerre acharnée dans le traité même qu'ils viennent de conclure pour la pacification de l'Église. Celle-ci sera complétement asservie à deux pouvoirs destinés à d'inévitables et prochains conflits. Le pouvoir civil est maître d'un clergé fonctionnaire et salarié, et il a, pour se défendre contre le saint-père, ces règlements de police mentionnés à l'article premier, par lesquels il doit assurer la tranquillité publique, expression élastique et dangereuse avec laquelle on a coutume d'étouffer toute liberté. Quant au pape, il a en main, comme sous l'ancienne monarchie, le redoutable pouvoir du refus des bulles. Ainsi, des deux côtés, cette grande charte ecclésiastique a son article 14, d'où chacun des deux contractants peut tirer son abrogation effective. On eût pu lui donner pour épigraphe cette fameuse devise : *Si vis pacem, para bellum.* Elle devait bientôt montrer ce que vaut la paix religieuse en dehors de la liberté.

Quelque puissants que fussent les deux contractants, l'un dans l'ordre civil, l'autre dans l'ordre religieux, ils avaient plus d'une difficulté à vaincre avant d'arriver au résultat final, d'autant plus que le pape n'y marchait qu'à regret et faisait surgir à chaque pas des incidents qui arrêtaient soudain l'affaire. D'abord le premier consul devait faire accepter le concordat par le corps législatif comme un traité passé avec une puissance étrangère. L'opinion publique était tellement contraire à la nouvelle mesure, qu'elle pouvait animer ce fantôme de parlement et donner quelque réalité à son opposition. C'est ce qui arriva effectivement. Au conseil d'État, où le concordat fut présenté le 6 août 1801, l'accueil fut froid et silencieux. Or, la

froideur et le silence du conseil d'État de 1801, qui étaient très-signi-
ficatifs, correspondent 'dans le thermomètre de l'opinion publique à
l'émeute dans la rue et à l'opposition la plus vive dans une assemblée
délibérante librement élue. Tout est relatif ici-bas. Quand ceux qui
ont coutume d'applaudir se taisent, il faut que l'esprit d'opposition
les possède puissamment. Ce silence glacial était d'autant plus
étrange que le premier consul avait pris la peine d'expliquer lui-
même son œuvre et qu'on avait pu admirer en lui, selon l'expression
de son historien, cette éloquence simple et nerveuse que Cicéron
appelait chez César : *Vim Cæsaris*. Pourtant, ce jour-là, son éloquence échoua contre le mécontentement des hommes sur lesquels
il pouvait le plus sûrement compter. Un second embarras venait
du concile du clergé constitutionnel qui, précisément à ce moment,
tenait ses séances à Paris avec une grande dignité, et qui avait pu
constater, dès son ouverture, combien la vie religieuse s'était ranimée
en France. Il fallait lui imposer silence et le dissoudre afin de
pouvoir affirmer ensuite, qu'avant le concordat la religion chrétienne
était en pleine décadence dans le pays et attendait impatiemment le
nouveau Cyrus. Dissoudre une réunion, fût-elle un concile, n'était
pas ce qui gênait l'homme du 18 brumaire, mais il n'eut pas même
besoin d'agir, car le concile, sur des conseils qui faisaient prévoir
des ordres, se sépara le 16 août. Le concordat n'était pas encore
connu, et le clergé constitutionnel avait un vague espoir que l'on
préparait une pacification sérieuse de l'Église de France.

Le clergé constitutionnel se montrait, en général, très-disposé à
se démettre de ses fonctions dans l'intérêt du bien public, à la condition que la démission ne fût pas imposée par la papauté. « Si le
pontife de Rome déclarait nos siéges vacants, écrivait Morse, évêque
du Jura, dans un mémoire adressé au premier consul, nous lui dirions qu'il n'en a pas le droit, et qu'ils sont plus canoniquement
remplis que celui de saint Pierre. »

Des difficultés plus graves attendaient Napoléon de la part des
corps politiques. Nous avons constaté l'attitude du conseil d'État et
son silence désapprobateur. Le corps législatif ne parlait jamais,
mais il votait; en appelant à sa présidence Dupuis, l'auteur du
livre impie intitulé : L'*Origine de tous les cultes*, et en désignant
Grégoire comme candidat au sénat, il marqua, de la manière la plus
énergique, son opposition au concordat. Le sénat lui-même, le sénat
conservateur, s'oublia jusqu'à sanctionner un choix évidemment dé—

sagréable au maître. Quant au tribunat qui seul parlait, mais qui parlait sans voter, et qui était par là même poussé à mettre dans ses discours une énergie qui en compensât l'inefficacité, il montra, à l'occasion de la présentation du Code civil, une opposition si vive, qu'on put prévoir dans quels termes il s'exprimerait sur le concordat, bien autrement impopulaire, si on le livrait à son appréciation passionnée. Les généraux eux-mêmes n'en voulaient pas et s'en moquaient ouvertement. On sait quel fut le résultat de cette opposition : il fallut un second coup d'État, renchérissant sur le premier, pour préparer l'adoption du traité avec la cour de Rome, coup d'État sans franchise, qui profita d'une équivoque de la constitution pour renouveler le corps législatif et le tribunat au gré du pouvoir exécutif. Ce moyen ingénieux de faire tomber toute résistance fut de l'invention du consul Cambacérès. « En ayant l'air de se servir de notre constitution, disait-il, on peut faire le bien avec elle. » Je ne vois pas, en effet, quel obstacle on pourrait jamais rencontrer dans aucune constitution du monde, quand on a l'art de l'interpréter comme Cambacérès. Celle de l'an VIII portait que le premier renouvellement du Corps législatif et du tribunat aurait lieu dans le cours de l'an X. Le pouvoir exécutif n'avait qu'à choisir son moment. Cambacérès pensait qu'au lieu de confier au sort le soin de désigner les membres sortants, il fallait procéder à cette élimination par un scrutin qui permettrait un utile triage. On se débarrasserait ainsi des opposants, et le tour serait fait. Seulement on se demande à quoi pouvait servir désormais la machine législative, et pourquoi jouer cette pitoyable comédie? Le premier consul adopta avec empressement le plan de Cambacérès, qui donnait tous les avantages d'un coup d'État, moins le retentissement et le scandale, et qui faisait illusion à ceux pour lesquels la violence rusée n'est pas le plus impudent des spectacles. Une mesure qui, pour passer, avait dû provoquer de tels actes, n'était-elle pas jugée par cela même?

Quant au pape, outre ses scrupules, il rencontrait plus d'un obstacle sur sa route. Il n'était pas certain que tous les évêques consentissent à donner leur démission. Les constitutionnels ne firent aucune résistance, non plus que la majorité des prélats de l'ancien clergé; mais les évêques réfugiés en Angleterre déclarèrent ouvertement qu'ils ne céderaient pas, parce qu'ils avaient pour eux la tradition. « Le droit de notre ministère, disaient-ils dans le Mémoire qu'ils envoyèrent au pape, semble nous demander que l'on ne rompe jamais

facilement ce lien qui nous a unis aux Églises immédiatement con-
fiées à notre sollicitude par la providence du Dieu très-haut. » De
nombreux évêques en Allemagne et ailleurs souscrivirent à ces
conclusions, mais le pape passa outre et fit ainsi son coup d'État,
hésitant et satisfait tout ensemble, car la cour de Rome ne pouvait
que se féliciter du pouvoir que le nouveau traité donnait au pape
dans l'univers entier [1].

La résistance parlementaire étant vaincue par l'épuration du tribunat et du corps législatif, l'opposition des évêques réduite à néant
par les bulles pontificales, il ne restait plus qu'à faire confirmer le
traité à Paris et qu'à l'exécuter par la nomination de nouveaux titulaires. C'est alors qu'une mesure très-grave, émanée du premier
consul, vint montrer combien cette paix entre l'État et l'Église était
précaire.

En effet, à peine conclu, le traité était mis de côté par l'une des
parties contractantes, par celle qui, ayant la force à son service, ne se
croyait pas longtemps tenue à des égards envers une grande puissance
morale désarmée.

Les articles organiques présentés au corps législatif en même
temps que le concordat ne pouvaient passer pour un simple commentaire de la convention conclue avec Rome. Ils tendaient à l'asservissement complet de l'Église vis-à-vis de la puissance civile; celle-ci
n'ayant plus à ménager une puissance d'un autre ordre s'était fait la
part du lion et avait soumis les cultes au régime administratif. Le
pape n'a jamais cessé de protester contre ces fameuses lois organiques de germinal an X qui sont le plus parfait modèle de la centralisation despotique appliquée à l'Église ou pour mieux dire aux
Églises, car le projet de loi organisait tous les cultes auxquels la
France nouvelle accordait le droit de bourgeoisie. Il est bon de l'analyser en peu de mots, car nul monument législatif ne donne mieux
l'idée de ce qu'on entendait en 1802, dans le monde officiel, par
liberté religieuse.

Au premier abord il semble qu'il n'y ait dans les articles organiques qu'une pure et simple reproduction des lois qui ont réglé,
sous l'ancien régime, les rapports de l'Église et de l'État. Les prétentions de Louis XIV n'y sont pas dépassées. Mais il ne faut pas
oublier le changement considérable introduit dans le régime de la

1. Artaud, *Histoire de Pie VII,* ch. XII.

France. Avant la révolution, l'Église ne pouvait jamais être totalement asservie ; elle formait une vaste et importante corporation, qui était propriétaire d'une grande partie du sol et ne donnait à l'État, en fait de subsides, que ce qu'il lui plaisait de concéder. Une multitude de bénéfices relevaient d'autres donateurs que du prince ; la tendance à tout ramener à l'autorité royale gagnait sans doute tous les jours du terrain, mais elle se heurtait incessamment à cette infinité de droits particuliers issus des fondations pieuses, et l'Église conservait sa vie propre, malgré sa subordination au pouvoir civil.

La révolution avait depuis fait litière de tous les droits historiques ; les corporations avaient disparu ; il n'y avait plus que le droit commun pour tous. Rien de mieux, sans doute, si ce droit commun eût été la liberté ; mais cette liberté avait été remplacée par le despotisme et la centralisation administrative, et la dépendance du clergé vis-à-vis du pouvoir civil fut bien plus absolue dans la société nouvelle que sous l'ancien régime. Au lieu de blocs résistants, le pouvoir n'eut plus devant lui qu'une menue poussière sans consistance dont il disposa à son gré. C'est ainsi que la législation de l'Église dans les articles organiques, quoiqu'elle rappelle à s'y méprendre celle de l'ancienne monarchie, pesa néanmoins d'un poids beaucoup plus lourd sur la conscience religieuse, livrée sans défense à un État tout ensemble démocratique et despotique. Il faut oser le dire sans détour, là où n'est pas la liberté, le privilége est un dernier asile pour l'indépendance des âmes, et la servitude, dans une société nivelée, est plus absolue que dans aucune autre organisation. Nous ne prétendons pas, on le pense bien, conclure aux bienfaits du privilége, mais établir une fois de plus la nécessité d'une entière liberté dans la société moderne. Ces remarques préliminaires étaient nécessaires pour comprendre la portée des articles organiques.

Signalons d'abord ce qu'ils avaient de raisonnable et de bienfaisant. La tolérance y trouvait une éclatante consécration. Le premier consul, qui n'avait pas voulu inscrire en tête du concordat la proclamation d'une religion d'État, reconnaissait de la manière la plus explicite dans les lois de germinal an X l'égalité des cultes ; le protestantisme était relevé de toutes les interdictions iniques qui l'avaient frappé pendant plus d'un siècle, à la honte et au plus grand malheur de l'ancienne France. Son culte pouvait désormais être célébré publiquement, au même titre que le culte catholique, et le respect pour la minorité religieuse allait si loin, que les cérémonies pompeuses du catholicisme devaient être renfermées dans l'enceinte des églises, dans toutes les villes où il y avait un temple protestant. Le premier consul s'était montré vraiment l'héritier et le fidèle interprète de la révolution française, en ce qui concerne l'égalité des cultes.

Il est vrai que le régime du salaire jetait ses chaînes dorées au protestantisme comme au catholicisme, mais en 1802 une pareille mesure semblait une réparation magnifique d'une longue et affreuse oppression. Recevoir des subsides de l'État quand on avait été l'objet de ses confiscations et de ses violences, paraissait à la minorité religieuse un bienfait inouï. Aussi fut-elle jetée dans une sorte d'ivresse de joie et de reconnaissance et attachée par les liens les plus solides et les plus respectables à la cause de Napoléon. Il n'eut pas d'adhérents plus fidèles que les protestants. On comprend ce que devaient éprouver les survivants des assemblées du désert, en voyant leurs temples rebâtis en face des églises catholiques, par l'argent de l'État, et leurs pasteurs fonctionnaires au même titre que les prêtres. Cette immense satisfaction accordée à des persécutés mis si longtemps hors la loi par une patrie qu'ils n'avaient jamais cessé d'aimer, ne laissait pas à l'esprit ébloui et ravi la liberté nécessaire pour sentir combien était lourde à la conscience religieuse la main généreuse que l'on baisait, et de quelles lisières elle avait prudemment entouré ceux qu'elle protégeait, à la condition de les gouverner à son aise. Personne non plus ne parut avoir compris alors ce qu'a d'insultant pour la religion cette confusion au budget des différentes Églises, et cette proclamation effective d'indifférence pour les croyances qui les distinguent.

Les lois organiques étaient irréprochables dans les articles qui tendaient à prévenir l'immixtion d'un pouvoir étranger dans les affaires du pays, comme aussi dans ceux qui séparaient le temporel du spirituel, en abolissant tout ce qui ressemblait aux juridictions épiscopales, et en imposant, sous les peines les plus sévères, la célébration du mariage civil avant le mariage religieux. Pour cet ordre de question, on était plus avancé en 1802 qu'aujourd'hui; l'interdiction du mariage d'un prêtre rentré dans la vie laïque, maintient dans nos lois une étrange confusion entre la religion et le droit civil, qui n'eût pas été admise à l'époque de la promulgation des lois organiques. Sur tout le reste, on ne saurait les admirer que comme un chef-d'œuvre de despotisme administratif. Il ne manque pas une maille au réseau qui enlace l'Église. L'ancienne interdiction

de correspondre directement avec le centre de l'unité catholique est
maintenue dans toute sa rigueur. Le saint-père ne peut adresser une
seule parole à ceux qui reconnaissent son autorité, sans qu'elle ait
été contre-signée à Paris. Ses légats doivent se faire également autoriser par le gouvernement. Nul arrêté de concile ne saurait avoir
cours avant d'avoir été sanctionné. On ne craint pas seulement l'effet
qu'il pourrait avoir sur la législation du pays, mais on veut encore
éviter tout ce qui, dans sa publication, *pourrait altérer ou intéresser
la tranquillité publique ;* expression vague et perfide, avec laquelle
on est en droit d'arrêter aux frontières jusqu'aux décisions doctrinales, car elles ne manquent pas d'agiter l'opinion, puisqu'elles ont
été provoquées à coup sûr par une controverse théologique. Ainsi le
gouvernement fait bonne garde à la frontière, et ne laisse passer que
ce qui a son visa. A l'intérieur, non content de nommer les évêques
et de garder la haute main sur le clergé secondaire, qui doit être ap-
prouvé par lui, il n'admet la réunion de ces fonctionnaires religieux
qu'aux jours et dans les formes qui lui conviennent. Aucun concile
national ou métropolitain, aucun synode diocésain, aucune assemblée
délibérante n'aura lieu sans sa permission expresse (tit. I, art. 45).
Redoutant un excès de zèle qui l'entraînerait à augmenter les frais
du culte, et qui surtout entretiendrait une certaine indépendance
dans l'Église, il lui interdit d'ouvrir même une petite chapelle particulière sans son autorisation préalable.

Ainsi l'État s'arroge le droit de dire à l'ardeur religieuse : « Jusque-
là, pas plus loin. » Ce n'est pas ainsi que le monde a été conquis à
la vérité, et il n'y a pas de danger qu'il soit reconquis dans de telles
conditions. La persécution devient ainsi moins gênante que la protection. Il va sans dire que nulle association religieuse formée dans
des buts de dévotion ou de charité ne peut se former sans une autorisation toujours révocable. Le droit d'aller et de venir, si précieux
aux Français qu'ils l'ont inscrit en tête de toutes leurs constitutions,
est refusé aux évêques, qui ne peuvent sortir de leur diocèse qu'avec
la permission du premier consul. On peut être assuré que le voyage
de Paris souffrira moins de difficulté que celui de Rome, dont l'air
est jugé décidément malsain pour eux. Plein de sollicitude pour la
jeunesse qui se forme au service des autels, le gouvernement veut
savoir le nom des séminaristes, afin de suivre d'un regard paternel les progrès de l'esprit de soumission parmi eux. Il leur fait enseigner tout d'abord la déclaration du clergé de France de 1682,

car en fait de gallicanisme, il pousse l'orthodoxie jusqu'aux dernières limites. Il ne faut pas que l'ivraie ultramontaine pousse dans
ces jardins choisis, pépinières d'une Église paisible, qui a pour mission d'enseigner que la loi et les prophètes se réduisent à ces deux
commandements : *Aime Dieu et sers ton gouvernement.* L'État
ajouterait volontiers : *Ces deux commandements n'en font qu'un.*
C'est pour graver ce sommaire du dogme et de la morale dans le
cœur même du pays que le gouvernement met une particulière in-
sistance à choisir le catéchisme enseigné à l'enfance. Nous verrons
plus tard que le pouvoir n'a pas faibli à son auguste mission, et qu'il
a dit à sa manière : *Laissez venir à moi les petits enfants.* Les lois
organiques renfermaient un article tombé promptement en désuétude,
d'après lequel il fallait avoir un revenu annuel de trois cents francs
pour témoigner d'une vocation suffisante au saint ministère; c'était
constater ainsi une fâcheuse lacune dans l'Évangile, qui a eu la
simplicité d'envoyer comme apôtres des hommes qui n'avaient
ni or ni argent. Poussant plus loin encore son intérêt pour les ministres de l'Église, le législateur, qui les avait prémunis contre tous
les dangers de la liberté, s'occupait de leur costume et leur commandait de s'habiller *de noir et à la française.* Toutes ces ordonnances avaient pour sanction l'*appel comme d'abus* au conseil d'État,
lequel était chargé par le pouvoir de la difficile mission de juger
entre lui et le clergé.

Voilà ce que représente en fait de liberté le régime du salaire des
cultes. Un clergé séparé de son chef spirituel, empêché de délibérer
librement sur ses propres intérêts, et d'étendre son influence et son
activité; formé, instruit sous l'œil jaloux du pouvoir; nommé, sur-
veillé, contenu incessamment par lui; n'enseignant et ne prêchant
que ce qui lui convient, dépendant absolument de la main qui le
nourrit et le tient en laisse : voilà le résumé des articles organiques
pour le catholicisme. Toutes ces flagrantes restrictions de la liberté
religieuse sont autant de précautions prises contre une souveraineté
étrangère. En effet, tant que l'Église catholique a pour chef un pon-
tife-roi, sa situation n'est jamais simple, et les gouvernements dont
elle dépend sont amenés à des mesures de prudence peu compatibles
avec son entière liberté. Il en sera toujours ainsi tant que le pouvoir
temporel du pape subsistera. Le chef de l'unité catholique aura souvent des intérêts politiques opposés à ceux de tel ou tel État; les
relations qu'il entretiendra avec les clergés des divers pays ne seront

pas toujours simplement religieuses. Il en résultera, de la part des gouvernements, la nécessité de contrôler plus ou moins les bulles, parce qu'elles pourront être à deux fins. Aussi la liberté entière du catholicisme, toujours sous la surveillance des lois, ne sera-t-elle possible que le jour où le pontificat se sera affranchi des liens du temporel, qui l'enlacent tout le premier, et avec lui toutes les Églises qui en dépendent.

Mais il y avait dans les articles organiques bien autre chose que ces précautions contre les envahissements et les empiétements d'un pouvoir politique étranger; il y avait l'asservissement total du clergé. La meilleure preuve que telle était bien l'intention de l'auteur de ces articles, c'est que les Églises protestantes, qui à coup sûr ne reconnaissaient aucune dépendance étrangère, étaient soumises à un régime tout aussi peu libéral. Il ne leur était pas plus permis qu'au catholicisme de s'étendre ou de s'organiser librement. Elles ne pouvaient davantage prendre des décisions doctrinales, ou modifier leur discipline, sans le bon plaisir du gouvernement. Cependant, il n'y avait d'autres motifs à leur asservissement que l'intention formelle d'enchaîner partout la liberté de la religion, et de substituer le mécanisme administratif le plus minutieusement réglé aux élans spontanés de la foi.

Il était difficile de supprimer entièrement le droit d'élection dans les Églises protestantes. Aussi, tout en se réservant la nomination définitive, le gouvernement admettait une élection préliminaire de la part des consistoires, élection qui n'était au fond qu'une présentation; mais ces consistoires eux-mêmes ne devaient pas faire tache dans le pays en conservant sur quelques points l'illusion d'élections sérieuses. Le consistoire, composé du pasteur et des notables choisis parmi les plus imposés au rôle des contributions directes, se renouvelait lui-même par moitié tous les deux ans. Cette idée, de rattacher le gouvernement intérieur des Églises au rôle des contributions directes, devait naître et fleurir dans ce temps de *fonctionnarisme* universel.

Nous n'avons pas à mentionner ici toutes les autres précautions prises contre l'éveil possible de la liberté dans les Églises du libre examen. Qu'il suffise de dire que toutes les issues étaient ingénieusement fermées. C'est ce qui faisait dire à l'un des représentants les plus distingués du protestantisme, dans la première moitié du siècle, au fameux Samuel Vincent, de Nîmes : « Par la loi du 18 germinal, les religions cessent d'exister par elles-mêmes et pour elles-mêmes ;

elles font corps avec le gouvernement; elle deviennent un objet d'administration. »

La législation de l'an X n'a pas un mot consacré aux Églises qui ponrraient par choix demeurer en dehors de ces cadres administratifs et préférer l'indépendance au salaire. Elle ne prévoit pas une pareille anomalie, qui eût supposé au moins le droit commun de la liberté. Aussi ne renferme-t-elle pas une seule garantie pour la liberté religieuse en soi. Il semble que, fatiguée des violents orages des années précédentes, la France se soit momentanément contentée de ce qu'on lui donnait : le repos de la servitude racheté par la gloire. Aussi n'y eut-il alors aucun essai d'Église indépendante de l'État. Pour le catholicisme, c'eût été un schisme; le protestantime était tout entier à la joie d'avoir une large place au soleil de la patrie. Mais il est certain que si une Église eût voulu se constituer en dehors du cadre gouvernemental, elle eût rencontré la plus vive opposition. Le système de l'autorisation préalable lui eût été appliqué sans pitié. Où aurait-elle d'ailleurs trouvé la consécration des droits de réunion et d'association qui lui eussent été nécessaires? Si plus tard, sous le régime concordataire, de telles Églises n'ont jamais pu jouir d'une pleine liberté, qu'aurait-ce été à une époque de réaction aussi prononcée, alors que le despotisme militaire prétendait gouverner les Églises comme des régiments

Le concordat et les lois organiques furent présentés au corps législatif le 15 germinal an X. Portalis se chargea, dans un discours admirable de forme, de graver sur le bronze les maximes de ce despotisme mitigé qui allait peser sur la conscience d'un poids si lourd. C'est dans ces pages nerveuses et précises, expression fidèle de la volonté énergique qui entendait personnifier la France, que l'on peut apprendre à quel point la cause de la religion est solidaire de celle de la liberté; tout ce qui blesse la seconde, dans ces paroles hautaines, offense également la première; tout ce qui est retranché à la liberté est enlevé à la dignité de la religion. Au fond, le discours de Portalis reproduit, mais d'une manière grave et magistrale, la pensée qui avait jailli des paroles saccadées et parfois emportées du premier consul. C'est l'apologie de cette vieille idée romaine qui est trop tôt devenue française, que la religion doit être un grand instrument de règne; c'est la théorie savante et la justification éloquente des boutades originales du général Bonaparte. Mais ces boutades, ces mots si vifs dans la bouche du premier consul, ces traits brefs et concis, choquent moins, dans leur brusquerie impérative, que lorsqu'ils s'étendent avec art dans des périodes arrondies. Mieux vaut la force qui parle la langue rude des camps, que celle qui prend les formes captieuses du droit. Portalis avait déjà présenté deux rapports au conseil d'État sur la législation nouvelle : l'un l'envisageait dans son ensemble, et l'autre s'appliquait au culte protestant[1]. Le premier de ces rapports commence ainsi : « Toutes nos assemblées nationales ont décrété la liberté des cultes; le devoir du gouvernement est de diriger l'exécution de cette importante loi, pour la plus grande utilité publique. » Ainsi la liberté dans les limites qui conviennent à l'État, et sous son bon plaisir, la liberté réglée, contenue et suspendue par le gouvernement, voilà ce que Portalis admire et défend dans les lois organiques. C'est bien là le libéralisme du régime dont il était l'un des grands serviteurs. Son rapport n'est que la reproduction de la fameuse théorie des droits du chef de l'État sur l'Église au double titre de magistrat politique et de protecteur. Portalis passe en revue les diverses manifestations nécessaires de la religion, pour montrer comment le gouvernement a tout pouvoir sur elles, comment il respecte la liberté du culte à l'état métaphysique, pour la réglementer dès qu'elle se traduit dans les faits. Respect aux décisions dogmatiques de l'Église, à la condition que l'État puisse en empêcher la publication et la discussion. Respect à la prière, à la condition que la désignation de l'heure et du lieu appartiennent au pouvoir civil.

C'est ce genre de liberté des cultes consacré dans les articles organiques, que Portalis chercha à établir devant le corps législatif, dans son fameux discours, que tous les légistes de l'oppression religieuse se croient obligés de copier servilement, car ils ne trouvent rien de mieux. Les ministres des cultes appartenant à cette école n'ont qu'à le couper en paragraphes pour y trouver leurs meilleures circulaires.

Dans la première partie de son discours Portalis établit la nécessité d'une religion. « Les bons esprits, dit-il, sont forcés de convenir qu'aucune société ne pourrait subsister sans morale, et que l'on ne peut encore se passer de magistrats et de lois. Or, l'utilité ou la nécessité de la religion ne dérive-t-elle pas de la nécessité d'avoir

---

1. Voir les *Discours et travaux inédits sur le Concordat de* 1801, par Portalis, mis en ordre et publiés par Frédéric Portalis, 1845.

une morale? » C'est bien cela ; les juges et les gendarmes ne suffisent pas à maintenir la paix publique; la religion est un utile auxiliaire dont un gouvernement sage ne saurait se passer. « Comment la religion qui fait de si grandes promesses et de si grandes menaces, ne serait-elle pas utile à la société? » La morale prêterait à la gendarmerie un secours inefficace, parce que, comme tout ce qui est du ressort de la raison de l'homme, elle est sujette à la discussion. « La multitude est plus frappée de ce qu'on lui ordonne que de ce qu'on lui prouve. » D'ailleurs la religion emploie des cérémonies et des rites, qui, en parlant aux yeux, la rendent accessible à ce profane vulgaire qu'il s'agit de soumettre à l'autorité des lois. L'athéisme est un péril public, parce que d'après un grand homme, *son effet inévitable est de nous conduire à l'idée de notre indépendance* et conséquemment *à la révolte.* Ainsi le grand criterium des religions et des doctrines, c'est la mesure de servilisme qu'elles développent. D'après ce raisonnement, il est certain que si l'athéisme faisait des sujets plus dociles, il faudrait le préférer à la religion. Les *athées* de Paris dont le général Bonaparte se raillait à Milan, quand il assistait sous le Dôme, au *Te Deum* chanté après Marengo, auraient pu répondre à Portalis, que le règne des Césars s'était fondé sur l'épicuréisme, et que ce qui se pétrit le plus aisément dans les mains d'un maître, c'est cette argile bientôt changée en boue à laquelle le matérialisme réduit la nature humaine, qu'en conséquence c'était une faute au point de vue d'un despotisme habile de se priver de ses soutiens naturels. Ils auraient été bien forts contre le savant conseiller d'État, quand celui-ci, passant de la religion considérée en général au christianisme, cherchait à prouver que mieux qu'aucun autre culte il forme les hommes à l'obéissance. Portalis oubliait de dire qu'il les formait avant tout à l'obéissance envers Dieu, et qu'il y avait là un principe invincible de résistance à toute sujétion immorale, à toute oppression inique, à tout empiétement sur les droits de la conscience, si bien que c'est dans la conscience chrétienne que la tyrannie des Césars avait trouvé sa première limite. C'étaient les martyrs et non les athées qui avaient en mourant conquis la liberté du genre humain. Dégagé de la rouille des siècles d'erreur et de superstition, pris à son origine, le christianisme apparaît comme la religion de la liberté et de l'affranchissement, précisément parce qu'il ne s'incline que devant Dieu, et que le Dieu qu'il sert est ce Dieu jaloux, souverain des consciences, qui commande la résistance aux lois iniques du même droit dont il

commande la soumission à l'ordre établi, quand cet ordre n'est pas en
conflit avec ses propres lois. Au point de vue auquel s'était placé Portalis, les chrétiens étaient donc des citoyens fort dangereux pour un État
qui voulait s'arroger l'omnipotence, et c'est d'eux, en effet, que la
résistance efficace devait venir, même après s'être laissé bâillonner
par les lois de germinal. Toute cette première portion du discours
de Portalis, qui a l'apparence d'un hommage, est en réalité un outrage, car la religion est avilie dès qu'elle est présentée comme un
moyen et non plus comme un but. C'est essayer de faire de Dieu lui-
même un fonctionnaire, et une semblable tentative n'est pas sans
mélange de cet athéisme que Portalis a écarté, non pas pour ses blasphèmes, mais pour ses périls. Aussi je ne m'étonne pas de l'entendre
soutenir qu'il est indifférent que la religion adoptée par l'État soit
vraie ou fausse, pourvu qu'elle exerce un pouvoir répressif et domine
les masses. Que penser du paragraphe consacré aux mystères du
christianisme, lesquels, s'ils sont incommodes dans un siècle de lumière, « *ont au moins cela de bon d'occuper la place que la raison
laisse vide et que l'imagination remplirait incontestablement plus
mal.* » PLUS MAL! Voilà un mot qui donne la mesure de ce christianisme gouvernemental.

La seconde partie du discours est consacrée au projet de loi lui-
même. Il s'agit de combattre l'absurde préjugé que cette puissance
si bienfaisante et si utile de la religion puisse être abandonnée à elle-
même, et que la politique ferait assez en laissant un libre cours aux
opinions religieuses et en cessant d'inquiéter ceux qui les professent.
Portalis n'a pas assez de dédain pour ceux qui supposent que le gouvernement peut se contenter d'une tolérance *négative,* qui ne présenterait rien de positif. Qu'un particulier se contente d'une tolérance
*négative* en respectant l'opinion d'autrui, rien de mieux ; mais chez
un gouvernement la tolérance doit être positive, et aller jusqu'à la
*protection*, et comme la protection implique la surveillance et la
domination, la tolérance positive va jusqu'à l'oppression religieuse,
c'est-à-dire jusqu'à l'intolérance ; car dès que la liberté d'un culte
est gênée ou supprimée, il n'est pas toléré comme il aurait le droit
de l'être, sans compter que la tolérance positive envers les cultes
reconnus est une positive intolérance à l'égard des cultes non reconnus. Le raisonnement de Portalis est donc un sophisme qui se détruit
lui-même. C'est, suivant l'image antique, le serpent qui mord sa
queue. Partant du principe que l'État a un intérêt de premier ordre

à s'assurer le concours de la religion, l'orateur en conclut qu'il ne doit pas prendre vis-à-vis d'elle une attitude hostile, comme les régimes antérieurs au 18 brumaire, qu'il faut mettre fin à toute mesure de proscription et se rattacher cette grande force sociale non-seulement par des bienfaits, mais encore par une législation qui la préserve de ses propres entraînements et l'enrôle au service du gouvernement pour faire avec lui le bien du pays. Ainsi point de proscription, mais une protection efficace et une surveillance active. L'État ne saurait admettre qu'une puissance aussi grande que celle de la religion s'exerce sans son contrôle, car la royauté des âmes l'emporterait bientôt sur son propre pouvoir. Il était facile à Portalis de démontrer que les articles organiques avaient suffisamment pourvu à ce que, « par sa vigilance sur la doctrine et la police des cultes, l'État puisse diriger des institutions si importantes vers la plus grande utilité publique. » Écartant avec force et éloquence l'idée d'une religion dominante, le savant jurisconsulte réduisait le catholicisme au rang de l'une des religions du pays, de celle de la majorité des citoyens, il est vrai, mais sans qu'elle fût investie de prérogatives exceptionnelles ; il flétrissait la révocation de l'édit de Nantes et annonçait que désormais les Églises protestantes auraient part à la protection, au salaire comme aussi à la haute surveillance de l'État, l'égalité des cultes étant le résultat glorieux et incontesté de la révolution française. Quant à l'organisation de l'Église catholique, Portalis rappelait ce que le premier consul avait fait pour éteindre le schisme qui sans lui se fût perpétué et étendu ; car, disait ironiquement l'orateur, « il est clair que les théologiens sont par eux-mêmes incapables d'arranger leurs différends. » L'utilité de la convention avec le saint-siége était indiquée avec clarté. Il était facile d'établir que le premier consul avait bien trouvé le pape qu'il lui fallait, ce pape encore plus utile par son éloignement que par sa souveraineté religieuse. Portalis vantait les mérites de la combinaison heureuse qui donnait à l'Église catholique « un chef étranger, que le peuple ne voit pas, qui ne peut jamais naturaliser son crédit comme le ferait un pontife national ; qui rencontre dans les préjugés, dans les mœurs, dans le caractère, dans les maximes d'une nation dont il ne fait pas partie, des obstacles à l'accroissement de son autorité ; qui ne peut manifester des prétentions sans réveiller toutes les rivalités et toutes les jalousies ; qui peut toujours être arrêté et contenu par les moyens que le droit des gens comporte, moyens qui, bien ménagés, n'éclatent qu'au dehors et nous épargnent ainsi les dangers et le scandale d'une guerre à la fois religieuse et domestique. » Qu'on veuille bien peser la considération suivante : « Le pape, comme souverain, ne peut plus être redoutable à aucune puissance ; il aura même toujours besoin de l'appui de la France, et cette circonstance ne peut qu'accroître l'influence du gouvernement français dans les affaires générales de l'Église presque toujours mêlées à celles de la politique. » C'est ainsi qu'en 1802 le pouvoir temporel du pape paraissait au ministre du premier consul le plus sûr moyen de le tenir dans la dépendance de la France. Avis aux catholiques qui défendent le pouvoir temporel comme la garantie de l'indépendance pontificale ! Le discours se termine par l'exposé du système adopté par le gouvernement dans l'organisation des cultes et par un hommage à la liberté qui rappelle celui à la république quelques pages plus haut, double ironie que Portalis aurait bien pu s'épargner. Il eut plus d'une fois l'occasion de développer les mêmes principes, en particulier dans sa réponse aux protestations de la papauté contre les articles organiques. Il ne fit que mieux dégager de toute équivoque la négation formelle de la liberté religieuse la plus élémentaire et cette profanation de la religion réduite à un ministère politique et utilitaire. Mais de telles prétentions sont plus faciles à porter devant un corps législatif muet et docile que devant l'Église ; la souplesse d'hommes politiques blasés trompe sur les graves difficultés de l'entreprise. Napoléon et son ministre n'allaient pas tarder à s'en apercevoir.

Le discours de Portalis, malgré sa grave éloquence, avait peu réussi. Le corps législatif était bien décidé à accepter ce qu'on lui demandait ou plutôt ce qu'on lui ordonnait de voter. Il savait ce que lui avait coûté une ombre de résistance. Mais, s'il était disposé ou forcé à se soumettre, il désirait le faire promptement et silencieusement, et les développements philosophiques ou oratoires l'irritaient, au lieu de le convaincre. Il voulait la servilité sans phrase. C'est ce qu'on peut remarquer dans tous les parlements avilis. Ils acceptent le fait, mais ils ne veulent pas de la théorie du fait, et, chose étrange ! ils se montrent surtout impatients vis-à-vis de leurs propres orateurs. La meilleure preuve du peu d'effet produit par le discours de Portalis, c'est que le corps législatif, s'étant présenté le lendemain devant le premier consul pour le féliciter de la signature de la paix, ne fit aucune mention de la mesure à laquelle le chef du pouvoir tenait le plus et dont il parla surtout dans sa réponse. « Votre session, dit-il, commence par l'opération la plus importante de toutes, celle qui a pour but l'apaisement des querelles religieuses. La France entière sollicite la fin de ces déplorables querelles et le rétablissement des autels. J'espère que dans votre joie vous serez unanimes comme elle. La France verra avec une vive joie que ses législateurs ont voté la paix des consciences... »

L'orgueilleux esprit qui animait Napoléon l'empêchait de voir que lorsqu'il s'agit de la conscience, elle est seule à voter et n'admet pas volontiers des délégués, surtout des délégués pleins d'une joie si vive ou d'une crainte si servile. Ces nobles paroles, comme les appelle un illustre historien, eurent tout l'effet qu'en attendait le premier consul; on vota contre sa conscience la paix des consciences.

Mais il était, cependant une conscience qui n'avait pas de représentant authentique au corps législatif : c'était celle du saint-père. On ne pouvait voter pour lui, quelque envie qu'on en eût. Le cardinal Caprara, son légat, venait d'arriver à Paris où il avait été reçu selon les anciens rites. Il était chargé de défendre à outrance les derniers scrupules du pape, spécialement quant à la rétractation demandée aux quatre évêques constitutionnels qui, à l'amer regret de la Cour de Rome, avaient été nommés à de nouveaux siéges. La résistance fut prolongée autant que possible, et ne céda que devant les éclats d'une colère feinte ou réelle de la part du général Bonaparte, et surtout devant la menace très-accentuée qu'il fit de tout rompre au dernier moment, si on ne pliait pas. Ainsi se réalisait la paix des consciences!

Le 18 avril 1802, jour de Pâques, le concordat fut publié, et on chanta en grande pompe à Notre-Dame un *Te Deum* solennel pour célébrer la paix générale et le rétablissement du culte. Une foule immense remplissait les rues. Les acclamations qui s'adressaient au grand consul, comme on l'appelait, s'expliquaient suffisamment par sa gloire et son génie, comme par les services qu'il avait rendus, sans qu'on eût le droit d'y voir une adhésion au concordat. De longues files de voitures où s'entassaient les belles dames du monde officiel, suivaient le carrosse du premier consul et du légat. La cérémonie à l'Église fut froide et convenable, sauf l'attitude railleuse de quelques généraux, car ce spectacle singulier amusait ceux qu'il n'attristait pas. Après tout c'était une solennelle comédie qui se jouait sous ces voûtes, puisque la foi manquait complétement dans cette fête de la religion. Quant au premier consul, il était, d'après le témoignage de son historien, calme, grave, dans l'attitude d'un chef d'empire, qui fait un grand acte de volonté, et qui commande de son regard la soumission à tout le monde; ce qui signifie sans doute qu'il était là sans croire lui-même au culte qu'il restaurait, par condescendance et par politique, et comme un homme qui faisait beaucoup d'honneur à Dieu en le visitant dans son temple. Napoléon oubliait que ce n'est pas debout et fièrement comme un chef d'empire qu'on relève les autels, mais à genoux comme un chrétien qui est convaincu pour lui-même. Ces représentations par ordre sont une grande profanation dans les temples de Dieu. Au retour de Notre-Dame, après le dîner d'apparat qui célébrait la paix des consciences, le premier consul, qui était fort satisfait de la réussiste d'une si épineuse affaire, disait à quelques-uns de ses généraux : « N'est-il pas vrai qu'aujourd'hui tout paraissait rétabli dans l'ancien ordre? — Oui, répondit l'un d'eux, excepté deux millions de Français qui sont morts pour la liberté, et qu'on ne peut faire revivre [1]. »

« Ce concordat, dit Grégoire, œuvre d'iniquité comme celui de 1516, fut proclamé dans la cathédrale de Paris. L'archevêque Boisgelin fit un sermon, dans lequel, pour se donner le mérite de contribuer à la renaissance du culte, il disait que le christianisme qui était sorti de France avec les ecclésiastiques émigrés y rentrait avec eux. Ce mensonge choqua le clergé des deux partis restés en France, et les fidèles qui savaient qu'au milieu des tourments politiques, ils n'avaient pas été privés des secours essentiels de la religion. Ce concordat fut préconisé en vers et en prose; il le fut à la tribune législative, au sénat, au barreau, dans les académies, dans les préfectures, et surtout dans les chaires; il le fut par tous les flatteurs et les ambitieux qui aspiraient aux faveurs du gouvernement. C'était un feu roulant d'éloges envers l'homme qui avait relevé les autels, l'envoyé du Très-Haut, l'homme du droit, le Cyrus, le Constantin, le Charlemagne des temps actuels [2]. »

L'illusion ne devait pas être de longue durée. C'est en vain que, pour mieux l'entretenir, le premier consul déclarait aux représentants du clergé protestant, après la promulgation des lois de germinal, qu'il permettait de traiter de Néron celui de ses descendants qui violerait la liberté des cultes. On eût compris qu'il eût parlé de l'égalité

1. Nachet, *De la Liberté religieuse en France*, p. 182.
2. Grégoire, *Histoire de l'Église gallicane*.

des cultes et de l'abolition définitive des lois de proscription contre les
dissidences religieuses. Mais s'attribuer l'honneur d'avoir fondé la
liberté des cultes après avoir signé le concordat et décrété les lois de
germinal, c'était faire le plus étrange abus des mots, et ce qu'il y a
de plus prodigieux, c'est que la majorité du pays ait accepté un moment cette équivoque. Il était cependant facile de savoir ce que ces
mots signifiaient au fond, car ils avaient reçu d'avance un commentaire suffisamment clair dans la proclamation qui accompagnait la
promulgation du concordat. « Ministres d'une religion de paix, y
lisait-on, que l'oubli le plus profond couvre vos dissensions, vos malheurs et vos fautes; que cette religion qui nous unit vous attache tous
par les mêmes nœuds, par des nœuds indissolubles aux intérêts de la
patrie. Déployez pour elle tout ce que votre ministère vous donne de
force et d'ascendant sur les esprits; que vos leçons et vos exemples
forment les jeunes citoyens à l'amour de nos institutions, au respect
et à l'attachement pour les autorités tutélaires qui ont été créées pour
les protéger; qu'ils apprennent de vous que le Dieu de paix est toujours le Dieu des armées, et qu'il combat avec ceux qui défendent
l'indépendance et la liberté de la France. » Le sens de cette exhorta-
tion est assez clair. Elle justifie amplement ce mot sanglant de madame de Staël, que Napoléon avait voulu avoir un clergé comme il
avait des chambellans. Non content de placer la religion sous la
main de son gouvernement, Bonaparte prétendait ranger Dieu lui-
même sous son drapeau et le faire marcher avec ses aigles. C'est
qu'il voulait avoir un Dieu français et surtout napoléonien, dont
les ministres serviraient docilement sa politique. On s'en aperçut
bientôt quand, devenu empereur, il fit rédiger ce fameux catéchisme
qui devait avoir cours dans tous les diocèses et qui pouvait se résumer
par ces mots : Tu ne serviras aucun autre Dieu que l'Éternel, si ce
n'est Napoléon I<sup>er</sup>, ton empereur. En effet, les devoirs envers le prince
sont mis sur la même ligne que les devoirs envers Dieu, et revêtus de
la même sanction redoutable. « D. Que doit-on penser, y lisait-on, de
ceux qui manqueraient à leur devoir envers leur empereur? R. Selon
l'apôtre saint Paul, ils résisteraient à l'ordre établi de Dieu même et
se rendraient dignes de la damnation éternelle. » Parmi ces devoirs
était placé tout d'abord le service militaire, qui figurait de la manière
la plus bizarre dans ce décalogue d'un nouveau genre, unissant le
ridicule à l'odieux.

Décidément, la chaîne était trop tendue, et l'Église, quelque assou-

pie qu'elle fût, devait à son premier éveil sentir douloureusement sa
servitude. On devait faire une fois de plus l'expérience de cette constante duperie du despotisme qui, en retirant la liberté, promet l'ordre
et la paix, et ne donne que l'agitation dans la servitude. Il est bon que
ce mensonge auquel se laissent prendre tous les égoïstes amateurs du
repos soit incessamment démasqué. Il ne le fut jamais mieux qu'à la
suite du concordat. Pour qu'il assurât la paix des consciences, il aurait fallu que celles-ci fussent décidément éteintes. « L'humanité a
trop de feu dans le sang, a dit excellemment M. Renan, pour se contenter d'un Eden de bourgeois heureux s'amusant par escouade, vivant et mourant par habitude, croyant par décret. Le sentiment religieux prendra sa revanche; les cultes aimeront mieux les périls de la
liberté qu'une protection obtenue au moyen de ce qu'ils ont de plus
cher : le droit de se combattre et de croire qu'ils ne relèvent que
d'eux-mêmes et de la vérité. »

Les événements religieux qui remplirent de trouble toute la seconde période du règne de Napoléon démontrent toute la vanité de
sa tentative. Tout le monde sait qu'à peine conclu, le concordat
déchaîna le plus violent orage, et que ce premier essai d'une religion
complétement administrative a misérablement échoué. Il a contre
lui la plus décisive expérience. Il n'entre pas dans le plan de ce
travail de retracer les luttes religieuses qui ont si fort embarrassé le
maître souverain de l'Europe. Elles éclatèrent à l'occasion des difficultés politiques qui suivirent la constitution du royaume d'Italie et
la confiscation du royaume de Naples au profit de Joseph Bonaparte, dont Napoléon voulait faire simplement un préfet royal.
La cour de Rome, craignant toujours de perdre ce qui lui restait de
ses États, avait naturellement cherché son point d'appui auprès des
ennemis de la France; la ville était remplie d'agents autrichiens et
anglais. Le pape était revenu de Paris fort irrité, car les vagues promesses sur la restitution des Légations, qui avaient servi d'appât
pour l'attirer, n'avaient pas été tenues. « On nous avait fait, comme
il le déclare dans sa bulle d'excommunication, souvent et longtemps
concevoir de grandes espérances, surtout lorsque notre voyage de
France fut désiré et sollicité. Bientôt on commença à éluder nos
prières et nos demandes par des tergiversations astucieuses, par des
faux-fuyants et par des réponses dilatoires et perfides. » Le saint-
père parle également à plusieurs reprises des *compensations* qu'on
lui avait fait espérer pour le concordat. Il ne pouvait pas avouer plus

explicitement que son intention avait été de concéder des libertés
pour des territoires. Non-seulement il n'avait pas obtenu les territoires, mais le premier consul avait de beaucoup dépassé ses concessions en promulguant les lois de germinal, dans lesquelles il voyait
avec raison une violation flagrante du concordat. Puis Napoléon ne
voulait pas même reconnaître sa souveraineté sur le lambeau de
terre qu'il lui laissait, et affichait la prétention d'y faire passer ses
troupes à son aise; bien plus, il embrigadait dans les cadres de son
armée la gendarmerie pontificale. Le pape lança un bref commina- ·
toire, dans lequel il passe en revue les amères déceptions qui avaient
suivi le concordat et les mesures violentes déjà prises contre lui. « Il
ose abuser de la force, » disait-il en terminant. Il s'en apercevait bien
tard; il eût dû protester lorsque le domaine sacré de l'indépendance
spirituelle était envahi par les articles organiques, ce qui était infiniment plus grave que la confiscation du duché de Bénévent et de
Ponte-Corvo; mais à cette époque il espérait encore recouvrer les
Légations. Les intérêts du prince avaient entravé les résistances du
pontife; et malgré ses protestations il avait présidé au sacre du
nouveau César. Voilà ce que vaut l'indépendance de la papauté
quand elle est enlacée dans les liens du temporel. Malgré toutes
ses faiblesses passées le pape avait raison de dire à Napoléon,
quoique un peu tard : *Vous abusez de la force !* Le cardinal Caprara,
qu'il allait bientôt rappeler à Rome, raconte, dans ses Mémoires,
qu'un jour il opposait à l'empereur le droit canon. « Le droit canon !
reprit l'impétueux interlocuteur, vous n'y connaissez rien; c'est à
moi qu'il appartient. » Ce détestable calembour renfermait toute la
pensée du premier consul en fait de liberté des cultes, et donnait
la mesure des égards auxquels il se croyait tenu. Il n'y a pas de plus
triste spectacle, de plus odieux abus de la force que la persécution
infligée à Pie VII, que ce douloureux exil, cette captivité resserrée
comme une sorte de torture morale, pour lui extorquer des concessions auxquelles sa conscience se refuse, ce jeu du lion avec sa victime. Le pape n'en est pas moins invincible dans sa faiblesse, car le
refus des bulles trouble tout l'empire. On sait ce qu'il advint du concile convoqué en 1811 à Paris, sa dissolution immédiate dès qu'il
cesse d'être un corps législatif asservi, les éclats de la colère de l'empereur dans son conseil d'État, où il déploya cette fois pour tout de
bon l'éloquence des Césars : *Vim Cæsaris.* On ignore trop qu'une
vraie persécution fut infligée au clergé récalcitrant, et que près de

cinq cents ecclésiastiques furent incarcérés [1]. Voilà la paix procurée par le despotisme. *Ils font le silence et ils appellent cela la* paix, *silentium faciunt et pacem appellant.* Le concordat de 1801 est donc jugé par ses effets immédiats ; son auteur lui-même finit par le regretter, d'après ce passage souvent cité de M. de Pradt : « Lorsque Napoléon se sentit enlacé dans les querelles religieuses toujours croissantes, lorsqu'après avoir travaillé en vue de tout pacifier, il se trouva avoir semé des germes de discorde ; lorsqu'après avoir compté sur l'appui du clergé, il le trouva hérissé d'ombrages contre lui ; il chercha d'où provenait un résultat si différent de celui qu'il croyait avoir préparé, et recueillant les tristes fruits de son expérience, il reconnut avec douleur la faute qu'il avait faite, en se mêlant de la religion, autrement que comme avocat de la liberté de tous les cultes. Souvent il m'a dit : *La plus grande faute de mon règne est d'avoir fait le concordat, mais il est trop tard pour m'en repentir* [2]. »

Ce regret était superflu et tardif pour Napoléon, mais non pour la société moderne qui est de nouveau saisie par les événements de la grande question des relations de l'Église et de l'État. Nous avons reconnu que, soit par son origine, soit par son mode d'exécution, le Concordat de 1801 est une œuvre de réaction funeste né d'une pensée d'asservissement bien plus que de pacification, accompli par un nouveau coup d'État et condamné, par la fatalité de son principe, à ne subsister que par la compression. Il n'a pas même en sa faveur la trompeuse excuse d'avoir assuré la paix des consciences, puisque des faits éclatants ont démontré que toute cette violence a été en pure perte et a laissé le pays agité, troublé et plus éloigné peut-être de la religion qu'au commencement du siècle. L'histoire des régimes qui ont succédé à l'empire démontre avec évidence, pour ceux qui ont des yeux, que le régime de germinal an X n'a point renié son vice originel. Ni l'État ni l'Église n'ont trouvé la paix et la dignité dans des rapports forcés qui amènent nécessairement ou d'orageux dissentiments, ou une tranquillité factice tenant à une somnolence momentanée du sentiment religieux. Nous avons déjà établi ici même combien les circonstances du moment rendent désirable l'abrogation de ce déplorable système qui réunit et aggrave tous les abus de la cen-

---

1. De Pradt, *Les quatre Concordats*, t. II, p. 267.
2. *Id.*, p. 90-91.

tralisation absolue, la plus mortelle ennemie qu'ait la liberté; son influence n'est jamais plus funeste que quand elle pèse sur le ressort caché mais tout-puissant de la vie morale, sur la conscience religieuse. Ce système est battu en brèche à Rome même par un mouvement que l'on peut ralentir mais non arrêter, parce qu'il a pour lui le droit moderne dans ce qu'il a de plus élémentaire, ce droit qui ne saurait avoir deux poids et deux mesures, selon qu'on l'applique en France ou en Italie. Quand le pouvoir temporel des papes aura péri pour l'honneur de l'Église catholique qui a encore plus besoin de cet affranchissement que la nationalité italienne, les concordats tomberont d'eux-mêmes. L'essai d'une religion entièrement civile et nationale périrait sous le ridicule avant d'avoir achevé sa première année. On sera donc bien forcé d'en revenir au régime de la liberté de la religion placée sous le droit commun, et c'est alors que le grand mouvement de 1789 aura tout ensemble son correctif et son plein achèvement. Napoléon disait, le soir même de la proclamation du Concordat : « Maintenant, la révolution est finie. » Il se trompait ; car elle ne sera finie que quand le grand principe de la séparation du spirituel et du temporel, posé par elle, aura reçu sa consécration définitive et aura été dégagé de toute inconséquence. Ce jour-là, la liberté sera décidément entrée dans nos lois, avec la liberté la plus haute et la plus essentielle, celle des âmes et des consciences; car cette liberté est la limite infranchissable où se brise toute tyrannie. Voilà le vrai libéralisme chrétien et moderne. Il est facile de reconnaître le lien qui rattache la question religieuse à la grande question du temps : l'établissement sincère, définitif de la liberté dans le monde. Là est tout l'avenir de l'humanité.

Edmond de Pressensé.

# ONÉGUINE[1]

ROMAN EN VERS

PAR ALEXANDRE POUCHKINE.

## CHAPITRE VII.

### I

Poussées par les rayons du printemps, les neiges des collines environnantes sont déjà descendues en ruisseaux bourbeux sur les prairies inondées. A peine sortant de son sommeil, la nature salue d'un sourire attendri le matin de l'année. Les cieux, d'un bleu plus foncé, sont plus rayonnants; encore transparents, les bois se couvrent d'un duvet de verdure; l'abeille quitte sa cellule de cire pour aller butiner sur les premières fleurs; les champs se sèchent et se nuancent; les troupeaux mugissent joyeusement, et le rossignol a déjà chanté dans le silence des nuits.

### II

Comme ta venue m'est triste, ô printemps; printemps époque de l'amour! Quelle agitation pleine de langueur se fait alors dans mon âme, dans mon sang! Avec quelle émotion pesante je sens ton souffle me caresser le visage au sein de la tranquille campagne! Serait-ce que toute jouissance m'est désormais étrangère? que tout ce qui égaye et vivifie, tout ce qui est joie et splendeur, inspire de l'ennui et de l'abattement à une âme dès longtemps morte et qui ne voit plus que des couleurs sombres?

### III

Ou bien, loin de nous réjouir du retour des feuilles tombées à l'automne, nous rappelons-nous nos pertes cruelles au nouveau bruissement des forêts? Ou bien, dans notre pensée consternée, rapprochons-nous du rajeunissement de la nature la flétrissure de nos

[1]. Voir les 48°, 49° et 50° Livraisons.

années, pour lesquelles il n'est pas de résurrection? Ou bien encore, nous vient-il à la mémoire, à travers je ne sais quel rêve poétique, le souvenir d'un autre vieux printemps qui nous fait palpiter le cœur par les images d'une contrée lointaine, d'une lune resplendissante, d'une nuit délicieuse?...

### IV .

Le moment est venu. Paresseux insouciants, épicuriens philo-sophes, heureux indifférents, vous aussi, disciples de Lèvchine [1], et vous, patriarches de village, et vous, dames sensibles, le printemps vous appelle aux champs. C'est le temps de la chaleur douce, des fleurs, des travaux paisibles, des promenades inspirées et des nuits séduisantes. Vite, vite, amis, partez; partez sur des voitures pesam-ment chargées, avec des chevaux de poste ou de louage; sortez en longues files des barrières de la ville.

### V

Et toi aussi, lecteur bienveillant, assis dans ta calèche de fabrique étrangère, quitte la bruyante capitale où tu t'es amusé pendant l'hiver; viens avec ma muse capricieuse écouter le murmure du feuillage sur le ruisseau innommé, près des lieux où Onéguine, ce solitaire inoccupé et rêveur, a passé naguère un hiver entier dans le voisinage de Tatiana; ces lieux où il n'est plus maintenant, mais où il a laissé une trace douloureuse.

### VI

Allons là-bas où, venu des collines couchées en demi-cercle, le ruisseau coule en serpentant vers la rivière, à travers la prairie verte et le bois de tilleuls. Là, le rossignol, amant du printemps, chante toute la nuit. L'églantine y fleurit, et l'on y entend le murmure des eaux. Plus loin, se voit une pierre funéraire sous l'ombre de deux pins blanchis de vieillesse. Là, une inscription dit aux passants : « Ci-gît Vladimir Lenski, mort trop tôt de la mort des âmes hardies, en telle année, à tel âge. Repose en paix, poëte adolescent. »

### VII

Naguère le vent du matin balançait une couronne mystérieuse sus-pendue à la branche de pin inclinée sur l'humble monument; na-guère deux amies venaient là, le soir, et, assises aux rayons de la lune, elles pleuraient en se tenant embrassées. Et maintenant... le triste monument est oublié. L'herbe a poussé sur le sentier qu'on

---

1. Auteur de plusieurs ouvrages sur l'agronomie.

avait frayé à l'entour. Il n'y a plus de couronne à la branche. Seul, le berger, vieux et cassé, y chante comme autrefois en tissant sa pauvre chaussure.

## VIII — IX

. . . . . . . . . . . . . . . . . . . . . .

## X

Pauvre Lenski ! le chagrin d'Olga ne la fit pas pleurer longtemps. Hélas ! toute jeune fille est infidèle à sa douleur. Un autre sut attirer son attention et endormir sa souffrance par d'amoureuses flatteries. Ce fut un uhlan. Un uhlan fut choisi par son âme. Et déjà, elle se tient devant l'autel, la tête pudiquement baissée sous sa couronne, le feu du bonheur dans ses yeux qui ne se lèvent point et un léger sourire errant sur ses lèvres.

## IX

Pauvre Lenski ! Dans son tombeau, enveloppé de la sourde éternité, s'est-il troublé à la fatale nouvelle de cette trahison ? Ou bien, penché sur le Léthé, somnolent et heureux de son insensibilité, le poëte n'est-il plus touché de rien, et le monde entier est-il muet et fermé devant lui ? Oui, l'oubli et l'indifférence nous attendent tous au delà du tombeau. La voix des ennemis, des amis, des amantes, cesse à l'instant même, et si nous pouvions entendre quelque chose, ce serait le chœur hargneux de nos héritiers qui se livrent à des querelles indécentes.

## XII

La voix sonore d'Olga cessa bientôt aussi de retentir dans la famille des Larine. Le uhlan, esclave de son service, fut obligé de partir avec elle pour le régiment. La maman, disant adieu à sa fille, répandit des torrents de larmes et sembla cesser de vivre. Mais Tania ne put pas pleurer. Seulement son triste visage se couvrit d'une pâleur mortelle. Quand toute la famille se pressait sur le perron et autour de la voiture des jeunes époux pour leur adresser le dernier adieu, Tatiana vint aussi les reconduire.

## XIII

Et longtemps, comme à travers un brouillard, son regard suivit leurs traces. La voilà seule, restée seule. Hélas ! sa compagne de tant d'années, sa jeune colombe, sa confidente chérie, est entraînée au loin par la destinée, et à jamais séparée d'elle. Elle erre sans but, comme une ombre ; elle va dans le jardin devenu désert ; nulle part et de nulle chose elle n'a de plaisir; elle ne peut parvenir à répandre ses larmes scellées sous ses paupières, et son cœur est brisé.

### XIV

Dans ce cruel isolement, sa passion se met à brûler avec plus de force, et son cœur lui parle plus haut de cet Onéguine absent. Elle ne le verra jamais; elle doit haïr en lui l'assassin de son frère. Ce frère a péri, et déjà personne ne se souvient de lui; sa fiancée s'est donnée à un autre, et la mémoire du poëte a passé comme une traînée de fumée sur le ciel bleu. Deux cœurs, peut-être, s'attristent encore à son souvenir... A quoi bon s'attrister?

### XV

Le soir était venu. Les eaux semblaient couler plus lentement sous le ciel obscurci; les hannetons bourdonnaient dans l'air; les rondes des jeunes gens s'étaient déjà dispersées; un feu de pêcheur fumait au delà de la rivière. Plongée dans ses rêveries, Tatiana marcha longtemps à travers les champs ouverts; elle marcha, elle marcha, et tout à coup, du sommet d'une colline, elle aperçut devant elle une maison seigneuriale, un village, un petit bois, un vaste jardin sur les bords d'une limpide rivière. Elle regarde, et son cœur se met à battre plus vite et plus fort.

### XVI

Des scrupules l'assaillissent : « Irai-je plus loin ou retournerai-je sur mes pas? Il n'est pas ici; on ne me connaît point. Je jetterai un regard sur cette maison et sur ce jardin. » Tatiana descend la colline. Regardant autour d'elle avec inquiétude, et la poitrine haletante, elle entre dans la cour déserte. Des chiens se précipitent à sa rencontre en aboyant. A ses cris d'effroi accourt bruyamment une troupe des jeunes *dvoroviés* [1]; ils prennent la demoiselle sous leur protection et réussissent, non sans peine, à écarter les chiens.

### XVII

« Peut-on voir la maison du *barine* [2]? » demanda Tania. Les enfants partirent aussitôt pour aller chercher la femme de charge. Elle arriva bientôt, ses clefs à la main, et devant Tania s'ouvrirent les portes de la maison vide qu'Onéguine avait habitée naguère. Elle entre. Dans le salon, une queue oubliée gisait sur le billard; une cravache traînait sur le sopha, qui semblait encore froissé. Tatiana s'avance plus loin,

---

1. Serfs attachés au service de la maison du maître.
2. Seigneur de terres et d'âmes.

et la bonne femme qui la suit lui dit tout à coup : « Voici la cheminée; c'est ici que le *barine* se tenait souvent seul. »

## XVIII

« Ici, notre voisin, le défunt Lenski, a dîné souvent avec lui pendant un hiver. Prenez la peine d'entrer dans cette chambre, c'est le
cabinet du *barine*. C'est ici qu'il dormait, qu'il prenait son café, qu'il
recevait les rapports de l'intendant et qu'il lisait son livre chaque
matin. Et le vieux *barine* a vécu également ici. Chaque dimanche,
sous cette fenêtre, après avoir mis ses lunettes, il daignait jouer au
*douraki* avec moi. Que Dieu donne le salut à son âme et le repos à ses
os dans le tombeau, sous notre humide mère, la terre. »

## XIX

Tatiana promène autour d'elle un regard attendri; tout lui semble
cher et précieux; tout nourrit son triste cœur d'un plaisir mêlé de
peine : tout, la table avec une lampe éteinte et le monceau de livres, et le lit recouvert d'un large tapis, et la vue, par la fenêtre, des
ténébreuses clartés de la lune et la pâleur immobile du demi-jour
qui remplit la chambre, et le portrait de lord Byron, et sur son socle
la statuette en bronze au front soucieux sous le chapeau à cornes et
aux bras croisés sur la poitrine.

## XX

Tatiana reste longtemps, comme enchantée, dans cette cellule élégante. Mais il est tard; un vent froid s'est élevé; il fait sombre dans la
vallée; le bois endormi domine la rivière chargée de brouillard; la
lune s'est cachée derrière une colline, et, dès longtemps, la jeune
pèlerine aurait dû retourner chez elle. Cachant son émotion, bien que
non sans soupirer, Tatiana se remet en route; mais elle a demandé
la permission de visiter la maison solitaire pour y lire des livres
toute seule.

## XXI

La bonne Anicia reconduisit Tatiana jusqu'au delà des portes de la
cour. Dès le surlendemain, de bonne heure, celle-ci était de retour,
et, s'étant enfermée dans le cabinet silencieux, oubliant le reste du
monde, elle y pleura longtemps. Puis elle prit les livres pour les examiner, et, sans les lire encore, en trouva le choix assez étrange. Tatiana
finit par lire avec avidité, et tout un nouveau monde s'ouvrit devant
elle.

## XXII

Bien que nous sachions que, depuis longtemps, Onéguine se fût

dégoûté de la lecture, toutefois il avait exclu plusieurs ouvrages de
cet ostracisme : le chantre du *Giaour* et de *Don Juan*, et encore deux
ou trois romans dans lesquels l'époque s'est réfléchie, et l'homme
contemporain est assez exactement représenté, avec son âme immorale, égoïste et sèche, mais adonnée sans mesure à la rêverie, avec
son esprit aigu et sceptique, qui bouillonne d'une vide et vaine activité.

### XXIII

Beaucoup de pages gardaient la trace profonde des ongles, et les
yeux de la jeune fille attentive s'y dirigent avec plus de curiosité.
Tantôt avec effroi, tantôt avec étonnement, Tatiana reconnaît par
quelles pensées, par quelles observations Onéguine avait été frappé,
à quoi il acquiesçait en silence. Son âme se montre là dans une intimité involontaire, soit par un mot rapide, soit par une croix ou par
un signe d'interrogation que le crayon a tracés en marge.

### XXIV

Et, grâce à Dieu, ma Tatiana commence à comprendre celui pour
lequel la tyrannie du destin l'a condamnée à soupirer. Cet homme
bizarre, mélancolique et dangereux, cette création de l'enfer ou du
ciel, cet ange ou ce démon orgueilleux, qu'est-il enfin? Ne serait-ce
qu'une imitation, qu'un fantôme plein de néant? ou bien un Mosco-
vite drapé du manteau de Harold? un commentaire de manies venues de l'étranger? un dictionnaire rempli de mots élégants?... Ne
serait-ce, après tout, qu'une parodie?

### XXV

Est-ce que Tatiana aurait déchiffré l'énigme, aurait trouvé le mot?
Cependant les heures s'écoulent; elle oublie que dès longtemps elle
est attendue à la maison, où deux voisins réunis à la famille tiennent une conversation dont elle est le sujet. « Que faire? Tatiana n'est
plus une enfant, dit en gémissant la bonne vieille; il est grand temps
de l'établir. Olga est plus jeune qu'elle; mais elle n'entend point
raison. A tout le monde elle dit sèchement la même chose : Je ne
veux pas. Et puis elle est toujours triste; elle erre seule dans les
bois. »

### XXVI

— « Ne serait-elle pas amoureuse? — Mais de qui donc? Bouyanof a fait une proposition; refus. Ivan Petouchkof; autre refus. Le
hussard Piktine a passé quelques jours chez nous en visite. Comme
il paraissait épris de Tania! comme il faisait le galantin! je me di-

sais : Elle consentira peut-être. Ah bien, oui ! la fusée est partie par
les deux bouts. » — « Alors, petite mère, pourquoi hésiter? Allez à
Moscou, à la foire aux fiancés. On dit qu'il y a là beaucoup de places
vacantes. — Ah ! mon père, je n'ai pas assez d'argent pour ça. —
Il y en aura bien assez pour un hiver. Sinon, je pourrais vous en
prêter. »

## XXVII

La bonne vieille goûta fort ce conseil sage et opportun. Elle fit ses
calculs, et se décida sur-le-champ à partir pour Moscou ; dès l'hiver
venu. Tatiana apprend cette nouvelle : Quoi ! offrir aux jugements
malicieux du monde les marques évidentes de la simplicité provinciale, des toilettes surannées et des tournures de phrases surannées
aussi ! Attirer les regards moqueurs des petits-maîtres et des Circés
de Moscou ! O terreur ! non. Mieux vaut pour elle rester enfouie au
fond des forêts.

## XXVIII

Levée aux premiers rayons du jour, elle parcourt les champs, et,
jetant autour d'elle un regard attendri : « Adieu, disait-elle, tranquille
vallon, et vous, bois si connus, sommets si fréquentés des collines ;
adieu, beauté d'un ciel pur ; adieu, riant pays ; j'échange une vie
chère et tranquille pour le vain bruit du monde. Et toi, adieu,
ma liberté. Où suis-je entraînée? Que me tient en réserve mon
destin? »

## XXIX

Ses promenades se prolongent plus que d'habitude; elle s'arrête
involontairement charmée, tantôt sur le bord d'un ruisseau, tantôt
au pied d'une colline ; elle se hâte de faire ses dernières conversations avec les champs et les prairies. Mais, à la suite de l'été rapide,
est déjà venu l'automne doré ; comme une victime qu'on pare magnifiquement, la nature résignée et froide se couvre de pourpre. Et
voilà que le vent du nord chassant devant lui les nuages, pousse un
long souffle, puis un hurlement, et voilà que le grand sorcier lui-
même, que l'hiver s'avance.

## XXX

Il est venu, il règne; il se pend en franges aux branches des chênes; il s'étend en tapis onduleux sur les champs, autour des collines ;
il a égalisé sous le niveau d'une molle couverture les rivages et les
rivières immobiles ; il a fait scintiller la glace. Tous sont charmés de
ses facétieux sortiléges; seul, le cœur de Tania n'en est pas satisfait. Elle ne va point comme d'habitude au-devant de l'hiver, pour

respirer la poussière de la gelée, pour se laver la figure, les épaules et la poitrine avec la première neige prise sur le toit de l'étuve. Elle s'effraye du voyage dont la menace l'hiver.

### XXXI

Le jour fixé pour le départ est dès longtemps passé. Voici qu'arrive le dernier terme. La lourde voiture à patins, vouée à l'oubli, est remise à la lumière, tapissée à neuf, raffermie partout. Trois *kibitkas*, nombre habituel de l'*aboze*[1], sont chargées d'ustensiles de ménage : casseroles, chaises, coffres, pots de confitures, lits de plume, matelas, cages à poules, pots et cuvettes, etc. Et voilà que dans l'*isbâ* des serviteurs s'élèvent déjà le bruit et les sanglots de l'adieu. On amène dans la cour dix-huit rosses ;

### XXXII

On les attelle à la voiture seigneuriale ; les cuisiniers préparent le dernier déjeuner ; on empile de nouvelles montagnes sur les *kibitkas* ; les cochers et les femmes de ménage se querellent et s'injurient. Un postillon barbu sommeille, assis sur un misérable cheval maigre et velu. Tous les gens de cour se sont réunis près de la porte pour baiser la main aux maîtres. On a pris place enfin, et le respectable véhicule rampe en gémissant hors du mur d'enceinte. « Adieu, paisible asile, retraite solitaire ; vous reverrai-je jamais? » Et un ruisseau de larmes coule des yeux de Tatiana.

### XXXIII

Quand nous aurons élargi chez nous les frontières de la bienfaisante civilisation, avec le temps (d'après le calcul des tablettes philosophiques dans cinq siècles) nos chemins se changeront complétement. De tous côtés, des grandes routes, en coupant la Russie, la réuniront ; des ponts en fer feront, avec leurs arches, de larges enjambées par-dessus les rivières ; nous trancherons les montagnes, nous creuserons sous les eaux des voûtes hardies, et nous construirons à chaque relais une belle auberge.

### XXXIV

Maintenant nos routes sont détestables ; les ponts oubliés tombent en ruine ; aux relais, les punaises et les puces ne laissent pas une minute de sommeil ; il n'y a point d'auberges. Dans une froide *isbâ*, un pompeux mais famélique *prix courant* est suspendu pour l'appa-

---

1. Équipage de suite.

rence, et irrite en vain votre appétit, pendant que les cyclopes de village, devant un feu languissant, raccommodent avec le marteau russe les légers produits de l'industrie européenne, tout en bénissant l'aubaine que leur donnent les ornières et les fondrières du sol paternel.

## XXXV

Mais aussi, à l'époque de l'hiver glacial, le voyage est facile et commode. La route est unie et coulante comme un vers sans pensée, tel qu'on en voit dans les poésies à la mode. Nos automédons sont hardis; nos *troïkas*[1] infatigables, et les poteaux des werstes, au grand amusement des regards inoccupés, glissent à la vue du voyageur comme les pieux d'une clôture. Par malheur, madame Larine, qui craignait la dépense, se traînait, non point avec des chevaux de poste, mais avec ses propres chevaux, et notre jeune fille put savourer jusqu'à la lie tout l'ennui du voyage. Il dura sept jours entiers.

## XXXVI

Mais voici qu'on approche; voici qu'apparaît à leurs yeux Moscou *aux blanches pierres*; et les croix d'or des vieux dômes de ses églises reluisent comme du feu au soleil. O mes amis, que je me suis senti heureux, lorsque, pour la première fois, s'épanouit tout à coup devant moi l'amphithéâtre de ses temples, de ses clochers, de ses jardins et de ses palais! O Moscou, combien de fois, dans mon triste exil, dans ma vie errante, j'ai pensé à toi! Moscou... que de choses, comme les eaux qui affluent dans un bassin, se réunissent à ton nom dans un cœur russe! Que de nobles échos il éveille!

## XXXVII

Voici, entouré de ses bosquets, le château Pétrofski. Il est à la fois sombre et orgueilleux de sa récente gloire. C'est là que Napoléon, enivré du dernier bonheur que lui réservait la fortune, a vainement attendu Moscou agenouillée, présentant les clefs de son vieux Kremlin. Non, notre Moscou n'alla point lui tendre sa tête soumise; ce n'est pas une fête, ce n'est pas un présent de bienvenue qu'elle préparait au héros impatient; c'est un incendie. D'ici, plongé dans ses pensées, il considéra longtemps ces flammes terribles.

## XXXVIII

Adieu, château, témoin de l'écroulement d'une gloire! — En avant, cocher! — Déjà blanchissent les piliers de la barrière; déjà la

1. Attelage de trois chevaux de front.

voiture plonge et bondit dans les *oukhâbis* [1] de la *Tverskaïa* [2]. On voit
défiler à la suite guérites de factionnaires, vieilles femmes, gamins,
échopes, réverbères, palais, monastères, jardins, Tartares vendeurs
de robes de chambre, petits traîneaux, potagers, gros marchands,
huttes misérables, paysans déguenillés, boulevards, tours antiques,
cosaques à cheval, pharmacies, magasins de mode, balcons, lions en
pierre sur les portes, et troupes de corbeaux sur les croix.

## XXXIX

Une heure et deux passent dans cette fatigante promenade, et
voilà qu'enfin, dans une ruelle, près de l'église de Saint-Charitoine,
la voiture s'arrête devant une maison. Là, demeure une vieille tante
malade d'étisie depuis quatre années. Un Kalmouk à cheveux blancs,
en caftan déchiré, tricotant un bas, ses lunettes sur le nez, ouvre à
deux battants la porte du salon. Le cri plaintif de la princesse, étendue sur un divan, retentit jusqu'aux voyageuses. Les deux bonnes
vieilles s'embrassèrent en pleurant, et les exclamations mutuelles se
mirent à couler comme un torrent.

## XL

« Princesse, *mon ange !*... — *Pachette* [3] !... — Alina !... — Qui l'aurait cru ?... — Il y a un siècle... — Est-ce pour longtemps ?... —
Chère cousine !... — Assieds-toi donc... que c'est étrange ! Devant
Dieu... une vraie scène de roman... — Et ceci c'est ma fille Tatiana...
—Ah ! Tania, viens ici.... Vraiment je crois que je délire... Cousine,
te souviens-tu de Grandisson ?... — Quel Grandisson ?... Ah oui, je
m'en souviens ; où est-il ? — Ici, à Moscou ; il demeure paroisse de
Saint-Siméon ; il est venu me voir la veille de Noël. Il n'y a pas
longtemps qu'il a marié son fils. »

## XLI

« Et l'autre, tu sais ? Mais nous en causerons plus tard. Nous
montrerons dès demain Tania à tous ses parents. Malheureusement
je n'ai plus la force de faire des visites ; à peine puis-je traîner les
pieds. Mais vous aussi, vous devez être fatiguées de la route ; allons-
nous reposer. Ouf ! je n'ai plus de forces ; je suis abattue... la poitrine... La joie, maintenant, m'est tout aussi lourde que le chagrin.

1. Profondes ornières que le traînage creuse dans la neige en travers des
routes.
2. Rue à l'entrée de Moscou, du côté de Saint-Pétersbourg.
3. Traduction française du mot *Pacha*, diminutif de Prascovia.

Ah ! mon cœur, je ne suis plus bonne à rien.... Quelle vilaine chose
que la vie quand on est vieux ! » A ces mots, et fatiguée de l'effort,
une toux larmoyante la saisit.

### XLII

Les caresses amicales de la pauvre malade touchent le cœur de
Tatiana ; mais, habituée à sa chambrette, elle se trouve mal à l'aise
en ce nouveau séjour. Dans son nouveau lit, sous des rideaux de
soie, elle ne peut dormir, et le son matinal des cloches, cet avertis-
seur des travaux du jour, lui fait quitter sa couche. Assise à la fenêtre,
elle voit se dissiper l'obscurité ; mais elle ne reconnaît pas les champs
de son pays ; elle aperçoit une cour inconnue, une écurie, une cuisine et une haute clôture.

### XLIII

Voici qu'on mène chaque jour Tania à des dîners de famille, pour
présenter à des grands-pères et des grand'mères sa préoccupation
distraite. Un accueil bienveillant, le pain et le sel de l'hospitalité,
des exclamations de surprise attendent partout ces parents arrivés
de loin : « Comme Tania a grandi ! Y a-t-il donc longtemps que je
t'ai tenue au baptème ! — Et moi, je te portais sur mes bras. — Et
moi, je t'ai tiré les oreilles. — Moi je t'ai donné des gâteaux... » Et
toutes les grand'mères reprennent en chœur : « Comme nos années
s'envolent ! »

### XLIV

Mais, dans ces grands parents, nul changement ne se remarque ;
tout est resté à la vieille mode. La tante, princesse Héléna, porte le
même bonnet de tulle ; Loukeria Lvovna met toujours du blanc ; et
Lubov Pétrovna dit les mêmes mensonges. Ivan Pétrovitch est tout
aussi bête ; Siméon Pétrovitch est tout aussi avare. Pélaguéïa Nicolavna
le même ami, M. Finemouche, et le même carlin, et le même mari.
Et celui-ci, membre toujours aussi exact du club anglais, est toujours aussi humble, aussi sourd, et mange et boit pour quatre, comme
autrefois.

### XLV

Leurs filles embrassent à l'envi Tania. Les jeunes grâces de Moscou
la parcourent d'abord du regard des pieds à la tête ; la trouvent un
peu étrange, provinciale, maniérée, un peu pâle et maigre, mais
pourtant agréable. Puis, s'abandonnant à leur instinct, se font ses
amies, l'emmènent dans leurs chambres, l'embrassent, lui serrent
tendrement les mains, la mettent à la mode en lui relevant les boucles de ses cheveux, et finissent par lui confier, sous le sceau du
secret, les mystères de leurs cœurs, mystères de jeunes filles,

## XLVI

Leurs conquêtes, celles des autres, leurs espérances, leurs rêves, leurs espiègleries. Ces causeries innocentes coulent tout naturellement, légèrement teintées de médisance. Puis, en retour de ce babil, elles lui demandent avec force câlineries l'aveu de son secret. Mais Tania, comme à travers un rêve, écoute tous ces discours sans s'y intéresser, ne les comprend même pas, et garde dans un silence jaloux, sans en faire part à personne, son mystère à elle, ce trésor enfoui de bonheur et de larmes.

## XLVII

Tatiana, dans les salons, s'efforce de prêter son attention aux conversations générales; mais quelles niaiseries incohérentes et plates y occupent tout le monde! Que tout y est pâle et insipide! On y est ennuyeux même quand on calomnie. Dans la désolante sécheresse des questions, des caquets, des nouvelles, pendant des journées entières, même par hasard et sans intention, il ne jaillit pas une pensée. L'esprit, las de ce vide, n'a pas de quoi sourire; le cœur n'a pas de quoi battre. On ne rencontre pas même une bêtise risible en tes cercles, monde nul et trivial!

## XLVIII

La jeunesse des *archives* [1] contemple Tania du haut de sa roideur; ils parlent d'elle entre eux avec peu de bienveillance. Seul, je ne sais quel benêt mélancolique la trouve idéale, et, appuyé contre la porte du salon où elle se trouve, lui prépare une longue élégie. Ailleurs, l'ayant rencontrée chez une tante ridicule, V. s'assit à ses côtés, et réussit pendant quelques minutes à captiver son attention. En le voyant auprès d'elle, un vieillard important, tout en redressant sa perruque, s'enquit du nom de Tatiana.

## XLIX

Mais là où de la Melpomène froidement violente retentit le long hurlement; où elle agite en vain son manteau constellé de similor devant la foule indifférente; là où Thalie sommeille doucement au bruit d'applaudissements de complaisance; là où la seule Terpsichore excite l'admiration des spectateurs; là ne se dirigèrent point sur Tatiana, ni des loges ni des stalles, ni les lorgnettes jalouses des dames, ni les binocles des fins connaisseurs.

---

1. A l'époque de Pouchkine, c'était l'unique carrière que Pétersbourg eût laissée à Moscou pour les fils de famille.

## L ,

On la mène aussi à l'assemblée de la noblesse. Ici, la foule compacte, le bruit, la chaleur, l'éclat des lumières, le tonnerre de la
musique, le tourbillon des couples entraînés, les galeries bigarrées
de monde, le large hémicycle des filles à marier vêtues de leurs plus
beaux atours, tout frappe à la fois tous les sens. Ici les élégants de
Pétersbourg viennent étaler leur impertinence, leurs gilets et leurs
lorgnons mensongèrement inattentifs. Ici les hussards en congé s'empressent de se montrer, de faire sonner leurs éperons, de briller, de
plaire et de disparaître.

## LI

La nuit a beaucoup de charmantes étoiles; Moscou a beaucoup de
charmantes beautés. Mais, plus brillante que toutes ses compagnes
célestes, est la lune plongée dans l'éther d'azur. Celle que j'ose à
peine troubler par le son de ma lyre, brille aussi sans rivale, comme
la lune splendide, au milieu du chœur des femmes et des filles. Avec
quelle fierté divine elle daigne à peine toucher la terre! Que son
regard est à la fois superbe et touchant! Et quelle volupté!... Tais-toi,
cesse; assez de sacrifice à la folie [1].

## LII

On court, on rit, on se salue, on se pousse; le galop, la mazourke
et la valse se succèdent. Cependant, entre deux de ses tantes, et sans
que personne la remarque, se tient Tatiana. Elle regarde devant elle
et ne voit rien; elle étouffe; tout lui semble haïssable, et sa pensée la
remporte à sa campagne, à ses pauvres paysans, à ce coin de terre
ignoré où coulent des ruisseaux limpides, à ses fleurs, à ses romans,
aux ténèbres des grandes allées de tilleuls, là où il lui est apparu.

## LIII

Sa pensée erre ainsi au loin, et le bal qui bruit autour d'elle est
oublié. Mais depuis longtemps un général, homme d'importance, ne
la quitte pas des yeux. Ses deux tantes se font un signe d'intelligence, et chacune d'elles, la poussant du coude, lui dit à l'oreille :
« Regarde vite à gauche. — A gauche? Pourquoi? Qu'y a-t-il? —
N'importe; regarde. Dans ce groupe, vois-tu, en avant, là où sont
encore deux messieurs en uniforme, il s'est avancé, il s'est mis de
côté. — Qui? ce gros général?

---

1. On croit que cette strophe était adressée par Pouchkine à celle qui
devint sa femme.

### LIV

Mais ici, après avoir félicité notre Tatiana de sa nouvelle conquête, nous allons derechef nous détourner de notre voie pour revenir à celui que nous chantons. A propos, il faut que j'en dise deux paroles.

Je chante un mien ami, et quantité de ses extravagances. O toi, Muse de l'épopée, bénis mon long travail, et, me mettant un solide bâton à la main, empêche-moi de marcher de travers. Assez. Ce fardeau est tombé de mes épaules. J'ai rendu honneur à la Muse classique. L'invocation est venue un peu tard, mais elle est venue.

---

## CHAPITRE VIII.

### I

En ce temps-là, lorsque, dans les jardins du lycée, je fleurissais insouciant, lorsque je lisais avidement Apulée et ne lisais point du tout Cicéron ; en ce temps-là, dans les vallons mystérieux, aux cris printaniers des cygnes, près des eaux silencieuses et étincelantes, la Muse m'apparut pour la première fois. Ma cellule d'étudiant en fut illuminée. La Muse y servit son premier festin : elle se mit à chanter les amusements de l'enfance, les gloires de notre histoire passée et les rêves encore vagues de mon cœur.

### II

Le monde l'accueillit d'un sourire. Notre premier succès nous donna des ailes. Lui-même, le vieux Derjavine, nous remarqua, et au moment de descendre dans la tombe, nous laissa sa bénédiction[1].

. . . . . . . . . . . . . . . . . . . . . . . . . . .

### III

Ne prenant pour loi que le seul caprice des passions, et ne rougissant point de partager les sentiments de la foule, j'amenais ma muse étourdie dans le tumulte des orgies nocturnes et des querelles

---

1. Derjavine avait été le poëte célèbre du règne de Catherine II. Il assistait, dans son extrême vieillesse, aux examens du lycée de *Tsarskoé-Célo*, où Pouchkine, à quinze ans, lut des vers de sa composition. Dans son enthousiasme et son attendrissement, Derjavine déclara « que Pouchkine était son héritier. »

insensées; elle apportait ses dons venus du ciel dans les festins en démence; elle s'agitait comme une bacchante et chantait pour les convives, la coupe à la main. Les jeunes hommes de ce temps-là lui faisaient une cour insolente, et moi, je me glorifiais avec mes amis de ma compagne échevelée.

## IV

Mais j'eus bientôt assez de leur alliance; je m'enfuis au loin, elle me suivit. Que de fois cette muse caressante ne m'aplanit-elle pas mon chemin solitaire par la magie d'un récit intérieur! Que de fois, sur les rochers du Caucase, elle galopait avec moi, comme Lénore, aux rayons de la lune! Que de fois, sur les rivages de la Tauride, elle m'a conduit, à travers l'obscurité nocturne, pour me faire écouter le bruit de la mer, le murmure incessant de la Néréide, ce chœur profond et éternel des flots immenses qui s'élève vers le père des mondes en hymne de glorification!

## V

Puis, oubliant les fêtes et l'éclat de la capitale éloignée, elle visita en ma compagnie les humbles tentes des races errantes dans les déserts de la triste Moldavie. Parmi ces races, elle devint sauvage; elle oublia la langue des dieux pour des idiomes pauvres et bizarres, pour les rudes chansons de la steppe dont elle s'était éprise. Soudain, tout change autour d'elle. La voilà au milieu de mon jardin, en demoiselle de province, une rêverie mélancolique dans les yeux, un livre français dans les mains.

## VI

Et maintenant, je mène pour la première fois ma muse dans un *raout* du grand monde. Je contemple avec une timidité jalouse ses attraits de la steppe. Elle se glisse modestement à travers les rangs pressés des grands seigneurs, des militaires élégants, des diplomates, des dames de haut parage; et de son coin, elle regarde étonnée l'apparition successive des invités devant la jeune maîtresse de maison, les bigarrures des costumes et des conversations, le cadre sombre des hommes qui entoure les dames comme une bordure de tableau.

## VII

L'ordre immuable de ces assemblées oligarchiques, la froideur de l'orgueil assuré, tout ce mélange de rangs et d'âges, le frappent sans lui déplaire. Mais qui se tient là, dans cette foule choisie, silencieux et sauvage? Il paraît étranger à tous, et les figures passent devant lui comme une file de fantômes insipides. Qu'y a-t-il sur son visage?

L'ennui ou l'orgueil déçu? Pourquoi est-il ici? Qui est-il enfin?
Serait-ce Onéguine? C'est lui, en effet. Depuis quand le flot l'a-t-il
apporté?

### VIII

Est-il toujours le même? ou s'est-il calmé? ou se donne-t-il toujours les airs d'un original? Quel rôle va-t-il jouer maintenant devant
nous? Sera-t-il misanthrope, cosmopolite, patriote, quaker, dévot?
ou mettra-t-il quelque autre masque? ou bien sera-t-il tout simplement un bon enfant, comme vous, comme moi, comme tout le
monde? Je le lui conseillerais, car il a déjà suffisamment mystifié le
monde. Le connaissez-vous, lecteur? — Oui et non.

### IX

Vous ne le connaissez pas. Pourquoi donc parlez-vous de lui
avec tant de malveillance? Est-ce parce que vous avez la manie d'être
juge et de prononcer un jugement? Parce que l'imprudence des âmes
ardentes paraît blessante ou ridicule à la vanité amoureuse d'elle-
même? Parce que l'esprit qui aime le large met les autres à l'étroit?
Parce que nous prenons trop souvent des paroles pour des actions?
Parce que la méchanceté n'est pas moins étourdie que méchante?
Parce que, pour les gens importants, les niaiseries seules sont importantes? Parce qu'enfin la médiocrité seule nous vient à l'épaule et ne
nous offusque pas [1]?

### X

Heureux celui qui a été jeune dans sa jeunesse; qui a mûri au
temps de la maturité; qui a su résister au refroidissement progressif
qu'apporte la vie; qui ne s'est jamais abandonné à des rêves étranges;
qui n'a jamais fui la plèbe des salons; qui, à vingt ans, était un élégant et un brave, et qui, à trente ans, avait fait un beau mariage;
qui, à cinquante, s'était délivré des dettes hypothécaires et autres;
qui, son tour venu, et sans se hâter, avait acquis argent, titres et
gloire; duquel on a dit toute sa vie : N. N. est un parfait galant
homme.

### XI

Oui, mais il est triste de penser que la jeunesse nous a été donnée
en vain; que, trompée à chaque pas, elle nous a trompés nous-mêmes;
que nos plus nobles désirs, que nos rêves les plus généreux, ont été
corrompus aussi soudainement que les feuilles des arbres l'ont été

---

1. On a vu dans cette strophe une réponse personnelle de Pouchkine à ses
détracteurs.

au souffle de l'automne. Il est insupportable pour un homme de ne voir devant lui qu'une longue file de dîners ; de ne plus considérer la vie que comme une cérémonie à effectuer, et de marcher sur les traces de la foule disciplinée, sans partager avec elle ni aucune de ses opinions, ni aucune de ses passions.

## XII

Quand on est devenu l'objet d'appréciations opposées et bruyantes, il est insupportable, pour un homme de cœur, convenez-en, de passer parmi les gens sensés pour un soi-disant original, un triste fou, ou même un monstre satanique, un démon. Mais c'est assez. Revenons à Onéguine. Après avoir tué en duel son ami, arrivé à l'âge de vingt-huit ans sans avoir rien fait, sans s'être rien proposé de faire, fatigué de son inactivité, n'ayant ni emploi, ni femme, il avait fini par ne plus savoir de quoi occuper ses instants.

## XIII

Une sourde inquiétude, un désir constant de changer de place s'était emparé de lui. C'est une croix volontaire que s'imposent bien des gens. Il quitta son village, la solitude des champs et des bois où semblait, chaque jour, lui apparaître une ombre sanglante; et il se mit à errer à travers le monde sans aucune pensée, mais toujours plein du même sentiment d'inquiétude. Les voyages aussi finirent par l'ennuyer comme tout le reste, et pareil à Tchatski[1], il tomba d'un vaisseau dans un bal.

## XIV

Mais voici que la foule s'ébranle; un murmure parcourt la salle; une dame s'approchait de la maîtresse de la maison, suivie d'un général qui paraissait un personnage important. Elle n'était ni flatteuse, ni hautaine, ni bavarde. Point de regards provoquants pour tout le monde; point de prétentions au succès; point de grimaces ni d'airs affectés. Tout en elle était calme et simple. Elle semblait une image parfaite du « *comme il faut.* » Pardonne-moi, Pletnef[2], je ne sais comment traduire.

## XV

Les jeunes dames s'efforçaient d'approcher d'elle, les vieilles lui souriaient amicalement. Les messieurs la saluaient plus profondé-

1. Personnage d'une comédie de Griboïédof.
2. Ami de Pouchkine, auquel est dédié le roman d'*Onéguine*, et qui, dans sa chaire de littérature russe, se montrait puriste intraitable.

ment que toute autre, et tâchaient d'attirer un de ses regards. Les
demoiselles passaient plus modestement devant elle, tandis que le
général qui l'avait accompagnée levait plus haut que personne les
épaules et le nez. Nul ne l'aurait nommée une beauté, mais aussi nul
n'aurait trouvé en elle, de la tête aux pieds, rien de ce que, dans le
grand monde de Londres, on nomme *vulgar*. C'est comme un fait
exprès :

### XVI

Voilà encore un autre mot que je ne puis traduire. Celui-ci est
nouveau chez nous, et je ne crois pas que la signification qu'on lui
donne y ait jamais cours. Si je faisais une épigramme... Mais revenons à la nouvelle arrivée. Belle de son charme insouciant, elle était
assise à côté de la brillante Nina Voronskaïa, cette Cléopâtre de la
Néva, et vous seriez convenus avec moi que, si éclatante qu'elle fût,
Nina ne pouvait éclipser sa voisine par sa beauté de marbre.

### XVII

« Est-ce possible? pense Onéguine. Serait-ce elle? Non. Mais pourtant... Quoi! de ce village perdu dans les steppes... » et il dirige incessamment son lorgnon curieux sur celle dont la vue a confusément
rappelé des traits presque oubliés. « Dis-moi, prince, ne sais-tu pas
qui est cette personne en béret rouge qui cause avec l'ambassadeur
d'Espagne? » Le prince regarde Onéguine avec un sourire : « Eh, eh!
l'on voit bien qu'il y a longtemps que tu es absent du monde.
Attends, je vais te présenter. — Mais, qui donc est-elle? — Ma
femme. »

### XVIII

« Tu es marié? Je ne savais pas. Y a-t-il longtemps? — Près de
deux ans. — Avec qui? — Avec mademoiselle Larine. — Tatiana! —
Tu la connais donc?—Je suis son voisin de campagne.—Alors, viens. »
Le prince s'approche de sa femme et lui présente son parent et ami.
La princesse regarda Onéguine, et, fut-elle étonnée, troublée? Rien
de ce qui se passa dans son âme ne se trahit. Le son de sa voix resta
le même; son salut fut également affable et gracieux.

### XIX

Parole d'honneur! Non-seulement elle ne frémit pas, ne devint ni
pâle ni rouge; mais son sourcil même ne fit aucun mouvement, et sa
lèvre ne se serra point. Avec quelque attention que l'observât Onéguine, il ne put trouver trace de la Tatiana d'autrefois. Il voulut en-
tamer une causerie avec elle et n'en put venir à bout. Elle lui demanda

s'il y avait longtemps qu'il était de retour, d'où il revenait, et si ce n'était pas de leur pays. Puis elle tourna vers son mari un regard fatigué, se glissa dehors, et laissa Onéguine stupéfait.

## XX

Eh quoi! c'est cette même Tatiana à laquelle (voyez les premiers chapitres de notre roman), dans une contrée perdue, il avait lu, dans un accès d'ardeur moralisante, un si beau sermon! Cette Tatiana dont il garde une lettre où le cœur parle, où tout est abandon et confiance! Cette petite fille, est-ce un rêve? cette petite fille qu'il a méprisée dans son humble condition, est-ce bien elle qui vient de le traiter avec tant d'indifférence et de sans-gêne?

## XXI

Il quitte le raout étouffant et rentre pensif à la maison. Des rêves tristes et charmants troublent son sommeil tardif. Il se réveille; on lui apporte une lettre : le prince N. a l'honneur de l'inviter à la soirée qu'il donne. « O grands dieux! chez elle! J'y serai, j'y serai. » Et aussitôt il griffonne une réponse polie. Qu'a-t-il? Qu'est-ce qui a remué dans le fond de son âme paresseuse et froide? Est-ce le dépit, la vanité, ou de nouveau le tyran de la jeunesse, l'amour?

## XXII

Onéguine compte encore les heures; il ne peut encore attendre la fin de la journée. Mais dix heures sonnent. Il s'élance, il part; le voilà devant le perron. Il entre en frissonnant chez la princesse, et, pendant quelques instants, ils se trouvent seuls assis face à face. Les paroles ne peuvent sortir des lèvres d'Onéguine. Farouche, maladroit, à peine lui répond-il. Sa tête est remplie d'une pensée obstinée, et il regarde obstinément. Quant à elle, elle reste assise, tranquille et libre.

## XXIII

Le mari vient; il interrompt ce pénible tête-à-tête. Il rappelle à Onéguine les amusements et les traits de jeunesse des années passées. Ils rient tous deux. Les visites arrivent. Voici que la conversation commence à s'épicer du sel mordant de la malignité mondaine. Un léger babil s'établit autour de la dame du logis; dépourvu de sottes minauderies, il était maintes fois interrompu par une discussion sensée où l'on ne trouvait ni thèmes rebattus, ni prétendues vérités éternelles, ni pédantisme, où rien n'effrayait nulle oreille par une trop libre allure.

## XXIV

Il y avait là pourtant la fine fleur de la capitale, et les grands seigneurs, et les modèles de la mode, et ces figures qu'on rencontre partout, ces sots inévitables. Il y avait là des dames avancées en âge, avec une physionomie méchante sous des bonnets de roses. Il y avait aussi quelques jeunes filles, visages qui ne sourient jamais. Il y avait aussi un ambassadeur parlant avec aplomb des affaires d'État, et un vieillard, aux cheveux blancs et parfumés, lequel plaisantait à la vieille mode avec une délicatesse excessive qui paraîtrait aujourd'hui ridicule.

## XXV

Il y avait encore un monsieur, tout farci d'épigrammes et mécontent de tout : du thé que l'on offrait et qui était trop sucré, de la nullité des dames, des manières des hommes, du bruit que faisait un roman ténébreux, du *chiffre* [1] que l'on venait de donner à deux sœurs, des mensonges des journaux, de la guerre, de la neige et de sa femme.

. . . . . . . . . . . . . . . . . . . . . .

## XXVI

Il y avait de plus ***, qui s'était fait une célébrité par la bassesse de son âme, et qui avait émoussé tes crayons dans tous les albums, ô Saint-Priest! Un dictateur de bal se tenait appuyé contre la porte en figurine de mode. rouge comme un chérubin dans les palmes du dimanche des Rameaux, tiré à quatre épingles, immobile et muet; tandis qu'un voyageur venu de loin, insolent, roide, empesé, excitait le sourire des invités par son maintien plein de suffisance, et un regard échangé en silence portait sur lui un jugement général.

## XXVII

Mais Onéguine, pendant toute la soirée, ne fut occupé que de la seule Tatiana; non pas de cette petite fille timide, simple, amoureuse; mais de la hautaine princesse, de l'inabordable divinité des rives de la Néva. O hommes! vous êtes tous semblables à notre grand'mère Ève : Ce qui vous est donné ne vous attire pas. Un serpent vous appelle à lui sans relâche à l'arbre mystérieux; il faut qu'on vous donne le fruit défendu; sinon, le paradis n'est plus le paradis.

## XXVIII

Oh! que Tatiana est changée! comme elle est fermement entrée dans son rôle! Comme elle a rapidement pris les allures du rang dominateur! Quoi! c'est de cette indifférente et fière reine des salons

1. Décoration des demoiselles d'honneur au palais impérial.

qu'il a fait battre le cœur ! C'est à lui que, dans le silence de la nuit, avant l'heure du sommeil, elle adressait ses pensées virginales ; c'est avec lui que, soulevant vers la lune ses regards émus, elle rêvait d'achever un jour le modeste chemin de sa vie !

## XXIX

Tous les âges sont soumis à l'amour; mais aux cœurs jeunes et purs ses agitations sont bienfaisantes comme aux champs les orages printaniers. Sous la pluie des passions, ils se rafraîchissent, se renouvellent, mûrissent, et la vie, ainsi fortifiée, donne une floraison splendide et des fruits exquis. Mais, dans l'âge tardif et qui ne peut plus germer, au déclin de nos années, tristes et mortes sont les traces de la passion. Ainsi les tempêtes du froid automne changent les prairies en marais et achèvent de dépouiller les bois.

## XXX

Plus de doute, hélas ! Onéguine s'est épris de Tatiana comme un enfant. Il passe les nuits et les jours dans les perplexités d'une méditation amoureuse. Sans écouter les sévères remontrances de sa raison, il se fait conduire chaque jour au vestibule vitré de l'hôtel qu'elle habite; il la poursuit comme son ombre; il se tient pour heureux s'il peut lui jeter sur les épaules le duvet d'un boa, s'il effleure sa main, s'il relève son mouchoir, s'il écarte devant elle la foule bigarrée des laquais.

## XXXI

Quoi qu'il fasse, mourût-il, elle ne le remarque point. Elle le reçoit librement à la maison, et si elle le rencontre dans le monde, elle lui adresse deux ou trois paroles ; quelquefois un simple salut; quelquefois elle ne l'aperçoit pas même. Il n'y a pas en elle une goutte de coquetterie; le très-grand monde n'en saurait admettre. Onéguine commence à pâlir. « Ou elle ne me voit pas, dit-il, ou elle n'a nulle pitié. » Onéguine maigrit; il menace de devenir phthisique. Tous ses amis en chœur l'envoient aux médecins, et tous les médecins en chœur l'envoient prendre les eaux.

## XXXII

Mais il ne part pas. Il aimerait mieux écrire à ses ancêtres de l'attendre là-haut. Cela ne touche point Tatiana; le sexe est ainsi fait. Lui s'obstine, ne veut point quitter la partie; il espère, il s'agite. Enfin, tout malade qu'il est, et plus hardi qu'un homme bien portant, il écrit d'un main faible à la princesse une lettre passionnée. Bien qu'il attribuât, et avec raison, peu d'influence aux lettres, ce-

pendant il paraît que la souffrance était devenue plus forte que lui.
Voici sa lettre mot à mot :

« Je prévois tout : dévoiler ce triste secret sera vous offenser. Quel
amer mépris exprimera votre fier regard! Qu'est-ce que je veux?
Dans quelle intention vais-je vous ouvrir mon âme? A quelle cruelle
gaieté vais-je peut-être donner cours?

« Quand je vous ai rencontrée par hasard, je ne sais où; quand
je crus remarquer en vous une étincelle de tendresse, je n'osai pas y
croire. Je ne donnai point carrière à la douce habitude qui allait s'é-
tablir; je ne voulus point perdre une liberté qui me pesait pourtant.
Autre chose encore nous sépara : Lenski tomba, victime infortunée.
Alors j'arrachai mon cœur à tout ce qui lui était cher. Étranger à
tous, dégagé de tout lien, je crus que la liberté et le repos remplace-
raient le bonheur. Grand Dieu! combien je me suis trompé! combien
je suis puni!

« Non; vous voir à chaque instant, vous suivre partout, saisir avec
des regards amoureux le sourire de vos lèvres et chaque mouvement
de vos yeux, vous écouter longtemps, pénétrer son âme de vos perfections, pâlir, s'éteindre, se mourir devant vous, voilà le bonheur.

« Et j'en suis privé! je me traîne partout au hasard pour vous rencontrer; chaque jour, chaque heure, m'est un précieux reste de vie,
et je dissipe dans un ennui dévorant mes jours déjà comptés. Je le
répète : ma vie est déjà mesurée; mais, pour qu'elle se prolonge, je
dois être assuré, chaque matin, que je vous verrai dans le cours de la
journée.                                                    •

« Je crains : dans mon humble supplication votre regard sévère
pourrait découvrir les artifices d'une ruse misérable, et j'entends
déjà votre reproche indigné. Si vous saviez combien il est affreux de
brûler, d'être dévoré par la soif d'amour, et de dompter incessamment par la raison l'effervescence du sang! de vouloir embrasser vos
genoux, et répandre à vos pieds, en sanglotant, des aveux, des reproches, des prières, tout ce qui remplit l'âme; et, au lieu de cela,
d'armer sa parole et son regard d'une feinte froideur, de suivre un
entretien tranquille, de vous regarder d'un œil réjoui!

« Mais c'en est fait; je ne suis plus de force à lutter contre moi-
même. Je me livre à vous, et je m'abandonne à ma destinée. »


## XXXIII

Point de réponse. De lui, autre missive. A sa seconde, à sa troisième lettre, point de réponse. Il va à un bal. A peine est-il entré
qu'elle se trouve à sa rencontre. Quelle mine sévère! On ne le voit

pas; on ne lui adresse point la parole. Ouf! comme la voilà maintenant tout enveloppée d'une glace de janvier! Comme ses lèvres re-
tiennent obstinément l'explosion de la colère! En vain Onéguine
dirige sur elle un regard pénétrant. Où est le trouble, la pitié? où
sont les marques des larmes? Rien, rien. Sur ce visage, il n'y a que
les traces de l'indignation.

### XXXIV

Et peut-être aussi d'une peur secrète que le mari ou le monde n'ait
deviné une faiblesse passée et passagère; tout ce qu'Onéguine seul
pouvait savoir.... Plus d'espérance. Il part, et, tout en maudissant sa
folie, il s'y replonge, et de nouveau renonce au monde. Là, dans son
cabinet silencieux, il dut se rappeler le temps où la cruelle *Khandrâ*
l'avait poursuivi à travers le bruit de la vie, l'avait atteint, pris au
collet et enfermé dans un réduit obscur.

### XXXV

De nouveau il se mit à lire sans choix. Il lut Gibbon, Rousseau,
Manzoni, Herder, Champfort, madame de Staël, Bichat, Tissot; il lut
le sceptique Bayle, il lut même les œuvres de.Fontenelle, et aussi
quelques-uns des nôtres, sans rien rejeter, ni almanachs, ni revues,
ni journaux où l'on nous fait la leçon, où maintenant l'on me dit tant
d'injures, où jadis je rencontrais tant de madrigaux : *e sempre bene*,
messieurs.

### XXXVI

Mais quoi! ses yeux lisaient et ses pensées étaient loin. Des rêves,
des désirs, des tristesses, se pressaient sourdement au fond de son
âme. Entre les lignes imprimées, les yeux de son esprit lisaient d'autres lignes qui l'absorbaient tout entier. Ce que c'était, on le dirait
difficilement. C'était, ou de mystérieuses traditions d'une obscure
antiquité, des rêves incohérents, des menaces, des prédictions, des
bruits vagues ; ou bien les vives et folles inventions d'un conte d'enfant, ou bien des lettres de jeune fille.

### XXXVII

Et peu à peu il tombe dans une somnolence de sentiments et de
pensées, tandis que l'imagination jette devant lui les cartes bigarrées
de son *pharaon*. Tantôt il voit sur la neige fondante un adolescent
étendu immobile comme un voyageur endormi, et il entend les mots :
« Eh bien, quoi! il est tué. » Tantôt il voit des ennemis oubliés, des
calomniateurs, des poltrons méchants, et l'essaim des jeunes traî-

tresses, et le cercle des camarades indignes. Tantôt c'est une maison de village, et à la fenêtre est assise *elle*, toujours *elle*.

## XXXVIII

Il s'habitua si bien à se perdre dans ces rêveries qu'il en devint presque fou, ou poète, ce qui eût été bien drôle à voir. En effet, par je ne sais quelle force magnétique, mon élève à tête dure fut sur le point de saisir le mécanisme de la versification russe. Il ressemblait vraiment à un poete, lorsque, assis seul au coin de la cheminée, il chantonnait *benedetta* ou *idol mio*, et laissait tomber au feu sa pantoufle ou son journal.

## XXXIX

Les jours s'écoulaient rapidement. Dans l'air réchauffé, déjà l'hiver se dissolvait. Et il ne se fit pas poète, ne mourut pas, ne devint pas fou. Le printemps le ranime ; il quitte pour la première fois, par une tiède matinée, son appartement clos où il avait hiverné comme une marmotte, ses doubles croisées, sa cheminée et ses chenêts. Il vole en traîneau le long de la Néva. Le soleil se joue sur les blocs bleuâtres de la glace qu'on en a tirée. Dans les rues, la neige, battue et rebattue, se fond en boueuses flaques d'eau. Où, à travers cette neige, se dirige Onéguine ?

## XL

Vous l'avez deviné. En effet, cet original incorrigible est arrivé chez elle, chez Tatiana. Il s'avance, semblable à un mort. Pas âme qui vive dans l'antichambre. Il entre dans le salon, plus loin... personne. Il ouvre encore une porte. Que voit-il ? Quelle vision le frappe si violemment ? La princesse est devant lui, seule, pâle, assise, vêtue négligemment, lisant une lettre, et versant des larmes silencieuses, la joue appuyée sur sa main.

## XLI

Oh ! qui n'aurait pas lu, dans ces rapides instants, ses souffrances muettes ? Qui n'aurait reconnu dans la princesse la Tania, la pauvre Tania d'autrefois ? Dans l'angoisse d'un regret insensé, Onéguine tombe à ses pieds. Elle frissonne et se tait. Elle le regarde sans surprise, sans colère. L'œil éteint d'Onéguine, son air suppliant, son reproche muet, elle a tout compris. La simple jeune fille, avec le cœur et les rêves d'autrefois, revit en elle.

## XLII

Elle ne le relève pas, et, sans le quitter des yeux, elle ne retire pas sa main inanimée aux lèvres avides qui la pressent. A quoi rêve-t-elle? Un long silence se passe; puis elle lui dit doucement : « C'est assez, levez-vous. Je dois m'expliquer avec vous franchement. Onéguine, vous rappelez-vous l'heure où le destin nous a mis face à face dans l'allée de notre jardin? Vous rappelez-vous avec quelle humilité j'écoutai votre leçon? C'est à présent mon tour.

## XLIII

« Onéguine, j'étais plus jeune alors, plus jolie peut-être, et je vous aimais. Cependant, qu'ai-je trouvé dans votre cœur? Quel retour? Le dédain seul. L'amour d'une simple petite fille, n'est-ce pas, n'était pas nouveau pour vous? Maintenant encore, grand Dieu! tout mon sang se fige au souvenir de ce froid regard, de ce sermon. Mais je ne vous accuse pas; vous avez agi généreusement à cette heure terrible; vous aviez toute raison, et je vous suis reconnaissante au fond de mon âme.

## XLIV

« Alors, n'est-ce pas, dans ce désert, loin de tout éclat, je ne vous plaisais point? Pourquoi donc me persécutez-vous aujourd'hui? Pourquoi cette poursuite incessante? Est-ce parce que je dois paraître dans le grand monde? parce que je suis riche et titrée? parce que mon mari a été blessé dans des batailles, et que la cour nous caresse pour ses services? Ou bien est-ce parce que ma honte serait à présent connue de tous, et qu'elle vous donnerait dans la société un honneur infini?

## XLV

« Je pleure. Si vous n'avez pas oublié votre Tania d'autrefois, vous devriez savoir que, si j'en avais le choix, je préférerais vos mordantes épigrammes, vos paroles froides et sévères, à cette passion qui m'offense, à ces lettres et à ces larmes. Autrefois, vous aviez au moins de la pitié pour mes rêves enfantins, du respect pour mon âge; et maintenant, qui vous amène à mes pieds? Quelle petitesse! Comment, avec votre cœur et votre esprit, êtes-vous devenu l'esclave d'un sentiment misérable?

## XLVI

« Quant à moi, Onéguine, toute cette splendeur, ce clinquant d'une triste vie, mes succès dans le tourbillon du monde, ma maison à la mode, mes soirées recherchées, qu'est-ce que tout cela? Je serais heureuse de donner à l'instant tous ces oripeaux, toute cette mascarade, cet éclat, ce bruit, cette fumée, pour un rayon de livres, pour un jardin sauvage, pour notre pauvre habitation, pour ces lieux où je vous ai vu la première fois, pour l'humble cimetière où maintenant une croix et l'ombre des branches couvrent ma pauvre nourrice.

## XLVII

« Et le bonheur était si possible, si proche!... Mais mon sort est fixé. J'ai peut-être agi sans prudence... Ma mère me suppliait en pleurant... toutes les destinées m'étaient égales... je me mariai. Vous devez me laisser; je vous en prie. Je sais que votre cœur abrite la fierté, la droiture, l'honneur. Je vous aime... à quoi bon dissimuler? Mais je me suis donnée à un autre, je lui serai éternellement fidèle. »

## XLVIII

Elle sort à ces mots. Onéguine est resté immobile, comme frappé de la foudre. Par quel tourbillon d'émotion son cœur est agité! Mais un bruit inattendu d'éperons retentit, et le mari de Tatiana paraît. Lecteur, en cet instant cruel pour notre héros, nous allons l'abandonner pour longtemps... pour toujours. Nous avons assez erré avec lui par les mêmes chemins. Félicitons-nous d'être au rivage. Hurrah! il y a longtemps que nous aurions dû faire ainsi, n'est-ce pas?

## XLIX

Qui que tu sois, ô mon lecteur, ami ou ennemi, je veux me séparer de toi cordialement. Adieu. Quoi que tu aies cherché dans ces strophes insouciantes... ou des souvenirs ravivés, ou du repos après tes fatigues, ou des tableaux animés, ou des mots piquants, ou tout bonnement des fautes de grammaire, Dieu veuille que tu trouves dans ce livre, ne fût-ce qu'un grain de mil, pour ton divertissement, pour ton cœur, ou pour des querelles de journaux. Sur ce, séparons-nous, et adieu.

## L

Adieu, toi aussi, mon bizarre camarade; et toi, mon idéal constant; et toi aussi, ma tâche, non grande, certes, mais qui m'était chère. J'ai connu avec vous tout ce qui est enviable dans le sort d'un poëte : l'oubli de la vie au milieu de ses tempêtes, et la douce intimité des amis. Bien des jours se sont écoulés depuis que la jeune Tatiana, et Onéguine avec elle, me sont apparus pour la première fois comme dans un songe confus, alors qu'à travers un cristal magique, je ne distinguais pas encore avec clarté le lointain horizon du libre roman.

## LI

Mais de ceux à qui, dans d'amicales réunions, j'ai lu les premières strophes, les uns ne sont plus et les autres sont loin, comme l'a dit jadis le poëte Saadi. Onéguine s'est achevé sans eux, et celle qui m'a inspiré l'image chérie de Tatiana.... Oh ! le sort m'a beaucoup ôté ! Heureux celui qui a pu quitter de bonne heure le festin de la vie, sans boire jusqu'à la lie la coupe pleine de vin ! celui qui n'a pas achevé son roman, et qui a su s'en séparer brusquement, comme moi de mon Onéguine.

Traduit par Ivan Tourguénef et Louis Viardot.

FIN.

# LES ÉLECTIONS DE 1865

## ET

## LE DÉCRET DU 23 JUIN

La date du 1ᵉʳ juin 1863 restera mémorable à un double titre. D'abord elle marque le commencement d'une période nouvelle, qui va être la contre-partie de celle que nous avons parcourue depuis douze ans. On pouvait dire du décret du 24 novembre qu'il n'avait pas été explicitement désiré et provoqué par l'opinion publique; on ne peut dire la même chose de celui du 23 juin, ni de la lettre à M. Rouher, ni des mesures qui sont encore attendues. Sur les points les plus importants du territoire, le pays a exprimé un vœu formel en faveur des réformes libérales et un besoin très-vif de voir se fonder enfin, sur une nouvelle assiette, la liberté française. De plus, les élections de 1863 nous mettent en état, beaucoup mieux que toutes celles qui les ont précédées, d'apprécier la grande expérience que tente la France à ses risques et périls, pour l'instruction des sociétés modernes, l'expérience du suffrage universel.

## I

M. de Persigny, au moment de quitter le ministère, a voulu dire sa pensée sur les élections, dans lesquelles il est intervenu avec une vivacité si peu réfléchie. Selon lui, « une coalition s'est formée, » et « sur quelques points elle a réussi à surprendre le suffrage universel. » Il suffit d'ouvrir les yeux pour avoir une opinion toute différente.

Résumons en quelques mots les résultats du scrutin. En général, les villes ont voté pour les candidats de l'opposition, les campagnes pour ceux du gouvernement. Le nombre et l'éclat des victoires que les villes ont données à l'opposition se proportionnent assez exactement à leur importance relative. A Paris et dans le département de la Seine, les candidats opposants ont triomphé dans toutes les circonscriptions; à Marseille et à Lyon, ils l'ont emporté dans deux circonscriptions sur trois. Nantes a élu le candidat libéral. A Bordeaux et au Havre, il a fallu procéder à un second tour de scrutin; le Havre a fait passer le candidat non officiel, et à Bordeaux, l'élection du candidat du gouvernement, qui n'a obtenu que quarante voix de majorité, est vivement contestée. Dans les dix circonscriptions qui ont eu à voter une seconde fois, six candidats combattus par l'administration ont été élus. La fraction du nouveau corps législatif qui a été nommée contre le gré du gouvernement se compose, à l'heure qu'il est, de trente-cinq députés. Si on les divise, comme le *Moniteur*, en candidats non officiels et candidats de l'opposition, on s'aperçoit au premier coup d'œil que la plupart des candidats qualifiés par le *Moniteur* de candidats de l'opposition ont été nommés dans les grandes villes. Mulhouse avait donné au candidat de l'opposition une très-forte majorité qui a été renversée par les sections des campagnes; dans un grand nombre de circonscriptions composées de sections urbaines et de sections rurales, les premières ont voté pour les candidats de l'opposition que les secondes ont fait échouer. En beaucoup d'endroits, les candidats opposants ont obtenu des minorités imposantes. L'opposition représentera donc assez exactement, dans la Chambre nouvelle, l'opinion des habitants des villes, et les deux cent cinquante membres nommés avec l'appui du gouvernement représenteront plus spécialement les électeurs des campagnes.

On peut faire d'autres remarques, une surtout : c'est que, parmi les diverses nuances de l'opposition, celle de gauche paraît dominante. Assez forte pour faire réussir au premier tour, malgré la compétition d'autres candidatures opposantes, plusieurs de celles qui avaient sa préférence, l'opposition de gauche a prouvé sa puissance numérique. C'est avec le concours des voix démocratiques que ceux des candidats qui appartenaient à l'opposition sans être précisément démocrates sont sortis vainqueurs de l'épreuve électorale. M. Thiers, qui n'a eu que treize cents voix de majorité, doit quelque reconnaissance à M. le ministre de l'intérieur, dont les circulaires ont rallié à son nom les électeurs démocrates. La candidature de M. Berryer a été efficacement aidée par la recommandation que les ouvriers typographes de Paris, défendus par lui dans un procès de coalition, ont adressée à leurs confrères de Marseille. En revanche, où le concours de l'opposition de gauche a fait défaut aux candidats opposants, ceux-ci ont échoué. Ainsi les candidats du parti ultracatholique, même les plus honorables, et, ajoutons-le, les plus libéraux de ce parti, n'ont rencontré que des défaites. MM. de Montalembert, Anatole Lemercier, Keller, de Mérode, de Mortemart, n'ont pas été élus. M. Augustin Cochin, dans la circonscription de Paris qui renfermait le faubourg Saint-Germain, a dû se désister de sa candidature après le premier tour de scrutin, qui avait donné l'avantage à un opposant de la gauche. En pleine Bretagne, le parti catholique n'a pas été plus heureux : dans le Morbihan, M. Armand Fresneau, ancien orateur catholique de l'Assemblée législative, n'a pas réussi; dans les Côtes-du-Nord, un candidat de la gauche, M. Glais-Bizoin, a obtenu du premier coup la majorité absolue contre M. de Montalembert et contre le candidat du gouvernement appuyé par l'archevêque.

Il faut donc se le tenir pour dit : l'opposition de gauche est la plus nombreuse et la plus forte. Cependant les élections de Paris, de Marseille, de Nantes et de quelques autres circonscriptions ont-elles donné gain de cause à un de ces *anciens partis* qui effrayent tant le *Constitutionnel?* Nous ne le croyons pas. Ce n'est pas en nous rapportant à telle date du passé, à telle forme de gouvernement préexistante, que nous devons chercher le sens des élections opposantes de 1863. Les électeurs de l'opposition n'ont voté ni pour ni contre l'empire, ils ont voté pour la liberté.

Cela nous paraît facile à prouver. Cependant nous conviendrons d'abord que le suffrage universel a écarté certains noms qui étaient plus propres que d'autres à donner aux élections de 1863 ce sens spécialement et largement libéral. Il aurait dû, à ce qu'il semble, faire meilleur accueil à certains hommes politiques qui, soit par la sagacité d'un esprit ouvert et clairvoyant, soit par le bénéfice de l'âge, ont l'intelligence des besoins actuels de la France, tels qu'ils se sont manifestés dans ces élections mêmes. Les uns, ayant joué déjà à d'autres époques un rôle politique, n'en reconnaissent pas moins les mouvements qui se sont produits dans le sein de la société française, depuis qu'ils ont quitté la scène, et se montrent tout prêts à s'y accommoder pour mieux préparer l'avenir; les autres, n'ayant eu aucune part aux gouvernements antérieurs, et n'étant arrivés à l'âge d'homme qu'au moment de leur chute, appartiennent à ces jeunes générations, qui ne sont déjà plus très-éloignées de la maturité, et qui cherchent, malgré les conditions difficiles où elles se sont trouvées jusqu'à présent, à se former des idées et des convictions qui leur soient propres. Les uns et les autres auraient fidèlement et spécialement représenté à la Chambre le mouvement libéral de 1863. Pour cette raison, le suffrage universel aurait dû en porter un plus grand nombre sur les bancs du nouveau Corps législatif. On ne saurait trop regretter l'échec de M. de Rémusat, ce penseur si impartial, si équitable envers toutes les idées justes et les aspirations honnêtes; on aurait dû nommer M. de Lavergne, ne fût-ce que pour sa brochure sur la *Constitution de* 1852, et M. de Vogué, qui marquait si nettement les dispositions du grand public français en disant : « Nous avons formé, il y a douze ans, le grand parti de l'ordre; formons aujourd'hui le grand parti de la liberté. » La nomination de MM. Freslon et Édouard Charton aurait honoré leurs électeurs. Quant aux *jeunes*, comme on dit, à ceux qui seraient arrivés à la Chambre sans autre bagage que celui des idées actuelles, et qui en auraient pu hâter l'élaboration si désirable et si lente, il est extrêmement fâcheux qu'aucun d'eux, entre autres M. Lavertujon, n'ait été nommé, et qu'il ne nous reste plus à cet égard d'autre espoir que dans l'annulation de quelques élections, notamment de celle de Bordeaux. Des préventions injustes contre quelques noms anciens qui ont su rester nouveaux, un défaut d'initiative pour se porter sur les nouveaux noms : les élections de 1863 méritent ce double reproche. Lors donc que nous disons qu'elles se sont faites, non sur des réminiscences du passé, mais en se tournant vers l'avenir, nous reconnaissons qu'elles n'en ont pas donné assez de preuves affirmatives. Mais leur caractère n'en est pas moins évident; il se manifeste, pour ainsi dire, par des résultats négatifs.

Après tant de révolutions, les qualifications de légitimistes, d'orléanistes et de républicains ont fini par signifier plutôt des préférences pour certaines idées politiques que des vœux précis pour la résurrection complète et entière de tel ou tel des régimes que nous avons traversés. Si donc on veut parler des hommes des anciens partis, il faut entendre ceux qui se sont fixés à une date, ceux-ci à 1815, ceux-là à 1830, les autres à 1848, et qui y sont encore en 1863. En ce cas, on peut l'affirmer, les élections opposantes de 1863 n'ont rien eu de rétrospectif.

L'ancien parti légitimiste ne reconnaît pour sien, parmi les nouveaux élus, que son éloquent avocat, M. Berryer, qui nous revient

avec le baptême démocratique. Le groupe des anciens orléanistes
sera trop peu nombreux dans la nouvelle Chambre pour pouvoir
s'isoler des autres fractions opposantes. Quant aux hommes de 1848,
ils avaient eu d'abord l'espérance de faire tourner à leur profit particulier les élections de Paris. Ils ont fait réunions sur réunions,
échafaudé élections sur élections et comités sur comités. Rendons-
leur cette justice qu'ils ont procédé de la façon la plus démocratique,
en faisant appel à un grand nombre d'électeurs dont les groupes devaient, par voie de suffrage et de représentation, se confondre en un
seul comité électoral; mais les préoccupations trop étroites par lesquelles ils ont présidé à leur entreprise trop exclusive en ont déterminé l'avortement. Les discussions et les désaccords avaient dissous
d'avance le comité central, laborieusement élu, et c'est précisément
sur la question de savoir si l'on essayerait de ne faire des élections
parisiennes qu'une manifestation rétrospective en faveur des hommes
de 1848, que les deux tiers des membres du comité ont donné leur
démission. Ce qui en restait était réduit à l'impuissance, et quand
cinq députés sortants et quelques directeurs de journaux, se hâtant
d'agir au moment où cette tentative s'évanouissait d'elle-même, se
sont entendus pour offrir aux électeurs parisiens une liste toute faite,
les débris de ce comité pour les hommes de 1848 n'ont trouvé dans
l'opinion aucun point d'appui pour reprendre une influence marquée
sur le mouvement électoral.

Il suit de là que les électeurs opposants, quoi qu'en aient pu dire
les journaux du gouvernement ou quoi qu'aient pu désirer quelques-
uns de leurs conseillers, n'ont pas formé une *coalition*. Ils n'ont pas
voulu du fusionnisme à outrance, ce dont nous les félicitons. Ils
ont resserré les limites trop larges et trop vagues que certains publicistes leur indiquaient, en les engageant à se mouvoir indifféremment sur un terrain qui se serait étendu jusqu'à M. de Montalembert
d'un côté, et de l'autre jusqu'à M. Charras. D'une part, ils se sont
absolument refusés à prêter les mains à une réaction cléricale; de
l'autre, on ne peut dire qu'ils aient voté pour une révolution jaco-
bine. A Paris, ils se sont tenus entre M. Thiers et M. Pelletan; et
cet espace est encore d'une fort respectable largeur. Pour quels
hommes on a voté, nous le savons; pour quelles idées, nous le savons aussi. En général, les tendances du gouvernement spécifient
le sens des suffrages donnés à l'opposition; les électeurs opposants
votent pour la chose dont le besoin se fait sentir, dont l'absence leur

est devenue une privation; ils votent pour ce qui manque le plus.
Cette fois-ci ils ont voté, non pour M. tel ou tel, mais pour la
liberté.

On a fort bien dit que les circulaires électorales des candidats de
l'opposition, même de ceux qui n'ont pas réussi, peuvent être considérées comme les *cahiers* de 1863. Toutes se sont rencontrées en ce
point qu'elles insistaient avec énergie sur la nécessité d'élargir les
libertés publiques, constitutionnelles, individuelles et municipales,
et d'exercer un contrôle sérieux sur les finances. Mais ce n'est
pas tout, et voici qui est encore plus significatif. Le ton des circulaires des candidats patronnés par le gouvernement s'est rapproché
sensiblement du ton des circulaires signées par les candidats de l'opposition. Les unes n'étaient pas en contradiction avec les autres;
celles-ci ne disaient pas blanc où celles-là disaient noir. Bien souvent, en lisant toutes ces professions de foi (et le nombre en a été
grand), il fallait vérifier si le nom placé au bas appartenait à l'opposition ou était recommandé par le gouvernement, et plus d'une fois
on était agréablement surpris en s'apercevant qu'une circulaire
libérale portait la signature d'un candidat officiel. Il y a donc lieu
de penser que même les députés sortants qui nous reviennent ne
reviennent plus absolument tels que nous les avons vus dans l'ancien
Corps législatif, qu'ils ne se sont pas, selon le mot d'un ancien philosophe, baignés une seconde fois dans le même fleuve, que, mis en
contact avec ces électeurs qui les avaient nommés il y a six ans, se
rendant compte de leurs dispositions actuelles, ils ont jugé à propos
de se conformer à ces dispositions en témoignant plus haut qu'ils
n'avaient fait jusqu'alors de leur goût pour la liberté. Retrempés
dans cette communication directe avec le pays, on peut croire qu'ils
reviennent avec un libéralisme un peu plus décidé qu'ils mettront
moins de soin à dissimuler et à tenir caché dans une ombre discrète.
Ils ne voteraient plus aussi facilement, par exemple, quelque chose
comme la loi de sûreté générale, qu'aucun d'eux n'a osé défendre ni
même rappeler. Et les trente-cinq défaites des candidats officiels
suffisent à leur indiquer que s'il est fort utile de plaire au gouvernement, il peut y avoir quelque danger, au point de vue de la réélection, à mécontenter ses électeurs et à augmenter les chances futures
d'une candidature opposante. Combien d'entre eux ont parlé de
« progrès libéral » et fait entendre à leurs électeurs, pour se les concilier, qu'en les nommant le pays serait encore plus sûr de l'obtenir

qu'en allant le demander à leurs compétiteurs ! On peut donc estimer
que dans les dernières élections, il y a manifestation libérale, non-
seulement dans la nomination de plusieurs candidats opposants,
mais encore dans les professions de foi de la plupart des candidats
officiels.

L'opposition a voté pour la liberté, et nous ajouterons que lors
même qu'on lui prêterait, à tort selon nous, des intentions purement
hostiles, elle n'aurait pas, en fait, voté pour autre chose. La liberté
est le seul terrain commun sur lequel pourront s'accorder les divers
députés de l'opposition. M. Berryer et M. Marie, nommés tous deux
dans la même ville, pourront s'entendre sur un grand nombre de
questions de liberté intérieure. Supposez un instant que l'un veuille
arborer le drapeau de la légitimité et l'autre celui de la république,
les voilà séparés par un abîme. Supposez que M. Thiers s'avise de
déployer l'étendard orléaniste ; la majorité des députés élus à Paris
comme lui rompraient aussitôt avec leur collègue. Que si cette
majorité oubliait l'essentiel, c'est-à-dire la liberté, pour se disséminer
dans l'apologie des différentes formes de gouvernement connues
dans l'histoire, l'opposition, même celle de gauche, tomberait vite
en miettes. L'unique ciment qui puisse lui donner de la cohésion et
de l'importance, c'est la liberté.

Il nous a été souvent déclaré, en maintes occasions solennelles,
qu'on nous donnerait beaucoup de liberté quand le trône impérial
ne serait plus attaqué par les partisans des gouvernements antérieurs.
On peut dire que les élections de 1863 sont une mise en demeure.
L'opposition de gauche l'a emporté dans la plupart des circonscriptions où les candidats du gouvernement n'ont pas été élus; c'est elle
qui a fait échouer par son refus de concours ou réussir par son appui
les candidats appartenant à d'autres nuances de l'opposition; et cependant les députés opposants sont de couleurs assez diverses pour
que la nécessité de ne se point séparer, de mettre quelque communauté dans leurs efforts, les oblige, outre leur serment, de ne point
mettre en question la forme même du gouvernement. D'autre part,
les députés élus sous le patronage du gouvernement arrivent eux-
mêmes, pour la plupart, avec certaines dispositions libérales qu'ils
ont affichées sur tous les murs de leurs circonscriptions, et dont ils
rapporteront peut-être quelque chose. Les uns et les autres se tien-
dront, soit par goût, soit par nécessité, dans le cercle de la Constitution. Il n'y a donc vraiment, à l'heure qu'il est, qu'une grande

question de politique intérieure, devant laquelle toutes les autres se trouvent rejetées au second plan. Les institutions impériales sont-elles compatibles avec une plus grande liberté? Tel est le problème qu'ont posé fort nettement les élections de 1863. Il a été déjà posé à une autre époque, en 1815, au lendemain du 20 mars. A ce moment, Napoléon I⁰ʳ reconnut la nécessité d'établir un empire libéral; le désastre de Waterloo ne lui permit pas de montrer jusqu'à quel point il était sincère, si ses nouvelles idées pouvaient se concilier, soit avec son propre caractère, soit avec l'esprit d'une constitution impériale, ni comment et par quel système il parviendrait à faire marcher ensemble la liberté et l'empire. L'épreuve a manqué, et tous ces points provoquent d'une façon assez stérile, et purement conjecturale, les discussions des historiens. Aujourd'hui le problème de 1815 reparaît, mais en des conditions différentes, à un moment où nous n'avons pas, Dieu merci! la perspective d'une coalition étrangère décidée à nous combattre à outrance; il se pose en pleine paix, en un temps où l'empire a déjà acquis une certaine maturité. Il paraît seul, sans aucun obscurcissement, dans toute sa clarté et dans toute son importance.

En 1815, Napoléon I⁰ʳ s'aboucha avec Benjamin Constant. Tous deux firent ensemble, et non sans quelques divergences d'opinions, l'*Acte additionnel*, qui était le couronnement de l'édifice de ce temps-là. En cela il faut admirer la clairvoyance de Napoléon I⁰ʳ, qui, songeant à renouveler l'Empire par la liberté, ne s'adressa pas à quelqu'un de ces pseudo-libéraux, si nombreux en France, mais alla droit à celui dont le libéralisme était le plus sincère, le plus profond et le plus large, à Benjamin Constant. Ce souvenir nous fournit l'occasion d'exprimer ici le regret que les électeurs de la deuxième circonscription de Paris n'aient pas fait, en des circonstances si analogues, comme Napoléon I⁰ʳ, qu'ils se soient occupés de Chalcédoine ayant Byzance sous les yeux, et résignés trop aisément au désistement si honorable et si désintéressé de M. Édouard Laboulaye. Il est vrai que M. de Persigny allait mettre là, à la place d'une question de principes, une question de personnes; mais, quelque éclat qu'ait eu la nomination de M. Thiers, il en est une autre d'une importance moins bruyante, mais plus réelle au fond et infiniment plus opportune et plus utile que nous eussions préférée.

Il nous faut donc le reconnaître, si les élections de 1863 ont un sens clair et évident, on le trouve moins dans ce qu'elles affirment que dans ce qu'elles nient. Il en résulte qu'elles se sont prononcées très-manifestement, mais un peu vaguement, en faveur de la liberté. Elles pouvaient faire mieux encore, faire des choix plus significatifs, et qui auraient marqué au moins avec plus de précision les contours d'un programme libéral. Toutefois elles ont fait beaucoup, et une ère nouvelle a commencé, car le suffrage universel, dans un certain nombre de circonscriptions importantes, a marqué qu'un pouvoir trop absolu, où tous les intérêts publics, grands et petits, sont placés dans une seule main, ne lui inspire pas une entière sécurité. On a dit souvent, on a pu croire assez longtemps que le suffrage universel voterait toujours et uniquement dans le sens d'une dictature quelconque. En 1863, le suffrage universel, c'est-à-dire la démocratie, a voté en beaucoup d'endroits, quelle que soit d'ailleurs la valeur des noms qu'il a fait sortir de l'urne, contre le pouvoir sans contrôle, pour la liberté. Ce fait est très-important. On peut en conclure que généralement en France, du moins aux époques de paix et de tranquillité, la démocratie sera libérale. Si cet augure n'est pas trompeur, nous ne connaissons rien qui puisse être plus heureux pour notre pays. Là seraient le salut et le port de notre grande Révolution.

Pendant la durée des élections mêmes, certaines circonstances n'ont pas laissé que d'être fort instructives au point de vue de la liberté. Nous avons fait remarquer que le parti catholique avait essuyé un échec écrasant. Le suffrage universel n'a pas voulu soutenir les partisans du pouvoir temporel, et sa volonté sur ce point a été si claire, elle a été si bien comprise en haut lieu, que le remaniement ministériel dont nous venons d'être témoins a fait entrer dans le conseil deux ministres fort décidés sur la question religieuse et fort peu sympathiques aux prétentions des ultracatholiques. Mais ce n'est pas tout. Il ne suffit pas de condamner le pouvoir temporel, il faudra encore, par une conséquence inévitable, résoudre la question des rapports de l'Église et de l'État. A notre avis, on ne saurait la résoudre que par la liberté réciproque, et un incident électoral, sorte de complément de la défaite du parti ultracatholique, a éclaté fort à propos et à point nommé pour ramener vers cette solution bien connue, mais qui a grand'peine à devenir populaire, l'attention du public.

Nous voulons parler de la consultation électorale signée par les sept évêques. Le ministre des cultes a estimé que cette démarche était contraire au concordat; on peut discuter là-dessus; on serait réduit de part et d'autre à des subtilités de légiste et à des arguties de procureur. Mais ce qui est bien évidemment contraire à la lettre et à l'esprit du concordat, c'est l'opinion émise par M. l'archevêque de Tours, répondant à M. Rouland « qu'il ne reconnaît qu'au souverain pontife et aux conciles le droit d'enseigner aux évêques leurs obligations, » et qu'il « regarde comme un droit naturel et imprescriptible pour les évêques, comme pour les autres hommes, de s'écrire, de se demander des conseils, et de faire connaître, quand il y a lieu, les autorités dont ils s'appuient en répondant à une consultation. » Cela est noble et fier; mais, pour donner raison à M. l'archevêque de Tours, il faudrait absolument abolir le concordat. Le droit commun qu'il réclame est incompatible avec le privilége. Le concordat oblige, et fort étroitement, les évêques envers l'État; il leur ôte même le « droit naturel » de publier un écrit collectif sans une permission spéciale. Cette lettre est le meilleur commentaire de l'excellent travail que M. de Pressensé publie en ce moment dans la *Revue*. Les évêques doivent commencer à s'apercevoir qu'ils ne jouissent pas d'une grande liberté; ils finiront peut-être par s'apercevoir qu'ils ne peuvent en revendiquer davantage et se réclamer du droit commun sans demander du même coup l'abolition du concordat.

Si la démarche des sept évêques, suivie ou non par un jugement du conseil d'État, a replacé devant les esprits la question de la liberté de l'Église, la polémique des journaux officieux n'aura pas été inutile, pensons-nous, à la liberté de la presse. Les journaux officieux ont joui de toute liberté contre les candidats de l'opposition, ils en ont usé et abusé, et se sont livrés contre eux aux plus violentes attaques. Qu'ont-ils gagné? Ces excès ont provoqué une réaction publique en faveur des candidats de l'opposition. Les journaux officieux n'ont pas moins contribué que M. de Persigny à l'élection de M. Thiers. En 1848 et 1849, les excès de la presse révolutionnaire favorisaient l'élection des candidats de la droite. D'où l'on peut conclure que la liberté de la presse n'est pas si redoutable, puisque sa puissance s'affaiblit, comme toutes les autres, par ses propres abus.

De même pour le gouvernement. Il a pu s'apercevoir qu'en ne voulant pour ses candidats que des serviteurs dévoués et prêts à tout approuver, il inclinait les électeurs à chercher des candidats assez disposés à ne rien approuver du tout. En cherchant avec trop d'ardeur à prévenir toute contradiction, il a poussé lui-même les électeurs à lui envoyer spécialement des contradicteurs. De là ces projets de coalition que le ministre de l'intérieur dénonçait avec tant d'aigreur. La coalition proprement dite a, selon nous, avorté; quelques choix, cependant, n'ont été faits qu'en vue de placer en face du gouvernement des contradicteurs habiles, notamment M. Thiers. Ce n'est pas la faute du ministre de l'intérieur si les votes de l'opposition n'ont pas signifié purement et simplement : contradiction systématique. Heureusement le bon sens des électeurs n'a pas voulu chercher indifféremment dans les partis les plus divers, même dans ceux qui s'attachent au droit divin, des adversaires de toute couleur chargés de combattre le gouvernement sur tous les points, au nom des idées les plus contradictoires. Ils ont voté, non pour le babélisme et la confusion des langues, mais toujours pour la liberté.

## II

« La vertu d'un homme, dit Pascal, se mesure sur ce qu'il fait d'ordinaire. » Voilà quinze ans que le suffrage universel est établi en France. Bien qu'il ait fonctionné souvent de 1848 à 1852, il n'avait d'abord été mis en action qu'en des circonstances exceptionnelles, au lendemain d'une révolution, à la veille d'une révolution nouvelle, au milieu des incertitudes, des luttes incohérentes, et de l'irritation inquiète de tous les intérêts et de toutes les idées, parmi les brusques changements et dans une sorte de désarroi universel. Après 1852, il a été consulté deux fois, mais dans une période où s'installait et s'élaborait un régime nouveau, qui n'avait pas encore eu le temps de produire toutes ses conséquences et de déterminer son allure. Ce n'est pas en de telles circonstances qu'on pouvait juger avec quelque exactitude les résultats et pressentir les mouvements réguliers d'une institution politique aussi nouvelle, aussi peu éprouvée que le suffrage universel. C'est seulement d'après les élections de 1863 que nous pouvons réunir quelques données un peu positives pour mesurer le suffrage universel sur ce qu'il fera « d'ordinaire. » Par là aussi les élections récentes ont une grande importance et une signification fort instructive.

D'abord le suffrage universel nous paraît consolidé. Nous ne songeons pas à en examiner théoriquement la valeur. La qualité d'électeur est-elle un droit naturel pour tous ou une fonction qui ne doit être confiée qu'aux citoyens présumés capables? On ne peut discuter; mais si l'on se place devant les faits, on reconnaîtra la nécessité d'en tenir compte et de se demander, non plus si l'on a bien ou mal fait d'établir le suffrage universel, mais s'il est possible de le supprimer désormais. A moins de vicissitudes nouvelles qu'on ne saurait prévoir, la suppression du suffrage universel nous paraît devenir de plus en plus difficile.

Ce n'est pas seulement parce que les élections se passent au milieu d'un grand calme et d'une profonde tranquillité, sauf dans les endroits où les excès de zèle des agents de l'autorité provoquent de nombreuses protestations. Cette tranquillité pourrait passer pour un signe d'indifférence, si des preuves éclatantes ne venaient témoigner que les masses ouvrières ont à cœur d'exercer une action politique. Si elles disséminaient leurs suffrages au hasard et sans concert sur une grande variété de candidats, ou si elles ne cherchaient que la satisfaction puérile de faire sortir quelques députés de leurs rangs, on pourrait penser qu'elles n'accordent qu'une médiocre importance au droit qui leur a été donné. Mais il est clair qu'elles tiennent à l'exercer de façon à faire sentir tout leur poids dans les élections; on a pu voir la discipline volontaire qu'elles s'imposent à elles-mêmes pour maintenir leur puissance électorale. Dans aucune circonscription de Paris les ouvriers ne se sont divisés : ils ont tous voté, presque à l'unanimité, pour le même candidat. Ainsi, dans la première circonscription, on pouvait croire qu'ils partageraient leurs voix entre trois candidatures qui leur plaisaient également. M. Havin est directeur d'un journal qu'ils lisent volontiers; mais M. Ferdinand de Lasteyrie leur était connu de longue date, il était vivement appuyé par deux journaux de la démocratie libérale, il avait une nuance plus accentuée que M. Havin; le troisième candidat, M. Blanc, était un ouvrier typographe, et les ouvriers pouvaient céder au désir de se faire représenter par un des leurs au Corps législatif, d'autant plus que la circulaire de M. Blanc était bien faite et en harmonie complète avec leurs vœux et leurs sentiments. Cependant, entre ces trois candidats populaires, ils ont tous choisi le même, ils ont abandonné M. de Lasteyrie et leur propre confrère au profit de M. Havin, qui, ramassant toutes leurs voix, a été élu au premier tour et a emporté la majorité absolue dans une circonscription où quatre candidats importants se disputaient les suffrages. La même chose s'est produite partout ailleurs. Les ouvriers ne se résignent pas à voter, les uns pour celui-ci, les autres pour celui-là ; ils vont au scrutin avec un ensemble compacte, avec le sentiment que leur force vient de leur nombre, et que ce nombre ne saurait se faire sentir que par la discipline.

Si les ouvriers sont en de telles dispositions, on conviendra qu'il ne serait pas facile de leur faire abdiquer un droit avec lequel ils veulent et savent s'assurer une action politique. En 1863 comme en 1851, ceux qui supprimeraient le suffrage universel mettraient une arme trop puissante dans les mains de ceux qui voudraient le rétablir. Il est bien malaisé d'aller, en France, à moins de bien graves événements, à l'inverse de l'égalité, même politique. Et si l'on ne peut plus guère retirer le droit de suffrage aux ouvriers, on ne peut pas le retirer aux paysans. Voilà donc un fait qui paraît accompli : si c'est un mal que le suffrage universel, il nous faut savoir vivre avec lui.

Ce serait quelque chose que d'en prendre définitivement son parti sans plus rêver stérilement la restauration d'une aristocratie quelconque ou d'une oligarchie censitaire, si nombreuse qu'elle puisse être. La situation deviendrait plus nette. Si l'on s'avoue que la France est irrévocablement constituée en une démocratie armée, sinon d'une grande liberté, du moins d'une entière égalité politique, et qu'on ne peut changer cela sous peine de retomber dans la période des barricades, il n'y aura plus qu'une question digne d'occuper les esprits sérieux, c'est de se protéger contre les dangers de cette démocratie, qui peut incliner au despotisme tout autant que l'autocratie, l'aristocratie et toutes les *craties* du monde , en s'appliquant de tous ses efforts à la rendre libérale, très-libérale, afin qu'elle ne devienne jamais destructive et violente. Hors de la démocratie libérale il n'y a plus de salut.

Nous devons donc nous unir activement pour établir dans les esprits un courant nouveau de doctrines véritablement libérales qui s'accommodent avec la démocratie, qui l'élèvent et l'éclairent. Il faut enseigner au peuple la vraie liberté : voilà la grande œuvre.

Il serait d'abord nécessaire que les électeurs fussent en état de la comprendre ou du moins de s'en faire quelque idée. Il est au moins nécessaire qu'ils sachent à peu près ce qu'ils font quand ils votent. Beaucoup de personnes estiment que l'instruction obligatoire est un corollaire indispensable du suffrage universel ; d'autres s'écrient que ce serait une atteinte à la liberté, ne songeant qu'à la liberté du père et oubliant celle de l'enfant, oubliant que la loi intervient déjà, et très-légitimement, pour défendre l'enfant contre les mauvais traitements du père, sans qu'on puisse voir là une atteinte à la liberté de celui-ci. Ce que la loi fait au physique, elle pourrait le faire au moral. Cependant j'avoue que les moyens directs, c'est-à-dire l'emploi de la gendarmerie occupée à propager les lumières par voie d'arrestations et d'amendes, n'offrent pas à l'esprit une image de tout point séduisante. A la contrainte, même en pareil cas, je préférerais les moyens indirects, s'ils peuvent être efficaces.

Dans ces derniers temps, une idée émise par un journal et reproduite au Corps législatif a occupé pendant quelques jours la polémique des journaux. On exprimait le vœu qu'à partir d'une certaine époque assez rapprochée, les électeurs ne pussent exercer le droit de suffrage qu'à la condition qu'ils sussent lire. On disait qu'il suffisait de se donner un peu de peine pour apprendre à lire, et que par conséquent, parmi les plus illettrés, resterait électeur qui voudrait, au prix d'un léger effort : ce qui ne serait rigoureusement vrai que des électeurs encore jeunes. Qui ne se rappelle, à ce sujet, l'indignation des journaux officieux?

Il y aurait au moins une mesure qui ne pourrait soulever aucune objection, même dans l'esprit des défenseurs les plus zélés des classes illettrées. On peut exiger qu'après un certain délai, tous les citoyens atteignant l'âge de la majorité ne puissent se faire inscrire sur les listes électorales s'ils ne prouvent qu'ils savent lire. Là il n'y aurait aucune rétroactivité; on ne priverait personne d'aucun droit dont il soit déjà possesseur; on stipulerait seulement une condition nouvelle pour ceux qui arriveraient à l'âge électoral. Si universel que soit le suffrage, le droit de l'exercer est nécessairement entouré de quelques conditions, comme celle de la capacité civile, d'une résidence de six mois; à celle-là on peut ajouter, pour les futurs électeurs qui sont aujourd'hui dans l'âge où l'on va à l'école, l'obligation de savoir lire. Qu'arriverait-il alors? Pour les classes populaires, le droit électoral deviendrait une dignité que leurs enfants ne pourraient obtenir qu'en apprenant la lecture; bien peu de pères se résigneraient à frapper leurs fils d'incapacité politique en leur interdisant l'accès de l'école; bien peu de jeunes gens approchant de l'âge de vingt et un ans ne s'empresseraient pas d'apprendre à lire, afin de devenir électeurs comme tous leurs camarades. Dans les villages, les générations prochaines se diviseraient en deux catégories, l'une composée des électeurs, c'est-à-dire de ceux qui savent lire, et l'autre composée des illettrés non-électeurs, distinction qui n'aurait rien de contraire à la démocratie, tant s'en faut, car elle serait conforme à la bonne égalité, à l'égalité qui élève. L'amour-propre a beaucoup d'empire sur les Français, même au village. Tous les enfants apprendront à lire pour devenir plus tard électeurs. On ne saurait douter que les paysans ne prisent très-haut le titre d'électeur, dès qu'ils devront avoir fait quelque effort pour l'obtenir, de même qu'ils tiennent à la terre qu'ils ont payée. Sachant lire, ils seront plus capables d'exercer le droit de suffrage, et ils l'exerceront avec quelque sentiment de son importance et non sans quelque légitime fierté, ayant fait quelque chose pour l'acquérir. Nécessité d'une petite instruction élémentaire pour les futurs électeurs, par conséquent instruction primaire gratuite pour tous les indigents : ce ne sont pas là des conditions bien rigoureuses ni bien onéreuses. Tout le monde pourrait se trouver d'accord pour émettre au moins ce vœu-là.

Maintenant comment apprendre au peuple ce que c'est que la liberté? Les meilleurs livres n'y suffisent pas. Fît-on épeler et commenter dans toutes les écoles de France le *Paris en Amérique* de M. Laboulaye, ce ne serait encore qu'une première préparation. Le peuple ne s'instruit véritablement que par les faits. On a pu se contenter en France, pendant trente ans, des libertés politiques, quand le gouvernement était aux mains des classes cultivées, qui ont cru et qui se sont beaucoup trop imaginé que celles-là suppléaient toutes les autres. Avec le suffrage universel, la même erreur ne peut plus se commettre. Comment voulez-vous que les masses comprennent quelque chose à la liberté politique, qui doit être le couronnement de toutes les autres libertés, si l'usage de ces autres libertés, qui en sont les fondations, leur demeure tout à fait inconnu? Elles n'y verront, comme elles l'ont vu jusqu'à présent, qu'un moyen, une sorte de souveraineté, violente ou paisible, selon les temps.

Sous le règne du suffrage universel, les libertés administratives sont indissolublement liées aux libertés politiques, et celles-ci ne deviennent praticables que par l'établissement de celles-là. On ne saurait trop insister sur ce point, qui est capital.

En 1863 comme en 1857, les électeurs des campagnes ont voté en masse pour les candidats du gouvernement. Mais notons que ce n'est pas là un fait, une habitude qu'il faille attribuer purement et simplement au suffrage universel. Cela s'explique par deux motifs : le premier, c'est la pression exercée par les autorités gouvernementales, qui trouvent tant et de si énergiques moyens d'action dans leurs attributions administratives, dont le réseau enveloppe jusqu'au dernier habitant du dernier village, lequel a toujours besoin de plaire à un fonctionnaire, ne fût-ce qu'au percepteur. Le second, c'est que, dans notre système centralisateur, les petites villes et les campagnes sont tellement éloignées de la capitale, c'est-à-dire du point où s'agitent toutes les grandes questions, elles se trouvent tellement en dehors de la vie publique, dont elles ne reçoivent qu'un écho sourd sans pouvoir y prendre une part sérieuse, qu'elles ne peuvent s'animer beaucoup pour des choses qui demeurent si lointaines, qui passent par-dessus leurs têtes et dans une sphère qu'elles regardent graviter à l'horizon à peu près comme nous contemplons les planètes roulant dans le ciel. De là une certaine apathie, une difficulté de s'émouvoir et de se passionner pour des affaires qui les touchent de fort près sans doute, mais qui se décident dans un monde dont le bruit n'arrive qu'affaibli et vague jusqu'à elles.

« Une centaine de communes à remuer, dit M. Bersot[1]; pas de journal, les réunions limitées à vingt personnes, possibles dans quelques localités un peu considérables, impossibles dans les autres, où chacun craint de se mettre en avant ; presque nulle part les listes électorales; dans toutes les communes, des agents de l'administration enflammés de son feu, et, au centre, le préfet parlant au dernier des électeurs, dans le dernier des hameaux, par ses circulaires. »

Ce n'est pas seulement par tous les moyens de publicité, par toutes les facilités de communications écrites ou parlées dont elle dispose, ni par cette multitude de fonctionnaires qu'elle fait manœuvrer avec l'ensemble d'une armée et avec un zèle stimulé par le culte de l'avancement, que l'administration agit avec tant de puissance sur le mouvement électoral. Elle a la main pleine de bienfaits, puisque tout ce qui peut être utile à n'importe quel département ou quel canton doit sortir des bureaux d'un ministère. Si elle ouvre la main, les prospérités pleuvent sur les électeurs; si elle la ferme, ils sont réduits au pain et à l'eau. Elle la fermera peut-être si les électeurs votent pour le candidat de l'opposition; elle l'ouvrira sans doute s'ils votent

1. *Journal des Débats* du 9 juin.

pour celui du gouvernement. L'arène électorale devient une espèce de concours et de distribution des prix, où la docilité envers le gouvernement est le titre à ses faveurs.

Nous lisons dans une circulaire adressée par le comité d'Aix, le 24 mai dernier, aux électeurs de la 2ᵉ circonscription du département des Bouches-du-Rhône :

« Qu'a-t-on osé vous dire ? Que les intérêts matériels de la ville d'Aix seraient sacrifiés, notre chemin de fer compromis, l'exécution de notre canal indéfiniment ajournée, notre cour impériale transportée dans une cité voisine, les largesses (ce mot honteux a été écrit), les largesses du pouvoir taries, si nous n'étions pas dociles à la voix de l'administration et si M. Bournat n'était pas élu. »

Jusqu'à quel point peut-on dire qu'il y a une vraie indépendance électorale quand les électeurs ont un intérêt si pressant à se montrer dociles à la voix du préfet, afin de plaire au ministre des travaux publics et à ses collègues, qui peuvent, selon qu'ils seront satisfaits d'eux ou mécontents, leur accorder de si grands bienfaits ou leur infliger de si grands maux ? D'autre part, cependant, suffirait-il de demander que l'administration renonçât aux candidatures officielles, qu'elle restât absolument neutre au milieu des luttes électorales, qu'elle regardât d'un œil stoïque les candidats dévoués au gouvernement attaqués et battus en brèche par ceux de l'opposition, et exerçât assez d'empire sur elle-même pour ne pas les aider de son formidable concours ?

On répondra, comme on l'a déjà fait, que si le corps électoral est livré entièrement à lui-même, sans direction et sans guide, il lui arrivera le plus souvent de faire des choix malheureux, qu'on agira sur lui en excitant des passions condamnables ou aveugles, en lui parlant, par exemple, de la dépossession brutale des riches au profit des pauvres. Il y a certes de l'exagération dans ces alarmes; il est bien plus vraisemblable que, dans les temps ordinaires, les électeurs ruraux voteront comme ils ont toujours voté aux élections des conseils généraux, et comme la plupart d'entre eux cultivent la terre, dans un esprit étroit et routinier. Tant que notre édifice administratif restera debout tel qu'il est, tant que les petites villes et les campagnes n'acquerront pas une expérience pratique des affaires générales par une gestion plus libre des locales affaires, elles seront à la merci de toutes les influences, les bonnes comme les mauvaises, mais particulièrement de ·celles qui s'adresseront à leurs intérêts particuliers.

Tant que les électeurs seront des administrés, leurs votes, dans les parties de la France où la centralisation, qui éteint la vie publique, ne trouve pas de réactif dans la densité de la population, ne seront jamais désintéressés et indépendants. Deux petits départements, la Lozère et les Hautes-Alpes, une circonscription de la Corse, trois circonscriptions du Pas-de-Calais, ont nommé des candidats non-officiels; ce sont là des exceptions. Notre régime administratif restant le même, le suffrage universel se comportera comme le suffrage restreint, et pour les mêmes raisons. Les départements ont toujours donné la majorité aux candidats préférés par le gouvernement. Ce n'est pas un fait nouveau ; nous le retrouvons sous la Restauration et sous le règne de Louis-Philippe. Pourquoi? L'indifférence pour les affaires politiques, conséquence inévitable de l'inertie que la centralisation leur impose dans leurs affaires administratives ; le défaut d'initiative qui leur est imposé par cette même centralisation et qui reparaît dans l'exercice de leurs droits politiques; la nécessité constante de ne pas mécontenter à leurs dépens le pouvoir dont l'action est si puissante sur leurs intérêts, tous ces motifs assurent aux candidats du gouvernement les suffrages des électeurs ruraux, quelles que soient la forme et l'étendue du vote. Ces suffrages feront, sous tous les régimes, pencher trop la balance du côté du pouvoir pour que des élections générales représentent exactement l'état véritable du pays. Les comices populaires ne forment, à proprement parler, qu'une grande assemblée consultative. Et les gouvernements qui jugeraient de l'état général des esprits en France par le résultat des élections rurales, risqueraient de se tromper étrangement. Ces élections sont d'avance acquises à tous les pouvoirs, de toutes les origines.

Nous l'avons bien vu à deux reprises, en 1829 et en 1847. Si le suffrage universel avait existé alors, il n'est pas probable, le système administratif étant le même, que les résultats des élections eussent été différents de ce que nous les voyons. Sous Charles X, les électeurs ruraux auraient eu les mêmes raisons qu'aujourd'hui de plaire à leurs préfets, sous-préfets, commandants de gendarmerie, gardes-champêtres, percepteurs, etc., etc.

Non-seulement le dénombrement des votes acquis au gouvernement expose celui-ci à se méprendre sur le véritable état de l'opinion; mais les députés s'y trompent eux-mêmes. En 1847, la plupart des députés, croyant voir dans la majorité ultraconservatrice la représentation exacte des sentiments du pays tout entier, ne se faisaient aucune idée de la force réelle de l'opposition et des graves événements qui allaient éclater; et certainement le plus grand nombre des membres du dernier Corps législatif ne se doutaient pas, en se représentant devant leurs électeurs, que l'esprit libéral se fût réveillé aussi vif parmi nous. En voyant leur nombre diminué, mais encore très-considérable, espérons qu'ils comprendront la force et la puissance de ce réveil, et qu'ils ne tomberont pas dans la même erreur que leurs prédécesseurs de 1847.

Le gouvernement calculerait juste et serait clairvoyant si, en examinant les résultats électoraux, il pesait les votes en les comptant. Sans doute le nombre est beaucoup; dans les temps de trouble, c'est lui qui fait la loi, parce qu'il est la force brutale; mais quand la civilisation reprend sa marche pacifique, c'est l'intelligence qui reprend la direction, car c'est elle, en définitive, qui mène le monde. Au reste, le chef de l'État paraît avoir compris tout le premier cette vérité; les derniers changements ministériels l'indiquent assez.

Si, comme on peut déjà l'espérer, le gouvernement attribue aux élections opposantes une signification supérieure à leur nombre, une ère de progrès moral et politique peut commencer. Le gouvernement agirait alors à peu près comme quelques illustres *torys* ou comme M. de Cavour, qui, homme de la droite, réalisait le programme du centre gauche en s'appuyant sur le centre droit. De récentes mesures semblent, nous le répétons, indiquer que ce n'est point là une simple supposition. Mais, et nous insistons sur ce point, le suffrage universel étant admis et ne pouvant guère être supprimé, ce qu'il importe pour assurer la sécurité de l'avenir, c'est d'instruire les électeurs, de les élever à la hauteur de leur mission, de leur en faire comprendre toute la valeur; et le meilleur moyen pour arriver à ce but est d'habituer les électeurs à la gestion de leurs affaires locales. C'est la commune qui fera les citoyens.

# III

Les élections de 1863 peuvent encore nous fournir quelques remarques utiles. Elles nous enseignent de quelle manière le parti
libéral doit chercher un appui dans le suffrage universel, et à quelles
conditions il pourra le trouver.

La polémique qui a le plus animé les journaux de Paris pendant
la période électorale, est celle qui concerne les deux tours de scrutin.
Jamais, hâtons-nous de le dire, article de loi ne fut plus juste, et
plus favorable à la vraie liberté électorale, que celui d'après lequel
il faut, pour être nommé au premier tour, avoir réuni la majorité
absolue des suffrages exprimés. Cette disposition permet aux électeurs
de se partager d'abord entre les candidats qui leur agréent le plus
et d'accuser impunément leur préférence. De la sorte, ce sont véritablement les électeurs qui votent, et non les comités. Jusqu'à quel
point faut-il user de cette faculté? Là-dessus il y avait désaccord
entre les journaux de l'opposition. Les uns voulaient la discipline,
rien que la discipline, tout d'abord et dès le premier tour, afin de
s'assurer la victoire au premier assaut; ils s'irritaient contre tous
les candidats opposants qui se permettaient de venir faire concurrence à celui qu'ils avaient adopté. Les autres soutenaient, au contraire, que la liberté des choix devait régner au premier tour, et la
discipline reprendre ses droits au second. L'épreuve a eu lieu ; c'est
à ces derniers, selon nous, qu'elle a donné raison.

Le succès même des premiers nous servira à combattre leur
théorie. Leur liste a passé au premier tour dans huit circonscriptions du département de la Seine, malgré la concurrence de candidats de l'opposition très-recommandables qui se portaient dans
quelques-unes. M. de Lasteyrie dans la deuxième, M. de Milly dans
la septième, n'ont pas empêché le succès immédiat de MM. Havin
et Jules Simon. C'est que la plupart des électeurs comprennent à
l'avance le danger d'éparpiller les votes sur plusieurs candidats de
la même opinion. Quelle que soit la diversité des nuances que chacun de ces noms exprime, la nécessité de réussir impose l'obligation
de voter pour celui qui a le plus de chance d'être élu. C'est ce que
les ouvriers de Paris, ces hommes si intelligents et si avisés, d'un
sens si naturellement droit et juste, quand il s'exerce de lui-même,

ont parfaitement compris tout de suite. On a vu avec quelle rapidité l'accord pour les votes s'est fait en quelques jours dans tous les ateliers. Or, puisque les électeurs se disciplinent volontiers, il est aussi fâcheux qu'inutile de prétendre leur imposer une règle qu'ils s'imposent librement à eux-mêmes. Mieux vaut qu'ils votent, non sur un mot d'ordre, mais avec une libre entente; le procédé le plus libéral est toujours le meilleur.

Une des circonscriptions de Paris, faute de cette entente si remarquable dans les autres, n'a pu nommer du premier coup un candidat de l'opposition. Le succès de l'opposition dans le département de la Seine n'a pu se compléter que quinze jours plus tard. Et cependant, de bonne foi, peut-on le regretter? Une élection doit-elle être seulement un combat où l'on ne peut se séparer qu'en deux camps, et non pas plutôt une manifestation exacte des sentiments du corps électoral? Dans la sixième circonscription, l'entente générale n'ayant pas été possible tout d'abord, à cause de la grande division des opinions, il a été bon de savoir par quels chiffres se répartissaient ces opinions diverses? Supposons qu'une entente préalable se fût établie entre tous les électeurs, qu'ils eussent fait à la discipline le sacrifice de leurs divergences, qu'ils se fussent décidés préalablement pour M. Cochin ou M. Guéroult, que les partisans de ce dernier eussent voté pour M. Cochin, au nom de la *coalition*, et pour faire triompher le pêle-mêle universel recommandé par quelques publicistes, ou que les partisans de M. Cochin eussent tout d'abord donné leurs voix à M. Guéroult pour faire preuve de cette abnégation passive recommandée par trois journaux, qu'en serait-il résulté? C'est que le vote de la sixième circonscription, qui est devenu l'un des plus significatifs de France, n'eût rien signifié du tout. On n'aurait plus su y démêler quelle était la force numérique, dans la citadelle même du parti catholique, des amis du trône pontifical et celle des adversaires du pouvoir temporel, puisque tous se seraient confondus dans une inextricable mêlée. Qui peut se plaindre de ce double tour de scrutin? Certes, ce n'est pas M. Guéroult, dont la victoire n'a été que plus éclatante, ni le parti catholique, puisqu'il a librement déployé ses efforts au premier tour, ni enfin les amis passionnés de la discipline, puisqu'au second tour, c'est-à-dire au moment où elle est devenue nécessaire, la discipline a triomphé.

Soyons-en sûrs, quel que soit le nombre des candidatures opposantes, s'il y en a une qui exprime mieux le sentiment général des électeurs, qui réponde mieux que les autres à leurs désirs communs, soit par son importance, soit par sa signification, soit même par ses chances de succès, la discipline se fera d'elle-même, et tout se décidera au premier tour de scrutin. Si, au contraire, les électeurs commencent par se diviser, c'est qu'il leur était vraiment trop difficile de se coaliser du premier coup. Dans ce cas, leurs suffrages deviennent instructifs ; ils font le dénombrement des opinions, ils enlèvent tous les doutes sur la force proportionnelle des opinions diverses, ce qui est un grand avantage. Le second tour de vote décide et peut fortifier l'opposition ; le premier l'éclaire.

Avec M. Cochin, c'est le parti catholique libéral qui a été battu. Ne nous en plaignons'pas. Autrefois on avait pu croire qu'il nous aiderait à atteindre le but que nous désirons tous, et qui sera la grande œuvre de notre siècle : la réconciliation du catholicisme avec la liberté. Mais ce parti, de libéral qu'il se disait, est devenu purement politique. Ambitieux sans être puissant, il a composé avec ses convictions. Laissons de côté, si l'on veut, l'expédition de Rome, entreprise dans des circonstances qui peuvent, non la justifier, mais l'expliquer dans une certaine mesure ; ce parti n'a-t-il pas, depuis douze ans, réglé tous ses mouvements, non sur le désir qu'il professait de voir le saint-siége tenter un accord avec la liberté, mais sur les allures du gouvernement français? Ne s'est-il pas fait avec empressement absolutiste en Italie parce que l'empereur s'y montrait libéral. Il a montré par là le fond de sa doctrine, qui n'est autre que l'esprit de servitude attaché à l'âme humaine. La religion est certainement ce qu'il y a de plus beau et de plus respectable au monde, mais à la condition d'être libre. Elle n'existe même que par la liberté et n'a de valeur que par elle. Une religion imposée n'est pas une religion : c'est à la fois une contrainte morale odieuse et une tyrannie sacrilége.

C'est là le sens du double vote de la sixième circonscription de Paris, et ce qui lui donne une si haute signification. La nomination de M. Guéroult est la condamnation du pouvoir temporel de la papauté par la circonscription de Paris où ce pouvoir compte le plus de partisans, dans cette partie de la capitale où se trouvent les quartiers généraux de toutes les congrégations religieuses, les séminaires, le Sénat et la pieuse Académie française. Ce double vote fera certainement avancer la solution de la question romaine.

Les seconds tours de scrutin n'ont pas été défavorables à l'opposition. Au premier tour, la variété des candidatures opposantes avait entraîné un plus grand nombre d'électeurs à voter contre les candidatures officielles en portant leurs suffrages sur des noms pour lesquels ils avaient des sympathies particulières; mais une fois engagés dans l'opposition, ils y sont restés au second tour de scrutin. C'est ainsi que la plus grande partie des voix données d'abord à M. Cochin se sont reportées sur M. Guéroult, malgré ses opinions très-nettes sur la question romaine.

On a remarqué, dans les élections de Paris, la force singulière dont disposent trois journaux. Il leur a suffi de s'entendre pour faire ratifier leurs choix par l'énorme majorité des électeurs. Les ouvriers se mettant d'accord pour porter tous le même candidat, ont adopté le nom qui leur était vivement recommandé par les journaux dont ils font leur lecture habituelle. Dès lors ce nom a réuni la presque unanimité de leurs suffrages. Au lendemain de la victoire de l'opposition à Paris, on n'est guère disposé à se plaindre de cette dictature électorale exercée par trois journaux, puisqu'on lui doit un succès si éclatant, mais cette puissance peut avoir un jour des conséquences dangereuses.

Le gouvernement voit sa force contre-balancée par celle de trois journaux, et les citoyens se trouvent placés entre deux pouvoirs, celui du gouvernement et un triumvirat de journalistes. Cet état de choses est la condamnation du système préventif, en d'autres termes, du système des autorisations préalables, mal dont est atteinte toute notre législation politique, religieuse et même civile. Ce système est déplorable partout, mais il n'y a pas de mal que le gouvernement en sente les inconvénients pour lui-même.

Le seul remède aux dangers d'une demi-liberté est une liberté plus grande, ou pour mieux dire plus générale, parce que toute force perd de son intensité en s'étendant. Cet axiome comprend toute la science politique; il faudrait sans cesse le répéter, l'inscrire partout, le graver de toute façon dans les intelligences. Tout concourt à en manifester l'évidence, qui finira peut-être par dessiller les yeux des gouvernements eux-mêmes. Ils croient se protéger par le régime des autorisations préalables; ce régime grossit singulièrement la force des journaux d'opposition, parce qu'étant moins nombreux, ils manœuvrent, dès qu'ils le veulent, avec un accord qui décuple leur puissance. Supprimez les autorisations préalables; l'augmentation toujours croissante du nombre des journaux rompra cette discipline

LES ÉLECTIONS DE 1863. plus ambitieux et
en donnant l'essor à toute la variété des opinions, et cependant ales du
avantage du gouvernement et des citoyens. retrouver le
L'intérêt du gouvernement, est que les mouvements de réalité au
se déterminent par eux-mêmes, avec aisance et au grand air
publicité indéfinie, afin qu'il puisse les apprécier exactement, à dont
sure qu'ils se produisent. L'intérêt des citoyens, c'est qu'ils créent
eux-mêmes, librement et dans la mesure juste qui répond à leurs
idées, ces mouvements de leur propre opinion. Que le gouvernement ait confiance dans le bon sens naturel de la nation; si ce
bon sens avait été écouté, consulté, provoqué même dans ses manifestations naturelles par les gouvernements précédents, nous aurions
échappé à tous les malheurs et à toutes les vicissitudes que nous
avons traversés depuis soixante-quinze ans.

EUG. YUNG.

sition. Au premi
entraîné un pl
didatures o
lesquels
gagés
C'

IONS DE GOETHE[1]

de l'Orient qui forme le commen-
*Qui veut comprendre le poëte doit aller*
ιe soit la justesse du principe et quel
prendre Gœthe, la plupart des lec-
ιeurs se voient contraints de désobéir à cette loi, qui les oblige à
prendre le bâton du touriste avant de commencer leur lecture. Un
livre qui saurait nous faire accomplir ce voyage nécessaire sans que
nous quittions notre logis serait donc un livre utile et sûr d'être
bien accueilli par tous les amis de Gœthe.

Ce livre existe. Grâce à Eckermann, nous pouvons tous, au coin
de notre feu, faire pleine connaissance avec cette petite ville de
Thuringe que Gœthe avait choisie pour seconde patrie; bien mieux,
nous pouvons pénétrer dans la maison même du poète, la visiter à
notre aise, nous asseoir à sa table, devenir son hôte, son compagnon
de toutes les heures, parcourir les beaux jardins qu'il avait plantés
et qu'il soignait de sa main, feuilleter avec lui les collections de
dessins et de gravures qui lui étaient si chères, faire autour de Weimar toutes les promenades qu'il aimait, en un mot, partager son
existence tout entière. La chronique patiente laissée par un fidèle
apôtre nous fait assister heure par heure, pendant près de dix ans,
à la vie intime du dieu poétique de l'Allemagne. Nulle part il ne se
laisse approcher de si près. — Pour bien apprécier la valeur d'un
pareil document, songeons de quel prix serait pour nous un journal
des dernières années de Sophocle, de Shakspeare, de Dante ou de
Molière! Ce qui nous manque, ce que nous regrettons si souvent
pour ces grands hommes, doit nous faire estimer à son prix ce que
nous avons le bonheur de posséder pour Gœthe. L'homme excellent,
au cœur si naïf, à l'esprit si candide, qui nous a laissé ces précieux
souvenirs, n'est ni un Xénophon, ni même un Arrien; mais cependant il a su, dans son livre, tracer de Gœthe une image simple, nette

1. *Conversations de Gœthe*, recueillies par Eckermann, de 1822 à 1832,
traduites par E. Délerot et précédées d'une introduction par M. Sainte-Beuve.
vol. *Bibliothèque-Charpentier*.

et vive, bien supérieure à beaucoup de portraits plus ambitieux et plus vantés. Après avoir lu certaines descriptions transcendantales du génie de Gœthe, on éprouve un sentiment de bien-être à retrouver le modeste secrétaire; ses paroles ont toute la saveur de la réalité au sortir du rêve.

A la place de la créature surhumaine et incompréhensible dont nous parle souvent une critique douée d'une imagination trop inventive, nous trouvons ici un homme véritable, beaucoup plus grand que nous assurément, mais qui cependant est de notre race, et que nous comprenons sans peine. Ce n'est plus le marbre glacé d'une statue colossale qui paraît devant nos yeux, c'est un être de chair et de sang qui vit et qui palpite comme nous; c'est un vieillard doux et enjoué, dont les allures sont d'une simplicité extrême. On est tout heureux de voir que l'homme qui a écrit une merveille aussi étrange, aussi effrayante de génie que *Faust* était, malgré son œuvre diabolique, un homme excellent, qui n'avait rien de titanesque; s'il nous a tourmentés par ses poémes, il nous repose de ses œuvres par sa vie; elle est douce et bienfaisante à contempler; ses habitudes paisibles nous rappellent par plus d'un détail les bonnes vieilles mœurs du temps passé, encore vivantes en Allemagne, mœurs familières qui nous font sourire en nous inspirant quelque regret. Malgré ses quatre-vingts ans, nous le voyons chaque jour, avec une assiduité et une régularité admirables, qui n'excluent pas l'ardeur juvénile, consacrer de longues heures à mille travaux divers, ayant tous pour but la recherche et l'éclaircissement des vérités les plus hautes et les plus utiles à notre temps. Dans les promenades à travers les champs qui sont sa principale distraction, ce « hautain panthéiste » ne peut arrêter son attention sur une fleur, sur un oiseau, sur un beau coucher de soleil, sans que dans son esprit apparaisse aussitôt la pensée d'un créateur et d'une autre vie. La plus grande joie de cet « égoïste au cœur sec » est de s'entourer de ses petits-enfants, et leur société est une de celles qui lui donnent le plus de joie. Avec tous ceux qui l'entourent et qui tous l'adorent autant qu'ils le vénèrent, il se montre toujours aussi doux, aussi bienveillant, aussi facile. Nous le voyons traverser les crises les plus douloureuses de la vie; il perd un vieil ami de jeunesse, il perd un fils unique; dans ces terribles moments, que fait-il? Il fait comme font les meilleurs d'entre nous; il n'y a en lui ni faiblesse efféminée, ni fausse bravoure; ce « Jupiter » courbe humblement la tête et dit : « Que la volonté de Dieu soit faite ! » Cet « indifférent » va pleurer en silence dans la solitude, et, devant les siens, il cherche à sourire; pendant que son cœur se brise, il veut que son front reste serein; il travaille énergiquement, dans le secret de son âme, à réunir toutes ses forces pour franchir sans chanceler ce passage inévitable, et dès qu'il se sent plus fort, il s'écie : « Allons ! par-dessus les tombeaux, en avant ! » (Und so, über græber, vorwærts !) — Ce tableau de sa dernière vieillesse est peut-être à lui seul plus riche en vives leçons morales que le recueil entier de ses œuvres : il nous prouve la justesse du mot que Merk lui avait dit dès sa jeunesse : « Ce que tu fais vaut mieux que ce que tu écris ! » — Et il en devait être ainsi. Gœthe répétait sans cesse : « Le *progrès* intérieur, voilà le grand but de la vie. C'est dans le *perfectionnement* de soi-même que l'on trouve le bonheur suprême. » — Il avait été le premier fidèle à ces maximes, et, dans sa vieillesse, il put recueillir la récompense de ce persévérant travail qu'il avait laborieusement continué toute sa vie : il était parvenu alors à faire de lui-même un être aussi rapproché de la perfection que possible. En contemplant cette âme si admirablement sage, on se rappelle ce qu'il disait d'un autre grand poëte contemporain : « Il semble que l'on ait devant les yeux un beau fruit dans sa pleine et parfaite maturité. » Respirons longtemps les parfums de ce fruit savoureux, et si, comme Schiller et comme tant d'autres, nous avons dit d'abord : «Je déteste Gœthe,» comme Schiller aussi, nous nous repentirons peu à peu de notre jugement, et notre dernier mot sera aussi le sien : « Il y a peu d'hommes qui soient plus dignes de notre vénération et de notre amour. »

Il semble d'ailleurs que ce soit en France surtout que Gœthe doive trouver un accueil sympathique. Non-seulement Gœthe nous a toujours aimés, mais souvent il a souffert dans sa patrie à cause même de son affection pour nous. Il est un des rares écrivains allemands qui aient osé louer Napoléon ; il avait compris que ce conquérant impitoyable était pour son pays, comme jadis Charlemagne, un ennemi civilisateur. — Au début et à la fin de sa carrière, il s'est fait pour ainsi dire notre compatriote littéraire. Il appelle ses premières comédies « des études d'après Molière, » et c'est Rousseau qui a inspiré son premier chef-d'œuvre. Nous ne connaîtrions pas l'amant de Charlotte, si Saint-Preux n'avait pas confié à l'Europe entière son amour pour Julie. Qu'est-ce que *Werther*, sinon *la Nouvelle Héloïse* condensée et réduite aux proportions du *Vicaire de Wakefield?* L'originalité de Gœthe, c'est d'avoir su être court, et d'avoir concilié dans une imitation de génie deux œuvres pour lesquelles il ressentait alors une égale admiration. Dans Werther sont venus se fondre et s'unir l'âme paisible de Goldsmith et le cœur tourmenté de Rousseau. — Plus tard, fidèle à ses goûts pour nos chefs-d'œuvre, Gœthe n'a pas dédaigné de se faire à plusieurs reprises le traducteur de Voltaire,

de Diderot, et enfin, le dernier livre que sa main mourante ait
feuilleté est un livre français. Pendant la période finale de sa vie,
voyant la littérature de son pays suivre une voix mauvaise, il préfé-
rait s'occuper de l'étranger et surtout de la France. Il est resté une
preuve bien curieuse de son dédain pour ses derniers contemporains.
C'est par un journal *français* qu'il a appris quelles critiques le fameux
Wolfgang Menzel dirigeait contre ses œuvres. Le 31 décembre 1829,
il écrivait à Zelter : « Tu m'as annoncé un jour l'existence d'un
« nommé Menzel, qui, dans ses ouvrages, n'aurait pas parlé de mo
« avec beaucoup de bienveillance. Jusqu'à présent, je ne savais rien
« sur lui, car j'aurais beaucoup à faire si je voulais m'occuper de
« la manière dont on me juge, moi et mes travaux. Mais je sais main-
« tenant par des nouvelles venues du dehors, quelles sont les idées
« de ce critique. Le *Globe* du 7 novembre m'en a donné un exposé
« clair. Il est doux de voir combien s'agrandit peu à peu l'empire
« de la littérature. Il n'est plus nécessaire de se tourmenter des
« adversaires que nous rencontrons dans notre pays; nos voisins se
« chargent de nous défendre [1]. »

Si Gœthe s'est toujours senti attiré vers nous, c'est évidemment
parce qu'il y avait dans son génie certaines analogies avec le génie
français. Il a, en effet, inauguré dans la littérature allemande quelques-unes des qualités que l'on reconnaît comme les traits distinctifs
des œuvres françaises. Quoique Allemand, il a été clair ; quoique
profond, il a été agréable. Il a écrit des dissertations scientifiques
qui ne se bornent pas à être très-riches d'idées, mais qui, pour la
première fois en Allemagne, sont remarquables aussi par l'art de la
composition et par le charme du style. Enfin, et c'est là surtout ce
que je veux constater ici, il avait reçu un don qui passe pour un don
français par excellence, le don de la causerie. Une des célébrités les
plus brillantes en ce genre de talent, madame de Staël, a dit :

1. Lettres à Zelter, t. V, p. 354. Un autre jour, Gœthe a avoué son goût
pour notre littérature en se servant de notre langue même. Dans une lettre
écrite *en français* à David (d'Angers), nous trouvons ce passage doublement
intéressant : « Je vous prie d'assurer M. Émile Deschamps qu'il m'a fait un
grand cadeau par sa préface ( des *Études françaises et étrangères* ) parce que,
*très-attentif à la marche de la littérature française, nouvelle et renouvelée,* je
fais mon profit de l'aperçu qu'il en présente avec grande sagesse et modération, ce qui m'est d'autant plus facile que je trouve le contenu de son
beau discours parfaitement en harmonie avec ma conviction, qu'il éclaire
et confirme encore... » — Cette phrase trahit son origine germanique, mais
quel est celui de nos écrivains, en 1830, qui aurait été capable de répondre
à Gœthe dans un allemand aussi correct que ce français?

« Gœthe est un homme d'un esprit prodigieux en conversation.....
« Quand on sait le faire parler, il est admirable..... Son éloquence
« est nourrie de pensées, sa plaisanterie est en même temps pleine
« de grâce et de philosophie... Ce que l'on raconte de l'entretien de
« Diderot pourrait donner quelque idée de celui de Gœthe..., etc. »
— C'est après sa visite de 1803 que madame de Staël reconnaissait
en Gœthe un causeur digne d'elle. En 1811, un autre voyageur français qui, passant par Weimar, avait eu aussi le bonheur de s'entretenir avec Wieland et Gœthe, écrivait : « Ma conversation avec
« M. Wieland n'avait eu que lui pour objet...; elle n'était jamais
« sortie de ce cercle; avec M. Gœthe elle prit sur-le-champ un vol
« plus élevé; il embrassa toute la littérature allemande, passée et
« présente; il y marcha à pas de géant, peignant tout à grands traits,
« d'une manière rapide, mais avec une touche si vigoureuse et des
« couleurs si vives, que je ne pouvais assez m'étonner; il parla de ses
« ouvrages peu et avec modestie, beaucoup des chefs-d'œuvre en
« tout genre de la France, des grands hommes qui l'avaient honorée,
« du bonheur de sa langue, des beaux génies qui l'avaient maniée,
« des littérateurs présents, de leur caractère et de celui de leurs pro-
« ductions; enfin, j'étais un Français qui était allé pour rendre hom-
« mage au plus beau génie de l'Allemagne, et je m'aperçus bientôt
« que M. Gœthe me faisait en Allemagne les honneurs de la France.
« Il est impossible d'allier plus d'esprit, plus de modestie, et de cette
« urbanité qui jette sur la science un vernis si aimable. Je lui disais,
« en parlant de notre littérature, que nous nous étions enfermés dans
« des bornes étroites dont nous ne voulions pas sortir, que nous
« restions obstinément dans les mêmes routes, ce que ne faisaient
« point les autres peuples. Il me répondit avec une politesse infinie
« qu'il ne trouvait pas que les Français eussent de la répugnance à
« sortir de leurs routes, mais seulement qu'ils étaient plus judicieux
« que leurs voisins lorsqu'il était question de s'en ouvrir de nou-
« velles. Son œil est plein de feu, mais d'un feu doux; sa conversa-
« tion riche et abondante; son expression toujours pittoresque et sa
« pensée rarement ordinaire [1]. » — En 1817, une impression identique amenait presque les mêmes termes sous la plume de M. Cousin :
« Il m'est impossible, disait-il, de donner une idée du charme de la
« parole de Gœthe; tout est individuel, et cependant tout a la
« magie de l'infini; la précision et l'étendue, la netteté et la force,
« l'abondance et la simplicité, et une grâce indéfinissable sont dans
« son langage. Il finit par me subjuguer, et je l'écoutais avec délices.

1. *Correspondance entre Gœthe et Reinhard*, p. 114. Lettre de M. Lefébure.

« Il passait sans effort d'une idée à une autre, répandant sur cha-
« cune une lumière vaste et douce qui m'éclairait et qui m'enchan-
« tait. Son esprit se développait devant moi avec la pureté, la facilité,
« l'éclat tempéré et l'énergique simplicité de celui d'Homère. Nous
« restâmes ensemble à peu près une heure. Il n'a mis en avant aucun
« paradoxe, et il ne m'a dit que des choses neuves. Son imagination
« perçait de temps en temps; beaucoup d'esprit dans le détail et le
« développement; un vrai génie dans le corps de l'idée. » — Enfin,
en 1827, M. Ampère, après des entrevues répétées, écrivait : J'ai en-
« tendu Gœthe parler plusieurs heures de suite avec une présence
« d'esprit prodigieuse : tantôt avec finesse et originalité, tantôt avec
« une éloquence et une chaleur de jeune homme... Il est au courant
« de tout, il s'intéresse à tout, il a de l'admiration pour tout ce qui
« peut en admettre... Il est le plus intéressant et le plus aimable
« des hommes [1]. »

Voilà de magnifiques témoignages. Ils rendaient en France la publication d'Eckermann bien difficile. Il fallait que les confidences
qu'il avait recueillies justifiassent aujourd'hui cet enthousiasme. Elles
ont fait mieux que le justifier; elles l'ont fait partager aux meilleurs
esprits, aux critiques les plus délicats et les plus autorisés : on a lu
le jugement définitif de M. Sainte-Beuve. Eckermann ne pouvait cependant nous donner qu'un écho affaibli et mort pour ainsi dire de
cette forte parole; mais cet écho est resté assez puissant pour dominer encore aujourd'hui les voix les plus hautes. Pourquoi? C'est
que, dans ses épanchements de chaque jour avec ce jeune esprit qu'il
voulait former, Gœthe a résumé peu à peu toute sa sagesse. Avec ces
fragments, il est aisé de reconstituer un ensemble d'idées fortement jointes, formant une doctrine complète, car pendant ces neuf
années d'entretiens avec son « enfant, » Gœthe a eu l'occasion d'exprimer toutes les convictions qui lui étaient chères, et qui formaient
le fond de sa nature morale. Il lui a donné l'essence de sa vie et de
son expérience. Toutes les vérités fondamentales qu'il a dispersées
dans ses œuvres, en les revêtant de mille formes diverses, se trouvent
réunies et résumées dans ces conversations intimes, où elles sont
présentées de la façon la plus simple, la plus familière, et aussi la
plus saisissante; car ici ce n'est plus l'*auteur* que nous lisons, c'est
l'*homme* que nous écoutons, et, en apparaissant sous cette forme
directe, ses idées prennent une vie toute nouvelle et une force de
persuasion irrésistible. Persuadera-t-il cependant par ces causeries

1. Extrait du *Globe*, cité par M. Sainte-Beuve dans sa Lettre sur les *Conversations*.

éloquentes tous les esprits sur lesquels il lui est donné d'exercer de l'influence? Oui, si ses pensées sont bien comprises, si l'on ne force nulle part, sans le vouloir, le sens de ses paroles. Plus d'une méprise est possible, facile même; il n'est peut-être pas inutile de donner ici, au moins sur les points les plus graves, quelques rapides éclaircissements.

Et d'abord, en entendant Gœthe afficher pour ainsi dire le dédain, le mépris même du peuple, et affirmer à plusieurs reprises que l'homme sage doit toujours se tenir *du côté de la minorité*, on serait tenté de déclarer l'esprit de Gœthe en contradiction flagrante avec l'esprit général du siècle, et l'on pourrait penser que déjà, sur la question sociale, qui nous préoccupe tant, nous ne pouvons aujourd'hui demander à sa vieillesse aucune lumière, aucun conseil. Croire à une pareille séparation entre lui et nous serait une grave erreur. Pour s'en convaincre, il n'est besoin que d'ouvrir un livre trop peu étudié, dont il est fait mention plusieurs fois dans les *Conversations*, et que Gœthe a rédigé avec l'aide même d'Eckermann; je veux parler des *Années de voyage de Wilhelm Meister*. Cet ouvrage, malgré son titre, ne peut être considéré comme un roman. C'est plutôt une espèce d'encyclopédie sociale, une série de dissertations sur l'organisation civile, sur l'éducation, sur les sciences, sur la religion, sur l'agriculture, sur le commerce, sur l'émigration, etc. Rivalisant avec Diderot, Gœthe se plaît, par exemple, à donner là une description des principales industries, et l'on n'est pas peu surpris de voir l'auteur de *Werther* exposer avec un soin minutieux les procédés de fabrication de la mousseline et de la cotonnade. Dans ce livre inachevé, si mal fait et si intéressant, Gœthe aborde avec sa tranquillité et sa hardiesse habituelles tous les grands problèmes que notre temps agite ou plutôt qui agitent notre temps. Il ose tracer les lois de la société nouvelle encore à naître; il signe de son nom les articles primordiaux d'un code futur, en un mot, il écrit une utopie. Le nom de Gœthe, en effet, doit être ajouté à cette liste qui commence par Pythagore et Platon, et qui, recueillant en route tant d'illustres penseurs, s'est trouvée de nos jours subitement accrue de tant de noms obscurs. Comme Fénelon, Gœthe a bâti une Salente, et cette construction idéale n'est pas l'œuvre irréfléchie du jeune homme sans expérience; elle est, au contraire, pour ainsi dire le travail suprême du vieillard. Témoin et observateur très-attentif de la révolution française, il avait vu de très-bonne heure que, considérée dans son essence, elle n'était qu'un essai violent de solution donné à deux problèmes capitaux : le problème de la propriété et le problème religieux. A l'examen de ces deux problèmes il avait consacré de longues méditations, et c'est dans les *Années de voyage* qu'il a donné ses solutions, sous la forme allégorique et mystérieuse qu'il aimait à employer, peut-être pour éloigner de ses ouvrages les esprits superficiels, qu'il détestait. Que l'on prenne la peine d'étudier cet ouvrage, aidé pour son intelligence par les *Conversations*, qui mettént çà et là d'importantes notes marginales, et l'on ne sera plus tenté de considérer Gœthe comme un esprit dédaigneux de la classe populaire et des questions qui l'intéressent. En même temps, on verra là une fois de plus se manifester l'originalité de ce caractère qui acceptait tout, mais pour tout transformer. Ainsi, dans cette société nouvelle dont il a esquissé les vagues contours, Gœthe déclare honorer et conserver la propriété; mais il cherche à changer les propriétaires en possesseurs-administrateurs. Il conserve le christianisme, « religion de la souffrance, » mais il lui ôte ce qu'il a de trop sombre et de trop douloureux, et associe aux idées chrétiennes les idées des religions antiques et les idées de la philosophie, formant de ce triple mélange, très-facile selon lui, une doctrine définitive et complète, où sont réunies et conciliées toutes les doctrines isolées qui ont tour à tour conduit une partie de l'humanité. Certes, il y a dans ces réformes une modération relative, mais on ne peut nier qu'il n'y ait aussi une grande hardiesse. Elles montrent que si Gœthe est un conservateur, il est le plus audacieux des conservateurs. Il n'a rien du révolutionnaire; entré à vingt-sept ans au pouvoir, il en a pris les idées et les habitudes ; c'est un homme de gouvernement, et il ne fera jamais appel aux passions ; il se défie du peuple, il n'a d'estime que pour le petit nombre ; mais si c'est à la minorité seule qu'il veut parler, c'est pour lui faire les propositions les plus hardies. Il déteste le radicalisme, lui-même au fond n'est qu'un radical; seulement il est le plus patient et le plus désillusionné des radicaux.

C'est cette désillusion qui a été regardée à tort comme de la froideur et comme de l'indifférence. Je ne le nierai pas : tout en travaillant chaque jour pour les hommes, Gœthe les prenait souvent en grande pitié, parce qu'il les voyait esclaves dociles de la routine, enlacés étroitement dans des institutions et des habitudes presque toutes fausses ou faussées. Il semble qu'il n'ait jamais pu, au fond de son âme, se résigner à voir que le genre humain ne se compose pas uniquement d'hommes de génie; c'est toujours avec un sentiment de tristesse satirique qu'il constate que le vulgaire est partout en majorité; la foule lui faisait peur : « Que le peuple soit le juge, s'écrie-t-il, bientôt Aristide et Wellington seront mis de côté... Il n'y a rien de plus effrayant que l'ignorance agissante!... Je n'ai rien contre la multitude, mais si elle est embarrassée, soyez sûr que pour chasser le diable, elle appellera des coquins et des tyrans. » Quant à la classe élevée au-dessus de toutes les autres par les titres ou par la richesse, et dont on lui a reproché d'avoir pris les goûts, voici quelle est sur elle son opinion, identique à celle de Byron : « Que trouve-t-on dans le grand monde? La médiocrité. » Tout en croyant avec Leibnitz que tout est pour le mieux dans l'univers considéré dans son ensemble, Gœthe n'hésitait donc pas à affirmer que sur cette terre, fragment imperceptible, tout est souvent pour le plus mal ; aussi la loi du progrès n'était pas pour lui une loi fatale dans son accomplissement ici-bas; l'histoire lui avait montré d'immenses reculs, et il était trop ami de l'observation, il avait trop « la manie de la réalité» pour sacrifier un fait à un désir. Cependant il n'était nullement misanthrope et pessimiste : « Si tu ne peux être gai, du moins sois content... Il faut connaître le monde, mais ne point le mépriser... » telles sont ses conclusions.

Ce n'est pas avec cette résignation mélancolique qu'il était entré dans la vie. Longtemps son âme avait nourri d'heureuses erreurs qui donnaient à son caractère, alors moins réservé, une vivacité séduisante. Une suite de grands espoirs trompés l'avaient amené à cette dernière sagesse, et l'avait forcé à se replier davantage sur lui-même. Et, en effet, pendant cette longue existence, que de déceptions de tout genre! que d'illusions fanées et mortes sous ses mains! Il avait été poëte, poëte célèbre, et il voyait toutes les idées poétiques qu'il croyait justes et fécondes combattues par une école nouvelle qui lui était souverainement antipathique, et qui, chaque jour, cependant, faisait partout des conquêtes. « Cette belle forêt que j'avais plantée dans ma jeunesse, qui faisait mes délices, on va l'abattre pour en faire du bois de chauffage ! » C'était bien là en réalité l'usage auquel Novalis et ses amis destinaient les poésies de Gœthe, bien trop « pratiques » et trop « usuelles » pour ces esprits qui ne reconnaissaient la poésie que dans le rêve fantastique et illuminé. — Gœthe avait été aussi ministre; serviteur dévoué et laborieux de l'État, il avait cru qu'il suffisait de vouloir le bien pour l'accomplir, et il avait rencontré tout autour de lui tant d'obstacles insurmontables, tant de résistances intéressées, qu'il avait pris en dégoût son autorité et ses dignités. — Il avait accepté un jour avec joie la direction d'une scène, dans l'espérance de fonder un théâtre national, et là encore, après de longs efforts, il avait donné sa démission, avec un découragement complet. — Enfin il avait étudié plusieurs sciences avec passion; il avait fait une foule d'observations et d'expériences ingénieuses, et même des découvertes importantes, et on ne voulait pas leur faire l'honneur de les examiner. — Tous ces échecs si rudes ne lui avaient pas ôté son calme, mais ils avaient diminué sa confiance dans les destinées de l'humanité. De ces épreuves, son âme était sortie attristée, mais plus grande. Elle dit adieu à l'action, et s'adonna tout entière à la contemplation, pour laquelle elle était vraiment née. Ne voulant pas se laisser gâter par l'amertume et par la colère qui bouillonnaient si souvent en elle, elle se servit de sa puissance sur elle-même pour prendre une douceur sereine qui donne à la vieillesse de Gœthe un charme infini. Ce que l'on a appelé « l'époque de l'indifférence » doit être appelé, d'un nom plus juste, l'époque de la résignation et de la bienveillance universelle. C'est alors, comme l'a si bien dit un éminent écrivain, « qu'il éleva la bonté à la hauteur d'une philosophie [1]. »

En voyant cette âme si fière, si audacieuse, qui concevait jadis un *Prométhée* après avoir déjà écrit un *Faust*, s'amollir peu à peu, et les émotions religieuses, passant de l'esprit dans le cœur, apparaître en elle avec des nuances plus attendries, on a cru et on a dit que Gœthe, sur la fin de sa vie, avait insensiblement abandonné Spinosa, pour se réconcilier avec le christianisme, et, souvent, c'est en s'appuyant sur quelques passages mêmes des *Conversations* avec Eckermann, que l'on a soutenu cette opinion. C'est là une nouvelle méprise, d'autant plus grave qu'elle induit en erreur sur le développement intime de Gœthe. Ce qui rend cette nature si curieuse, si instructive, si séduisante à étudier, c'est l'harmonie naturelle et la fermeté de son développement. Il n'y a jamais eu d'esprit en même temps plus souple et plus inébranlable. La vie morale de Gœthe, œuvre de sa volonté et de sa réflexion, n'a pas subi d'oscillations brusques et inattendues. Il faut se représenter cette existence comme un fleuve puissant, roulant en ligne droite dans un lit toujours plus large et plus profond des eaux toujours plus pures, mais dont la couleur ne change pas et ne peut changer. — Le lecteur qui ouvrira le livre d'Eckermann sans parti pris, sans désir secret d'attirer Gœthe du côté des idées qu'il aime, ne verra certainement rien dans ses discours qui ressemble à une palinodie, rien qui trahisse un panthéiste converti.

Mais, d'ailleurs, une fois pour toutes, avait-il donc à se convertir? Est-ce que sa raison, en dépit de ses apparences de sagesse et de modération, avait embrassé secrètement une doctrine philosophique pernicieuse et impie qu'il lui fallait abjurer?... Un examen attentif prouve, bien au contraire, que jamais l'esprit de Gœthe, dans sa maturité, n'a accueilli les idées funestes qui lui sont attribuées; son « panthéisme » n'a jamais dépassé les limites les plus acceptables, et il n'a aimé de la doctrine que les vérités qu'elle renferme; quant aux

1. D. Stern. *Pensées et Maximes*, p. 211, 3ᵉ édit.

exagérations systématiques, aucun homme peut-être n'était moins disposé que lui à les accepter. Je ne citerai pas ici tel ou tel passage de ses écrits, moyen trop facile de triompher dans l'un ou l'autre sens. Ce n'est pas par quelques phrases isolées qu'il faut chercher à se rendre compte de la foi d'un penseur ; c'est par l'ensemble de sa vie et surtout par la nature de son caractère. C'est une remarque de Gœthe : Nous naissons tous avec un certain caractère, et, par suite, avec une certaine philosophie ; l'une n'est que la conséquence de l'autre. Or, ce que la nature intime de Gœthe repoussait peut-être avec le plus d'énergie, c'est précisément le sentiment funeste qui est l'âme du mauvais panthéisme, sentiment par lequel l'homme se sent disposé assez facilement à sacrifier l'individu au tout, à renoncer sans peine à son activité personnelle, pour la laisser se perdre et s'anéantir dans l'activité universelle, héritière sacrée de toutes les forces particulières. Gœthe, bien loin d'avoir ce goût de l'anéantissement, était, pour ainsi dire de naissance, un ardent défenseur des droits éternels de l'individu ; chaque fois que le moi apparaît dans ses écrits, c'est pour attester sa puissance, sa vitalité indestructible, son existence indépendante, à l'abri de toute mort définitive. Les malédictions si vives qu'il a lancées contre les idoles symboliques de l'Inde montrent d'une manière frappante l'éloignement instinctif, involontaire, « l'horreur » qu'il éprouvait pour toute doctrine qui considère l'univers comme une fermentation confuse d'éléments soumis, sous la loi du hasard, à un mélange éternel. Aucune conception ne pouvait blesser davantage cet esprit si ami de la règle et de l'ordre. Dans ce grand poëme sur la Nature, qu'il voulait écrire comme l'a voulu aussi notre Chénier, le nouveau Lucrèce aurait certainement mêlé à ses peintures bien plutôt des rêves platoniciens que des invocations à Épicure. Si « chacun fait Dieu à son image, » soyons sans crainte, le Dieu de Gœthe n'était pas une abstraction inerte, c'était un être d'une harmonie, d'une beauté et d'une activité incomparables.

Ce n'était pourtant pas le Dieu des chrétiens. Le christianisme était pour Gœthe un fait important de l'histoire du monde, ce n'était pas le fait capital. Il adorait dans la doctrine du Christ d'admirables fragments de la vérité ; mais il n'y voyait pas la vérité tout entière, parce qu'il y trouvait une partie négative qu'il repoussait. Si Gœthe, en effet, n'était pas assez panthéiste pour porter atteinte à l'inviolabilité éternelle de l'âme humaine, il l'était assez pour adorer la vie sous toutes ses formes, pour voir de la divinité non pas seulement dans l'âme humaine, mais partout où la vie apparaît, et par là il s'est séparé sans retour du christianisme. Quand il mettait dans la bouche de Wilhelm Meister ces beaux préceptes : « Que l'amour inspire tes travaux ; que l'action soit ta vie... De grandes pensées et un cœur pur, voilà ce que nos prières doivent demander à Dieu... » on peut dire, si l'on veut, qu'il se plaisait à commenter les plus belles pages de l'Évangile ; mais on n'a pas, pour ce seul motif, le droit de faire de lui un chrétien. Toutes les lignes de cette *pyramide* à laquelle il a comparé un jour sa vie s'opposent à ce qu'on place au sommet une croix. Il faut le laisser ce qu'il était, c'est-à-dire l'ami, le frère de Schiller, qui avait écrit : « Par religion, je ne suis d'aucune religion. »

— C'est dans ces paroles qu'il faut chercher sa conviction dernière, que, du reste, il ne cherchait nullement à cacher. Un an, jour pour jour, avant sa mort, le 22 mars 1831, voici ce qu'il confiait à son autre ami, Sulpice Boisserée, zélé catholique : « Aucun homme ne peut se défendre du sentiment religieux; dès qu'il l'éprouve, il ne peut l'éprouver seul, il cherche des prosélytes; pour moi, si je n'en cherche pas, ce n'est pas une raison pour que je sois resté étranger au sentiment religieux, mais parmi les confessions qui se sont formées depuis la création du monde, *je n'en ai pas trouvé une seule que je puisse adopter pleinement.* Aujourd'hui, dans mes vieux jours, je viens de découvrir une secte nouvelle, jadis étouffée entre les païens, les juifs et les chrétiens : les *Hypsistariens* [1]. — Ils déclaraient reconnaître, admirer, respecter tout ce que leur esprit concevait de meilleur et de plus parfait, et adorer ce qui dans ces vertus et ces perfections devait être en relation étroite avec la Divinité. — C'est avec bonheur que j'ai vu briller cette lumière dans ces siècles obscurs, car je sens que, pendant toute ma vie, j'ai cherché à faire de moi un *hypsista-rien.* Ce n'est pas un travail facile; quels efforts, en effet, ne faut-il pas pour que notre individu si limité puisse parvenir à connaître et à contempler la perfection absolue ! »

Gœthe n'avait donc pas trouvé dans le christianisme la religion qu'il cherchait; la cause en est sans doute dans l'amour profond qu'il ressentait pour la divine Nature; mais il y a encore une autre coupable, c'est l'antiquité, c'est la Grèce. Écoutons ce dialogue significatif: « Qu'est-ce qui t'a éloigné de nous? — J'ai toujours lu Plutarque. — Qu'as-tu donc appris à cette lecture? — Que tous furent des hommes comme nous ! » — Et ailleurs : « Lorsque nous nous plaçons en face de l'antiquité, et que nous la contemplons sérieusement avec l'intention de nous former sur elle, alors il nous semble sentir que c'est seulement à partir de ce moment que nous devenons des hommes. » — Le mot que Napoléon avait prononcé

1. De τὸ ὕψιστον.

sur lui, Gœthe l'applique donc à son tour aux Grecs, et son dernier geste semble nous les montrer en nous disant : « Voilà les hommes ! »
— Si Manzoni, dans une heure nouvelle de grande inspiration, avait voulu peindre aussi les derniers moments de cet autre dominateur du monde, ce n'est plus devant « l'opprobre du Golgotha » qu'il l'aurait représenté courbant la tête; Gœthe mourant n'a incliné son front que devant le génie radieux de la race hellénique; quoiqu'elle soit, elle aussi, « accoutumée aux triomphes, » elle ne pouvait désirer une conquête plus belle et plus féconde. En faisant de l'âme de la Grèce l'âme de ses œuvres, Gœthe a conquis à cette race heureuse des peuples entiers de nouveaux disciples, et fait de l'esprit grec l'esprit européen. Le représentant le plus complet des temps nouveaux, celui dont les œuvres ont pu être appelées « l'Évangile d'une nouvelle civilisation » est en même temps le plus grec des poëtes modernes. Ce double caractère du génie de Gœthe est un symbole et une preuve de l'union des temps et des races, du passé et de l'avenir, des traditions consacrées par l'histoire et des espérances rêvées par l'esprit. Il est aussi le présage' de la réhabilitation définitive de l'antiquité, qui semble une des missions de notre siècle.

C'est dans ce commerce constant et affectueux avec les anciens que Gœthe a pris cette dignité qui rend sa physionomie littéraire si imposante. Ce type de l'homme moderne a en lui la gravité antique. Sa pensée, habituée à parcourir les civilisations les plus éloignées, les races les plus diverses, allant sans cesse d'une extrémité des temps à l'autre, s'est dépouillée ainsi de tous les préjugés qui rétrécissent notre esprit. Aucun regard n'a considéré les choses humaines sous un angle plus large. Cette puissance souveraine lui a donné le goût de la simplicité absolue. Quoiqu'il soit parfois raffiné et compliqué comme un Alexandrin, la naïveté reste un des grands caractères de son œuvre. Son esprit, qui a toutes les grandeurs, a toutes les familiarités. Il est dans l'ordre rationnel moderne ce que fut jadis Bossuet dans l'ordre théologique : le génie du bon sens profond. Son brillant rival Schiller, qui a plus de flamme, a bien moins de lumière. Si nous voulons des illusions généreuses, si notre âme a besoin de secousses qui la poussent à l'action et à l'audace, lisons, déclamons les vers sonores de Schiller; il nous entraînera peut-être à travers des précipices, mais toujours en avant et sur une sainte et noble route. Si, au contraire, nous voulons voir clair en toutes choses, nous rendre un compte exact de tout, n'être dupe de personne, ni des autres ni de nous-mêmes, tout contempler sans voiles menteurs, pénétrer d'un regard perçant l'âme du monde ou l'âme d'une jeune fille, alors lisons, méditons les pensées de Gœthe. L'originalité si rare de cette

créature complète, c'est d'avoir su étudier et peindre tous les sentiments les plus vagues et les plus insaisissables du cœur humain, en
restant toujours avide d'idées précises et de faits positifs de tout
genre. Quand Gœthe était en présence de la Nature, après l'heure de
la rêverie poétique venait forcément pour lui l'heure de l'analyse
scientifique. Il se laissait enivrer par le printemps et par les fleurs,
tout en poursuivant les problèmes les plus ardus de la botanique.
Après avoir célébré en grand poëte les beautés de la lumière étincelante du ciel, il allait rédiger sa *Théorie des couleurs*. De son amour
pour l'art de la peinture est sorti un traité d'*optique*. Comme tous les
poëtes, il aimait à contempler les paysages aériens que les nuages
dessinent perpétuellement sur la toile infinie des cieux; mais, seul
parmi les poëtes, il cherchait les lois *physiques* de ces transformations pittoresques, et écrivait un *Essai sur la forme des nuages*. En un
mot, toute émotion était chez lui le point de départ nécessaire d'une
recherche intellectuelle. Dès que son regard, en s'arrêtant sur un
objet, se sentait vivement frappé, il y restait obstinément attaché jusqu'à ce qu'il l'eût percé jusqu'au fond. C'est cette conscience, cette
persévérance acharnée qui donnent à toutes les opinions de Gœthe
tant d'autorité. Notre âge a peu de guides aussi sûrs. Contemporain
de deux siècles, il a pris à chacun leurs meilleures qualités pour en
faire les siennes propres. Il avait déjà trente ans et une grande célébrité quand mouraient Voltaire et Rousseau, qui ne le connaissaient
pas, mais que lui savait par cœur; à quatre-vingts ans, ses mains,
sans trembler encore, applaudissaient aux luttes de Cuvier et de
Saint-Hilaire. Ce privilége d'une longue existence a été admirablement mis à profit. Indépendant et curieux de nouveautés comme le
dix-huitième siècle, il a été prudent, conciliant, et ami de la pratique
comme le dix-neuvième; il a su tempérer avec mesure l'enthousiasme par l'ironie; il a prêché l'activité hardie et la résignation
bienveillante. Cherchons à notre tour, en étudiant cette âme, à la
faire pénétrer dans la nôtre, à lui ravir quelques-uns de ses inappré-
ciables trésors; excités par son exemple, travaillons « sans hâte et
sans repos » au progrès universel, en cherchant d'abord et avant
tout à faire de nous des individus parfaits; marchons à la civilisation
nouvelle par la beauté morale, et, en suivant sur sa trace lumineuse
cette route qu'il serait si honteux de trouver pénible, nous pourrons
peut-être saluer un jour cette terre promise de l'avenir qu'il a préparée, qu'il n'a pas vue, et qui fuit toujours devant nos yeux.

ÉMILE DÉLEROT.

# SALON DE 1863[1]

Parmi les sculpteurs comme parmi les peintres, les illustrations sont généralement absentes, mais l'Exposition de sculpture comme celle de peinture n'en contient pas moins des œuvres très-remarquables, signées pour la plupart de noms encore peu connus. Ce qui frappe tout d'abord lorsqu'on vient de parcourir cette Exposition, c'est que nos jeunes sculpteurs imitent de moins en moins les statues grecques. C'est à mes yeux un grand mérite : « Les anciens étaient les anciens, et nous sommes les gens d'à présent; » le grand homme qui a dit cela aimait l'antiquité, mais il ne la copiait pas. Michel-Ange, malgré son enthousiasme pour l'art antique, ne l'imita jamais, il comprit que les Grecs n'ont été si grands que parce qu'ils ne ressemblaient à personne, et, pour prouver qu'il était de leur race, il fut original comme eux.

Il est si difficile de ne pas copier ce qu'on admire, qu'il faut féliciter les artistes qui ont su, en vivant au milieu des chefs d'œuvre, éviter l'écueil de l'imitation. M. Carpeaux est de ce nombre; avant d'être sorti de l'école de Rome, il a rompu franchement avec les traditions académiques; s'il pèche par un excès d'audace, ce défaut-là vaut mieux qu'une médiocrité correcte. Son groupe de bronze, *Ugolin et ses enfants*, occupe une place d'honneur au milieu du jardin, et il la mérite. On se plaint que ce groupe penche d'un côté et forme une pyramide oblique; on lui reproche trop de confusion, des enchevêtrements de bras et de jambes qui embarrassent le premier coup d'œil; mais ces défauts sont bien rachetés par la vérité des attitudes et l'énergie des formes. Le père, assis au centre de la composition, exprime bien, par ses membres crispés, les angoisses de la faim et du désespoir. L'artiste n'a pas reculé devant le mouvement de rage impuissante exprimé par ce vers :

Ambo le mani per dolor mi morsi.

Le magnifique récit du poëte est suivi à la lettre; Gaddo se jette aux pieds d'Ugolin en disant : « Tu ne m'aides pas, mon père! » Les

1. Voir les 49e et 50e livraisons.

autres enfants, plus jeunes, succombent déjà à la douleur et à la faim :
« Ah ! dure terre, pourquoi ne t'ouvres-tu pas ? »

Derrière ce beau groupe est une charmante statue du même artiste,
un petit pêcheur napolitain accroupi, qui écoute en riant le bruit intérieur d'un coquillage. Le modelé est ferme, sans dureté, les formes
élégantes et fines, le mouvement très-heureusement trouvé. M. Carpeaux a en outre un buste de la princesse Mathilde, un des plus remarquables de l'Exposition. Ces trois œuvres nous promettent un
grand sculpteur.

Un autre artiste sorti de l'école de Rome, M. Perraud, partage avec
lui les suffrages du public. Son *Silène faisant l'éducation de Bacchus*,
est une très-belle statue, d'une exécution savante, à laquelle on reproche seulement quelques détails un peu trop accusés. Les formes nerveuses rappellent celles du *Faune à l'enfant*, mais cette ressemblance
était imposée par le sujet, que M. Perraud a su renouveler par l'originalité de la composition. L'éducation de Bacchus a été traitée
aussi avec talent par un autre ex-pensionnaire de la villa Médicis,
M. Doublemard.

A l'extrémité du transept, une *Bacchante*, de M. Carrier Belleuse,
se cambre auprès d'une image de Bacchus qu'elle entoure de ses
bras. Cette statue est vivante; la chair frémit et palpite, mais il y a
une draperie qui suit la ligne du corps, et qui, à distance, produit un
effet peu agréable; on se demande à quoi sert cette draperie. M. Carrier a exposé aussi un buste en terre; c'est le portrait de M. Victor
Viel, l'architecte du Palais de l'industrie. Ce buste est resté inachevé
par suite de la mort de M. Viel, mais il est d'une telle vérité, qu'il
n'eût peut-être rien gagné à être fini; il y a souvent dans le premier jet
de la pensée d'un artiste une franchise qu'un travail ultérieur fait disparaître.

Le jeune homme que M. Paul Dubois intitule, je ne sais pourquoi,
*Narcisse au bain*, est une excellente statue; mais je préfère son *Saint
Jean-Baptiste*, qui, par le mouvement, rappelle un peu celui de
Raphaël. Cette statue, d'un sentiment élevé, d'une exécution simple
et forte, est la seule sculpture religieuse qui nous ait frappé à l'Exposition; car, malgré le livret, il est impossible de classer sous ce titre
le *Martyre de Sainte Hypatie*, de M. Gaston Guitton. Hypatie était une
païenne qui professait la philosophie à Alexandrie; les chrétiens, qui
la massacrèrent dans une émeute, n'ont pas dû l'inscrire au martyro-
loge; cela n'ôte rien au mérite de la statue, mais je ne sais dans quel
calendrier le livret a pu trouver cette sainte-là.

Si les sujets religieux sont peu abondants cette année, les Vénus
et les Nymphes sont presque aussi nombreuses en sculpture qu'en

peinture. Nous avons d'abord une charmante *Cypris* en bronze, de
M. Marcellin, qui fait tomber une goutte de lait sur les lèvres de Cupidon. Puis, la *Vénus aux cheveux d'or*, de M. Arnaud, qui, pour justifier ce titre, a versé une poudre d'or pâle sur l'épaisse chevelure de
la déesse. Des ornements bleus et roses sont sobrement répandus sur
les draperies; c'est un emploi discret et judicieux de la polychromie
qui plaisait beaucoup aux sculpteurs de l'antiquité, et que Pradier
avait déjà essayé de faire revivre. M. Maillet a fait aussi un essai de
sculpture polychrome, mais en appelant la galvanoplastie à son aide.
Sa Vénus est en bronze argenté, avec une draperie dorée, et elle tient
à la main une nichée de petits Amours d'argent à ailes d'or. Cette
statue est fort belle, et ces tons métalliques seraient d'un bon effet au
milieu de riches tapisseries et de tableaux éclatants, dans quelque
salle d'un palais de la renaissance.

Mais le partisan le plus décidé de la sculpture polychrome est toujours M. Cordier; sa *Juive d'Alger* est en bronze émaillé, onyx et
porphyre. M. Cordier excelle à rendre les types des races humaines,
et la variété des matières qu'il emploie pour les costumes étrangers
ajoute au caractère des têtes; mais il n'a pas été aussi heureux quand
il a voulu appliquer ce système de mosaïque au portrait de l'Impératrice. Nos modes françaises sont si disgracieuses et si vulgaires, que
ce n'est pas trop de toute la gravité du marbre blanc ou du bronze
pour les faire tolérer en sculpture. Encore, est-il nécessaire de s'en
tenir aux bustes; la statue de bronze de M. Paillet, par M. Duret, et
toutes les statues de généraux si nombreuses depuis quelques années,
et si uniformément ennuyeuses, prouvent combien la sculpture est
mal à l'aise en présence des réalités contemporaines.

Rentrons donc dans l'antiquité avec la *Léda*, de M. Schœneverk,
charmante statue d'une élégance un peu maniérée, ou avec la *Dévi-
deuse*, de M. Salmson, si gracieuse dans l'austère simplicité de son
costume grec. La *Révélation*, de M. Jaley, et la *Naïs*, de M. Frisson,
sont aussi de jolies statues quoique d'une exécution un peu froide.
Dans la *Danaïde*, de M. Franceschi, le mouvement ne me paraît pas
assez simple et la tête est certainement trop petite. Je préfère de beaucoup la statue de bronze destinée au tombeau d'un aspirant de marine. M. Franceschi est parvenu à rendre la réalité du costume moderne sans être trivial, et, ce qui n'est pas moins difficile, il a exprimé
la douleur avec une grande noblesse. Ce jeune homme, qui meurt
appuyé contre un canon, produit chez le spectateur une émotion que
la sculpture obtient bien rarement. Une autre sculpture funéraire, le
*Tombeau d'Henry Murger*, est une réduction malheureusement trop
petite pour donner une idée complète de la belle statue de M. Millet.

Cet artiste a exposé en outre une *Justice civile*, qui est encore une réduction, et un beau buste de madame Viardot.

Il est très-difficile de décrire des statues, et je voudrais pouvoir abréger cette sèche énumération; il me reste pourtant à citer bien des œuvres remarquables. Je ne puis me dispenser de citer notamment un *Mercure inventant le caducée*, de M. Chapu, idée heureuse et fort bien rendue, et un charmant groupe intitulé les *Deux Pigeons*, par M. Gumery; ces deux artistes sont d'anciens prix de Rome.

Si on n'accorde pas au *Corybante*, de M. Cugnot l'attention qu'il mérite, la faute en est au sujet; la mythologie n'intéresse personne, et on ne l'étudie plus guère. Cette statue n'en est pas moins une œuvre savante et consciencieuse; la forme en est pure et distinguée; quant au mouvement, il est emprunté à des bas-reliefs antiques, où la danse guerrière des Corybantes est souvent représentée.

Deux sculpteurs ont cherché à rendre le type de la race nègre : le *Charmeur de serpents*, de M. Bourgeois, et l'*Esclave emportant une amphore*, de M. Lequesne, sont deux statues d'une forme très-étudiée et d'un bon mouvement. Appelons aussi l'attention sur le *Caton d'Utique*, de M. Moreau, le *Secret de l'Amour*, par M. Garraud, joli groupe d'un mouvement gracieux, la *Psyché*, de M. Aizelin, le *Faune*, de M. Blanchard, et celui de M. Fesquet, l'*Amazone*, de M. Levesque.

Parmi les sculptures d'animaux, nous avons remarqué surtout l'*Hallali*, de M. Mène, qui figurait déjà à la dernière Exposition; le *Vautour*, de M. Cain, perché sur la tête d'un sphinx, les *Chiens* de M. Maitre; celui de M. Jaquemard, qui a exposé aussi un *Bonaparte à cheval*. M. Frémiet, outre une réduction de son *Centaure emportant un ours*, nous montre un *Cavalier gaulois*, couvert d'une armure exécutée d'après les bronzes du Louvre.

Nous avons aussi remarqué plusieurs jolis groupes de bronze, notamment une *Eloa*, de M. Pollet, une *Assomption*, par madame Bertaux, et une jeune fille enlevée par un squelette, que M. Hébert intitule *Toujours et jamais*. Outre cette composition originale et même un peu bizarre, M. Hébert a envoyé deux autres ouvrages qui ont été refusés par le jury, et qu'heureusement il n'a pas retirés; l'un, intitulé le *Silence éternel*, est une statue d'un assez beau caractère, mais dont la tête paraît une réminiscence d'un célèbre médaillon de M. Préault; l'autre est un petit groupe en bronze représentant l'éducation d'un enfant par un vieux soldat. On ne sait à quoi attribuer la sévérité du jury pour ces deux sculptures et pour bien d'autres ouvrages remarquables tels que le bel attelage de lions, de M. Heizler, et les deux groupes d'animaux, de M. Delabrière, où on trouve tout

autant de qualités que dans le chien, du même artiste, qui a eu les
honneurs de l'admission. La décision du jury est encore plus inexplicable à l'égard du *Castigator*, de M. Vauréal, puisque le modèle en
plâtre de cette statue avait été admis à la dernière Exposition. Il
paraît que les règles du beau idéal ont changé depuis deux ans. Le
*Naufragé*, de M. Pètre, vaut certainement mieux que l'*Alcidamas*, de
M. Lemaire, membre de l'Institut et du jury; cependant, l'un est refusé, l'autre *orne* le jardin du Luxembourg.

Il y a aussi quelques ouvrages dont l'exclusion doit tenir à une
théorie; par exemple, le *Gladiateur*, de M. Rimmer, de Boston, dans
lequel, à côté de parties très-faibles, il y a des morceaux d'une exécution extrêmement savante; au lieu d'exclure une telle œuvre pour
ses défauts, ne valait-il pas mieux l'admettre pour ses qualités? La
grande statue que M. Schonenberg intitule l'*Ignorance*, annonce un
artiste qui possède à fond l'anatomie et la science du dessin; mais il
lui a plu de mettre cette science au service d'une idée bizarre : il a
cherché le type idéal de la laideur, et il l'a trouvé. Le *Paysan*, de
M. Millet, n'est guère plus beau et n'en est pas moins un tableau
excellent. Doit-on défendre à un sculpteur ce qu'on permet à un
peintre? C'est là sans doute une question à débattre, mais c'est au
public seul qu'il appartient de la résoudre; le jury ne devrait repousser que les œuvres mauvaises et non les œuvres systématiques. La
même question se pose à l'occasion des petits groupes très-spirituels
de M. Decan; l'un représente les adieux d'un soldat mourant à son
camarade, l'autre un théâtre de saltimbanques. M. Bellanger ou
M. Protais aurait fait un charmant tableau avec la première de ces
deux compositions, M. Knaus ou M. Jernberg avec la seconde. Personne ne s'avise de proscrire la peinture de genre, pourquoi la
sculpture de genre n'aurait-elle pas le droit d'exister?

Mais bien d'autres étonnements nous attendent dans la contre-
exposition de peinture. Ainsi, pourquoi a-t-on exclu cet étrange
tableau de M. Whisler qui avait, dit-on, obtenu un grand succès à
Londres? Est-ce une *dame blanche*, une *Ophélia*? On ne sait pas au
juste; on ne peut même pas dire si cette femme est laide ou jolie,
mais tout d'abord elle intéresse par sa physionomie singulière, ses
cheveux en désordre, ses yeux égarés. Il y a là une recherche d'expression qui vous séduit comme une énigme. Quelle est cette petite
fleur étiolée qu'elle tient à la main? Debout dans sa longue robe
blanche, elle s'enlève sur un rideau blanc, et on devine un mystère
douloureux sous ces chastes blancheurs. Comme exécution, c'est un
tour de force d'harmonie. MM. les membres du jury ne s'en sont pas
aperçus; tout ce qui tient à la couleur leur est indifférent ou étranger.

Quand ils ont à faire une draperie blanche, ils la détachent sur un fond noir, et tout est dit. Pour celui qui préfère un paradoxe à une banalité, cette toile est une des plus intéressantes du Salon. Mais il est dans la nature des académies de ne voir de salut que dans la route qu'elles ont tracée. Ici, comme en Chine, les mandarins ferment la porte à qui n'endosse pas leur livrée.

N'y a-t-il pas une sérieuse recherche de l'effet dramatique dans le tableau de M. Armand Gautier, la *Femme adultère chassée par son mari?* On dit que c'est du mélodrame bourgeois ; mais Diderot conseillait aux artistes de chercher des sujets d'émotion dans la vie réelle, et si on refuse à la peinture un droit dont la littérature use tous les jours, il faut condamner la plupart des tableaux de Greuze. Dans tous les cas, le choix du sujet ne regarde que le public ; le jury ne devrait se prononcer que sur les qualités de la peinture, et celle-ci annonce un talent de coloriste inconstestable.

Peut-on contester un mérite très-réel au tableau de M. Vielcazal, *un Cheval chez l'équarrisseur?* Mais, dira-t-on, pourquoi n'avoir pas choisi un sujet plus aimable? Encore une fois, c'est l'affaire du public ; ce qui est certain, c'est que la couleur est excellente, le dessin ferme et nerveux. Avant de faire son tableau de *Rhadamiste et Zénobie*, M. Signol aurait bien dû emprunter une étude de cheval à ce peintre refusé.

Nulle part les discussions ne sont aussi vives que devant les toiles de M. Manet ; cela rappelle les beaux jours du romantisme. « Que signifie, disent les uns, ce tableau intitulé *le Bain?* Des femmes nues avec des hommes habillés à la moderne ! c'est aussi malsain par la conception que trivial par l'exécution. — Le sujet, disent les autres, est celui d'un des meilleurs tableaux de Giorgione, et quant à l'exécution, vous ne lui contesterez pas du moins l'audace et l'originalité.— Je conteste tout : cette audace est celle d'un ignorant, cette originalité consiste à imiter Goya ; des blancs et des noirs, voilà pour la couleur ; pour le dessin, des formes de la dernière vulgarité et des fautes de perspective choquantes ; voyez son *portrait de mademoiselle V... en costume d'espada !* — Mais s'il n'y avait rien dans cette peinture, aurait-elle le don d'ameuter le public ? — C'est qu'elle sort des limites ordinaires du mauvais : qu'un monsieur s'avise de marcher sur les mains dans un salon, tout le monde le regardera. » Si M. Manet a des adversaires décidés, il a aussi de chauds partisans, et ceux-ci lui décernent déjà le sceptre du réalisme, que M. Courbet laisse échapper. Un critique très-connu, qui s'est acquis une autorité légitime par la pureté habituelle de son goût, me disait le jour même de l'ouverture de la galerie des refusés : « Là-bas, dans la vraie exposition, tous les artistes se traînent à la remorque de deux ou trois chefs de file, tandis qu'ici il y a un certain Manet qui pourrait bien devenir chef d'école. »

Au reste, ceux même qui trouvent des qualités réelles dans les tableaux de M. Manet reconnaissent que ce sont des ébauches. C'est pour cela, dira-t-on, que le jury les a refusés. Mais est-ce aussi une ébauche, ce portrait d'homme, par M. Garriot, où tous les détails et les accessoires sont exécutés avec la précision d'une photographie? Et un autre portrait par M. Duckett, ainsi qu'un tableau de jeunes filles du même artiste, non inscrit au catalogue, dira-t-on que c'est une peinture violente et heurtée? Il faut donc attribuer au moins une partie des injustices reprochées au jury à son inattention. Si ces messieurs avaient pu prévoir que le public serait appelé à juger leurs décisions, ils n'auraient pas confondu dans une même condamnation des toiles qu'un enfant de dix ans ne voudrait pas signer, et des œuvres sérieuses que des artistes célèbres ne désavoueraient pas. Il y a, par exemple, une mère allaitant son enfant, par M. Loire, et une autre par M. Dubois, qui ne seraient pas indignes de Bonvin; les tableaux de M. Armand Doré ne sont pas très-loin de ceux de Tassaert; un jeune Polonais, avec son cheval, par un peintre non inscrit au livret, M. Regamey, je crois, rappelle la couleur de quelques tableaux de Fromentin. J'en pourrais citer bien d'autres; par exemple, un intérieur d'atelier de M. Gaudrefoy, un portrait d'artiste par M. Fantin. Que peut-on reprocher au portrait en pied de M. Tabar, si ce n'est d'être un peu trop grand? mais je ne crois pas qu'il y ait une taille réglementaire pour les gens qui se font peindre comme pour les conscrits. Combien y en a-t-il, parmi les tableaux admis, qui soient d'une couleur plus franche, d'une lumière plus ardente et plus vraie que le tableau de M. Colin représentant des Espagnols ou des Basques jouant au soleil?

Mais les artistes qui plaident le mieux contre le jury sont ceux qui ont des tableaux dans les deux expositions, comme MM. Blin, Harpignies, Villain, Lavieille, Castan, Briguiboul et bien d'autres. Quand on compare ceux de leurs tableaux qui ont été admis à ceux qui ont été exclus, on ne trouve aucune différence, ou s'il y en a une légère, elle est presque toujours en faveur des œuvres refusées. Et pourtant, il y a dans la contre-exposition des voisinages terribles; la première fois qu'on y va, les mauvais tableaux empêchent de voir les bons. Il y en a de si pitoyables, qu'ils absorbent l'attention, et on oublie de regarder à côté. Mais pour désigner les œuvres de ce genre, il n'y a pas besoin d'être membre de l'Institut; un garçon de salle suffirait. Quant aux œuvres médiocres, elles sont les plus nombreuses dans les deux expositions, et la proportion est à peu près la même. Si on ôtait d'un côté une centaine de toiles ridicules, de l'autre un nombre égal de tableaux hors ligne, que le jury n'a eu ni à refuser ni à admettre, puisqu'ils n'ont pas subi son contrôle, les deux expositions seraient équivalentes.

C'est surtout parmi les tableaux de nature morte et de paysage que les choix du jury ont été faits sans aucun discernement. On peut s'en convaincre en regardant les beaux tableaux de mademoiselle Daru, le pâté de M. Lère, le dessert de M. Thibaut, une raie largement peinte, par un artiste dont le nom ne se trouve pas dans le livret, un gant avec un verre de vin du Rhin, par M. Pipard, d'une finesse de rendu qui n'a rien à envier à M. Blaise Desgoffes. Évidemment le jury avait le dos tourné quand on lui a présenté ces tableaux, et bien d'autres que l'insuffisance du catalogue m'empêche de désigner. Je ne puis croire, comme on le dit, que les académiciens méprisent la peinture de nature morte; il n'en est pas un qui ne dût s'estimer très-heureux d'avoir peint un tableau comme la *Raie* de Chardin, ou le *Veau écorché* attribué à Rembrandt. La hiérarchie des talents est bien plus importante que celle des genres, et, pour les gens de goût, un bon tableau, quand même il ne représenterait, comme ceux de M. Grahame, que du fromage ou des pieds de porc, vaudra toujours mieux qu'un mauvais *Saint Sébastien*, une *Chaste Suzanne* mal peinte, ou tant d'ennuyeux tableaux de batailles.

Dans le paysage, l'énumération des bons tableaux refusés serait impossible; je me bornerai à citer les trois tableaux de M. Chintreuil, chercheur consciencieux, qui saisit au passage les effets fugitifs de la nature; un *Poste au bord de la mer*, par M. Lansyer, qui promet d'égaler son maître Harpignies; l'*Écluse de Plombières* de M. Lapostolet, et les *Vieilles tanneries à Montargis* de M. Lemarié, excellentes études de clair-obscur; la *Chute de la rivière de Loing*, par M. Saint-Marcel; une ruine antique d'un caractère très-grandiose par M. Orry, et deux autres paysages italiens du même artiste; la *Jetée d'Honfleur* par M. Gautier, l'auteur de la *Femme adultère*; les beaux paysages hollandais de M. Jongkind, un *Bord de rivière à Charenton*, d'une grande puissance de couleur, par M. Vollon; les paysages si vrais de M. Chauvel, de M. Cordier, de M. Pissaro, de M. Lobjoy; ceux de MM. Prieur et Bedouet, qui rappellent quelques-unes des qualités de Jules Dupré; ceux de M. Petit, trop durement découpés, mais pleins de vigueur et de soleil. Il y a aussi parmi les dessins et les gravures des œuvres fort remarquables, par exemple, deux aquarelles d'une singulière vigueur de ton par Mlle Fourmont. Un dessin à la plume de M. Bon : hommé, représentant un intérieur d'usine, un dessin de M. Saint-

François intitulé *la Fièvre*, qu'on croirait sorti des cartons de Decamps; les beaux fusains de M. Lalanne, une marine de M. Eustache,
pour laquelle je donnerais les trois cataclysmes de M. Gudin, d'excellentes eaux-fortes de MM. Masson, Braquemont, Desbrosses,
Armand Gautier, de Mme O'connel.

Les erreurs du jury sont trop nombreuses, surtout dans le paysage,
pour qu'on puisse les attribuer uniquement à la fatigue des juges.
Tant de légèreté dans les choix ne peut s'expliquer que par une indifférence absolue ou par un système faux et exclusif. On voit souvent des hommes spéciaux, qui ont donné des preuves de talent dans
certaines branches de l'art, et auxquels cependant tout un côté de
l'art reste fermé. On sait qu'il n'y a pas de paysagistes à l'Institut;
on peut s'en convaincre en allant voir les concours de l'école des
Beaux-Arts. Il ne s'agit ni de forme, ni de couleur, ni de lumière ni
d'air ni d'observation de la nature, mais seulement de certaines
règles de convention qui peuvent s'apprendre comme la charge
en douze temps : comment fait-on un arbre, un rocher, un premier
plan, un ciel, etc. C'est ce qui explique pourquoi il n'est jamais sorti
un bon paysagiste de l'école de Rome, et aussi pourquoi le sentiment de la nature est si peu développé en France. Dans les questions
de goût comme dans tout le reste nous attendons toujours le mot
d'ordre; or, chez nous, les gouvernements et les académies ont toujours gardé l'empreinte de ce que nous sommes convenus d'appeler
le grand siècle. En toutes choses nous voulons l'unité, l'uniformité,
la banalité et l'autorité.

La *Vendange* est le plus grand tableau que nous ayons vu de
M. Daubigny, et un des meilleurs paysages du Salon. Des figures
éparses dans les vignes et un attelage de bœufs sur la route occupent
le premier plan. Des deux côtés et au fond s'étendent à perte de vue
des coteaux chargés de vignes, sur lesquels une lumière d'automne
tombe d'un ciel chargé de vapeurs. Dans ses deux autres tableaux,
M. Daubigny est revenu aux effets d'été et aux bords de rivière qu'il
affectionne particulièrement et que personne ne rend mieux que lui.
Son fils, dont les deux tableaux annoncent un talent précoce, a
hérité de ses goûts et de sa manière, il ne saurait imiter un meilleur
maître, en attendant que l'âge et l'expérience développent son originalité.

Les tableaux de M. Corot ne sont pas des imitations exactes de la
nature; ils en rendent seulement l'impression générale, et le vague
même de sa peinture ajoute beaucoup au caractère poétique de cette
impression. C'est toujours un peu la même note, mais on ne se lasse
jamais de l'entendre. Son *Étang de Ville-d'Avray*, aperçu à travers les

arbres, est un chef-d'œuvre de perspective aérienne. Mais celui de
ses tableaux que nous préférons est le plus petit, qui nous montre
une face nouvelle de son talent. C'est une vive et franche ébauche,
pleine de vie et de lumière, qui prouve que M. Corot peut quand il
le veut peindre le plein midi avec autant d'éclat qu'il met de mystère et de rêverie dans ses crépuscules.

Ce qui prouve que tous l s moyens sont bons en art, quand on
sait s'en servir, c'est que M. Français arrive à l'expression poétique
par une voie toute différente; ses formes sont aussi précises que
celles de M. Corot sont vaporeuses, et pourtant, malgré la netteté
de son dessin, il vous transporte dans le pays des rêves. Son *Orphée
au tombeau d'Eurydice* est un paysage de style, tout parfumé des
souvenirs de Virgile, plein de tristesse calme, comme cette heure
douteuse qu'il représente, où les lueurs vagues du crépuscule se
mêlent aux pâles clartés de la lune.

M. Jules André cherche aussi dans la nature les impressions mystérieuses et poétiques; ses paysages sont pleins de goût, de délicatesse et de distinction. Ils charment à la première vue, on ne les
quitte jamais qu'à regret, et on les aime davantage chaque fois qu'on
y revient. Aussi espérons-nous, puisque l'un de ces tableaux appartient au ministère d'État, le revoir bientôt au Luxembourg, à côté
de la belle toile du même artiste qui est déjà dans cette galerie.
Nous voudrions y voir aussi, à côté du tableau de M. Achard qui
est une œuvre de sa jeunesse, un des beaux paysages que cet artiste
expose cette année, et qui sont les meilleurs qu'il ait encore faits. Il
est impossible de mettre plus d'harmonie et d'enveloppe dans un
tableau aussi soigneusement étudié. M. Nason aussi s'est surpassé
lui-même; son nom, qui jusqu'ici n'était guère connu que des artistes et des amateurs sérieux, a franchi enfin la distance qui sépare
un succès d'estime d'une réputation.

La peinture de M. Harpignies a beaucoup de rapports avec celle
de M. Nason; tous deux cherchent dans la nature les impressions
graves et sévères; dans l'un comme dans l'autre on trouve cette négligence voulue des détails au profit de l'ensemble, qui établit une
différence si absolue entre l'art et la photographie. Des trois paysages
de M. Harpignies, un seul a trouvé grâce devant le jury; les deux
autres figurent parmi les meilleurs tableaux de la galerie des refusés. M. Blin aussi a été une des victimes du jury; mais, plus heureux que M. Harpignies, il a eu deux tableaux reçus, un *Souvenir de la Creuse*, acquisition du ministère d'État, et une *Plage en
Bretagne;* cette dernière toile est une des plus originales du Salon;
l'œil se perd sur l'horizon lointain de la mer, et deux ou trois

goëlands, voltigeant autour d'une roche couverte d'algues marines, animent seuls l'immense solitude.de la grève. Malheureusement ce tableau est mal placé; on avait espéré qu'il profiterait du remaniement opéré après le premier mois de l'Exposition. Le paysage de M. Servin, œuvre consciencieuse, pleine de fraîcheur et d'harmonie, a été reléguée dans le couloir extérieur. Beaucoup d'autres œuvres remarquables, bien placées au commencement, ont été condamnées au même exil.

La *Nuit d'été en Laponie* par M. Saal est d'un aspect étrange qui n'est pas sans charme, mais nous préférons son *Clair de lune dans la forêt de Fontainebleau ;* les motifs pris dans nos climats ont toujours l'avantage de rendre des impressions qui nous sont familières. Les beaux *Souvenirs de Fontainebleau* de M. Gassies, le *Bas-Bréau* par un effet d'hiver de M. Papeleu nous montrent sous deux aspects bien différents cette belle forêt, autrefois le rendez-vous des paysagistes.

Le paysage est cultivé aujourd'hui avec tant de succès en France et par un si grand nombre d'artistes, qu'il est impossible de signaler toutes les œuvres remarquables dans ce genre. Je ne puis cependant passer sous silence les excellents paysages de M. Hanoteau, les tableaux si fins de MM. Desjoberts et Lapierre, les fraîches prairies de M. Lefortier, coupées de bois touffus qui invitent au repos et à la méditation, les belles côtes méridionales de M. Aiguier, les études si franchement attaquées que M. Appian a rapportées de l'Isère, la belle scène d'orage que M. Baudit représente avec tant de vigueur et de passion. Un autre orage, par M. Busson, annonce une énergie à laquelle son talent, un peu délicat, ne nous avait pas habitués.

Si vous aimez la neige et sa poétique tristesse, arrêtez-vous devant la belle étude de M. Pradelles et devant la chaumière si pittoresque de M. Lavieille. Si vous préférez le printemps, allez voir les prairies humides de M. Castan dont le nom figure dans les deux Expositions, ou les vertes campagnes de M. Lambinet, émaillées de pommiers en fleur.

Un assez grand nombre de paysagistes étrangers ont exposé cette année, et leurs tableaux sont d'autant plus intéressants à étudier qu'ils sortent complétement de la manière des artistes français. Au premier rang, il faut placer M. Achenbach, de Dusseldorf. Tout le monde admire ses belles vues de la baie de Naples; mais le tableau représentant les ruines du palais de la reine Jeanne dépasse tout ce que nous connaissons de lui. La silhouette de ce palais se découpe sur un ciel crépusculaire d'une admirable profondeur. Deux excellents paysages de M. Leu, un autre peintre de Dusseldorf, les belles marines de M. Weber, de Leipzig, et de M. Wyld, de Londres, une chasse à l'ours dans des forêts de sapin couvertes de neige, par M. Swertchkow, de Saint-Pétersbourg, achèvent de nous montrer que la peinture de paysage est cultivée avec succès ailleurs que chez nous.

Puisque les paysagistes nous ont entraîné hors de la France, faisons une petite excursion dans les pays musulmans. Nous commencerons par l'Algérie, où M. Fromentin nous servira de guide. Ce brillant coloriste a envoyé cette année un *Fauconnier Arabe* et une *Chasse au Faucon*, où nous retrouvons ses qualités habituelles, la finesse de tournure et l'éclat harmonieux du ton. Mais dans la toile intitulée *Bivouac Arabe au lever du jour*, son talent se montre sous une face nouvelle; conçu dans une harmonie grise, ce tableau tire un charme infini de l'opposition des gris entre eux. Un cheval salue d'un hennissement le retour de la lumière; quelques Arabes s'éveillent près d'un feu allumé devant les tentes; de loin en loin, d'autres feux s'échelonnent jusqu'aux horizons baignés de brume. Il y a dans cette toile si simple un reflet de la majesté du désert. Un autre peintre, que nous ne connaissions pas encore, M. Washington, a rendu aussi avec beaucoup de talent des scènes de la vie arabe, une *Fantasia dans la province de Constantine* et le *Voyage d'une tribu nomade*.

En Égypte, M. Mouchot nous montre une rue étroite éclairée par la lune et par la lanterne d'un passant attardé; puis une mosquée blanche s'enlevant sur le ciel bleu du Caire, et enfin un intérieur de cour d'une architecture pittoresque, où des marchands déploient leur étalage en plein air. M. Mouchot, qui groupe très-spirituellement les figures dans ses tableaux, a rendu avec bonheur ces beaux costumes orientaux, destinés fatalement à disparaître bientôt devant l'ennuyeuse uniformité des modes européennes.

Dans sa *Rue du Caire*, M. Belly a osé regarder en face le soleil d'Orient, dont la lumière éblouissante dore la foule qui circule le long des maisons. M. Belly peint la figure aussi bien que le paysage. Son tableau des *Femmes fellahs au bord du Nil* joint à l'originalité de la composition une élégance de style qui en fait une œuvre excellente.

Nous retrouvons M. Gérome parmi les peintres de l'Égypte. Dans son *Prisonnier* garrotté dans une barque qui traverse le Nil, M. Gérome a mis, outre la finesse et l'esprit qu'on lui connaît, une harmonie de tons remarquable. Rien de plus limpide que ce ciel d'un bleu pâle où se découpent les minarets, les bouquets de palmiers et les grandes vergues aux voiles repliées. Le *Boucher turc à Jérusalem* mérite les mêmes éloges.

Avec la *Caravane* de M. Lauwick, nous quittons la Palestine sous l'escorte de ses *Bachibozouks*. Après avoir passé la nuit près de Bagdad, devant la *Mosquée* de M. Thomas, nous visiterons ses *Ruines de Khorsabad*, l'ancienne Ninive, en compagnie du pacha de Mossoul, et nous nous dirigerons vers le Khorassan. Nous y trouverons M. Laurens en train de peindre le *Village fortifié de Lasguirt*, étrange village qui ressemble à un cirque en ruines, et dont l'aspect triste et dévasté contraste avec le bleu du ciel et le ton doré des moissons. Nous suivrons à travers la Perse les caravanes de M. Pasini, dans ces plaines sans fin coupées de rochers abrupts, où l'herbe, brûlée en naissant, ne se montre çà et là que pour rompre, par ses tons roussis, l'éclatante blancheur du sable et le gris poudreux de l'atmosphère. Nous reviendrons à travers l'Asie-Mineure, sous la conduite de M. Brest, au milieu de ses innombrables petits Turcs bariolés qui grouillent dans des paysages chauds et harmonieux. A notre arrivée dans le Bosphore, nous rencontrerons M. Ziem, qui nous promènera dans ses barques.

Nous en avons fini avec l'Orient, mais nous ne sommes pas au terme de nos voyages; M. Achille Zo nous invite à visiter l'Espagne, à nous reposer dans la *Posada San Rafael*, à admirer les costumes pittoresques de ses *Bohémiens*, à écouter les chansons de *l'Aveugle de la porte Doce Cantos*. Puis voici d'autres peintres voyageurs qui nous entraînent en Italie. C'est d'abord M. Schutzenberger, qui nous fait assister aussi à un concert populaire, *la Marciata;* des Transtévérins d'une tournure fort originale se promenant au clair de lune dans les rues de Rome en chantant. L'un de ces robustes musiciens aux traits réguliers et énergiques a servi probablement de modèle à M. Schutzenberg pour sa tête de saint Jean, très-belle étude qui ne déparerait pas une galerie de vieux tableaux de l'école vénitienne. M. Levy nous montre des paysans italiens entendant la *Messe aux champs*. Combien ce petit tableau est supérieur à sa peinture mythologique ! M. Armand Leleux, qui a quitté la Suisse pour l'Italie, a ramené de Rome, comme M. Schutzenberger, une troupe de musiciens ambulants, et, en outre, deux très-jolis tableaux représentant des capucins.

Mais le peintre spécial du clergé romain cette année, c'est M. Heilbuth; cet artiste s'est fait connaître en France par des scènes de la renaissance italienne; puis il a quitté les concerts vénitiens pour le *Mont-de-piété*, toile qui lui a valu au dernier Salon un légitime succès. Aujourd'hui il se présente avec trois tableaux ecclésiastiques. Il a élu domicile sur le Monte Pincio, lieu de promenade des petits séminaristes en robe violette. Au lieu de jouer à la balle, ils marchent gravement en causant de choses théologiques, et écoutent avec déférence les leçons du vieux prêtre qui les conduit. Du haut de la terrasse, Jupiter les regarde avec la majesté dédaigneuse

d'un dieu mis à la retraite. M. Heilbuth nous fait ensuite pénétrer
dans l'intérieur d'un carrosse, où un jeune prêtre explique quelque
importante affaire à un prince de l'Église, qui l'écoute d'un air paterne,
avec une attention pleine de finesse et de bonhomie. Plus loin, toujours sur le Monte Pincio, deux cardinaux se rencontrent et se saluent avec onction; celui dont on voit le visage est d'une exquise
béatitude. Au reste, M. Heilbuth connaît toutes les nuances de la
salutation; tout le monde se rappelle ses deux gentilshommes se
saluant au bas d'un escalier. Derrière les monsignori, mais à une
distance convenablement respectueuse, sont des domestiques galon-
nés, vieux et graves. Il n'y a de jeune qu'un petit roquet qui jappe en
courant.

Depuis le succès de sa *Malaria*, M. Hébert donne à tous ses personnages une grâce mélancolique et un peu maladive. Outre un portrait de la fameuse petite Maria, il nous montre cette année un jeune
homme romantique et byronien, causant avec une jeune italienne
près d'un puits. Nous devons féliciter M. Hébert de cette recherche
d'enveloppe et d'harmonie générale que les peintres d'histoire abandonnent trop souvent aux paysagistes.

Si nous passons en Corse, nous assisterons à une scène plus grave,
fort bien rendue par M. Guillaume : « Le mort, rapporté dans sa
maison, est étendu sur une table, au milieu de la pièce principale.
Les femmes accroupies autour de lui, s'arrachent les cheveux, se
frappent la poitrine et exhalent leur douleur en un concert de plaintes
et de cris. Les hommes sont à l'écart, impassibles et silencieux. L'im-
provisatrice, *Voceratrice*, s'approche du cadavre, se penche vers lui
et entonne le *Vocero*. C'est un chant lugubre et monotone, dont les
strophes, entrecoupées de sanglots cadencés, sont presque chuchot-
tées à l'oreille du mort; après quoi la *Voceratrice* prononce le serment
solennel de la vengeance. » Ce joli tableau nous transporte au milieu
des mœurs étranges, si bien décrites par M. Mérimée dans *Colomba*.

Nous retrouvons la gaieté en remontant vers le Tyrol; on va planter
l'arbre de Mai, et les enfants du village apportent à un vieux paysan
un bouquet des premières fleurs. M. Jundt a rendu avec beaucoup
de naïveté cette scène de mœurs patriarcales. Il n'a pas mis moins
d'esprit dans la leçon de danse qu'un soldat à casaque blanche donne
à une jeune fille qui paraît l'écouter de fort bonne grâce. Pendant ce
temps un autre soldat fait jouer aux cartes le pauvre fiancé, qui va
perdre la partie; car il a l'esprit ailleurs, et il n'écoute guère les
conseils d'un bon paysan qui lui indique son jeu. Mais ce ne sera
qu'un nuage passager, car nous retrouvons un peu plus loin le même
fiancé, heureux et triomphant, emmenant sa femme chez lui au clair

de la lune, pendant que les gens de la noce dansent et boivent dans l'auberge. Ces trois tableaux se distinguent par la justesse de la pantomime et l'harmonieuse sobriété du ton.

M. Salentin est de l'école de Dusseldorf, on s'en aperçoit à la vérité naïve de ses compositions et à l'expression fine de ses physionomies. Un de ses tableaux représente une messe de mariage dans un village d'Allemagne ; petite composition simple, tranquille et recueillie; l'autre, c'est un mariage pour rire; une petite fille marche gravement, son bouquet au corsage, au bras d'un fiancé encore plus petit qu'elle, et les autres enfants leur font cortége en jouant une musique quelconque avec les premiers morceaux de bois venus. Un autre peintre de Dusseldorf nous reproduit de petits drames intimes de la vie de campagne : la *Réconciliation*, scellée par le renvoi d'une jolie petite bonne qui déplaisait à madame, ne sera pas suivie d'une paix bien durable, à en juger par l'air maussade de la maîtresse de la maison. Plus loin nous trouvons deux jeunes paysannes occupées à lire *une lettre de lui*, signée naturellement avec un cœur. On ne peut reprocher à ces petits tableaux qu'une couleur un peu jaune et une exécution trop lisse, qui fait ressembler les chairs à de l'ivoire.

Suivrons-nous M. Patrois jusqu'en Russie? Ce pays-là ne nous plaît guère, surtout depuis quelque temps. Cependant M. Patrois en a rapporté des intérieurs qu'on reconnaît devoir être très-exacts, des paysans très-bien peints, et des jeunes fille vêtues d'une manière très-originale et fort agréables malgré leurs yeux retroussés à la chinoise. Tout cela danse et fait de la musique avec tant de bonhomie, qu'on serait tenté de prendre les Russes pour les gens les plus heureux et les plus aimables du monde.

Maintenant que nous avons parcouru l'Égypte et l'Orient, l'Italie, l'Allemagne et la Russie, pénétrons dans un pays qui, pour n'être pas marqué sur la carte n'en est pas moins intéressant à visiter ; c'est le royaume de Lilliput. Depuis longtemps M. Meissonnier y règne en despote et toutes les jalousies viennent se briser aux pieds de son trône; mais cette année il est absent du Salon, et pour peu que cette absence se prolonge, il pourrait bien trouver à son retour des compétiteurs redoutables. Déjà M. Stevens cherche à le remplacer. Une jeune fille en noir accrochant une branche de buis à un portrait ; une jeune femme prête à sortir et se demandant si elle doit prendre un parapluie, voilà deux sujets bien innocents, avec lesquels M. Stevens a fait deux petits tableaux dignes de notre galerie flamande du Louvre. Finesse prodigieuse de travail et largeur dans l'effet général, vérité parfaite du ton et délicatesse de la forme, voilà les qualités de ces petites toiles dans lesquelles on cherche inutilement un défaut.

Un autre peintre belge, M. Willems, ne sort pas du temps de Louis XIII, dont il connaît à fond la physionomie et les costumes. La *Présentation du futur* est une scène spirituellement composée et bien peinte, malgré quelques blancs un peu crus qui nuisent à l'harmonie générale. Le tableau un peu plus grand intitulé la *Veuve*, est plein de charme et de tendresse mélancolique. Une jeune femme en deuil est assise et en contemplation devant un portrait; un grand lévrier est couché à ses pieds. La gamme sobre de la couleur, la simplicité de l'ameublement concourent à l'impression à la fois austère et gracieuse de cette peinture.

M. Plassan a peint spirituellement une scène du *Bourgeois gentilhomme*, et deux autres petits tableaux où on retrouve sa finesse habituelle. L'*Arrivée à l'auberge* et le *Coin de bibliothèque* de M. Fichel attestent un sensible progrès sur ses expositions précédentes. M. Dansaert, dans le *Jeu des pantins*, la *Lecture au dix-huitième siècle* et l'*Académie soumettant à Richelieu la critique du Cid*, cherche le fini de l'exécution, sans oublier l'harmonie et la bonne tenue de l'ensemble. La *Lecture pieuse* de M. Billotte, les *Charrons* de M. Mongodin, le *Repas de famille* de M. Fauvelet, montrent aussi ce que des artistes de talent peuvent dépenser de science et d'esprit dans des toiles grandes comme la main.

M. Charles Jacque s'est fait le berger du royaume des infiniment petits. Lorsqu'on parvient à trouver les deux microscopiques tableaux de cet artiste, on reconnaît qu'en aucun temps personne n'a mieux étudié la construction et mieux observé la tournure des moutons. Si les rois avaient encore l'habitude d'épouser des bergères, ils devraient charger M. Jacque de peindre des broches pour la corbeille nuptiale.

Grâce à l'exiguïté toujours croissante de nos appartements, la peinture lilliputienne devient fort à la mode. Il serait trop long d'énumérer à l'exposition bien d'autres petits tableaux qui dénotent du talent. Voici cependant M. Bellanger, qui nous montre toute l'armée du premier empire défilant sur la place du Carrousel, et de plus notre jeune armée d'Italie victorieuse à Magenta. Ces petits zouaves, malgré l'exiguïté de leur taille, pourraient lutter avec avantage contre bien des soldats en bois qui se pavanent dans d'immenses tableaux de bataille.

Revenons maintenant en France, où nous trouverons d'ailleurs une suffisante variété de types et de costumes. M. Marchal continue à chercher des sujets en Alsace. Il y rencontre le dimanche matin, au soleil levant, des bandes de jeunes garçons et de jeunes filles qui se promènent en chantant le choral de Luther, et il en a composé un charmant tableau. Rien de plus gracieux que ces jeunes têtes blondes, et de plus naïf que ces trois ou quatre gamins qui précèdent la troupe d'un air à la fois gauche et délibéré. M. Marchal a été sensible au reproche que la critique lui avait adressé au dernier Salon pour la crudité de certains tons ; rien cette fois ne détruit par un éclat intempestif l'harmonie douce de sa couleur.

M. Adolphe Leleux a précédé MM. Millet et Courbet dans la représentation des paysans tels qu'ils sont, mais il a cherché dans les riches costumes des Bretons une variété de couleurs qui effraye en général les réalistes d'aujourd'hui. Sa *Noce en Bretagne*, et ses deux autres tableaux, sont peints dans cette manière libre, puissante et quelquefois brutale qui a fait sa réputation. Un autre peintre ordinaire de la Bretagne, M. Guillemin, s'est promené cette année dans les Pyrénées sans rien perdre de la finesse de sa touche et de la vivacité de ses couleurs.

Nous avons déjà nommé M. Laugée à l'occasion de la peinture religieuse, mais son véritable élément est le genre rustique. Dans ses deux tableaux intitulés *la Bouillie* et *le Nouveau-né*, la largeur de l'effet s'allie à une distinction de style qui n'exclut pas la vérité. Nous aimons beaucoup aussi *la Consultation* de M. Luminais ; c'est un mouton malade entouré d'enfants attentifs et inquiets cherchant quel remède pourrait le guérir ; une jeune fille offre une poignée d'herbes à la pauvre bête qui n'a pas l'air de s'en soucier. Cette petite scène champêtre est rendue avec beaucoup de vérité et d'esprit. Parmi les bons tableaux de paysanneries, il faut encore citer *la Promenade des fiancés*, de M. Guérard ; *le Mendiant* et *la Bergère*, de M. Antigna ; et *les Glaneuses*, de M. Salmon.

Quant à M. Toulmouche, c'est dans la vie bourgeoise qu'il trouve la matière de ses tableaux pleins de distinction et d'élégance. *La Marraine*, *les Jumelles* et *les Orphelins*, de M. Dejonghe, ainsi que les jolis marmots que M. Trayer fait promener par leurs bonnes dans un *Jardin public*, obtiennent également, dans le même genre de peinture, un succès mérité. Les bambins de M. Édouard Frère appartiennent à une classe moins aristocratique et sont moins bien surveillés ; ils profitent de la liberté qui leur est laissée pour se livrer à la petite guerre : armés de bâtons et de sabres de bois, ils défilent devant un vieux médaillé de Sainte-Hélène, qui regarde en souriant leurs grands préparatifs de combat. Le petit garçon de M. Boulard est bien plus laborieux ; en l'absence de ses parents et de ses maîtres, il se livre à l'*étude* avec acharnement, sans autre témoin que l'artiste qui en fait le sujet d'un charmant tableau ; le modèle aura des prix à la fin de l'année scolaire, et le peintre a déjà recueilli les suffrages des connaisseurs.

Une petite toile où on trouve la même finesse et la même vérité de couleur, *la Dormeuse* de M. Villain, a été repoussée, je ne sais pourquoi, par le jury, qui n'a voulu admettre de cet artiste que deux excellents tableaux de nature morte. M. Villain appartient à cette école réaliste qui regarde la nature consciencieusement étudiée comme le but suprême de l'art. M. Bonvin est un des chefs de cette école; lui aussi aime la nature avec ferveur, et ne donne rien au caprice de l'imagination et à l'imprévu de la touche. Les *Religieuses revenant des offices*, le *Déjeuner de l'apprenti* et l'*Intérieur de cuisine*, sont des tableaux sévères, peints dans une gamme un peu sombre, et la persistance de cet artiste à suivre une route où les amateurs superficiels hésitent à le suivre, atteste de sérieuses convictions.

M. Legros marche dans la même voie; son *Lutrin* et surtout sa *Discussion scientifique* entre quelques docteurs réunis autour d'une table où sont placées des têtes de morts, sont des œuvres sérieuses, qui annoncent un véritable tempérament de peintre. M. Moyse, qui cherche aussi à traduire la réflexion et la pensée plutôt que la vie et le mouvement, a exposé une autre discussion entre docteurs; mais celle-ci est théologique. Trois hommes d'une figure intelligente et dont le type israélite est très-prononcé, discutent devant un vieux livre, sans doute la Bible ou le Talmud. Il s'agit probablement d'expliquer une prophétie ou de comprendre la nature de Dieu. Résoudront-ils le problème? L'absolu n'est pas chose facile à trouver : demandez plutôt à l'*Alchimiste* de M. Philippe Rousseau. Il était là soufflant son fourneau, épiant la production de la pierre philosophale, et puis, paff ! voici la cornue qui éclate et l'absolu qui s'envole en épaisse fumée. Aussi quelle n'est pas l'épouvante du pauvre savant ! Il se renverse en arrière avec une grimace effroyable qui n'est pas permise à un philosophe, même quand ce philosophe est un singe. Le public, peu miséricordieux pour les chercheurs d'absolu, se pâme de joie devant ce tableau.

La singerie de M. Verlat est à l'adresse de notre spirituel confrère M. Jean Rousseau. Un singe se fait la barbe devant un miroir après la lecture d'un numéro du *Figaro*, dans lequel un tableau de chevaux de M. Verlat est comparé à une enseigne de déménagement. Ce singe est bien dédaigneux, de s'asseoir ainsi sur une œuvre littéraire; mais si M. Verlat méprisait tant cet article, il n'aurait pas pris la peine de le copier lettre par lettre, et cela dans un tableau que le critique lui-même ne peut manquer de trouver bon.

Un autre animal plein d'intelligence, c'est le boule-dogue de

**M.** Joseph Stevens, qui veille sur un *Étal de boucher flamand*. Bien des solliciteurs faméliques voudraient rompre la consigne; mais l'incorruptible factionnaire les éloigne d'un regard qui n'a rien de rassurant. Ce sujet, spirituellement traité par M. Stevens, avait déjà fourni à Landseer un tableau que nous nous rappelons avoir vu à l'Exposition universelle de Paris.

M. Mongiuot ne se préoccupe pas de l'esprit des bêtes, il cherche seulement à en rendre la couleur; au gibier, aux fleurs et aux fruits, il ne demande qu'un prétexte pour étaler le luxe de sa palette. *La Dîme* est peut-être celui de tous ses tableaux où il a déployé la plus grande richesse de tons. M. Eugène Lambert a laissé de côté cette année les motifs ordinaires de ses tableaux, lapins, chiens et singes, pour s'en tenir au règne végétal, et nous montrer dans un marché en plein air une jeune fruitière, fraîche et de bonne mine, qui nous offre les légumes les plus appétissants et les plus variés. Pour dessert nous aurons les fruits de M. Robie, des raisins et des framboises qui font venir l'eau à la bouche. M. Robie a en outre un bouquet de fleurs d'une étonnante richesse de tons. Les fleurs et les fruits de M. Ghequier méritent également des éloges pour la vérité et la belle disposition des couleurs.

Parmi les peintres de nature morte, celui qui obtient le plus grand succès auprès du public est M. Blaise Desgoffes. Il est vrai que ce succès est contesté par la plupart des critiques et par un certain nombre d'artistes, qui se demandent à quoi servira la peinture de M. Desgoffes le jour où la photographie parviendra à reproduire les couleurs de chaque objet comme elle en reproduit les formes. C'est ce qu'on appelle, je crois, dans le langage parlementaire, la question préalable. Mais si on admet le système de peinture de M. Blaise Desgoffes, il est impossible d'y déployer une plus prodigieuse adresse. On peut trouver que le genre est faux, mais c'est la perfection du genre, et tout le monde le reconnaît. Jamais le trompe-l'œil n'a été poussé plus loin. Je ne sais ce qu'en pensent les réalistes; mais s'ils sont conséquents avec leur principe, à savoir que l'art n'est que la reproduction exacte d'un coin de la nature, M. Blaise Desgoffes doit être pour eux le plus grand de tous les artistes.

Ce n'est pas M. Gustave Doré qu'on accusera de manquer d'imagination; chez lui cette faculté déborde; de là cette profusion de compositions ingénieuses et variées que tout le monde connaît. Mais pour faire des chefs-d'œuvre, l'imagination ne suffit pas plus que la science; il faut allier l'une à l'autre. Il y a dans *le Déluge* de M. Doré une idée fort heureuse : Une mère et ses enfants, une tigresse et ses petits sont réunis sur un rocher au milieu des eaux qui vont les

engloutir. La femme ne songe pas à fuir la bête féroce, celle-ci oublie
ses instincts carnassiers : tous les êtres sont réunis dans l'effroi du
danger commun. Cela aurait pu faire une charmante vignette; mais
l'exécution est insuffisante pour un grand tableau. Mêmes qualités
d'invention, même absence d'étude dans les deux autres tableaux du
même artiste, *Françoise de Rimini* et *la Danse des gitanos.*

On peut dire la même chose à propos de la *Fête d'Héliogabale,* par
M. Tabar. Voici le sujet de ce tableau : « A la suite d'une orgie,
Héliogabale fait lâcher des bêtes féroces dans la salle du festin. Du
haut d'une terrasse il se repaît de ce spectacle. » Ne cherchons pas
si l'anecdote est vraie; je crois me rappeler que Lampride qui la
raconte ajoute que ces animaux étaient *désarmés,* que l'empereur
voulait seulement faire peur à ses convives et se moquer d'eux. Mais
cela importe peu; M. Tabar a vu là un beau sujet de tableau, il a
bien fait de le prendre. Malheureusement l'exécution ne répond pas
absolument aux intentions de l'artiste. La composition est bien or-
donnée; mais les figures du premier plan manquent d'étude. Pour
une scène pareille, il aurait fallu la science et l'énergie de Géricault.
M. Tabar a été plus maître de lui dans son *Josué arrêtant le soleil.* Le
paysage est grandiose, et les figures, peintes avec la liberté d'une
esquisse, sont pleines de mouvement et d'animation.

Parmi les tableaux néo-grecs, qui sont peu nombreux cette année,
il y en a un qui a beaucoup de succès; c'est celui de M. Glaize fils;
il est tiré de la vie d'Ésope par Lafontaine : « Xanthus, après avoir
fait prix d'Ésope à soixante oboles, vint dire au logis qu'il venait
d'acheter un jeune esclave, le plus beau du monde et le mieux fait;
sur cette nouvelle, les filles qui servaient sa femme se pensèrent
battre à qui l'aurait pour son serviteur; mais elles furent bien éton-
nées quand le personnage parut. » La scène se passe sous un portique
où les jeunes filles travaillent sous la direction de la femme de
Xanthus; celui-ci, grand et beau, l'air noble et fier, apparaît entre
les colonnes, et montre son esclave, laid et difforme de proportions,
mais sublime d'expression et d'intelligence. A l'aspect du nouveau
venu, les femmes expriment toutes les nuances du désappointement,
depuis le dépit et l'effroi jusqu'à l'éclat de rire. Tout plaît dans ce
tableau, la parfaite vérité de la pantomime, l'heureuse harmonie des
couleurs, l'élégante et noble simplicité de l'architecture, des ajuste-
ments et des accessoires.

Un autre joli tableau dans le genre antique, c'est celui que M. Le-
roux intitule *Croyantes;* ce sont deux jeunes filles qui conduisent
une de leurs amies malade à Hygie, déesse de la santé; le dessin est
gracieux, la couleur d'un gris délicat assez agréable. Une compo-

sition antique d'un beau caractère, exposée par M. Didier sous le titre : *une Défaite*, représente un cavalier étrusque emportant sur son cheval, à travers une rivière, le cadavre d'un de ses compagnons. Le cheval rappelle la forme des chevaux sculptés dans les frises grecques, l'armure et le casque du cavalier indiquent des études archéologiques, la couleur est sobre et juste.

M. Boulanger a voulu renfermer dans un petit cadre une des grandes scènes historiques de la campagne des Gaules ; Jules César marchant à la tête de ses légions dans une plaine couverte d'une neige épaisse. Il y a des intentions heureuses, surtout dans la figure de César, mais un peu de sécheresse dans l'exécution et de crudité dans la couleur ; on préfère généralement les *Kabyles* (prononcez Kbaïls) se sauvant devant les tirailleurs français. En les voyant dégringoler avec une vitesse vertigineuse sur des pentes abruptes, hérissées de roches pointues, on comprend que ces robustes sauvages qui attraperaient un wagon à la course, n'aient pas besoin de chemins de fer et dédaignent la civilisation.

A propos de Kabyles, j'ai oublié de mentionner tout à l'heure deux excellents tableaux algériens, les *Kabyles moissonneurs* de M. Magy, et la *Prière du soir dans le Sahara* par M. Guillaumet. Il y a bien d'autres omissions que je voudrais pouvoir réparer ; je suis obligé de me borner à citer les toiles si largement peintes de M. Israëls, les *Bohémiens chanteurs de complainte* de M. Bornschlegel, un *Jeune baigneur endormi*, de M. Henner, excellente étude qui promet un peintre sérieux, un grand tableau de M. Heyden, de Breslau, représentant *Sainte Barbe, patronne des mineurs*, dans lequel se trouvent réunis une figure idéale et un morceau très-réussi de peinture réaliste. Je ne puis me dispenser de parler aussi des tableaux archéologiques de M. Tissot. Comme M. Leys, M. Tissot est un imitateur des vieux maîtres allemands, mais M. Leys se préoccupe beaucoup de l'effet général, tandis que M. Tissot fait systématiquement abstraction de la lumière et de la perspective aérienne. On se demande si le culte des artistes primitifs oblige un peintre moderne à copier et même à exagérer leurs défauts. Il faut reconnaître cependant que, malgré l'importance excessive donnée aux accessoires et toutes les fautes voulues et cherchées qui sont la conséquence d'un système exclusif, le *Départ du fiancé* et le *Retour de l'enfant prodigue*, dénotent un véritable talent.

MM. Voillemot et Muller sont au contraire des peintres bien modernes, amis des carnations roses avec des demi-teintes bleues. Sous cette peinture un peu sensuelle, il y a d'ailleurs un enseignement moral. M. Voillemot nous représente le méchant Cupidon brûlant

à sa chandelle des papillons écervelés; une purée de cadavres jonche
le sol. M. Muller nous montre les funestes effets de la passion du jeu :
la scène se passe dans le demi-monde du seizième siècle. Un beau
jeune homme, pâle comme un soir d'automne, le même qui a posé
pour M. Hébert dans le tableau de l'Italienne au puits, vient de
jeter un mauvais dé sur la table, tandis qu'un gros financier rubi-
cond ramasse une pile de pièces d'or. De jolies personnes, éclatantes
de fraîcheur, attendent avec indifférence que le sort désigne celui
auquel elles doivent sourire. La richesse des tons, en donnant à ce
tableau l'aspect d'une fête, diminue l'impression morale que l'artiste
a voulu produire. L'autre tableau de M. Muller est intitulé *Une messe
sous la Terreur*. Une famille noble, réunie dans le grenier d'un
ouvrier, assiste à la messe célébrée sur une commode par un
vieux prêtre réfractaire. Tout le monde se rappelle le tableau du
*dernier appel des condamnés*, au Musée du Luxembourg; il est fâcheux
que M. Muller se le soit trop rappelé à lui-même; au centre des deux
compositions on retrouve la même vieille femme résignée, dans la
même attitude. Il aurait fallu au moins changer les costumes et représenter une réunion de protestants sous Louis XIV. L'argumenta-
tion en faveur de la liberté religieuse n'aurait rien perdu de sa force,
et M. Muller aurait montré qu'il condamnait les mêmes excès dans
tous les partis.

M. Briguiboul s'est inspiré aussi de l'époque révolutionnaire ;
il a peint Robespierre étendu, la mâchoire fracassée, sur une des
tables du Comité de salut public, dans la journée du 10 thermidor.
Ce tableau, aussi bien exécuté que noblement conçu, est une grande
page historique, qui mériterait de figurer dans le musée de Versailles.
Quant au tableau de M. Kaplinski, c'est bien franchement un tableau
politique, mais je l'en loue; car, au lieu de raviver des souvenirs de
haine, il prêche l'union, la concorde et la paix. Un vieux seigneur et
un robuste paysan polonais se serrent la main dans une fraternelle
étreinte, unis sous leur drapeau national, le drapeau rouge à l'aigle
blanc. C'est une peinture très-simple mais fortement pensée; les
deux types choisis par l'artiste résument bien les caractères différents de ces deux classes d'hommes, entre lesquels l'éducation et la
position semblaient élever une barrière infranchissable, et que la
foi et l'énergique amour de la patrie rapprochent dans une pensée
commune. Puisse cette alliance déjà cimentée par tant de sang se
consolider de plus en plus !

Depuis longtemps on n'avait vu l'expression des idées, du caractère, des habitudes, en un mot toute la physionomie morale, aussi
complétement rendu que dans le portrait de l'Empereur, par

M. Flandrin. Au lieu de s'arrêter comme les artistes vulgaires à la
ressemblance physique du modèle, M. Flandrin en a rendu la personnalité intime. Point de tapage de couleur, point de ces tons vifs
si difficiles à éviter quand il faut rendre les dorures et tous les accessoires brillants qui accompagnent nécessairement un portrait officiel.
Un buste de Napoléon I$^{er}$, un fauteuil, une table, voilà tout l'ameublement. La tonalité sourde du tableau, la sobriété des couleurs, le
calme de l'effet concourent avec la simplicité de la pose à concentrer
toute l'attention sur la tête. A la fois calme et préoccupé, inquiet et
impassible, indécis et volontaire, ce portrait attire comme une
énigme. Les historiens aussi bien que les artistes viendront l'étudier
dans nos musées, où sa place est marquée à côté des portraits historiques que nous ont laissés les grands maîtres.

Il me semble inutile de mentionner les autres portraits officiels du
Salon; les rois, les princes, les maréchaux et les archevêques ont
dans toutes les expositions les meilleures places, tout le monde les
voit et personne ne s'y arrête, car ces peintures se ressemblent
toutes. Parmi les portraits vraiment remarquables, qui sont assez
rares cette année, on peut citer un très-beau portrait de femme de
M. Cabanel, un portrait de M. Giraud, par M. Baudry, qui est une
œuvre tout à fait hors ligne et qui rappelle les maîtres flamands par
la franchise de la touche et l'heureuse liberté de l'exécution; un beau
profil sur fond d'or, par M. Lehmann; un délicieux portrait de
femme en robe noire, par M. Chaplin, qui n'a peut-être jamais été
mieux inspiré, le portrait de M. Schnetz, par M. Henner et celui de
M. Robert Fleury, par M. Édouard Dubufe, un charmant portrait de
femme en robe bleue, par M. Faure, et un portrait d'homme, par
M. Laroche, auquel il ne manque pour être remarqué que d'être
signé d'un nom plus connu.

Parmi les pastels, nous devons louer surtout le portrait de madame de Girardin, par M. Giraud, deux autres portraits par madame Becq de Fouquières, trois bouquets de fleurs, d'une couleur
très-riche par mademoiselle Mélanie Paigné, une étude de jeune fille
par M. Galbrund. Il y a dans les mêmes salles deux charmants dessins
de M. Bida représentant chacun une scène des comédies d'Alfred de
Musset : *Lorenzaccio* et *les Caprices de Marianne*, lesquels dessins font
partie d'une illustration que prépare M. Bida pour une magnifique et
complète édition des œuvres du grand poëte. De ces deux dessins
que nous avons sous les yeux, l'un reproduit avec une énergie froide
et cruelle le meurtre d'Alexandre de Médicis par son cousin Lorenzo;
l'autre exprime avec une ironie et une grâce singulières la scène
d'entretien entre Octave et Marianne. L'âme du poëte a passé dans le

crayon de M. Bida; c'est bien là l'esprit à la fois si léger et si profond d'Alfred de Musset, son charme aisé, son exquise distinction, sa verve fine et railleuse, la vive et lumineuse réalité de son incomparable talent.

Plus loin un fac-simile à la gouache d'après une fresque de Pompéi par M. Gaillard, et une très-belle copie à l'estompe de l'*Antiope* du Corrège, par M. Axenfeld ; une aquarelle d'une jolie couleur, intitulée *Tristesse et consolation*, par M. Weber, et trois autres aquarelles exécutées d'une façon très-spirituelle et très-adroite par M. Eugène Lami. Parmi les gravures, nous citerons la *Vierge à la chaise* d'après Raphaël, par M. Calamatta, la *Source* d'après M. Ingres, par M. Flameng, deux belles eaux-fortes par madame Henriette Browne, d'après M. Bida, une *Résurrection de Lazare*, d'après un dessin du même artiste, par M. Varin, et les eaux-fortes de MM. Blery, Lalanne, Chapelin, Charles Jacque et Pequegnot. On excusera la sécheresse de cette énumération ; il est impossible dans une revue si rapide d'apprécier chaque œuvre en particulier, il est même bien difficile de nommer toutes celles qui mériteraient d'appeler l'attention.

Au moment où nous écrivons ces lignes, la liste des récompenses n'est pas encore officiellement connue; mais, grâce à des indiscrétions nombreuses, elle circule déjà parmi les artistes, et nous devons ajouter qu'elle ne les satisfait guère. Suivant l'usage, quelques noms servent de passe-port aux autres ; parmi les artistes désignés par la voix publique, un petit nombre seulement obtient d'être traité sur le même pied que la foule des médiocrités inconnues en dehors des régions officielles. On n'en annoncera pas moins que tous les choix ont été couverts d'unanimes applaudissements. Les choses se passeraient de même à la Sorbonne si on laissait aux chefs des institutions le soin de distribuer les couronnes universitaires. D'ailleurs, outre l'intérêt bien naturel que les membres de l'Institut doivent porter aux élèves sortis de leurs ateliers, ils attachent par tradition et par système bien plus d'importance à la hiérarchie des genres qu'à celle des talents. Il en résulte que pour un peintre de genre ou de paysage, on récompensera vingt peintres d'histoire, fussent-ils au-dessous du médiocre. Et cela sera toujours ainsi tant que les exposants ne décerneront pas les récompenses eux-mêmes. Les artistes le savent; ils obtiendront justice le jour où ils voudront s'entendre.

ARISTIDE LEFRANC.

# BIBLIOGRAPHIE

ESSAI SUR LA JEUNESSE CONTEMPORAINE, PAR ACH. GOURNOT.

L'*Essai sur la jeunesse contemporaine* est un livre éloquent, rempli de qualités diverses, sentiments généreux, bonne foi, talent ; mais il est un mérite qui lui manque peut-être, celui de l'à-propos. C'est une œuvre de tristesse et presque de découragement; il y a quelques mois, ce sentiment eût semblé tout naturel. Bien des gens croyaient en toute sincérité que le siècle était voué sans remède au culte des intérêts égoïstes, et que les idées libérales n'y sauraient plus trouver d'écho. Quelques-uns, même parmi les libéraux, semblaient presque fiers de leur isolement prétendu ; à les en croire, au milieu de l'indifférence générale, eux seuls restaient fidèles aux illusions généreuses, et on eût été mal venu à leur contester ce privilége. Ils se regardaient modestement comme des singularités véritables et de précieuses exceptions. Ils répétaient volontiers ce mot amer d'un écrivain éminent : « Il est des temps où l'optimisme fait involontairement soupçonner chez celui qui le professe quelque petitesse d'esprit ou quelque bassesse de cœur. » Or le récent mouvement électoral est venu prouver que les optimistes n'avaient peut-être pas tout à fait tort ; que les traditions libérales n'avaient pas encore subi de prescription; que ceux qui s'en souciaient encore, les Catons *à qui plaisent les causes vaincues*, n'avaient peut-être pas le droit de se considérer comme des raretés héroïques et d'inestimables échantillons d'une opinion disparue, et qu'enfin ils feraient bien de renoncer à ces prétentions mal fondées, à ces dédains aristocratiques, lesquels n'ont pas toujours garanti suffisamment l'inflexibilité du caractère et la fermeté des convictions.

Plus d'un sans doute regrettera cette erreur flatteuse; mais ce ne sera pas assurément M. Gournot, car on sent en le lisant que sa tristesse est sincère, et il est loin de s'en faire un titre de noblesse intellectuelle et morale. Ce livre est, si je ne me trompe, le début d'un jeune homme. Or tout cœur bien doué a passé par ces afflictions. Le premier regard jeté sur le monde est toujours rempli de mécomptes, et le premier jugement d'une sévérité inévitable. On ne connaît guère

alors l'humanité que par les livres; et les livres la font plus grande,
plus pittoresque surtout, qu'elle n'est dans la réalité, plus absolue
dans le bien ou dans le mal. On ne tarde pas à découvrir que la probité réelle y est parfois assez plate, et que, d'un autre côté, les scélérats grandioses sont tout aussi rares que les saints. On s'aperçoit
que les honnêtes gens ressemblent trop souvent à M. Prudhomme, et
les Richard III aux Sbrigani. Cela ne répond guère à l'idée poétique
qu'on se formait des uns et des autres, et cause d'abord un désappointement qui mène à plus d'une injustice involontaire. Heureusement on en revient, on se rabat sur une appréciation moins satisfaisante peut-être pour notre imagination, mais plus conforme à la justice, et qui, si elle prête moins aux amertumes éloquentes, laisse encore une place suffisante à l'estime réelle pour la vertu, malgré ses
inconséquences, et à des haines viriles pour le mal, malgré ses bas-
sesses qui, d'ordinaire, ne lui donnent droit qu'au mépris.

Je sais très-bien qu'on n'arrive pas du premier bond à cette résignation un peu triste, à cette philosophie tempérée, qui n'est pas
exempte non plus de bien des inconséquences. Je sais surtout qu'elle
n'est guère de nature à plaire à la jeunesse. M. Gournot n'a pas encore atteint cette période d'indulgence un peu terne, et il faut l'en féliciter. Elle assagit peut-être, mais le plus souvent elle assoupit; mieux
vaut l'indignation généreuse et l'étonnement d'un jeune cœur devant
les platitudes humaines. Cette révolte courroucée a, dans tous les
cas, plus d'efficacité que l'honnête opposition de l'âge mûr : celui-ci
peut avoir la résistance du fer (quand il l'a); les jeunes ont le ressort
de l'acier. « Nous sommes la jeune garde, » disait sous la Restauration un des vieux d'aujourd'hui. Hélas! la vieille garde ne figure
guère qu'aux jours sinistres; elle est l'espérance dernière, celle qui
succombe au soir de la bataille. Confions-nous donc aux jeunes;
mais à une condition, c'est qu'ils nous donneront l'exemple et qu'ils
auront foi en eux-mêmes. Malheureusement M. Gournot n'en est pas
là. Il avouerait presque toutes les défaillances attribuées à la jeunesse. Il se contente de récriminer contre les générations antérieures,
et de prouver qu'elles n'ont pas donné toujours à leurs successeurs
des leçons suffisantes de sagesse ou de dévouement. Je suis loin ici
de le contredire; mais peut-être vaudra-t-il mieux nous faire rougir
d'autre façon, c'est-à-dire par des actes, en valant mieux que nous.
Je connais bien des vieux qui se résigneront avec joie à cette patriotique humiliation .

Voici par quels mots débute le livre de M. Gournot : « Qui voudra
nier que la jeunesse présente soit tombée dans un discrédit profond? » J'avoue, moi, que je le nierais, parce que ce serait nier l'ave-

nir, l'espérance, et qu'alors autant vaudrait s'endormir dans l'indifférence et la béate préoccupation des oisivetés individuelles, ou se couvrir la tête comme un ancien à l'heure de la mort. J'aime au moins à croire que la jeunesse s'insurgerait contre la rigueur de ce jugement. M. Gournot, qui par esprit de corps semble plus intéressé que moi à ne pas souscrire à tout cela, ne répugne pas trop, ce me semble, à cette condamnation collective; seulement il en rejette la faute sur ceux qui, par leurs exemples et leurs leçons, auraient fait la jeunesse telle qu'elle est en ce moment, selon lui. Cela n'est, à mon sens, ni consolant ni juste. Je trouve M. Gournot bien sévère, et je ne saurais reconnaître ni le mal qu'il avoue chez les générations nouvelles ni celui qu'il attribue aux précédentes générations.

Et d'abord je remarquerai que ce reproche fût-il vrai au fond, il y aurait un inconvénient grave à le répéter ainsi à outrance : car, en vérité, cet éternel *o tempora, o mores!* jadis réservé à la vieillesse et qu'on lui pardonnait comme une infirmité, ces éloquentes imprécations sur l'affaiblissement des caractères, sur l'amoindrissement des intelligences, deviennent depuis dix ans environ, un véritable lieu commun, qui, je l'espère, commence à s'user, quoiqu'il ait été traité avec beaucoup d'éloquence et d'esprit par de jeunes publicistes animés, cela est évident, des meilleures intentions du monde; mais ils devraient y songer, le plus grand malheur qui pût leur arriver, ce serait de réussir à nous convaincre. Persuadez à une personne atteinte d'une indisposition passagère qu'elle est gravement malade, il y a tout à parier qu'elle le deviendra. Le médecin *Tant mieux* a toujours fait plus de cures que son confrère *Tant pis*. C'est aggraver le mal que de l'exagérer. Cela est vrai surtout des maladies morales. Quand ces accusations excessives, ces violents ou dédaigneux réquisitoires trouvent créance, qu'arrive-t-il? Les faibles se découragent et se résignent au mal qu'on leur peint comme à peu près incurable. D'autres, moins accommodants, se redressent, mais, quand ils le font, c'est le plus souvent d'une assez triste manière, en acceptant l'outrage et en payant d'effronterie. Contre une imputation trop accréditée, fût-elle à moitié fausse, un individu, une génération, une classe, ne réagissent d'ordinaire qu'en achevant de la mériter.

Quand vous dites que notre temps a oublié les traditions du droit et de la justice, que, tout entier au culte de l'intérêt et des biens matériels, il s'est absolument désintéressé de toute grandeur morale, songez-y bien, vous ne trouverez que trop de gens fort empressés à vous croire sur parole, fort disposés à accepter pour la société en masse une excommunication qui diminue la responsabilité de chacun. Ils se garderont bien de vous contredire! Vous leur fournissez leur justification. Notre lâcheté secrète n'est déjà que trop·encline à s'exagérer l'impuissance des efforts individuels; vous lui ôtez sa dernière pudeur. Elle ne demandait pas mieux que de trouver un prétexte à ses commodes découragements. Regardez autour de vous; étudiez seulement, je vous prie, quelques variétés de découragés, et voyez s'il est bon de leur venir en aide, et de leur fournir les raisons que leur conscience ébranlée cherchait peut-être en tâtonnant. Pour moi, je me méfie particulièrement des élégiaques; j'ai trop vu de Werther qui mettaient un terme à leurs souffrances autrement qu'en lâchant la détente d'un pistolet. Je ne sais par quelle fatalité singulière les infortunés qui gémissent sur la mort de l'amour sacrifié à l'intérêt aboutissent le plus souvent à quelque riche mariage; quant aux Brutus qui désespèrent de la vertu, et disent : *tu n'es qu'un nom!* ne craignez point pour eux d'extrémité fâcheuse : d'ordinaire ils ne songent qu'à utiliser leur découragement.

Oh! que le désespoir a pris de nos jours des formes diverses, des aspects vraiment neufs et inattendus! Ne parlez plus à celui-ci de ce qui le passionnait jadis : c'est un savant, un artiste, un lettré; il sourit amèrement, mais au fond il n'est pas trop à plaindre; il n'est désabusé que des croyances gênantes. Il a abrité son scepticisme dans le sanctuaire de l'art et de la science, et il y a trouvé honneur et profit. Cet autre, nâvré des misères de son temps, s'est réfugié auprès du foyer domestique, et il entend le mot *famille* dans le sens impie que signalait jadis madame de Staël : « Pour certaines gens, la famille est un mot décent pour se désigner soi-même. » Il y a encore le désespéré mystique, celui qui se résigne invariablement aux décrets de la Providence, et vraiment ne s'en trouve pas mal; c'est celui dont le *Paillasse* de Béranger a résumé d'un mot la philosophie : *Vivent ceux que Dieu seconde!* Encore Paillasse le disait-il gaiement, mais ceux-ci prennent des poses mélancoliques. Hélas! tous ces gens-là avaient, eux aussi, rêvé l'idéal, des amours comme on n'en voit guère, des libertés comme on n'en voit pas! Ils avaient même eu soin de placer leur idéal si haut, qu'ils étaient naturellement dispensés de l'atteindre. Ils ont reconnu leur erreur, ils en souffrent cruellement, croyez-le bien; ils pleurent leurs illusions perdues; mais ils ressemblent à Rachel pleurant ses enfants, ils ne veulent pas être consolés; car ils savent que de toutes les conditions de fortune, la plus lucrative et la plus sûre, c'est un désespoir bien entendu.

Et nous irions nous prêter avec une crédulité humiliante à ces dégoûtantes hypocrisies! nous ferions semblant de croire à des scepticismes qui rapportent tant! Nous leur fournirions au moins des excuses, et nous oserions leur dire : Vous n'avez jamais aimé, mais il

n'est que trop vrai qu'au dix-neuvième siècle l'amour est un proscrit.
— Vous êtes des intrigants, soit ; mais le désintéressement, le goût du
sacrifice n'est plus de mode, les hautes ambitions même sont inconnues. — Vous avez renié tous les principes, mais qui donc s'en soucie? Si vous avez tort, vous avez tort avec tout le siècle, ce qui, pour
les consciences souples et les intelligences dociles, suffit surabon-
damment : la majorité vous est acquise, vous êtes absous !

Ce n'est là assurément ni ce que dit ni ce que veut faire entendre le
jeune et généreux écrivain dont nous examinons le livre; mais c'est,
je le crains, la moralité commode que bien des gens fort avisés tire-
ront de son livre, sans trop en forcer les conclusions.

Quant à la vérité absolue de cette condamnation si rigoureuse
portée contre la société contemporaine, elle ne me paraît pas moins
contestable. On ne peut juger de son temps qu'en le comparant aux
époques antérieures : or je ne vois pas que le nôtre souffre trop de la
comparaison.

Défendons - nous ici d'une illusion naturelle, mais trompeuse :
du passé, nous ne voyons guère que l'ensemble, et il arrive souvent qu'il paraît grandiose; du présent, nous ne voyons que le
détail, et le détail est presque toujours mesquin. Mais descendez
aux minuties de l'histoire; c'est là qu'est la vérité, au fond du puits,
comme toujours. Fouillez les mémoires, interrogez surtout les correspondances d'autrefois, ces confessions involontaires, mais toujours véridiques, pour qui sait les comprendre, et dites si vous
trouvez dans le passé autant de convictions fermes, de fidélités honorables que chez les hommes de notre temps. Sans doute nous avons
été témoins de bien des faiblesses ; cela s'est vu de tout temps.

> Le vent de la faveur passe sur ces courages,

nous dit le vieil Agrippa d'Aubigné en nous parlant de ses rudes
compagnons, de ces huguenots du seizième siècle, qui nous semblent
à distance si inflexibles, et qui l'ont été le plus souvent en effet. Nous
les contemplons toujours dans l'énergique attitude où les a fixés
l'histoire, et celle-ci néglige, comme il est juste, les inflexions légères
que saisissaient les contemporains, et qui, chez les plus roides, venaient parfois les désespérer. Quant aux *courages* de notre temps, qui
ont faibli, encore faudrait-il s'entendre. Est-on bien sûr qu'ils fussent
des *courages*, et que ce soient des exemples dont on puisse s'autoriser
pour gémir douloureusement sur l'*abaissement des caractères*? Peut-être
serait-il prudent d'examiner si tous ceux contre lesquels ce reproche
semble fondé ont eu, pour s'abaisser, à se courber sensiblement.

Quant à moi, les sévérités que l'on prodigue à leur attitude présente
me semblent faire vraiment trop d'honneur à leur passé.
Si je ne crois pas à l'abaissement des caractères, je ne crois pas
davantage à la décadence de l'art. « L'art, dit M. Gournot, se transforme en un instrument de salaire et de commerce.... Une banale
facilité est plus profitable que le talent; un peu d'esprit rapporte plus
qu'une grande pensée. » Soit, mais je ne vois là aucune transformation : la *facilité banale* a toujours été assez lucrative. Nous oublions
que les œuvres enfantées jadis par cette facilité banale étaient fort
nombreuses, fort lues; si elles ont disparu, emportées par le temps,
elles n'en ont pas moins existé et fait bonne figure dans la littérature
contemporaine. Elles se sont multipliées de nos jours, je suis
loin de le nier. Mais c'est tout simplement parce qu'il y a plus de
gens qui lisent, ce qui est un progrès, et que ces gens-là ne sont pas
encore très-difficiles, ce qu'on ne saurait exiger d'eux. Ne crions
donc pas au mercantilisme de l'art; il y a plus de marchands, parce
qu'il y a plus d'acheteurs; voilà tout. Mais voit-on que le nombre des
esprits élevés, et qui demandent une nourriture plus fortifiante et plus
saine, ait véritablement diminué? On n'a ici qu'à ouvrir le journal de
la librairie et à compter les éditions des œuvres qui sont l'honneur
de notre siècle. Les tragédies de Racine ont été infiniment moins
lues de son temps que du nôtre les *Méditations* ou les *Feuilles d'automne*. Oui, que l'on étudie d'un peu près ce siècle de bon goût, l'é-
ternel dix-septième siècle, cet âge d'or de notre littérature, et l'on
reconnaîtra bientôt que la littérature mercantile y tenait, comme
toujours, plus de place que la littérature sincère et convaincue. La
Calprenède y était fort apprécié. Aussi en abusait-il, et il *affinait
plaisamment* ses libraires, nous dit Tallemant. Il convenait avec eux
d'un roman en deux volumes : puis les deux volumes achevés, quand
le libraire se plaignait que ces deux volumes ne fussent qu'un commencement de roman sans conclusion, « J'en veux faire trente, moi! »
lui disait fièrement la Calprenède, et le libraire était obligé d'en passer par où il voulait. Dans nos procédés d'industrie littéraire, nous
n'avons même pas le tort ou le mérite de l'invention. A la même époque, Corneille, qui ne se fût jamais permis de telles arrogances avec
ses libraires (quoique les comédiens le trouvassent monstrueux dans
ses prétentions), Corneille s'arrêtait à une échoppe de savetier pour
faire raccommoder ses souliers moyennant quatre sous. Je conviens
qu'aujourd'hui la même disproportion existe souvent encore entre la
valeur vénale de la littérature de pacotille et la poésie élevée; mais
au moins ne laisserions-nous pas finir dans la misère les génies constatés par une suite de chefs-d'œuvre comme ceux de Corneille, et le

public, seul rémunérateur aujourd'hui des écrivains, les récompense toujours mieux qu'on ne le faisait au temps du grand roi [1] !

M. Gournot signale l'appétit désordonné de notre siècle pour l'argent. Est-ce donc là une passion nouvelle ? En général, on cherche à s'enrichir aujourd'hui par un travail quelconque ; autrefois, c'était par la mendicité. Les plus purs, se conformant à l'usage, faisaient sans scrupule des profits que l'opinion flétrirait de nos jours; Colbert recevait des pots-de-vin : sous Louis-Philippe, mal en prit à un ministre d'avoir sur ce point un peu ressemblé au grand Colbert. Quant aux mariages d'argent, contre lesquels M. Gournot s'élève avec une vivacité très-honorable, mais, en vérité, il n'y songe pas ; jadis c'était la règle : où voit-il donc qu'autrefois les parents consultassent les inclinations de leurs enfants avant de les marier ? Tout cela se réglait d'ordinaire entre les familles, et les intéressés n'étaient prévenus qu'au moment même de la conclusion. 89 a émancipé l'amour comme le reste, et s'il se fait encore une foule de mariages d'intérêt, au moins n'y met-on plus la brutalité cynique, qui, au bon vieux temps, semblait même un devoir : aujourd'hui, du moins, tout se passe avec plus de décence ; il est censé qu'on aime qui l'on épouse, c'est un des principes de 89, et cette hypocrisie est un hommage rendu à l'amour, sinon à la vertu.

M. Gournot va me trouver bien optimiste, et j'avoue que ce rôle est vraiment fort ridicule. Je crois pourtant être aussi frappé que lui des scandales, des hontes, des iniquités du temps, et je ne pense pas qu'au dix-neuvième siècle l'honneur ait toujours été sur un lit de roses. Mais si l'on compare ce siècle tant décrié avec ses prédécesseurs, on trouvera peut-être qu'il gagne fort à cette confrontation par laquelle on veut l'humilier. Il a de fort vilains côtés sans aucun doute; mais quand les siècles passés prétendent, à son égard, à une supériorité à laquelle ils n'ont aucun droit, peut-être notre siècle pourrait-il leur répondre comme l'abbé Maury à ce grand personnage, qui lui disait avec hauteur : « Vous êtes bien fier, monsieur ; que croyez-vous donc être, pour me parler sur ce ton ? — Très-peu, monseigneur, quand je me considère; beaucoup, quand je me compare. »

Je n'ai guère fait jusqu'à présent que contredire M. Gournot, et cependant son livre est pour moi de ces adversaires qui inspirent estime et sympathie : *adversaires*, ai-je dit ? J'ai expliqué ce que

1. On pourrait prouver cela pour les autres arts. J'ai vu des comptes qui constataient que les portraits du roi faits pour lui par Mignard étaient payés au peintre 300 livres.

j'entends par là. Je suis le docteur Pangloss, et lui le docteur Martin : voilà tout. Je blâme ce qu'il blâme, j'aime ce qu'il aime : une question de fait ou d'application nous sépare. Cela ne m'empêche nullement de reconnaître et la justesse des observations de M. Gournot (je ne leur reproche que d'être incomplètes) et la façon distinguée dont elles sont exprimées. Il faut en donner une idée. Voici un passage, où l'écrivain me paraît constater un fait très-vrai, peu observé, et qui pourtant expliquerait bien des choses de notre temps. Après avoir remarqué que ce siècle a été coupé par plusieurs révolutions en diverses périodes absolument distinctes les unes des autres et à certains égards contradictoires, M. Gournot ajoute :

« Tout cela n'est pas arrivé impunément ; les âmes en ont reçu plus d'une atteinte.....

« Une séparation, un antagonisme profond règnent entre les différents âges.

« Dans un sol fraîchement coupé, à la diversité des tranches, aux oppositions de la formation et de la couleur, les géologues nous disent quelles révolutions ont bouleversé la terre. C'est la fidèle image des couches d'hommes qui traversent le temps présent. Encore plus heurtés paraissent leurs contrastes, encore plus tranchés leurs dissentiments, et tout cela plus sensiblement parmi la jeunesse. Deux générations se touchent-elles par les années ? — Il suffit : tenez pour certain qu'elles sont séparées par des abîmes dans leurs pensées et leurs inclinations. Rapprochez un homme de soixante-dix ans d'un homme de trente, vous les verrez se chercher, s'aimer, se comprendre, c'est-à-dire que celui-ci retrouvera dans celui-là la plus grande partie de ses penchants et de son cœur. Associez, si vous voulez encore, l'adolescence avec l'âge intermédiaire ; mais renoncez à toute alliance entre les hommes de vingt ans et des hommes de trente. Ils sont de races différentes, et ne s'entendent point. — Que voulez-vous ? les générations ont traversé, à l'heure de leur formation, des milieux différents et opposés. »

Que l'on se reporte aux dates de *formation* que M. Gournot indique implicitement pour les différents âges, aux années climatériques qui ont marqué d'avance, déterminé peut-être leur avenir, et l'on complétera sa pensée, pensée féconde en réflexions de tout genre. J'ajoute que, si les âmes ont perdu parfois à ces brusques revirements du siècle, bien des hommes, et des moins dignes, y ont gagné au contraire. Il est tel d'entre eux qui a dû à cette fatalité de notre époque de faire trois ou quatre fois oublier son passé le plus récent, et dans une seule existence d'avoir épuisé ainsi trois ou quatre existences successives absolument distinctes, sans continuité d'aucune sorte, sans lien, sans identité. Quoi qu'il ait dit jadis, quoi qu'il ait fait, tout

s'est oublié, tout s'est effacé : à toute crise il a fait peau neuve; il ne lui
a fallu qu'une révolution de temps en temps pour supprimer son ar-
riéré, fardeau chaque fois assez lourd à porter, dette qu'il a pu
craindre d'avoir à payer un jour à l'opinion, mais qu'à chaque
échéance personne ne songe à lui réclamer. Le voilà net, frais, dis-
pos, recommençant toujours, et prêt à faire encore illusion :

> Chaque âge lui refait une virginité.

Je l'avoue, la sécurité parfaite de ces gens-là dans une situation si
fausse est assez propre à donner raison aux anathèmes de M. Gournot contre notre temps; le siècle, qui se vante avec justice d'avoir
enfin donné l'histoire à la France, devrait bien ne pas oublier si vite
l'histoire d'hier : cela importerait à sa moralité.

## LE PETIT-FILS D'OBERMANN, PAR M. RENÉ BIÉMONT.

Ne quittons pas les régions sombres du *désespoir* sans dire un mot
d'un désespéré d'une espèce à part, *Le petit-fils d'Obermann* : sous ce
titre, M. René Biémont nous offre un récit court et attachant, où
figure le digne descendant du personnage désolé inventé par Sénancourt. Obermann, au moins, est, de toute la classe des désespérés,
le moins dangereux et le plus à plaindre; car il ne se plaint guère
que de lui-même; il est né ennuyé, de cet ennui profond qui a sa
source dans la conscience d'une faiblesse incurable, d'une impuissance de volonté qui s'avoue à elle-même et s'augmente ainsi de cet
aveu désespéré. *Obermann* a été le roman chéri de bien des âmes délicates, un de ces livres qu'on ne lit pas, mais que l'on vit, qu'on
tâche de vivre au moins, ne fût-ce que pour donner à des soucis et à
des tracas souvent assez vulgaires cette dose de poésie qui est déjà
une consolation. D'autres livres ont eu une destinée plus éclatante,
une action plus étendue; nul n'a eu une influence plus pénétrante et
plus intime; avec certaines âmes il ne fait qu'un. Ces biographies
romanesques n'ont vraiment pour nous de valeur qu'autant que nous
pouvons nous identifier avec le héros et nous confondre avec lui.
C'est un miroir, et c'est nous-même que nous y cherchons, avec cet
éclat flatteur que la glace interpose entre notre image et nous. Or,
pour croire ressembler à Obermann, nous n'avons à faire aucun effort

d'orgueil, et, aux heures tristes de la vie, chacun a pu, sans grande dépense d'imagination, s'identifier avec le héros de Sénancourt. Point d'aventures éclatantes : la scène où Obermann s'agite est vulgaire; c'est le plus souvent la nôtre à nous tous. Rien de poétique en lui que les sentiments; rien que de fort ordinaire dans les incidents qui les provoquent. Nous nous sentons de plain-pied avec lui.

Ce n'est pas que son petit-fils, Jean Obermann, soit la copie exacte de son aïeul. Il offre avec lui bien des différences. Il est pieux, et Obermann ne l'était guère; royaliste, et Obermann ne l'était pas du tout. Enfin, chez Obermann, à côté de cette faiblesse de volonté ou de ce dégoût de l'action qui le condamne à l'impuissance, il y a encore quelque chose de stoïque et de fort; car enfin il faut toujours un reste de vigueur morale pour supporter la solitude et s'y nourrir de ses pensées. Jean au contraire, orgueilleux et timide, vit au milieu des hommes, et, avec cette témérité particulière aux gens timides, il s'éprend d'une actrice célèbre, d'une femme enivrée de succès bruyants, qui ne s'aperçoit pas même de son amour, et qui attend sa dernière heure pour s'aviser de reconnaître que, de tous ses adorateurs, Jean seul l'a aimée et a été digne de son amour. Il faut dire pour l'excuse de l'actrice que Jean a été à cet égard d'une discrétion inimaginable, et c'est là ce qui, dans ce petit roman de M. Biémont, me paraît indiqué avec beaucoup de finesse et une véritable originalité. Sur un point, Jean ressemble à Fortunio :

> Si vous croyez que je vais dire
> Qui j'ose aimer,
> Je ne saurais pour un empire
> Vous la nommer.

*Pour un empire!* bien pour Fortunio; c'est un gaillard qui pourra bien un jour n'être pas insensible aux séductions du pouvoir, et troquer l'amour contre l'ambition. Mais Jean Obermann! l'idée ne lui en viendrait même pas; si on la lui suggérait, on l'étonnerait fort en lui apprenant que la puissance a de quoi tenter beaucoup de ses semblables. Comment peut-on être ministre? dirait-il, comme les Parisiens du temps d'Usbeck disaient : comment peut-on être Persan! Jean Obermann a d'ailleurs la meilleure raison du monde pour ne pas confesser son amour; c'est que ce secret en est un presque pour lui-même. C'est tout au plus s'il en soupçonne quelque chose. Tout cela est rendu dans le petit livre de M. Biémont avec sobriété, avec simplicité, et surtout (chose inappréciable en un tel sujet !) sans jérémiades prétentieuses, sans poses mélancoliques. Jean ne s'installe pas au bord des lacs ; il ne regarde pas ses larmes tomber dans l'eau ; il ne les compte pas ; il ne dit pas, comme ses pareils, au public convoqué dans sa solitude : regardez donc comme je pleure bien ! En un mot, ce n'est pas un poëte intime. Il se confesse sans le vouloir, et c'est pour cela qu'il intéresse, même ceux qui n'aiment pas trop ces pleurards si attendris sur eux-mêmes. Je suppose que l'auteur de ce petit livre n'est pas un écrivain de profession ; aussi son livre est-il moins écrit que senti : mérite rare. Avec plus d'expérience, et qui sait ? moins de timidité peut-être (comme son héros), il aurait sans doute développé davantage certains points, et mieux accusé quelques contours ; je doute fort que le livre y eût gagné. Il laisse au lecteur le plaisir d'achever les situations indiquées et de compléter ses observations ; je ne sais si c'est là ce que s'est proposé M. Biémont ; si cette réserve était un calcul, en tout cas elle lui a réussi.

## LA PHILOSOPHIE DE TURGOT, PAR MASTIER[1].

. Pour quiconque est disposé à voir le présent et l'avenir trop en noir, je ne sais pas de remède plus efficace que l'étude du passé, pourvu qu'on ne s'en tienne pas à l'histoire convenue, qu'on ne se contente pas de porter ses regards sur les surfaces souvent brillantes, presque toujours trompeuses, et que, pénétrant dans le détail, on s'attache à quelqu'une de ces monographies consciencieuses et qui épuisent leur sujet, telle que l'étude de M. Mastier sur Turgot. Au premier abord, cette étude semble peu consolante : c'est l'histoire de la lutte désespérée d'un homme de bien contre un mal invétéré, la démonstration de son impuissance ! Comme Rousseau, comme Voltaire, Turgot avait remarqué partout les signes précurseurs d'une révolution prochaine ; mais il n'était pas de ceux qui se réjouissaient à l'idée de ce *beau tapage :* il redoutait la révolution, il eût voulu la prévenir, et, peut-être, en constatant sans le vouloir l'impossibilité de remédier par des palliatifs à une situation radicalement mauvaise, peut-être fut-il de ceux qui hâtèrent la révolution ; il la démontrait nécessaire, inévitable. Ce qu'il a dépensé de dévouement, pour obtenir un peu de bien et empêcher un peu de mal, est vraiment admirable, et l'insignifiance des résultats obtenus ne doit pas rendre

1. Guillaumin, rue Richelieu, 14.

injuste sur le mérite de ses efforts. C'est sans doute un grand et beau spectacle que celui d'un Washington atteignant le but qu'il s'est proposé ; mais il y a peut-être une leçon plus haute encore et un exemple plus digne d'admiration dans la vie d'un homme qui lutte contre un [ennemi plus fort que lui et meurt à la peine, sans avoir senti s'affaiblir en lui le sentiment du devoir et peut-être sa confiance dans un avenir meilleur.

La vie de Turgot compte deux grands efforts, deux déceptions apparentes. Ce que M. Mastier met très-clairement en lumière, c'est la pureté de ses intentions, la nouveauté de ses vues, l'énergie de sa volonté, d'abord pendant son intendance à Limoges, puis pendant son passage au ministère; enfin l'avortement à peu près complet de ses projets de réforme.

L'administration de Turgot dans la généralité de Limoges a été fort admirée, et avec raison. C'était quelque chose d'inouï que d'introduire sous Louis XV, dans les habitudes de l'administration, un respect inviolable pour la liberté individuelle, une application constante à réduire les charges publiques ou à les répartir au moins selon les principes de l'équité naturelle ; c'était une tentative plus nouvelle encore de substituer les moyens de persuasion à l'emploi de la force, de chercher à convaincre ses administrés encore plus qu'à les contraindre, et de les traiter comme des citoyens, comme des hommes. Mais faut-il exagérer, comme on l'a fait, le succès de Turgot, et croire que dans la généralité de Limoges il avait ainsi touché le but que la révolution devait atteindre un jour pour la France entière, au prix de tant de souffrances, de tant de sang versé, de tant de ruines ? On l'a dit; mais M. Mastier n'en croit rien, et son admiration pour Turgot ne l'empêche pas de constater la médiocrité des réformes accomplies par ce grand homme pendant son intendance. Pour réfuter, dit-il, l'exagération de ceux qui ont vu dans la série de ses actes la révolution s'opérant elle-même par la main d'un homme intelligent sous les auspices de la royauté et du vivant de Louis XV, il suffit d'une seule remarque. « La révolution, c'est entre autres choses la destruction des priviléges ; or Turgot n'a pas touché et ne pouvait pas toucher aux priviléges. Il a réparti plus équitablement la taille dans les campagnes et dans les villes; mais la taille n'en a pas moins continué à peser sur les seuls roturiers. Il a transformé la corvée pour la construction et l'entretien des chemins ; d'une imposition en nature, qui ne tombait que sur quelques paroisses, il a fait une imposition en argent supportée par toutes les paroisses. C'est quelque chose pour la justice; la charge est allégée, il faut le reconnaître ; mais les privilégiés n'en demeurent pas moins exempts. Il a adouci le fardeau de la milice ; mais ce fardeau retombe toujours sur les seuls habitants des campagnes ; non-seulement les privilégiés, mais encore les valets des privilégiés en sont dispensés. De plus, la révolution n'est pas seulement l'abolition des priviléges en matière d'impôts, c'est encore la conquête de la liberté religieuse, de la liberté du travail, de la liberté du commerce, au moins à l'intérieur, de la liberté politique, de l'éducation nationale ; c'est la réforme de l'organisation judiciaire, de la législation civile et criminelle. En quoi l'administration de Turgot a-t-elle touché à ces grands objets ? »

Mais si les résultats obtenus par Turgot pendant la durée de son intendance ont été presque nuls, s'il faut avouer qu'à la fin de son administration, sans qu'il y eût de sa faute, l'état des paysans était devenu plus triste, que la province était encore plus écrasée d'impôts, plus dévorée par la misère, il n'en faut pas moins reconnaître que toutes les libertés essentielles, énumérées dans le vigoureux résumé de M. Mastier, ont été le programme de Turgot comme celui de la révolution, et pendant son ministère il a cherché à les faire passer dans la pratique ; s'il n'y a pas réussi, il faut s'en prendre, non à lui, mais à la coalition des privilégiés unis contre le réformateur, et aussi à la faiblesse du malheureux Louis XVI, qui, renvoyant le seul ministre qui pût le sauver, se contentait de dire pour l'acquit de sa conscience : « Je vois bien qu'il n'y a que M. Turgot et moi qui aimions le peuple. » Et cela lui suffisait ! Turgot n'a pas été seulement intendant ou ministre ; c'est un écrivain. Son administration, c'est sa philosophie mise en pratique. Jamais il ne se contente de prouver qu'une mesure est utile : il faut encore que, pour les autres comme pour lui, elle soit évidemment juste, et la justice à ses yeux, c'est la liberté ! Turgot ne comprend rien à cette distinction, sublime et commode tout à la fois, entre la grande et la petite morale, l'une à l'usage des gouvernants, l'autre à l'usage des gouvernés. Cela ne veut pas dire qu'il n'y ait des lacunes dans le programme de Turgot : au moins respecte-t-il toujours la dignité de l'individu, et peut-être est-il plus radical, quand il s'agit des droits de l'homme, que quand il établit ceux du citoyen. Mais enfin, sur les points essentiels, les grands principes sont reconnus[1]. Les grands principes de 89, dont

---

1. Un seul excepté : pour Turgot, les seuls électeurs sont les propriétaires. Il est juste de remarquer, avec M. Henri Martin, que, selon lui, « les droits ne doivent être que là où sont les charges, et que les propriétaires doivent seuls payer et doivent tous payer. » Mais il n'en a pas moins méconnu, lui spiritualiste, les droits fondés sur la valeur morale de l'homme, non sur la

on parle tant, qu'on ne connaît guère, et qu'on applique encore moins, ces principes sont tout entiers dans Turgot. On peut même remarquer que, sur quelques points, il a dépassé par avance l'Assemblée constituante; par exemple il n'admet pas de limites à la liberté de conscience. Pour lui comme pour la raison, en matière religieuse, l'incompétence de l'État est absolue.

Les plus hautes questions religieuses n'avaient pas moins préoccupé Turgot que celles de l'économie politique, et il s'y était montré original. M. Mastier lui rend sur ce point une entière justice. « La philosophie de Turgot, dit-il, est importante à plus d'un titre. Au milieu des doctrines du dernier siècle qui inclinent ou qui aboutissent en général au matérialisme, c'est-à-dire à cette philosophie dont la conséquence dernière, le résultat pratique est la négation de la loi morale, Turgot représente avec Montesquieu, avec Voltaire, avec Rousseau, et même d'une manière plus complète et plus décidée, cette doctrine plus généreuse et plus vraie, qu'on désigne du nom peut-être un peu vague de spiritualisme. Sa pensée réunit ce qu'il y a de plus raisonnable et de plus élevé dans les intelligences de son époque; elle y ajoute des éléments nouveaux et personnels; elle en compose un système qui semble le plus haut terme où l'esprit humain soit arrivé en France au dix-huitième siècle. »

C'est cette philosophie, si féconde en applications pratiques, que M. Mastier a étudiée dans son excellent résumé, et dont il nous donne une exposition lumineuse: il l'admire en la discutant, en la combattant sur quelques points. D'ordinaire on n'a guère vu chez Turgot que le ministre ou l'économiste; M. Mastier nous prouve que, dans cette noble vie, par une alliance bien rare, les actes se rattachèrent toujours aux principes, et qu'ils en furent la conséquence logique. Cette fois, on en conviendra, l'idéologie n'a pas été inutile; elle a été au moins utile à Turgot pour fortifier son cœur et pour le consoler dans ses mécomptes. Elle lui a appris à ne pas désespérer, quand tout, hommes et choses, semblait réuni pour le convaincre d'erreur: c'est là qu'il a été retremper ses convictions comme ses espérances. Est-ce à dire d'ailleurs que ses efforts aient été perdus ? Non assurément. Il a eu le temps de voir, avant de mourir, que, si ses idées n'avaient pu prendre racine dans les faits, au moins elles s'étaient fixées dans les plus hautes et les plus généreuses intelligences de son époque. Quand

valeur matérielle de la terre, et il est loin de penser avec Benjamin Constant que: « La propriété industrielle se placera, sans que la loi s'en mêle, chaque jour plus au-dessus de la propriété foncière, parce que la propriété foncière est la valeur de la chose, l'industrielle la valeur de l'homme. »

tout semblait donner un démenti à ses plus chères espérances, quand
ceux même qui devaient être ses appuis, le roi comme le peuple,
l'abandonnaient aveuglément à la haine des intérêts ligués contre lui,
à la violence des privilégiés de la noblesse, de la finance, des parlements, une admiration au moins lui resta fidèle dans la disgrâce: ce fut
celle de Voltaire, qui lui ramena bientôt le reste. L'homme qui était
la voix du siècle, eut à l'égard de Turgot l'inappréciable mérite de
devancer par ses sympathies la justice de la postérité.

Nous allons le retrouver encore, le vieux lutteur de Ferney, et
dans une circonstance où Turgot lui-même joue un rôle, l'affaire
des Calas[1]. C'est à cette affaire que se rattache la correspondance
inédite publiée par M. Coquerel.

### VOLTAIRE. — LETTRES INÉDITES SUR LA TOLÉRANCE.

« *D'autres écrivent pour écrire,* » dit quelque part Voltaire : « *moi
j'écris pour agir.* » La partie de ses œuvres où se marque cette action
si vive et si multiple, est sa *Correspondance,* et elle reste comme le
plus vivant de ses ouvrages, comme le livre qui, après tant de
tableaux du dix-huitième siècle, en est encore l'image la plus fidèle
et la plus animée. Dans cette confession du siècle et de l'auteur,
il y a sans doute bien des erreurs et bien des taches, mais on y
trouve aussi une grandeur qu'on ne peut méconnaître sans injustice, un noble but suivi avec une ténacité singulière. Ce but, c'est le
triomphe de l'humanité dans les mœurs et dans les lois; jamais Voltaire ne le perd de vue, et jamais aussi l'on n'a su joindre à la puissance d'une idée fixe une si grande souplesse de ton, une si merveilleuse fécondité de moyens. On pourrait inscrire comme devise en
tête de cette œuvre le titre d'une des plus belles pièces de Victor
Hugo : *Mille chemins, un seul but.*

C'est surtout dans l'affaire des Calas que se marque cette activité
étourdissante, et cette alliance d'une prodigieuse mobilité avec l'opi-
niâtreté d'une *monomanie* généreuse que rien ne saurait décourager. Il s'agit de faire casser un jugement inique, de le faire casser
d'abord par l'opinion, puis par l'autorité, par les juges eux-mêmes !
Rien de plus divers que le ton de Voltaire écrivant soit à un cardinal

---

1. « Turgot prit part, en qualité de maître des requêtes, au jugement qui
réhabilita Calas. Il parla, dit-on, avec une véhémence qui ne lui était pas
ordinaire. » (*M. Mastier*, p. 77.)

comme M. de Bernis, soit à un parlementaire comme La Chalotais, soit à un philosophe comme d'Alembert, et pourtant dans presque toutes ses lettres de cette époque, il y a un mot sur l'affaire Calas, le mot qui convient au correspondant du jour, à son caractère, à ses préventions. Cela dure plusieurs années. Voltaire présent partout par son immense correspondance,

> Pique l'un, pique l'autre... Il semble que ce soit
> Un sergent de bataille allant en chaque endroit
> Faire avancer ses gens et hâter la victoire.

Seulement ce n'est point ici la mouche du coche. Car, si le *coche* arrive enfin, à qui en revient le mérite ? A Voltaire surtout, qui a su partout mettre en mouvement et tenir en haleine tout ce monde si divers et tant d'alliés inattendus.

Les lettres inédites que publie aujourd'hui M. Coquerel, se rapportent pour la plupart à cette odieuse affaire des Calas. Elles offriront un attrait médiocre à qui n'y cherchera que des modèles de style et un intérêt littéraire; elles sont courtes, adressées à des avocats ou à des personnes qui prenaient aux Calas un intérêt direct et sérieux. On en citera peu de chose; mais elles resteront comme une preuve de plus de cette activité toute pratique, qui avait fini par faire de Voltaire au dix-huitième siècle comme un ministre de l'opinion publique.

Cette correspondance inédite est précédée d'un exposé de l'affaire des Calas. M. Coquerel, dans un récit simple et clair, démontre jusqu'à l'évidence l'innocence des victimes, l'épouvantable iniquité de la procédure, conforme d'ailleurs aux usages du temps, et l'art vraiment infernal avec lequel on sut égarer, exaspérer l'opinion de la population de Toulouse à l'égard des accusés. Au reste, le fanatisme le plus féroce et le plus aveugle régnait de longue date à Toulouse, et depuis la guerre des Albigeois. Rabelais en avait fait la remarque : « Pantagruel, dit-il, ne demeura guère en cette ville, quand il vit qu'ils faisaient brûler leurs régents tout vifs comme harengs saurets. » L'année où Calas périt, on s'apprêtait à célébrer la procession séculaire instituée pour perpétuer le souvenir du massacre de plusieurs milliers de protestants en 1562 : procession que « le clergé a tenté encore, mais en vain, de renouveler en 1862 dans les rues de la ville; rien n'a pu l'empêcher de célébrer cette étrange solennité dans l'intérieur des édifices sacrés. » Je regrette pour ma part que cette procession n'ait pu avoir lieu au grand jour; soixante-dix ans après la révolution française, elle n'eût pas été seulement un hommage à la liberté de conscience, même égarée par le plus inconcevable fanatisme ; elle aurait été encore une leçon significative pour tous, et un solennel avertissement.

M. Coquerel a sa façon, et c'est la nôtre aussi, de célébrer cet anniversaire ; c'est de raconter le procès et la mort de Jean Calas, les épreuves subies par sa famille, et enfin le rôle admirable de Voltaire au milieu de cette tragédie. M. Coquerel reconnaît que, malgré les erreurs qu'il lui reproche, « Voltaire avait conservé, même au sein de ses grandeurs, une vertu de l'âme, un don rare qui fit sa force et qui restera son premier mérite aux yeux de la postérité, le don d'une indignation sincère et généreuse. Rien ne soulevait en lui de plus vives colères que l'injustice, l'oppression, la cruauté, surtout lorsqu'elle prétendait s'envelopper du manteau de la religion. Chez lui la tactique et la ruse venaient plus tard. Voltaire, le plus impitoyable des railleurs, Voltaire, l'auteur de *Candide*, a versé des larmes vraies en interrogeant le jeune Donat, en apprenant l'horrible supplice du chevalier de la Barre. Quand l'émotion le saisissait ainsi à la vue du fanatisme et de ses suites cruelles, l'indignation chez lui n'était nullement factice ; il se souvenait aussitôt de son pouvoir et le mettait en œuvre tout entier ; il se vouait avec une ardeur infatigable à une réparation que tout autre eût jugée impossible, dans la situation où se trouvaient alors la société et le pays ; dès ce moment il subordonnait à cette seule idée toutes choses, son repos, ses peines, son temps, son or, ses ouvrages commencés, le soin de sa gloire littéraire, son amour-propre, si irritable et si vindicatif, ses petites guerres d'écrivain et d'incrédule où il déployait tant d'esprit et de passion ; les années même n'épuisaient pas son ardeur. « Cette « tragédie, écrivait-il à d'Argental en parlant du supplice de Calas, « me fait oublier toutes les autres, même les miennes. » Il n'y a guère de spectacle intellectuel plus curieux que celui de ce multiple génie, si lumineux et si vif, employant toutes ses forces à une pareille lutte. »

Ce qu'on possédait jusqu'à présent de la correspondance de Voltaire relative à cette affaire des Calas, était adressé surtout à ses amis de Paris. Les lettres que publie aujourd'hui M. Coquerel, sont en général de simples billets adressés à quatre personnes de Genève, dont Voltaire avait fait une sorte de *comité secret* pour suivre l'affaire, recueillir les souscriptions, les siennes et celles des hauts personnages qu'il recevait chez lui et qu'il trouvait moyen d'intéresser au sort de la malheureuse famille. Ces correspondants sont le négociant Debrus, le ministre Moultou, l'avocat de Végobre, le banquier Cathala. Voltaire se vantait de « n'avoir jamais écrit une *phrase* en sa vie. » Cela est vrai surtout de cette correspondance. On l'y voit, dit M. Coquerel, « ardemment dévoué à une noble cause, infatigable dans ses laborieux efforts, modérateur habile d'un zèle dont il sait contenir les élans, aiguillonnant au contraire et enflammant de son propre feu ceux qui lui semblent trop lents ou trop froids. » Cette suite, cette activité, qui semblerait devoir absorber tout un homme, semble d'autant plus merveilleuse que cela ne l'empêche pas, quoi qu'il en dise, de continuer ses travaux ordinaires, de se préoccuper de l'*Emile* qui vient de paraître, du mandement de l'archevêque de Paris contre l'*Emile*, du réquisitoire d'Omer Talon, et de Fréron, et de Pompignan, et de Nonotte, et des autres[1]. Quelque ardent qu'il soit à poursuivre les juges de Toulouse, cette affaire n'est pas même une diversion à ses guerres habituelles, et ses adversaires n'y gagnent rien.

Rien de plus rapide que les billets adressés à Debrus. Ce sont des ordres brefs, concis, donnés à un aide de camp. A peine un cri d'indignation par ci par là. « Il faut tirer la vérité du puits toulousain. Il faut soulever l'Europe entière et que ses cris tonnent aux oreilles des juges ! Je n'abandonnerai cette affaire qu'en mourant. » La lutte dure deux ans et plus, et quand Voltaire apprend enfin que ses efforts ont réussi, il écrit à Debrus dans l'ivresse et l'orgueil de la victoire : « Bénissons Dieu tous ensemble, mon cher monsieur, car en vérité nous sommes tous de la même religion. Les huit juges de Toulouse, n'ont plus d'autre chose à faire qu'à demander pardon à Dieu et aux hommes , et *à venir arroser de leurs larmes les pieds de madame Calas, si elle daigne le permettre.*» Et Voltaire, qui déjà voit plus loin que l'affaire Calas et qui ne l'abandonnera, une fois vainqueur, que pour celle des Sirven, a soin de faire bien sentir à son correspondant toute la portée de l'arrêt qu'ils vont obtenir : « Je vous dirai plus, cette affaire est très-capable de vous faire obtenir à vous autres huguenots une tolérance que vous n'avez point eue depuis la révocation de l'édit de Nantes. Je sais bien que vous serez damnés dans l'autre monde, mais il n'est pas juste que vous soyez persécutés dans celui-ci. »

---

1. « Comment peut-on imaginer que j'aie persécuté Jean-Jacques? Voilà une étrange idée; cela est absurde. Je me suis moqué de son *Emile*, qui est assurément un plat personnage : son livre m'a ennuyé; mais il y a cinquante pages que je vais faire relier en maroquin (*la profession de foi du vicaire savoyard*)... Le factum de l'archevêque de Paris contre Jean-Jacques me paraît plus plat que l'éducation d'Émile; mais il n'approche pas du réquisitoire d'Omer. Quand un homme public est bête, il faut l'être comme Omer, ou ne point s'en mêler, etc. » (*Lettre à d'Alembert*, du 15 novembre 1762.)

Et en effet, Jean Calas fut le dernier des martyrs protestants en France; comme le remarque M. Coquerel, « son nom clôt la liste longue et sanglante qui était restée ouverte depuis Jacques Pavannes brûlé à Paris en 1524, et sur laquelle Toulouse venait d'inscrire quatre noms à la fois, peu de jours avant celui de Calas... Le procès de la liberté des consciences resta gagné pour toujours. » Nous remercions M. Coquerel d'avoir rendu justice, malgré des préventions bien naturelles, à celui qui a plaidé ce procès avec une obstination infatigable, et qui l'a gagné enfin. Voltaire n'obtient pas toujours autant d'équité de la part des écrivains protestants.

Les noms de Voltaire et de Turgot nous ramènent au point de départ de cet article; nous ne l'avions pourtant pas oublié. Tous deux ont montré ce que peuvent deux hommes de bonne volonté, quand ils sont de ceux qui ont foi dans la raison, et qui savent espérer contre l'espérance même. Tous deux ont triomphé, Voltaire de son vivant même, Turgot, il est vrai, après sa mort. Mais Turgot n'était pas de ceux que l'attente des triomphes posthumes laisse indifférents : quand on ne travaille pas pour soi, mais pour les autres, on sait être patient, on se fie à la bonté de sa cause, et les défaites, pourvu qu'elles soient disputées, ne semblent que les jalons de la victoire. Je sais bien que tout le monde n'étant pas Voltaire ou Turgot ne peut s'accorder des consolations pareilles. Mais chacun après tout n'est responsable que de ce qu'il peut. Si faible, si impuissante en apparence que soit la bonne volonté individuelle, tout est gagné pour la conscience, et rien n'est perdu non plus pour l'humanité. Car ce sont ces efforts obscurs qui amènent le progrès éclatant, la civilisation générale. Le revenu public se compose partout de cotisations fort mesquines, si on les considère séparément, mais d'un ensemble fort respectable, quand on arrive à les totaliser (trop respectable même parfois). Qu'arriverait-il, pourtant, si chacun de nous, s'exagérant son impuissance et la figure un peu ridicule que font ses centimes dans un budget de deux milliards, s'avisait de s'abstenir? Cela n'est pas à craindre, parce qu'on saurait bien, au besoin, nous contraindre à cette œuvre patriotique. Mais quand donc arriverons-nous à comprendre spontanément qu'outre les obligations imposées par la loi, il y a encore un autre impôt à payer, une contribution volontaire, que notre conscience doit fixer, qui doit sans doute être proportionnée à nos moyens, mais dont il est noble et généreux peut-être de grossir l'importance et d'exagérer le montant?

EUGÈNE DESPOIS.

## PHIDIAS, DRAME ANTIQUE, PAR M. BEULÉ [1].

Si l'homme avait le pouvoir d'ajouter quelque chose à ses facultés, un de ses plus vifs désirs serait certainement de reconstruire le passé et de revivre au milieu des générations éteintes. Qui de nous, en étudiant une des grandes époques de l'histoire, n'a souhaité voir apparaître devant lui le peuple qui en a été le héros, dans toute la sincérité de ses mœurs, non plus à travers le voile de la légende ou l'obscurité des témoignages historiques, mais vivant, complet, avec le costume du temps et surtout avec les sentiments qui l'animaient? N'essayons-nous pas constamment de satisfaire cette curiosité qui ne peut pas s'assouvir et de nous tromper nous-mêmes, quand les faits nous abandonnent, par un effort d'imagination qui les remplace? On travaille à recomposer la physionomie vraie d'un pays et d'un siècle, on n'a entre les mains que des documents insuffisants, des textes rares ou obscurs; on souffre de ne pouvoir découvrir qu'une partie de ce qu'on cherche, mais on y supplée par le mouvement de l'esprit, on se transporte en pensée au sein de la société qu'on étudie, on y vit, on la voit, et on arrive, à force de conjectures et de volonté, à se faire comme le contemporain de générations très-anciennes ou très-différentes de celle à laquelle on appartient. Tant il est vrai que la nature humaine ne se contente jamais d'une demi-science, et que là où elle entrevoit les premières lueurs d'une vérité, elle aspire à la posséder tout entière! Ce que nous savons du passé ne sert qu'à nous inspirer le désir d'en savoir davantage, et, au moment où il nous échappe, nous voulons le deviner.

Quoi d'étonnant, après cela, que l'historien, l'archéologue, l'épigraphiste soient quelquefois doublés d'un poëte! L'imagination n'est-elle pas l'auxiliaire de la science? N'est-ce pas elle qui lui ouvre ces vastes horizons et ces perspectives infinies où jamais un œil froid ne pénétrerait? Niebuhr, s'il n'avait été qu'un érudit, aurait-il percé le mystère des premiers commencements de Rome? Ottfried Müller aurait-il fait revivre les Doriens si le sentiment poétique n'avait pas échauffé son érudition? Chez les Allemands, ce mélange d'invention et d'étude, qui fait partie du génie de la race, ne surprend personne. En France, où nous sommes moins enclins à la poésie, il nous étonne encore. Nous finirons cependant par le comprendre et

1. Hachette, 1863.

Tome XIII.— 51° Livraison. 37

par l'accepter, sous l'influence de quelques grands exemples. Comment contester à la science française le droit d'avoir des ailes, depuis que quelques-uns des érudits les plus illustres de notre pays [1] doivent à l'éclat de leur imagination la meilleure part de leur gloire?

M. Beulé est de leur famille. Il n'a pas pu vivre, pendant quatre ans, sur une terre imprégnée de souvenirs, au pied de l'Hymette et du Pentélique, en face du Parthénon, sans éprouver une émotion qui devait un jour percer à travers les patients travaux de l'archéologue et se révéler dans une œuvre poétique. J'imagine que, durant les longues heures qu'il passait à l'Acropole d'Athènes, d'abord pour étudier en détail les plus grands monuments de l'art grec et pour en retrouver par la pensée les parties évanouies, puis plus tard pour fouiller ce sol mystérieux, au milieu des anxiétés qui l'assiégeaient, quand il luttait contre l'inexpérience des ouvriers, contre des obstacles matériels accumulés, quand il se roidissait de toute l'énergie d'une indomptable volonté, afin de ne pas succomber à la fièvre qui le consumait, son esprit ardent s'arrachait souvent au labeur prosaïque de chaque jour et se reportait avec une joie profonde vers le temps où les temples de Minerve et d'Érecthtée s'élevaient dans leur splendeur, où les statues habitaient les frontons, où la frise entière courait le long des murs de *la Cella*, où une teinte légère répandue sur les colonnes adoucissait l'éclat du marbre et se fondait harmonieusement avec les couleurs plus vives des métopes. Que de fois, entre deux mesures à prendre ou entre deux mètres cubes de terre à enlever, le jeune savant qui allait attacher son nom au lieu le plus célèbre du monde, a-t-il dû repeupler en imagination le rocher où il se trouvait, y replacer les artistes qui l'ont orné, la génération qui a vu naître leurs chefs-d'œuvre et le grand citoyen qui en a commandé l'exécution ! Et, lorsqu'après des semaines d'attente inquiète, il découvrait enfin les premières marches de l'escalier des Propylées, ne dut-il pas compléter ses rêves antérieurs, en se figurant qu'il voyait défiler devant lui, sur ces degrés retrouvés par son courage, la procession des Panathénées, telle que l'a sculptée la main de Phidias autour du Parthénon? En quittant la Grèce, M. Beulé n'avait peut-être pas écrit une ligne du drame antique qu'il publie aujourd'hui, mais il emportait avec lui le germe d'une pensée poétique qui allait mûrir.

Cette pensée, c'était de représenter dans sa vérité intime, sous son aspect à la fois poétique et moral, ce moment unique dans l'histoire

1. Pour n'en citer qu'un, M. Renan n'est-il pas un poëte au moins autant qu'un érudit ?

de l'art où il a été donné au plus grand des artistes de concevoir et d'achever le monument le plus parfait qu'ait élevé la main de l'homme. Comment est né dans l'esprit de Phidias le projet de construire le Parthénon? Qui lui en a fourni les moyens? Quels obstacles et quels secours a-t-il rencontrés sur sa route pendant qu'il y travaillait? Quelles étaient ses préoccupations de tous les jours, durant ces années d'efforts et de luttes? Que se passait-il dans cette âme éprise du beau, lorsqu'elle portait en elle le souci de tant de grandes choses? A-t-elle été comprise par ses contemporains, et l'ont-ils récompensée comme elle méritait de l'être? Voilà ce que ne dit positivement aucun historien, ce que peut seul entrevoir un esprit aussi familier avec les monuments qu'avec les textes, et ce que M. Beulé a voulu retrouver par une sorte d'intuition érudite et inventive, dans le cadre ingénieux d'un drame où il groupe autour de Phidias les personnages historiques d'Ictinus, de Socrate, d'Aspasie et de Périclès.

A-t-il complétement réussi à entrer dans les sentiments d'un Grec du cinquième siècle avant l'ère chrétienne? S'est-il assez détaché des idées de notre temps pour se replonger tout entier dans le passé, et pour que le Français du dix-neuvième siècle ne perce pas sous le costume de l'Athénien? Personne assurément ne le pouvait mieux que lui, qui connaît si bien et qui aime tant la Grèce antique. Je n'oserais pas affirmer cependant qu'il ne se soit pas glissé dans son œuvre plus d'un souvenir de nos luttes contemporaines. J'ai peur que son grand prêtre ne ressemble plus à un champion de ce qu'on appelle aujourd'hui le parti clérical qu'à un représentant du sacerdoce hellénique. Les prêtres ne jouaient pas chez les Grecs le rôle politique que l'Église s'attribue dans la société moderne. Ils ne tenaient pas en échec, comme aujourd'hui, le pouvoir civil, et si l'un d'eux avait mis le marché à la main au chef de la démocratie athénienne, ainsi que le suppose M. Beulé, Périclès n'aurait eu pour le perdre qu'à le livrer à ses collègues. Ceux-ci l'auraient condamné comme un déserteur de leurs poétiques croyances, en proie à des appétits grossiers, et indigne de figurer désormais parmi les adorateurs de cette beauté idéale à laquelle ils rendaient, sous mille formes diverses, un culte pur.

Mais si on oublie cet anachronisme peut-être volontaire, on croit, par moments, quand on lit le drame de *Phidias*, entendre parler les meilleurs et les plus sages des Grecs. C'est bien ainsi que Périclès devait comprendre son rôle, c'est bien avec ce mélange de finesse et de grandeur qu'il devait gouverner sa patrie, sans flatter les passions basses, sans suivre le courant démocratique, mais en ne se servant de son empire sur le peuple que pour agrandir la gloire et pour élever la puissance d'Athènes. Quoi de plus conforme à son caractère et à ce que nous savons du patriotisme des Grecs, que de lui attribuer plus d'ambition pour son pays que pour lui-même, et moins le désir d'exercer le pouvoir que celui de l'exercer utilement? Je ne sais si Périclès a jamais fait à ses amis les confidences que M. Beulé met dans sa bouche; mais il était difficile d'imaginer un langage plus digne de lui que les paroles suivantes qu'il adresse à Phidias et à Aspasie : « Jamais, leur dit-il, je ne me rends à l'assemblée sans demander aux dieux de m'inspirer ce qui convient, parce que je vais parler à des Grecs, à des hommes libres, à des Athéniens. Et quand je suis à la tribune, en face de la mer que couvrent nos flottes victorieuses, ou de l'Acropole qui fut notre berceau, je crois voir au-dessus des dix mille têtes dressées vers moi, la figure de la patrie qui m'écoute. »

Tout n'était pas admirable à Athènes. Il suffit de lire les comédies d'Aristophane[1] pour entrevoir ce qui se cachait de vices honteux et de corruption raffinée sous les dehors brillants de la civilisation grecque. M. Beulé le sait et ne le dissimule pas. Il y a dans son drame des citoyens envieux, des marchands avides, des esclaves payés pour trahir leurs maîtres, et des politiques qui achètent au poids de l'or la vie de leurs ennemis. Mais ce qui surnage dans l'histoire d'un grand peuple, aussi bien que dans les œuvres d'un grand homme, ce ne sont pas ses défauts, ce sont les qualités par lesquelles il a conquis la gloire. Une peinture d'Athènes où l'on tiendrait plus de compte des vices des Athéniens que de leurs vertus, ne ressemblerait pas plus à la vérité qu'une critique d'Homère où l'on relèverait les défaillances du poëte avec plus de soin qu'on n'en mettrait à admirer son génie. Aussi féliciterai-je l'auteur du drame de *Phidias* de nous peindre surtout la Grèce par ses beaux côtés, et de laisser dans nos âmes un profond sentiment d'admiration pour tant de gloire et pour tant d'héroïsme.

Il y a de l'héroïsme dans la résistance qu'oppose Périclès aux caprices de la multitude, au risque de compromettre sa popularité, et

---

1. L'habile traducteur de Thucydide, M. Zévort, recteur de l'académie de Savoie, va publier prochainement la traduction d'Aristophane, à laquelle il consacre, depuis plusieurs années, tout le temps dont il peut disposer en dehors de ses fonctions. Cette version nouvelle du grand poëte comique de la Grèce nous fera pénétrer plus avant que toute autre dans l'esprit et le caractère athéniens. Elle sera accompagnée d'études et de commentaires sur chaque texte d'Aristophane qu'il est nécessaire d'éclaircir. (Ch.)

dans l'énergie avec laquelle il détourne le danger de la tête de ses amis pour l'attirer sur la sienne. Mais le véritable héros du drame, c'est Phidias, Phidias qui, par respect pour la liberté, conseille d'accorder aux poëtes comiques un droit dont il peut être la première victime; Phidias qui s'exile à Olympie pour ne pas exposer aux attaques des orateurs populaires la fortune de Périclès; Phidias qui garde auprès de lui, comme un garant de sa probité, un esclave payé par ses ennemis pour le dénoncer et pour le perdre; Phidias enfin qui, revenu dans son pays pour y mourir, se réjouit d'avoir été empoisonné par une main obscure, afin d'épargner aux Athéniens la honte de sa mort. Il semble que M. Beulé ait voulu, en traçant ce portrait, proposer aux artistes de notre temps l'idéal d'une vie consacrée à l'art et au culte de la patrie. Son livre ira réveiller peut-être dans quelques âmes engourdies le sentiment du beau, et en affermira d'autres dans leurs croyances. Les jeunes sculpteurs et les jeunes peintres y trouveront, à côté de conseils utiles pour la pratique, ce qui vaut mieux encore, des idées générales sur leurs devoirs exprimées dans un style simple et mâle, et la poésie de leur destinée résumée dans quelques pages qui laisseront leur empreinte partout où elles pénétreront. Si le mérite d'un ouvrage se mesure à la somme d'idées élevées qu'il répand et à la vigueur qu'il communique aux esprits qui s'en nourrissent, il ne s'en est guère écrit de notre temps qui aient mieux atteint le but que celui-ci. On le lit avec un plaisir viril, et on le quitte, comme on quitte un ami qui vient d'acquérir de nouveaux droits à notre estime, en nous parlant des vérités les plus nobles dans le langage le plus choisi.

A. Mézières.

# REVUE DU MOIS

7 juillet 1862.

Les chroniqueurs parisiens ont toujours tenu à constater bruyamment la stagnation qui accompagne la saison d'été. Dès le mois de juin ils s'écrient à l'envi : Paris se meurt, Paris est mort! et, Paris mort, que reste-t-il au monde, je vous le demande? Des étrangers, des provinciaux, des voyageurs, des campagnards, des touristes, tous gens qui ne comptent pas. Il y a de très-bonnes raisons pour entonner si régulièrement et si solennellement cette oraison funèbre. On se dit que si le monde se meurt, ses historiens peuvent bien sommeiller, et même endormir un peu leurs lecteurs sans qu'on leur cherche trop querelle. Or, il faut le dire, un relâchement général dans le sentiment du devoir se manifeste périodiquement chez la gent écrivante à cette époque de l'année. Ceux qui devraient faire des livres apaisent leur conscience en écrivant de simples articles de critique ; les critiques qui emportent dans leur valise de gros volumes à analyser, se contentent d'envoyer de loin à leur journal le récit de leurs voyages, de leurs auberges et des fêtes auxquelles ils ont assisté ; quant à ceux qui se sont modestement promis au départ d'écrire pour le public leurs impressions de route, ils ne font rien, si ce n'est jouer à la roulette à Bade ou à Hombourg, escalader des montagnes, prendre des bains, ou faire des piques-niques, en tâchant d'oublier l'échéance. Ce seraient les plus heureux si le remords n'existait pas ! Tout ce monde-là ne demande donc pas mieux que de laisser croire qu'il ne se fait rien, afin de n'avoir rien à raconter. Les choses ne se passent pas autrement, du reste, dans le public oisif. Demandez au premier venu ce qu'il y a dans le journal qu'il vient de lire assidûment pendant une heure, il y a dix à parier contre un, qu'il vous répondra : rien ; quand bien même la feuille regorgerait de nouvelles, et cela pour s'épargner la peine de le dire. Mais on ne trompe pas la conscience. Si forte que soit chez l'écrivain la rage de paresse (il faut le mois de juillet pour accoupler ces deux mots-là !), il lui est impossible de se dissimuler que des milliers de lecteurs attendent, qui son journal, qui sa Revue, pour s'installer, — les feuillets tous coupés d'avance par une main prévoyante, — pour s'installer, dis-je, dans un beau fauteuil, ou, pis encore, sur un canapé, à l'ombre, au frais, loin du bruit, du soleil, des mouches, des mouches surtout, — afin de lire...... Si c'était pour lire seulement! Lire...... oui! « mais rêver peut-être, comme dit Hamlet, voilà ce qui retient! » Eh bien! quand le lecteur, grâce à ce temps de juillet, rêverait un peu? n'est-ce pas là un droit qu'il achète en s'abonnant, et n'est-il pas de notre devoir de le reconduire jusqu'au seuil du pays des songes avec autant de courtoisie et de conscience que nous en mettions alors qu'il nous écoutait, l'esprit fouetté et les nerfs tendus par les piquantes gelées de janvier?

Mais non! point de lâches complaisances! ne berçons personne de la chimère trompeuse d'un monde endormi. Chacun veille aujourd'hui : les rois, les peuples, et les individus; et rien ne s'est arrêté, du grand au petit. La guerre, la politique, les plaisirs vont leur train, et la trêve de l'été n'est point ouverte encore. Dans les hautes régions, on agit et l'on se démasque ; au-dessous, on se débat, et l'on s'inquiète, plus bas encore, tout s'agite, tout se remue, tout grouille. Aucune fureur ne s'est apaisée; aucun mouvement ne s'est ralenti. En Pologne, en Amérique, au Mexique, la bataille continue, l'homme étant un animal qui n'a pas de saison pour ses haines, pas plus que pour ses amours. Si ces hommes qui s'entre-tuent sur tous les points du globe, redoutent quelque chose, c'est, là-bas, au delà de l'Atlantique; la canicule qui pourra faire taire le canon par sa terrible concurrence, et sur les bords de la Vistule, l'arrivée de leur précoce automne, rigoureux comme nos hivers, avec ses frimas pacificateurs. Partout on ne craint que le repos. La politique intérieure elle-même n'a pas chômé, et ceux qui ont compté sur une période d'inactivité après les élections ont été promptement désabusés. Le *Moniteur*, assez coutumier de surprises, en a été plus que jamais prodigue : changement de ministres, voire même de ministères; mutations dans les attributions comme dans les hommes; puis, dans une sphère un peu moins élevée, des décrets sur l'enseignement secondaire, la liberté de la boulangerie, des lettres impériales sur la décentralisation — pour ne parler que du plus important. Les procès? tout le monde en a aujourd'hui, depuis les évêques jusqu'aux comédiens. Quant aux plaisirs, j'entends les plaisirs publics, cela a été mieux, ou pis encore, comme l'on voudra. Il en est toujours un peu ainsi au mois de juin à Paris. C'est un moment de confluent, où se mêlent la liquidation de l'hiver parisien, et les sollicitations venant de la province et de l'étranger.

C'est la clôture de l'exposition de peinture; ce sont les dernières
courses de chevaux; la séance annuelle de l'Orphéon avec son millier de choristes, et tant d'autres choses cherchant à retenir les *ina-
musables;* tout cela se confond avec les ouvertures de chemins de fer
étrangers, les réclames des eaux, des jeux, des bains, les invitations
aux tirs fédéraux, nationaux et internationaux, — que sais-je encore, — qui les appellent au loin. Disons, par parenthèse, que les
tirs de toute sorte deviennent fort à la mode en tous pays; ajoutez-y
les revues des volontaires chez les uns, et les visites aux camps chez
les autres, et vous conviendrez que les divertissements des peuples les
plus civilisés ont un certain air de ressemblance avec leurs calamités.
— En tout ceci je ne vois pas poindre les doux loisirs de l'été.

## II

Essayons pourtant de nous débrouiller au milieu de cette abondance, et écartons d'abord la politique pure, si tant est qu'il y ait
de la politique pure, ce dont je doute pour ma part. Je la crois du
moins tout aussi rare que ce qu'on nomme la littérature pure, et à
peu près aussi vaine. Celle-ci est une question de mots, celle-là, une
question de personnes. La vraie politique, comme la vraie littérature, se mêle et se confond avec tout. Sur les changements de personnes qui se sont produits parmi nos gouvernants, je ne dirai qu'un
mot : ce sera pour jeter une fleur sur la tombe ministérielle de
M. Rouland, et, pour cela, je me sens d'autant plus à l'aise que je
ne parle pas politique. L'histoire raconte qu'une main inconnue dé-
posait pieusement des couronnes sur le tombeau même de Néron,
auquel Dieu me garde de comparer l'ex-ministre de l'instruction
publique. Ceci est une parenthèse pour excuser mon impartialité;
revenons à M. Rouland. Le premier acte du nouveau ministre de
l'instruction publique, M. Duruy, ayant été de rétablir la classe et
l'agrégation de philosophie dans les lycées, mesure qui était depuis
longtemps réclamée par les amis des fortes et libérales études, la
satisfaction qu'a causée cette réforme a empêché, ce me semble,
de rendre justice, sous d'autres rapports, à son prédécesseur. Si
M. Rouland n'a pas toujours été heureusement inspiré en ce qui
touche l'instruction secondaire, il faut du moins reconnaître qu'il a
montré une grande sollicitude pour les progrès de l'instruction primaire. J'ai eu souvent occasion de critiquer ici ses actes, et, parfois,
de railler ses discours; mais il serait injuste de passer sous silence
ses efforts constants pour améliorer le sort et relever la position de
nos malheureux instituteurs communaux, et de nos institutrices

plus malheureuses encore. En tant que cela a dépendu de lui, il a cherché à les soustraire à l'oppression des deux autorités rivales qui pèsent également sur eux ; celle du maire et celle du curé. Il faut avoir vu de près nos écoles de campagne pour savoir tout ce qui reste encore à faire de ce côté-là. Espérons que M. Duruy y songera sans pour cela cesser de protéger la philosophie.

Sur le terrain douteux qui borde le domaine de la politique se trouve la lettre écrite le 23 juin par l'empereur à M. Rouher, président du Conseil d'État. La portée devient bien différente, selon l'interprétation qu'on donne à certaines expressions. Ce qu'il y a de certain, c'est qu'elle expose sous une forme très-saisissante les inconvénients qui résultent de ce qu'elle nomme notre « excès de réglementation. » « Comment comprendre, dit-elle, que telle affaire communale, par exemple, d'une importance secondaire, et ne soulevant d'ailleurs aucune objection, exige une instruction de deux années au moins, grâce à l'intervention obligée de onze autorités différentes ? » A vrai dire, la constatation de cet état de choses ne sera une révélation pour personne, et à peu près tous les administrés de France savaient déjà à quoi s'en tenir là-dessus ; mais, de la part du chef de l'État, elle a une grande importance. Ces messages impériaux, proclamant de temps à autre ce que chacun sait, rappellent un peu ce jeu connu de tous les enfants dont le refrain est : « Ce que vous avez dit tout bas, je le dirai tout haut; » mais il n'en est pas moins vrai que dire tout haut, et dire de haut surtout, constituent un grand privilége, et il faut savoir gré à ceux qui en usent pour le bien public. Le Conseil d'État, on peut en être convaincu, mettra à faire l'enquête qu'on lui demande une ardeur que les réclamations incessantes des quarante mille communes de France n'auraient jamais su provoquer.

Certains esprits ardents et prompts à l'espoir ont vu dans la réforme, dont la lettre impériale indique plutôt la nécessité qu'elle n'en trace le programme, tout un avenir de décentralisation dont les résultats seraient incalculables. A les en croire, ce serait, dans un temps fort rapproché, les affaires communales soustraites au contrôle de l'administration centrale et les *onze autorités différentes* remplacées par une seule autorité locale, plus active parce qu'elle sera plus directement intéressée à faire vite et bien ; ce serait les maires émancipés que, par une conséquence logique, on ne pourrait plus prendre en dehors du conseil municipal issu du vote des citoyens de la commune, parce qu'à leurs pouvoirs plus larges il faudrait donner une base plus large aussi et des conditions d'origine moins discutables ; ce serait l'initiative individuelle, délivrée désormais de l'intervention incessante de l'administration, prenant un développement inconnu jusqu'ici chez nous ; ce serait la commune indépendante devenue l'école pratique du citoyen d'un pays libre ; ce serait..... ce serait..... Voyez la fable de Perrette et du Pot au lait.

Dans une pièce bouffonne de Shéridan, intitulée le *Critique,* on assiste à la répétition d'une tragédie. Un grave personnage entre en scène, s'approche de la rampe, secoue la tête d'une façon significative et disparaît sans dire un mot. L'auteur explique alors longuement au critique les mille choses que le public doit voir dans ce geste. « Veut-il vraiment dire tout cela ? » dit le critique émerveillé. « Sans doute, répond l'auteur, et bien d'autres choses encore, si vous saviez les comprendre. » Je suis un peu comme le critique de Shéridan, et je me demande « s'il y a vraiment tout cela » dans la lettre. Il me semble qu'elle s'attaque bien plus à la réglementation qu'à la centralisation proprement dite, et qu'il s'agit bien plus d'une simplification que d'une réforme radicale. C'est bien se presser que de voir tout un changement des bases gouvernementales dans l'annonce d'une enquête ayant pour but « d'examiner avec attention chacun des détails de notre système administratif pour en retrancher ceux qui seraient superflus. » A quels signes précurseurs a-t-on reconnu que l'État était disposé à se relâcher de ses soins paternels pour nous en toutes choses ? N'est-ce pas hier encore qu'on voulait faire de la franc-maçonnerie une institution d'utilité publique, afin de la mieux contrôler ? Parce qu'un homme signale la nécessité de faire de certaines réparations à sa maison, en faut-il conclure qu'il la veut démolir et rebâtir de fond en comble ? Ne serait-il pas plus raisonnable, dans la circonstance présente, de supposer qu'au lieu de songer à détruire le système actuel on le veut rendre supportable afin de le pouvoir conserver ? Les choses en sont venues là.

Mais quand même cette réforme, dont le pays a accueilli la promesse avec tant de satisfaction, ne devrait aboutir qu'à la simplification des rouages administratifs, quand elle se bornerait à abréger les délais qui accompagnent tout recours au pouvoir central, ce serait déjà là un grand bienfait qui se ferait sentir dans la vie du plus obscur citoyen ; car quel Français peut se vanter qu'il n'a jamais été et qu'il ne sera jamais solliciteur, sous une forme quelconque ? Solliciter est un mot dont on pourrait donner, chez nous, la même définition que certains grammairiens ont donné du verbe : c'est un mot qui affirme que l'on est, que l'on a ou que l'on agit. Avez-vous un champ, une maison, une possession, un journal, un commerce ? Vous aurez un jour affaire à l'autorité, et si vous faites de l'indépendance, ce sera à vos risques et périls. Peut-être vous faudra-t-il être un héros pour vous donner ce luxe-là. Le Français naît solliciteur comme il naît contribuable, et ne peut échapper à ces deux infirmités de naissance que grâce au même malheur — une indigence complète — et encore! il se trouvera en face de l'administration de l'assistance publique. Quel est celui d'entre nous qui n'a eu besoin un jour ou l'autre de l'appui de l'autorité pour l'exercice des droits les plus légitimes, et la chose arrivant, qui n'a eu à se plaindre de ses lenteurs? Un proverbe latin dit que celui-là donne deux fois qui donne promptement, on peut dire avec autant de vérité que c'est refuser deux fois que refuser après une longue attente. Dût-on arriver en fin de compte devant les mêmes juges, ce serait donc beaucoup que de faire le voyage plus vite. Sur les onze autorités dont parle la lettre impériale, qu'on en supprime une demi-douzaine; ce serait déjà un beau bénéfice.

Et puis ne peut-il pas arriver ce qui arrive parfois pour ces maisons qui ont besoin de réparations dont je parlais tout à l'heure? Ne peut-il pas se faire qu'en cherchant de bonne foi le moyen de perfectionner un système essentiellement vicieux, on s'aperçoive qu'il n'est pas perfectible? L'opération que nécessite cette découverte quand il s'agit d'une maison, s'appelle, je crois, en architecture reprendre en sous-œuvre; c'est peut-être en politique, comme en architecture, le plus sûr moyen de parvenir à couronner solidement l'édifice.

## III

Je crois, Dieu me pardonne! que je viens de parler politique sans m'en douter; c'est que, comme je l'ai dit en commençant, la politique se mêle facilement à tout dans un pays où le gouvernement se mêle de tout. Je ne sais trop même si je vais pouvoir me défendre d'y toucher en disant quelques mots du décret qui vient d'établir ce que certaines gens ont nommé, un peu prématurément, la liberté de la boulangerie. Ce n'est pas là la liberté complète, mais c'est du moins un si grand pas fait dans la bonne direction, qu'on peut franchement féliciter M. Rouher d'avoir heureusement clos par cette mesure un ministère dont le plus beau titre, à coup sûr, sera d'avoir inauguré en France la liberté du commerce. Dans cette voie, il n'est pas plus facile de s'arrêter que dans celle de la réglementation, et une émancipation en appelle une autre. J'ai exposé dans cette Revue, il y a six mois à peine, la situation déplorable de la boulangerie parisienne, et le conflit que la nécessité d'y porter quelque soulagement avait provoqué entre le conseil d'État et la commission municipale de la Seine. Celle-ci, représentée par M. le préfet de la Seine, restait attachée aux vieilles idées de réglementation, tandis que le Conseil d'État proposait comme remède la liberté. C'est ce dernier qui l'a emporté; il est juste d'ajouter qu'il avait de son côté une voix prépondérante, celle de l'Empereur, qui présidait lui-même les séances dans lesquelles cette importante question fut débattue. Cependant on se rappelle qu'à cette époque, et malgré quelques paroles dites par l'Empereur à l'ouverture du boulevard du Prince-Eugène, paroles qui furent diversement interprétées, le débat se termina momentanément par une concession insignifiante aux boulangers sur leur indemnité de fabrication. Les amis de la liberté et du bon pain à bon marché durent croire que la réalisation de leurs espérances était indéfiniment ajournée. Il n'en était rien. Un décret daté du 22 juin déclare abrogées, à partir du 1er septembre prochain, « les dispositions des décrets, ordonnances ou règlements généraux ayant pour objet de limiter le nombre des boulangers, de les placer sous l'autorité des syndicats, de les soumettre aux formalités des autorisations préalables pour la fondation ou la fermeture de leurs établissements, de leur imposer des réserves de farines ou de grains, des dépôts de garantie ou des cautionnements en argent, de réglementer la fabrication, le transport ou la vente du pain, autres que les dispositions relatives à la salubrité et à la fidélité du débit du pain mis en vente. » Il faut lire le rapport qui accompagne ce décret et l'énumération incroyable des entraves qu'il fait tomber pour comprendre combien est fatale la pente de la réglementation, et combien, par la force des choses, l'immixtion vexatoire de l'autorité dans l'industrie privée avait réussi à rendre compliquée et onéreuse une chose si simple par elle-même que de fabriquer du pain et de le vendre à ceux qui ont envie d'en manger.

Mais il n'est pas aussi facile qu'on le pourrait croire de revenir à la liberté entière; c'est encore là une de ces « îles escarpées et sans bords » dans lesquelles il est difficile d'entrer une fois qu'on en est sorti. Au reste, la vie, qu'elle soit publique ou privée, n'est qu'un vaste archipel de ces îles-là : la liberté, l'honneur, la vertu, le travail, la franchise, autant de rivages qu'il est fort malaisé de regagner. Pour en revenir à la boulangerie, l'émancipation, comme je le disais, n'est pas complète. « N'est pas échappé qui traîne son lien, » dit un proverbe plein de vérité, et nous traînons encore le lien de la taxe. Instituée par une loi, en 1791, elle ne saurait être abrogée que par une loi, et il faut pour cela la réunion du Corps législatif. En attendant, le ministre propose de substituer à la taxe officielle, ce qu'il nomme une taxe *officieuse*. Chaque boulanger serait tenu d'afficher ostensiblement dans sa boutique, le prix auquel il lui convient de vendre le pain de qualité ordinaire; l'autorité, de son côté, continuerait le travail qui lui a servi jusqu'ici de base pour établir la taxe officielle, et en proclamerait régulièrement le résultat comme par le passé. Seulement, cette taxe officielle n'aurait plus de caractère obligatoire, et servirait simplement d'élément de comparaison pour l'acheteur. L'autorité, qui ne peut pas se déshabituer de nous guider et de nous éclairer, en une matière qui semble pourtant de la compétence d'à peu près tout le monde, se chargerait, en outre, de « publier périodiquement les noms des boulangers vendant au-dessous du cours qui eût été fixé par la continuation du régime de la taxe officielle. » Est-ce assez de sollicitude ? Une mère qui sèvrerait son enfant n'y mettrait pas plus de ménagements.

Par un bizarre effet d'une mauvaise législation, il se trouve que jusqu'à l'abrogation légale par le Corps législatif de la loi de 1791, il dépendra de la municipalité parisienne de continuer ou de suspendre à son gré pour Paris la taxe officielle. D'après l'attachement qu'elle a manifesté pour les anciennes traditions de réglementation, on pourrait douter de son bon vouloir à cet égard; il y a lieu d'espérer pourtant, depuis que la volonté de l'Empereur est positivement connue, que la grâce l'aura touchée.

On comprendra sans peine que les consommateurs ne profiteront réellement de la réforme qu'ils ont accueillie avec tant de satisfaction, que lorsque les derniers vestiges de l'ancien système auront disparu. La qualité est un élément très-important dans la vente de toute marchandise, et tant qu'il y aura pour le pain une taxe officieuse, les boulangers seront tentés de lutter à qui se tiendra le plus au-dessous de ce cours, soi-disant normal, — quitte à fournir du pain de qualité inférieure. Le rapport de M. Rouher sur cette matière est, du reste, fort curieux à lire : il est surtout remarquable par l'hommage que le ministre y rend à la liberté et à l'action féconde de l'initiative individuelle, action qu'il semble difficile d'enfermer, du jour qu'on en reconnaît la vertu, dans les limites étroites des affaires commerciales. Il est tel passage auquel il suffirait de changer un seul mot pour en faire un excellent considérant pour un projet de loi qui décréterait la liberté de la presse, au lieu de celle de la boulangerie. Qu'on substitue, par exemple, le mot journalistes à celui de boulangers, et qu'on lise ceci : « Le régime réglementaire a détruit chez les *boulangers* de Paris les aptitudes et les propensions qui régnaient autrefois chez eux, et qui assurent encore un recrutement fécond aux autres capitales. Sous les mêmes influences, les jeunes *boulangers* de province ont perdu l'habitude de venir fonder à Paris des établissements. » Ou bien encore ceci sur la presse, — je

veux dire sur la boulangerie : « Loin d'être une garantie d'ordre
public, la réglementation de la *boulangerie* est une source de désordres et d'inquiétudes, car elle fait peser sur le gouvernement et
sur les autorités locales une responsabilité redoutable qu'aucune
prudence humaine ne saurait conjurer. » Espérons qu'un jour on
comprendra que l'homme ne vit pas de pain seulement, et qu'on
renverra le brouillon de l'excellent rapport de M. Rouher, du ministère de l'agriculture et du commerce au ministère de l'intérieur.

Je m'arrête, car je m'aperçois que je retombe dans la politique.
J'avais raison de dire que sous le régime actuel, il est peu de chemins qui n'y conduisent.

## IV

C'est avec une certaine méfiance que j'ai ouvert, je le confesse, les
volumes intitulés : *Victor Hugo raconté par un témoin de sa vie.* Il me
semblait voir dans cette publication, dont l'auteur anonyme était
nommé tout haut par chacun, le désir d'éveiller l'écho après le bruit,
de glaner là où l'on avait déjà largement moissonné, en un mot,
d'exploiter à outrance le succès des *Misérables.* Ces souvenirs, écrits
sous l'œil même de celui qui en est le héros, promettaient d'être une
sorte d'auto-biographie, affranchie seulement, grâce à un anonyme
affecté, de la modestie, vraie ou fausse, qu'impose ce genre de composition. Maintenant que j'ai lu, je ne voudrais pas encore dire que
ma méfiance était complétement mal fondée, et la vie de Victor
Hugo, racontée par un témoin qui est aussi un associé, n'est certes
pas une biographie impartiale ; mais j'ai trouvé dans ce fouillis
d'anecdotes tant de petits recoins charmants, dans ces souvenirs
décousus tant de pages simples et gracieuses, qu'il me faut bien
savoir gré à l'auteur de son travail, quel qu'en ait été le motif. A ce
mot de travail je m'arrête, ne sachant trop s'il peut s'appliquer à ces
deux gros volumes, tant l'absence de prétention littéraire, et même
de méthode, s'y fait sentir. Le ton en est fort inégal : tantôt on voit
percer le désir de faire une biographie sérieuse et régulière, comme
dans les premiers chapitres où l'on apprend des détails généalo-
giques sans intérêt, et où l'on retrouve jusqu'à ce fameux Hugo,
évêque de Ptolémaïde, qui figure dans les *Misérables*, c'est là la
partie défectueuse de l'ouvrage ; tantôt ce sont des commérages mis
bout à bout avec un laisser-aller qui n'exclut pas un véritable talent
de conteur, ou, mieux encore, des récits et des anecdotes d'enfance
recueillis de la bouche de Victor Hugo, et pour lesquels il semble
que ce soit lui-même qui tienne la plume. On sent que le *témoin* a

entendu raconter tout cela vingt fois, et que les expressions en sont restées stéréotypées dans sa mémoire. Personne n'a dépeint les enfants avec plus de grâce que Victor Hugo ; aussi toute la portion du premier volume consacrée aux souvenirs de l'enfance est-elle ravissante. L'éducation des trois frères Hugo, leurs jeux et leurs travaux ; les camaraderies, les déménagements, un voyage en Espagne, les premiers essais littéraires, tout cela est décrit avec un charme qui tient surtout à la vérité et au naturel. Ce sont de petits tableaux où le sujet n'est rien, mais qui, grâce aux détails, passent tout vivants devant les yeux du lecteur.

Il y a la description d'un certain jardin situé aux Feuillantines, et dépendant d'un appartement que madame Hugo, la mère, avait loué, qui est incomparable. On redevient enfant en la lisant, et l'on se prend à songer avec une envie rétrospective au puisard desséché « qui était si bon pour faire la guerre, » à la balançoire sous les grands marronniers, à « ces recoins du jardin qui n'étaient pas cultivés du tout, vraies forêts vierges d'enfants, » et à la huche aux lapins surtout, avec ses trois gradins qu'on prenait d'assaut avec des échalas en guise de lances! Le lecteur le plus raisonnable ne pourra se défendre d'un regret de n'avoir pas été de ces parties de jeux qui se faisaient dans la remise de la maison, rue du Cherche-Midi, et dont la voiture du général Lucotte faisait les frais. « Cette voiture devenait un navire dont les uns furent les passagers et les autres les flots. La moitié se mettait dedans et l'autre moitié dessous, et aussitôt le roulis et le tangage commençaient. La voiture secouée dans tous les sens craquait et se disloquait. C'était ravissant; mais le général Lucotte tenait à la conservation de sa voiture, et il empêcha cette navigation orageuse en mettant des cadenas aux portières. — « Fallait-il être méchant, je vous le demande ? »

Quand je pense que j'ai joué moi aussi, à mon tour, dans des remises où il y avait des voitures, et que je n'ai jamais songé à les transformer en navires, que nous nous bornions prosaïquement à les élever au rang de diligences, je ne puis me consoler ! Regrets superflus! aujourd'hui il n'est plus temps.....

Que des critiques moroses trouvent ces détails puérils et irrespectueux pour le public, je les plaindrais, mais je ne saurais être de leur avis. Tout au plus pourrait-on y voir une estimation un peu exagérée du personnage dont ils ont pour objet de mettre en relief les débuts; mais, outre que *dans l'espèce*, comme on dit au palais, une petite teinte de fétichisme serait non-seulement excusable, mais respectable, il faut encore admettre que tout biographe a droit à un héros. Sans cela, il ne prendrait pas sa tâche au sérieux. J'ajouterai même qu'un esprit un peu minutieux est une condition de succès, car c'est par là seulement qu'on peut intéresser le lecteur. Dans les biographies littéraires surtout, où l'histoire des idées est le côté le plus curieux, les petits incidents sont très-utiles à noter, car cette histoire-là ne se déchiffre souvent que grâce à eux. Tous les jours on nous raconte dans des romans sur des personnages fictifs des détails aussi insignifiants que ceux que recueillent les biographes les plus fervents, et nous les trouvons charmants par cela seul qu'ils nous semblent vrais; si donc ceux-ci nous ennuient si souvent, il est évident qu'on doit s'en prendre à autre chose qu'à leurs récits trop minutieux.

Il faut qu'une biographie sincère soit bien inhabilement ou bien hostilement rédigée, si elle ne nous dispose pas en faveur de celui qui en est le héros. Comprendre, c'est pardonner, a dit, je crois, madame de Staël; on pourrait ajouter, — et cela est consolant à penser — que, presque toujours connaître, c'est aimer. A l'égard de bien des gens, nous n'avons souvent d'autre raison à donner de l'affection qu'ils nous inspirent, que celle-ci : « Je l'ai connu depuis son enfance; » et cela suffit pour créer un lien très-fort sans sympathie naturelle, sans échange de services, quelquefois sans grande estime. Comment le même résultat ne se produirait-il pas, quand la connaissance se fait sans froissements possibles, avec les beaux côtés mis en évidence, et tous les défauts rejetés dans l'ombre?

En ce qui touche Victor Hugo, ses fanatiques trouveront dans le récit de son génie précoce et de son énergique début de nouveaux sujets d'admiration, et ceux qui ne pardonnent pas au poëte de la Restauration et au pair de France sous Louis-Philippe, d'être devenu le coureur de popularité, le socialiste emphatique de 1848, ceux-là même qui gardent rancune à l'auteur des *Misérables*, subiront jusqu'à un certain point cette influence. Qui n'aurait de la sympathie, par exemple, pour ce persévérant travailleur, cet intrépide amoureux qui se marie à vingt ans avec une jeune fille lui apportant « deux mille francs en meubles, nippes et espèces, » et cela sans crainte que sa plume vaillante ne lui suffise pas pour nourrir femme et enfants, mieux que cela, sans douter un instant de son propre courage? Cette juste estime de soi-même, cette confiance dans le triomphe définitif de la volonté, sont une leçon pour la génération actuelle, qui ne rêve « qu'avenir assuré » et « vie arrangée. » Les plus jeunes et les plus forts reculent aujourd'hui devant les menaces de la pauvreté, et se dérobent sans vergogne aux luttes de la vie. Comment s'étonneraient-ils de ne point parvenir où sont arrivés leurs aînés ? Qui veut la sécurité doit renoncer à la victoire, car victoire suppose combat, et tout combat implique des chances de défaite. Du reste, la fortune, on le sait, répondit comme elle se plaît à répondre à l'appel des audacieux. Le jeune ménage avait commencé avec mille francs de pension sur la cassette du roi Louis XVIII ; quelques années plus tard, Victor Hugo vendait 240,000 francs à un libraire le privilége d'exploiter ses œuvres pendant onze ans. Le poëte avait choisi la bonne part : l'amour et le travail ; le reste lui fut surajouté.

Ce n'est pas là le seul enseignement qu'on pourrait tirer de ces souvenirs. Nos jeunes novateurs, impatients contre le travail plutôt que contre la règle, y verront combien ce hardi chef d'école dont on invoque l'exemple pour excuser toutes les insubordinations littéraires, fut patient jusqu'à ce qu'il se sentit fort. Celui que Chateaubriand appela « l'enfant sublime » fut, avant tout, un enfant très-laborieux. S'il s'émancipa de bonne heure, c'est qu'à l'âge où les autres débutent c'était déjà un écrivain expérimenté.

En somme, il commence à peu près comme tout le monde, mais bien avant tout le monde, par l'admiration et l'imitation. De treize à seize ans il écrit ses traductions de Virgile, d'Horace, de Lucain, des vers ossianiques, selon la mode du jour, une tragédie en cinq actes, *Irtamène*, un opéra-comique, et enfin un poëme de cinq cents vers intitulé le *Déluge*. Il s'essaye à tout, et ne se laisse décourager par aucun échec. A chaque nouveau cahier qu'il remplit son goût s'épure, son talent s'affermit, et il brûle le cahier précédent. Sur la première page d'un de ces cahiers conservés il a écrit : *les bêtises que je faisais avant ma naissance*, et au-dessous on voit un œuf contenant une chose informe et horrible, et au bas le mot *oiseau*. En effet, ce n'était encore là qu'un embryon de poëte.

L'auteur de *Victor Hugo raconté* a donné quelques pièces de vers extraites de ces cahiers juvéniles, et tout un mélodrame en trois actes intitulé *Inez de Castro*. J'avouerai, quitte à donner une triste idée de ma perspicacité, que je n'y ai rien vu de remarquable, pas une expression vraiment originale, pas un seul vers un peu frappant. Je n'y ai trouvé à admirer que le jeune âge de l'auteur, — mais c'est déjà beaucoup. Ce désir d'incarner sa pensée, ce tourment de produire, à un âge où la plupart des esprits ont de la peine à recevoir même, est un sûr indice de puissance future, la marque distinctive de ceux qui seront un jour des créateurs.

Je n'ai guère parlé que du premier volume de ces souvenirs ; le second raconte les travaux dramatiques, les succès et les tribulations du théâtre de Victor Hugo depuis *Cromwell* jusqu'aux *Burgraves*. Il y a là une foule d'anecdotes, les unes connues, les autres nouvelles, toutes racontées sans façon, qui amuseront à peu près tout le monde. Les uns y retrouveront les souvenirs des luttes de leur jeunesse; les autres, l'image d'un temps qui, si rapproché qu'il soit de nous, ne ressemble en rien à celui-ci. Tout cela mène jusqu'en 1841. A cette date Victor Hugo devint académicien, et par conséquent se trouva dans une des catégories où il était permis au roi Louis-Philippe de choisir des pairs de France. Sa vie politique commençait. L'histoire de cette nouvelle existence doit faire l'objet d'une nouvelle publication, à ce que nous dit l'auteur.

C'était habilement choisir son point d'arrêt. A cet endroit-là, il y a, pour ainsi dire, bifurcation; et les lecteurs se sépareront. Pour mon compte, je suis heureux que dans cette première partie de son œuvre l'auteur n'ait pas dépassé la période pendant laquelle j'ai pu le suivre avec un très-grand plaisir et une sympathie entière.

H. DE LAGARDIE.

# CHRONIQUE POLITIQUE

7 juillet 1848.

Il est dès aujourd'hui permis de croire que les ·décrets du 23 juin ne seront une déception pour personne. On les a accueillis avec assez peu de ·surprise, mais surtout ·sans le moindre enthousiasme. C'est là, à notre avis, un réel progrès de la raison publique. De tous les progrès ·qui nous ont été octroyés — ou promis — par les décrets du 24 novembre de célèbre mémoire, cette circonspection de la reconnaissance populaire à l'endroit des présents ·du pouvoir, est celui auquel nous attachons le plus ·de prix. Tant que nous n'aurons pas recouvré toutes nos libertés, toute satisfaction est au moins très-prématurée. Avant de nous réjouir, sachons du moins ce qu'on nous donne, ou mieux encore, n'attendons rien ·que de nous-mêmes ; car c'est montrer un excès de simplicité que de croire qu'un gouvernement, fût-il composé ·de purs ·philanthropes, se dépossédera jamais de son propre mouvement d'attributions qui ·lui rendent si commode l'exercice ·du pouvoir et simplifient si considérablement sa tâche. Cela ne s'est pas vu et ne se verra pas ; les gouvernements n'aimeront jamais ni le contrôle, ni la discussion. Pour les décider à rendre ou à donner à une nation ces garanties essentielles de la liberté, la docilité et la patience ne suffisent pas, quoi qu'on ait dit. Il ·est infiniment plus sûr de les pousser dans la voie des ·concessions par des démonstrations du genre des récentes élections de Paris. La résignation n'a jamais été une vertu pour les peuples libres. On ·calomnie d'ailleurs le gouvernement actuel lorsqu'on le représente comme inaccessible à cette sorte de persuasion. *Compelle intrare*, c'est une méthode qu'il connaît pour l'avoir lui-même pratiquée avec bonheur. Il est permis d'en rappeler de ses résolutions d'aujourd'hui à celles de demain. Il est même inconcevable que, sous prétexte de glorifier ·sa politique, on ait pu songer à lui appliquer l'épithète d'immuable. On a voulu dire, sans doute, immuable dans sa mobilité. Où trouver, en ·effet, une seule de nos constitutions antérieures qui ait subi un aussi grand nombre de modifications que celle qui nous régit? Il est à peine quelques-unes de ses dispositions qui n'aient été remaniées de fond en comble ; c'est au point que, si nous étions conservateur, nous ne serions pas sans éprouver quelque inquiétude au sujet de la stabilité tant vantée de nos institutions ! Quand une institution a duré deux ans, elle est usée et mise au rebut. Voilà, par exemple, l'institution des ministres sans portefeuille, qui a été dans son temps une inspiration de génie, une création immortelle, destinée à faire oublier pour toujours les vieilles théories sur la responsabilité ministérielle — il y a de cela deux ans à peine — et aujourd'hui elle expire, pour ainsi dire, avant d'avoir vécu, au milieu de l'indifférence générale et sans obtenir un mot d'oraison funèbre de la presse qui l'a prônée.

Spectacle plein de philosophie ! Quoi ! deux ans pour une grande institution politique ? Et c'est en présence de cette fragilité, en présence de cette incertitude et de cette indécision dans les choses qui exigent le plus de suite et d'idées arrêtées, qu'on prétendrait nous contester le droit d'intervenir dans la gestion de nos propres affaires, nous interdire l'espérance d'y faire prévaloir des principes que nous considérons à la fois comme plus sûrs, plus justes et plus stables, des principes qui ont pour eux des siècles d'expérience ? Que sont-ils donc ces changements plus nombreux qu'habiles qui découvrent à chaque instant aux yeux du vulgaire ces « quatre planches de sapin » dont parlait Napoléon Ier, sinon l'aveu indirect, mais formel, qu'on n'a jusqu'ici rien pu trouver de satisfaisant à mettre à la place de ce principe de la responsabilité ministérielle dont on se plaît à dire tant de mal, comme pour se venger de ce qu'on est forcé de s'en rapprocher tous les jours davantage ? Allons au fond des choses ; quelle est la pensée, quel est le but de ces nouvelles modifications ? L'événement dont elles sont nées le dit assez clairement : c'est à la suite des élections qu'elles ont été conçues. Les élections ont, en effet, démontré la possibilité, que jusque-là on se refusait à admettre, d'un conflit entre le gouvernement et le corps législatif. Supposez que le gouvernement rencontre à la Chambre une opposition persistante ; avec l'ancien système des ministres sans portefeuille l'échec est personnel pour le chef de l'État ; avec le système actuel il est dans la force des choses qu'il retombe plus spécialement sur le ministère. Seulement, comme cette action de la Chambre n'aura d'autre caractère que celui d'une influence morale, et sera dépourvue de toute sanction efficace, le système nouveau atténue les inconvénients de l'ancien, mais il ne les détruit nullement.

Nous avons, quant à nous, la ferme confiance qu'on n'arrivera à quelque chose de fixe et de régulier que par un rétablissement pur et simple de la responsabilité ministérielle telle qu'elle existe chez tous les peuples libres. C'est en vain qu'on nous oppose sur ce point l'exemple des États-Unis. Là, il est vrai, le président couvre les ministres; mais sa responsabilité à lui n'est point une fiction : elle est à courte échéance, puisqu'il n'est élu que pour quatre ans, et elle est au moins aussi réelle qu'a jamais pu l'être celle des ministres dans les monarchies constitutionnelles. Ajoutez à cela que le pouvoir exécutif n'agit que dans un cercle extrêmement limité, grâce à l'absence de toute centralisation. Est-ce à cette responsabilité qu'on prétendrait comparer celle qui, d'après notre constitution, pèse sur l'empereur, mais d'un poids tellement léger qu'on peut la classer hardiment parmi les impondérables? Qu'on dise seulement, si l'on peut, dans quelles conditions elle s'exerce.

Il faut cependant de toute nécessité que quelqu'un soit responsable, c'est là une question non-seulement de gouvernement, mais de civilisation, et comme dans les monarchies on ne peut sans cesse mettre en cause la personne du souverain, on a sagement agi en décidant que la responsabilité serait attribuée aux ministres. Sous l'empire de notre constitution le souverain est responsable de nom, mais personne ne l'est de fait. Il nous est impossible de comprendre par quelle aberration on a pu en arriver à qualifier « d'institution aristocratique » une garantie qui n'est pas autre chose que le contrôle qu'exerce le pays en la personne de ses représentants sur les affaires publiques et la marche du gouvernement. Si les hommages qu'on adresse si fréquemment à la souveraineté du peuple et à la toute-puissance du suffrage universel ne sont pas une dérision, pourquoi refuser aux élus de ce suffrage une attribution qui est, ce semble, leur unique raison d'être, à savoir, la faculté d'approuver ou de blâmer la direction politique du ministère? L'essence, le signe distinctif de l'aristocratie, n'est-ce pas précisément que cette influence soit réservée au petit nombre au lieu d'appartenir au grand? Est-ce bien au nom de la démocratie que parle M. de Persigny lorsqu'il déplore dans la mélancolique circulaire qui lui a servi de testament politique, « la doctrine funeste qui avait pour résultat de faire tomber le pouvoir des mains de la royauté dans celles des orateurs de la Chambre? » Les orateurs de la Chambre sous le régime du suffrage universel, ce sont les représentants du peuple, et c'est en sa qualité de zélé démocrate, c'est au nom des intérêts de la démocratie, que M. de Persigny s'effraye des faibles prérogatives qu'on leur a laissées et voudrait les en déposséder au profit des influences de cour? Voilà assurément une façon nouvelle et singulière de comprendre la démocratie, mais à qui espère-t-on la faire adopter? Ce pourra être là la thèse d'un ministre en expectative ou d'un ministre démissionnaire, mais ce ne sera jamais la doctrine d'un pays libre. Tous les reproches qu'on adresse à la responsabilité ministérielle, principalement ceux qui portent sur les compétitions d'ambition qu'elle a fait naître, ont pu avoir un sens alors que la vie politique à tous les degrés était la propriété exclusive d'une minorité privilégiée; mais ils n'en ont pas depuis que le suffrage universel forme la base de nos institutions. Toutes les compétitions deviennent légitimes alors qu'elles sont l'expression de la pensée nationale.

Les disputes de portefeuille sous le roi Louis-Philippe n'ont eu un caractère mesquin et antipathique à la nation, que parce qu'elles ne répondaient pas aux réelles classifications des partis et représentaient des rivalités de personnes au lieu de représenter des compétitions de partis. Mais ce tort, dont je ne dissimule pas la gravité, a tenu, je le répète, non pas au principe de la responsabilité ministérielle, mais à ce que, grâce à l'exiguïté et à l'insuffisance du corps électoral, les partis ne se trouvant pas représentés à la Chambre, la lutte, au lieu de s'établir sur des principes et de grands intérêts, s'alimentait de passions et de vanités sans grandeur. Les personnalités et les coteries seules pouvaient s'y mouvoir à l'aise. Élargissez cette base trop étroite, la scène change aussitôt; au lieu de cette agitation superficielle et stérile, vous avez la lutte féconde des partis qui est non-seulement utile, mais nécessaire, et sans laquelle il n'y a jamais eu et il n'y aura jamais de liberté au sein d'une nation. Je dis à dessein la lutte, parce qu'il faut qu'ils aient chacun à leur tour leur victoire avec le pouvoir qui en est le prix. Jetez les yeux autour de vous : partout où vous voyez une nation libre vous apercevez en même temps des partis puissants qui s'y disputent l'empire; c'est la condition même de la vie ; en Angleterre, les tories et les whigs, aux États-Unis, les démocrates et les républicains, en Suisse, les fédéralistes et les radicaux unitaires, en Belgique, les libéraux et les catholiques, etc. Les partis n'étant autre chose que les éléments constitutifs d'un peuple, il est naturel et légitime qu'ils aient leur participation successive au pouvoir à mesure que l'opinion publique les désigne en se portant de leur côté, qu'ils se le transmettent les uns aux autres comme un patrimoine commun et indivis, et la responsabilité ministérielle est le mécanisme même au moyen duquel cette transmission bienfaisante s'opère. Là où elle n'existe pas, le pouvoir n'en est pas moins soumis jusqu'à un certain point aux variations de l'opinion publique, car comment s'y déroberait-il d'une façon absolue? Mais il ne les traduit que par brusques soubresauts. Les changements de politique, au lieu de s'opérer régulièrement et au grand jour par les simples déplacements de la majorité, ont toujours l'air d'un coup de théâtre et d'une surprise. Le pouvoir semble en état de conspiration permanente, le bien même qu'il fait ressemble à un acte de violence, et la sécurité manque aux citoyens comme la stabilité aux institutions.

Ce n'est donc pas par un attachement superstitieux pour une théorie surannée que nous réclamons avec tant de persévérance le rétablissement de la responsabilité ministérielle. C'est sous l'inspiration d'un sentiment très-positif, et parce que nous voyons en elle la clef de voûte de tout établissement libre. Nous voulons que le ministère soit responsable, parce qu'il faut de toute nécessité que quelqu'un le soit, et qu'avec le système suivi dans ces dix dernières années, cette essentielle condition de tout gouvernement normal n'était qu'un mot. La nouvelle organisation du ministère, qui fait de M. Billault une sorte de président du conseil, n'est sans doute qu'une faible approximation vers un état de choses régulier, mais elle est une preuve qu'on sent l'insuffisance des suppléments employés jusqu'ici, et il dépend de la Chambre de montrer encore plus clairement cette insuffisance.

Ces réflexions attestent que nous ne sommes nullement porté à nous exagérer ce qu'on est convenu d'appeler « les résultats des élections. » Si nous devions borner ces résultats aux concessions que le *Moniteur* a enregistrées, il ne nous en coûterait pas de confesser notre déconvenue. Mais est-il besoin de le rappeler? Ce n'est pas sur le gouvernement que nous avons compté et que nous comptons encore; c'est sur le pays. Ce que nous désirions, c'est qu'il pût entendre des voix capables de le tirer de sa léthargie, de lui faire reprendre goût à la discussion des affaires publiques, de lui rappeler qu'à d'autres époques il a connu une ambition plus haute que celle du repos. Il fut un temps où il eût considéré comme une injure qu'on le jugeât indigne de la liberté, alors que tant de peuples, ses égaux ou ses inférieurs, jouissaient en paix de ce bienfait. Voilà pour nous le vrai résultat des élections, nous n'en connaissons pas d'autre. Ce point une fois obtenu, tout le reste ira de soi. La seule difficulté était de mettre la nation en état de penser et de vouloir, de produire ce que les physiciens appellent le mouvement initial. La machine une fois lancée ne s'arrêtera plus. C'est pourquoi nous avons également attaché peu d'importance au nombre des voix acquis à l'opposition. Il nous suffit que la minorité, si faible qu'elle soit numériquement, soit capable de parler au pays; elle a entre les mains un levier auquel aucune force aujourd'hui n'est en état de résister si elle sait s'en servir avec habileté et énergie : ce levier, c'est la publicité de la tribune. Tel est le seul résultat immédiat que nous ayons attendu des élections; ce résultat existe, et nous l'opposons avec tranquillité aux sarcasmes des rares partisans que l'abstention a conservés et qui se croient le droit de triompher, parce que le suffrage universel ne nous a pas envoyé une Chambre composée exclusivement de députés opposants. Il faut être aveugle pour ne pas admettre l'utilité de l'action après ce qui vient de se passer sous nos yeux. Nous avons vécu pendant dix ans sur cette hypothèse des abstentionnistes : l'inutilité de tout mouvement. Nous avons assez donné à la majesté de l'impuissance; il nous faut quelque chose de plus efficace. Si les abstentionnistes n'attendent rien des efforts individuels pour modifier l'état de choses existant, qu'ils nous disent du moins dans quel expédient mystérieux ils ont placé leurs espérances. Si les hommes éclairés sont impuissants, est-ce sur l'initiative des masses que nous devons compter? ou bien les modifications que nous réclamons doivent-elles s'opérer toutes seules et sans que personne y mette la main? Est-ce à l'opération du Saint-Esprit que nous devons nous en rapporter? Il serait temps que les partisans de l'abstention s'expliquassent une bonne fois là-dessus.

Les réformes qui ont accompagné ou suivi la nouvelle organisation ministérielle ont comme elle un caractère très-incomplet, mais il en est une, la liberté de la boulangerie, qui est un réel progrès sur ce qui existait antérieurement , bien que cette industrie reste encore chargée de quelques entraves qui disparaîtront avec le temps. Le décret qui a rétabli purement et simplement l'enseignement philosophique, si longtemps mutilé et faussé au profit de misérables passions qui auraient voulu tuer la liberté jusque dans la pensée humaine, fait naître de salutaires réflexions, et contient un aveu bien précieux à recueillir. Quoi, le gouvernement n'est donc plus infaillible en France? où allons-nous, bons Dieux? il s'est trompé, il le reconnaît lui-même, il s'est trompé du tout au tout, et pendant dix ans sur un objet d'une importance aussi capitale. Et il trouverait exorbitant qu'on ose avancer qu'il s'est également trompé sur d'autres points? Non, tant de hauteur n'est pas compatible avec tant de modestie, et le jour où les opinions libérales auront conquis la majorité dans la Chambre, ce qui est moins difficile qu'on le pense, nous amènerons le gouvernement actuel à reconnaître beaucoup d'autres de ses erreurs, qu'à l'heure qu'il est peut-être il considère comme des titres de gloire. Nous n'avons encore rien dit du décret qui a le plus vivement éveillé l'attention publique, — nous parlons de celui qui est relatif à la décentralisation. C'est que ce décret n'est encore qu'une promesse, et qu'en cette matière plus qu'en aucune autre nous avons acquis le droit d'être défiants. Personne, nous l'espérons, n'a encore oublié le fameux décret dit de décentralisation qui nous fut octroyé il y a bientôt deux ans, et qui eut pour effet de renforcer les attributions des préfets, ce qui était une façon tout à fait nouvelle de décentraliser. Ceux qui avaient jugé ce décret sur son étiquette, avaient oublié que le point de vue du gouvernement est, sur cette question, si différent du nôtre, qu'il est bien difficile que par les mêmes mots nous entendions les mêmes choses.

S'il faut dire toute notre pensée les termes mêmes du nouveau programme de décentralisation nous font craindre quelque confusion du même genre. Nous voyons bien qu'on pense à soulager l'administration du poids dont elle est surchargée dans certaines affaires, comme, par exemple, lorsque ces affaires doivent passer sous les yeux de onze autorités différentes ; dans ce cas, on trouve plus simple d'épargner aux administrateurs tout ce travail inutile, et il est heureux pour les administrés que leur intérêt se rencontre en cela avec celui des administrateurs. Mais nous voyons en même temps que le manifeste parle des avantages de la centralisation, et ce mot nous alarme pour l'avenir de cette réforme, car c'est justement ce que le pouvoir appelle les avantages de la centralisation, qui forme à nos yeux ses abus, et que nous voudrions détruire. Le pouvoir ne trouve la centralisation mauvaise que dans les petites affaires où elle lui coûte plus de peine qu'elle ne lui vaut de profit ; quant à nous, elle nous paraît surtout funeste dans les grandes. Il tarde à l'État de se débarrasser de la procédure qui exige son intervention dans l'établissement d'un moulin, et il est tout disposé à cette grande et généreuse abdication de ses priviléges, si elle peut faire notre bonheur et contenter nos aspirations vers la liberté. Pour nous, au contraire, nous prévoyons que, même après cette mémorable et magnanime renonciation, il nous restera encore quelque chose à désirer. Nous aurions l'ambition de lui rendre sa tâche plus légère et plus facile encore. Nous voudrions, par exemple, le décharger du soin de nommer les magistrats et de leur donner de l'avancement. Nous voudrions lui épargner la peine d'instituer les évêques et de salarier les cultes. Nous voudrions qu'il laissât les communes faire elles-mêmes leurs affaires et choisir leurs maires. Voilà en quoi consiste pour nous la décentralisation, et c'est sous cette forme qu'elle existe dans les pays libres. Combien la besogne de l'État serait par là simplifiée, et quel mouvement, quelle vie se répandraient bientôt dans ces provinces, aujourd'hui languissantes et paralysées par le système auquel elles sont depuis si longtemps soumises! Nous n'avons pas besoin d'ajouter que ce point de vue ne saurait dans aucun cas être celui du Conseil d'État qui a été chargé d'élaborer le projet de loi. Le choix du réformateur nous dit assez ce que sera la réforme. C'est à peu

près comme si on avait chargé l'administration de se réformer elle-
même; car, si le Conseil d'État ne fait pas partie de l'administration
proprement dite, il en conserve les traditions, il en surveille la marche, il en est l'inspirateur. La haute administration presque tout entière est choisie dans le sein du Conseil d'État. Pour tous ces motifs
et d'autres qu'il est inutile de dire, il ne peut sortir aucune réforme
bien efficace de cette pépinière d'administrateurs. Un abus est quelquefois réformé par ceux qui souffrent de son existence, jamais par
ceux qui en profitent.

Les négociations entreprises au sujet de la Pologne paraissent destinées, si rien ne vient en changer le cours, à devenir un des plus
honteux épisodes de l'histoire de notre siècle. C'est la première fois
sans doute qu'on voit trois grandes puissances soutenir si mal leurs
paroles par leurs actes dans une cause où elles ont si évidemment
de leur côté le bon droit, la conscience et la sympathie des peuples.
On se demande, avec une surprise mêlée d'indignation, jusqu'où
elles laisseront aller l'horrible comédie que le cabinet russe joue
depuis trois mois devant l'Europe stupéfaite. En feignant de prendre
au sérieux un stratagème diplomatique que depuis longtemps les
hommes éclairés ne considèrent plus que comme un moyen de
gagner du temps, elles passent du rôle de spectateur à celui de complice. Elles ont une part de responsabilité dans toutes les abomina-
tions qui se commettent en Pologne. Pour ne pas comprendre le sens
des notes russes en présence des sanglants commentaires qu'elles
reçoivent chaque jour, il faut cette stupidité de parti-pris, cet imperturbable sang-froid et ce sérénissime formalisme dont la diplomatie seule est capable. Mais, quelle que soit la solennelle insensibilité
des faiseurs de mémorandum et l'importance de ces magnifiques
riens si indispensables, à ce qu'il paraît, à la force et à la majesté
des empires, il faut reconnaître pourtant qu'il est, en matière de
négociation, un point au delà duquel il n'est pas permis d'aller sans
déshonneur. Ce qui nous alarme dans la circonstance actuelle, c'est
qu'on ne se préoccupe nullement de déterminer ce point, en sorte
que le système odieux et dérisoire qui a été adopté par la Russie, et
qui a déjà obtenu plus de succès qu'elle ne pouvait s'y attendre,
menace de s'éterniser grâce aux encouragements inconcevables qu'il
reçoit de la part des gouvernements. On a toujours exigé jusqu'ici
des cabinets avec qui l'on traite, sinon une entière loyauté, du moins
un certain respect de la foi publique et de ces conventions générales
qui font que des peuples même ennemis se reconnaissent comme
fils de la même civilisation et peuvent toujours se tendre la main.
Le cabinet russe semble en avoir perdu toute notion; il n'a pas

même conservé les apparences de la pudeur. On ne s'est jamais joué plus impudemment de sa propre parole qu'il ne le fait en ce moment dans ses notes diplomatiques. C'est au moment même où l'empereur Alexandre remplit ses mémorandum des assurances « de sa sollicitude pour ses bien-aimés sujets de Pologne, » que le féroce Mouraviev remplit la Pologne de sang et de larmes. Chaque jour que gagne l'empereur par ses phrases philanthropiques, le ministre l'emploie en nouvelles exécutions. Et ces assurances si bien prouvées par les faits sont reçues par la diplomatie occidentale avec tous les témoignages de la plus parfaite confiance et de la plus profonde vénération. Elle s'apitoie sur les extrémités auxquelles il est réduit. Que sont les cris des victimes auprès de cette attestation auguste et authentique des sentiments de S. M. I. et R. ? Ne faudrait-il pas avoir perdu l'esprit pour attacher plus de foi aux plaintes d'un peuple martyrisé, mais partial, qu'à la parole d'un souverain aussi considérable que celui de toutes les Russies ?

Telle est évidemment l'opinion de la diplomatie occidentale ; c'est à contre-cœur qu'elle se voit forcée de verbaliser contre un aussi grand monarque en faveur de quelques factieux, et pendant qu'elle rédige ses plans de pacification et ses représentations amicales, le gouvernement russe met le temps à profit en exterminant en Pologne tout ce qui aurait pu offrir un point d'appui à notre intervention. Lorsque cette tâche sera achevée, les puissances se trouveront toutes dispensées de remplir l'obligation qu'elles n'osent envisager en face. On dirait que c'est là en effet le but qu'elles poursuivent, tant elles apportent de lenteurs et de tergiversations dans une question douloureusement urgente s'il en fut jamais. Le temps qu'elles ont employé pour rédiger leurs six points, document d'une fastueuse inutilité que personne ne considère comme réalisable, surtout parmi ceux qui l'ont inspiré, représente à lui seul les ruines fumantes de vingt cités et la vie de plusieurs milliers d'hommes. On frémit lorsqu'on songe à la longueur des délais, à la facilité des prétextes, au nombre des subterfuges de toute sorte qu'une pareille mise en demeure offre au cabinet russe. Sa réponse n'est pas encore connue, mais il est aisé de la prévoir. Il acceptera avec empressement la discussion sur ce ¡terrain, car il peut la faire durer plusieurs années. Il vaudrait mieux pour les Polonais que l'intervention n'eût jamais été mise en délibération plutôt que de se traduire en pareils termes. Ils n'auraient jamais compté que sur leur désespoir, auxiliaire moins prodigue de promesses mais plus sûr que les puissances qui les ont encouragés.

Le principal coupable de ces lenteurs cruelles comme de cette misérable politique c'est, il faut le dire, le cabinet anglais. L'Angleterre, depuis quelques années, perd beaucoup de son ancien prestige en Europe. Ce n'est jamais impunément qu'un peuple pratique la politique de la paix à tout prix. Telle est à peu près la seule règle de conduite qu'on puisse aujourd'hui apercevoir dans ses actes, et sa considération n'y gagne pas. Comme le peuple anglais est très-libéral en démonstrations de sympathie, en même temps que son gouvernement devient plus avare de son appui et de ses ressources, tout le monde est plus ou moins trompé pour avoir compté sur l'un ou sur l'autre, et ne pouvant l'avoir pour allié, on s'habitue à se passer de lui. Un gouvernement assez mal inspiré, pour se résigner à ce rôle, quelles que soient la force et la grandeur du peuple dont il dirige les destinées, ne tarderait pas beaucoup à tomber dans le mépris. En ce qui concerne la Pologne, il y a déjà eu en Angleterre cinq ou six revirements complets de l'opinion publique, et des évolutions non moins nombreuses dans la politique du gouvernement. Le motif de ces hardiesses soudaines, bientôt suivies de paniques puériles, n'est un secret pour personne; mais quand on occupe dans le monde la position unique qu'y tient l'Angleterre, on devrait savoir risquer quelque chose pour la conserver, et, se souvenir que la fierté est aussi quelquefois un bon calcul. Or la politique de l'Angleterre dans la question polonaise a manqué non-seulement de fierté mais de dignité. Il n'était digne ni de l'histoire ni des traditions du peuple anglais de déclarer, comme l'a fait lord Palmerston dès l'ouverture de ces négociations, qu'on ne ferait la guerre à aucun prix; car avancer de pareilles maximes, c'est déclarer qu'on met l'intérêt au-dessus de l'honneur, et s'exposer à compromettre l'un et l'autre. Le cabinet anglais devrait se contenter des lauriers que cette politique lui a valus dans la question italienne. Les défiances qui le font agir ont certainement un côté très-légitime; mais ce n'est pas en s'isolant dans une immobilité stérile et systématique, qu'il en préviendra mieux l'objet. Ce n'est pas en reculant sans cesse devant la responsabilité qui s'offre à lui, qu'il accroîtra son influence en Europe. Il n'évitera au contraire les éventualités qu'il redoute, qu'en se mettant à la tête du mouvement pour le contenir et le modérer au besoin, au lieu de le suivre de mauvaise grâce et comme attaché au char du vainqueur. Le *Times* résumait ces jours derniers la position de l'Angleterre dans la question polonaise, en disant que tous ses intérêts s'opposaient à cette guerre, et que si elle ne la faisait pas, c'était le déshonneur. Et il gémissait de voir son pays engagé dans une telle impasse. Jamais à une autre époque cette alternative n'eût été envisagée comme une impasse pour l'Angleterre.

A mesure que l'intervention diplomatique et la lutte insurrectionnelle suivent leur marche parallèle, comme pour se railler l'une l'autre, on est chaque jour plus vivement frappé des impossibilités que renferme le problème dans les termes où la diplomatie l'a posé. Au début même de cette guerre nous disions toute réconciliation impossible entre la Pologne et la Russie; qu'en pensent aujourd'hui les diplomates? Nous disions les traités de Vienne insuffisants et dérisoires; qu'en pense leur obstiné champion lord Palmerston? Que pense-t-il de ses six points présentés aux Polonais par un Mouraviev? Il est temps de renoncer à cette politique d'octogénaire et d'en venir aux viriles résolutions qu'exige l'état de l'Europe. Il faut enfin savoir le reconnaître, les demi-mesures ne peuvent rien pour résoudre les difficultés de la question polonaise. Il n'y a d'arrangement possible et durable que par une reconstitution de la Pologne; et si l'on demande dans quelles limites, je réponds, sans crainte de me tromper, dans celles qui lui sont tracées aujourd'hui par l'état de siége et par la dévastation. Ses ennemis eux-mêmes ont pris le soin de marquer la ligne avec du sang. Cette preuve ne peut être récusée; elle prévaudra sur les touchants scrupules qu'éprouvent tant d'honnêtes gens lorsqu'il s'agit de faire rendre gorge au spoliateur et au meurtrier. La Russie, définitivement refoulée vers l'Orient, pourra se livrer à ses goûts de civilisation sur les hordes errantes de l'Asie. Il faut laisser à ses nouvelles destinées une nation qui a un si bel avenir en Tartarie.

L'assimilation que le despotisme russe s'est flatté de réaliser entre la Russie et la Pologne, et dont le marquis Wielopolski s'est fait en désespoir de cause l'apôtre forcené, est une monstrueuse utopie qui n'a jamais reposé que sur une confusion de mots. L'identité d'origine et de race qu'on a supposée entre ces deux peuples parce qu'ils ont quelques éléments communs est toute chimérique. Si l'on ne savait quel rôle les invasions tartares et mongoles ont rempli dans la formation de l'empire russe, on n'aurait besoin, pour nier cette identité, que de rappeler les différences si profondes de génie et de caractère qu'atteste l'histoire des deux nations, à n'en saisir même que l'aspect le plus général et le plus apparent. D'un côté vous voyez un peuple qu'on peut dire né pour le despotisme, tant il en conserve les traditions avec une sorte de culte religieux, tant il se courbe avec amour sous la main de ses maîtres. Là, le pouvoir est une espèce de fétiche, une idole qui tient dans ses mains l'empire des âmes aussi bien que celui des corps par une confusion inconnue aux peuples européens, et qui produit un degré de servitude dont on ne pourrait citer aucun autre exemple.

En Pologne, au contraire, vous voyez une nation qui a aimé la liberté jusqu'à en mourir. Le *liberum veto* qui a perdu la Pologne n'est pas autre chose que le respect de la liberté poussé jusqu'à la superstition et à l'aveuglement. Il n'y a pas moins d'opposition entre les mœurs serviles, le caractère artificieux des Moscovites et les entraînements parfois inconsidérés, mais toujours généreux, du caractère polonais. C'est faire violence à la vérité et au bon sens que de vouloir souder de vive force l'un à l'autre, sous prétexte qu'ils ont une commune origine, deux peuples dont l'histoire offre à première vue des contrastes aussi fortement marqués. La mort elle-même est impuissante à les réconcilier, puisqu'on voit la Pologne sortir du tombeau, après soixante-dix ans de sépulture, pour protester contre ce hideux accouplement de l'exécuteur avec la victime.

Les États-Unis viennent d'échapper à une nouvelle tentative d'intervention. Autant on est peu tenté d'intervenir en faveur de la Pologne, autant on brûle d'impatience d'aller détruire dans son foyer l'odieux despotisme de la république de Washington ! Ce n'est ici qu'un excès d'émulation qui paralyse les puissances. Que le cabinet français ait pu songer à prêter sa coopération à cette œuvre antifrançaise, qu'il ait pu se résigner, contre toutes nos traditions nationales, à porter la main sur la libre république que notre sang a contribué à fonder et qui est notre alliée naturelle et nécessaire, c'est ce que nous ne nous chargerons pas d'expliquer ici ; mais qu'il ait pu croire que l'Angleterre consentirait à nous donner son appui, la France ayant au Mexique, à deux pas des États du sud, une armée de cinquante mille hommes, c'est de sa part une naïveté que rien n'excuse. Tant que cette situation se maintiendra, nous ne redoutons rien pour les États-Unis d'une intervention européenne. Les succès même des confédérés, quelque alarmants qu'ils soient par leur inconcevable persistance, ne sont pas aussi redoutables qu'ils en ont l'air. Notre évaluation sur ce point n'est pas la même que celle des Américains. Nous comptons par les batailles gagnées ou perdues, et eux ne comptent plus depuis longtemps que par le nombre proportionnel des tués et blessés. Il en résulte, grâce à l'immense supériorité des ressources qui est acquise au Nord, que telle défaite est une victoire, et telle victoire une défaite. Si le Nord sait s'emparer de la ligne du Mississipi, on peut prédire presque à coup sûr que son triomphe définitif n'est qu'une question de temps.

P. LANFREY.

CHARPENTIER, propriétaire-gérant.

# TABLE DES MATIÈRES

DU

## TREIZIÈME VOLUME

MAI — JUIN — JUILLET 1863.

FIN DE LA TABLE DU TREIZIÈME VOLUME.

Paris. — Typ. de P.-A. BOURDIER et Cᵉ 30, rue Mazarine.

Lightning Source UK Ltd.
Milton Keynes UK
UKHW010900271218

334508UK00012B/696/P